北京大学经济学教材系列

Economics

经济学教程

中国经济分析
第二版

主　编　刘　伟
副主编　蔡志洲　苏　剑　张　辉

图书在版编目(CIP)数据

经济学教程:中国经济分析/刘伟主编.—2版.—北京:北京大学出版社,2012.5
(北京大学经济学教材系列)
ISBN 978-7-301-20541-9

Ⅰ.①经… Ⅱ.①刘… Ⅲ.①经济分析-中国-高等学校-教材 Ⅳ.①F12

中国版本图书馆 CIP 数字核字(2012)第 070262 号

书　　　名:经济学教程——中国经济分析(第二版)
著作责任者:刘　伟　主编　蔡志洲　苏　剑　张　辉　副主编
责 任 编 辑:郝小楠　陈　莉
标 准 书 号:ISBN 978-7-301-20541-9/F·3153
出 版 发 行:北京大学出版社
地　　　址:北京市海淀区成府路 205 号　100871
网　　　址:http://www.pup.cn
电 子 邮 箱:em@pup.cn
电　　　话:邮购部 62752015　发行部 62750672　编辑部 62752926　出版部 62754962
印 刷 者:三河市博文印刷有限公司
经 销 者:新华书店
　　　　　　730mm×980mm　16 开本　27.75 印张　499 千字
　　　　　　2005 年 6 月第 1 版
　　　　　　2012 年 5 月第 2 版　2014 年 11 月第 2 次印刷
印　　　数:5001—8000 册
定　　　价:48.00 元

未经许可,不得以任何方式复制或抄袭本书之部分或全部内容。
版权所有,侵权必究
举报电话:010-62752024　电子邮箱:fd@pup.pku.edu.cn

总　序

在经济全球化趋势不断强化和技术进步对经济活动的影响不断深化的时代,各种经济活动过程、相关关系及其经济现象不是趋于简单化,而是变得越来越复杂,越来越具有嬗变性和多样性。如何对更纷繁、更复杂、更多彩的经济现象在理论上进行更透彻的理解和把握,科学地解释、有效地解决经济活动过程中已经存在的、即将面对的一系列问题,是现在的和未来的各类经济工作者面对的重要任务。

作为培养各类高素质经济建设人才的经济类院系,其首要任务是让学生能够得到系统的、科学的、严格的专业训练,系统而深入地掌握学科的基本方法、基本原理和最新动态,为他们能够科学地解释和有效地解决他们即将面对的现实经济问题奠定基础。

基于这种认识,北京大学经济学院从2002年5月到2003年12月,历时一年半,深入总结人才培养各个方面的经验教训,在全面考察和深入研究国内外著名经济院系本科、硕士研究生、博士研究生培养方案、学科建设和课程设置经验的基础上,对本院各层次学生的培养方案和课程设置等进行了全方位改革。编撰北京大学经济学院系列教材是该改革方案中重要的一部分。

编撰该系列教材的基本宗旨是:

第一,学科发展的国际经验与中国实际的有机结合。国内外已经出版了大量相关学科的教材,其中不乏欧美著名学者撰著的经典教材。我院部分学科在教学中曾经直接使用欧美学者撰著的一流教科书,但在教学的实践中我们也体会到,任何国际顶尖级的教材,都存在一个怎样与中国经济实践有机结合的问题。某些基本原理和方法可能具有国际普适性,但对原理和方法的把握则必须与本土的经济活动过程相联系,把抽象性的原理与本土鲜活的、丰富多彩的经济活动现象相联系,不仅有助于教学,而且也能有的放矢。我们力争在该系列教材中,充分吸收国际范围内同门教材所承载的理论体系和方法论体系,在此基础上,运用中国案例进行解读和理解,使其成为能够解释和解决中国学生可能面对的经济现象和经济问题的教科书。

第二,"成熟的"理论、方法与最新研究成果的有机结合。作为教科书的内容,必须是属于"成熟"或"相对成熟"的理论和方法,也就是具有一定"公认度"

的理论和方法,不应是"一人言",否则就不是教材,而是"专著"。从一定意义上说,教材是"成熟"或"相对成熟"的理论和方法的"汇编",因而,相对"滞后"于现实经济发展和理论研究的现状是教材的一个特点。然而,经济活动过程及其相关现象是在不断变化着的,经济理论的研究也在时刻发生着变化,今天属于"欠成熟"或属于"一人言"的理论和方法,明天就有可能成为最新的、具有广泛影响力的前沿理论和方法。我们要告诉学生的不仅仅是那些已经成熟的东西,而且要培养学生把握学术发展最新动态的能力。因此,在系统介绍已有的理论体系和方法论基础的同时,该系列教材也告诉学生相关理论及其方法的创新点。

第三,"国际规范"与"中国特点"在写作范式上的有机结合。关于经济学在中国发展的"规范化"、"国际化"、"现代化"与"本土化"的相关关系的处理,是多年来学术界关于学科发展讨论的一个热点问题。该系列教材不可能对这一有待进一步深入研究的问题进行明确的抉择。但是,能够做到的是,在写作范式上,努力做好这种结合是必须坚守的原则之一。基本理论和方法的阐述必须坚持"规范化"、"国际化"、"现代化",但文字语言的表述应该坚守"本土化"。且不说在国际范围内汉语语言表达的生动性、丰富性,就本土学生的阅读习惯和文本解读方式来说,也必须"本土化"。充分运用鲜活、生动且尽可能深入浅出、通俗易懂的汉语语言,是本系列教材的宗旨之一。

虽然本系列教材的作者是我院主讲该课程的教师,并且教材是在多年教案的基础上修订而成的,但是,有些教材与上述宗旨可能仍然存在一定的距离。然而,教材建设是一个长期的动态过程,即使是不成熟、存在这样那样缺陷的教材,我们也愿意拿出来真诚地倾听专家和方方面面读者的宝贵意见,以期使其不断地得到充实和修正,这是我们真正的、最根本的宗旨。

十分感谢北京大学出版社的真诚合作和相关人员付出的艰辛劳动。感谢经济学院历届的学生们,你们为经济学院的教学工作作出了作为学生特有的贡献。

将此系列教材真诚地献给各位读者!

北京大学经济学院教材编委会

前　言

《经济学教程——中国经济分析》从严格意义上说，是一部关于政治经济学分析的教程，是运用政治经济学的基本原理分析中国经济，并在分析中国经济的过程中，进一步阐释政治经济学的基本原理和方法。这部教程是我在北京大学经济学院主讲多年本科课程《政治经济学》（社会主义）的基础上编著的，我自1985年开始参与后主讲再到主持这一课程，于2005年出版教程，其间加印了多次。随着我国经济改革和发展的实践变化，一方面有许多新的资料和经济现象需要反映到教程里来，另一方面也有许多现实问题需要作出进一步的经济学分析，包括政治经济学的分析，所以有了这部教程的修订版。

在这部修订版中，保留了原来的价值论部分；产权理论和市场理论则由原来的两篇分设合并为现在的一篇；结构分析则作了较大的调整，突出了近些年来我国经济结构的变化及其动因方面的分析，特别强调了结构变化对增长及效率的影响作用；总量分析部分几乎是完全重新写的，强调了近些年来中国经济增长及宏观经济政策的分析，一方面系统地总结了改革开放三十多年以来中国经济增长的周期性特征，另一方面深入考察了世界金融危机对我国宏观经济带来的影响及其特点。

这部修订版的副主编是蔡志洲博士、苏剑博士和张辉博士，之所以较原来教程副主编有变动，是因为在这部修订版中这三位老师做了较多的工作，如蔡志洲博士在经济增长分析方面，苏剑博士在宏观经济政策方面，张辉博士在经济结构分析上，都做了很好的工作。我衷心感谢他们！

另外，要特别感谢王莎莎、周正卿等老师和学生，他们为本教程做了许多文秘工作。感谢北京大学出版社王明舟社长和张黎明总编辑等领导对本教程出版予以的关心，特别感谢陈莉老师为本教程所做的努力，包括不断地督促和认真的编辑等工作。

刘　伟

2012年4月1日

目录

经济学教程

第一篇　经济学与价值论

本篇概要 …………………………………………………………………… 2
学习目标 …………………………………………………………………… 2
第一章　经济学为什么研究价值论 …………………………………… 3
　　第一节　什么是价值 ………………………………………………… 3
　　第二节　为什么劳动价值论曾成为西方经济学中的主流 ………… 5
　　第三节　西方经济学中占主流的价值论的转变 …………………… 8
第二章　马克思的价值论究竟要说明什么 ………………………… 13
　　第一节　马克思价值理论的实质 …………………………………… 13
　　第二节　马克思的劳动价值论没有直接说明什么 ………………… 17
第三章　马克思劳动价值论面临的历史新挑战 …………………… 21
　　第一节　劳动价值论的逻辑与公有制市场经济兼容的矛盾 ……… 21
　　第二节　非物质产品生产劳动具不具备创造价值的能力 ………… 23
本篇重要提示 ……………………………………………………………… 29
本篇总结 …………………………………………………………………… 29
本篇思考题 ………………………………………………………………… 29
本篇主要参考书目 ………………………………………………………… 30

第二篇　企业产权与市场机制

本篇概要 …………………………………………………………………… 32
学习目标 …………………………………………………………………… 32
第四章　什么是产权 …………………………………………………… 33
　　第一节　西方学者关于产权的定义 ………………………………… 33
　　第二节　定义产权范畴的基本原则 ………………………………… 40
　　第三节　马克思关于公有制社会、所有制、所有权的基本思想 …… 43

1

目 录

经济学教程

第五章　西方产权理论的发展及演变 …………………………… 48
　　第一节　当代西方产权理论的系统提出 ………………………… 48
　　第二节　当代西方产权理论的新进展 …………………………… 57

第六章　中国所有制结构的变化及其对经济增长的作用 ……… 63
　　第一节　中国社会主义经济制度的建立及所有制结构的变换 … 63
　　第二节　非公有经济的发展及其对生产效率的影响 …………… 68

第七章　产权与市场、企业的关系 ……………………………… 72
　　第一节　市场经济对产权制度的一般要求 ……………………… 72
　　第二节　市场失灵与产权界定 …………………………………… 79

第八章　中国国有企业改革中的产权问题 ……………………… 87
　　第一节　国有企业改革的进展 …………………………………… 87
　　第二节　国有企业改革面临的主要体制性矛盾 ………………… 92

第九章　当代中国私营资本的产权问题 ………………………… 96
　　第一节　当代中国私营资本产权主体的缺陷 …………………… 97
　　第二节　私营资本产权缺陷的危害 ……………………………… 102

第十章　何谓市场经济 …………………………………………… 111
　　第一节　对市场经济内涵的基本解释 …………………………… 111
　　第二节　市场经济的本质与功能 ………………………………… 114
　　第三节　两种不同的市场秩序观 ………………………………… 128
　　第四节　市场经济中的政府 ……………………………………… 137

第十一章　中国市场经济发展的进程 …………………………… 147
　　第一节　中国市场经济体制转轨的进程 ………………………… 147
　　第二节　应当以怎样的历史价值取向认识和推动改革 ………… 150

本篇重要提示 ………………………………………………………… 161
本篇总结 ……………………………………………………………… 161
本篇思考题 …………………………………………………………… 161
本篇主要参考书目 …………………………………………………… 161

目 录

经济学教程

第三篇　经济结构与经济发展

本篇概要 ··· 164
学习目标 ··· 164

第十二章　产业结构与经济发展 ··· 165
　　第一节　产业结构高度与经济发展 ······································· 165
　　第二节　中国产业结构高度的国际及国内区域间的比较 ········· 169
　　第三节　中等收入阶段产业结构演进的主要特点 ··················· 177

第十三章　产业结构演进对我国经济增长及增长效率的影响 ····· 182
　　第一节　中国产业结构变迁对劳动生产率增长的贡献 ············ 183
　　第二节　中国产业结构变迁对全要素生产率增长的贡献 ········· 189
　　第三节　产业结构变迁对经济增长的贡献的趋势分析 ············ 194
　　第四节　结论 ··· 197

第十四章　产业结构演进对国民经济中间消耗的影响 ··············· 198
　　第一节　从直接消耗系数矩阵看中间消耗变化的结构特征 ····· 199
　　第二节　技术进步与结构变化对投入产出效率的影响 ············ 202
　　第三节　对第二产业部门直接消耗情况的进一步分析 ············ 204
　　第四节　中间需求结构的变化 ·· 206
　　第五节　对资源和能源产业的进一步分析 ······························ 208
　　第六节　结论 ··· 211

第十五章　中国GDP成本结构对投资和消费比例的影响 ············ 213
　　第一节　中国GDP的成本结构与最终需求 ····························· 213
　　第二节　二元结构对GDP成本和需求结构的影响 ··················· 216
　　第三节　从需求结构失衡看供给管理 ······································ 219

第十六章　区域结构与我国经济发展 ······································· 223
　　第一节　我国经济区域的划分及特点 ······································ 223
　　第二节　区域差异与可持续增长 ··· 226
　　第三节　宏观调控需要承认区域差异 ······································ 235

目 录

本篇重要提示 ·· 239
本篇总结 ·· 239
本篇思考题 ··· 239
本篇主要参考书目 ··· 239

第四篇　经济增长与宏观调控

本篇概要 ·· 242
学习目标 ·· 242

第十七章　经济增长与 GDP 分析 ·· 243
　第一节　总量经济分析的提出及特点 ··· 243
　第二节　经济总量的统计和实证分析与 GDP ····························· 251
　第三节　对 GDP 指标体系的补充及拓展 ··································· 257

第十八章　中国经济增长及阶段性特征 ······································ 276
　第一节　中国经济增长达到的阶段 ··· 276
　第二节　克服"中等收入陷阱"的关键在于转变发展方式 ········· 300

第十九章　中国经济增长的周期性及失衡 ································· 308
　第一节　中国经济增长的阶段性与"五年计划" ························ 308
　第二节　改革开放以来中国经济增长的周期性特征 ···················· 311
　第三节　新时期我国经济增长失衡的演变及现阶段的特征 ········· 323

第二十章　新时期中国国民收入的生产、分配及对国内总需求的影响 ···· 331
　第一节　增加值结构、就业结构与部门人均收入 ······················· 331
　第二节　地区收入差异与中国经济发展潜力 ······························· 338
　第三节　宏观收入分配 ··· 342
　第四节　居民收入分配 ··· 356
　第五节　结论 ·· 372

第二十一章　新时期我国宏观经济政策的变化及特点 ················ 374
　第一节　美国量化宽松政策和中国的应对措施 ·························· 374
　第二节　中国货币政策选择 ·· 379

第三节　财税体制的改革与中国财政政策…………………………386
   第四节　供给管理与现阶段宏观管理…………………………………402
第二十二章　**西方经济学关于货币政策与传导机制的研究**………413
   第一节　关于货币政策有效性的历史争论……………………………414
   第二节　新凯恩斯主义经济学对货币政策传导机制内涵的丰富……417
   第三节　货币政策传导机制对货币政策选择的影响…………………421
   第四节　货币政策传导机制"失效"的若干历史案例………………422
   第五节　新凯恩斯主义之外的货币经济学和传导机制未来的
         研究方向………………………………………………………424
   第六节　结论和启示……………………………………………………426
本篇重要提示………………………………………………………………429
本篇总结……………………………………………………………………429
本篇思考题…………………………………………………………………429
本篇主要参考书目…………………………………………………………429

第一篇 经济学与价值论

本篇概要

本篇主要说明经济学为什么要研究价值理论,并且还将价值理论作为其理论基石;说明马克思经济学说中的价值理论究竟要回答什么问题;西方经济思想发展史上各种价值理论究竟要回答什么问题;价值理论在发展过程中究竟是什么原因使之逐渐产生转变并且产生严重的对立;我们的时代究竟要求经济学以怎样的方法和态度来建造价值论,或者说马克思的劳动价值论与我们时代的伟大实践之间究竟产生了多少历史局限,我们应当以怎样的历史观来对待并克服这种历史局限。

学习目标

本篇要求达到的学习目标是,读者能够系统地认识价值理论在经济学发展过程中的历史演变,能够清晰地把握这种演变的历史逻辑和思想史逻辑,对于价值论在经济理论中的意义有明确的认识,对于经济学中的价值论到底要回答怎样的命题有清醒的认识,尤其是对于我们时代的实践所提出的历史性命题,要求以怎样的经济学价值论来予以解释,进而,我们如何根据实践的历史要求来构建价值论产生较深的认识。

价值范畴首先并不是作为经济学范畴存在的,但却在经济学中具有极为特殊的意义。几乎每一种经济学说、每一位产生一定影响的经济学家,都有自己独特的或始终恪守的价值论,并以此作为其全部学说的最后一块理论基石。价值论所蕴涵的观念和追求,是相应的经济学说的灵魂和旗帜。

第一章

经济学为什么研究价值论

说到底,价值理论所透现的价值取向是一种学说、一个学者、一个学派的历史观的最本质的展现,经济学中不同阵营的对立,重要的不在于其具体分析工具和方法上的差异,而在于其分析背后的价值观的不同,一定的经济学分析不过是对一定历史价值观的经济学解释,也正因为如此,才使得经济学真正具有历史的科学意义。

第一节 什么是价值

价值是一种抽象。价值理论和价值观的对立,首先从关于价值的定义开始。"价值"这一概念,严格地说,首先并不是经济学意义上的一种抽象,不是作为经济学范畴存在的,而是一个哲学意义上的范畴。从一般的哲学意义上来讲,价值表现的是作为主体的人与客观世界之间的某种关系。正如马克思所说:"'价值'这个普遍要领是从人们对待满足他们需要的外界物的关系中产生。"[①]然而,即使就这一普遍概念而言,也包含着极大的分歧。首先,这里所说的价值是人与外界物间的关系,那么是指人与客观存在的自然物质的关系,还是指人与自然物质变换过程中的人与人的社会关系?其次,如果像马克思那样,把价值理解为人与人的社会关系,那么,物质要素在价值形成中有无作用?再次,如果像许多西方学者那样,把价值归结为人与自然的关系,那么价值概念还有多少历史内涵?即使归结为人与物的关系,价值究竟是指物对人的效用(客观效用论),还是指人对物效用的评价(主观效用论)?等等。这些分歧不仅直接导致对价值源泉的认识不同,而且直接体现不同学说的历史观的根本对立。

从经济学意义上来说,尽管围绕什么是价值问题产生了许多分歧,由此产生了相应的种种不同的价值理论,但归结起来,这种分歧和对立就其主流而言,可以归结为劳动价值论与效用价值论的对立。

劳动价值论不是马克思的创造,而是西方古典经济学的首创。早在马克思经济学产生之前,劳动价值论就已经得到了相当充分的发展,并且在资本主义第一次产业革命前后上升为主流的价值论,支配西方经济学长达一个世纪之久。

---

① 《马克思恩格斯全集》(中译本)第19卷,人民出版社1963年版,第406页。

古典经济学家并未严格地区分价值和交换价值（价格），至少在古典经济学的创始人亚当·斯密那里没有做出严格的区分。斯密在劳动价值论上的巨大贡献在于，他第一次明确区分了使用价值和交换价值，认为使用价值代表特定物品的效用，交换价值代表对他种物品的购买力。斯密明确提出，交换价值的大小不取决于使用价值，在此基础上，他提出劳动是一切商品的交换价值的真实尺度，商品的真实价格（即价值）取决于商品本身所包含的劳动量。不过，斯密所说的"劳动"，有时是指生产商品所耗费的劳动，有时又指在交换中所能够购买的劳动（价值和交换价值）。更为矛盾的是，斯密在进一步讨论价值构成时，又背离了劳动价值论，认为商品的价值是由工资、利润和地租三部分构成，因而，商品价值是由工资、利润、地租三种收入决定（斯密教条），并把工资、利润、地租称为商品价值的三个源泉。古典经济学的完成者李嘉图克服了斯密关于价值源泉的二元论局限，把价值源泉归结为单一的劳动，进一步强调价值实体在任何历史条件下都只是一个，即一般的劳动。但是由于李嘉图并未严格地区分价值和交换价值，以至于他对于由于种种原因所导致的交换价值（价格）的变化难以解释，至少交换价值的高低与其劳动耗费不一致的现象难以解释，如著名的新产葡萄酒与陈酿葡萄酒价格为何不一致等，从而导致李嘉图学派的最终破产。

效用价值论是其后西方经济学对抗劳动价值论的主流。以"边际革命"为界（1871年），此前的效用论主要是客观效用论，此后则演变为主要是主观效用论。无论是哪种效用价值论，都是将价值归结为人的需要同商品效用之间的关系。客观效用价值论强调的是商品本身的效用（使用价值）。边际革命之后上升为西方经济学主流的主观效用价值论，强调商品价值的本质是人的欲望及满足程度，并且将这种欲望满足程度归结为个人对物品效用的主观评价。

在西方经济思想史上，价值理论的进一步发展便是主观价值论与客观价值论的融合，这一融合的杰出代表是马歇尔，马歇尔构建了新古典经济学的体系。在马歇尔的学说中，价值、交换价值和价格都是等同的，因此，他的价值论实际上就是价格论，是关于价格决定及其变动规律的理论。不同的是，他所说的价值或价格指的是一种均衡的状态，即供求间的均衡，既包括静态的均衡，也包括动态的均衡；既包括暂时的和短期的均衡，也包括长期均衡。实际上，马歇尔的价值指的是均衡价格[①]。在分析方法上，马歇尔是典型的折中主义，在价值（价格）的决定上，他既强调需求的作用，又强调供给的作用，既强调主观边际效用的作用，

---

① 马歇尔的均衡价格指的是局部均衡，即两个商品交换时的均衡价格，不涉及其他商品价格对这两种商品价格的影响。

又强调客观生产成本的作用,而且马歇尔尤其强调数学的边际分析。① 自马歇尔经济学实现了价值论与价格论的合流以及主观价值论和客观价值论的合流以后,原先意义上的独立于价格论的价值论便不复存在了,从此价格论的讨论代替了价值论,马歇尔的价值—价格论也就成为此后西方经济学价值—价格论发展的基础和出发点。20 世纪 30 年代以后,美国经济学家张伯伦和英国经济学家罗宾逊夫人先后提出了垄断竞争和不完全竞争条件下价值—价格决定的新理论,克服了马歇尔价值—价格论关于完全竞争条件假设的局限性,不仅进一步提高了价值—价格理论对现实的解释能力,而且进一步强化了马歇尔价值与价格论、主观价值与客观价值论双重合流的趋势,形成了当代西方经济学中占主流地位的价值—价格论的传统。

总之,在经济学的发展史上,西方学者关于价值论的认识是沿着这样的线索展开的,即先是以劳动价值论为主流,古典经济学所提出的劳动价值论支持西方经济学长达一个世纪之久,在资本主义第一次产业革命前后成为主流价值论;而后是效用价值论成为主流,以 1871 年边际革命为界,此前以客观效用价值论为主,此后则以主观效用价值论为主;再而后是以马歇尔的价值—价格论为主流,即在综合主观、客观效用论的基础上,实现了价格论对价值论的替代;此后便是当代学者在马歇尔价值—价格论基础上的进一步补充和发展。

第二节 为什么劳动价值论曾成为西方经济学中的主流

在西方经济思想史上,关于价值论的演变和转换并不仅是一种经济学理论现象,还有其深刻的历史原因。正是透过对这种历史原因的剖析,我们才能够真正体会到价值论的意义,或者说,才能回答经济学为什么要研究价值论。

之所以在资本主义第一次产业革命前后的一百多年里,以古典经济学为代表的劳动价值论能够成为西方经济学中的主流价值论;之所以在那一时代,价值理论的讨论能够成为经济学中的热点;之所以那一时代稍有影响的经济学者都参与一定的关于价值论的讨论并恪守一定的价值论,最为根本的历史原因在于两方面。

第一,在第一次产业革命前后,资本主义生产方式作为历史上新兴的生产方式,资产阶级作为新兴生产方式的代表,其在历史上的统治地位尚未稳定,人类历史发展是否能够真正承认资本主义社会,资本主义生产方式能否占据统治地位,或者说,资本主义制度应不应当替代封建制度,都还是有待证明的命题。因

---

① 参阅马歇尔:《经济学原理》(中译本),商务印书馆 1965 年版。

此,作为资产阶级意识形态的代表,包括经济学家、哲学家、法学家、社会学家、历史学家等在内,时代以及其所属阶级的利益,要求他们从各个方面,以不同的方法和不同的学术语言、逻辑,去证明同一个命题,即证明资本主义社会的必然性和合理性。那么,经济学家是如何通过经济学的分析来证明这一命题的呢?由此,价值论便成为那一时代的经济学中的基本问题。因为,从经济哲学意义上说,要证明资本主义生产方式的必要性和合理性,必须证明这种生产方式有无哲学意义上的价值,有价值才有必然性。从经济学意义上来说,要证明资本主义生产方式的必然与合理,必须证明这种生产方式是否公正,从经济学来看,如何证明这种公正性呢?因为资本主义生产方式是交换的市场社会(或称市民社会),它贯彻的是法权原则,而不是特权准则,这种法权准则在经济生活中是如何体现的呢?它是通过在商品、价格、货币、买卖、市场面前人人平等,即通过贯彻等价交换的原则来体现公平的。也就是说,资本主义市场社会是等价交换的社会,因而是公正的社会。但是,什么是等价交换,等价的价又是根据什么来决定的,怎么衡量交换是等价的呢?这就不能不涉及价格决定问题,价格由什么决定,等价交换的基础是什么?由此,价值问题便成为人们关注的热点,人们发现等价交换背后存在一种决定价格的力量,而这个力量本质上便是价值。这就是说,在第一次产业革命前后,资产阶级经济学者之所以关注价值问题,根本目的是要从经济理论上证明资本主义社会的历史必然性和合理性,因为那个时代资本主义生产方式并未稳定地取得统治地位,还需要对其存在、发展的历史必要性加以论证。在经济学家看来,资本主义社会是合理的,因为它公正。为什么说它公正呢?因为它平等。为什么说它平等呢?因为它贯彻等价交换的法权规则。为什么说它是等价交换呢?因为价格是由价值决定的,等量的价值决定着交换中的价格相等。所以,价值论的讨论便与证明资本主义生产方式的正义性紧密联系在一起,成为那一时代的经济学的热点命题,证明资本主义生产方式合理性的历史迫切需要,使得价值论在经济学中有了特别重要的意义。

第二,资本主义第一次产业革命时代,是自由竞争的时代,总体上资产阶级是有其历史进步性的,资产阶级为取得其所代表的资本主义生产方式的统治地位,面临的最主要的敌对力量是封建地主阶级,而不是无产阶级,反而要联合无产阶级共同对抗封建地主阶级,这种联合实际上是以资本雇用劳动的生产方式去根本否定封建主义社会生产方式。因而,在资产阶级经济学家的价值论中就不能不对无产者存在的合理性,不能不对无产阶级活动的合理性给以部分的承认,这种承认的最为集中的体现便是承认劳动创造价值,正因为价值的源泉是劳动,所以一切劳动,包括无产者的雇佣劳动都是有价值的活动,因而是正义的。当然,当时资产阶级学者对无产者劳动的正义性的承认仍是有保留的,甚至是矛盾的,这种矛盾性同样也体现在其价值论中,如斯密虽然提出了劳动价值论,但在进一步讨论价值构成时,又背离了劳动价值论,主张价值是由工资、利润和地租三种收入构成,实际上这是收入价值论。之所以在古典经济学的价值论中存在这一矛盾,是因为如果彻底贯彻劳动价值论,那么,资本所获得的利润以及地主所获得的地租便都是劳动创造的,因而资本和土地私有制存在的合理性和正义性便会受到怀疑,资产阶级学者是无论如何也不会把无产者劳动的正义性、合理性置于资本占有的正义性、合理性之上的,所以在提出劳动价值论的同时,又提出三种收入决定价值论。但是,毕竟那一时代资产阶级的主要敌人是封建地主阶级,所以,资产阶级经济学家在承认地租的存在但又否定其正义性的同时(比如把地租视为地主对劳动者和资本的盘剥,视为工资和平均利润之外的一项加价,是凭借对土地所有权的垄断获得的一部分超额利润等,都透现出他们对地主的鄙视),不能不对无产者的劳动给以更多的肯定,不能不对劳动的正义性给以更多的承认,这种肯定和承认集中体现在他们所提出的劳动价值论中。可见,这一时代的资产阶级经济学家之所以提出劳动价值论,根本目的也在于证明资本雇用劳动制度的正义性、合理性。特别需要指出的是,古典经济学家提出劳动价值论的根本目的包括对劳动的合理性、正义性的考虑,但主要并不是证明这一点,而是要证明资本主义社会的等价交换的合理性、公正性,只是为了说明等价交换,为说明等价交换所依赖的根据,才进一步提出劳动价值论。同样,也必须说明,劳动价值论在这一时期能够成为主流价值论,其中也的确包含了对劳动的正义性的相当程度的肯定,因为在此之前,在古希腊和古罗马时代,劳动价值论和效用价值论虽都有所萌芽,并且在漫长的历史时期,甚至包括整个中世纪,劳动价值论和效用价值论思想萌芽一直共存,但在古希腊和古罗马,经济生活是从属于政治和美学利益的,研究经济问题不仅是粗糙的,而且是为了解决更重要的伦理和法律问题,并无经济目的,就整个时代而言,当劳动主要是奴隶的活动时,是不可能被视为正义和尊贵的,虽然当时就有思想家感觉到劳动与价值存在某种联系,但劳动本身并不被视为"高尚"的有价值的活动。至于中世纪的神学家们,虽然对价值问题有所关注,但并不是也不可能建立专门的经济理论体系,他们只是要阐释据称是来自上帝安排的要求人们必须遵守的行为准则,他们视财富的积累是一种罪恶,崇尚基于财产共有的经济制度,赞赏自然经济的农业,有保留地宽容制造业,严厉谴责商业,因而,对资本以及与资本和制造业大生产相联系的雇佣劳动的正义性是不可能真正予以承认的。而在古典经济学的倡导下,劳动价值论成为主流,这既是对资本主义生产方式的历史产生和发展的回应,也是对产业革命带来的社会化大生产的回应。①

总之,西方古典经济学提出劳动价值论,并且劳动价值论之所以在资本主义第一次产业革命前后的长达一个世纪之久的时期里,成为主流的价值论,根本原因是出于证明资本主义生产方式的公正性、正义性的需要,因为那个时代的资本主义发展需要为其取得稳定统治地位而进行申辩,资本主义在当时还尚未真正稳固。

第三节　西方经济学中占主流的价值论的转变

总的来说,在西方经济思想史上价值论的分歧,主要是劳动价值论与效用价值论的对立。这种对立大体上可以分为四个阶段,第一阶段是两种思想萌芽共生共存时期,在古希腊和罗马以及中世纪大体如此;第二阶段是两者对立并相互排斥,最终是劳动价值论占据主流地位的时期,这大体上是资本主义生产方式产生到第一次产业革命前后的时期;第三阶段是两者综合,并实现了价值论同价格论的统一,以价格论取代价值论的时期,这大体上是自由竞争资本主义达到顶峰并基本结束的时期;第四阶段是以价格论替代价值论之后,西方经济学者在20世纪对价格论不断深入研究并使之一般化、更具有一般解释力的时期,一方面对不同市场结构条件下的价值规律作出深入考察,另一方面从价格的局部均衡分析发展到一般均衡。②

我们先来考察西方经济学主流价值论为何从劳动价值论转向客观效用价值论。生产费用价值论、生产要素价值论、生产成本价值论等都可以归结为客观效用价值论。应当说,这种客观效用价值论发端于古典经济学家斯密。从一定意义上可以说,斯密的价值论包括了社会生产成本价值论的基本思想,后来的资产阶级学者,正是循着这一思想逐渐发展出生产费用价值论。斯密提出了劳动价值论,同时又提出了三种收入决定价值论。这两种相互矛盾的价值论在斯密的学术体系中是如何统一的呢? 在斯密看来,无论是劳动,还是利润、工资、地租三种收入,都是成本,正是这种成本决定并构成商品的价值。不同的是在历史的不同阶段,如在原始阶段,构成商品价值的主要成本是劳动,因此说劳动创造价值,但在后来的资本发展阶段,构成商品价值的成本则包括工资、利润和地租三种收入,因而这三种收入同时构成商品价值的源泉。他认为到资本发展的一定阶段,劳动价值论便要让位于收入决定价值论。斯密这种成本价值论当然存在一系列

---

① 参阅晏智杰:《劳动价值学说新探》,北京大学出版社2001年版,第97—102页。
② 同上书,第93页。

理论上的深刻矛盾,尤其是难以解释收入决定论与劳动价值论之间的矛盾,混淆了价值创造和价值分配的关系。同时,按其收入决定价值论,把全部价值分解为三种收入,也就难以解释生产资料价值部分的客观存在(这也是斯密难以提出再生产理论的重要原因)。更为重要的在于,斯密的收入决定价值论包含了对资本和地租存在的合法性、合理性的论证,这是其阶级属性所决定的。如果按其劳动价值论的观点,地租和利润是对劳动所创造的价值的剥削,因而也就不存在公正性;如果根据其收入价值论,则不仅体现了对地主阶级的妥协,承认地租存在的合理、合法性,而且特别论证了资本获得利润的正义性,因为利润、地租既然和工资一样,都构成价值的组成,都是价值的源泉,从价值论上看就都有其相同的公正性。显然,斯密的这种成本(收入)价值论之所以提出,根本目的是对资本存在的合理性、正义性进行论证。

  劳动价值论的主流地位让位于生产费用(成本)价值论的直接动因,是李嘉图学派的破产。李嘉图继斯密之后,将古典经济学提出的劳动价值论推到了资产阶级学者所能够达到的极致。李嘉图认为,价值的源泉在于劳动,效用和生产要素并不决定商品的价值,尤其是资本和土地等自然条件,只能影响使用价值的生产,却不影响价值创造,不构成价值源泉,价值的源泉是唯一的,即人类劳动。李嘉图坚持一元的劳动价值论,论证了地租不过是对劳动创造的价值的剥削,进而指出了工业资本社会与封建社会的对立,为反封建提供了有力的经济学理论根据。但他的一元劳动价值论中也同时包含了资本与劳动的对立,因为如果价值的唯一源泉是劳动,那么,资本所获利润无疑也是对劳动创造的价值的剥削,显然,这不是作为资产阶级意识形态代表的李嘉图的本意,李嘉图不仅要反封建,更要为资本主义的历史合理性、必然性进行论证。这样,李嘉图学说便不能不面临一个根本矛盾:坚持劳动价值论固然有利于反封建,但同时意味着否定资本本身的合理性,承认资本获得利润的合理性,便意味着要放弃或根本动摇劳动价值论。再加之,从理论本身来说,李嘉图把价值源泉归结为唯一的活劳动,但对资本主义经济现实中价格与价值背离的实际现象,特别是对一些耗费活劳动大体相当,但由于种种因素导致价格大相径庭的现象,李嘉图难以作出令人信服的解释。以至于李嘉图的追随者们,一方面出于为资本合理性论证的阶级本能,另一方面出于解释价格与价值背离的理论需要,不得不将死劳动,尤其是作为劳动创造的价值的积累——资本,也作为价值的源泉,甚至认为自然力的作用也是价值的源泉,从而导致李嘉图学派的破产。李嘉图学派的解体直接导致了主流价值论从劳动价值论向生产成本价值论的转变。①

---

 ① 参阅晏智杰:《劳动价值学说新探》,北京大学出版社2001年版,第137—149页。

生产成本价值论在19世纪初由法国经济学家萨伊系统地提出,到19世纪40年代最终替代了劳动价值论的主流位置,后来约翰·穆勒又对生产成本价值论作出了完整的表述。萨伊的价值论是生产要素论、供求论、生产费用论和效用论的混合,但其基础是要素论和效用论。在萨伊看来,价值即效用,创造价值就是创造效用。而作为效用的价值是如何创造出来的呢?萨伊认为价值(效用)是劳动、资本、自然(土地)三要素共同的创造,就价值创造而言,资本和土地与劳动一样,都具有生产性。① 后来约翰·穆勒对生产成本价值论又作出了完整表述。② 至此,在西方正统的经济学中便不再存在劳动价值论,而是由生产成本价值论取代了其主流地位。

可见,在西方经济思想史上,生产成本价值论对劳动价值论的替代,或者说,之所以发生主流价值论从劳动价值论向客观效用价值论的转变,最根本的原因就在于资产阶级经济学家论证资本存在的合理性、必要性、正义性的需要。

下面我们再来考察为什么在西方经济思想史上,客观效用价值论的主流位置又被主观效用价值论所替代。提出主观效用价值论的学者很多,各自的论证方式也有所不同,但其核心思想在于,把价值归结为效用,但强调这种效用不是客观的物的效用,而是对人的欲望满足程度的效用,而这种欲望及满足程度又被归结为人对物的效用的主观评价和感受,从而把商品价值的本质归结为人的主观评价,价值不再是一种客观存在,而是一种人的主观感受。这样,不仅形成与劳动价值论的对立,而且形成与客观效用价值论的对立。

主观效用价值论思想的最初提出,在理论背景上也是基于李嘉图劳动价值论的解体,不过在李嘉图劳动价值论解体之后,首先发展并且较完善起来的是客观效用价值论,主观效用价值论尚处于提出阶段,1871年边际革命之后主观效用价值论上升为主流,替代了客观效用价值论的位置。主观效用价值论的最主要的分析方法即是边际分析,也就是说,价值是由人在主观上对满足其欲望程度的评价决定,但随着人的欲望不断被满足,同样的物带给人的满足程度,在主观感受上是不同的,存在一个满足效用程度递减的规律,因此,决定价值大小的主观评价不是一般的主观感受,而是边际效用,即最后一个增加量给人带来的满足程度。

为什么会发生主观效用价值论对客观效用价值论主流地位的取代呢?最根本的原因在于客观效用价值论难以解释并支持19世纪后期以来的资本主义发展。19世纪后期,资本主义生产方式的统治地位已经较为稳固,而且资本主义

---

① 参阅萨伊:《政治经济学概论》(中译本),商务印书馆1964年版。
② 参阅约翰·穆勒:《政治经济学原理》(中译本),商务印书馆1991年版。

方式本身固有的种种制度矛盾也已开始尖锐,特别是经历了几次大的经济危机之后,人们发现资本主义生产方式也并非是和谐的,大量生产过剩的经济危机的反复出现,使得人们不仅怀疑客观效用价值论所主张的生产自然创造需求,因而供求会自然均衡的主张,而且进一步怀疑资本主义制度是否是和谐的、合宜的制度。这就要求资产阶级经济学家必须从理论上论证资本主义制度是一种合宜、和谐的制度。但怎样才能使资本主义制度实现均衡和谐?因此,他们对需求问题、对需求与供给的均衡问题便不能不给予特别的关注。相应的,在价值理论的研究上,自然便把人的欲望以及欲望的满足程度提到极为重要的位置,甚至归结为价值的本质。目的是要说明资本主义生产方式是有价值的,是正义的、合宜的,因为它能在最大程度上满足人的欲望,并通过满足人的欲望使整个社会经济生活达到和谐均衡的状态。可见,边际革命以及由此而形成的主观效用价值论对客观效用价值论主流地位的替代,根本动因也还是出于论证资本主义制度合理性的需要。

但是,边际效用价值论取得主流地位时间不长,很快其主流地位便被马歇尔的英国新古典综合价值论所取代。如前所述,马歇尔的价值论是对客观效用价值论和主观效用价值论的综合。这种综合之所以可能,最根本的原因在于无论是资产阶级学者的劳动价值论、客观效用价值论,还是主观效用价值论,本质上都是为资本主义制度的正义性申辩的,之所以发生主流地位转换,也是根据资本主义社会发展的历史需要,为了更充分、更有效地解释资本主义制度的合理性。这种学说的阶级性和使命使之有可能被加以综合。当然,之所以能够被综合,还因为它们在理论上的某些共同点和分析方法上的某些共同处。

马歇尔提出的综合价值论的本质是以价格论替代了价值论。可以说,自马歇尔之后,西方经济学的主流不再关注原来真正意义上的价值论,而是关注均衡价格论,马歇尔本人提出的是局部均衡价格,其后的当代西方经济学者在此基础上进一步讨论了一般均衡价格问题,关注的热点是:什么是均衡价格,如何去发现均衡价格。[①]

为什么有这种从价值论向价格论的转变呢?直接的理论原因当然源于马歇尔的综合分析,但更为深刻的历史原因则在于,19世纪末20世纪初的资本主义生产方式已经牢固地取得了统治地位,相比较而言,论证这种制度的合理性、正义性,进而为这种制度的确立并取得统治地位作理论上的争辩已无更大的意义,因为它的统治早已成为历史事实,更为重要的是要论证如何运用资本主义生产方式、如何运用资本主义市场机制,才能够使经济资源配置更有效。因此,重要

[①] 参阅马歇尔:《经济学原理》(中译本),商务印书馆1964年版。

的问题不再是价值命题,不再是讨论资本主义有没有价值,不再是讨论资本主义社会哪些活动创造价值,资本存在的合理性、正义性不需要更多的理论证明,所以也就不需要特别阐释资本是否创造价值,不需要通过论证资本与价值源泉的关系去证明资本的正义和存在的必然。重要的是怎样保证资本主义制度有效、和谐地运行,实现资源有效配置,从而证明其制度的有效和优越,而这种有效、和谐的运行状态,恰恰是被概括为均衡的状态,所以怎样去发现均衡的位置,怎样逼近均衡状态,便成为西方经济学的根本任务,由此,均衡价格的讨论替代了价值论的讨论。这种替代,实际上是从回答为什么要选择资本主义制度,向回答怎样运用资本主义制度的转换。

可见,在西方经济思想上,从古典经济学的劳动价值论到效用价值论,从客观效用价值论到主观效用价值论,从效用价值论到综合的价值—价格论,其主流地位演变的根本逻辑线索,是遵从为资本主义制度的合理性、公正性、正义性、有效性、和谐性进行论证的需要。这便是西方经济学研究价值论的根本使命所在。据此,我们可以说,一切经济学、一切经济学家研究价值理论,根本目的都在于为其所代表的阶级以及所要求的生产方式的历史必然性和正义性申辩。价值理论的深刻和对立之尖锐的根本原因源于此,价值理论在经济学中的重要也源于此。西方经济学价值论的使命如此,马克思价值论的使命同样如此,我们创造和构建适应社会主义市场经济历史要求的价值论,同样应以承担这一使命为基本出发点。

第二章 马克思的价值论究竟要说明什么

广义地说,马克思经济学的价值理论包含两个基本部分,即劳动价值论和剩余价值论,两者之间存在着深刻的联系,劳动价值论构成剩余价值论的基础,而剩余价值论则是对劳动价值论所揭示的资本与劳动对立关系的科学证明。狭义地说,马克思经济学说中的价值论即指劳动价值论,当然马克思的劳动价值论不同于一般西方经济学中的劳动价值论。无论是广义地还是狭义地看,价值论在马克思全部经济学说中的地位和意义都是极为重要的。那么,马克思的价值论究竟揭示了什么,这是我们要在这里重点讨论的。

第一节 马克思价值理论的实质

马克思价值理论的实质在于把价值归结为人与人之间的社会历史关系,并把这种社会关系视为社会制度历史演进的结果。这是马克思价值论最为深刻之处,也是马克思之所以建立价值论的根本目的,即通过价值理论的分析,来揭示人类社会制度,揭示人们之间社会经济关系的运动和发展规律。马克思不是一般地讨论人与物的关系。那么,怎样说明价值是人们之间相互社会经济关系的体现?这便是马克思价值论的科学之处,以往的劳动价值论也并未排除把价值作为人们之间的社会关系,如李嘉图等人,但并未真正科学地说明它,马克思对劳动价值论的贡献,恰恰在于科学地论证了这一点。

马克思的劳动价值论是在对英国古典经济学的劳动价值论进行批判的基础上,继承并发展起来的。马克思劳动价值论建立的时期,也正是英国古典经济学劳动价值论解体,进而西方经济学中占主流的价值论从劳动价值论向生产成本价值论转变的时期。马克思在批判地继承发展古典经济学劳动价值论的同时,对生产成本价值论(客观效用价值论)给予了深刻的批判,马克思的价值论正是在这种继承批判中形成的,而这种继承批判的基本出发点在于,马克思坚持价值是人与人的社会历史关系,而不是人与物之间的效用关系。

从马克思的劳动价值论来看,他是怎样论证价值的本质是人与人的社会关系的呢?其一,马克思严格区分了价值和使用价值,认为商品虽然是价值和使用价值的对立统一,但经济学只在使用价值作为价值的物质承担者的范围内关注使用价值,此外,经济学不研究使用价值,即不研究物的效用。这就在价值论中彻底排除了人与物的关系。这一点，古典经济学者已经提出，但远不如马克思彻底。

其二，马克思严格区分了价值和交换价值（价格），这是马克思对古典经济学劳动价值论的重要发展。古典经济学的劳动价值论，包括斯密和李嘉图，都混淆了交换价值和价值，因此只关注相互交换的比例（交换价值）的高低，但却无从发现在交换价值背后的决定性的实体是什么，也就是说，回答不了为什么不同的使用价值可以在数量上进行比较并按一定比例进行交换。那么，使不同效用可以相互比较的决定因素是什么？仅仅从交换比例量的关系上是看不出来的，只有探究交换价值背后的决定性实体才可以解释，混淆了价值和交换价值，便无以从交换价值的数量关系上深入揭示决定交换的本质关系。马克思区分了交换价值和价值，并进一步指出价值才是决定交换价值的基础，而这个价值的本质是人类抽象劳动，抽象劳动是一切使用价值所包含的共同性的实体，正是由于有这种共同，才使得不同物可以还原为同一性的实体并加以比较和交换，交换之所以可能，交换比例（交换价值）之所以得以确立，根本在于价值——抽象劳动的存在。而这种抽象劳动，体现的恰恰是人与人的社会经济关系，人的经济关系是价值的实质，交换比例不过是这种价值运动的一定数量表现。

其三，马克思科学地论证了价值的源泉，而这正是古典经济学所困惑的。马克思创造了劳动二重性学说，劳动二重性学说对于马克思的劳动价值论具有特殊的意义。在马克思看来，生产商品的劳动，一方面是具体的劳动，另一方面同时又是抽象的社会一般劳动，具体劳动与使用价值直接联系，生产具体的物品，而抽象的社会一般劳动直接与价值联系，构成价值的源泉和价格的决定性基础。古典经济学把劳动仅仅视为具体劳动，并没有从各种不同方式的具体劳动中抽象出社会一般劳动，因此，在坚持劳动价值论，并把劳动作为价值源泉时，难以区分劳动对于使用价值和价值的不同关系，从而难以把价值源泉唯一地归结为劳动。更为重要的是，具体劳动反映的是人与自然间的物质关系，是人运用劳动工具作用于劳动对象的具体过程，而抽象的社会一般劳动才真正反映人们劳动的社会性质和历史形式。抽象劳动作为具体劳动社会化的一般还原，即去掉劳动的具体形式，还原为共同的抽象劳动，这一过程本身既是理论的抽象，也是现实的社会化过程。把各自不同的具体劳动还原抽象为社会一般劳动，这种还原和抽象本质上是人们彼此承认劳动，也是个别的劳动被社会承认的过程，具体劳动生产的物的效用，要具有价值，必须经过社会承认并经过社会将其劳动抽象为社会一般劳动的过程。价值是一种社会关系，也是一种社会关系的运动过程，这是马克思劳动二重性学说的要义。

其四，马克思在抽象劳动基础上，进一步提出了价值量的决定——社会必要劳动时间范畴。价值量既不是由个别劳动时间决定,也不是如李嘉图所说的是由最坏的生产条件下耗费的劳动时间决定,而是由社会必要劳动时间,即社会平均和必要的劳动时间决定。这表明,在马克思价值论中,有无价值、有多少价值,不是个别劳动决定的,而是社会决定的,个别劳动在多大程度上被社会承认,个别劳动时间在多大程度上符合社会必要劳动时间的要求,都是社会的过程,因而价值本身是人与人的社会关系,而不是人与具体物的个别的关系。[①]

其五,马克思分析了商品的价值形式和货币的起源及本质,而这一点也是古典经济学所忽略的。本质上,价值形式和货币的起源及发展的过程,是社会历史的过程,是人们经济关系及经济制度历史变化的体现。人类的劳动之所以要表现为价值,价值之所以是一种社会关系,人类劳动产品是否有价值、有多少价值之所以取决于社会的承认,这种社会承认之所以表现为交换并通过交换证明个别劳动的社会性,这种社会交换所采取的形式之所以不断发展,由简单的物物交换发展到商品货币交换,归根到底是因为社会经济中的基本矛盾的变化,即生产的私人性和社会性的对立统一。之所以存在生产的私人性与社会性的矛盾,根本原因在于基于社会经济制度产生的社会分工和生产资料私有制这两个基本条件。马克思价值形式和货币起源及本质的分析,正是从这种经济制度演变发展中揭示人们相互经济关系运动的变化。价值以及价值形式、交换以及货币等,不过是人们的经济关系在一定社会历史条件下采取的特定的历史方式。

马克思的逻辑线索是这样的:从商品这一最普遍的现象出发,什么是商品,商品是使用价值和价值的对立统一,没有这一矛盾,就不存在商品,只存在产品,但经济学不研究使用价值,只研究价值,因为价值才是人与人经济关系的体现;那么,为什么产品成为商品,就成为使用价值与价值的矛盾体呢?因为生产商品的劳动过程有了历史的变化,劳动成为具体劳动和抽象劳动的对立统一,具体劳动形成使用价值,抽象劳动形成价值,劳动过程的这种矛盾的特殊性,使劳动结果成为商品,成为使用价值和价值的对立统一。那么,为什么劳动具有了这样的历史性质,成为具体劳动与抽象劳动的矛盾过程?这是因为社会生产过程中的主要矛盾发生了变化,生产的私人性和生产的社会性的对立统一,成为社会经济中的主要矛盾,生产的私人性质使得劳动总是具体的、个别的过程,而生产的社会性又总是要求劳动具有社会一般必要劳动的性质,要求个别劳动必须经过社会化的承认,必须被社会承认并从一开始就是为社会生产的。那么,为什么社会

[①] 马克思在讨论价值决定时,是假定总供给和总需求是相等的,因此,社会必要劳动时间不包括需求的约束,只是从生产条件上讨论的一种平均化。进入总量分析之后,马克思又对"社会必要劳动"赋予了新的含义,指出"社会必要"包含社会总需求承认的含义。正因为如此,产生了当时和后来马克思价值向生产价格转型问题的大论战。

生产的主要矛盾以及由此规定的社会生产的性质会发生这种变化呢？因为人类社会经济发展中的基本制度条件发生了变化，出现了社会分工制度和生产资料私有制，私有制使得人们的生产总是私人的并且是为私人利益进行的，但社会分工又要求人们必须相互提供产品，要求私人生产必须具有社会性，从而使得社会生产具有私人性质与社会性质的对立统一。马克思的劳动价值论正是对上述矛盾运动的阐述，是对人们之间的社会经济关系运动以及这一运动所采取的社会历史制度方式的分析，目的在于揭示人类经济关系矛盾运动的原因和规律。①

但是，价值虽然是劳动创造的，是人与人之间的社会经济关系，在现象上却表现为物与物的关系，而且表现为物对人的支配，商品生产者的生产取决于他们的私人劳动能否转化为社会必要劳动，能否实现私人产品向货币的转换，而这一转换过程又是自发的、社会化的，而不是商品生产者本身主观可以预料和控制的。于是，商品货币在人的面前便有了神秘性，有了事先的不可预知性，人们不能不对商品货币关系的运动产生迷信，即产生商品货币拜物教。也就是说，在商品生产和交换过程中，人们之间的经济关系的必然性和内在逻辑性，是通过自发的、偶然的、人们不可知的外在物与物的关系运动来实现。本来是人们之间的社会经济关系，本来是人的劳动创造了价值，商品货币不过是人类经济关系在一定社会历史条件下采取的运动方式，但在商品货币拜物教面前，人类本身的活动却反过来受物与物关系的支配。这是一种异化、一种扭曲。马克思商品货币拜物教学说正是对这种异化和扭曲的深刻批判，通过这种批判，马克思进一步深刻揭示了商品价值的本质及价值形式的运动实质，不过是人的社会经济关系的运动。

马克思把价值归结为人们社会经济关系的历史运动，通过这种归结要告诉人们什么呢？最主要的，即在价值观上要告诉人们两方面：一方面价值是劳动创造的，劳动是价值的唯一源泉，因此一切不劳而获，无论是通过资本私有还是通过土地私有占有价值都是对劳动的盘剥，尽管这一点的证明和科学分析是在马克思的剩余价值论中展开的，但在这里，劳动价值论已深刻地揭示了劳动与资本的对立，揭示了资本剥削的非正义性、非合理性，因为一切死劳动都不创造价值，也正因为如此，劳动价值论不仅成为剩余价值论的经济理论基础，而且成为剩余价值论的伦理价值观的基础；另一方面，马克思在价值观上告诉人们，人类劳动的社会性质是通过自发的人本身不能控制的、异化的形式实现的，本来是人类的劳动生产，但表现为人不能支配却反而受其支配的方式，人们的劳动要通过交换来间接地证明其价值，这本身就是人的经济活动的某种异化，是不合理的。之所以有这种历史的扭曲，是因为存在私有制，在社会分工条件下的私有制割断了人们

---

① 参阅《马克思恩格斯全集》(中译本)第23卷，人民出版社1972年版。

生产的直接社会联系,人们生产的社会性表现为迂回间接的外在过程,要克服这种异化,最根本的在于消灭私有制,一切与私有制直接相联系的商品价值、货币、交换关系都是一种历史的扭曲,因而从发展趋势上,从人类理想社会的价值取向上,最终都是要取消的,所以,马克思的劳动价值论在价值观上所昭示的是对商品关系和市场交换的根本否定。上述两方面是马克思劳动价值论分析的根本目的所在,也是我们研究其价值论必须牢牢把握的。

第二节 马克思的劳动价值论没有直接说明什么

这里不是讨论马克思的劳动价值论随着社会经济的发展面临哪些挑战,或者说对于解释当代现实经济生活有哪些历史局限性,而是说,就理论学说而言,一种理论总是在一定假设条件下,对特定的命题加以分析,不可能要求一种理论对所有经济问题都给出系统的阐述。马克思的劳动价值论有其特定的宗旨和目的,有些命题虽然和马克思劳动价值论有密切联系,但却不是劳动价值论本身要说明的。

首先,马克思的劳动价值论揭示了价值的源泉,因此,在价值观上包含了资本与劳动的对立,但劳动价值论本身并没有说明资本怎样与劳动对立,也没有说明资本怎样实现对劳动者的剥削;或者说,劳动价值论只告诉人们资本不创造价值,但并未说明资本怎样占有劳动创造的价值。对于资本占有劳动价值的剥削问题的分析,是马克思剩余价值理论所做的工作。如果说马克思劳动价值论是对古典经济学劳动价值论的批判性继承发展,那么,剩余价值学说则纯粹是马克思的创造。马克思在其劳动价值论的基础上,发现了劳动力这一特殊商品的性质,指出劳动力的使用价值的特殊性恰恰在于它能创造价值,而劳动力的价值,即维持劳动力生产和再生产的费用,表现为工资,不过是劳动力创造的价值的一部分。由此出发,一切资本、土地等私有权所获得的收入,不过是对劳动创造的超过劳动力价值之外的剩余价值的瓜分,因为在资本雇用劳动的制度下,资本购买劳动力所支付的只是劳动力的价值(工资),而获得的是劳动力使用价值所创造的价值。虽然这里在形式上贯彻的也是等价交换,但在劳动力特殊商品的等价交换中,却包含了深刻的、事实上的不公平,包含了资本对剩余价值的无偿占有。如果说,在价值观上,马克思的劳动价值论不仅昭示着劳动是价值的唯一源泉,因而一切脱离劳动的对劳动成果的获得都是不正义、不合理的,而且告诉人们,价值、商品、货币、市场等范畴,作为人类经济关系的一种异化的、颠倒的表现,作为与私有制相联系的范畴所体现的经济关系,本身就是非正义、非理想的,在未来公有制经济中将会被根本取消。由此,我们可以说马克思的劳动价值论在价值观上是否定一切与私有制相联系的商品、货币、市场关系的。那么，马克思剩余价值理论在价值观上要说明的则是，资本主义市场制度是不合理的、不正义的，从人类经济运动发展的历史规律上看，迟早是要灭亡的。马克思剩余价值理论通过对资本主义生产方式运动规律的剖析，深刻揭示了资本主义制度的不合理性。马克思劳动价值论一般地说明了一切商品生产的历史不合理性，马克思的剩余价值论则特殊地说明了资本主义商品生产的历史不合理性。马克思的劳动价值论是其剩余价值论的基础，但并不是对剩余价值的直接分析，劳动价值论只说明价值源泉及运动形式，但并不说明资本是怎样在等价交换的方式下无偿占有价值的，更不说明各种资本是如何瓜分剩余价值的。因此，在社会生产和再生产过程中，能够获得收入并不意味着创造了价值，这种收入决定价值的观点，正是马克思予以批判的。即使在社会主义市场经济时代，一定的活动能够合法地获得收入，甚至是高收入，一定的要素持有者可以凭所有权获得收入，并且也是合法、合乎制度规定的获得，但这并不意味着之所以能够获得收入，在于其直接创造了价值，收入的获得没有必要也不可能全部归结为价值创造。在马克思看来，脱离劳动创造价值而获得收入是不正义的，但并不是说不创造价值的活动或劳动都不能获得收入。因此，对我们现实生活中的种种收入的合法性论证，不应也不必一定从马克思的劳动价值论上寻求支持，不应也不能将其统统归结为价值的源泉进而肯定其正义性，而只能从时代发展的历史要求出发，探究其历史的正义性。

其次，马克思的劳动价值论并不说明公有制社会个人收入按劳分配的必然性，进一步说，马克思的劳动价值论并不是为未来公有经济社会确定个人收入分配原则提供根据的。在马克思看来，未来公有经济社会的初级阶段之所以贯彻按劳分配，是因为取消了私有制，因此，一切凭借私有产权获得收入均不再可能，只能凭借劳动，同时由于生产发展水平所限，尚且达不到按需分配，只能贯彻等量劳动领取等量报酬的法权原则；至于到公有社会的高级形态——共产主义，不仅不存在私有制，而且物质财富极大涌现，因而，为个人消费品分配实行按需分配创造了制度条件和生产力发展基础。可见，在马克思的价值论分析中，未来理想社会个人消费品分配原则的根据，不是每个人的活动都创造了价值。分配原则，无论是按劳分配还是按需分配的正义性、合理性也不是因为创造了价值。事实上，在马克思的理论中，只要消灭了私有制便不再存在商品、价值、货币、市场、工资、价格等范畴，劳动及人们的经济关系根本不再体现为商品价值关系了，怎么可能根据是否创造价值、创造价值的大小去确定个人消费品的分配呢？从某种意义上可以说，分配关系本质上不过是生产资料所有制关系运动的某种利益实现，而不是是否创造价值的表现。所以，即使在社会主义市场经济条件下，要素参与分配尽管有其必然性和制度的合法性,但并不意味着要素创造了价值,各种活动和劳动尽管同样获得收入,有时甚至往往比直接生产者的收入还要高,但并不意味着他们的活动都直接创造价值。确定分配原则没有必要寻求价值论上的根据。马克思的劳动价值论也并不说明分配关系,尽管马克思劳动价值论包含了对分配关系认识的价值取向。

再次,马克思的劳动价值论排除了对效用的分析,马克思明确表示经济学一般不研究使用价值,不研究人与物的关系,价值的本质是人与人的社会经济关系的历史体现。价值的唯一源泉是劳动,而不是视其活动是否提供了效用,也不论这种效用对社会经济生活具有多大程度的不可或缺性。因此,马克思的劳动价值论不说明物的稀缺性,不说明物的有用性,不说明活动对于社会的不可或缺性,不能因劳动或活动提供了效用而说明其创造了价值,尽管价值创造必须以提供使用价值为前提,但提供使用价值并不等于价值创造。尽管在经济思想史上,一直存在马克思生产价格转型问题的争论,争论的起因便是马克思关于决定价值的两种社会必要劳动时间的定义间的差异,因为马克思在谈到价值向生产价格转型时,提出的决定价值大小的社会必要劳动时间包含了社会承认,即适应社会总需求意义上的"社会必要",而不仅仅是不同生产条件下社会平均化意义上的社会必要,由此,似乎需求问题,进而效用问题又被纳入了价值决定。但从价值生产的分析来看,马克思始终假定供求是均衡的,因而效用等对价值的创造是不产生任何作用的。尽管也有人指出马克思劳动价值论只讨论人与人的社会关系,而不考察人与物、人与效用的关系,人与使用价值(财富)生产的物的关系是有局限的,并认为这种局限性的根本在于使价值论成为单纯讨论人与人的社会关系、单纯批判某种社会制度的历史不合理性的批判性、革命性的理论,而忽略了生产财富建设性的要求,因此,价值应包括人与效用生产的关系,也因此,影响了在其中有贡献的效用生产因素,人与这些因素的相互关系也应包括在价值范畴之内,也应视为价值创造的重要方面。这种分析或许具有一定的时代进步性,但需要指出的是,马克思本人的劳动价值论的确没有包含人与物、人与效用的关系,至于这是不是马克思劳动价值论的局限性则需要另外的讨论。因此,根据马克思的劳动价值论,是否提供了效用与是否创造价值没有必然的联系,即使在社会主义市场经济的条件下,也不能因为某种活动、某种要素在提供效用的过程中作出了贡献,而根据马克思的劳动价值论,肯定其具有创造价值的作用。

最后,马克思的劳动价值论并不是要论证在自然形态上哪种劳动是生产的,哪种劳动是非生产的;更不是通过劳动价值论说明劳动的生产性和非生产性来论证在社会分工中哪种劳动更重要。马克思关于生产劳动的学说是一个复杂而又深刻的体系,至今一直存在许多对其认识上的分歧和激烈的争论。马克思的劳动价值论与其生产劳动学说有一定联系,但并不是要说明劳动生产性问题,价值论就是解决价值源泉及价值运动问题。马克思并未根据是否创造价值而判定劳动的生产性与非生产性。事实上,马克思对于生产劳动的认识至少是从两方面展开的,一方面,是从自然形态上展开的分析,认为从最一般的意义上说,生产劳动必须是生产使用价值的劳动,尽管在这种使用价值(效用)的存在形式上有进一步讨论的空间,但总体上马克思是把使用价值存在形态归结为物质产品,因而,马克思说只有生产物质产品的劳动是生产劳动。另一方面,是从社会形态上展开的分析,认为从特殊的社会历史制度条件上说,生产劳动总是社会的、历史的存在,总是具有一定的社会历史性质,不存在超越历史、脱离社会经济关系的生产劳动,因此,某种劳动是否是生产劳动,关键视其是否真正体现一定社会占统治地位的生产关系,资本主义生产劳动必须是体现资本雇用劳动,体现资本无偿占有剩余价值的劳动。尽管不生产物质产品,但只要是资本雇用劳动,如资本家雇用下的歌女等服务人员,都是资本主义社会性质的生产劳动;尽管生产物质产品,但只要不体现资本主义生产关系,如资本主义社会存在的自给自足式的农民,尽管生产物质产品,却不是资本主义社会性质的生产劳动。马克思生产劳动学说的重点,既不是一般地说明劳动的生产性在于创造物质财富,更不是要说明劳动的生产性在于创造价值,而是要说明劳动的生产性在于是否体现一定社会的生产关系,不同性质的生产关系使劳动的生产性具有了不同的社会历史规定和特点。[①] 因此,即使在当代社会经济发展、劳动状态和方式发生深刻变革的时代,论证一种劳动是不是生产性劳动也不应当从马克思劳动价值论上寻求根据,甚至论证某种产业、某种行业、某种分工、某种活动的重要性也不必根据其是否创造价值,进而论证其是否具有生产性来证明。马克思劳动价值论并非意在说明劳动的社会生产性,尽管人们可以说,这是马克思劳动价值论的某种历史局限,但这是需要另外讨论的问题,而不是马克思劳动价值论本身的问题。

---

① 参阅《马克思恩格斯全集》(中译本)第26卷(Ⅰ、Ⅱ),人民出版社1972年、1973年版。

第三章 马克思劳动价值论面临的历史新挑战

本章不再讨论马克思劳动价值论没有研究什么,而是讨论伴随社会经济的发展,出现了哪些主要的社会经济历史现象,而对于这些历史现象,教条式地沿袭马克思的劳动价值论的确难以解释。从某种意义上说,这不是马克思劳动价值论本身有什么缺陷,马克思劳动价值论在马克思所假定的条件下,在马克思的分析逻辑中,深刻地解决了劳动价值论所要解决的问题。至于我们所面临的新的社会经济命题,我们不能苛求一百多年前的马克思就已为我们作出回答,或者说,不能因为马克思一百多年前创立的理论在某些方面回答不了我们今天遇到的问题,我们便指责马克思的理论不科学,我们只能说我们自己在坚持马克思主义基本方法的同时发展、创新不够。因此,与其说我们在此讨论马克思劳动价值论面临的历史挑战,不如确切地说,我们需要讨论我们面临怎样的有待创新研究的命题。

第一节 劳动价值论的逻辑与公有制市场经济兼容的矛盾

这是马克思劳动价值论的内在逻辑与公有制同市场经济统一的现实历史进程之间的矛盾,按照劳动价值论的逻辑,市场关系的不合理性根源于私有制,取消了私有制,市场也就同时取消,市场经济不可能建立在公有制基础上。对于社会主义经济改革的理论和实践探索来说,不能不同时面对两个传统教条,一个是来自西方经济学的教条。全部西方经济学,无论是自古典经济学以来的思想发展史,还是当代活跃着的各个学派,无论相互间存在多少分歧,但在把商品、货币、市场经济与私有制,特别是与资本主义私有制直接联系起来这一点上是一致的,即在他们看来,市场经济关系只能在资本私有制下才可能存在和发展,任何取消私有制的社会都不可能存在市场。另一个是来自马克思的传统。在马克思那里,商品、货币、市场等经济关系,不过是资本私有制度采取的一定运动形式,是私有制的产物,取消私有制便意味着取消商品、货币、市场关系。因此,公有制与商品、货币、价值、市场等制度是根本对立的,马克思的劳动价值论分析的逻辑彻底否定了公有制与市场有机统一的历史可能。

社会主义公有制社会的实践者最初也是遵循这一传统,将市场与社会主义公有制对立起来,在公有制下根本否定商品、货币关系,否定市场机制。但却为此付出了极其高昂的代价。实践使人们认识到改革传统体制,努力进行在公有制基础上培育市场机制的探索是历史的选择。可以说,各国改革的实践,最初并在相当长的时期里,都是围绕如何统一公有制与市场机制这一历史命题展开的,但直至今天,这一命题并未真正得以解决。我国虽然明确提出并坚持以社会主义市场经济为改革目标,即在公有制为主体的制度前提下使市场成为配置资源的基础性力量,统一公有制与市场经济,但一方面对于这一选择在经济理论上还需深入分析和探讨,另一方面更重要的是还有待于实践探索和证明。在公有制社会建立市场经济,这是马克思劳动价值论否定的,而又是我们目前要实践的历史性难题。苏联、南斯拉夫、东欧等斯大林模式下的计划经济国家以及俄罗斯,关于经济改革的理论和实践在相当长的时期里都是围绕如何统一公有制,特别是统一国有制与市场机制这一命题展开的,但它们提出的种种理论、方案在实践中均未能实现财产制度公有性质与资源配置市场化要求之间的统一,最终,为获得市场效率,为使市场机制成为配置资源的基本方式,这些国家纷纷放弃了公有制,使改革在性质上发生了根本的转变。

这是理想与现实间的冲突,根据马克思劳动价值论所透现的价值观,从理想状态上来说,一切商品、货币、价格、市场范畴都是不合理的,都是人类本身劳动的扭曲和异化,因为这些市场经济范畴最深刻的社会制度根源在于私有制对人们直接的社会联系和社会属性的割裂。所以,在人类理想社会,应当废除一切商品、货币、市场关系,废除一切私有制,人类劳动的社会性质不必再通过市场交换关系间接地得以体现。但我国的社会发展的现实表明,实现劳动价值论所要求的价值取向,需要创造一系列社会物质和精神方面的条件,而我国现在以及未来相当长的历史时期中显然不具备也不可能具备这样的社会条件。我国社会发展的目标、我国社会发展所面临的基本命题的处理、我国现代化的历史进程、我国人民福利目标实现的要求,历史地规定着我们必须在公民制为主体、多种所有制经济共同发展的社会基本制度基础上,培育和建设社会主义市场经济体制,也就是说,中国的现代化只能在社会主义市场经济的体制中实现。这样的现实便要求我们不能在价值观上否定市场、商品、货币关系存在的历史合理性和公正性。因此,马克思劳动价值论的理想与我们社会主义市场经济的现实产生了冲突,这是价值观上的冲突。

把共产主义远大目标作为理想,作为不懈奋斗的事业,是马克思主义者应当始终坚持的信念。人类文明总是历史地、不断地进步,共产主义的远大理想终归会实现,不看这一目标距离现实有多么遥远,也不论在这一漫长历史过程中会遇到怎样的矛盾和困难。追求人们事实上的平等,追求人类社会大同,取消私有制带来的人们之间利益的根本对立,取消市场关系给人们的社会关系、社会劳动带来的扭曲和异化……这一切都是美好的追求，人类文明的进展总是朝着美好的目标及理想在运动的，我们应当相信人类对美好理想的渴望，因而我们要坚定共产主义的理想。但这种理想的实现又总是历史的，总是受一定历史条件制约的。我国目前仍是社会主义初级阶段，尽管已经开始具备了初步的社会主义制度特征，但无论是从物质文明水平还是精神文明程度上，无论是从经济发展水平还是政治文明状态上，远不具备实现共产主义远大理想的条件，在许多方面，由于多种原因，甚至远远落后于当代发达资本主义国家，中国特色社会主义的现实，要求我们一切发展目标的实现，在整个社会主义初级阶段，都还只能通过市场机制、通过社会主义市场经济的制度安排来完成。因此，马克思劳动价值论的价值观支持着我们的共产主义远大理想，但的确与社会主义市场经济实践存在差距，因为劳动价值论在历史价值取向上根本否定市场关系的合理性，而社会主义市场经济的实践，则必须承认市场经济的合理性、公正性，必须尊重市场经济规律，在社会精神、政治、法律、经济等方面必须弘扬和保护市场经济的基本法制和要求。这种对市场经济关系的承认一方面是对劳动价值论根本否定市场经济关系的价值观的否认，但这种历史否认，恰恰是最终取消商品、货币、市场关系，实现人类共产主义远大目标的不可逾越的阶段。说到底，全新的中国社会主义市场经济的伟大实践，需要我们在实践中创造全新的价值论，以支持和指导中国的发展。

第二节　非物质产品生产劳动具不具备创造价值的能力

　　这是一个争论已久的问题。在马克思的分析中，对生产劳动和非生产劳动曾作出过系统的考察，但一方面，马克思的生产劳动学说的根本目的是说明劳动的社会性质，特别是说明资本主义社会生产劳动特有的社会历史性质，而不是说明劳动的自然过程的特征；另一方面，在马克思所处的时代，支持经济发展并体现科技进步最为典型和突出的产业是以工业制造业为代表的物质产品生产，因此分析资本主义生产关系，考察体现资本主义性质的生产劳动，集中分析资本主义物质生产是有其历史根据的，虽然马克思也提到诸如科技研究和管理劳动的问题，但并非主要问题。在当代社会，非物质领域的生产，第三产业的发展，特别是体现信息社会、知识经济发展趋势的一系列新兴产业的产生和发展，使得以物质生产为分析对象的经济理论，包括马克思的劳动价值论，遇到了一系列需要重新认识和讨论的问题，从理论上来说，非物品的各种服务有无使用价值和价值，提供服务的劳动有无生产性,成为争论的热点。①

1. 马克思关于服务的定义

从一般意义上讲,服务即是人类劳动以活动的、非物品形式存在的使用价值。服务作为经济学考察的对象,不仅在于它是一种使用价值,更主要的在于它是经济范畴。一方面服务是劳动创造的能够满足人的需要的使用价值,服务生产反映着人与自然之间的关系;另一方面服务作为社会财富的一部分,体现一定的社会经济关系,服务劳动具有一定的社会规定性。作为经济范畴的服务是这种自然形式与社会形式的统一,自然形式是社会形式的承担者,社会形式构成服务生产的本质特征。

资产阶级学者在论述服务时,一个共同的特点在于,否认服务是自然形式与社会形式的统一,取消服务作为经济范畴的客观规定性。他们或者完全撇开服务的自然形式,把一切不提供使用价值的人类活动,尤其是把国家官吏、军队等非经济活动以及非劳动纳入生产范围;或者脱离服务的社会形式,抹杀服务生产所体现的经济关系,掩盖资本主义服务生产的实质。从自然形式与社会形式的对立统一中考察服务始于马克思。

马克思从自然形式上分析服务时,区分了两种服务。一种是以活动形式存在的服务。"服务这个名词,一般地说,不过是指这种劳动所提供的特殊的使用价值,就像其他一切商品也提供自己的特殊使用价值一样;但是,这种劳动的特殊使用价值在这里取得了'服务'这个特殊名称,是因为劳动不是作为物,而是作为活劳动提供服务的。"②在这里必须注意,马克思所说的服务的使用价值是指服务劳动所提供的使用价值,而不是反映服务劳动本身。劳动过程和劳动所提供的以活动形式存在的使用价值在性质上是不同的,尽管在现实生活中,服务的使用价值同生产行为不可分割,或者说产品同生产者行为不可分割,但产品的特殊存在形式并不说明其使用价值与提供使用价值的劳动本质上是相同的。服务生产者以劳动创造出使用价值而不是创造出劳动本身,如果把服务等同于劳动过程本身,那就是说服务生产者用劳动生产着劳动,实际上否认了服务使用价值的客观存在。因为劳动创造产品,这种产品可以是有形物,也可以是无形的使用价值,但劳动本身不是产品。服务消费者所消费的也不是服务劳动者的劳动,而是劳动所提供的使用价值,尽管在现实生活中服务的生产过程和消费过程在时间、空间上是一致的,但这并不能阻止我们在理论的考察上将其区分开,它们是同一过程的两个方面。

---

① 参阅刘伟:《论服务的使用价值和价值》,《北京大学学报》1985 年第 2 期。
② 《马克思恩格斯全集》(中译本)第 26 卷(I),人民出版社 1972 年版,第 435 页。

另一种是能够脱离生产者行为而独立存在的服务，它可以体现为可捉摸的物品①，例如，书籍、绘画及一切可以脱离艺术家艺术活动而存在的艺术品。之所以把它们划为自然形式上的服务，而不列入物质资料产品，是由于这类产品一般是满足人们精神生活需要，它们的使用价值不在于所采取的物的形式，而在于物的形式下的无形的知识内容和艺术内容。它们主要不是物质资料生产者的产品，而是作家、画家及艺术工作者通过自己的劳动，提供的对客观世界的认识和艺术反映。这里的劳动过程对劳动者来说，同时是认识世界、反映世界的过程，但对消费者来说，客观上则是为他们提供可满足其精神需要的产品的过程，这种产品是无形式的，不过采取了物的外壳的形式，正是在这个意义上才将其列为服务。

马克思从劳动的社会形式上给服务下定义时，把一切不体现资本主义经济关系的劳动定义为服务劳动。马克思指出："非生产劳动是提供服务的劳动。"②也就是说，服务劳动是不体现资本主义生产关系的非生产劳动。这仅仅是从劳动所体现的特殊经济关系上而不是从劳动是否提供有形或无形的使用价值的角度考察问题。因此，这里的服务与服务的自然形式没有直接关系，服务作为非生产劳动，既可能包含物质资料生产，也可能包含无形的使用价值生产。但这并不等于说劳动的社会形式与自然形式根本无关，也不等于说产品的自然形式与社会形式根本无关，劳动的社会规定性依存于具体劳动之中，产品的社会形式以其自然形式作为承担者。因此，虽然某种劳动是不是社会生产劳动，是否体现占统治地位的生产关系，不取决于它所生产的使用价值的特殊性，但要成为社会生产劳动，必须首先是生产使用价值的劳动。当然，使用价值既可以是有形物，也可以是无形的服务。

那么，劳动的社会形式与价值创造有没有关系呢？其实，价值本身作为一种经济关系，也是劳动的某种社会性质的反映，不过较之资本主义经济关系更为一般。由于马克思考察的是资本主义社会，因此把劳动的社会规定性定义为占统治地位的资本主义生产关系。确定某种劳动是否成为资本主义生产劳动，与劳动是否创造价值没有直接关系，不能把生产劳动与创造价值的劳动等同。

2. 服务的使用价值

（1）服务使用价值存在的独立性

服务使用价值的特点在于它不是以有形物的形式，而是以活动的形式存在。因此，人们往往不易感到它的独立存在，其实，活动形式也是一种使用价值的独

---

① 《马克思恩格斯全集》（中译本）第26卷（Ⅰ），人民出版社1972年版，第436页。
② 同上书，第432页。

立存在形式。否认这一点就意味着否认服务价值有其客观承担者,从而否认服务价值的存在。

承认服务使用价值的独立的、客观的存在形式,必须注意两方面的问题。一方面,不能把服务的使用价值同劳动过程本身混同,正如前边已指出的,尽管服务产品与生产行为不可分离,但二者在本质上毕竟是不同的,服务生产者生产和出卖的是服务而不是服务劳动。

另一方面,必须区分服务使用价值和服务使用价值实现的结果。我们承认服务使用价值的独立存在,是指服务劳动提供的以活动形式存在的有用性具有客观性,这种有用性既不等同于劳动,又不能独立于生产者劳动的行为而存在。有人认为,服务劳动的劳动对象是人,因此,服务的使用价值在于消费服务后所发生的身体上、精神上的变化,如理发服务的使用价值表现为消费者变化了的发型。其实这是把服务的使用价值和使用价值的消费混同了,服务生产者生产的不是发型,而是理发服务这种以活动形式存在的使用价值,发型的变化是消费者消费理发服务的结果。把服务的使用价值与消费结果混同,最终也会导致否定服务使用价值的存在。比如医生提供医务服务,医务是一种使用价值,其有用性在于解除病人的疾病,但即使是同样质量的医务,被不同病人消费,由于病情的不同可以产生不同的结果,有的康复,有的则加重甚至死亡。如果以消费结果来确定医务的使用价值,当病人死亡时无疑就否定了它的使用价值。

(2) 服务使用价值的物质性

服务使用价值不是以物质资料形式存在,劳动在这里不是物化为有形产品,但不能以此否定服务的物质性,财富的物质性不能等同于物品形式。有人根据马克思关于生产首先是人与自然之间的物质变换的思想,认为只有物化为有形产品的劳动才是人与自然之间的物质变换,而生产服务的劳动不体现为物,不成为人与自然之间的物质变换,以此否定服务使用价值的物质性,进而否定其价值存在的可能性。我们认为,这样理解马克思关于生产是人与自然之间的物质变换的思想是不妥的。

马克思的"生产"概念具有哲学和经济学两方面的意义。作为哲学意义上的生产,是与人的抽象的本质直接联系的,强调的是人与动物的区别,强调人与自然的关系。正如马克思所说:"正是通过对象世界的改造,人才实际上确证自己是类的存在物,这种生产是他的能动的、类的生活。"① "生产"的经济学意义在于,生产过程反映人们一定的社会经济关系,即生产关系。当马克思把生产称为人与自然之间的物质变换时,是就其哲学意义而言,这里所谓"物质变换"并

---

① 马克思:《1844年经济学—哲学手稿》(中译本),人民出版社1977年版,第51页。

不是指劳动者只把劳动对象化在有形物质资料上;这里所谓"物质"也是哲学意义上的物质,即能被人主观所反映的客观存在。除有形物外,无形的科研题目、活动形式本身也都是客观存在,作为哲学意义上的生产,人的劳动同样可以对象化在这些客观存在上。哲学意义上的生产是对各种生产的概括,物质资料生产只是人与自然之间物质变换的一种形式,服务生产同样也是人与自然之间的物质变换,不能把"物质变换"简单地理解为有形物的生产,从这个意义上我们说服务使用价值具有物质性。

（3）服务使用价值的一般性

所谓服务使用价值的一般性,是指它同物的使用价值一样,具有不以社会历史性质为转移的对人的物质生活和精神生活来说一般的有用性。提供服务使用价值的具体劳动同其他具体劳动一样,"只是指人用来实现人和自然之间的物质变换的一般人类生产活动,它不仅已经摆脱一切社会形式和性质规定,而且甚至在它的单纯的自然存在上,不以社会为转移,超乎一切社会之上,并且作为生命的表现和证实,是还没有社会化的人和已经有某种社会规定的人所共同具有的"。① 至于社会政治生活、阶级统治等方面,即由社会历史性质的要求所引起的劳动或活动并不提供满足人的一般的物质生活和精神生活需要的使用价值,这些活动或劳动的存在"只是由于社会结构的缺陷,才成为有用的和必要的,他们的存在只能归因于社会的弊端"。② 因此,这类活动所提供的有用性并不成为经济学意义上的使用价值,严格地说,这类活动不属于经济活动,例如官吏、军队、警察等。马克思将其称为"强加的服务"③,就是要区别于经济学意义上的服务。明确了这一点,我们将服务的使用价值定义为非物质产品未尝不可。

3. 服务的价值

服务使用价值作为商品同样具有价值,构成其价值实体的也是人类抽象劳动。正如马克思指出的:服务的价值"等于维持这些服务的商品的价值和这些服务本身的价值。"④也就是说,服务商品总价值包括生产资料转移的价值,即"维持这些服务的商品的价值",和服务生产者创造的价值,即"服务本身的价值"。

价值是一种经济关系,它体现着商品生产者之间按照等量劳动相交换的原则相互提供产品,进而实现其劳动的社会性的经济联系。服务生产者把劳动对象化到无形的活动的使用价值中,并且耗费劳动的目的是为了以自己生产的商

---

① 《马克思恩格斯全集》(中译本)第25卷,人民出版社1974年版,第921页。
② 《马克思恩格斯全集》(中译本)第26卷(Ⅰ),人民出版社1972年版,第301页。
③ 同上书,第437页。
④ 同上书,第161页。

品交换他人的商品,那么他的产品——服务自然具有价值,同样反映等量劳动相交换的经济关系。几乎所有反对服务价值论的学者,都认为价值只能是抽象劳动的物化,即物化为物质资料才可能具有价值,认为商品不是物,但又离不开物。我认为,在物质资料生产中,物化的劳动成为价值,物品作为使用价值成为价值的承担者,但作为价值承担者的使用价值不应仅仅限于物品,非物品形式的使用价值同样可以成为价值的承担者。产品有无价值和它的使用价值存在形式无关,而取决于使用价值生产的社会性质。马克思指出:"对劳动的物化等等,不应当像亚当·斯密那样按苏格兰方式去理解。如果我们从商品的交换价值来看,说商品是劳动的化身,那仅仅是指商品的一个想象的即纯粹社会的存在形式,这种存在形式和商品的物体实在性毫无关系。"①马克思还举出运输的例子,说明生产非物品形式使用价值的劳动同样具有创造价值的能力,同样可以反映商品经济关系。

那么,服务商品价值的承担者是什么?这是说明服务价值存在的根本问题。尽管服务的生产过程与消费过程是统一的,服务使用价值又是无形的,因此人们往往感觉不到它的实际存在,人们可感知的往往是消费服务后的结果,但这并不能阻止我们在理论上把服务的生产与消费,把服务劳动的结果与消费服务的结果区分开。

总之,如何运用马克思劳动价值论的观点去认识和解释非物质领域(服务)的生产问题,在马克思那里只是提出了某些原则和方法,并未真正展开深入系统的理论分析,而在当代非物质产品生产领域获得极大发展,甚至日益或已经成为国民经济中的主要领域,从价值理论上探讨这一问题,便有了特殊的意义。

---

① 《马克思恩格斯全集》(中译本)第26卷(I),人民出版社1972年版,第163—164页。

本篇重要提示

价值论这一篇,主要在讨论:什么是价值?价值的本质是什么?经济学理论为什么要研究价值论?马克思劳动价值论的实质在于论证什么问题?马克思的劳动价值论在当代有哪些历史局限?价值的本质是一定的社会经济关系的运动。马克思的劳动价值论最根本的目的在于揭示劳动与资本的对立,并以此作为剩余价值理论的基础;在于对一切与私有制相联系的商品市场社会合理性的根本否定和批判。西方经济思想史上关于价值论的讨论,特别是占主流地位的价值论的更替,从根本上来说,是服从资产阶级利益的需要和资本主义生产方式历史发展的要求的,是对其合理性的经济学证明。社会主义市场经济的实践,无论是公有制与市场机制的统一,还是科技革命条件下新兴产业的发展,都需要从经济学的价值理论上作出新的探索。

本篇总结

本篇讨论的核心是价值问题。重点在于说明价值的本质,在于阐述如何从价值论的角度来认识人类社会制度的演进。为说明这一问题,本篇首先讨论了经济学为什么研究价值,扼要地从思想史的角度,考察了经济学研究价值的根本目的,并通过这种分析,阐释了价值的本质。然后,本篇考察了马克思劳动价值论究竟说明了什么,分析了马克思劳动价值论的主要内容和基本逻辑,概括了马克思价值理论的价值观,指出了马克思劳动价值论在理论上不包括哪些内容,哪些问题不应当也不可能从马克思劳动价值论中寻找到直接的解释。接着本篇讨论了由于历史发展,特别是我们所进行的社会主义市场经济的崭新实践和科技革命中的人类经济发展,对经济学中的价值理论提出了怎样的历史挑战,主要指出了在价值论上如何解释以公有制为主体的社会建立市场经济的困难,指出了对非物质产品生产的价值创造分析上的矛盾。

本篇思考题

1. 马克思劳动价值论主要说明什么?
2. 经济学为何研究价值论?
3. 价值论在当代面临哪些需要探索的新问题?
4. 如何从价值论上认识公有制与市场经济的关系?

本篇主要参考书目

1. 马克思:《资本论》(中译本)第1、2、3卷,人民出版社2004年第2版。
2. 晏智杰:《劳动价值学说新探》,北京大学出版社2001年版。
3. 刘伟、李风圣:《产权通论》,北京出版社1998年版。

第二篇 企业产权与市场机制

本篇概要

本篇共设八章(第四章至第十一章),讨论的基本内容是企业产权制度与市场机制以及两者的相互关系。本篇首先从理论上分析所有制及企业产权制度,通过分析马克思关于所有制和企业产权的思想,通过考察西方经济学中关于企业产权理论的讨论,明确了市场经济对于企业产权制度及所有制结构的基本要求,在此基础上,分析了中国社会主义所有制和相应的企业产权制度的建立,探讨了新时期以来所有制结构的变化所产生的增长效应,特别是分析了国有企业产权制度以及民营企业产权制度培育的历史进程及特点。进而,考察新时期以来中国市场化的进程,分析市场经济的基本功能和特点,考察不同的市场秩序观的对立,探讨中国市场化进程的历史特点及趋势。总之,本篇是从企业产权和市场机制这一微观意义上的资源配置方式角度展开讨论的。

学习目标

对产权问题和市场机制在理论上有较为系统的掌握,对中国的企业产权制度改革和市场化进程有较为深入的认识。

市场经济是最能够激发和压榨人的智慧、勤奋、渴望和贪婪的机制,最富有效率和活力但又最可能酝酿灾难和混乱的机制,所以人们始终想既得到它的好处,而又摒弃它的坏处。在以公有制为主体的制度下,统一公有制与市场经济,从而兼得公有制社会的公平和市场竞争的效率,这是改革者的追求,也是市场化在中国最根本的历史性困难。

第四章 什么是产权

产权是一个非常不确定的范畴,这种不确定性来源于现实生活中产权的存在及其运动的复杂性,由于这种复杂性使得人们在认识和考察产权时得以从不同的历史前提出发,从不同的经济生活方面,以不同的研究目的和方法,去概括和解释产权。而每一种解释由于现实生活的复杂性,又总是似乎能找到一系列现实和历史的支持,进而使得产权范畴缺乏统一的说明。这种不确定性不仅导致产权研究上的深刻分歧,而且表明产权问题在经济学研究和法学研究上的不成熟性。

无论从怎样的价值观、历史观出发去审视产权命题,定义并解释产权均是必要的,尽管严格地说,这种定义和解释或许应当在对产权运动全部方面和过程进行深入研究之后才可能科学地做出,但在展开产权问题讨论之前,对关于产权的定义作一原则的阐释并对各类思想史上提出的定义加以比较,在比较中特别指出产权定义上必须予以充分注意的混乱,仍是极其必要的。这恰是本节的基本内容。

第一节 西方学者关于产权的定义

在西方经济学者中,从亚当·斯密开始直到19世纪末,对于财产权问题,表现出三个基本倾向:一是将财产权的核心归结为对资产的所有权,产权即为所有权;二是将这种所有权进一步理解为"天赋人权",即平等地获得排他性的资产权利是历史永恒的自然,因而法权式的私有权而不是特权式的私有权应成为社会的制度基础;三是财产权作为制度前提,被作为假定存在条件,排除在正统的微观经济学和标准的福利经济学分析之外,正统理论承认私有产权的重要,但并不认为经济学应当分析它。[①]

直到20世纪初,一批制度经济学家,尤其是20世纪30年代的罗纳德·科斯(Ronald H. Coase)提出产权理论之后,逐渐引起人们对产权问题的重新关注,特别是到20世纪70年代之后,这种关注越来越普遍,对产权的定义也就越来越

---

① 参阅刘伟、李风圣:《产权范畴的理论分歧及对我国改革的特殊意义》,《经济研究》1997年第1期。

多样化。在此就主要观点加以介绍和比较。

1. 认为产权即为财产所有权,并进一步把财产所有权解释为包含多方面权能的权利束

这种观点最简单明确且具有权威性的表述来自《牛津法律大辞典》,该辞典认为:产权"亦称财产所有权,是指存在于任何客体之中或之上的完全权利,它包括占有权、使用权、出借权、转让权、用尽权、消费权和其他与财产有关的权利"。

把产权等同于所有权,进而把所有权解释为包括广泛的因财产而发生的人们之间社会关系的权利束的观点,在理论上阐述更为详尽的也是具有代表性的是配杰威齐(S. Pejovich)等人。配杰威齐首先指出:"产权是因存在着稀缺物品和其特定用途而引起的人们之间的关系。"[①]产权详细表明了在人与其他人之间的相互关系中,所有的人所必须遵守的与物相对应的行为准则,或承担不遵守这种准则的处罚成本。这种准则即为所有权。他的关于产权即为所有权的定义,与罗马法、普通法关于产权的定义是一致的。在罗马法中,产权被解释为几种权利的集合,即所有权(在法律限定下的对某种财产的使用权)、侵犯权(穿过他人土地权)、收益权、使用他人资产权利和典当权。看起来似乎罗马法把所有权仅仅作为产权的一个内容而不是等同于产权。但配杰威齐进一步指出,罗马法中的"所有权"不过是对自身资产的使用权而已,而使用权是包含在通常所说的所有权范畴之中的。配杰威齐认为,所有权包括四方面的权利:一是使用属于自身资产的权利和在一定条件下使用他人资产的权利,统称使用权;二是从资产中获得收益的权利,包括从自己所有的资产上取得收益和租用他人资产并从中获得收益的权利,统称收益权;三是变化资产的形式和本质的权利,即处置权;四是全部让渡或部分让渡资产的权利,即交易权。配杰威齐认为作为上述四种权利统一的所有权,实际上也就是罗马法中所说的产权,只不过罗马法中把"所有权"特别定义为使用权。

2. 认为产权是一个比所有权更为宽泛,包含一切关于财产权能在内的范畴

许多学者在分析中自觉不自觉地沿用了这一观点,也就是说,认为产权不等于所有权。这一点在《新大不列颠百科全书》中已有所反映,该书特别分别定义了产权和所有权,区分了 Property 和 Ownership 的不同含义。

把产权作为区别于所有权且具有比所有权更宽泛内容的范畴加以阐释的学者中,阿贝尔(P. Arbel)是较有代表性的,他认为,产权包括:"所有权,即排除他

[①] Pejovich, S. (1990), *The Economics of Property Rights Towards a Theory of Comparative Systems*, Kluwer Academic Publishers, p.27.

人对所有物的控制权;使用权,即区别于管理和收益权的对所有物的享用和收益权;管理权,即决定怎样和由谁来使用所有权的权利;分享残余收益或承担负债的权利,即来自于对所有物的使用或管理所产生的收益和成本分享和分摊的权利;对资本的权利,即对所有物的转让使用、改造和毁坏的权利;安全的权利,即免于被剥夺的权利;转让权,即所有物遗赠他人或下一代的权利;重新获得的权利,即重新获得业已失去的资产的可能和制度保障;其他权利,包括不对其他权利和义务的履行加以约束的权利、禁止有害于使用权的权利。"[1]显然,这里的产权定义是远比所有权更为宽泛的范畴。

3. 认为产权是法律或国家(政府)强制性规定人对物的权利

法兰西民法中明确规定:"财产权就是以法律所允许的最独断的方式处理物品的权利。"它包括三个要点,一是产权必须是法律严格规定并允许的;二是产权是对物的权利;三是产权所有者的权利在满足前两条的前提下具有绝对性,产权不仅包括收益权而且包括一切与财产有关的权利,并且所有者可独断任意行使。

这一观点,在《新大不列颠百科全书》中也可以找到,该书认为,产权是"政府所认可的或规定的个人与客体之间的关系",这里实际上也承认了两点,即一方面肯定产权必须是政府(国家)规定的,另一方面指出是对物(客体)的权利关系。

事实上,许多法学家和法经济学家均是这样理解产权的,即产权是在国家法律认定或规范下形成的,产权即物权。可以说,这一关于产权的定义,反映了相当一批法学家、法经济学家的观点。

4. 认为产权不仅包括人对物的权利,而且是一个更广泛的人的各类权利的综合,是一种人与人的社会关系

这一观点的一种比较典型的表述,是把产权等同于人权,认为产权与人权是统一的。巴塞尔(Y. Barzel)就指出:"在产权与人权之间作出区分是荒诞的。人权只不过是人们产权权利的一部分。"[2]阿尔奇安(A. A. Alchian)和艾伦(W. R. Allen)则进一步指出:"试图比较人权与产权的做法是错误的。产权是使用经济物品的人权。试图区分使用财产权的人权和公民权的不同同样是误入歧途了,公民权并不与使用物品的人权相冲突。"[3]显然,这里不是一般地把产权作为人对物的权利,甚至不是一般地把产权作为经济性质的权利,而是作为与人权密不

---

[1] J. 詹金斯编:《新的所有制形式管理与就业》(中译本),中国经济出版社1990年版,第14—16页。
[2] Barzel, Y. (1989), *Economic Analysis of Property Rights*, Cambridge University Press, Cambridge.
[3] Alchian, A. A. and Allen W. R. (1997), *Exchange and Production: Competition Coordination, and Control*, Second Edition, Wadsworth Publishing Company, Belmont, California.

可分的,甚至作为人权核心基础内容的权利。这种思想在早期资产阶级学者中已产生了,但专门系统考察并特别指出产权与人权的统一性却是当代学者所做的工作。

认为产权不仅是人对物的权利,而且是一种更广泛的权利的另一种观点,是使产权的对象性更加泛化,不仅将人对非物品的权利包含进来,而且把部分非经济性质但却与经济行为相关的权利也包括进来。比较有代表性的表述是施瓦茨(P. S. Schwartz)作出的,他认为:"产权不仅是指人们对有形物的所有权,同时还包括人们有权决定行使市场投票方式的权利、行使特许权、履行契约的权利以及专利和著作权。"①这一定义的特点是极大地扩张了产权概念的外延,把物权、知识产权、劳动力所有权、市场投票权、行政权以及各类法权统统包含进来。严格地说,在这里只要是人的权利均可被视为人的"财产",因此确切地说,这里讲的不仅是"产权",更是"权产",即权利财产,权利便是财产。这种观点在当代一些相当有影响的西方经济学者和法经济学者的著述中或多或少地有所表现,如公共选择学派的代表布坎南(M. Buchanan)的著述中对此便有鲜明体现。

相当数量的经济学家不赞同把产权归结为人对物的权利,而是把产权归结为由于物而发生的人与人的社会关系。西方早期学者费雪(L. Fisher)曾指出:"一种产权是当它承担享用这些权益所支付的成本时的自由权或是允许享用财产的收益……产权不是物质财产或物质活动,而是抽象的社会关系。一种产权不是一种物品。"②当代学者如菲吕博腾(E. Furubotn)等人就特别强调,产权不是指人对物的关系而是人与人之间的关系,并指出这是产权的本质。他们指出:对于产权概念"要注意的中心点是,产权不是指人与物之间的关系,而是指由物的存在及关于它们的使用所引起的人们之间相互认可的行为关系……它是一系列用来确定每个人相对于稀缺资源使用时的地位的经济和社会关系。这种关于产权的定义有两个特点,一是把人与物的关系视为产权由此发生的直接现象性原因,进而把人与人的关系视为产权的本质所在;二是把产权视为一种经济性质的权利,视为人们社会地使用资产过程中发生的经济、社会性质的关系"。③

5. 认为产权是一种形成人们对资产的权威的制度方式,产权不是一种静态的客体,而是一系列旨在保障人们对资产的排他性权威的规则,进而是维持资产有效运行的社会制度

把产权视为一定的社会制度的观点本质上与将产权看做人与人的社会关系

---

① 参阅 S. 佩杰威克编:《社会主义:制度、哲学与经济问题》(英文版),1987年,第18页。
② L. Fisher(1923), *Elementary Principles of Economics*, New York: Macmillan, p.27.
③ E. G. 菲吕博腾等:《产权与经济理论:近期文献的一个综述》,《财产权利与制度变迁》(中译本),上海三联书店1994年版,第204页。

的观点是一致的。不同的是,这种观点不是就产权本身内容,而是更注重从产权的形成机制上来定义产权,也就是说,从作为人对资产的权威的形成方式上来定义产权。这种观点较有影响的代表为阿尔奇安,他明确指出:产权是授予特别个人某种权威的办法,利用这种权威,可从不被禁止的使用方式中,选择任意一种对特定物品的使用方式。"显然,这里不仅是把产权作为一种权利,而且更强调产权作为一种制度规则,是形成并确认人们对资产权利的方式。"①

阿尔奇安特别分析了作为形成人们对资产权威方式的产权,考察了这种产权发生的两条基本途径,即一方面产权是在国家强制实施下,保障人们对资产拥有权威的制度形式;另一方面,产权是通过市场竞争形成的人们对资产能够拥有权威的社会强制机制。由此来定义产权,可以将产权理解为由政府强制和市场强制所形成的两方面相互统一的权利。阿尔奇安所说的这种产权定义,在当代西方产权理论研究中,被称为阿尔奇安"产权范式"。这一范式是以资本私有产权为分析对象,认为私人产权一方面是"国家所强制而实施的对某种经济物品的各种用途进行选择的权利"②,另一方面产权是市场竞争机制的本质,市场竞争价格机制不过是个人产权的运动形式,正是通过市场竞争机制,才真正动态地形成产权,正是由于产权的存在,也才有可能存在市场竞争机制,竞争是私有产权本质的要求和固有的属性,因此产权可定义为市场竞争权利机制。③ 这种把产权解释为市场竞争机制,以产权分析来理解市场竞争,把市场竞争视为产权的本质要求和基本属性的观点,弥补了其他学者分析中只把产权理解为国家权力确定和实施的法权的不足,使政府强制和市场竞争并行不悖地成为产权界定的理论核心。也就是说,这里不仅把产权视为国家强制的法权,而且视为市场经济运行本身固有的权利。

6. 认为产权定义应从其功能出发,而不能抽象地加以解释,或者说真正的产权只能就其某种功能具体地定义,脱离对其功能的分析抽象地定义产权缺乏解释能力

张五常以私有产权为考察对象,认为从其功能上看,私有产权包括三个权利,即一是私有的使用权(有权私用,但不必然私用);二是私有的收入享受权;三是自由的转让权。产权既然是包括上述三方面功能的权利体系,因此定义产权也就需要从其功能作用出发具体地加以概括,而不能抽象地概括为所有权。他进一步认为,"所有权"的概念在经济上无足轻重,可有可无,因为所有权是一

---

① Alchian, A. A. (1965), Some economics of property rights, 2 *Politico*, 30(No.4), pp.816—829.
② 《新帕尔格雷夫经济学大辞典》第3卷(中译本),经济科学出版社1996年版,第1104页。
③ Alchian, A. A. and Demsetz, H. (1972), Production, information costs, and economic organization, *American Economic Review*, 62(5), December, pp.777—795.

种抽象的存在,理解所有权应当也可以将其分解为使用、转让和取得收入的权利,定义产权需要从其具体功能作用上定义,而不能抽象一般地去定义。① 在西方学者中被广泛引用的德姆塞茨(H. Demsetz)的关于产权的定义,本质上也是从对产权功能和作用理解出发来定义产权的,他认为:"产权是一种社会工具,其重要性在于事实上它能帮助一个人形成他与其他人进行交易的合理预期";"产权包括一个人或者他人受益或受损的权利";"产权的一个主要功能是引导人们实现将外部性较大的内在化的激励"。② 在这里,他把产权同样首先理解为人与人之间的社会关系,而不是简单地对物品的关系,但他并未给产权下一抽象的、具有一般解释能力的定义,而是把产权视为一种多方面权利集合的权利束,从功能上分解这一权利束,分别从受益受损、外在性内在化、交易的合理预期等方面定义产权的作用,进而将产权归结为一种协调人们关系的社会工具。

法经济学家的重要代表波斯纳(R. A. Posner)在其1977年再版的《法律的经济分析》中,对于产权的解释实际上也是从产权的功能出发的,他从产权体系是否能有效发挥作用的角度概括了产权有效体系的三个标准,即一是普遍性,也就是说,要使产权有效发挥作用,必须使资产普遍有其所有者,他强调的是个人所有的普遍性,哪一领域的有限资源缺少所有者,哪一领域就必然无序且无效;二是独占性,在大多数情况下,产权越是独占和完整,资源配置越有效,只有当交易费用极高,使得独占性排斥了产权的转移时,产权独占性才会降低资源的使用效率;三是可转让性,即产权必须是可以自愿自由地交易,否则资源配置难以有效。实际上,波斯纳并没有给出一般的产权定义,而是根据对产权的社会作用的理解,从如何才能保障这种社会作用有效的目的出发,提出了衡量产权是否有效的三个标准,而他对产权定义的理解恰恰通过这三个标准得以体现。

总之,在当代西方学者中,由于各自研究目的不同、研究方法不同,因而对于产权的理解存在许多差异,各自赋予产权的含义以及强调的重点极为不同。上述只是就其主要有代表性的观点加以考察。对于整个西方产权理论的演变和发展在后面将进行专门分析。

显然,不可能给产权一个统一的、全面而又精确的定义,人们总是从某一角度根据特定的研究需要和特殊的理解来定义产权,因此,准确地定义产权概念,总是要在"产权"之前加上一系列特殊的条件,不同界定条件下做出的产权定义是难以直接统一的。所以,不同学者关于产权概念的不同,与其说是源于对产权

---

① 张五常:《中国的前途》,香港信报有限公司1989年版,第176页。
② 德姆塞茨:《关于产权的理论》,《财产权利与制度变迁》(中译本),上海三联书店1994年版,第97页。

范畴本身的理解不同,不如说是讨论产权时给定的前提条件不同。但西方学者关于产权的定义,尽管存在种种差异,归纳起来,以下三点是共同的。

首先,产权是一种权利,并且是一种排他性的权利。这种权利必须是可以平等交易的法权,而不是不能进入市场的特权,正因为如此,产权才构成市场机制的基础和运动内容,否则便没有市场经济。尽管在解释这种权利发生的方式上存在差异,或者强调它是国家法律强制生成的,或者强调它是国家法律强制和市场竞争运动共同生成的;尽管在概述这种权利的具体内容上存在差别,或者将其概括为人对物的诸种权利,或者将其概括为人对物及非物的诸种权利,或者将其归结为经济权利,或者将其拓展到非经济权利领域。但总的来说,人们不否认它是作为上层建筑而表现的可交易的权利。

其次,产权是规定人们相互行为关系的一种规则,并且是社会基础性的规则。尽管对产权的功能和作用人们理解不尽一致,尽管对产权经济社会作用的主要表现方面人们划分也不尽统一,尽管对产权作为规则是否能够有效,人们提出的条件和给出的衡量标准也有所不同,但各种关于产权的定义均承认它是基础性地规范人们行为的准则。尽管人们对产权是指人作为主体与物的客体间关系,还是指由于人与物而发生的人与人之间的社会关系,存在分歧,但各种定义均承认产权是源于社会经济生活的对人的权利和责任的规范,并且承认这种规范首先是明确人们可以做什么,不能做什么,如果做了产权界定所不允许的事情,必须负怎样的经济责任,也都强调产权作为规则,核心功能是使人的权利与责任对称,强调使权利严格受到相应责任的约束,从而承认产权具有将外部性制度性地转化为内在性的可能,具有向人们的行为提供合理预期根据的功能。

再次,产权是一种权利束,它可以分解为多种权利并统一呈现一种结构状态。无论人们怎样不同地刻画这一权利束内部的结构,但在承认产权包含广泛内容这一点上是一致的;无论人们是怎样以所有权的各种权能结构来等同产权构造,但在认为产权不能简单地等于狭义所有权(即隶属权)上是共同的。一个趋势是,西方学者对于产权权利束的定义,越来越展开,不仅包括排他性的所有权、排他性的使用权、收入的独享权、自由的转让权,而且还包括资产的安全权、管理权、毁坏权等;经济学家使用的产权概念,从某种意义上讲,不仅包括侵权法和合同法,普通法和成文法,而且还包括民法、刑法关于财产权利与责任的含义在内;甚至有的学者把非资产的权利,作为"财产"包括在"产权"命题之中。承认产权是一多种权利构成的权利束并随着社会经济生活演变而不断扩张,是当代西方学者关于产权定义及其变化的重要倾向。

第二节 定义产权范畴的基本原则

在考察完当代西方学者关于产权的定义后,我们可以扼要阐释定义产权概念所需恪守的基本准则,为尽可能严格、准确地定义产权提供必要条件,并以此作为其后讨论的基础,提供必要的逻辑起点。

无论产权概念的具体内容怎样丰富,无论随历史的演变,产权制度本身可能将发生怎样的变化,无论研究者出自各不相同的目的,运用不同的分析方法,赋予产权范畴怎样的内涵,至少关于产权定义在以下几方面是可以也应当明确的。

1. 产权作为关于财产的权利属于上层建筑,属于权利范畴

产权以现实存在的经济性质的财产利益关系为基础,表现并保护现实的财产关系,同时,作为权利制度,产权得到来自社会法律的肯定,是法定的权利。在市场经济中,产权是法权。

2. 产权作为财产权,其内涵是包括各种财产权利在内的权利束

一般地说,广义的产权即为财产权,是指与财产相联系的各方面权利,或者说是指人们拥有的财产在社会经济生活运动中存在的各方面的权利,因而产权是包括财产多种权能在内的一种权利结构体系,某一种权能是产权的一部分,但并非全部,除非在讨论中给出特别条件限制并做出专门定义,否则,不能以财产权的某一方面权能替代整个产权范畴。这里有三点必须加以说明:第一,产权区别于严格意义上的所有权,尽管所有权范畴可以拓宽,但所有权范畴最核心、最本质的是说明财产的隶属以及与之相适应的处置权;其最根本的功能在于明确财产权利的排他性,否则便无"所有"可言;而产权概念则是更为宽泛的范畴,它可以包括所有权以及与之不同但相联系的收益权、交易权、支配权等,也包括与所有权有别且联系可能并不直接的一系列财产权,如委托—代理制下发生的代理权、经营权、使用权,在公司制度下集合的公司法人产权与股东所有权的区别就更加显著,显然,这些也属于财产权利范围,因而属于产权范畴,不能将产权权利束简单地等同于所有权,这不仅是因为用严格意义上的所有权范畴难以概括生动复杂的现实财产关系的运动,而且还由于这种等同可能会导致对整个企业制度改造,特别是现代企业产权制度改造的完全不同的解释。

第二,在产权权利束中如何划分其中所包括的权利结构,并无定论,人们可以从经济学角度去划分,也可以从法学角度去划分,人们可以将其区分为所有权、隶属权、处置权、收益权、经营权、使用权,也可将其区分为所有权、支配权、分配权、使用权,还可以区分为占有权、交易权、剩余索取权等。但有两方面的问题必须注意,一方面,无论作怎样的结构划分,必须明确各种权能相互间的关系,尤

其是要说明产权束中不同权利在社会经济生活中的地位和作用程度,否则结构划分便无意义,因为产权结构在理论上的划分是基于财产关系在现实运动中的各项权能的社会分离;另一方面,在区分产权各项权能时,应区分是从财产使用价值形态出发还是从财产价值形态出发,从不同形态出发对产权权能的划分可能完全不同。严格地说,从财产使用价值形态出发划分的权能结构解释不了市场经济条件下的产权运动,因为市场经济中产权运动的主要形态是价值运动,比如对实物资产而言,可以将其产权划分为所有、占有、支配、使用等权能,对使用价值而言,所有并不一定是实际占有,如欧洲中世纪的土地,所有权是国王掌握,但占有权却是国王封的庄园领主的权利,他不仅可以占有不属于他所有的土地,并且可继承,因此对使用价值的资产而言,区分所有与占有便有重要意义,但对价值形态而言,所有和占有的区分并无意义,实际上是等同的范畴。再比如,使用权,对于使用价值形态的财产来说,这种权利具有重要的意义,但对于价值形态的财产来说,其运动的目的在于价值实现和增值,使用只是具体劳动的过程,是实现价值运动的物质技术过程,经济学并不关注这一过程,这一过程只是工艺学和有关技术学关注的领域。市场经济中的财产权利结构与使用价值形态的财产权利结构相关联但却有严格区别,不仅不能混同二者的区别,而且更不能从使用价值形态的财产权能结构划分出发,力图寻找市场经济中财产权利分离的模式。

第三,如果需要以产权概念作为有别于所有权并且不包括所有权含义的范畴,为讨论提供便利,那么不能含混地统而论之地运用"产权"范畴,必须对所运用的"产权"范畴加以特别界定。否则,既可能把本来不包括在内的所有权含混地包括在内,也可能把本就不是严格意义上的所有权含义的经营管理权等混同于具有所有权内容的产权,从而使问题变得极为复杂。比如人们所熟悉的"企业法人产权",显然企业法人产权不是也不包括"所有权",否则必然出现一物二主,在出资者和所谓企业法人之间发生所有权冲突,事实上构成对出资者所有权的侵犯,同时,"企业法人产权"显然也有别于通常所说的企业管理权,企业法人产权制约经营管理权但不同于经营管理权,否则为何在所有权、管理权之外又提出一个"企业法人产权"概念呢?如果把"企业法人产权"作为一个有别于所有权、经营管理权的范畴提出并加以运用,那么,就必须对这一概念作出严格的界定,指出它的确切内涵,指出它与所有权和管理权的根本区别,不加区分地运用这一范畴,不仅会导致理论上的混乱,而且会对实际经济生活中的财产关系秩序造成极大的破坏。也就是说,当人们不是在广义上,即一般地运用"产权"范畴时,当人们把产权权利束中的某一类权利独立出来称为"产权"时,必须对此作出说明,不能用所定义的狭义的产权替代或混同一般宽泛意义上的财产权利。

3. 定义产权主要的难点在于解释产权与所有权的关系,定义产权有两种倾向均需注意防止

一是把产权与所有权相割裂,脱离所有权去讨论产权,这在相当数量的西方学者中是存在的。他们以在委托—代理制下,特别是在股份公司制度中,所有权越来越远离企业而表现为单纯的收益分享权和股市上的股票交易权为由,得出所有权在现代生活中的地位和作用日益弱化的结论,进而在其产权理论中将所有权研究排除在外。必须指出的是,这种观点与历史唯物主义、与历史现实均是不符的,无论产权概念包含怎样广泛的内容,无论产权内涵中包括怎样的有别于所有权的含义,作为关于财产权利的产权,在最一般的意义上,包括所有权在内,并且所有权构成整个产权体系中最基本的权利,产权体系中其他诸方面的权利均或多或少、或直接或间接地与所有权相联系,无论产权运动在现实中怎样具体、复杂,在抽象意义上解释产权及其运动的本质,仍必须从认识所有权入手。事实上,在现代公司制度和市场经济中,所有权的约束作用只是形式发生了转化而不是弱化,更不是逐渐历史地消失,所有权只是从古典企业制度中的所有、支配、经营诸项权利集于一体向各项权利进行分离转化,转化之后所有者虽然往往不再在企业内部直接约束企业行为,但其所有权并未丧失也未弱化,只是转化为股息、红利分享权、对公司事务的依程序进行的表决权、董事的任免权、公司终止后对其剩余资产的分配权等。尽管委托—代理制下,产权诸项权能分解后,存在所有者对代理者监督的有效性问题,即所谓公司的治理结构问题,但这一问题的存在和人们对此的关注,本身就说明所有权并未消失,西方学者之所以关注并不断努力在制度上强化这种监督,本身便表明"私有财产神圣不可侵犯"仍是西方资本主义制度赖以存在的根本。

二是把产权等同于所有权,相当一批中国学者持这种观点。这种混同至少容易产生三方面混乱:一方面容易导致把不是所有权的权利视为所有权,把一般产权中的非所有权的权能当做所有权,从而为实践中的对所有者权益的损害提供支持,如"企业法人产权"若简单地视为"企业法人所有权"就会导致对原所有者的侵犯;另一方面,把产权等同于所有权,无论怎样拓宽所有权内容,所有权毕竟有其本来含义,难以解释现实中复杂的产权现象;所有权毕竟具有静态性质,难以解释财产权利运动中的特征;此外,把两者等同,容易导致对改革实践的曲解,一系列发生在企业产权领域的变革,使产权束中的许多权能发生了分离、分解、变更,但这并不意味着所有权发生了根本性的变化,以产权束中其他方面权能性质、权利主体的变更来证明所有权本身发生了根本变化,是把产权等同于所有权的必然的逻辑结论,而这一结论既不符合中国改革事实,也不利于推动改革。西方部分学者解释西方国有企业私有化进程,解释俄罗斯、东欧诸国的制度

变化,甚至解释中国改革,把中国的承包、租赁等多种并未根本改变所有权主体、性质,但使产权体系中其他权利发生转移的形式,如经营权、使用权、占用权等发生变更,解释为私有化,显然是不符合中国事实的。

4. 产权作为财产权利,作为有别于所有权的范畴,其存在的根本意义和制度前提是市场经济

也就是说,只有在市场经济条件下,提出有别于所有权的产权范畴才有讨论价值,其原因是:

一方面,只有在市场经济条件下,财产尤其是企业资产的权利才是可以并且必须交易的权利,可交易权构成现代产权的重要内容和基本属性,这种可交易性,不仅表现为产权体系中的所有权的可交易性,而且表现为产权束中其他方面财产权利的可交易性,只是不同条件下交易的规则和方式不同而已,市场经济作为交易的经济,其社会关系的本质在于这种交易是各种关于财产的权利在不同主体之间的相互让渡。正是由于这种可交易性,使得明确产权界区,明确交易中的责任和权利界限变得尤为重要,它不仅关系到交易成本的高低,进而关系到市场机制的效率,而且关系到交易是否必要、是否可能。可交易性构成现代市场经济中产权本质特征之一。

另一方面,既然产权是指可交易的权利,同时又是法权,那么,产权的运动在法律形式上必然是以契约来组织的,而契约关系的建立,是以当事人之间在买卖交易中的事先形式上的平等为条件的,这是法权的禀赋之一。也就是说,产权不能是世袭的不可交易的特权。这是作为市场经济制度基础的现代产权的又一本质特征。

第三节 马克思关于公有制社会、所有制、所有权的基本思想

马克思所讲的所有制,是指生产资料所有制,不包括消费资料。马克思区分了所有制与所有权范畴,所有制是反映经济关系的经济范畴,所有权制是指所有制在法律范畴的反映。因而可以说,所有制是所有权的经济内容,所有权是所有制的法律形式。从理论上来说,两者是同一个整体,只是从不同的方面来反映同一个社会关系;从现实上来说,两者往往存在差异。从抽象分析的意义上来说,只有假定所有制与所有权范畴是一致的,才能够不加区别地使用所有制和所有权范畴。

1. 马克思对所有制(权)分析的基本指导思想:历史唯物主义

生产力决定生产关系,这是历史唯物主义的基本原理,也是始终贯穿于马克思经济学理论的指导思想。马克思根据历史唯物主义的基本原理,考察人类社

会生产关系运动历史,考察资本主义私有制的产生、发展和灭亡的运动过程,揭示出公有制最终替代私有制的历史必然性,这种必然性的根本在于私有制社会,包括资本主义私有制社会生产关系与社会生产力发展要求之间的矛盾运动。

对于生产力决定生产关系这一历史规律认识上的偏差,集中表现为两种倾向,一是机械地、静止地理解生产力对生产关系的决定作用,忽视生产关系变革对生产力发展的能动作用,否定在特定社会的特定历史阶段变革生产关系的可能性。这种倾向的错误,不仅为社会主义制度产生的历史实践所证明,而且也为资本主义制度替代封建社会的历史所证明。二是否认生产力对生产关系的根本决定作用,无视生产力发展的客观要求,主观地构造所谓先进生产关系。在我国的社会主义经济思想史和建设史上,这两种倾向都出现过,前一种倾向集中体现在否定我国进行社会主义制度建设的可能性、否定在我国建立公有制社会的客观必然性上;后一种倾向则集中体现在对我国社会经济发展阶段、经济体制、经济发展目标的选择,以及为实现发展目标,对方式、方针、战略的选择等一系列方面的极"左"思想和路线上。

在我国,以公有制为基础的社会主义制度的产生是否具有生产力发展的客观基础和历史要求?由于我国生产力水平的相对落后,从而,一方面我国的社会主义制度建立的实践与马克思所设想的公有制革命首先发生在资本主义经济高度发达的工业化国家发生了矛盾;另一方面我们在实践中存在的种种失误,对生产力发展带来的重大损失,也使"社会主义制度在中国应不应当建立","有无优越性"等问题成为长期争论的命题。之所以说社会主义制度在中国取代半封建半殖民地社会制度有其历史的必然,首先在于这是一种历史事实,不是从主观上可以随意否定的事实,作为历史的事实,其发生必然包含着历史运动的客观可能性和必然性,这种可能性和必然性最深刻的根源当然也只能在于中国社会生产力发展的要求。其次,如果说社会主义的建立是出于中国社会生产力发展的需要,那么同样,社会主义的经济改革也是出于中国生产力发展的历史要求,改革是社会主义伟大实践的发展和深入,而不是根本取消社会主义事业,改革是社会主义事业的组成部分,而不是与社会主义的根本对立,改革开放所取得的中国社会生产力发展的成就,既是对改革本身历史进步性的证明,也是对社会主义生产力的证明。我们检验改革成败的根本标准,必须建立在马克思历史唯物主义的基本立场上。

2. 马克思关于资本主义财产制度分析的主要特点

马克思的主要经济学说,从一定意义上说就是关于资本主义私有制运动的分析,是关于私有制产生、发展、灭亡运动过程的历史唯物主义的考察。首先,在马克思看来,生产资料私有制是一切剥削阶级社会经济关系的概括,同时又是剥削社会经济活动的基础,这个基础既是社会经济运行的前提,又是社会经济不断再生产的结果。在商品社会,一切市场交易本质上不过是不同所有者的所有权相互间的转让,所有制(权)是商品生产和交换社会经济运行的基础,产权的交易构成市场经济运行的基本内容。

其次,马克思考察了市场条件下与自然经济下的所有权运动的差异。第一,市场交易中的所有权是一种受法律肯定的纯经济性质的权利,自然经济中的所有权除具经济属性外,还同时具有司法职能和行政职能等非经济属性,财产权上的超经济性质,构成前资本主义社会私有制对市场制度的根本性排斥。事实上,马克思所说的"亚细亚社会"的重要特征,也在于行政权力与基本生产资料(土地)的所有权结合为一体,行政官员的级别与土地公有量统一在一起,政治特权的大小与拥有财富的多少结合在一起。第二,与之相适应,自然经济社会中财产权的运动首先不是服从经济规则,更不是服从市场交易规则,而是服从特权规则,西方封建社会,基本的生产资料——土地是不能买卖的,在中国封建时代尽管土地可以买卖(因为存在地主土地私有制,存在交易),但这种交易首先要服从封建特权,尤其是服从皇权的约束。第三,市场交易社会中的财产所有权及其运动具有同一的社会形式,即一般价值的运动形式是货币的,而在自然经济社会中所有权及其运动只具有各种自然形态,或千差万别的特殊历史形式,所以,市场社会中的财产权利的大小可以用同一社会尺度去比较,用同一制度工具(货币)去衡量。而自然经济社会中的财产权利却无法进行同一的量的比较,所以也就难以等价交换。

最后,马克思指出了资本主义私有制社会股份制企业中基本所有权、支配权、管理权之间相互分离的结构特征。马克思指出,在股份企业制度中,"管理劳动作为一种职能越来越同自有资本或借入资本的所有权相分离"[①]。一方面,这种资本的所有权与支配权(公司法人产权)的分离,以及所有权、支配权与管理权的分离,是对传统(古典)的资本企业私有制的历史扬弃,这种历史扬弃的根本动因是出于适应生产力发展的需要,这是一种适应生产社会化水平不断提高而采取的企业产权制度上的制度性分工,目的当然在于提高资本权利的效率。另一方面,在这一历史扬弃过程中,所有权不同方面的权能发生了制度性的分离,因而也就使得一部分人获得了支配他人或社会的,而不是自有资本的权利,只要存在这种权利分离的制度,相应的就存在一部分人"拿社会的财产,而不是拿自己的财产来进行冒险"[②]的可能,这是股份制度最大的漏洞,也是为获得资

---

① 《马克思恩格斯全集》(中译本)第 25 卷,人民出版社 1974 年版,第 436 页。
② 同上书,第 497 页。

本权利分离的制度性分工效率而付出的代价,如何在这种效率和代价之间取得均衡?至今仍是经济学关注的重要难题。

3. 马克思对未来理想社会财产制度的基本态度和设想

马克思的经济理论本质上是对私有制的彻底批判,因此,在马克思眼里,作为一个与私有制根本对立的新社会制度,只能是公有制,或称社会共同公有制。马克思所设想的公有制具有以下特点。

首先,这种财产制度的形成,或者说它对私有制的根本否定,是以生产力发展到这样的程度为历史条件的,即资本主义生产方式已根本不能继续适应生产力发展,并且生产力只有摆脱资本私有制的束缚,只有承认其社会性质才可能进一步发展,也就是说,马克思所设想的公有制,是适应生产力发展要求、否定成熟的资本主义制度的产物。

其次,在马克思设想的公有制中,社会成员在生产资料面前具有无差异的事实上平等的权利,公有制作为一种对生产资料的占有方式,是由社会直接占有。社会共同占有全部生产资料意味着每一社会成员既作为所有者又作为劳动者平等地占有社会生产资料,所以也就不存在凭借生产资料所有权,无偿地占有他人劳动成果的制度可能。

再次,公有制自然不存在所有制(权)上的界区,因此也就不存在商品、货币关系和市场交易。马克思指出,一旦社会占有了生产资料,商品生产就将被消除,社会生产内部的无政府状态将被有计划的自觉组织所替代,对社会生产的自发的市场调节,将让位于按照社会和每个成员的需要进行的有计划的调节。公有制对私有制的否定,同时就意味着计划对市场的否定,因为公有制下根本不存在商品关系、不存在市场、不存在商品矛盾运动的一切颠倒和异化。

最后,马克思所设想的公有制是个体的人与整体的社会相互间权利高度协调统一的制度。马克思指出,资本主义私有制是对小生产的私有制的否定,而资本主义生产方式推动的生产的发展,又进一步提出对资本主义私有制的否定。"这种否定不是重新建立私有制,而是在资本主义时代的成就的基础上,也就是说,在协作和对土地及靠劳动本身生产的生产资料的共同占有的基础上,重新建立个人所有制。"[①]那么,如何理解这种在未来共同占有制度下重新建立的个人所有制呢?这里的"个人所有制"显然不是通常所说的私有制,因为马克思在同一段话中就明确说明了这种否定不是重新建立私有制,况且马克思的理论宗旨就是倡导与一切私有制决裂。这里所说的重新建立的个人所有制,一方面包含着对未来社会中个人与社会整体之间辩证关系的深刻理解,从哲学意义上而非

---

① 《马克思恩格斯全集》(中译本)第23卷,人民出版社1972年版,第832页。

一般的经济学意义上概括个人与社会的权利关系。在私有制社会,个人与个人之间、个人与社会之间在根本利益上是对立的,只有在公有制或共同占有制度下,个人与个人、个人与社会间的根本利益才可能协调,才可能形成在社会成员之间,进而社会与个体人之间无差异的真正平等的权利,因而,每个单个人的充分发展同时也是社会整体的要求,社会整体的利益同时也就是每一个体人的利益。个人的即社会的,社会的也是个体人的,因而这种"个人所有制"同时就是社会共同占有制。所以马克思又将这种未来社会重新建立的个人所有制称为"联合起来的社会个人的所有制"[①]。"社会个人"这一范畴本身就意味着个人与社会的统一,"社会共同占有"并不是对个人权利的否定,而是使个人权利的实现获得前所未有的空间,"社会个人的所有制"并不是对社会共同占有制的否定,而是社会共同占有制度的真正充分的实现形式。另一方面,私有制社会使人的全面自由发展受到极大的限制,人类社会不断进步、不断发展,最根本的目的在于不断提高人类自由发展、全面成长的程度,共产主义作为新的生产方式的意义就在于它能够比较以往的一切制度更彻底地推动人的解放,更充分地推动"人的本质力量的新的证明和人的本质的新的充实"[②]。在马克思看来,共产主义本身并不是人的发展目标,之所以要建立共产主义社会,是因为在共产主义公有制社会下,个人能够得到一切私有制社会所不可能获得的全面自由成长,建立公有制的根本目的在于推动人的自由发展和解放,所以《共产党宣言》指出:"代替即存在着阶级和阶级对立的资产阶级旧社会的,将是这样一个联合体,在那里,每个人的自由发展是一切人的自由发展的条件。"恩格斯甚至说:"除了这句话外,再也找不出更适合的话来简洁地表示马克思对未来社会的设想了。"[③]正是从把未来社会的本质理解为个人的自由发展的意义上,马克思把未来社会的财产制度称为"重新建立的个人所有制",也就是说,从建立共产主义社会、建立社会共同所有制的根本目的上,定义公有制。

---

① 《马克思恩格斯全集》(中译本)第48卷,人民出版社1975年版,第21页。
② 马克思:《1844年经济学哲学手稿》(中译本),人民出版社1985年版,第88—89页。
③ 《马克思恩格斯全集》(中译本)第39卷,人民出版社1974年版,第189页。

第五章 西方产权理论的发展及演变

本章主要围绕西方产权理论,特别是西方学者关于企业产权的理论进展展开考察,就企业产权理论中的主要问题,概括不同学者从不同方面对这些问题研究的进展,并分析之所以会有某些理论进展的经济思想史逻辑根据。重点考察最近二十几年来西方产权理论的演变。以此来简要表现西方学者是怎样看待产权命题的。①

就西方学者关于产权的研究而言,无论从其各自采取的分析方法上,还是就其采用的基本范畴及理论体系上,或者从各自得出的政策倾向及所强调的政策含义重点上,均存在严重的不统一性。所以直到目前还难说西方经济学中存在一个统一的产权经济学,尽管有许多关于产权理论研究的著述,也很难说西方经济学者中存在一个清晰的产权学派,尽管许多学者,甚至不仅经济学者,而且许多法学者、历史学者等对产权问题的研究均有建树和贡献。

第一节 当代西方产权理论的系统提出

1. 古典经济学关于产权的思想及对产权在社会制度变迁中作用的解释

以亚当·斯密等人为代表的古典经济学的核心是论证市场经济存在的历史必然性,分析市场经济、自由竞争对于资源配置有效性的不可或缺性,即著名的"看不见的手"理论。这是历史赋予当时的西方经济学者的使命。

但古典经济学关于市场经济、自由竞争的经济理论,是以其深刻的制度假定,特别是产权制度假定为前提的,正是在这种关于市场自由竞争理论的制度假定中,充分体现着斯密等古典经济学家的经济哲学观和经济伦理观。同时,在西方经济思想史上,古典经济学家首次比较系统地触及了产权命题,对财产关系及其在社会制度变迁中的历史作用给予最初的经济学解释,尽管这一思想后来长期被西方经济学者所忽视。古典经济学对产权制度及演变至少指出了六方面特征。

第一,他们认为作为历史文明最为进步的方式,市场经济制度所弘扬的自由竞争以及在此基础上的平等、自由、虔诚等权力和精神,本质上是以私人财产权

---

① 参阅刘伟、平新乔:《本世纪以来西方产权理论的演变》,《管理世界》1988年第4期。

利的平等、自由交易为前提的。每一人可以自由平等地并受制度保护地拥有排他性的产权,是属于"天赋人权"的内容,应是永恒的自然。

第二,以斯密为代表的古典经济学把历史变化的根本原因,把资本主义市场经济时代产生的根本原因归结为财产权利制度的变化。斯密把人类经济制度划分为渔猎时期、游牧时期、农耕时期、工商业时期四个阶段,认为在渔猎时期没有国家,也没有统治,根本原因在于根本不存在私有财产,或私有财产积累很少,既无产生国家、制度以保护产权的需要,也没有支持其发生的经济可能。在游牧时期,之所以出现国家等一系列社会制度组织,最根本的原因在于财富不均的私有制的产生,由于产生了产权占有上的阶层分化,拥有财产者既需要建立国家来保护其产权,又需要以制度来维持其追逐财产积累的秩序。在农耕时期,早期公国的形成是以土地的独立的排他性的所有权为基础,后期城市经济,特别是城市商业和制造业的萌发,也是由于贵族领主对待私有财产积累态度转变而历史地发生的,一方面贵族领主不再把更多的凭产权获得的自己的剩余产品用于直接消费,而是投入交换以丰富消费的多样性;另一方面为积累更多的剩余产品,贵族将土地分租给更有耕作效率的农户,在这种对土地产权关系的重新调整中,原来一些依靠领主赏赐剩余产品寄生性消费的人和无法以更强生产能力承租到土地的人不得不进入城市形成新的产业劳动者、经营者,从而推动了城市新兴工商业的萌发。在工商业时期,不仅工商业逐渐成为社会经济主导,而且交换成为普遍,因而人们更加要求私有产权能够得到保护,并且通过市场扩张私有产权不仅具有可能,而且成为新兴阶级发展的根本动力,从而形成自由资本主义竞争经济制度。

第三,私有财产利益的增加是激发个体积极性最有力的保证,正是私有产权的存在,才使人们将各自资产投入市场竞争以追求最大收益成为可能,因而私有产权越明晰,竞争越充分。

第四,私有产权不仅是对个体积极性的根本激励,而且是形成和维持社会秩序的根本动力,由于人们基于私有产权规定的排他性利益,普遍通过市场竞争追求私有利益极大化,而这种竞争的结果便是使各类同等资产在不同领域实现的收益趋于相同,人们在主观上追求私有利益极大化的同时,客观上形成了整个社会经济的协调,因而市场经济是一只"看不见的手",具有对经济进行自动调节的平衡功能,而这一自动平衡机制赖以存在的基础恰是资产的自由流动,这种资产的自由流动既是私有产权的权利实现过程,也是私有产权的利益根本要求。

第五,社会管理的权威,即对于社会经济生活的诸方面的管理权,可以产生于多方面原因,但财产权利是一切权利的基础。斯密特别从法学上定义了市场机制中的私人产权,指出这种作为社会权利基础的财产权利,包括排他性的物权和人权。斯密指出正是这种财产权利在制度上决定着经济中竞争自由的程度和交易公平的程度;同时,斯密概括了作为经济性质的财产权利与作为国家法律界定的财产权和国家立法及政府司法、行政权力的关系,指出经济上的私人产权是其他一切权利存在的基础,而私人产权又需要国家法律制度和行政制度来保护。

第六,斯密已具有用产权思想来分析公共工程和公共品的意识。尽管斯密著作中并无外在性范畴,但他看到在公共品和公共工程中,市场是失灵的,失灵的原因便在于这里不存在个人或少数人的排他性产权。为解决这种市场失灵应引入政府行为,但政府必须根据谁受益谁支付费用的原则来处理这些问题,而谁受益谁支付的原则本身又是根据产权权利与责任对称性提出的要求。可见,在古典经济学中,对于产权问题已予以了多方面甚至是较深刻的分析,只是在后来西方学者中,这些产权分析被长时期忽略了,只在个别学者的著述中得到了重视,更多的学者则被古典经济学关于市场自由竞争的理论所吸引,而仅仅将其产权制度问题作为不争的假定前提,排除在经济分析之外。

2. 正统经济学对产权制度分析的忽略及其被批判

正统微观经济学是从19世纪70年代开始,伴随边际革命而逐渐形成的。其标准理论所考察的是生产和交换过程,即在一种给定的资源稀缺的条件下,考察个人、家庭与企业如何在一种完全竞争的市场机制中寻求各自效用极大化。这种理论最有意义的观点在于:竞争性的市场必然能达到帕累托最优。在此基础之上形成的标准的福利经济学理论,其历史作用是确定了帕累托最优和竞争性机制之间的精确联系。然而,正统的微观经济学与福利经济学的主要文献,对所有权以及产权命题的考察并未占据重要地位。这是由于正统的竞争理论模型假定,社会经济资源配置过程只是一种私有制模型,人与人之间的交易界线是明确的,所以,个人的交易行为发生过程中所产生的交易成本为零,即交易摩擦不存在,从而资源配置可以达到帕累托最优。根据这一理想化的假定,所有制和产权问题从其视野中消失了,他们并不以为财产权利关系问题在经济学中会成为一个值得探讨的问题。由此,也就构成了正统经济学的根本缺陷。

(1) 它力图以经典的效用主义的微积分思想来解释市场的一切作用

追求效用极大化的命题早在边沁时代就已提出;边际革命以后,追求个人效用极大化成为正统经济学的核心思想。这一思想实际上是将市场视为一种工具,即使快乐胜过痛苦的净值达到极大化的工具。为使个人追求效用极大化成为一种模型,效用主义者不得不进行个人之间的效用比较;为追求社会效用极大化,又不得不将个人效用转化为统一的社会效用。这样,正统经济学出现了两个难以克服的障碍:一是个人之间的效用是不能比较的,二是不存在统一的社会效用尺度。为克服这两个障碍,正统微观经济学和标准福利经济学便创造出两个分析工具,一是个人效用函数,二是社会福利函数。按个人效用函数的思想,每个人的个人效用函数中的自变量都是可识别的,而且其符号也是可以确定的;按社会福利函数的思想,不同的个人对某种较好或较坏的社会状况的判断是可以加以排序的。其实,这两个虚构在现实中都是不可能的。也就是说,在正统微观经济学和福利经济学中,数学的边际效用分析是基本方法,他们对经济学的理解在于把经济学分析作为求解效用极值的过程。因此,制度分析、历史分析以及最能体现制度的和历史性质的产权研究,在经济学的要义和经济学的方法中便不再可能保有位置。

(2) 它以对待工程学的要求来对待微观经济学

正统的微观经济学和福利经济学实质上是按对待工程学的态度来对待经济学。按工程学的要求,科学的最终意义都是为了有助于某一实际问题的精确解决及对问题的定量刻画。这样来对待经济学,自然便把最优化的研究作为经济理论的核心。尽管他们也承认有多少个社会成员便有多少个福利函数,但在具体分析中,为追求社会经济问题的最优解,他们仍坚持效用主义的二重虚构来进行徒劳的努力。工程学的态度在经济学中的集中体现,莫过于后来发展起来的关于成本—效益的一系列分析,这种分析的全部假定在于:个人是追求净财产的极大化,集体是追求总体净财产的极大化,并且净财产可以按货币价值进行衡量。在他们看来,正是依靠这种成本—效益分析的衡量工具使经济学家变成了社会工程师。但是,难题仍未解决,即个人效用函数与社会福利函数中的变量如何加以识别?如何加以定义?如何赋之以符号?在实际中真的存在社会净效用的极大化吗?不研究产权是回答不了上述问题的。

(3) 精英心理

正统的微观经济学和福利经济学家为何会陷入脆弱的效用主义虚构呢?这与其精英心理直接相关。他们认为,经济学家在智慧上是高于普通人的,具有一般人所不具备的分析能力,而智慧较高的人比智慧较低的人更可能接近真理,因此高智慧者便有资格替代低智慧者进行选择。由此出发,他们确认存在着一种最有效的社会经济结构,而经济学家的主要任务就在于为大众找到这种最有效的结构并发现达到这种最有效的配置资源的机制的途径。但是,他们忽略了,经济资源的有效配置不可能是完全自觉的,相反,按照古典经济学的基本原则,社会资源配置有效与否恰恰在于"看不见的手",而对"看不见的手"的自发自律机制的考察,又不能不以财产权利关系的分析为基础。因而,正统微观经济学和福利经济学也就忽略了产权界定对于分散的市场行为者利益上的激励和责任的约束。

针对正统经济学的上述缺陷,早在20世纪初,甚至更早便有西方学者对其提出了怀疑和批判,产权理论研究则是这种怀疑和批判的突出体现。正是基于对上述正统经济学的批判性研究,使产权问题成为新制度经济学,特别是产权经济理论研究的核心命题。这种批判性考察所得出的基本结论集中在以下三点上:

第一,在一种生产性的机制中,个人的财产问题是限定交易界限的有效约束。强调制度及产权分析的学者认为,个人总是在一定的产权结构中来寻求个人效用极大化的实现,因此,产权肯定会影响个人的行为及动机。所有权定义的核心,不在于人对物的关系,而在于人与人之间的财产排他关系,产权制度的重要不在于回答财产是谁的,而在于回答财产不是谁的,从而使人们相互间的交易存在明确的交易界限规定;进而使交易受到产权规定的权利及相应的责任的严格约束,以保证交易既成为必要又成为有序、有效的过程。因此,即使承认个人追求个人效用极值,也必须把所有权看成是制约效用能否极大化的基本变量,并作为经济学研究的基本内容。

第二,产权不仅直接影响效用函数,而且影响成本函数。这些学者认为,因为产权体现在生产和交换过程中,生产的实质是在产权基础上的生产,交换的实质是产权的交易,因而,产权明确与否必然要影响成本。新制度经济学认为,在所有的实际生产和交易中,如果由于产权不明确而引起的交易成本大于零,那么,个人追求效用最大化的过程不可能同时达到社会效用最大化。产权研究者中的交易费用学派更是突出强调这一点。

第三,正统经济学对经济学任务的理解和方法的选择远离实际。在新制度经济学及产权研究者看来,经济学所研究的问题,与其说是求解效用极值问题,还不如说是研究产权在什么样的条件下被界定、被转让的问题;市场的作用不仅仅是实现效用极大化的手段、工具,而且是全部财产关系运动的方式。效用的获得不过是市场运动(产权交易)的某种结果。因而,经济学不应将效用极大化作为根本的行为假定,而应考虑追求效用的经济当事人的行为准则,以及界定这些行为准则的制度根据,特别是产权根据;经济学运用的方法不应只是数学的边际效用主义的方法,而应包括制度分析、历史分析,尤其是产权制度历史分析的方法,甚至应以此作为基本方法。

事实上,这等于把经济学的研究重点从目标函数转向约束函数。正是这种研究对象重点的转移和相应研究方法的不同,正是这种对正统经济学的批判态度,使得产权问题,即对经济当事人行为界限规定和行为准则约束问题,被重新突出出来,并使对产权的分析与对市场运行的考察开始系统地结合起来。因此,被正统经济理论忽略的在古典经济学中已提出的财产权利研究,重新逐渐引起人们的关注,尽管这种重新突出产权研究是在非正统的经济学中开始的,但却使西方经济理论发生了深刻的变革。

3. 现代产权理论的产生

在对正统经济理论的批判中,产生了许多不同的经济学派和经济理论及相应的方法。现代产权理论便是其中很有代表性的一种。西方现代产权理论指的是自20世纪初以来产生、发展,至今仍极富争议并且日益吸引人们关注的关于产权的系统分析。在对于产权的研究中,不仅包括了被人们称为属于产权学派的贡献,而且包含了法经济学、公共选择学派、自由竞争学派等诸多学派、众多学者的贡献。

尽管关于产权的思想在古典经济学以及后来的制度经济学及新历史学派等许多学者的著述中都有所表现,但产权研究作为系统的理论,其产生却是20世纪30年代之后的事情。其突出代表者为科斯。他所致力考察的不是经济运行过程本身(这正是正统微观经济学所研究的核心),而是经济运行背后的财产权利结构(这正是正统经济学所忽略的);他所运用的研究方法不是数学、效用主义的边际分析(这正是正统理论所采取的基本方法),而是典型的制度分析,并通过对某些经济现象的分析来阐述隐含在这些现象背后的经济运行规则及规定这些规则的制度基础。科斯产权理论的形成与确立大致可分为两个阶段:第一阶段是30年代对正统微观经济学进行批判性思考,指出市场机制在运行中存在摩擦,导致这种摩擦的主要因素是产权构造上的缺陷,克服摩擦的根本在于界定企业产权。这一阶段的代表作是科斯于1937年发表于伦敦经济学院学报《经济学家》上的著名论文《企业的性质》,这一阶段最突出的成就是创立了"交易成本"范畴。第二阶段是在50年代末至60年代,科斯系统地论述了产权的经济作用,分析了产权的功能,特别考察了产权结构对于降低社会成本、克服诸如外在性等市场失灵的关键性作用,从而使产权制度成为保障资源配置有效性的必要条件。这一阶段的代表作是科斯于1960年发表于《法与经济学》上的《社会成本问题》,这一阶段最突出的成就是被后来的斯蒂格勒等人概括为所谓"科斯定理"的思想。

科斯关于产权问题的研究从一开始就与企业制度分析相联系。《企业的性质》一文本意在于说明企业组织制度与市场制度的关系,力图说明:为什么要存在企业制度?为什么各种要素所有者不是直接进入市场交易,而是把各自要素组合为企业,然后以企业为单位进入市场?正是在回答上述问题的过程中,科斯提出了著名的"交易成本"的概念,而交易成本范畴可以说是现代产权理论的基础。

科斯在《企业的性质》中指出:交易成本是运用价格机制的成本。它至少包含两项内容:第一,发现相关价格的成本,即获得可靠市场信息的成本。显然,科斯的这一思想是直接针对传统完全竞争理论关于价格信息既定并已为当事人掌握,无须再付代价便已事先获得的假定。在科斯看来,价格是不确定的、未知的,而要将不确定变为确定,将未知变为已知,企业是要付出代价的。第二,谈判与履约的成本。这同样是针对传统经济理论关于市场机制是一种完美的自然秩序的假定。在科斯看来,市场当事人之间是存在冲突的,为克服冲突就要谈判、缔约并求助于法律,因而,要建立企业间有效的联系就需支付费用。

《企业的性质》提出"交易成本"范畴,直接的目的是论证企业存在的必要性,即:如果无企业制度,每一要素所有者都直接参加市场交易,那么市场交易者数量将非常大,交易摩擦将极为剧烈,解决摩擦的费用极高,因而交易成本高昂,企业作为一种组织,以内部交易替代外部市场交易,在企业制度下,把若干要素所有者组织为企业,以企业为单位进入市场,从而减少市场交易者数目,减轻交易摩擦,降低交易费用。但科斯交易成本范畴中包含了更为深刻的思想,即交易成本背后的产权界定问题。根据交易成本思想,交易成本的高低取决于企业产权界区界定清晰与否。企业产权界区清晰,企业间运用市场机制建立经济联系的摩擦便小,交易成本便低,反之,交易成本就高。尽管交易成本并非像生产成本那样可精确度量,但它是客观存在的。传统经济学从未考察这种运用价格机制的成本,而科斯的研究所关注的正是这种成本以及规定这一成本的产权制度。正是由于科斯指出了交易成本与产权制度之间的内在联系,从而使经济学家可以通过运用交易成本范畴将产权问题广泛、系统地纳入经济分析,因而,使交易成本范畴成为现代产权理论的基本范畴。后来的西方学者之所以对1937年发表的《企业的性质》越来越关注,主要并非关注其中关于建立企业必要性的思想,而是关注其中关于交易成本以及交易成本与产权界定相互关系的思想。

如果说在20世纪30年代,科斯的研究还仅仅是奠定其产权理论的基础,那么,到60年代,其产权理论的体系便已形成了,即所谓"科斯定理"的提出。所谓"科斯定理",是指科斯在《社会成本问题》中提出的核心论点,科斯将交易成本范畴与社会资源配置的有效性联系起来,将交易成本进一步拓展为"社会成本"范畴,而社会成本范畴研究的核心恰在于市场机制失灵所导致的运用市场机制的成本——交易成本升高,这种市场机制失灵的根本原因恰又是产权界区含混。因此,如果交易成本为零,定义清晰的产权关系和自愿交易,就是资源配置有效性的充分条件。

将上述观点概括称为"科斯定理"的并非科斯本人,而是威廉姆森(O. Williamson)、斯蒂格勒(G. Stigler)、张五常等人,以及科斯的一些批评者,尽管科斯本人不完全赞同"科斯定理"这一提法,但"科斯定理"却被当代许多经济学家所承认,甚至将其与19世纪的"萨伊定理"相提并论。

尽管围绕"科斯定理"一直存在争论,存有不同解释,但无可否认,"科斯定理"的确把产权命题与资源配置的有效性有机地联系了起来,从产权和由此而来的交易成本角度,重新对资源配置的帕累托有效准则进行反思,重新探讨实现资源配置有效性的条件,把交易成本、社会成本、产权及相应的法律形式等范畴纳入资源配置有效性的考察逻辑之中。正是从这个意义上说,科斯既是产权理论的代表,又是法经济学的代表,既有别于传统经济学强调产权制度分析,又不同于通常的制度学派和历史学派等,他承认而不是否认经济学的目的在于解释资源配置有效性问题并探讨实现有效配置的条件。

"科斯定理"的提出和论证,是从外在性问题入手的。所谓外在性,即指:某个人的效用函数的自变量中包含了别人的行为。外在性问题既是市场机制失灵的突出表现,又是正统的微观经济学和福利经济学长期讨论的问题之一。科斯对其重新进行解释并得出了新的结论。在科斯之前,传统的福利经济学对外在性的解决是采取单向征税的方式,即如果甲方排污等损害了乙方利益,那么,通过法律对甲方征税,使甲方所实际承担的私人成本等于他所实际造成的社会成本;原则上是,社会成本等于乙方所受到的损失。

在科斯看来,外在性问题本质上是甲、乙双方相互作用的一种关系,因而解决的方式不能采取简单的单向征税。因为,尽管甲的排污给乙造成了损害,但用单向征税来限制甲排污,必然会损害甲的现有利益。问题的实质在于是让甲损害乙,还是让乙来损害甲。也就是说,社会如何防止造成更严重的损失?比如对甲征税造成甲的成本增大,而甲的成本增大同时意味着社会总成本也提高,这也是社会总损失的一部分;而甲排污对乙造成的损失当然也是社会总损失的一部分,关键在于比较这两种损失的大小,如果由于单向征税使甲的损失进而使社会总损失大于征税前甲对乙造成损害所带来的乙的损失及相应的社会总损失,那么,就不应单向对甲征税,因为征税后社会总损失反而增大,征税对资源配置成为无效率的行为。

因而保证有效解决外在性的根本方式在于,最好让当事人双方通过自愿交易的市场方式来处理,或者让甲出钱向乙购买允许其排污权,或者让乙出钱向甲购买不排污或少排污权。不管采取哪种交易,只要是基于双方利益的买卖,双方能否成交都取决于是否会使其利益最大或成本尽可能小,双方总会在市场交易中寻求一个均衡点,即双方均可接受的交易条件,在这一点上,双方各自的边际成本都等于其边际收益,从而资源配置达到帕累托有效状态。

但是,科斯进一步指出,采取市场交易的方式克服外在性,需要一系列的制度条件,否则便不可能。一是必须在经济和法律上明确当事人之间的产权界区,否则不可能交易,如排污例中,排污权在法律上和实际经济制度上是否是属于甲方的产权,若是,则乙方须向甲方购买;或不准甲排污的权利是否在制度上规定是属于乙方的产权,若是,则甲方须向乙方购买。如果缺乏这种产权界定,交易无从进行,外在性也就不能通过市场交易克服。二是市场价格机制本身是无摩擦的,因此发现价格、缔约等交易活动所需条件的确定不需再付成本,即交易成本为零。

科斯考察的重点恰恰在于这些使市场机制有效的制度条件。由此,科斯提出了有别于正统经济学分析的达到资源配置帕累托有效的条件:交易成本为零,产权界区明确,交易自愿。也就是说,在交易成本为零的条件下,定义清晰的产权关系下的自愿交易是资源配置有效性的充要条件。这就是所谓"科斯定理"。

科斯看到并特别强调,资源配置有效性所需要的这种制度条件,往往在现实中难以严格具备。因此,力图单纯依靠市场,并指望通过市场在现实中实现帕累托最优不可能,从而,"科斯定理"在揭示资源配置有效性充要条件的同时,对正统经济学和福利经济学关于资源配置帕累托最优的假定给予了根本性动摇。

既然现实中不可能存在保证交易成本为零的定义清晰的产权构造,既然总会存在社会成本,那么,经济学的主要任务便是要尽可能使社会成本降低,就是从产权结构上选择多种制度方式,并比较各种产权制度安排下的社会成本,根据成本原则来确定制度结构。科斯提出了三种资源配置的制度形式,并指出这三种制度形式的根本区别在于所依赖的产权基础不同。一是企业制度,即在明确个人产权的同时,使个人产权集合为企业产权,以企业为组织统一支配要素并进入市场,这种制度安排只需付出企业管理成本,这种管理成本一般会低于市场交易成本,也就是说,用企业内部交易(本质上也是产权交易)替代市场交易,除特殊情况外,成本会更低。二是市场制度,即在明确企业间产权界区的条件下,运用价格机制来组织资源配置的制度(本质上是企业间产权的交易),运用这种制度需支付交易成本,当运用企业制度,即以企业内部交易来解决利益冲突所付出的管理成本,高于运用市场机制来解决利益冲突所付出的交易成本时,则市场制度更有效。三是政府管制,即无论怎样,在现实中也难以通过界定个人产权、企业产权,进而难以保证通过产权交易(包括个人产权在企业内部交易和企业间产权交易)实现资源的有效配置,需由政府来制定规则,克服交易机制所不能解决的矛盾,如外在性等,但政府管制同样需要支付成本,而且没有理由认为政府管制成本必然低于企业管理成本和市场交易成本。

在科斯看来,社会资源的配置,不论采取企业制度,还是市场制度,或是政府管制方式,最重要的根据在于产权清晰程度。如果产权在个人间是极明确的,那么由个人自愿选择组成集合的企业制度不仅是可能的,而且在一定市场容量下,以所有者在企业内部的产权交易替代所有者直接进入外部的市场交易,其成本较低,资源配置也更有效;如果是在企业之间即使发生冲突,存在摩擦进而交易成本不为零,但只要能真正严格清晰企业间产权界区,运用市场机制来解决冲突的交易成本就不会高,市场有效;如果产权界区根本不可能清晰,则即便是引入政府管制,其管制成本也会高。可见,无论运用哪种机制,其成本高低和相应资源配置有效性的高低,均根本取决于产权制度,而确定产权界区的方式便是运用立法。

第二节　当代西方产权理论的新进展[①]

"科斯定理"提出之后,围绕"科斯定理"的争论一直未间断。一些学者对"科斯定理"提出了怀疑,如库特(Robert D. Cooter)等人就指出,"科斯定理"主张以市场交易的方式(明确外在性领域的产权)来解决外在性,这只能引起新的外在性。因为,在现实中根本不可能存在理想化的解决外在性的完全竞争市场,因而,想以私有制为基础建立私人间的协议,并通过私人间的协议来克服外在性是不可能的。也就是说,若说正统经济学完全竞争的假设是空想,那么纯粹私有化的产权绝对界定同样不可能存在。同时,库特还否认私有制的纯粹化可以使交易成本降为零的结论。也就是说,不仅产权绝对界定不现实,而且即使界定了产权,交易成本也不可能降为零。因为在现实中,当交易者数目很少时,固然减少了市场容量,但交易并不一定有效,还可能出现寡头分割市场。在这种条件下,私有制并不能保证两个寡头之间达成交易,而会形成一种博弈的局面。这种博弈局面在资本主义社会普遍存在,其结果不仅不会降低交易成本,还会造成市场交易的不确定性。"科斯定理"所强调的纯粹私有制与有效的法律体系对于上述博弈是无能为力的。

但也有相当数量的学者在科斯开辟的产权研究领域,补充、发展了新的产权思想,甚至包括库特等人在内的否定"科斯定理"的学者,通过对科斯理论的批判,对产权理论的进展也作出了贡献。概括起来,对产权理论进展发生影响的主要有:以威廉姆森等人为代表的交易成本学派,以德姆塞茨和阿尔奇安等人为代表的所有权学派,以布坎南等人为代表的公共选择学派,以舒尔茨(T. Schultz)等人为代表的自由竞争学派,以阿罗(Kenneth Arrow)等人为代表的信息经济学派,以波斯纳和库特等人为代表的法经济学派,以富鲁普顿(E. Furubotn)和配杰威齐等人为代表的比较产权学派等。

在这些学者的争辩与努力下,产权理论在公共财产、外在性、交易费用、委托

[①] 参阅刘伟、李风圣:《产权通论》,北京出版社1998年版。

代理、产权与国家、产权结构等理论方面取得了迅速进展。特别是20世纪70年代以后,围绕企业产权理论方面更是产生了一系列显著的成果。就企业产权理论而言,最突出的是交易费用理论和委托代理理论取得的进展。

1. 交易费用理论取得的进展

(1) 交易成本概念的补充和修正

交易费用理论在科斯之后的进展,首先表现在关于交易费用(成本)定义的补充和修正上,通过不同学者从不同的角度对交易成本的重新定义和扩展,使交易成本的范畴内涵更为丰富、更为准确,从而提高了运用这一范畴分析企业产权的能力,其中较有影响的有以下几种概括和表述。

一是把交易成本区分为广义和狭义两类。广义的交易成本是指谈判、履行合同和获得信息所需运用的全部资源,狭义的交易成本则是指单纯履行契约所付出的时间和努力。这种划分,以库特等的表述最为准确。

二是把交易成本区分为事先的和事后的两类。事先的交易成本是指起草、谈判、保证落实某种协议的成本,事先的交易成本之所以存在,是因为在签订契约时,交易双方对未来的不确定性都没有把握,因而需要事先规定双方的权利、责任和义务,而要事先明确这些权利、责任和义务是需要花费成本的,这种代价的大小又取决于某种产权结构的事先清晰度。事后的交易成本是交易之后发生的成本,它可以有许多形式:第一,当事人想退出某种契约所必须付出的费用;第二,交易者发现事先确定的价格有误进而需改变价格所付出的费用;第三,交易当事人求助于政府解决他们的冲突所花费的费用;第四,为保证交易关系的长期性和稳定性所付出的费用;等等。对于交易成本产生的直接原因,这种观点将其分为客观的交易因素和主观的人的因素,前者主要指市场环境中的不确定性,后者指人的有限理性和投机心理;根本原因则在于产权制度规定不严格。这种观点的典型代表是威廉姆森。

三是进一步强调交易成本是运用经济制度的成本,强调交易成本是由于制度摩擦所导致的费用,特别是由于产权不清必然导致各类摩擦发生。阿罗明确定义交易成本是"经济制度操作的成本",是一种制度运行的成本。从而使新古典经济学关于产权制度事先清晰就不存在制度摩擦的假定受到更严厉的批判。

四是强调信息成本是交易成本的核心。突出真实信息的表现及获得和识别所必须付出的代价,而信息成本的高低,即市场价格信号的真假以及对其识别的敏感,根本取决于产权制度所规定的市场交易当事人的权利及责任、风险界区是否明确,价格归根到底是产权的市场运动形式。正如诺思(D. North)所说:信息的高昂代价是交易费用的核心,它由衡量所交换物品的价值属性的成本、保护权利的成本以及监察与实施协约的成本组成。这些衡量、实施成本是社会、政治和经济制度的源泉。

五是强调交易成本是人们在普遍社会交换关系中发生的费用。其发生的前提是人们的利益分歧,这种分歧的克服和协调产生的成本本质上是制度成本,包括信息成本、监督管理的成本和制度结构变化的成本等。张五常对这种概括曾作出过清晰的阐释。

(2)间接定价理论(或称企业产权结构理论)

就交易费用理论本身而言,科斯之后的进展主要表现在两方面:一方面是间接定价理论的发展,另一方面是资产专用性所产生的机会主义、不完全合约及纵向一体化方面的分析。这里先考察第一方面,即间接定价理论的最新进展。

所谓"间接定价"指的是要素所有者不是分散地直接进入市场进行交易并确定交易条件——价格,而是通过组建企业,从而通过企业间接地进入市场,由企业去直接进行市场交易并确定交易条件——价格,进而使企业组织成为一种能够比要素所有者直接进入市场更为节省交易成本(定价费用)的制度,这种制度实际上不过是产权的不同结构安排,因此间接定价理论又称为企业产权结构理论。

显然,这种间接定价理论发端于科斯,是对科斯关于企业与市场的关系、为何需要企业制度思想的发展。科斯把企业制度作为市场交易制度的某种替代,而且认为在一般情况下企业制度的内部成本比市场交易成本低,这样就似乎与科斯本人强调以市场交易作为配置资源的基本方式也是最有效的方式的观点之间存在矛盾;也就是说,为什么会有企业制度与市场制度两种不同的产权结构,不同的产权结构怎样规定企业与市场制度中成本的高低,在科斯的著述中并不清晰。

(3)资产专用性、不完全合约及所导致的纵向一体化理论

另一批学者,沿着资产专用性、不完全合约、纵向一体化理论,解释企业制度产生的原因,认为企业是联结生产过程之间的不完全合约所要求的纵向一体化的结果,进而发展了科斯的企业产权理论。

2. 委托代理理论取得的进展

上述学者从企业产权制度上解释了交易费用,并把这种交易费用的比较运用到市场制度和企业制度(纵向一体化)的选择上,而另一批学者却从横向一体化的分析中,考察企业内部的产权结构。这种关于企业内部产权结构的研究最富代表性的成果体现在三个方面。

(1)委托—代理权利结构分析

委托—代理产权结构研究是近些年来西方产权理论中最为重要的进展之一。这一理论的主要代表人物是威尔森(Wilson)、斯彭斯(Spence)和泽克毫泽(Zeckhavser)、莫里斯(Miyrlees)、霍姆斯特姆(Holmstrom)、格罗斯曼(Grossman)和哈特(Hart)等。这一理论集中研究出资者、管理者(包括董事会和经理)、工人三者之间的权利及制约关系。需要指出的是,这里并未严格区别企业的支配者(如董事会)和经理(而这一点对于说明企业或公司法人产权相当重要)。

标准的委托—代理理论模型首先假定:第一,出资者作为委托者对产出的分布函数不起作用,即对产出没有直接贡献;第二,缺乏充分信息,因而委托者对代理者的行为不易直接观察。在这两个条件下,一方面,如果使代理者承受全部风险,相应的代理者成为剩余权益者,产权对于代理者的约束是严格的,对其激励也是充分的,那么,资源配置能够达到最优,因为企业内部来自产权结构的交易成本低。另一方面,要使委托者预期效用最大,在委托者与代理者之间的产权结构安排上,代理者必须承受风险,至少是部分风险,这种代理者承受的风险责任与其在企业中对资产的权利应对称,同时与激励代理者所需要的利益相对称。问题是,如果放松上述两个假定,那么,若委托者对企业产出作出了直接贡献,因而委托者承受了风险,则企业剩余索取权完全归代理者就必然伤害委托者利益;若委托者在支出一定监督费用后,就能够了解代理者行为,那么,委托者即使放弃分享的剩余索取权,其利益也能够从监督代理者的有效性上得以弥补,这样在委托者和代理者之间分配剩余索取权不如把剩余索取权全部交给代理者,因为分享剩余索取比单方掌握更复杂,而且在激励代理者上也存在问题,从而发生交易费用的提高。关键是比较这种分享剩余索取权的结构安排带来的成本与加强监督所提高的监督成本之间的高低。事实上,这里最根本的在于谁在怎样的条件下可以作为委托者或代理者。

(2) 团队生产及道德风险和代理成本理论

这一理论实际上运用市场交易成本方法来解释企业内部监督成本,进而从企业产权构造上分析企业效率。这一研究的主要代表人物包括:阿尔奇安和德姆塞茨,霍姆斯特姆和泰若勒(Tirole),詹森和麦克林(Meckling),斯蒂格勒和威斯(Weiss),埃斯瓦尔(Eswaran)和克特威(Kotwal)等。主要成果体现在以下几个模型上。如阿尔奇安和德姆塞茨的理论,他们认为:企业本质上是"团队生产",即一种产品由若干成员集体生产,成员之间相互影响,但每个成员的个人贡献在集体生产共同结果过程中不易确认,因此难以按每个人的真实贡献支付相应报酬,从而导致偷懒。为监督偷懒,就必须让企业集体(团队)中的部分人专门监督其他成员。为使监督有效,首先必须使监督者占有剩余索取权,否则缺乏监督责任心和效率;其次,必须使监督者拥有指挥其他成员的权利及修改约束其他成员契约的权利;再次,监督者必须同时是团队资产的投入和所有者,否则成本约束不严。于是资本主义企业制度便形成了。那么,为什么要使所有者

(出资者)监督其他要素？因为所有权在解决企业制度中的激励及约束问题时是最为重要的,同时,资本要素的贡献在集体生产中最难度量,因而其报酬难以确认,若由其他要素来监督资本,则不仅承担不了资产责任进而产权责任约束弱,同时监督者也难以识别资本的贡献并明确应有报酬,从而难以保证对资本所有者的激励。因此,在企业内部应由资本雇用并监督劳动等其他要素,因其监督费用相对低且更有效率。

从"科斯定理"的提出到近二十年来产权思想的演变,西方学者表现出一种重返古典经济学的倾向,即重新强调私有制的纯粹化及私有制下产权的独立性和交易的自由自愿性。但这种重返又不是简单的复归,而具有现代经济分析色彩,尤其是对古典的"看不见的手"运行机制背后的制度基础——产权结构作出了深入考察。无论不同学者的观点、方法有怎样的区别,在这样几点上是共同的:首先,产权界区清晰与否是决定市场交易及资源配置有效性的根本条件;其次,产权制度中权利与风险责任的对称是保证监督有效的必要条件;再次,私有产权越纯粹,资本及有关产权相互间界定越严格,市场机制越有效。显然,这也体现着西方学者的价值观。

且不论这种理论所蕴涵的价值观是否成立,仅就当代资本主义社会现实而言,这种关于产权的理论也尚存许多矛盾。首先,私有产权纯粹化,甚至绝对化可能会导致与市场的冲突,这种冲突至少可以表现在两方面:一方面,在相互联系的经济中,一方私有产权的绝对化行使,客观上可能会损害另一方或其他诸方的产权利益,也就是说,一方产权绝对化可能会导致新的产权界区不清,可能造成新的外部不经济,从而增大社会成本,使个别厂商利益的极大化与整个社会资源配置的帕累托最优目标相冲突;另一方面,垄断性产权的形成,固然可以减少交易者数目,进而降低市场交易费用,但若对垄断性产权绝对承认,则必然造成市场失灵。因此,即使在资本私有制社会,私有产权的绝对纯粹化也可能会导致市场失灵,不能使之纯粹化到带有"特权"色彩的程度,私有产权的界定及纯粹化也是有条件的,不可能是绝对的,否则便可能与市场经济相悖。其次,在委托—代理中,如果只有剩余风险承担者掌握监督权,相比较而言,固然可以使权利与责任相对称,从而相对提高监督的效率,但这种监督效率的提高和由此付出的成本并不必然相称,这种不相称主要表现在两方面:一方面,监督权由剩余风险者完全掌握,同时便意味着公司中其他利益主体是处于被监督之中,因而必然形成对抗、摩擦,从而提高监督成本,降低资源配置效率,这在信息不对称条件下可能显得十分突出;另一方面,若强调所有者的私人产权对公司法人的有效监督,即强调委托者的权益,那么,与公司利益有关的其他主体的利益必然受到忽略,代理者(无论是公司法人董事会对股东的产权代理,还是经理对董事会管理权的代理)单纯对资产委托者负责,便会忽视对公司其他主体的责任,代理者过于强调使所有者(委托者)的资产增值,则可能损害公司的长远利益,尤其是委托者作为所有者本身也可能存在机会主义的败德行为,即不从公司的整体、长远利益出发,只追求个人股权的短期升值。比如委托者出于个人股权增值目标,可能会支持恶意高价收购,以从高价出售股票中获利,这种投机行为必然损害公司其他方面的利益和公司法人的长远利益;又比如在公司(企业)的团队生产中,作为被监督的其他要素可能偷懒或"搭便车",但作为委托者的所有者也可能败德,如与公司某些成员串谋,使公司代理者无法实现承诺的对委托者的责任,委托者经与成员串谋可以把这种损失控制在能够接受的程度之内,同时以此拒绝向代理者履行委托者的责任,使推卸的责任远远大于代理者未能实现承诺所造成的损失等。

第六章 中国所有制结构的变化及其对经济增长的作用

第一节 中国社会主义经济制度的建立及所有制结构的变换

1. 我国社会主义经济制度的建立

根据中华人民共和国成立前夕召开的中共七届二中全会和第一届中国人民政治协商会议的规定,新中国是一个无产阶级领导、各革命阶级联合专政的新民主主义国家。在所有制结构方面,我国决定实行国有经济领导下的多种经济成分并存发展的社会主义经济制度。具体来说,就是我国的经济主要由国有经济、合作经济、公私合营经济、私人资本主义经济以及个体经济组成。

在新中国成立初期,建立社会主义经济制度的主要途径是:通过没收官僚资本主义经济和改造民族资本主义经济,建立社会主义全民所有制;通过改造个体农业、个体手工业,建立社会主义劳动群众集体所有制。具体来看:

首先,没收官僚资本主义经济。新中国成立以后,人民政府对以蒋、宋、孔、陈四大家族为代表的官僚资本采取了没收的政策。到1949年年底,没收官僚资本的工矿企业2 858个,拥有职工129万人。没收的官僚资本成为国有经济的最大组成部分。[①]

其次,改造民族资本主义经济。对于民族资本主义工商业,政府采取了利用、限制和改造的政策,用赎买的方式,把民族资本主义企业改造成为国有企业。

再次,改造个体私有制。主要包括对个体农业和个体手工业的社会主义改造。具体措施是引导农民进行农业合作化,在农村建立社会主义集体所有制;并通过说服、示范和提供国家帮助等形式,使手工业劳动者逐渐联合起来,走合作化道路。

到1956年,随着社会主义改造的基本完成,社会主义的基本经济制度在中国全面地建立了起来,中国完成了新民主主义社会向社会主义社会的过渡。

1978年开始,以党的十一届三中全会为标志,中国开始了改革开放的进程。1984年,十二届三中全会提出了体制改革纲领,改革的基本取向是发挥市场在

[①] 参阅萧国亮、隋福民:《中华人民共和国经济史》,北京大学出版社2011年版,第44—45页。

资源配置中的作用,向市场经济体系方向上转轨。1992年,中共十四大明确指出了中国制度变迁的目标为社会主义市场经济体制,在此目标指引下,体制改革不断深化,各种市场和市场主体的培育逐渐成熟,政府宏观调控的手段也日益成熟和稳健,中国建立起了有自己特色的社会主义市场经济体制。

2. 新时期所有制结构的变化

这里所讨论的所有制结构变化,主要是指在转轨经济中,国有制与非国有制相互之间地位的转变。这里要考察的是伴随所有制结构变化,宏观经济的增长效应以及增长的均衡性和由此产生的宏观调控方式的变化。

改革开放以来,我国的经济体制发生了相当深刻的变化。这种变化集中体现在以下三方面:第一,资源配置方式发生了深刻的转变,价格信号已逐渐成为引导资源配置的主要信号。尽管由于市场秩序不完善等多方面原因,价格信号常有扭曲和失真,但市场化的速度是相当快的。一是在商品市场化进展上,在商品(包括消费品和投资品)生产和流通中,至少90%以上商品种类已由市场直接定价,而不再由政府定价,可以说我国商品市场化程度已相当高。二是在要素市场化进展上,城乡劳动力至少90%是受市场供求关系直接支配,而不是由政府行政约束,相应的,其价格(工资)90%以上由市场决定,而不是由政府决定,可以说,我国要素市场中的劳动力市场化进展速度最快,尽管其中尚存在许多有待完善的问题。土地资源(包括耕地和城镇其他用地)在配置方式上也开始引入市场机制,尽管由于土地产权制度等方面尚不清晰,土地的市场化还难以真正全面、规范地实施,但在一定程度上,在不同领域采取不同的市场运作方式的多方面探索已经开始,并且中国的经济增长和社会发展对土地资源配置方式的转变,正日益提出极为深刻的历史性要求。资本要素市场虽然面临诸多行政管制,特别是价格(利率、汇率等)决定尚不是市场性的而是行政性的,但在经济转轨中资本市场化进程也在逐步加深。在间接融资市场上,自1998年起,取消了对专业银行信贷规模的直接数量控制,银行的商业化进程也在逐步展开,其自主权得到了相应的提高;在直接融资市场上,股票市场自1990年开创以来,获得了迅速发展,二十余年的时间里,股票市值总额已占当年国民经济总值的50%左右。第二,与资源配置方式上的市场化进程相适应,我国宏观经济体制也发生着深刻的变化。就财税机制而言,经历了改革开放以来的放权让利、利改税和拨改贷、包税制和分税制等一系列不同阶段的改革,直到现阶段展开的向公共财政转型的探索,财政政策目标导向经历了由长期针对短缺的紧缩,向同时针对可能出现的经济过剩的扩张的转变;财政作用的程度由全面主导经济向逐渐让位于银行转换;财政政策手段由主要运用财政支出政策向同时运用财政收入和财政支出政策方面转变等。就金融体制而言,中央银行的独立、商业银行体系的构架、政策性银行的分立、各种股份制银行的兴起、非国有银行和金融机构的发育、相关金融立法的加速、金融风险防范和监管制度的建设等体制性的变化,均取得了迅速的进展,货币政策的作用及对国民经济运行和发展的影响程度显著提高。第三,资源配置方式及宏观调控机制之所以发生了深刻的变化,最根本的制度原因在于所有制的变化,包括所有制结构和所有制的实现形式等方面的变化。可以说,所有制的变化是我国体制改革进程中最为深刻也是最具制度创新意义的变化。

从经济学的基本道理上看,所有制无疑构成了经济运行机制的基础,所有制的变化无疑是构成经济运行机制变化的最为深刻的根源。就我国经济转轨的现实来讲,我国经济体制的一切重要变化,均可以在所有制变化上找到制度性的解释。

我国所有制结构上最为突出的变化是国有制比重持续下降,相应的非国有经济比重显著上升。据统计,国有工商企业资产占全社会工商企业资产的比重从改革初期的近90%,下降至现阶段的44%左右,下降近50个百分点。在年GDP总量中,国有经济所占比重由改革初期的绝对优势转变为现阶段的36%左右。在工业总产值中,国有工业企业所占比重由改革初期的近80%下降为现阶段的27%左右。在社会消费品零售总额当中,国有经济实现的零售总额由改革初期的55%左右下降至33%左右。与之相适应,非国有经济的比重有了显著而又全面的提升。[①]

这种国有与非国有经济的结构变化呈现出以下两个重要的特点。第一,非国有经济比重之所以持续上升,直接原因在于虽然国有经济与非国有经济发展速度都在提高,但非国有经济增长速度相对更快,而并不是由于同期国有经济在规模和增长速度上的萎缩。根据有关普查资料显示,我国国有资产总量在改革开放以来的增长速度显著高于改革开放之前,并且伴随改革开放的深入,国有资产总量的增长速度也在不断加快,也就是说,改革开放同样促进了国有资产的增长。但相比较,非国有经济增长速度更快,尤其从体现资产增量变化速度的全社会固定资产投资增长率上看,改革开放以来,除个别年份外,非国有经济固定资产投资增长速度大都明显高于国有经济。正是由于这种增量扩张速度上的差异,逐渐形成了在资产存量结构上国有与非国有经济所占比重的变化。[②] 第二,在非国有经济高速成长中,中国自身的更富制度变化意义的特征是私有制企业(不含"三资"企业)获得了空前的发展,尤其是自20世纪80年代末以来,无论

---

① 参阅国家统计局:《中国统计年鉴》(2010),中国统计出版社2010年版。
② 同上。

是在固定资产增速上,还是在企业数目及企业规模扩张速度上,私有制经济均显著高于全国的平均数。特别是中共十五大以后进一步明确了在整个社会主义初级阶段,以公有制为主体多种所有制经济共同发展作为一项基本制度,同时深入推进国有经济的战略性转移和结构性调整;中共十六大之后更是将承认私有经济的发展列入了宪法修正的内容,私有经济的发展速度进一步加快,同时,发展的规范性也在逐步提高;中共十七大后,私有经济发展与国有经济的战略结构调整相互结合,呈现出新的特点。

3. 所有制结构变化对我国经济增长的作用

一定的制度变化是否体现历史的进步,孤立地观察制度变迁本身是难以回答的,从经济学上来说,这种历史进步性的考察中最为重要的在于视其制度变迁是否带来社会生产力的相应的较之以往制度下更为显著的提高。根据有关统计资料显示,改革开放以来,我国经济增长速度平均达到9.7%以上,这一速度无论是与当代发达国家相比,还是与发展中国家相比,无论是与世界同期的平均速度相比,还是与经济史上的快速增长期相比,都是相当领先的,并且已经持续了30年之久,就保持高速增长的时期之久来说,在经济史上也是罕见的。

正是这种持续高速的经济增长,使我国经济发生了实质性的变化,这种实质性的进展集中体现在以下三方面:第一,人均GDP水平阶段性提升。1978年改革之初,我国人均GDP水平为379元,按当时汇率折算成美元仅为100美元略强,到2009年,我国人均GDP水平已达到4 028美元(按官方汇率),增长了十倍多,实现了由低收入的穷国向中下等收入的发展中国家的阶段性转变,即世界银行关于发展水平阶段性分类中由人均300美元以下向740美元以上的转变。第二,产业结构发生了深刻的变化。以对于我国最具意义且又最为困难的就业结构转变为例,1979年我国的就业结构中,第一次产业比重超过70%,第二次产业比重为17%略强,第三次产业比重为12%左右,这种结构水平与当代低收入穷国的平均结构极为相似(低收入穷国平均第一次产业就业比重为69%,第二次产业为15%,第三次产业为16%)。到现阶段,我国第一次产业就业比重已下降至38%以下,第二次产业就业比重上升至28%左右,第三次产业就业比重则上升到34%左右,这种结构水平与当代世界平均结构水平大体相当(当代世界各国平均第一次产业就业比重为49%,第二次产业比重为20%,第三次产业比重为31%)。① 这种结构变化,表明我国持续高速的经济增长不仅带来了GDP水平方面的数量急速扩张,并且推动了以结构演变为特征的经济质态的转变。第三,居民生活在经济持续增长中得到了明显的改善。以恩格尔系数(食品支出

---

① 参阅国家统计局:《中国统计年鉴》(2010)。

占家庭消费中支出的比重)为例,1980 我国农村居民家庭恩格尔系数为 62% 左右,城镇居民在 59% 左右,城乡平均显著超过 60%,根据联合国的有关划分标准,恩格尔系数在 60% 以上为贫困状态,温饱尚未解决,我国当时贫困人口超过 2.4 亿,直到 1984 年我国才基本实现温饱。到现阶段,我国农村居民恩格尔系数已降至 42% 以下,城镇居民则已降至 36% 左右,城乡平均大体是 39% 左右,已达到联合国划分的小康标准(小康水平的恩格尔系数为 49%—40%)。[①]

这种经济发展上的深刻变化,与经济体制的变革存在着深刻的内在联系,而经济体制变革最为根本的又在于所有制结构的变化,所有制结构变化上最突出的特点是国有经济与非国有制经济,尤其是与私有经济的相互比重关系发生了深刻的变化。这种所有制结构的变化反映到以 GDP 增长为体现的经济增长上,便产生了这样的结构性演变:第一,在 GDP 总量上,国有经济部门提供的约占 25%,私营经济提供的也约占 25%,混合经济提供的占 30% 以上,"三资"企业提供的不足 20%。第二,按三大产业划分,在第一次产业的增加值中,97% 以上是非国有经济的贡献,国有经济贡献不到 3%,第二次产业的增加值中,非国有经济的贡献约为 75% 左右,国有经济的贡献则只达到 25% 左右,在第三次产业的增加值中,非国有经济的贡献为 30% 左右,国有经济的贡献为 70% 左右,按三大产业占 GDP 比重加权平均计算,现阶段我国 GDP 总量,国有经济的贡献也只在 25% 左右。第三,从经济增长速度(增长率)的所有制结构分解来看,1998 年至 2003 年我国经济增长的平均速度为 7.3% 左右,其中约 2 个百分点是由国有经济扩张拉动的,其余 5 个以上的百分点则是由非国有经济扩张拉动的,也就是说,在近些年的经济增长中,国有经济在增量中所作出的贡献增幅为 27% 左右,而非国有经济的贡献则占经济增幅的 70% 以上。

进一步观察可以发现,所有制结构的变化不仅使经济增长中的经济结构发生了深刻的变化,而且对缓解经济增长中的失衡也起着重要的作用。第一,从控制通货膨胀来看,非国有经济的发展至少从以下五个方面缓解了通货膨胀的压力:(1) 非国有经济占绝对主体的农业稳定增长对于平抑物价起着关键性的作用;(2) 非国有经济在现阶段占用的信贷资金在总量上和比重上比较少,同时资产周转速度比较快,因而在促使资金总供求和商品总供求的各自平衡和相互平衡中发挥着积极作用,缓解了总供求矛盾对价格上升的压力;(3) 非国有经济上缴税金不断增加,所占比重不断提升,而同时非国有经济对财政的直接依赖度低,在公共财政转型尚未实现的条件下,非国有经济的发展不是增加财政赤字的原因,反而缓解着财政收支矛盾,进而缓解着由于财政赤字增大而造成的通货膨

---

① 参阅国家统计局:《中国统计年鉴》(2010)。

胀的压力;(4)非国有经济的预算约束较国有经济更为严格,在转轨过程中投资的总体市场效益也高于国有经济,从而有利于推动经济实现均衡增长;(5)非国有经济的工资水平上升以及福利水平上升一般控制得更严格,与企业经营状况联系更直接,因而也在一定程度上缓解了由于工资上升过快形成的成本推进的通货膨胀的压力。第二,从缓解失业来看,一方面,从改革开放以来固定资产投资增长上看,不仅非国有经济固定资产投资增长速度显著高于国有经济,并且新增加的就业机会也更多,而且由于非国有经济投资主体受市场约束更严格,受政府直接行政控制较弱,因此在我国的统计显示上,当投资增长过快时,非国有经济的投资增长速度并不特别高,却反而有所收敛,而在政府行政性紧缩经济时,非国有经济的投资增长速度并没有显著跌落。这在一定意义上淡化了经济增长的周期性,特别是在经济增长速度低落时,起到了缓解起落并降低波动幅度的作用,从而缓解经济衰退时期的失业压力。另一方面,非国有经济规模和比重迅速扩张,尤其是在经济增长中贡献突出,成为拉动经济迅速增长的首要动力,是经济增长中最为活跃的部分,这本身就使之成为拉动就业的重要力量,说到底,就业问题的处理首先是与经济增长率相联系的(据测算,我国经济在20世纪80年代每增长一个百分点,相应带来的新增就业机会约为240万个;进入21世纪,经济每增长一个百分点,相应带来的新增就业岗位90多万个)。同时,由于种种发展性的和制度性的原因,非国有经济平均吸纳一个就业者所需要的各项成本远低于国有经济(据测算,在20世纪90年代中后期,非国有经济每吸纳一个就业者所支出的成本,包括固定资产投入和工资成本,比国有经济低一半左右),这就进一步提高了国民经济吸纳就业的能力。

第二节 非公有经济的发展及其对生产效率的影响

1. 我国私营企业发展的基本状况和主要特点①

(1) 发展速度快,尤其是20世纪90年代以来私营企业获得迅速发展

讨论非公有经济,除外资外,主要是指私营企业和个体经济,其中最为重要的又是私营企业。1988年4月,《中华人民共和国宪法》承认了私营经济在我国的合法地位;1989年国家工商行政管理局开始对私营企业登记注册,当年共登记9万多户;进入90年代之后,尤其是中共十四大明确了建立社会主义市场经济体制目标之后,我国的私营企业获得了迅速的发展。到2010年年底,我国登

---

① 本节内容参阅并摭引"十一五"期间我国注册私营企业超过840万户》,《经济日报》2011年1月19日"宏观资讯"第三版。

记注册的私营企业数量从"十一五"之初的430.1万户迅速增加到"十一五"末的逾840万户,年均增速高达14.3%,五年增幅超过95%,成为我国最大的企业群体,占全国实有企业总数的74%;私营企业注册资金总额超过19万亿元,年均增速达到20.1%,五年增幅超过150%。截至2010年年底,我国登记注册的个体工商户超过3400万户,注册资金超过1.3万亿元。我国个体私营企业从业人员总数超过1.8亿人,较2005年年底增加6000万人,年均增加1200万人,年均增速超过9%,五年增长55%以上,成为我国吸纳扩大社会就业的主渠道。

(2) 私营企业规模显著扩张,行业分布更为广泛

据调查,近些年来,私营企业产值规模、销售收入、注册资本额、从业人员、实现社会消费品零售额的增速都高于私营企业数的增速,这表明私营企业的规模以及相应的规模经济水平在提高。据国家工商局的调查,2007年年底私营企业的所有者权益中位数为300万元,比2005年年底的200万元增长了50%,增幅较大;开办时的实收资本中位数为100万元,资本增值2倍。以经营时间长度的中位数7年来计算,年均资本规模增长17.0%。在这一过程中,一批大型或较大型私营企业逐渐形成,在全国工商联的调查中,到2003年年底私营企业的所有者权益超过千万元的户数已占调查企业总数的36%以上。在国家工商局的一项调查中,所有者权益超过千万元的私营企业也已占被调查企业总数的20%左右。

从我国现阶段私营企业的行业分布来看有以下特点:① 大中小企业的行业分布与不同行业对资本规模的要求基本一致,即大私营企业一般集中在产业要求资本规模较大的领域。据我国工商联的调查,行业私营企业资本规模中位数在1 000万元以上的是地质水利业、房地产业、电力煤气业;资本规模中位数在300万—1 000万元的是采掘业、农林牧渔业、建筑业、交通运输业、制造业等;资本规模中位数在300万元以下的主要有科研技术业、商业餐饮业、卫生体育、文教业等。② 私营企业的行业分布伴随市场准入程度的提高而越来越广泛,相应的部分私营企业本身主营行业开始多样化。截至2009年年底,私营企业在第一产业实有16.36万户,占私营企业总户数的2.21%;第二产业实有私营企业220.59万户,占总户数的29.8%;第三产业实有私营企业503.2万户,占总户数的67.99%。在第三产业中,私营企业经营批发和零售业的最多,有263.19万户,占私营企业从事第三产业经营总户数的52.3%。从业人数达2 317.15万人,增长10.37%;租赁和商务服务业71.68万户,从业人数662.82万人;科学研究、技术服务和地质勘查业实有户数达到37.94万户,从业人数321.56万人;信息传输、计算机服务和软件业27.43万户,从业人数221.935万人;居民服务和其他服务业24.26万户,从业人数214.02万人;房地产业24.86万户,从业人数

286.61万人;交通运输、仓储和邮政业19.54万户,从业人数211.95万人;住宿和餐饮业13.67万户,从业人数190.89万人。③私营企业的地区分布差异显著,截至2009年年底,私营企业仍大部分分布于东部沿海发达地区,但是西部地区增长速度较快,东、中部增长速度相对较缓。私营企业在东、中、西部的发展情况是:东部十二省市实有487.2万户,比上年年底增长11.26%,占私营企业总户数的65.82%;西部十省市实有106.58万户,增长17.76%,占私营企业总户数的14.4%;中部九省实有146.38万户,增长13.44%,占私营企业总户数的19.78%。

(3)我国私营企业的组织形式和企业治理结构正在发生迅速变化

我国私营企业的主要组织形式已由独资为主迅速转变为有限责任公司为主,据调查,从1993年至今,我国独资私营企业占私营企业总数的比重由64%左右降至16%左右;而有限责任公司比例则由17%左右上升至82%左右,成为主要形式;合伙制企业比重由16%左右降至1.7%左右,另外还有为数不多的其他类型私营企业。在发达国家的经济史上,公司组织形式从无限责任向有限责任公司为主要形式的转变,经历了百余年的历史,其间伴随着市场制度、法律制度、政府服务等许多方面条件的发展和改善,我国私营企业中有限责任公司在十余年间取代独资企业的首要比重地位,应当说速度是十分迅速的。

我国私营企业内部组织及治理结构近些年来发生了显著的变化。据调查,1993年,私营企业中建立董事会的为26%,而到2004年已达74%以上,股东大会制从基本上未有相关记录提高到目前近57%的被调查私营企业建立起了股东大会制度,有50%以上的企业建立了工会。在这一过程中,从公司所有者权益在自然人间的分布来看,企业主所占份额的比重在70%左右,企业主之外的其他个人为20%,另有10%是其他类型的投资者,这种所有者权益的分布结构与1993年的私营企业相比,基本未变,表明我国私营企业近十年来,虽然企业主要组织形式和内部组织结构方式发生了显著、迅速的变化,但投资主体仍是十分明确和集中的。

2. 所有制结构变化对国民经济增长生产效率的影响

随着中国经济市场化改革的不断深入,我国的经济结构发生了很大的变化,了解这些结构变化对中国经济的影响,将有助于我们进一步深化经济改革。一个国家的经济强大与否是由其生产能力决定的,我们进行经济改革的目的也是发展生产力。改革以来我国制度变迁的一个显著特征,就是国有制比重下降而非国有制比重上升。这一特征体现在我国经济增长上,就是非国有经济已成为经济增长的主力;而体现在增长的均衡性上,就是非国有经济受市场约束更强,因而对行政性干预所导致的高涨和紧缩具有相当大的淡化作用;而对要素效率

的反映,却是非国有制比重的提高提升了全社会劳动和资本的效率,尤其是资本的效率。通过经济计量分析,我们可得出以下结论:

(1) 产业结构和所有制结构对生产的影响不同。产业结构影响经济的生产规模,即经济的生产可能性曲线,如果第一产业缩小,则整个经济的生产可能性曲线将向外移,也就是整个经济的生产规模将扩大;而所有制结构影响的是要素的生产效率,当非公有制经济部门扩大时,要素的产出弹性,特别是资本的产出弹性将增大。

(2) 所有制结构对生产要素的影响不同。它对资本要素的影响要显著大于对劳动要素的影响。因此,在市场条件下,通过所有制结构的改变所导致的经济增长会扩大资本所有者和劳动者之间的贫富差距。

(3) 当非国有经济部门的就业人员超过一定比例时,经济会进入规模经济增长的良性增长状态。否则,生产将表现为规模不经济,也就是资本和劳动同时增加1%时,产出的增加会小于1%;只有当非国有经济部门达到一定比例时(不同阶段的经验分析和实证结果表明这一比例是变动的),生产表现为规模经济,也就是资本和劳动同时增加1%时,产出的增加将超过1%。这意味着当产业结构不变时,只要在非国有经济部门就业的人员超过53%,生产将表现为规模经济,并且这种规模经济生产的出现主要归结为资本生产效率的提高;劳动生产效率虽有提高,但贡献不大。由此可知,所有制结构的改变,即非国有经济部门的扩大会由于资本生产效率的提高而使经济得以增长,但是如果经济中的收入分配主要是通过市场进行的直接分配,那么广大的劳动者就不会从这种所有制结构的改变所导致的经济增长中获得更多的好处,也就是说这种经济增长不会通过市场有效地在主体人之间进行分配,它会扩大资本所有者和劳动者之间的贫富差距。然而它的优点是明显的,即只需通过制度的改变,而不需要资本的大量投入就可获得经济的增长。因此,对于一个资本稀缺的国家或地区,通过所有制结构的改变来提高人们生活的绝对水平,应是一种有效的方法,但要作为一种持久的方法则必须辅之以适当的收入分配方法。

总之,所有制的变化,尤其是非国有化率的变动,对于中国经济增长具有特别的解释能力,这种解释能力不仅一般化地体现在增长的数量方面,而且更特殊地体现在增长的质量及效率方面。①

---

① 参阅刘伟、李绍荣:《所有制变化与经济增长和要素效率提升》,《经济研究》2001年第1期。

第七章 产权与市场、企业的关系

本章概述了产权与市场、企业的一般关系。指出产权制度与市场机制是统一的整体,产权制度为市场机制的存在创造基础,市场运动是产权的实现形式。为此,从市场经济对产权制度的一般要求和产权界区不清导致市场失灵正反两个角度论证了市场经济与产权制度的内在联系。最后,通过对企业性质问题的思想史梳理,揭示了企业制度与市场制度的密切联系和替代关系。

第一节 市场经济对产权制度的一般要求

作为一种历史的生产方式,产权制度与市场机制是一个统一整体,产权制度为市场机制的存在创造基础,市场运动不过是产权的实现方式。因此,市场经济的制度安排,本质上是产权制度的安排。市场经济作为交换的经济,其交易的内容本质上是产权。正因为如此,市场经济对于产权制度便存在一系列最一般的要求,即只有当社会财产权利制度满足某种必要条件,社会资源的配置才可能以市场机制为基本方式,这些必要条件的任何不满足,都会使市场机制难以成立,至少使市场机制在配置资源过程中存在缺陷。

本节集中探讨作为一般而不是特殊的市场经济对产权制度的基本要求,即不把市场经济赖以存在的社会制度的性质,如是属于资本主义性质,还是属于社会主义性质等命题考虑在内,只是从最一般的,也就是说只要是市场经济社会就必须具备的条件出发,探讨需要在产权制度上作出怎样的安排。在此基础上,进一步考察市场秩序与产权制度之间的内在联系。同时,对我国产权制度改革所面临的根本性命题作简要的分析,本章第四节将对此作更为详尽的分析。

1. 市场经济要求产权必须是单纯的经济性质的权利

市场经济作为平等交易的经济,交易的内容又是产权,因而,市场经济对于财产权利制度的产权的首要要求,便是作为市场交易运动内容的产权必须是单纯或纯粹经济性质的权利,必须是可交易的法权,而不能是超经济性质的特权。

一切超经济强制的普遍化必然构成对体现法权关系的市场经济的根本排斥,而超经济强制的最深刻的根源在于社会财产权利制度的超经济性质。当对资产的权利表现为超经济的政治、司法、立法、行政、宗法等权利的附属品时,资产的运动便不可能首先服从等价交换的市场竞争准则,而是首先服从超经济准则;只有单纯的经济性质的权利才可能通过市场进行交易以实现价值运动,超经济性质的权利另有其运行规则,不能进入市场交易,若强行进入,那么或者意味着对市场的公平竞争秩序的根本破坏,或者意味着腐败。这也是为何在前资本主义社会,早就存在私有制和社会分工这样两个市场交易发生的根本历史条件,但却没有市场经济文明的根本制度原因。

正如马克思所说,在封建时代,司法职能和行政职能与最基本的生产资料——土地的所有权是不分离的,都是土地所有权的属性。实际上,马克思所说的"亚细亚社会"的特征之一,也在于行政权与土地所有权结合为一体,行政官员的级别与土地占有量统一在一起,政治权力的大小与拥有财富的多寡结合在一起,因而使整个财产权利制度具有深刻而浓厚的超经济性质,这种超经济性构成前资本主义私有制社会对市场经济的根本性制度排斥。一般说来,超经济强制包括自然血缘关系,自然地缘关系,人身依附奴役关系,政治和行政强制,军事和暴力强迫关系等,任何一种社会,只要超经济强制占据主导地位,都会从根本上否定市场经济,不管这种制度与其他制度有怎样的不同。历史上的奴隶制度如此,封建制度如此,自给自足的小农经济如此,军事管制如此,传统的社会主义经济制度之所以排斥市场经济,除去其他原因外,根本原因也在于这种超经济强制,在于产权制度上的超经济性质,其典型特征便是国有制统治下的政企不分。

传统社会主义经济体制的超经济强制的存在,除了深刻的历史原因所积累下来的特权残余痕迹和意识之外,直接的原因在于传统的占统治地位的国有制,在于国有制的国家行政组织对经济组织的替代,从而使生产资料财产权直接依附于国家的政治、行政权力,企业不是以平等竞争的身份进入市场,而是被纳入等级森严的行政网络。事实上,国有制企业均具有相应的行政级别,国有企业的领导也都是具有行政级别的官员,因而,国有制企业不可能首先作为经济性质的组织接受市场规则约束,只能首先接受行政规则约束。从理论逻辑上来说,在传统国有制中,既然所有权主体是国家,并且由政府,特别是中央政府来执行国家对资产的产权,而国家作为所有权主体,政府作为支配权主体,这两个主体就性质而言均不可能是单纯经济性质的,因此,他们对资产的权利也不可能是单纯经济性质的权利。所以,在一定社会,若国有制占绝对统治地位,意味着该社会的经济资源绝大多数首先必须服从行政权力的支配,市场经济不可能成为基本的配置资源的机制。这也是为何即使是在当代发达的资本主义市场经济中,国有制在整体上也难以适应市场,难有市场竞争力和市场效益的产权制度方面的原因。

国有制作为一种以国家为主体掌握资产的制度形式,这种形式本身并不直接反映资产制度的本质,不反映资产制度是公有还是私有,国有制产权并不必然代表公有制产权。因为,一方面,就所有权而言,国有产权作为国家掌握的权利,作为国家的所有权,同样属于上层建筑范畴,而不是作为经济基础存在的"所有制",所有权不过是对所有制的法律表现,这种所有权是否真正反映公有制的要求,既要看国家的性质,看国家政权建立在怎样的社会经济基础之上,又要看这种权利在行使过程中,在具体运动中,在转化为实际的经济活动的过程中是否真正体现人民大众的根本利益,否则,国有产权同样可能成为私人利益的源泉,资本主义国有制产权在本质上就是如此。另一方面,就所有制而言,国有制是一种国家现象,也就是说,只要有国家就可能有国有制,不仅当代资本主义国家存在国有制,并且在近百年来主要资本主义国家的国有制大都稳定在10%—20%的全社会资产比重之间,而且早在奴隶主时代和封建主时代,就曾有各种形式的国有制,国有制并不代表社会主义经济制度。社会主义经济制度的根本特点在于公有制占主体、同时多种经济成分共同发展,而不是国有制占主体,更不是由国有制统治。

马克思指出:商品货币关系及市场产生的根本原因,在于社会历史地出现社会分工和私有制这样两个条件,但历史发展表明,在人类几千年的阶级社会中,尽管早已产生了这样两个条件,却无市场经济文明,即市场未成为配置资源的基本方式,市场经济文明的产生是近现代的事情。资本革命的最深刻的历史意义之一,便是把以往依赖于超经济权利而存在的产权,从超经济特权的网络中独立出来,使之成为具有独立意义的经济性质的权利,并且进一步使社会其他权利、其他超经济权利成为经济性质权利的依附,从而使社会从"封建主义"进入到"资本主义",正是由于这种权利性质的历史变化,使得市场经济文明历史地首先与资本私有制结合为一体,使市场机制成为配置资源的基本机制,尽管资本主义社会本身并未创造私有制和社会分工条件,这两个条件早已有之。这也是为何早期资产阶级学者竭力鼓吹产权须是法权,须是可以平等交易,且以契约形式组织交易的平等权利的动因。社会主义市场经济,其存在的根本制度基础当然有别于资本主义私有制,但只要是市场经济,只要这种市场经济是以产权交易运动为内容,就必须首先使产权成为可交易的权利,而可交易的前提在于社会占优势的财产权利必须是经济性质的,而不能是超经济性质的,不能是隶属于超经济强制的权利。这是市场经济对产权制度的一般要求,也是历史证明的市场经济存在的基本条件。

2. 市场经济要求在不同交易主体之间必须有明确的界区

如果说,产权的经济性质是对交易主体性质的规定,即规定怎样的权利主体可以进入市场交易,那么,不同主体间的产权界区界定,则是规定交易的必要性和交易的有序性的必要条件。

　　交易主体的产权界区的界定,对于市场经济至少有四方面的意义。首先,这里的界区必须是经济性质的权利界定,否则便成为行政的、政治的、军事的、宗法的等对资产的超经济强制性的分割过程;只有将其作为单纯经济性质的权利对产权的界定,在界定之后各界区主体之间才可能通过等价交换建立联系并推动资产的运动,否则界区之间的产权运动只能借助非市场力量实现。这样说,包含两方面的含义,一方面,通过制度界定的权利界区必须是经济性质的权利,而不是借助于超经济手段界定超经济性质的权利界区;另一方面,无可否认,界定经济性质的产权界区必须借助于制度力量,而这里的制度力量不可能仅仅包括经济制度力量,必然包括法律的、行政的、政治的诸方面制度,但这只是超经济制度力量对产权的承认和保护,引入超经济制度保护产权并不是要使其改变经济性质,并不是要使其具有超经济权能,而是使其更加单纯地成为经济权利,并且使这种权利更严格地受到制度保护;从动态上说,真正主要界定产权的经济制度力量在于市场本身,市场交易过程同时也是产权不断转移、不断界定的过程。其次,市场经济作为交易的经济,作为产权彼此让渡的经济,若在不同交易主体之间不存在界区,也就不存在交易的必要,在同一主体内部的资产运动,或者是调拨,或者是物理学意义上的物品移动,不构成市场交换,因其产权并未转移。再次,对于产权的界定,本质上是界定权利及与权利相适应的资产责任界区,从法学上来讲,界定产权界区主要是在制度上形成产权的排他性,从经济学上来讲,界定产权界区主要是保证产权的可交易性,这两方面的统一是市场制度对产权的基本要求;作为法权关系的市场交易制度在要求产权权利界定的同时,必然要求权利与责任相对称,一方面使权利不被侵犯并且可以在市场交易中得到证实,另一方面使权利无以逃避相应的责任约束,否则便会导致权利的滥用,破坏资源配置的有效性。市场竞争机制既然表现为价格竞争机制,价格作为交易实现的经济条件,反映市场竞争秩序,通过价格在利益上的刺激,在信息上引导分散的交易主体的行为逐渐与社会变化的供求矛盾相适应,这便是市场价格机制配置资源的基本功能方式,而之所以能有这种方式,关键在于交易主体的产权界定并在界定过程中使权利与责任严格统一,这种统一性越强,交易主体对市场价格的反应越敏锐,其分散的行为才越可能收敛于供求均衡的位置;否则,权利与责任不明确,价格变化对交易主体便无更有力的约束,因为其责任可以转移,其利益也得不到相应保证,交易主体既无动力也无必要对价格变化作出反应,市场无以对其硬约束,由这样的交易主体交易形成的价格秩序必然脱离供求运动要求,甚至根本不反映真实的供求矛盾,因而,市场价格有序,即反映供求矛盾,根本在于决定交易条件(价格)的交易主体的产权界定,明确权利与责任,这是保证市场竞争和自律的根本。最后,产权界区越明确,市场机制越可能有效地发挥作用,因为界区越明确,各自的权利、责任、义务越清楚,交易双方交易过程中的摩擦越少,即使有了摩擦也有解决摩擦的制度保障,从而交易费用越低。产权界区不清的领域,权利和责任不以制度来明确,相互交易过程中便会产生严重的外在性,即交易主体之间相互产生影响,这种影响直接涉及各自的成本和收益,一方行为进入另一方的成本函数,但却无以识别其影响程度,也没有制度规定要求应对这种影响承担怎样的责任。外在性严重的领域,一方面难以通过产权交易来解决交易者之间的矛盾,从而市场失灵,另一方面,如果硬性引入市场交易,其摩擦必然严重,交易成本必然高昂,运用市场机制的代价巨大,资源配置效率降低。我国的改革是在公有制基础上进行的市场经济建设,如何保证在公有制为主体的制度前提下,界定出市场经济所要求的产权界区,这是我们所面临的特殊历史命题。之所以特殊,是因为,一方面,即使是在当代资本主义私有制条件下,由于种种原因,其交易主体的产权界区也常常发生含混,从而使其市场作用的有效性及有序性受到损害,因此,如何界定私有制下的企业产权界区,如何使私有制更加纯粹,始终是当代西方产权理论研究者所密切关注的问题;另一方面,我国的社会主义市场经济以公有制为主体,而将公有制的经济在产权上界定清晰,在公有制当中使不同的交易主体的责、权、利独立性具有产权制度保证,使之适应市场经济的一般要求,这在历史上从未有过。在以往体制下,资产权利不是无界区,但那种界区一不是经济性质,而是超经济性质的权利界定;二不是通过经济制度,尤其不是通过市场力量界定并给予法律保护的,而是通过行政权限的划分界定的,至多是行政权限规定的管理权的界定,就所有权而言是不分彼此的同一主体(国有制),或在所有权上虽不属同一主体,但在支配权上被纳入统一的行政管辖范围(如以往集体所有制)。因此,一方面,企业不可能在市场上享有受产权制度界定的独立竞争权利;另一方面,企业也根本没有独立的产权能力去承担作为市场竞争者应承担的风险,事实上是国家承担着无限的、完全的责任。

3. 市场经济发展的趋势要求对产权根据其权能进行制度性分工

市场经济本身是一种社会分工的经济。分工本身便是效率的提高、便是生产力的进步。为适应社会生产力的发展,适应市场经济竞争效率的要求,适应生产社会化进程的规定,客观上要求对权利,尤其是对资产权利本身进行社会分工,以满足社会经济发展对运用资产权利效率提高的要求,因此,根据产权不同方面的权能,使产权各方面权能发生社会分解,在一定制度规定下对产权诸种权能进行社会分工,成为当代市场经济运行对产权制度要求的显著特征。这种关于产权权能的社会分工的典型形式便是委托—代理制,公众公司则又是委托—代理制的典型代表。在现实中,典型的资产委托—代理制下,产权权能被制度性地分解为三方面权利,即一是所有权,二是支配权,三是管理权。在股份公司中,所有权转化为股权,由出资者掌握;支配权则表现为公司董事会作为公司法人对公司法人产权的控制,公司法人产权本质上并非所有权,而是对他人(出资者)资产的支配权;管理权则是经理等企业家的专门职能。这种产权权能结构至少具有以下几方面特点。第一,所有者作为出资者委托他人支配其资产后,所有者大都不在企业内部直接监督资产的运用,而是外在于企业,通过市场的股权(所有权)交易来评价、监督、选择代理者(公司法人)。这就使所有者对其资产的监督不再局限于企业之内,其监督标准也不再取决于出资者个人的偏好和认识水平,而是使监督超越企业范围变为在整个市场范围内的比较和评价。同时,监督、评价标准也不再仅仅取决于出资者的个人标准,而是取决于整个市场的评价,从而使所有权对支配权(代理权)的监督更加市场化、社会化,以提高监督的效率。这种监督方式的转化只不过是所有权发挥作用和实现形式的变化,并非所有权对整个社会经济生活作用的弱化。第二,代理者支配着不属于自己所有,至少不完全属于自己所有的企业法人资产,一方面,这种代理制的特点在于支配者支配的资产可能包括自己出资的部分资产(如公司董事自身出资的资产),但更多的、更重要的是支配着不属于自己的资产(如外在于公司的广大股东的资产),并且生产社会化程度越是提高,公司规模越是巨大,股权越是高度分散,公司法人支配的资产越是在更大程度上是他人所有的资产;另一方面,为什么由公司董事会作为法人代表,支配其他所有者的资产,并代表全体股东直接内在于公司监督经理?也就是说,代理者凭什么获得对他人资产的支配权?关键在于,代理者必须对委托者按照法律、契约的事先规定承担资产责任,或者是无限责任(如早期的股份公司),或者是有限责任(如现代主要的股份公司),承担资产责任并非一般地承担全部经营风险,而是若公司资产有损,甚至破产,那么受损最大,即承担风险最多首先是代理者本身,这也是为什么原则上成为董事要据出资多少为准,正因为董事会承担着剩余风险,所以一般的所有者获得股息,管理者及劳动者获得工资,而公司法人获得剩余,从而对公司法人产生利益刺激,使之愿意进行市场竞争并冒险,同时,又不能不受到比一般所有者和管理者、劳动者更多的资产责任约束,使之冒险受理性的制约。因此,在制度上规定代理者的资产责任能力和义务是产权权能分离的重要前提,即剩余索取必须与风险责任对称,否则,或者对企业法人缺乏资产权利刺激,或者对企业法人缺少责任约束,进而既无效率又无秩序。第三,企业法人产权虽然不是所有权,而是以对他人资产的支配权为特征,但企业法人产权一经制度性地形成,便有其独立性,这种独立性是保证企业法人在市场竞争中独立决策的根本,这种独立性的财产根据在于,在一定制度规定下,在代理者依法承担相应资产责任和剩余风险的条件下,任何人,即使是出资者(一般所有者),也不能凭借所有权(如股权)任意分割企业法人产权,不能随意破坏企业法人产权的完整性、独立性,除非公司破产,依有关破产法程序安排,所有者作为公司债权人参与分割资产。所有者对公司法人的监督表现为外在的市场监督,因而主要体现在通过股权转让来转移资产风险,同时通过股市来评价、选择企业法人,进而以市场交易来约束企业法人。第四,管理权作为管理执行权,直接对支配者(公司法人)负责,而不是直接对外在于企业的出资者(所有者)负责,管理者(经理)在制度上无力也不必对所有者负资产责任,尽管经理与董事会之间也是委托—代理关系,但这里董事会委托出去的并不是资产所有权,而是资产管理权。因而,一方面,董事会必须内在于企业直接监督经理,因为经理并不能承担资产责任但却获得了管理资产运行的权利,对其权利的约束便难以资产责任来规定,必须通过直接的、内在的监督来保证其权利不被滥用;另一方面,这种监督权必须由董事会(企业法人)掌握,因为企业法人承担着剩余风险,只有承担资产剩余风险者,实施监督才可能有效。发生在企业法人与经理之间的委托—代理,使得无物质资产但却拥有管理知识、拥有更多的人力资本积累的企业家寻找到了社会位置,使之在资产权利、权能社会分工中成为不可或缺的组成部分,从而提高了产权运用的效率。在所有者与支配者、支配者与管理者之间发生的两级资产委托—代理,前一委托—代理的关键在于资产责任的明确,在于资产权利与风险的对称,后一委托—代理的关键在于资产运用效率的提高。

我国的企业改革,最初也是从分权让利开始的,典型的方式便是国有企业承包制以及随后开始的股份制改造,一般地说这也是关于资产的委托—代理,但其根本缺陷,即使之难以适应市场经济要求的根本问题在于:一方面,包括承包和股份制在内的委托—代理,基本上均不是通过市场方式实现的,而是通过行政契约方式实现的,再加上国有产权根本无法在市场上交易,因此国家作为所有者不可能通过资产市场来选择、评价、监督代理者。由此便形成矛盾,若国家作为所有者直接内在于企业监督,约束企业行为,则企业难以实现政企分离,所有者内在于企业程度越深,行政干预的可能性越强,企业自身的市场竞争独立性越低;若为提高代理者的权限,国家减少干预甚至完全外在于企业,又不可能通过外部市场交易,在转移所有者风险的同时给代理者以市场评价及监督,从而可能诱发支配权扩张并游离所有权约束,产生"内部人控制"问题,进而损害所有者(国家)权益。另一方面,几乎所有的国有企业的承包者和国有股占绝对优势比重的股份公司董事会,本身均不具备承担资产责任的能力,他们对国有资产支配权利的获得,不是也不可能是以自身资产责任能力为前提,因此,便发生了另一悖论:若国家作为所有者将资产支配权委托出去,则最终风险仍由国家(所有者)

承担,权利与责任不对称,代理者可能会滥用,即不受资产责任约束地使用资产权利,产生拿不属于自身的资产去冒险而又不负责任的可能,使资产流失,不负责任的冒险会成为普遍;若国家作为所有者严格监督代理者,并要求与自身承担的风险责任相对称的剩余,而不仅仅满足于利息,那么,代理者本身不存在剩余索取权,从而又会缺乏竞争动力,与改革的初衷,即提高企业活力和积极性相冲突。全部问题的关键在于:产权在委托—代理制中,支配权及监督权必须与剩余风险相对称,才能解决监督的有效性和代理者的自律性问题,而这里又首先需要解决谁是委托者,谁能够作为代理者,通过怎样的制度形式实现委托等问题。实际上,这是公有制与市场经济相统一这一命题在委托—代理制中所体现的问题,这些问题即使在当代西方也存在,不过由于根本制度性质不同,这些问题的特殊性也有差别。

第二节　市场失灵与产权界定[①]

既然如上文所述,产权与市场不过是资产关系的制度存在和运动方式,那么,不仅市场机制作为产权交易的社会方式对产权制度存在一系列基本要求,而且产权构造上的缺陷也必然会表现在市场机制运动过程上,市场机制的种种缺陷、失灵,都可以直接或间接、或多或少地在产权构造上找到解释,市场失灵之所以存在,最重要的原因在于产权制度安排上,在一定领域中、在一定条件下,人们不能或不愿、不会根据市场经济的要求去塑造产权关系。

由于产权制度本身的特点导致市场失灵,主要表现在四方面:一是由于产权界定过程中存在的信息不对称而导致的市场失灵;二是由于产权界定过程中存在的外在性所表现出来的市场失灵;三是由于产权难以界定进而成为公共品领域所存在的市场失灵;四是由于生产社会化要求的规模扩张所导致的产权过于集中,形成垄断以致市场失灵。本节重点探讨前三种情况。

必须承认,在当代人类社会,无论怎样发达的市场经济,客观上均存在市场失灵,并且都与产权制度有密切联系,无论怎样界定产权,在现实生活中均不可能从产权制度上完全保证市场机制充分有效。因而,需要寻求市场机制要求之外的产权安排,以弥补市场失灵。需要说明的是,在市场经济作为基本的资源配置方式的社会条件下,能够由市场调节的经济生活应尽可能由市场来组织,只有在那些市场不可能也不应当起作用或完全不起作用的领域,才应当根据不同条件不同程度并以不同方式引入非市场调节。与之相适应,能够引入市场机制的

[①] 参阅刘伟、李风圣:《产权通论》,北京出版社1998年版。

领域就应当尽可能根据市场竞争的一般要求安排产权构造,而不能够引入市场机制的领域,则需在产权安排上为引入非市场调节提供制度可能。

本节从产权与市场失灵的相互关系方面,进一步阐述产权制度与市场机制的内在联系,着重分析不同的产权构造上的缺陷是如何导致市场无效的;在此基础上,进一步考察如何纠正由于产权缺陷导致的市场失灵;最后,考察纠正外在性的不同制度选择。

1. 产权及信息不对称与市场失灵

(1) 交易双方对所交易的产权在信息掌握上非对称导致市场失灵

微观经济学的讨论,通常是假定市场上买卖各方所占有的信息量是对称的,并且是事先不必花费代价便可获得的。但在现实中并非如此,因而产权理论研究者针对正统微观经济学的这一观点,作出了重要的纠正,即认为往往买卖双方信息是不对称的,交易者进入市场获得保证公平交易所需信息是要支付代价的,这一代价构成交易成本的一部分。

信息不对称,简单地说,便是在市场上买卖双方掌握的信息不对称、不均衡。它的表现形式多种多样,大体可以区分为买方不对称和卖方不对称两大类:即买方掌握的信息多于卖方,比如健康保险的购买者作为买方,对自己身体健康的信息掌握自然高于健康保险的出售者——保险公司;或卖方掌握的信息多于买方,比如医疗服务的出售者——医院作为卖方,对疾病的信息便高于医疗服务的购买者——病人;等等。上述两种情况,都是由于交易者对所交易的资产掌握的信息不对称所导致的逆选择,逆选择本身便是市场失灵。

对于这类由于交易双方对所交易的资产信息不对称产生的市场失灵,由于在现实中使交易双方在产权制度上确保信息对称是不可能的,因此单纯依靠市场本身的力量难以有效实现均衡,必须辅之以其他制度规定。一种方式是由政府替代市场,即取消市场而由政府直接统一处理,比如政府出资承担人们的医疗保险,而享受医疗保险者以不同方式按章纳税。这种方式实际上在产权上取消了健康保险作为资产的相互排他性,而将其转化为公共财政承担的带有公共品性质的供给。但由此至少有两方面的问题必须注意:一是败德行为出现,即个人不受产权约束,增大有损健康行为发生的概率,或不受产权约束过多使用公共品,从而使公共财政支出增大,导致浪费;二是政府财力能否承受,并且政府组织的成本是否必然低于市场交易成本,即使是信息不对称下的市场,即使是信息不对称使市场交易费用提高,但由此带来的效率损失并不必然低于政府管理的成本。因此,对于解决这类不对称性,在市场制度与政府制度之间的选择,就经济效率而言,重要的也在于比较两种制度安排的成本。而这两种制度安排根本是由于产权制度上的不同构造,事实上,两种制度选择成本的高低在相当大的程度上也取决于这两种不同的产权制度安排结构是否有效。另一种方式是由国家通过法律或政府通过制定规则,对存在信息不对称领域的交易进行特殊规范,要求交易者在市场上交易时必须向市场发出必需的信号,或向市场提供质量保证书,或必须承诺某些事后的责任。总之,通过有关法规,对所交易的产权以及交易行为附加条件约束,对于违约者不允许其交易,甚至予以制裁。其实许多领域都存在信息不对称问题,如通常的家电产品买卖、餐饮服务的卫生标准掌握、修理服务业的服务质量、医疗服务的有效性等,在这些领域往往不需要也不可能完全取消市场,甚至在前述健康保险领域也不可能或不应当完全取消市场,而可以在承认市场的基础上,予以更多的政府监督。这种监督的方式和程度可依不同市场信息不对称状况不同而不同,监督的手段也可以多种多样,但最基本的在于使所交易的产权具有新的连带内容,这种连带内容是法律强制附加的,比如餐饮服务业出售服务以开展经营,可规定经营权作为产权的一部分,其获得的前提是必须具有法定的卫生许可证;医生给病人看病出售医疗服务,其市场法人产权的获得必须以某种法定的水平证明为凭据;药品厂商的生产销售活动,其产权的获得必须以出具法律认可的有关说明为条件;等等。这些监督,一方面可视为政府对市场的干预,另一方面可视为法规对市场交易中产权的界定。

(2)产权结构上剩余索取与风险责任的不对称导致市场失灵

由于剩余风险的不均衡,使市场约束软化,因而导致效率损失。这类情况主要有两种形式,一是在委托—代理制中,由于产权权能结构性分离,形成关于产权的多重权能主体,不同权能主体之间关于资产运动的信息不对称,权利与责任的不统一,不负责任的行为以及监督不力问题等易于发生,从而产生资源配置效率损失;二是在交易中,尽管权利和责任作为统一的产权已同时发生了转移,但转移之后,由于买卖双方的信息不对称,一方难以监督,另一方有意增大风险,并且这种增大风险的损失可以转移给出售某项产权的一方,从而造成产权约束软化,市场失灵。

第一,代理中的信息不对称。

由于产权权能分解过程中存在的信息不对称所导致的市场失灵,最典型的表现便是委托—代理中的约束软化、监督乏力。在典型的公司制度中,广义地说,关于资产的委托—代理可以区分为三个层次:一是所有者作为股东将资产委托给企业法人代表——董事会,这是所有者与支配者之间的委托—代理;二是董事会将经营管理权委托给经理,这是支配者与管理者之间的委托—代理;三是经理将资产的具体使用权委托给生产者,这是管理者与生产劳动者之间的委托—代理。与三个层次的委托—代理相适应,便产生了三个层次的直接监督问题,监督的有效性取决于包括权利、责任、风险在内的产权制度安排,而真正有效监督的实现条件之一,在于信息必须对称。也就是说,委托—代理制中即使在制度上产权界定是严格的,但由于信息在不同主体间的不对称,也可能发生投机和懒惰;产权界定越不严格,信息不对称便越严重,也越可能转化为投机和懒惰,从而监督成本上升,企业效率乃至整个社会经济效率蒙受损失,即所谓 X 无效率。

问题的关键在于,必须使对各权能主体的刺激与赋予他的相应责任均衡。就所有者对支配者而言,关键是在产权制度上规定支配者对所有者(委托者)应负怎样的法定资产责任,而所有者在信息占有上,首先便是识别支配者(代理者)是否具有真正的资产责任能力,否则便会出现支配者拿不属于自己的资产冒险而又不负责任的制度可能。因为代理者与所有者毕竟不是同一主体,对于企业资产的运营,支配者拥有的信息一般高于所有者,在典型的公司制下,所有者作为分散的股权持有者大都外在于公司,利益目标的不一致和信息的不对称,便会使损害所有者利益的冲动变为现实。减少这种不对称所带来的后果,重要的在于产权制度上的三方面安排:一是必须使所有者在委托资产的同时,能够获得支配者支配企业法人资产的信息,如有关公司的制度规定和股市的评价等,同时使所有者可以通过市场交易及时转移委托所具有的风险,如在股市上出售股权等;二是必须在经济和法律制度上,使支配者承担通常分散的所有者所不具有的足够产权责任压力,也就是说,企业法人支配着包括自己和他人资产在内的企业法人资产,如果遇到风险损失,支配者的损失要大于一般分散所有者的损失;三是谁承担风险最大,便应把监督资产运营权交给谁掌握,既然企业法人(董事会)承担风险责任最重,对公司的监督权便应由董事会持有,即剩余风险对称,否则监督效率不高。这种产权安排越严格,信息不对称所导致的监督乏力及效率损失可能越低,克服信息不对称所需要的信息成本就越低,所有者对代理者的监督成本也越低。但毕竟这种信息不对称是客观存在,因此,法律的规定和法治的实施,对当事人事先的规范和事后的惩罚极其重要。

就支配者对管理者的委托—代理而言,经理作为管理者与企业法人(董事会)是不同主体,目标不同,在制度规定上关于产权的权能责任也不同,经理并不对他人负资产责任,也不具有资产能力和法定的责任,而是对公司法人决策者负执行决策的管理责任。但经理对公司的各类信息掌握在总体上多于董事会(所有者的代表),这就有可能发生这样的情况:董事会监督过多影响经理的积极性,使之缺少动力;董事会监督过少又可能被经理欺诈,经理败德行为所导致的资产责任最终转移给所有者及其代表(董事会)。这里的关键在于两方面:一方面董事会必须内在于企业,直接对经理实施监督,并且要有一系列制度的、程序的对经理行为的规范,而不是事后的、随意的对经理的要求;另一方面,必须在利益上、在剩余分享上而不仅仅是在工资报酬上承认经理的管理人力资本产权,使之有足够的实施有效管理的动力。就外部条件而言,建立和完善管理者人力资本市场十分重要,即经理市场,这一方面是通过市场对经理进行评价、选择、比较,另一方面也是经理本身人力资本权利得到承认且可交易的重要条件。

就管理者与劳动生产者之间的委托—代理关系而言,这里涉及的是企业资产的具体的使用权,实际上是管理者对劳动力生产劳动行为的监督,相互间利益上的不一致是显然的,而生产者对资产运用的信息掌握最及时也最充分,因而管理者的有效监督遇到信息不对称的限制。怎样提高监督效率,减少生产者的偷懒行为,至少有三方面是重要的:一是使生产者尽可能建立与产权及由产权带来的利益、责任、风险的直接关系;二是以各种方式提高对生产者的刺激,比如以较高的,至少高于一般市场价格的效率工资调动其积极性,也就是说,在产权安排上,使之参与部分剩余分配,以换取其对风险责任的关心;三是必须建立和完善企业外部的劳动力要素市场,一方面使经理面对更富弹性的劳动力市场环境,为监督提供市场条件,另一方面,通过劳动力要素市场使劳动力所有者(劳动力也是一种产权)能够发现其劳动力真实价格,并面对市场竞争压力。

第二,败德行为与信息不对称。

有些行为,仅仅依靠产权制度难以实现有效约束,必须借助于道德约束,如果不顾道德约束,利用制度本身乏力的特点从中渔利,进而导致资源配置的损失,可能致使市场失灵,这种可能在信息不对称条件下,由于难以监督,便可转化为现实。对于这种败德行为,从产权制度上来说,往往符合制度规定,从而使之成为一种制度现象。比如,某个人购买保险公司出售的保险,支付保险费后便拥有了一旦遇到风险损失可以向保险公司依规定索赔的权利,在产权制度上这是契约承认的。但保险公司对投保人的行为了解远不如投保人自己了解的充分,在这种信息不对称状况下,保险公司难以事先实施有效监督,而投保人自己则可以有意增大风险,采取更为冒险的活动,并且这种冒险由于有保险公司的承诺,实际上获得了制度性支持,使发生风险的可能性增大,尽管投保人损失不大,甚至获利,但保险公司损失增大,造成效率受损。

这种败德行为,实际上是在制度允许的条件下对资源的浪费行为,比如在医疗保险制度下,假定个人购买医疗保险后,索取保险与看病次数和支出无关,那么,只要在医疗保险范围之内,就会刺激人们对医疗服务和药品的消费,这种情况在政府作为医疗保险承办者,即公费医疗保险制度下最为明显。在这一过程中,由于信息不对称,对人们是否有意进行有碍健康的行为,是否有意扩大医疗支出,作为医疗保险出售者是很难监督的。因而,市场机制往往失灵,买卖者之间的关系难以通过市场形成。

事实上,这种败德行为本质上也是权利与责任的制度性失衡,但这种失衡在信息不对称下难以克服,通过产权制度不能严格地以相应责任约束其权利,在道德约束乏力时,人们可能过度运用其购买的权利,造成社会责任的增大并将这种责任制度性地转移出去,使整个社会资源配置效率降低。

因此,解决的方式主要在于两方面措施:一是在产权制度规定上,尽可能使人们的权利与责任相对称,通过制度安排,使人们不得不以相应的责任约束其权利,比如购买财产保险,即使遇到风险进行赔偿时,事先规定保险公司至多只赔付损失资产的百分之多少,而不是百分之百赔偿,从而使风险损失在保险公司和购买保险者之间合理分配,使买保险者也有责任约束等;二是进行社会公德教育,提高人们的道德约束自觉性,因为在信息不对称条件下,单纯依靠制度约束往往不可能限制败德行为。事实上,市场经济社会是需要一定的人格前提和人文精神的。

2. 外在性与市场失灵

外在性是市场失灵的重要表现形式之一,并且是典型的由于产权交易界区不清所导致的市场失灵。

(1) 外在性的含义及其对资源配置效率的影响

外在性(Externalites)是马歇尔在其1890年出版的《经济学原理》中提出的概念。所谓外在性是某个人或某些人的效用函数的自变量中包含了他人或其他人的行为。简单地说,外在性是指经济当事人之间在利益关系上存在这样的情况:一方对另一方或其他诸方的利益造成的损害或者提供的便利,不能通过市场加以确定,也难以通过市场价格进行补偿或支付。也就是说,某人或厂商的行为影响他人或其他厂商的生产函数、成本函数,他人或其他厂商无法控制这种影响,同时这种影响对他人或其他厂商带来的损失或盈利均不能计入市场交易的成本和价格之中。在现实生活中,这种外在性普遍存在,只要个别厂商的成本与社会成本不相等,便存在外在性。

外在性分为有利的外在性(正外在性)和不利的外在性(负外在性)两类。前者是指某个别厂商的行为给他人或其他厂商带来了便利,但他人或其他厂商不必为此向带来便利的厂商支付任何费用,无偿地享受便利;后者是指某个别厂商的行为给他人或其他厂商带来损害,但却不必为这种损害承担责任,可以不进行赔偿。无论哪种情况,均属于个别成本与社会成本不相等。并且这种不一致并未有明确的制度纠正,或者说市场机制本身无以纠正。

比如,某厂商在一地投资兴办旅游景点或商业中心,并以此经营获利,但由于该厂商的投资使该地越加繁华,不仅使该地区不属于该厂商所有的土地升值,而且还为该地区其他厂商创造了更有利的经营条件,扩大了销售额和盈利机会,享受这种外在经济的其他厂商无须向该投资者支付报酬。这是正的外在性。再比如,某厂商排放废气影响了环境,使周围人们生活质量下降,使周围其他厂商特别是需要优良生态环境方能进行正常生产的厂商受到损失,人们要保持生活质量不下降,保证生产正常进行,就要采取种种预防措施,从而增大成本,这种增大的成本并不能向制造污染者索取。这是负的外在性。

外在性不能通过市场来解决,即是说,不能通过当事人之间的交易、买卖来使个别厂商的成本与社会成本相等,比如为他人带来便利的正外在性的厂商,不能通过市场交易,通过价格向受益者索取报酬,为他人带来损失的负外在性的厂商,也不必向受害者支付赔偿,受害者不能通过市场交易向制造负外在性的厂商讨回损失。因此,外在性的存在意味着市场在此失灵。

那么,为什么会有外在性进而导致市场失灵?最主要的原因在于产权制度上的界区不清,从而使权利与责任在产权制度上不对称,导致人们具有相互产生影响的权利,但却可以不对此负责。正由于这种产权界区的含混,使市场交易成为不可能。比如,一厂商的生产行为同时是制造污染的过程,如向空气中排放废气,受害者无以索赔,产生负外在性,市场失灵。这里的关键首先在于空气的产权界区是不明确或难以明确的,制造废气的厂商与受害者一样平等地享有排放气体的权利,它排放废气并未明确侵犯哪一主体的产权界区,因而在制度上,任何其他主体,即使是受害者都无权向排放废气者索赔。反之,若空气产权界区是界定的,比如属于某一主体,那么,其他主体向空气中排放废气,显然侵犯了他人产权,只要被发现,那么,在产权制度上便是可以索赔的,并且法律予以支持。如果排放废气者的生产非要排放废气不可,那么,或者排放者采取治理措施,以使排放气体达到规定标准,不至于给他人带来损害,但由此会增大该厂商成本,从而使原来转移给他人(社会)的成本转变为厂商自身的成本。如果排放者难以治理又非排放不可,那么,若法律规定排放者拥有排放权,则受害者不想受害,可以考虑出钱向排放者购买排放权,即花钱使排放者不排放废气,排放者在收取这笔费用与停止生产或加强治理的成本之间进行比较,收取的费用大于停产或治理花费的成本,便可以不排放;若法律规定受害者拥有不允许厂商排放废气的权利,厂商非要排放的话,便需向受害者购买排放权,受害者则在这笔收入与受害的损失之间进行比较,利大于弊则可能允许其排放。显然,这一使个别成本等于社会成本的过程是市场交易过程,即排放权的买卖过程,如果这里的产权,即空气产权和排放废气或不许排放废气权(这也是产权)的界区严格,那么就可以通过产权的市场交换来克服外在性。问题是许多领域由于种种原因,往往产权界区不清,或界定起来成本过高,从而使外在性存在,市场无力克服。

外在性存在的结果便是资源配置效率受损,难以实现帕累托优化配置。因为,一方面,只要外在性存在,便难以通过市场机制实现利润极大化的必要条件,即个别厂商由此而转移了成本,但其个别成本降低的同时,社会成本在增加,如无特殊的制度安排,单纯依靠市场机制,这种个别成本降低及带来的个别厂商的边际收益增量通常低于社会成本的增量,从而使总的资源配置效率受损;另一方面,只要普遍存在外在性,在其他条件相同时,厂商之间的要素边际生产率并不相同,不同要素的边际替代率也不相同,厂商之间的边际转换率不一致,也就是说,在存在外在性的条件下,同样的资本和要素难以通过市场竞争趋于获得同样的报酬,所以,厂商的生产边际转换率与市场需求中购买者的边际替代率之间必然发生偏离,进而要素在不同厂商、不同行业、不同部门之间的流动与市场需求的结构变化不可能通过市场竞争趋于协调,资源配置无以实现均衡。

(2) 外在性的克服

如何使外在性内在化,即使未进入个别厂商成本的因素实际进入其成本函数,并由其自身承担,从而使个别成本与社会成本尽可能一致,这是经济学家非常关注的问题。归纳起来,克服外在性的方式主要有三类:一是通过国家和政府,以法律及行政手段强制性矫正;二是通过产权制度安排,恢复市场在其中的作用,以市场交易来使外在性内在化;三是通过社会道德约束以克服外在性中的败德冲动。这三种约束力量缺一不可,并且三种力量相互依赖、相互作用。在不同情况下,每种力量对克服外在性的作用也是不同的,但也须明确,在国家、政府干预与市场解决之间,市场解决更有效,只有当市场确实无力解决时,才应引入国家、政府干预。国家、政府干预的有效性恰在于市场的无效;在依靠包括国家、政府、企业、市场等在内的制度安排解决外在性,与依靠道德约束克服外在性之间,制度的作用更为重要,或者说更为基本,只有在制度性干预缺乏有效性的条件下,道德约束才能够显示更大的作用,毕竟存在决定意识,尽管道德的精神力量不可或缺,有时其作用甚至难以估量,但它必须与制度相结合,并以制度为基础,才能有效实现其作用。

第八章 中国国有企业改革中的产权问题

对于中国的经济改革来说,国有企业改革成功与否有着至关重要的意义。本章通过对我国国有企业改革历史的回顾,同时对我国现有国企改革面临的主要体制性矛盾的分析,得出了国企改革的根本出路就是所有制改革的结论。是前述产权理论在中国实践中的具体运用。[①]

第一节 国有企业改革的进展

1. 国有企业基本特征

这里所说的国有企业制度是指在社会主义经济中的国有企业,在苏联发生十月革命之后,苏维埃政权下应建立怎样的所有制关系的问题成为理论与实践上争论的重大命题,到斯大林时代最终形成:城市工业经济以国有制形式加以垄断,农村农业经济以集体所有制形式加以组织,取消作为独立商品生产基本单位的企业制度,取消生产资料市场交换机制。中国在1949年后,基本上是依照苏联斯大林模式来建立基本经济制度的,在所有制及企业制度上,通过没收官僚、买办和帝国主义在华资本的方式,通过多种形式的社会主义所有制改造,迅速形成了国有制经济对国民经济,特别是城市经济的垄断,农村全面实行集体所有制的所有制结构,并以此作为整个社会主义社会和国民经济运行的基本制度基础,在此基础上建立起计划经济机制。这就是后来成为改革对象的斯大林模式,或称为传统体制。

在这一体制下的国有制企业制度具有以下主要特征:(1)企业所运用的全部资产属于国有,任何个人、单位,包括企业本身均不能将其出售、转让、出租,不能变更企业的所有权。(2)企业的创办、停办由政府决定。(3)企业行为由政府决定,包括企业的行为目标和实现目标的方式。(4)企业的产出属于国有,由政府计划调拨,即使通过市场,其价格也不是由企业根据市场供求决定,而是由政府定价。(5)资金对企业来说是无价的自由品,企业行为由政府给定的财政预算约束,而不是市场约束,企业的利润上缴财政,企业亏损由财政冲减,企业不具有独立承担经济责任的能力。(6)企业领导由政府行政性任命,对其评价由

[①] 参阅刘伟:《经济改革与发展的产权制度解释》,首都经贸大学出版社2000年版。

政府行政性进行,评价标准并非市场竞争的效率指标。(7)不存在要素市场,包括劳动力市场、资本市场、土地市场等,企业各类要素的获得均通过政府计划,企业也不必为占用和使用各类要素付费,要素费用由政府决定并由财政支出。(8)在结构上,国有制占据绝对垄断地位,国有企业之间的经济联系直接通过政府计划实现,国有经济与农村集体经济和城市少量存在的集体企业之间,也不是通过真正的市场交换实现经济联系,而是通过政府行政指令或通过行政性不等价交换来实现。

这种所有制结构和企业制度的选择有其历史的必然性,这种必然性不仅在于它已经成为不可否定的历史事实,而且在于所取得的工业化初期的成就。新中国成立之后面临的根本问题都是如何摆脱经济落后的局面,迅速实现工业化。在当时的历史条件下,实现工业化的基本道路无外乎两条,一条是发达资本主义国家走过的道路,即通过市场体制来实现工业化;另一条则是苏联斯大林模式,即通过计划体制来实现工业化。对于一个经济十分落后、工业基础体系尚未建立的发展中国家来说,若走市场化道路,一方面,与已经完成工业化的经济强国比,根本不具备市场竞争能力,尤其是分散的、单个的企业,与外资根本不可能展开真正的竞争,落后国家赶超工业化在很大程度上要依靠国家的力量,这一点不仅在中国是客观历史需要,而且在资本主义工业化国家的历史上也同样如此,只是国家干预的方式和程度有所不同而已。另一方面,作为经济落后国家的工业化初期,为迅速形成必要的工业化基础和体系,客观上要求全社会作为一个整体,迅速集中有限的资源,有计划地保证重点目标的实现,若依靠市场机制,这一过程可能是不确定的。因此,选择计划机制以实现工业化目标就成为当时我国的历史必然。在资源配置方式上选择计划经济体制,必须有财产制度上的支持,集中的计划经济,自然就要求国家统一掌握主要的资源,因而采取国有制企业制度,并以此垄断国民经济,就成为计划经济的客观必然。问题在于,现代化是一个极为长期的发展过程,长期取消市场机制,否定企业市场竞争者应有的独立的产权,能否保证效率的持续提高,能否适应我国社会经济、政治、文化发展的需要,是否真正符合我国的国情,是否真正符合客观条件的规定,也正是基于这些问题,以建立社会主义市场经济体制为目标的改革成为必然。

2. 国有企业改革的进程

毫无疑问,对于中国的经济改革来说,国有企业改革成功与否有着至关重要的意义。伴随中国经济改革的进程,中国国有企业改革至今已有三十余年的历程。可以说,三十余年的经济改革之所以较以往的体制调整更为深刻,更富于革命性意义,重要的一点便在于这场改革不仅真正触及了企业制度,而且随着改革的深入,越来越从根本上触及国有企业的产权制度。以往计划经济时代虽然也有若干次较大的体制调整,但处理的核心问题是协调所谓"条块之争"的矛盾,即在经济体制上调整中央与地方政府的利益关系,并未触及企业。国有企业无论是收归中央政府(条条管理),还是下放给地方政府(块块管理),其本身的权、责、利是没有变化的,只是变化主管的行政单位。而这场改革则不同,从改革伊始便提出以企业改革,特别是国有企业改革为中心,从企业责、权、利机制改革入手,引导和推动其他方面的改革,从而使这场改革无论其深度还是广度均是以往的体制调整所无法比拟的。

既然以企业改革为核心,那么,无论人们主观上愿意与否,最终改革不可能仅仅停留在分配关系和管理方式的改变上,必然深入到企业的产权制度,尤其是在明确了整个改革的目标是建立社会主义市场经济体制之后,适应市场经济的基本要求而改造以往与计划经济相吻合的传统国有制企业产权制度,就成为不可避免的命题。

改革开放以来,国有企业改革的进程大体可划分为五个阶段,即第一阶段自1979年至1983年;第二阶段自1983年至1987年;第三阶段自1987年至1992年;第四阶段自1992年至2002年,第五阶段自2002年至今。

第一阶段改革的核心内容是简政放权,放权让利,重点在放权让利。在传统体制下,国有企业不仅利润全部上缴,而且提取的折旧费也是全部上缴,因而企业自身不仅对于扩大再生产,而且对于简单再生产都无独立决策权,极大地抑制了企业自身的积极性。从党的十一届三中全会召开之后,自1979年起,我国在农村全面展开以家庭联产承包责任制为基本内容的改革的同时,城市经济也开始进行改革。就企业改革而言,主要采取的措施便是放权让利,允许进行改革试点的企业留利3%,以调动企业的积极性。

第二阶段改革的核心是调整和规范国有企业与政府间的权、责、利关系,重点是实行"利改税"和"拨改贷"。在利益分配体制上,对国有企业自1983年开始采取第一步利改税,即把国有企业应上缴利润和税合并,采取利税合一的方式,按照统一确定的比例上缴财政,其余则属于企业。开始时,只是对国有企业利润的50%采取"利税合一、按章纳税"的方式,其实50%则仍全部上缴财政;到1984年采取第二步利改税,即把国有企业利润的100%全部纳入"利税合一、按章纳税"的轨道。在采取利改税的同时,为了减轻财政对国有企业固定资产投资的支出压力,也为了提高对国有企业的约束力度,采用了"拨改贷",即对国有企业固定资产投资,由原来的财政注资拨款,改为通过银行贷款。

第三阶段改革的核心内容是实行国有企业承包制。承包制的宗旨是所有权和企业经营管理权两权分离,承包的对象是企业上缴的利税,承包制的性质是政府与国有企业围绕上缴的利税这一核心目标形成的一种行政契约关系。自

1987年下半年开始,在国家经委等有关部门的倡导下,国有企业,特别是国有工业企业大都开始采取承包制,到1992年,经历了两个承包期(三年为一期),全国大中型国有企业几乎都采取了各种不同形式的承包。在实行企业承包制的同时,财政体制上采取"包税制",即国有企业对地方政府或主管部门承包上缴利税指标,地方政府对中央政府承包上缴财税指标,而地方政府完成包税任务之后的税收,属于地方政府支配,若超收,则由中央与地方政府分成,分成的原则是75%以上留给地方财政,然后,中央财政和地方财政分别各自支出应当支出的部分,即所谓"分灶吃饭"。

第四阶段以中共十四大召开为标志,整个改革的目标明确为建立社会主义市场经济体制,与之相适应,国有企业的改革明确为以建立适应市场经济要求的现代企业制度为基本目标,国有企业的改革从以往主要在分配关系上,特别是在企业与政府间的利益分配关系上进行调整,转向从产权制度上进行改革。党的十四届三中全会做出了关于建立现代企业制度的决定,特别强调了国有企业必须从企业产权制度和管理制度上进行根本改造,以适应市场经济的要求,提出国有企业制度改造的目标是建立起"产权明晰、权责明确、政企分离、管理科学"的企业制度。党的十五大又进一步提出所有制结构调整,即建立公有制为主体、国有制为主导、多种所有制经济共同发展的基本经济制度,从而把国有企业的改革纳入整个社会经济所有制结构改革之中。与之相适应,自1994年起开始贯彻"分税制",即不再以总量上承包的方式确定中央与地方的财政收入比例,而是根据税种来划分哪些属于中央财税税源,将以往33种税合并调整为18种,又进一步将这18种税分为国税、地税和中央与地方共享税三大类。

第五阶段是以2002年中共十六大召开为标志,国有企业改革从外部环境到改革本身的深入程度都发生了新的变化。应当说,这一阶段国有企业改革的基本任务比较中共十四大之后,并无根本变化,还是两方面,一方面是对大型和特大型同时又是关系到国民经济命脉的国有企业进行股份制改造,培育现代企业制度,建立现代公司的治理结构;另一方面是对大量的中小型同时又处于一般竞争性领域中的国有企业,进行各种形式的非国有化改造,使之真正脱离政府行政控制,进入市场机制。不同的是,经过十四大之后的十多年时间,上述两方面国有企业改革任务推进的程度及面临的外部条件发生了深刻的变化。(1)国有企业在国民经济中的比重发生了深刻的变化,国有企业资产比重由改革初期的近90%下降为40%左右,国有企业的产值比重由改革初期的70%以上,下降为25%左右。(2)国有企业在国民经济中的分布结构发生了深刻的变化,国有经济的结构性转移和战略调整取得了相当大的进展,一方面国有经济从一般竞争性领域大规模退出,另一方面在铁路、航空、电信等交通、通信基础性产业,石油、电力等能源动力产业,钢铁等重要原材料产业,汽车、电子等重要的制造业、金融、保险等命脉性产业,以及相应的公共品领域和涉及国家安全的重要经济部门,国有制不仅继续保持垄断性地位,而且,其企业的竞争力和对国际市场的开放程度及进入程度都有极大的提升。(3)国有企业,尤其是大型及特大型国有企业股份公司制改造进展显著,基本上实现了公司制改造,同时公司内部治理结构的改造取得了显著进展,至少在制度形式上实现了现代股份公司的治理结构的构建。(4)政府与国有企业的相互关系发生了重要变化,一是政府由以往对国有企业生产经营的全面干预逐渐转为集中代表国家行使出资人的权利;二是以往国有企业的财产权、生产经营权、领导人选择权等相互分离的状况有所改变,相对集中于同一政府部门;三是政府代表国家对国有企业行使出资人权利的方式有所变化,由以往的中央集中代表并集中行使出资人权利转变为中央和地方政府分级行使出资人权利。(5)企业与外部经济联系的方式发生了重要变化,一方面伴随中国市场进程的加深,整个国民经济中绝大部分资源由计划调控转变为市场调控,市场已成为资源配置的基础性力量,因而,国有企业相互之间、国有企业与非国有企业之间的联系方式越来越是市场化方式;另一方面伴随着中国经济对外开放和经济全球化程度的提高,尤其在中国加入世贸组织之后,中国国有企业对外开放程度以及与国际市场的联系程度显著提高,约束国有企业行为的规则越来越是市场竞争性和国际开放性的规则。

  回顾我国国有企业改革的历史进程,两方面的特点极为突出。(1)一方面,在国有企业改革的内容上,三十多年来,经历了从主要改变分配关系向集中改造产权关系的深刻转变,从改革初期的放权让利到利改税,从利改税到承包制,可以说在相当长的时期里,国有企业改革是围绕如何改变并协调企业收入目标和政府财政收入目标的关系而展开的,能动的主要是国家、企业及与职工个人的利益分配关系。中共十四大明确提出建立社会主义市场经济体制目标之后,尤其是十四届三中全会提出现代企业制度建设任务之后,国有企业改革的重心才真正转移到企业所有制上,转移到企业产权构造上。(2)另一方面,在改革的方式上,国有企业改革经历了从自上而下政府行政性推动向自下而上企业自身市场性推动的转变。这种改革方式的转变是与改革内容的转变相适应的,当国有企业改革并未触动产权关系,只是以分配关系为重点时,只能由政府行政性地自上而下地行使改革权,这种改革权既是行政权力的一部分,同时也是政府作为国有企业资产所有权的代表所行使的产权,在企业产权与政府行政权融为一体的制度中,企业产权的行使只能是行政性地逐级行使。但当企业产权制度本身发生改革之后,包括采取非国有制改造和股份制的产权主体多元化改造以及国际资本进入的参照等产权变革之后,企业产权的行使便不能不日益提高其市场化程度和程序化程度,政府的行政性干预和直接性干预在企业产权制度上不能不受到限制,从而使得企业改革本身越来越成为企业本身展开的并通过市场机制来实现的过程。

第二节 国有企业改革面临的主要体制性矛盾

所谓国有企业面临的根本体制性矛盾是指目前仍作为国民经济主体的国有企业,在根据市场经济一般要求进行体制改造中,遇到的源于国有制本身的体制性矛盾,或者说,在企业国有制性质不变,在整个社会国有制企业所占主体规模地位不变的情况下,按照市场经济的要求,难以满足和根本不可能满足市场经济基本要求的体制障碍。这是占统治地位的国有制的内在逻辑与市场经济作为资源配置的基本机制的内在逻辑之间的冲突。这种冲突主要集中在两方面。

1. 市场经济要求的政企分离与国有制内在的政企合一之间的冲突

市场经济作为配置资源的基本方式,要求社会占主体的企业在制度上必须是政企分离的,至少在产权制度上保证企业产权具有纯粹的经济性质,而不能具有任何超经济性质。因为,市场经济是交易的经济,交易的本质是当事人所有权的彼此让渡,这就要求所有权必须是可以交易并且能够首先接受市场等价交换规则约束的权利,但恰恰只有单纯的经济性质的权利才可以也应当采用等价交换的方式实现其运动,一切超经济性质的权利,诸如政治的、行政的、司法的、立法的、军事的、宗法的权利等,各有其特殊的运动规则,不能也不应当贯彻市场经济的等价交易规则,超经济性质权利运动若通过市场买卖来实现,那么必然意味着对市场公平竞争的根本否定,因为超经济权利本身并不是法权,而是具有特权性质的权利,这种具有特权性质的权利一经进入市场交易,市场秩序也就彻底崩溃,同时,超经济权利直接投入交易意味着腐败。而国有制就其产权性质而言,恰恰不是单纯的经济权利,因为国家作为阶级统治力量,不可能仅仅是经济性质的力量,一定是集社会政治、经济、法律、行政、军事、外交等于一体的超然地凌驾于社会之上的力量,因而以国家为主体直接占有生产资料,其中的权利关系不可能是单纯的经济关系。也正因为如此,国有制作为一种国家现象,即有国家才可能出现国有制,无论在哪种形态的阶级社会,国有制一经产生,便具有明确规定。即便是当代西方资本主义国家,如英、法等国,在法律上也明确规定,国有制企业的领导须是政府任命的官员。政企在一定程度上合一是国家作为所有者实现其权利的方式,要求国有制企业实施严格的政企分开,就产权关系而言不仅是不可能的,而且也是不应当的,因为要求国家不管不监督国有制企业,实际上是对所有者(国家)的侵权。

因此,国有企业改革现在面临这样一个难题:市场经济的一般要求迫使绝大多数企业必须在产权上是单纯经济性质的,因而要求占统治地位的国有制企业必须普遍政企分开;但国有制的性质又在根本上规定国有企业不能也不应当政企分离。这不是国有企业管理方式上与市场经济体制目标的冲突,而是国有制本身与市场经济的矛盾。因而,国有企业的政企分离问题,不是政府对国有企业多管少管、直接管、间接管的问题,而是对一定的企业还要不要采取国有制的问题,实际上就要对其实行非国有制改造(当然这在中国不等于私有化)。

如果说,政企分离涉及的是国有制产权制度,而不仅是管理方式,在这一点上我国与西方资本主义市场经济国家并无区别,西方的国有制也同样存在政企不分,其若要实现政企分离,同样要在产权关系上进行非国有改造(西方私有制基础上的非国有化可以视为私有化);那么,我国国有企业政企分离过程与西方国有企业非国有化改造在经济本质上的区别在于,我国是以公有制为主体的社会,除国有制外,存在大量多种形式的其他公有经济,因而非国有改造,除其中部分可能被非公有的经济成分吸纳,或创造出新的非国有的公有制形式。

再进一步讨论,会发现我国的国有制企业政企分离在政治体制上与西方也存在严格的区别。我国在政治体制上是采取以共产党为领导核心、其他民主党派参政议政的体制,不同于西方体制上的多党制。因此,我国的国有企业国家产权,实际上是受共产党领导并掌握的,我国的政企合一,是以政治体制上的党政合一,进而党、政、企三位一体为政治体制条件的,也就是说在国有制企业中以基层党组织为领导核心,企业作为一定行政网络中的环节从事经济活动,即通常所说的"党委领导下的厂长(经理)分工负责制"。在西方,国有制企业属于国家资产,但不属于任何政党,因而企业里不存在党组织,更不存在党的领导,其政企分离问题只是在产权上处理国与民的产权变更关系。在我国则不然。尽管国有企业改造成股份公司,国有股和法人股仍占绝对优势(全国国有企业改造为股份公司的企业,国家股和法人股平均达到63%),但在法律上如何界定企业中党委的权利、地位、作用、责任等已经成为严峻的现实问题。因此,如何在普遍实施政企分离过程中,建立新的、有效地实现党的领导的制度方式,不能不成为中国国有企业改革的重要命题。

可见,我国的国有企业政企分离的处理,在经济制度上,实际上触及的是如何对待国有制,在政治制度上实际上涉及如何对待企业中的党委。正因为如此,政企分离自1979年提出至今,举步维艰,因为这里要处理的是根本性的制度问题。本质上,这是社会主义公有制如何真正与市场经济相统一这一史无前例的题中应有之义。

2. 市场经济要求的权利与责任对称性与国有制企业委托—代理中的权责失衡间的冲突

市场经济作为以所有权彼此让渡为实质内容的交易的经济,其有效性的重要制度基础在于企业产权界区必须清晰。产权界区不清,或者导致市场交易中摩擦增大,从而交易成本上升,降低市场机制效率;或者根本就不可能进行所有权转让意义上的交易,从而导致市场失灵,如外在性领域。产权界区问题本质上并不是一个单纯的权利界定问题,在市场经济中的产权问题实际上是人们之间的一种社会关系,因此,企业产权界定问题实际上首先明确的是对他人、对社会、对交易各方的责任问题,是在责任与权利相互对称条件下的制度界定,也就是说一定的权利一定伴随相应的责任,权利若脱离相应责任的约束,必然导致权利的滥用,产权界区不清导致的外在性等市场失灵和"搭便车"等道德投机,本质上都是脱离责任而行使权利。

就企业制度而言,只要资产权利开始分解,只要采取委托—代理的方式,只要不同权利主体存在不同的目标函数,推卸责任的冲动便会产生,只要信息不对称,只要监督不利,这种冲动就可能变成现实。因此,马克思在考察资本主义股份制时特别指出,股份公司制最大的制度漏洞在于,它使一部分人获得了拿别人或社会的财产去冒险而不负责任的可能。也正因为如此,西方公司制度的演变,从无限责任到有限责任的推进,从外部股市投票约束到直接内部监督的不同选择,从委托—代理关系的探讨到公司内部治理结构的研究,等等,实际上都是力图弥补委托—代理关系中这种权利与责任可能发生偏差的漏洞。

如果说,在西方以股份公司为典型的委托—代理制也还严重存在权利与责任失衡的可能,那么,在我国现阶段国有企业改革中的委托—代理关系下,这种漏洞就更为严重。因为,在西方公司制度的演进中,就企业外部市场条件,特别是证券市场而言,发育远比我国完备,所有者通过外部市场投票以选择公司法人作为资产代理者的市场机制较之我国发达,外部市场约束较有效;就企业内部产权改造而言,作为广大分散股东资产代理人的法人——董事会,其成员原则上是凭股权的多少进入,也就是说,由于董事会成员对公司法人投资比重大,因而若公司资产蒙受损失,甚至破产,董事会成员受损要大于一般分散的股东,董事会成员的资产责任相对最重,由资产责任最重者来代理资产责任较少者的资产,责任心也相对更强;就企业管理制度而言,包括会计、审计、票据等方面的制度演进,监督与被监督者之间的信息不对称,公司治理结构上的漏洞等越来越被限定。相比较而言,我国国有制企业采取的各种委托—代理制漏洞则更多。

以国有企业的承包制为例(承包制曾是我国国有企业,尤其是大中型国有企业采取的最普遍的形式,到1992年大约有95%以上的大中型国有企业实施了不同形式的承包制,到目前尚有80%以上的大中型国有企业继续实施承包制),承包制是政府与企业承包人之间的一种行政契约关系,因而是以行政契约方式维持的资产委托—代理关系。但其存在的问题在于:一方面,承包人作为代理人,本身毫无资产责任能力,承包制的宗旨是所有权与经营管理权两权分离,因此承包者所支配的企业资产在所有权上并不属于自身所有,拿不属于自己的资产在市场上冒险,前提在于事先必须在经济上可能,在法律上明确代理者应负多少资产责任,并且这种事先明确的资产责任尽管可以不是无限责任,但也必须能够起到有效约束其所掌握的代理权的作用。而承包制的根本性漏洞恰在于承包者在经济上不可能,在法律或行政契约上大都不必承担资产责任,这在本质上是使承包者获得了支配社会资产权利而又不负责任的可能,这种可以脱离资产责任的委托—代理制度,不可能造就企业家,只能造就"败家子"。另一方面,政府作为委托者,在发包的同时,尤其是对"拨改贷"之后的国有企业的发包而言,并不真正具有资产委托人的能力,因为政府作为所有者对于国有企业的资本金注入严重不足,所有者权益占企业资产总额比例偏低。实际上,所有者在这里发包的,更多的是债务,而不是资产,发包者要求代理者承包企业债务责任,这本身就意味着委托者正在失去所有者的责任能力。结果便有委托者作为所有者不对企业债务负责,承包者作为代理者不对企业资产负责,形成双向的关于企业资产的权利与责任的失衡。

以股份公司制为主要形式的现代企业制度建设,在使企业所有者切实成为所有者方面有着极大的进步,在解决以往国有企业所有者权益占总资产比例偏低、企业资本金储备过低等方面的矛盾方面,迈出了坚实的一步,从而使企业所有者的所有者权益与应承担的债务间的对应关系进一步明确;但在截至1995年年底的近四千家由国有企业改造为股份公司的企业的股权构成中,国家股和法人股两项合计共占63%,实际上这些股份公司还是国家绝对控股的国有企业,因而在采取股份公司这种委托—代理的方式时,董事会作为代理者,同样还存在一个能否对所有者切实承担资产责任的问题,也还存在能否真正政企分离的问题。

第九章 当代中国私营资本的产权问题

虽然中国私营资本的产权主体的排他性相比公有制企业的要明确,但与市场经济的竞争要求相比,当代中国私营资本产权制度尚存一系列缺陷。这种缺陷主要体现为产权主体具有超经济的性质和产权界区不清晰。本章论述这些缺陷可能带来的危害及克服缺陷的政策建议。①

由于种种原因,在当代中国,资本,尤其是私营资本,一来到世上,就具有名不正、言不顺的天然含混。人们曾经并且仍然在使用着种种似是而非的含混概念,表达着或反映着中国私营资本在中国当代已经是不可或缺的存在这一事实。人们或者用"民营经济",或者用"民有经济",或者用"非公有制经济",或者用"非国有经济"等,来概括或近似地概括当代中国私营资本,其中最为常见的,即所谓"民营经济"。这些概念之所以被不断地运用,当然有其可以理解的现实原因和意识形态的原因,这些概念本身也有其合理的内涵。"民营经济"相对于官营经济而言当然是不同的,从这一点上说,私营资本绝对不是官营经济;"民有经济"相对于国有经济而言当然也是不同的,从这一点上说,私营资本绝对不是国有经济;非公有制经济相对于公有制经济而言,自然也根本不同,就此而言,私营资本自然不是公有经济;非国有经济相对于国有经济而言,界限清楚,就此而言,私营资本自然应属非国有之列。这些概念都从不同的侧面表现了私营资本的一定特征,但都未从其最本质的特征直接出发。私营资本就是私营资本,"私营资本"这一概念本身就是清晰的,不需要再以什么其他的概念来间接地表述它。

这种概念上的含混有其客观原因。一方面,中国缺乏资本而又排斥资本的社会历史文化,包括传统的和现实的对资本,特别是对私营资本的排斥,使得人们即使在今天,也或多或少地不敢或不愿承认私营资本在中国的发展现实,概念上的含混,不过是这种心态的一种反映。当然,这种含混私营资本的心态也未必是恶意,未必完全出自对私营资本的厌恶和抵触,尽管其中某些人可能是出于对私营资本的反感而不愿承认它,甚至不愿用这一概念,但也有些人可能更多地是出于减轻私营资本发展的阻力,担心标明私营资本可能产生的社会麻烦,因而小心翼翼地运用着纷杂的概念去刻画私营资本。另一方面,事实上,在当代中国,

---

① 参阅刘伟:《中国的私营资本》,中国经济出版社2000年版。

许多私营资本并不是真正的,或者说并不是完全纯粹的私营资本,无论是在法律形式上,还是在产权结构上,中国当代的私营资本中的许多都具有"非私有",至少具有"非自然人私有"的痕迹。这种事实上的私营资本的性质和形式的含混,是导致人们难以直接以"私营资本"去定义中国目前存在着的私营资本的重要原因。

同时,这种含混,或许可以称为现阶段中国私营资本的特色,或许由此可以将其称为社会主义初级阶段的具有中国特色的社会主义社会的私营资本;或许这种含混,恰恰构成中国当代私营资本的基本产权制度特征。

看起来,特别是与国有制企业以及以往通常所说的集体所有制企业比较起来,中国私营资本的产权不存在什么严重的问题,其实不然。中国当代私营资本在产权上不仅存在相当多的问题和局限,而且这些问题和局限又常常被人们所忽视。可能是由于中国的公有制经济中的产权问题更为突出而掩盖了私营资本的产权问题,也可能是由于当代中国私营资本在社会中的地位还远比不上其他经济显赫,从而不易引起人们更多的注意。但中国当代的私营资本产权制度和构造上的矛盾是十分尖锐的。可以说,中国目前的私营资本,具备了私有的基本性质,但还不是纯粹的私有;具备了资本的基本属性,但还不是完全的资本。中国私营资本企业发展中遇到的其他许多问题,在管理上和成长中遇到的许多局限,大都直接或间接地与这种产权制度特征相联系。

第一节 当代中国私营资本产权主体的缺陷

必须首先承认,当代中国私营资本的产权主体的排他性相对来说更明确,至少比公有制经济中的企业产权界区清晰;私营资本的产权本身的单纯经济性质也相对更明确,至少比公有制经济中的企业产权超经济性质更弱化,但与市场经济的竞争要求相比,当代中国私营资本产权制度尚存在一系列缺陷。

1. 产权主体具有超经济性质

如果说在前资本主义社会,私有产权的超经济性质主要表现为私人财产权对封建特权的依附,并首先服从封建特权的支配;如果说中国近现代史上的私有产权的超经济性质主要表现为私人产权对封建官僚权贵和洋人买办势力的依附,并受其奴役;如果说改革开放之前的新中国,企业产权,包括国有企业和集体企业产权的超经济性质集中表现为对国家政治及行政权力的依附,并被程度不同地纳入行政管理网络,那么,当代中国私营资本企业产权的超经济性质则表现为另外的形式,即人们通常所说的"三缘"性。也就是说,相当一部分中国私营资本在产权主体上带有强烈的血缘、亲缘、地缘性,而这种血缘、亲缘、地缘性归结到一点,又使私营资本在产权主体上不能不具有浓厚的宗法性。显然,具有宗法性质的企业产权,在运动中不能不在相当大的程度上受宗法规则支配,而不是严格地受市场规则约束。这是当代中国私营资本中的相当一部分之所以难以适应市场竞争的重要制度根源。

所谓"血缘",是指相当一部分当代中国私营资本在创业和原始积累过程中,是以家庭血缘关系为基本纽带联结成为统一的创业积累主体,家庭成员共同成为企业资本的所有者,家庭成员在企业资本中的权利位置在相当大的程度上服从家庭宗法、伦理关系的制约,因而,父子、夫妻、兄弟、姐妹等家庭关系深深地笼罩着企业产权。如果说,国有企业存在着严重的政企不分,那么,这种以血缘关系为纽带结成的私营资本则从一开始便是家企不分;如果说国有企业的政企合一是以财产制度上的政资合一为基础的,那么,这种以血缘关系为纽带结成的私营资本则从一开始便以家资合一为基础。这就使得企业的竞争活动和管理等不能不受"家长"意志的左右。这种以血缘为纽带的产权主体,在创业初期或企业发展的一定阶段,可以更多地享受家庭成员之间相互"忠诚"所带来的便利,享受家庭成员相互间的"信任"所带来的低廉的监督成本,但当企业成长到一定程度,这种家企合一的产权,无论是从其产权的家庭血缘关系本身固有的对社会的封闭性上,还是从其产权运用中的家长制式的宗法性上,均可能与现代市场经济竞争产生深刻的矛盾。

所谓"亲缘",是指相当一部分私营资本的产权主体是以家族亲缘关系为基础形成的,也就是说是以若干个具有亲属关系的家庭,或只有亲属关系的个人联合为一体,共同成为企业的所有者,但各自在企业权利网络中的位置,除取决于各自对企业的作用、贡献外,往往同时还受其在家族中的地位的影响,受其与企业核心人物的血缘、亲缘关系的远近的影响。这种以亲属家族关系为背景形成的产权主体,不能不具有族企不分的特征,这种族企不分的制度同样具有宗法性,而且家族亲缘关系同样会深刻地影响企业产权的运用。在企业创业发展初期,这种族企关系可能会为企业发展提供更有利的支持,因为家族的力量毕竟大于单个家庭的能力;在企业发展的初期阶段,借助于家族关系,相互间的了解和监督成本也可能较低,至少可以借助亲缘网络对企业进行更严密的控制和更可靠的监督。但当企业成长到一定程度,家族亲缘的封闭性、有限性同样成为企业制度现代化的障碍,家族亲缘关系天然具有的宗法性、依赖性同样成为企业管理权威性的威胁。

所谓"地缘",是指相当一部分私营资本的创业,是在所谓"离土不离乡",或"离乡不离土"的条件下进行的,也就是说,或者是由原来的农业中游离出来的资本,虽然转入非农产业,但仍未离开自然村落,仍未脱离本乡本镇;或者虽然是在城市发展起来的私营资本,但并未脱离诸如街道、本市县等地方性社会网络。甚至正是借助于本乡本土本地的种种社会关系,寻找到了特别的发展机会。而地方性的复杂社会关系之所以为其提供便利,除多年形成的朋友亲情的呵护外,重要的是就地缘关系而言,相互间也比较了解,信息较为充分,也容易获得,信任关系易于建立;同乡的支持,也是要索取回报的,任何一种支出都是一定的"投资",当企业成长到一定程度,这种社会关系对企业的索取压力便会日益增大,甚至要求直接占有或分割企业的资产、影响企业的分配方式,尤其是干预企业的用人行为。企业产权的运用和经营不能不受到曾经给企业以支持、呵护的地缘人际关系的多方面的影响,这种影响与现代企业制度、与现代市场制度的要求往往是矛盾的。

当代中国私营资本产权主体上的这种超经济性质,这种以"三缘"关系为特征的宗法性、封闭性,对于许多私营资本企业发展的不适应性越来越明显,因而同样面临企业产权主体制度改造的问题。许多发展较快的私营资本企业前一时期纷纷展开所谓"第二次创业"的探讨,并且这种探讨大都集中在如何选择新的投资领域、如何选择新的企业管理方式、如何建立新的企业监督控制机制、如何重新确定利益分配机制以调动人们的积极性等方面,但之所以大多私营资本的"第二次创业"并不成功、关于"第二次创业"的讨论并未取得实质性的成果,在我们看来,重要的原因在于,"第二次创业"的根本应当首先是"第二次改制",是应当首先以现代企业产权主体制度逐步替代以往的血缘、亲缘、地缘关系下的具有宗法性的产权制度。而实现这一点又是极其艰苦的,甚至是要付出极高昂的代价的。

并不是说,一切私营资本在产权主体制度上都要摆脱"三缘"关系的背景,只是说,企业发展到不同的阶段,与市场竞争的要求之间有不同的距离,要根据企业发展的需要,根据市场竞争条件的变化,不断地调整企业制度,其中重要的是调整企业产权制度。调整的形式可以多种多样,但调整的总目标是使企业越来越成为适应现代市场经济机制要求的现代企业。调整的时期可以不同的企业完全不同,但调整的基本动因在于有利于企业成长。所以,在中国当代私营资本发展初期,在产权上具有这种"三缘"性是客观的,或许这也正是中国特色的私营资本原始积累的特点所在。之所以有这种客观性,说明这种具有宗法性的产权制度在一定时期里更有利于私营资本的成长,更有利于确定私营资本的产权的排他性,更有利于提高企业的效率。这种有效性的根源在于两方面:一方面,企业本身处在初期创业,处在原始积累阶段,无论从资本筹集、管理效率上,还是从信息搜集、监督成本上,"三缘"产权均有其特殊的优势;另一方面,就市场发育而言,由于尚不完备,因而不可能或难以为私营资本提供必要的社会化的市场服务,私营资本只有借助于"三缘"背景才能得以生存。

但这种"三缘"产权毕竟有其局限性,这种局限性的根本在于产权本身的宗法性与市场经济的法权性之间的矛盾冲突。这种冲突主要表现在三方面:首先,"三缘"产权的界区排他性的明确,是以牺牲其产权的社会性为代价的,或者说,"三缘"的产权界定性,本身就具有天然封闭性,从而极大地降低了私营资本产权市场交易的社会广泛性,而市场经济恰恰又是要求在界定产权界区的基础上不断提高产权市场可交易的社会性,界定产权的重要目的也在于降低这种市场交易的成本,目前中国部分私营资本进入产权市场交易,除受市场机制不完备等客观条件的制约外,企业产权主体本身的血缘、亲缘、地缘化倾向也在一定程度上增大着交易困难。其次,"三缘"产权的宗法性,也成为阻碍企业融资信誉和能力提升的重要障碍,这种障碍不仅表现在私营资本以股票等有价证券的方式进行直接融资较为困难,而且还在于其间接融资中的借贷信誉以及相应的担保能力容易受到怀疑,尽管私营资本的融资困难更重要的在于外部体制性的歧视,但其产权本身的局限性也是重要的原因之一。再次,"三缘"产权是阻碍中国当代私营资本建立现代化的企业(公司)治理结构,确立科学、程序、有效的决策和管理机制的重要因素。"三缘"产权主体不变的情况下,很难真正形成现代企业的法人治理结构,很难形成有效的委托—代理机制。事实上,大多数中国私营资本普遍存在的一个困惑是,如何在忠诚与效率之间进行选择。"三缘"关系下获得的有关人员的"忠诚"更为可靠,监督成本也较低,但却可能降低管理水平,损失企业效率;委托他人管理,可能管理能力会提高,但忠诚又难以保障,特别是在法治不严、经理市场不完备、道德秩序混乱的社会条件下,委托—代理必须冒很大的风险,这是一场"忠诚"与效率的竞赛,但又是一场不容回避的比赛。

正如前面已指出的,不论以哪种形式,只要企业产权具有超经济性质,在本质上就都与市场经济的要求相冲突,就都使企业在贯彻市场竞争规则时不能不面对非经济的干扰和制约。当代中国私营资本企业行为中的许多变异,实际上是可以从其产权的超经济性的制度特征上找到解释的。这也是中国当代私营资本不够纯粹的重要体现。

2. 产权界区并不清晰

通常来说,既然是私营资本,其界区以及相应的排他性应当是清楚的。但中国当代私营资本的确存在许多方面的界区含混问题。正是这种界区含混,严重妨碍了企业进入市场、运用市场的有效性,也严重阻碍了中国私营资本的发展。

中国私营资本的产权界区不清晰,主要表现在以下三方面。

首先,部分以家庭或家族为单位建立起来的私营企业,产权界区在家庭之间或家族之间界定,但在家庭成员或家族成员内部自然人之间并无严格的界定。

家庭成员或家族亲缘关系是可以被经济利益关系冲击而松动的,家庭或家族成员间的忠诚是可以被资产权利侵蚀而出现叛逆的。只要企业资产不在自然人之间界定清晰,其产权的排他性总是不严格的。而且伴随企业的发展,迟早会提出在单个成员之间重新界定产权的要求,这是"经济人"的本能,即使父子之间、夫妻之间、兄弟姐妹之间也难以逾越这种本能。

中国当代许多曾经非常有名的家庭企业及家族企业,当发展到一定程度之后,都不能不面对重新界定产权的难题,处理这道难题是亲情与利益的较量,更是企业发展的历史要求。在这一难题面前,有的企业较成功或较顺利地跨越了,而更多的企业则难以跨越,结果,不仅父子反目、夫妻成仇、兄弟交恶,而且最终导致重新分割企业产权,将好端端的企业法人资产重新肢解,分立出许多更小的企业。重新界定企业产权的代价,是毁掉创立起来的企业,重新分割企业。这个代价不能不说是极为巨大的。近年来,人们听说的私营企业合并,或者在明确私人产权的基础上进行股份合作、进行股份公司改造等并不多,特别是有一定名望的、较强的私营企业间的联合更不多见,但人们却常常听到私营企业不断分家的消息,特别是有相当声誉的、较大的私营企业更是不断传出分家的消息。结果是使企业元气大伤。这种状况的发生,并不能仅仅从中国人都想个人当老板的狭隘心态出发来加以解释,重要的是中国私营资本在原始积累时就没有真正在自然人之间界定清楚究竟谁是老板。

其次,相当部分中国私营企业,就资本的所有制和出资的经济事实而言,的确是私营资本,但却在法律形式上戴了顶"红帽子",注册为集体公有制企业。这种情况在许多省份相当普遍,特别是在改革开放早期创办的私营企业,许多都有这顶"红帽子"。虽然戴上这顶"红帽子"可能并非出自创业者的本意,但往往都是自愿的,因为戴上这顶"红帽子"或许可以获得某些政治、经济、文化等方面的社会认可,从而减轻私营资本创业的压力,但付出的代价则是企业的产权不清,由此后患无穷。

近年来,各地普遍开始重新界定产权,摘掉"红帽子",进行产权制度改造。一方面,这是这类私营资本发展必须经过的程序;但另一方面,履行这一程序又要付出大量的费用,这是产生于中国私营资本产权不清的具有中国特色的交易成本。

再次,本来应当私有的部分人力资本的产权不清晰,甚至就根本未被制度性承认。这种情况在当代中国的许多高科技企业中表现得十分突出。

客观地说,在当代中国,界定私有的物质资本产权尚且存在一系列的困难和代价,界定人力资本的私人排他性当然就更为困难。尽管在高科技企业,人力资本对企业的作用远大于物质资本的作用,包括一些需要复杂管理体系的,或者需要熟悉并运用当代市场经济复杂变化的市场工具的行业或企业，诸如现代投资银行等，对企业起关键作用的并不是资金等物质条件，而是真正有才干的人。因此人力资本持有者对企业有着极其重要的作用。但人力资本往往又难以直接衡量其具体的价值大小，在缺乏完备的人才市场竞争机制的条件下，"人才"就更难定价。这是合理确定人力资本私人产权的重要困难。

但困难的存在，不等于应当否认人力资本的产权，人力资本作为一种财产，也是人们投资、接受教育、学习探索的结果，对于这种投资也必须在产权上予以承认。尽管承认人力资本产权的方式，不同社会都在进行着不同的实践探索，但总的趋势是越来越重视这部分产权的界定，否则，企业中最重要的力量得不到产权上的认可，必然降低企业的效率。

中国的高科技企业中，包括国有制的高科技企业和非国有制的高科技企业，尚缺乏对人力资本产权的系统明确的制度安排。特别是在一些主要依靠科技及管理人才的努力，而不是依靠物质资本投入发展起来的高技术企业，人才的人力资本的产权未被真正承认。这也构成中国私营资本产权界区含混的重要内容，即应当私有的人力资本的产权界区不清晰，甚至根本就没有被承认。

第二节　私营资本产权缺陷的危害

在上一节，我们讨论了当代中国私营资本产权主体上的超经济性质以及产权界区上的不清晰状态。人们发明企业制度，探讨企业产权问题，并不是为了界定企业产权而界定企业产权，而是由于企业产权制度上的缺陷必然会严重影响企业的效率，影响市场竞争的秩序，因此，不能不给予特别的关注。

1. 私营资本产权缺陷带来的主要危害

由于产权主体超经济性质，特别是在当代中国私营资本的"三缘"性所导致的企业行为与市场竞争的不适应性，在前面讨论私营产权主体时已有所涉及，这里不再赘述。只是强调一点，一切超经济强制，无论是来自政治的、行政的、军事的，还是来自文化的、宗法的，只要存在，尤其是较普遍地存在，市场将不可能成为配置资源的基本力量，企业将不可能首先服从市场规则，因此，社会将不可能获得市场竞争的效率，企业也不可能真正适应市场竞争。这里需要着重探讨的是由于私营资本的产权界区不清晰，对企业、对市场将产生怎样的不利影响。这种不利影响在中国现阶段主要表现在以下四方面。

第一，私营资本的产权主体界区不清晰，不利于企业的资本积累，因而从根本上动摇企业的竞争力。之所以要明确企业产权界区，明确产权的排他性，重要的原因在于为企业寻求真正关心企业资本增值和积累的利益主体。那么，什么人才可能最关心企业资本的增值和积累呢？显然是企业资本的所有者。所有者作为出资人，不仅要承担企业的资产风险责任，而且最可能从企业资本增值及积累中受益。按照风险与收益对称、责任与权利对称的原则，谁承担最多的资产风险，履行最多的风险责任，谁就最有权利索取企业的利润，而利润恰恰是企业积累的唯一源泉。正因为如此，通常都是所有者要求企业利润极大化，要求剩余索取极大化，而一般的企业经营管理者的行为目标，则更多的是管理权力规模的极大化。如果企业的产权主体不明，界区不清，那么，就意味着不明确谁应当承担企业的资产风险责任，不明确谁最可能从企业的盈利及资产增值和积累中获得好处，因而，也就没有人关心企业的利润目标及相应的资产增值目标，而更多的人则只关注如何把企业的资产瓜分完毕，至少更快更多地获得个人收入。无论哪种情况下的产权主体不明，都会衍生出削弱企业积累动力的倾向。举一个简单的例子，某些不具明确出资人、产权不明确，同时也不具有投资经营性要求的组织，如某些捐赠设立的基金会，像大家熟悉的诺贝尔科学奖励基金会，它的产权主体是天然不清的，即没有明确在任何自然人身上。诺贝尔本人作为捐赠者，捐出之后，所有权自然不再归诺贝尔所有，也不归诺贝尔家庭任何成员个人所有，否则就不成其为捐赠，捐赠本身表明所有权已经发生了转移。但诺贝尔把这笔资本捐赠给谁了呢？没有明确给任何自然人，只是捐款设立了一个基金会组织，在这个组织内部任何个人都不享有产权，在这个组织的外部，任何个人和团体也不能无偿占有产权。这样，从自然人所有权的意义上可以说，诺贝尔捐出资本后，这笔资本便不再属于任何人所有。因而，便没有任何人可以从这笔资本的增值中获得收益，所以，人们不会关心如何使这笔资本升值，不会关注如何使这笔资本积累扩张，人们更关注的是如何把这笔钱花掉，在捐赠人约定不能动用本金的条件下，人们便只能关注每年如何把这笔钱所生的利息作为奖金派发完毕。至于怎样使之升值，则不是诺贝尔基金会的责任。实际上，这是一种不存在产权主体排他性的俱乐部。在我国现实中，尽管是私营资本，如果在家庭成员或家族成员内部并没有界定清晰产权主体，那么，即使是同一家庭、同一家族的人，关心如何瓜分企业资产，也会更胜过关心企业的积累，因为积累的受益者是不十分明确的，而瓜分之后的归宿是清楚的。如果在企业内部或外部天然就不清楚谁是所有者，那么，无论是外部还是内部，强调利润的分配必然强于主张利润的积累，个人收入极大化目标必然超过企业利润极大化目标，因为个人收入的实现界区是明确的，而企业扩张的利益则是含混的。如果企业产权在经济上的界区清晰，但并未获得法律制度上的明确认可，甚至法律形式否定资本的私人排他性，那么，企业积累所产生的利益的归宿也就具有不确定性，从而动摇所有者的积累冲动。总之，只要产权界区不清，首先受到伤害的是企业法人资产的积累，首先破坏的是企业盈利极大化目标。

第二,企业产权界区不清,包括私营资本的产权主体不明,必然导致企业易被侵权,企业法人资产的独立性和完整性易于被伤害,而企业本身对这种伤害的免疫力自然低下。私营资本产权界区不清,主体不明,不仅极易诱发人们对企业产权的垂涎,因为无"主"的资本是最容易引起人们的贪欲的。同时,产权主体不明的资本,本身捍卫自身利益的能力也最低,因为所有者不明也就意味着产权损失不会给哪一明确的主体带来损失,所以也就缺少对企业产权的最有力的捍卫者。本来在古典企业制度中,出资者和企业的经营管理者在自然人身上是统一为一体的,尽管作为老板和作为管理者的职能、权利、责任是不同的,但在古典企业中,由于诸方面的职能、权利、责任统一于同一自然人身上,只要以自然人界定的产权界区是清楚的,只要法律制度和文化习俗对这种自然人的产权界区是真正承认的,企业的产权的独立性和完整性是能够获得保证的。在现代企业制度中,由于生产本身的社会化程度的加深,导致企业在产权制度上也必须相应的进行调整,调整的主要形式便是以股份制为典型代表的各种企业资产的委托—代理制,调整的基本目的便是使企业制度围绕产权展开职能性分工,以提高资产各方面权利的运用效率。这种现代企业制度的产生前提是股权的高度分散化并以市场化来适应生产的社会化。市场经济作为通过交易来实现资源配置的机制,其竞争的充分性、资产流动的自由性、交易的频繁性是作为资源配置有效性的基本条件存在的,产权交易越充分、竞争越激烈,效率也就越高。但企业生产的物质技术所规定的特点、企业生产经营所要求的环境,恰又在于企业法人资产的独立性、稳定性和完整性,企业法人资产不能被随意分割,否则不能保障企业生产的正常进行。现代企业制度,特别是股份公司制度是通过把企业产权的所有权运动和企业的法人产权运动区别开来的形式,来协调所有权交易的充分性与法人资产的稳定性之间的矛盾的。也就是说,在现代企业制度条件下,股权作为所有权可以任意交易,可以频繁更换所有者,但企业法人产权却不能随意变动,即使是所有者也不能凭股权任意分割企业法人产权。股票不得退本,持股者作为企业所有者之一可以出让股权,但不能凭借股权到公司来要求退本,更不能到公司来分割一块资产,除非公司法人破产,破产之后根据事先的法律和契约的规定,按照一定程序来分割企业偿还债务之后的资产余额。但在产权界区不清晰的条件下,企业法人资产的完整性难以保证。因为,一方面企业产权不清本身就易于被侵权,也缺乏制度的和自身的保护;另一方面,产权界区不清,从企业内部便容易产生分家的倾向,人们明确产权的代价,往往是分解原有企业法人资产。我国私营资本目前出现的分家浪潮便是这种产权不清的必然结果。在我国现阶段,私营企业或在法律上虽不明确但事实上是非公有的企业所形成的分割原企业法人产权的分家浪潮,集中表现为两种情况:一种情况是由于以往在家庭、家族、亲朋之间就没有界定产权,因而搞不清究竟谁是企业的老板,所以当意见不合而利益又有根本冲突时,分家便成为自然的选择;另一种情况是在一些产权界区天然不清的高科技企业,由于当初物质资本的产权就不清,人力资本的产权更难以界定,所以当企业发展到一定阶段,出于对企业发展和各自利益的不同考虑,最初的创业者们的利益和志向难以调和,于是便采取分家的方式,各奔前程。所以,近些年来,中国的私营高科技企业,或称为民营高科技企业,几乎成了一棵永远也长不大的"小老树",发展到一定规模便要分家,这种不断分家的制度隐患在于,企业开始时的产权就不清晰,缺少老板,大家都是老板,最后只有以分割企业法人产权的形式,各自去做各自的老板。结果,老板虽然当上了,但原有企业的产权已被破坏,被分解了。在当代世界发达国家正大规模地在高科技、高风险领域进行企业兼并,营造适应21世纪知识经济时代竞争要求的"航空母舰"时,我国经济中最富活力的私营资本高科技企业,却在法人产权上不断地被分割、不断地分家,其前景的确令人担忧。

无论哪种情况的分割企业法人资产的行为,都是与现代企业法人产权制度的本质相抵触的,也是与现代市场经济制度和社会化大生产的发展要求相矛盾的。也就是说,在现代企业制度中,企业的所有权可以是分散的、社会化的,同时是以自然人为单位严格界定的,并且是可以且必须是可以通过市场进行自由交易的,但众多的自然人作为持股者投资而成的企业法人资产,即分散股权集合而成的企业法人产权,却是不能任意分割的,包括分散所有者也不能凭所有权分割法人产权。而我国现阶段的一些私营资本企业,或事实具有私营资本性质的企业,正是由于在所有权上并不是完全的、以自然人为单位明确的产权,因而产权在自然人之间的排他性并不清楚,从而导致企业的所有权主体不明,正是由于这种自然人所有权主体的不明,反过来导致企业法人整体产权处在不断被分割的危险之中。

第三,私营资本企业产权界区不清,从根本上影响企业的治理结构,进而影响企业的管理权威。如果企业产权主体具有宗法性,具有血缘、亲缘、地缘性,家企不分,那么,企业在治理结构上必定难以真正形成公司的治理结构,不能不带有治家的权利结构特色。所谓公司的治理结构,说到底,就是指公司各方面权利、责任、利益之间相互制约的机制,本质上是权利与责任的对称性、责任与利益的协调性、风险与收益的对等性;目的是要提高企业相互间权利的监督,特别是提高所有者对代理者有效监督的可能性,同时降低这种监督的费用,刺激各方面的积极性,在有序的前提下解决企业各方面的要素效率问题。其中最主要的是股东对董事会的监督、董事会对经理的监督、经理对下级的监督。

有效的企业治理结构确立的前提是产权清晰,在产权界定上必须清晰地表明各自的权利和必须承担的责任,以及相应的应获利益。如果企业中的产权界区不清,有效的监督根本不可能,因为究竟谁监督搞不清,谁应负什么责任也搞不清;如果企业产权具有家庭或家族的宗法色彩,那么,亲缘和血缘关系势必会冲淡建立在资产权利和责任基础上的利益约束关系,进而瓦解管理的权威性和严肃性。家庭的宗法管理、治家的准则毕竟与企业的经济管理有着极大的区别,两者交织,不仅降低企业的管理效率,而且损害家庭成员的亲情。这方面的苦恼是当前中国许多私营资本企业所共同面临的。

第四,即使在私营资本企业中,只要产权界区不清楚,由此界定的有关人员相互间的权、责、利不明确,也同样会产生"无票乘车"的道德投机。

所谓"无票乘车"的投机,是指当权利与责任失衡时,人们便可能产生不想付出而只想收获的败德冲动。本来在市场经济中应当不存在免费的午餐,不尽责任而想拥有权利,不承担风险而想博取剩余,是市场经济的准则和市场经济的道德所不允许的,否则,势必产生大量的偷懒,从而极大地损害企业的效率。企业作为一个团队,是各种要素的集合,企业的效率源于有效地协调各种要素的集合,使各种要素在集合的过程中尽可能减少偷懒,这就需要在产权制度以及相应的企业治理结构上,明确权、责、利。界区不清的必然结果是使人有空可钻,有空可钻的现实必然鼓励人的投机冲动。

企业不过是一种对市场的替代,在市场上是不同企业之间的交换,在企业内部本质上也是一种交换,不过是不同要素之间的交换,通过内部交易,在一定交易条件下形成统一,集合为企业。交换的有效性,前提在于产权界区的明确,产权界区越明确,意味着交易中的扯皮摩擦越少,交易成本相应就越低。在企业内部的交换也同样如此,各个要素所有者的产权界区越明确,交易才可能越有效,企业集合为一体的交易成本才可能越低。即使是私营资本企业,只要存在产权不清的现象,在企业内部的相互摩擦必然增大,企业内部交易过程中各自的权利与责任也就难以界定,因而不负责任的偷懒、不承担辛苦的获取必然蔓延;不是以交换的原则,而是想享受"免费的午餐"的道德投机必然产生。这也正是为何我国一些私营资本企业中,真正关心企业的人少,而真正热衷于从企业瓜分利益的人多的根本原因。这种情况在当代西方的企业中,特别是在现代股份公司中也大量存在,只要产权制度有漏洞,这种"无票乘车"的企图便会产生。在我国相当一部分私营资本企业中,由于存在多种形式的产权界区含混,由于没有以自然人为单位界定物质资本及人力资本的产权排他性,家庭成员相互间、合作者相互间力图"无票乘车",力图享受"免费的午餐"的现象就更为普遍。这种状态若蔓延下去,将从根本上破坏中国私营资本的创业精神和开拓能力。

2. 如何克服私营资本产权不清的缺陷

处理当代中国私营资本产权不清以及产权主体具有超经济性质的问题，涉及社会政治、经济、文化、法律等方面的制度改造和完善。就中国当代私营资本本身而言，必须在古典企业制度与现代企业制度之间进行切合实际的选择。并不是说以家庭、家族、亲朋等为单位创办企业便无生命力，更不是说古典企业到了现代社会便应全部取消，即使在目前经济最为发达的美国也还存在大量的古典企业，美国当代古典企业约占其工商企业总数的80%左右。这意味着，企业制度的选择要切实根据企业发展的需要。

但若选择古典企业，那么至少应当在家庭、家族、亲朋内部自然人之间将产权定义清楚，古典企业虽然是独资企业，但出资人是以自然人的排他性为基本特征的，古典企业本身的产权在自然人之间应当也是清晰的。因而中国私营资本企业若仍需坚持古典制度，那么就必须纯粹古典私有化。若选择向现代企业制度转换，那么，转换的前提是首先以自然人身份定义产权，在产权定义清晰的基础上再进行股份制改造，或吸纳其他社会股东，或重新组建公司治理结构，形成新的企业法人资产。无论哪种选择，中国当代私营资本都面临真正清晰地定义产权的历史任务，以弥补原始积累过程中产权混沌的不足。从根本上说，清晰定义私营资本的产权，首先是私营资本自身的权利，因而应尊重私营资本自身的选择，不能有任何直接的外来干预，更不能存在否定私营资本自身选择权的各种强制。因为私营资本最清楚重新界定产权对企业发展究竟是有效还是无效，最清楚重新界定产权所需要支付的代价究竟有多高，对于这种有效性和成本，别人是难以体察的。实际上，中国私营资本的所谓"二次创业"，在相当大的程度上是从原始积累时的产权构造转变为更为清晰的产权构造，从产权界区不同程度的含混转变为更加纯粹的私有。这是私营企业的制度创新，是否进行这种创新，关键取决于产权不清所造成的企业效率损失与重新界定产权所必须支付的成本之间的比较。如果重新界定产权的成本远远大于继续维持产权含混所蒙受的效率损失，那么就不必急于制度创新；如果反之，成本低于效率损失，那么就应当进行制度创新，至少创新在经济上是可行的。可怕的是，当代中国私营资本未必能够普遍具有这种清醒，由于现有企业产权界区不清，至少在自然人之间界区不清，因而人们瓜分企业的热情高于人们关心企业效率的责任心，人们可能置企业效率而不顾，首先考虑如何尽快明确获得属于自己的资产。不是私营资本不愿保持清醒，而是利益驱动使人们不能保持必要的清醒，正是所谓"利令智昏"。这种状况已有发生，必须引起足够的重视，否则，中国私营资本的发展将面临一场灾难，这一灾难并不是社会强加的，而是源于中国私营资本本身的先天不足，源于本身的"劣根性"。从外部社会条件来说,为推动中国当代私营资本克服产权不清的缺陷,需要从多方面创造制度环境和政策空间。其中最为根本的在于以下几方面。

第一,为推动私营资本的社会化创造必要的市场直接融资的制度条件。打破私营资本产权本身的宗法性,淡化部分私营资本产权主体的血缘、亲缘、地缘性,最为有利的方式是推动私营资本产权的市场交易,只有市场化才可能否定宗法化,只有市场化才可能克服"三缘"的封闭性。为此,至少应当开展以下工作。

必须允许私营资本企业上市,至少应给私营资本企业上市的公平待遇。本来市场上的企业是不应当区分身份的,身份本身就是封建特权的特征。企业上市与否应当遵照统一公平的市场标准,否则,不仅不能体现企业间的公平竞争,而且还会从根本上破坏股市的竞争秩序。私营企业上市的方式可以多种多样,可以按公众公司的方式股票上市,也可以按柜台交易的方式场外交易,还可以利用现代信息手段进行网上交易。交易本身就是在承认自然人产权私有的前提下的企业法人产权的社会化,自然人可交易自己的资本,可出售自己持有的资产,这是对自然人私有产权最有力的承认和证明。在自然人充分交易中实现企业法人产权的整合,这是企业法人产权打破"三缘"封闭性的最有效的途径。

以我们目前的政策,基本上不允许私营资本上市,而且对柜台交易也大都采取封杀的态度,这不仅杜绝了私营资本直接融资的可能,阻碍了私营资本的发展,更重要的是不利于私营资本的产权制度改造。私营资本如果根本不具备社会直接融资的制度可能,那么,私营资本企业产权的家庭、家族化的自我封闭性便不可能打破。

本来不仅中国的私营资本,而且整个受儒家文化深刻影响的东方各国的私营资本,大都具有不愿意更多地直接融资的倾向,不愿意通过出售企业股权而获得企业所需要的资本,而宁肯更多地以间接融资的方式,或者是民间负债,或者是向银行借款,作为企业快速发展的主要资本来源,宁肯欠他人债务也不愿出让产权。这种传统在当代日本、韩国、泰国、马来西亚、新加坡等东南亚诸国几乎成为普遍。这种方式的好处在于,对企业的所有者来说,不易失去对企业的控制,也不必担心外来股东瓜分企业利润。但这种方式的弊端也十分明显,一是不利于企业的迅速成长,不利于企业产权的社会化,企业融资能力主要取决于自身缓慢的积累,或者取决于银行及民间信用给予的支持;二是不利于分散风险,风险过于集中难以转移;三是不利于降低企业成本,间接融资的成本极高,并且事实上都进入企业的成本,高负债率必定是高利息支出;四是不利于淡化企业的家庭、家族宗法性,东方企业之所以家庭化、家族化色彩浓厚并且迟迟难以打破,重要的原因在于其融资方式的特殊性。

过度依赖间接融资,除有以上不利于企业发展的弊端外,还会产生其他外在的风险。一方面,如果企业普遍过度依赖银行贷款,而银行同时又受政府控制,一定程度上要服从政府的产业政策,那么企业所需要的资本来源名义上是出自银行,而实际上则是出自政府的偏好,企业要获得资金贷款,特别是私营资本要获得银行的信贷支持,自然要努力说服政府,并通过政府劝说银行,这就极易产生官、企、银三方的勾结,极易产生权钱交易的腐败。一旦形成这种勾结,银行资金的流向就未必取决于企业的效率,而是更多地取决于企业向政府官员,以及向受政府直接控制的银行要员行贿的强度,从而引发金融腐败,扰乱金融秩序,甚至引发深刻的金融危机。金融危机和泡沫经济之所以发生,除了其他原因,官、企、银相互串谋所导致资金低效率使用是一个重要的原因。通过行贿,企业收买官员;通过所谓产业政策、政策金融,官员迫使银行向低效率但高行贿的企业大量贷款,实行所谓"抓大放小",结果引发大量到期债务无法偿还的金融信用危机。在处理危机中,往往一个企业破产,带动一批银行破产,银行、企业破产的背后,又必然抓出一批贪官。这是东南亚金融危机给我们提供的极深刻的教训。另一方面,如果企业难以获得银行信贷的支持,甚至通过行贿也难以获得必要的资金,那么,企业为适应发展需要,势必进行所谓民间集资。民间集资不仅所支付的利息高,融资成本显著上升,而且风险极大,高息集资筹款本身就增大了企业的风险,企业一旦承受不住风险而破产,又会引发一系列金融风险和信用危机,对金融秩序产生严重的冲击。

因此,不论从哪方面看,都应逐步承认并推动私营资本上市,鼓励并规范私营资本的直接融资,并为之创造和维护必要的市场条件。这不仅是私营资本产权改造的需要,不仅是私营资本发展的需要,同时也是市场化进程的需要,是市场秩序建设和完善的需要。

第二,必须疏通和保证私营资本间接融资的渠道。如果正常的银行及金融机构不面向私营资本提供公平的信贷条件,那么,私营资本必然面向黑市融资,即通常所说的非法集资。在银行处于政府垄断的条件下,银行不向私营资本贷款,同时,宣布民间融资为非法,又不允许直接融资,那么,私营资本怎么可能迅速成长呢?在这种情况下,私营资本只能面临三条可选择的途径:一是仅仅依靠自身的积累,缓慢地发展,不得不放弃许多发展机遇,在延缓企业发展的同时,进一步强化企业产权的家庭化、家族化倾向,不仅难以适应生产社会化的需要,而且也难以克服产权本身的封闭性;二是提高对银行官员的行贿力度,以违法的方式获得企业所需贷款,在增大金融风险的同时,强化腐败;三是开展违法的民间集资,在增大企业成本的同时,破坏金融秩序。在私营资本根本不能进入资本市场、货币市场的条件下,私营资本的发展是不可能适应市场竞争的要求的。

第三，在社会政治制度和意识形态上，必须承认并保护私营资本的产权，承认并支持私营资本的发展，必须真正按照党的十五大所说的，把私营资本连同其他非国有经济一道，作为初级阶段的社会主义社会基本经济制度的重要组成部分，与占社会主体的公有制一道，构成社会主义社会的经济基础。在这里，必须摒弃以往对私营资本扼杀、歧视的政治制度上的偏见，必须真正将其视为初级阶段社会主义社会基本经济制度的组成，给予政治上的肯定；必须为私营资本提供公平的政府服务，真正平等地将私营资本作为纳税人，公平地提供应有的政策引导、制度保障和公共服务；必须逐渐地抛弃抵触和鄙视私营资本的传统观念，真正以市场经济文明的目光来看待私营资本的历史性。这一切，对于明确私营资本的产权有着极为重要的意义。目前我国私营资本之所以存在种种含混，在许多情况下，并不是私营资本不愿明确产权，而是出于对以往社会对私营资本的政治歧视和文化排斥的恐惧，不敢明确私人产权，即使事实上是私营资本，也要戴顶"红帽子"，或者称为社团所有、社区所有等一系列似是而非的名称，重要的原因即源于此。

第四，在法律制度和法治环境上，必须平等地保护私营资本产权不受侵犯。产权被侵犯而得不到有力的法律保护，产权界区被随意践踏而得不到法治社会的匡正，产权便不可能明确，即使明确下来也得不到普遍承认。不需要特殊的，只需要平等地为私营资本提供必要的法律支持，在法律面前人人平等，其中应当包括在法律面前各企业平等。否则，难以维持平等的市场竞争。事实上，中国目前的私营资本产权界区的含混，在一定意义上与法律对其产权界区的不容侵犯性的承认不充分有相当大的关系，许多对私营资本产权的侵权行为，难以找到正常而又有效的渠道，来寻求法律保护。因而往往会产生两种情况：一种情况是私营企业主通过与执法、司法人员交朋友的方式，甚至以行贿的方式寻求法律保护，结果是增大企业交易成本的同时，扰乱法律的公正；另一种情况是寻求"黑社会"的帮助，只要正常的法治供给不充分，就极易产生"黑社会"，结果同样是增大企业交易成本的同时，扰乱社会秩序。进一步说，克服目前私营资本产权不清的缺陷，重新界定企业产权，其中的摩擦和矛盾相当尖锐，为顺利推动这一进程，也亟需法律的支持。有效公正的法律和法治，是减少因产权不清而产生的摩擦和矛盾的有力工具，离开了法的支持，重新界定私营资本的产权，将面临难以想象的成本。总之，中国当代私营资本并不纯粹，产权界区的含混客观存在。克服这种制度缺陷，需要经过一个长期的历史过程，但又必须推进这一进程。

第十章 何谓市场经济

第一节 对市场经济内涵的基本解释

1. 怎样认识市场经济的基本内涵

在现代经济生活中,"市场经济"是一种制度上的客观存在,因而,在经济学中便无可回避地有"市场经济"范畴。然而,在相当长的历史时期中,奉行集中计划经济的社会主义经济实践和理论,对于什么是"市场经济"并未予以应有的重视,从而使得我们在确定了社会主义市场经济机制作为改革目标的同时,对于什么是"市场经济"仍存在认识上的深刻分歧。以下三个基本事实为我们认识市场经济的基本含义提供了线索:(1)迄今为止,在现实生活中已经确立并相当成熟的市场经济机制只存在于经济较发达的资本主义世界;(2)迄今为止,关于市场经济理论上的说明也只存在于西方经济学中,从某种意义上可以说,从亚当·斯密开始确定统治地位的西方资产阶级经济理论,基本上就是关于市场经济的学说,不过阐释的是资本主义制度下市场经济的特征;(3)自马克思以来的马克思主义经济学并未给市场经济以系统阐述,"市场经济"这个词不是马克思经济学中的范畴,马克思、恩格斯从未用过这个概念,尽管有人在列宁的《土地问题和争取自由的斗争》(中译本)中找到过"市场经济"这个译法,但列宁在那里所说的内容,若直译出来是指"为市场的经济"或"为市场的生产",并不是俄文中规范的"市场经济",除此一处外,列宁再未用过"市场经济"概念。①

可见,我们的学者运用的"市场经济"概念是从西方学者那里引用的,所以,认识市场经济的内涵,有必要检讨西方经济学中关于市场经济的思想,然后,根据我们社会主义市场经济建设的实际,加以比较和概括。

亚当·斯密是西方经济学的创始人和奠基者,其经济学也就是"市场经济学",这是后来的西方学者普遍承认的。② 自斯密之后,在西方经济学中影响最大的当属新古典经济学和凯恩斯经济学,上述经济学者关于市场经济的概括可以归结为以下几点:

---

① 《列宁全集》(中译本)第 10 卷,人民出版社 1987 年版,第 407 页。
② 参阅阿兰·G.格鲁奇:《比较经济制度》(中译本),中国社会科学出版社 1985 年版,第 4 页。

(1) 市场经济是资源配置的一种历史的方式,斯密在概述市场经济要义时,首先指出的便是其配置资源的功能,这一点被后来的西方学者普遍接受。

(2) 市场经济机制配置资源是通过价格信号引导,通过价格竞争机制推动而实现的。

(3) 价格机制的引导和推动说到底是通过市场交易条件(价格)的确立来实现资源配置,而价格作为交易条件,之所以有这一功能,本质上在于确定交易条件的交易主体在产权上是独立的;市场经济中行为主体必须是有独立产权制度保障的独立利益、责任主体,主体的分散性保证着价格机制的竞争性,主体的界区界定性,保证着价格对其约束的强硬性,从而使得大量分散的市场行为可能基于独立利益的要求而收敛于均衡价格。

(4) 市场经济作为"看不见的手"在现实中并非万能,单纯依靠市场经济机制实现资源的有效配置需要一系列假定条件,而现实中这些条件往往难以同时具备,因而现代市场经济不排斥国家干预,国家干预已成为现代市场经济机制必不可少的内容。

(5) 市场经济的经济哲学依据是经济自由主义和利己主义。鼓励自愿、自由、平等的交换,弘扬平等交换的法权基础上的自由竞争,即使承认国家干预的必要,也旨在保护并支持自由竞争制度,仅在补充市场竞争之不足的范围之内对此加以承认;参与交换的各方均是受其独立利益、责任、权利所严格约束的,并为寻求利益极大化而从事交易。

上述西方经济学关于"市场经济"要义的概括得到了较普遍的认同。《现代经济学词典》把"市场经济"解释为:"在这种制度下,有关资源配置和生产的决策是以价格为基础的,而价格则是由生产者、消费者、工人和生产要素所有者之间的自愿交换产生的。这种经济的决策是分散的决策,也就是说,经济决策是由该经济的一些组织和个人各自独立地决定的,而不是由中央计划当局决定的。"[①]

2. 在市场经济观上困扰东西方学者的教条

应当承认,社会主义国家的大多数学者与西方资本主义国家的大多数学者,无论是在基本立场、学术观点上,还是在研究方法和学术语言上,均有很大差异。但在这一点上却有着惊人的统一,即在相当长的历史时期中,把市场经济与私有制,特别是与当代资本私有制牢固地联系在一起。这样,当我们在坚持公有制为主体的同时,欲建立市场经济机制,便遇到了一道严重的屏障。

---

① 戴维·W.皮尔斯主编:《现代经济学词典》(中译本),上海译文出版社1988年版,第375页。

迄今为止的西方经济学者,始终坚持认为,市场经济的制度基础在于私有制,至今真正确立下来的市场经济制度也的确是以资本私有制为依托,西方市场经济机制出现的种种失灵也确与产权制度上的含混密切相关。那么,是否可以说市场经济本能地要求私有制?几乎所有的为社会主义国家经济改革提出建议或关注这一改革的西方思想家,在赞同或支持以市场经济作为改革目标的同时,几乎都提出了相应的所有制改革要求。因此,"市场经济能否在一个以公有制为主体的社会确立?"便成为以市场机制为改革目标的社会主义国家在理论与实践上都不能回避的根本问题。

几乎所有有影响的苏联、东欧改革史上的改革思想家,都走了这样一条逻辑道路:战后初期思考对计划经济体制改革时,强调的是如何部分地分权,如奥塔·锡克、布鲁斯、科尔奈等人,并据此提出所谓种种分权模式,20世纪50—70年代的改革大部分遵循了这一逻辑;70年代之后,这些学者及各国改革实践所追求的大都是在不触动原有基本公有制的条件下,引入西方竞争性的市场机制,从而兼得公平与效率,兼得活力与和谐;80年代之后,他们发现引入市场机制似乎对财产关系有根本性的要求,市场经济作为一种生产关系的内容,须有财产制度上的保障,因而,致力于探索建立既以公有性质为主体,又适应市场经济要求的财产制度,如布鲁斯等人的混合经济论,奥塔·锡克的中立资本、第三条道路等思想;90年代以来,他们与西方学者取得了统一,认定在公有制下无法建立市场经济,市场经济机制的确立,必须相伴以私有制,在改革实践上也大体作出了如此安排。

在马克思经济学中,同样是把市场关系同资本私有制统一在一起的。马克思经济学在解释为什么会出现商品、市场关系的原因时指出,产品之所以成为商品,除生产力水平规定外,是源于私有制的产生,由于有了私有制和社会分工,使得社会生产是个人的事情的同时又要实现让渡给他人的目标,因而有了生产的私人性和社会性的矛盾,这一矛盾被马克思称为商品生产的基本矛盾;由于有了这一矛盾,人们的劳动必须成为抽象劳动与具体劳动的对立统一,作为社会性的体现,劳动必须作为抽象劳动以被社会承认,作为私人性的体现,劳动又总是私人地、具体地进行;由于抽象劳动与具体劳动的对立,产品成为价值与使用价值的对立统一,从而使产品成为商品。可见,若抽去私有制,社会生产之所以成为商品生产的一系列特殊矛盾便不复存在,因而也就不成其为商品生产。所以,马克思在预测未来的公有制社会时,明确指出公有制下不存在商品、货币、价格等一切我们称之为市场经济要素的范畴。

我国的学者在相当长的历史时期中接受了唯有私有制才与市场经济相统一的教条,因而,在理论与实践上关于计划与市场的论争,实际上是作为公有制与私有制选择上的论争展开的。在这一教条规定下,在 70 年代末之前,基本上把市场经济,甚至把商品生产与交换同社会主义(公有制)根本对立起来,与计划经济对立起来,即所谓"对立论"阶段;80 年代初开始有条件地接受市场调节,但规定计划经济为主,市场调节为辅,实际上仍把市场经济,甚至把市场调节作为与私有经济相联系的产物,作为与公有制性质不相符的事物,不过是因为社会经济发展的需要,而不得不引入,因此将其规定为辅助地位,而不作为社会之主体,这即所谓"主辅论"阶段;80 年代中期至 90 年代初期,提出建设公有制基础上的有计划的商品经济,建立计划经济与市场调节相结合的体制,力图把市场调节作为公有制本身的内在规定,但围绕"公有制能否切实适应市场?要引入市场调节公有制本身要不要改造?"产生了激烈的争执;90 年代初以来,特别是中共十四大之后,明确以建立社会主义市场经济机制为改革目标,前所未有地提出"市场论"的倾向,真正开始了对困扰东西方学者多年的市场经济与私有制相统一的教条的突破。

然而,这种突破还仅仅是开始,怎样建立社会主义市场经济仍需长期艰苦的探索。核心的问题在于两方面:第一,市场经济尽管不是资本主义的专利,但市场经济是一种交易经济,是一种生产关系,它不是物与物的让渡关系,而是所有权意义上的交换经济,因而要求在财产权利上既不能具有超经济性质,要成为单纯的经济权利,而不是附之以超经济的政治、行政、宗法关系的权利,否则不可能平等交易,又不能没有界区,否则无所谓交易,那么,公有制本身以怎样的方式来保证市场经济对产权的这一要求呢?第二,市场经济本质上是个体行为者自发活动的过程,市场经济秩序、规则是分散行为的结果,政府的干预也是在承认个体自由基础上进行的,否则便无所谓市场经济,那么,公有制社会怎样协调经济个体单位的利益与社会整体利益,在不破坏市场规则和秩序的前提下有效地予以宏观协调?

总之,怎样建立起一个既是单纯经济性质,不存在超经济强制,界区明确可发生交易,同时又是公有性质的产权制度?建立起一个既对市场行为者利益、权利、责任的独立性有明确规定和保障,同时又能够把个体自由和利益追求收敛于社会总体的和谐体制?这无论是在理论上还是在实践上,均是一项前无古人的伟大创举,中国的经济改革正在切实推动着这一创举,中国特色的社会主义建设前途在根本上依赖着这一创举。

第二节 市场经济的本质与功能

在经济发展过程中不断改善市场经济制度的运行,是发展中国家经济体制建设中最重要的内容。发展中国家市场不健全主要有两点原因：一是人们把市场经济制度与社会达尔文主义等同；二是政府受公众舆论和利益集团的牵制或压力，缺乏勇气或条件大力推行市场经济制度。

对于我国来说，建立社会主义市场经济体制已经是既定的方针与国策，是不可动摇的。但由于我国是实行了几十年传统公有制的国家，人们对市场经济制度的误解可能远比其他发展中国家多。因此，首要的任务应是正确地理解市场经济制度，了解其优势，并在完善公有制的基础上改进对市场经济制度的模拟。

1. 市场经济的宗旨：平等、自由、道德、法治

（1）平等

平等是社会主义的灵魂。因此，市场经济的宗旨与社会主义的根本原则是并行不悖的。平等与效率存在着密切的关系。平等首先是指阶级的消灭、剥削制度的消灭。社会主义同资本主义的对比表明，消灭了剥削制度的社会主义社会的优越性的一个重要标志正在于此。从另一个角度来看，平等是指机会的均等，而不是指结果的平等，即在社会经济生活中，人们站在同一条起跑线上，客观上不存在对某些人或某些利益集团的歧视。这也是社会主义社会优越性的反映。但无论如何，社会主义社会中的平等绝不等于收入分配的平均化。收入分配的平均化是平均主义的体现，它与按劳分配原则是抵触的。因此，无论从平等意味着剥削阶级被消灭的层次上来理解平等与效率的关系，还是从在现实经济中贯彻按劳分配就是平等的层次上来理解平等与效率的关系，都可认识到：社会主义社会中的平等不仅不是效率提高的障碍，而且由于这种平等调动了广大劳动者与其他利益主体的积极性，解放了生产力，因而它有助于提高效率。

在传统的计划经济体制下，人们对短缺的现象十分熟悉。不仅消费领域存在消费品和服务的短缺，而且生产领域存在原材料的短缺、合适劳动力的短缺、进口品的短缺、外汇的短缺等。短缺意味着市场的一种非均衡状态。"卖方市场"、"超额需求"等是这种状态的不同表达方式，都是指在给定的价格、收入等条件下，买者难以满足其需求。这时买卖双方是不对称的：卖者占有优势，买者处于劣势。由于卖方市场的形成和长期短缺，一方面短缺使消费者的利益受到直接或间接的损害：买者对购买愿望总不能实现感到不满；由于短缺，人们用在排队、寻找上的时间与精力是极大的浪费；买者的劣势地位使其必须花大力气"说服"卖者，因此"走后门"等不正之风流行。另一方面，卖者的优势地位使其可以粗鲁地对待顾客。此外，卖方市场的存在造成卖者一种安全感，使其没有压力去提高产品的质量，更没有压力去不断创新与推出新产品。因此，传统的计划经济体制由于解决不了短缺问题（况且这种体制就是造成短缺的根源之一），自然就难以解决公平问题。

公平原则应体现在机会均等上,差距是竞赛的结果所产生的。而传统计划体制下的出发点就不公平。公平原则的体现应该是生产要素的充分流动,让每一个人充分发挥自己的才能,企业与工人是双向选择的。而传统计划体制把生产者或个人固定在某一职业上,人的才能不能充分发挥。传统计划体制是按配额分配资源的。而配额是人制定的,由于不能保证制定者的素质,最终会导致行政权力的滥用。

从以上各点,我们可以看出:传统计划体制是既无效率又不公平。

在市场经济制度下,买卖双方在法律面前是平等的,他们的相互关系是横向的。市场机制作用的核心是保证商品交易的公平性,反对商业欺诈,也抑制只买不卖或只卖不买,既要追求交易的繁荣,又要追求交易的公正。经济效率的根源在于资源有效配置与劳动者的工作积极性,而经济效率又是经济发展的原动力。如果把"平等"理解为"平均",劳动者的收入和其能力、贡献严重脱节,劳动者就会丧失工作的积极性,造成生产的低效率和人们生活的普遍贫穷。

社会主义市场经济下的平等观念主张机会均等。这意味着人们有同等的机会和权利参与经济活动,能够平等地进行市场竞争。但是,竞争的直接结果不会是财产和收入的均等化,而是收入差距相对增大。因此机会均等不排斥人们之间的收入差别。相反,恰恰是利用这种差别鼓励人们充分利用自己的机会和权利,实现增加收入的愿望。事实上,只有在社会成员收入水平普遍提高的基础上,人们之间的财产和权利才有可能趋于真正的平等。

(2) 自由

自由,不仅是一个历史概念,更是一个综合概念。对于个人而言,自由不仅是人身的,而且是社会伦理的,也是精神智慧的。因此,个人获得自由,必须通过德、智、体的全面提高。对于民族、国家而言,自由则是整个社会力量的增强,它相应地包括文化力量、政治力量、经济力量。只有三方面结合起来的整体发展,才能使个人和社会不断地走向自由。

然而人类走向自由的道路不但取决于主观愿望,而且还取决于客观条件。就经济而言,这一客观条件主要指生产力的发展程度以及相应的经济制度。完全的、绝对的自由只能是一种空想,因为在客观条件有限的情况下,自由的含义体现在经济上就是要求劳动者的权、责、利有较完善合理的统一。这就要求有一种能保证劳动者权、责、利关系的经济制度的产生。社会主义市场经济制度就是体现这种关系的制度。在传统的计划经济体制下,劳动资料的所有权基本划归公有,但劳动又必然是人们谋生的手段,劳动力的个人所有权无法从劳动者之中分离出来。于是形成了两个极端:公有的劳动资料与个人所有的劳动力,它们以何种方式才能有效地、具体地结合起来,一直是一个困扰人们的问题。问题的本质在于:在传统的计划经济体制下,劳动者没有真正的权力,公有财产对他们来说,只不过是一种观念上的东西,因而,劳动者的生产活动往往是消极的,这样就使得人与生产资料的结合处在一种生产效率低下的状态上。显然,在这种矛盾的状态下,人是不可能正常地发挥作用的。

社会主义市场经济之所以能解决这一问题,是因为:

第一,市场经济制度体现了权、责、利分离与统一的原则。在市场经济条件下,利益主体的权利、责任、利益是有明确界定的,个人的积极性只有在这样的基础上才能得到充分的发挥。传统的计划经济制度之所以不能解决人的积极性和效率问题,就在于它限制与模糊了人们的权、责、利,企图用一个统一的命令或计划来代替市场的作用,使得人们没有任何自由选择的余地。在市场经济条件下,企业所有者和管理者的权、责、利也是明确规定的,这就使得个人的权、责、利与社会的权、责、利产生协调,合理地给予个人自由的主权。

第二,市场经济体现了流动的原则、自由选择的原则,这是自由含义的表现。在市场经济条件下,任何个人、团体有充分选择自己的经营者的权利,经营者也有选择自己的所有者的权利,这种双向的选择造就了一种人、财、物流动的机制,形成了不同的权、责、利相互结合的方式,从而使人从一种被统治的地位中解脱出来,获得自由。

(3) 道德

市场经济制度的形成具有社会人格的前提,它是与商品交易条件下人们的道德、情操发展相适应的。亚当·斯密在其名著《国民财富的性质和原因的研究》中指出,市场经济下,人的活动可以概括为源于六种动机:自爱、同情、追求自由的欲望、正义感、劳动习惯、交换互利。这六种动机实际上构成市场经济存在的伦理基础。斯密认为,上述六种动机的集中体现便是人对行为公正性的追求,没有公正性就没有市场经济的确立,道德情操的堕落是对这种公正性追求的破坏,堕落的结果便是公正原则被践踏,从而在根本上摧毁市场经济的文化伦理基础,使市场经济趋于混乱。

布坎南在其著作《自由、市场与国家》中也特别分析了与市场竞争机制相一致的道德秩序,从而把对自由竞争的分析深入到人的文化心理分析领域。他认为,有效的基于个体自由竞争之上的市场机制,必须有一定的道德秩序予以支持。在他看来,任何社会的机制状态,从其文化道德基础来看都包含了三部分内容。一是"道德社会",即个人并不认为自己是独立的个人,而认为自己必须忠诚于某个偶像或外在的整体利益,道德上是以"忠诚"维系;二是"道德秩序",即人与人之间以相互尊重为原则,承认自己的同时也承认他人的平等自由权利,每个人并不考虑应当忠诚谁,只要求相互平等的尊重和信任;三是"道德的无政府状态",即个人既不考虑对谁忠诚,也不考虑相互尊重,而只考虑利己,把损害他人的自由平等权利作为实现自己愿望的基本手段。布坎南认为,第一种状态的结果是个人丧失个性的自由,形成蒙昧主义基础上的独裁和专制;第三种状态的结果是社会秩序和伦理的丧失;只有在第二种状态下,社会才能在个体相互尊重的活动中形成一定的内聚力,人们才能在相互平等中实现自己的个性和自由,对于国家治理的需要就会降到最小程度,社会协调主要依靠人们内在的道德约束来维持,这种状态是有效的市场机制所需求的。

我们正在建设社会主义市场经济体制,使中国经济走向繁荣。我们不可能完全接受亚当·斯密与布坎南的观点,但从他们的观点中,我们可以得到启示。假定一个社会没有对行为公正性的追求,人们缺乏良好的道德风尚,缺乏社会意识,只考虑利己,到处是尔虞我诈、相互倾轧,人们彼此之间虚伪相待,在交易中不讲信用,那么这个社会就缺乏市场经济的文化伦理基础和道德基础,就不可能真正确立社会主义市场经济体制。因为,这一社会从根本上否定了社会主义市场经济存在的前提。建立社会主义市场经济的宗旨之一就是建立一个有良好的道德风尚、人与人之间相互尊重、有信任感的社会。

(4) 法治

完备的国家法治既是市场经济的宗旨,又是市场经济正常运行的必要条件。可以说,传统计划经济体制与市场经济体制在经济活动准则上的主要区别是:传统计划经济体制的准则或笼子是指令性计划以及政府对经济活动的各种管制;而市场经济体制下的准则或笼子是法律,以法律为边界,在法律所规范的范围内充分施展人的才能。

在市场经济条件下,法治的作用主要体现在以下两个方面:

第一,通过法治可以克服人治的缺陷,以保证在决策过程中权力不被滥用。市场经济正常运行的关键,在于确立法的权威。有了对法的基本理解,一般公众只要按其本性行事,市场经济制度运行便已经有保障了。而法的精神,并不仅仅是如何制裁贪污腐化,法还要保护财产所有权和契约自由不受侵犯,尤其是不受政府的侵犯。因为法治精神从本质上看,是对自由平等精神的追求。例如,市场交易活动的契约化,必须以一定的法律和法规为基础,而政府作为交易活动中缔约的一方,必须遵守契约的规定,所谓尊重契约的严肃性,实际上也就是尊重缔约的另一方的地位和权利。交易活动中的契约对双方都具有约束力。政府作为缔约的一方绝非处于高踞他人之上的地位。政府出面来撕毁合同、撤销合同、违背合同规定等行为,是与市场经济秩序不相容的。菲律宾马科斯政府的垮台,原因正在于这一政府肆无忌惮地干预经济生活,使本来不应当具有人格的市场变成了马科斯个人的聚财工具。

第二,通过法治可以实现市场经济的机会均等原则。这一方面可以为每一个人提供更多的发展机会,另一方面可以制约经济垄断与行政垄断。市场经济条件下的法治应是对市场自由公平竞争的承认和保护。市场机制可以分为两个层次:一是内在的、基础性的市场竞争机制,它在本质上是自发的,是个体分散自由活动的结果;二是外在的、环境性的市场秩序,主要采取法律的形式,要依靠国家的力量来保证。两者之间,后者的作用要根据前者的要求并服务于前者。

社会主义市场经济应该是这样的,在这里,每一个劳动者都同样地具有全面发展的机会和自由选择的机会,劳动者的这种全面发展的机会和自由选择的机会必须受到法律原则的保证,自由本身应是法律原则的体现,没有法治,自由是空洞无物的。

社会主义市场经济下的法治就是法律条例的普遍适用性,不允许任何人、任何组织在法律上有特殊的权利;法治就是保证在法律面前人人平等。这样,在法治之下,每个人不仅知道自己应当做什么,不应当做什么,而且也能预计到其他人应当做什么,不应当做什么。

2. 市场经济的制度安排

经济制度是指人们在经济活动中所遵循的一定的规则。经济制度建立了,人们按照这些规则来行动,就可以避免出现经济中的混乱。即使经济中出现了各种各样的矛盾,人们也能够按照既定的规则来加以协调,作出处理。反之,如果没有经济制度的安排,经济活动是不规范的,社会各阶层成员都对经济活动的前景失去信心,人人都感觉到自己是在一个极不确定的环境中进行活动,感觉到预期的利益乃至财产本身都没有保障,于是必定会出现行为的短期化。在缺乏制度安排的情况下,经济的混乱乃至社会的动荡不安都难以避免。从这个意义上说,任何社会、任何时代,要使人们的经济活动正常化,都需要一定的制度安排作为人们行动的规范。

我国所要建立的社会主义市场经济体制,是一个以自主经营、自负盈亏的企业为微观经济单位的经济体制。市场经济的制度安排显然适应这样的新经济体制。在市场经济体制确立之后,存在于经济生活中并发挥作用的只可能是市场经济的制度安排。

任何经济体制的建立都需要用制度形式把一定的原则固定下来。这里所说的制度,有着较广泛的含义,即不仅包括国家立法所确立的制度,也包括民间约定俗成的若干规范。新的经济体制的确立,意味着旧的经济体制的消亡。新的经济体制需要用一套新的制度安排来表现自己,因此,新的经济体制代替旧的经济体制,就是新的制度安排对旧的制度安排的代替。

制度创新是新旧制度的更替。同计划经济体制相适应的计划经济的制度安排有以下特点：

(1) 政府与企业的关系。为了适应计划经济体制的要求，政府是企业的主管人。企业在人、财、物各方面都受政府支配，成为政府机构的附属物。企业没有自主经营权，也不自负盈亏。这一切都由一定的制度巩固下来。

(2) 企业与市场的关系。在计划经济体制下，市场范围受到国家干预的抑制，不但市场难以扩张，反而经常萎缩，并且被人为地分割开来。因此市场的范围极其有限，况且从性质上看，市场也不是本来意义上的市场。企业与企业之间的经济活动，或者不必通过市场进行，或者即使通过市场进行，因为交易双方都缺乏可供选择的机会，所以市场是名不副实的。这些也都体现在计划经济体制下的各种制度安排上。

(3) 政府与市场之间的关系。这种关系同样明确地表明了在计划经济体制下采用制度形式所巩固下来的市场从属于政府的关系。政府不仅是市场的主宰者，而且还以高度垄断者的身份直接操纵着市场、支配着市场。政府不仅从市场以外的各个方面获得其所需要的资源，而且也从它所操纵、支配的市场中获得其所需要的资源。

上述就是传统计划经济体制的制度安排。这种制度安排之所以要被社会主义市场经济的制度安排所替代，就是因为它不能保证公平和效率，不能保证达到社会主义的预定目标。一种生产关系进步与否的标准，不是看它低级还是高级，而是看它对生产力的发展是否有促进作用。在这里，政治化、概念化和教条化是最为有害的。

市场经济的制度安排可以比喻为球赛。参与竞争的人，共同接受某些人为的比赛规则。最重要的规则有两条：一是不准侵犯别人的人身和财产；二是缔结契约合同时，不准欺骗或强迫。政府的角色在于作为裁判保证竞争者遵守规则。政府的局外人身份，是由制度来保证的。除了要遵守这些规则外，参与竞争的人是自由的。他们既可以"向钱看"（只要不违法），也可以助人为乐。政府作为局外人是不能强制推行哪种态度的。即裁判只管判分和监督、制止、惩罚竞争者的犯规行为，而不管竞争者是追求"比赛第一"还是"友谊第一"。在传统计划经济体制下，因为球赛的裁判还兼做球队的教练，甚至还要充当运动员，再加上比赛规则又可以任意修改，所以这种球赛实际上是赛不起来的；在市场经济的制度安排下，政府将成为精干的、高效率的政府，它不再直接管理企业，而是通过经济调节手段来调节市场，并根据法律、法规和政策来维持市场的正常运转。

市场经济的制度安排对于企业来说，意味着两点，第一，财产关系的规范化。通过财产关系的规范，企业（包括国有企业）的投资者就是企业资产的所有者，国家投资的部分由各级国家资产管理机构持股，企业自己的投资可以由企业基金会之类的机构持股,而资产的经营权则由作为经营实体的企业掌管。于是所有的企业都是真正的自主经营、自负盈亏的商品生产者。企业之间是平等的法人关系,企业与作为投资者的政府之间是投资关系,企业与作为社会管理者的政府之间则是遵纪守法、照章纳税的关系。第二,交易活动的市场化、契约化。交易活动的市场化、契约化对于一切企业来说都是保证收入稳定增长的条件。企业在产供销活动中,总是根据预期价格、预期利润率、预期利息率等作出安排。不通过市场的交易,没有契约作为保障的交易,以及缺少公正裁决的交易纠纷,不仅会使企业缺乏稳定的预期,而且必然增大交易成本,使企业的实际收入下降。交易活动的市场化、契约化必须以一定的法律和法规为基础。一切利益主体(包括政府)必须遵守契约的规定,尊重契约的严肃性。特别是政府自身必须成为遵守契约的典范,才能对社会尊重契约的行为起示范作用,也才能具有处理社会上契约纠纷问题的权威性。

在市场经济的制度安排下,个人作为劳动者与劳务市场的制度安排有直接关系,由于劳动力供求的市场化和契约化使得个人的才能得以发挥,选择的机会大大增加。资金市场和制度安排可保证个人资金依据自己的选择得到一定的收益。商品市场的制度安排可保证消费者减少由于产品质量的下降以及垄断所造成的个人损失。

3. 市场经济的组织机制

市场首先是资源组合的选择者。在市场经济下,任何人对商品都有一定的需求,那么究竟怎样组合各种不同的资源,生产出各种不同的商品来满足人们的这些需求,市场作为资源组合的选择者,在这里起着沟通需求与供给的作用。市场选择活动包含了市场的投入决策、产出决策、分配决策等经济活动的内容。而每一种决策,都与资源组合方式的选择有关。市场机制的组织活动,可以分为生产、销售、分配三个环节。这三个环节,恰好是同市场的投入决策、市场的产出决策、市场的分配决策这三项决策相适应的。

(1)市场的投入决策,是指参加市场活动的各个企业和个人决定使用哪些资源进行生产、投入资源的数量是多少、这些资源投入的比例如何、它们如何组合等。因此,市场的投入决策就是参加市场活动的企业和个人关于资源投入和资源组合的选择。

(2)市场的产出决策,是指各个企业和个人在资源投入之后,将会有一定的产出,但这些产出究竟在什么地方得到实现,以何种方式实现,企业和个人也需要作出选择。产出并不仅仅指如何把各种投入的资源转变为物质形式的产品,而且指如何把生产出来的物质形式的产品变为货币收入。只有当投入的资源通过生产过程和销售过程转变为货币收入之后,市场的投入产出过程才告一段落。

因此，市场的产出决策就是参加市场活动的企业和个人对一定资源组合的物质产品转变为货币收入的选择。

（3）市场的分配决策，是指每个企业和个人在把物质形式的产品变为货币收入之后，关于货币收入分配和使用的决策。如果把这笔货币收入视为一项资源，那就又遇到如何使用这一资源、如何把它投放到不同用途上的问题。如果把生产、销售、分配三个环节看成是一个连续的经济活动过程，即把市场的投入决策、市场的产出决策、市场的分配决策看成一个连续的经济活动过程的连续决策，那么货币收入的分配和使用实际上也就是最初投入的各种资源的分配和使用。

生产是不间断的。通过市场的分配决策，货币收入将分解为消费、储蓄、投资等项，其中每一项货币支出都与资源组合的选择有关。消费部分涉及市场的销售活动，涉及市场的产出决策；储蓄和投资部分涉及市场的生产活动，涉及市场的投入决策。所有这些支出都是市场选择的组成部分。在市场机制的组织下，这些选择将不断被完成。

市场的供求状况对价格的影响以及价格变动对供求变动的影响，体现了市场组织机制对资源配置的引导作用。市场的引导是从动态均衡的角度来考察的。可以把整个市场的经济活动划分为若干阶段。一阶段的市场供求状况不仅决定了现期的价格水平，而且通过价格这一指示器，对下一个阶段的供求产生影响，从而预示了价格的可能变动方向与变动幅度，而价格的这一可能的变动又将影响再下一个阶段的供求与价格。如此循环往复，从而使市场引导了社会对资源的利用、资源的组合，以及资源由潜在的变为现实的可能性与具体方式。可以认为，市场所引导的是参加市场活动的各个企业和个人的选择或决策。

为什么社会上对某一种资源的使用量会越来越大，而对另一种资源的使用量却越来越小？为什么这一种资源组合形式会渐渐被另一种资源组合形式所代替？为什么投入这一部门的资源会被转投于另一部门？所有这些问题，都可以从动态的市场引导作用来加以说明。那么，在考察市场的引导作用时，重要的究竟是绝对价格水平还是相对价格水平？二者是同样重要的。某一种资源的绝对价格水平，制约着对该种资源的需求总量和供给总量；而各种不同的资源之间的价格比例，即它们的相对价格水平，制约着资源的组合形式、资源在不同领域内的分配，以及对资源的利用率。

以上，在考察市场组织机制的市场选择和市场引导时，都是把作为微观经济单位的企业和个人统一对待。但在实际经济生活中，企业和个人往往作为供求关系的对立双方而出现。个人向企业提供资源时，个人是资源的供给一方，企业是资源的需求一方。企业向个人提供以物质形式的产品所体现的资源组合时,企业是资源的供给一方,个人则是资源的需求一方。

4. 市场经济存在的历史条件

历史上出现过的任何一种生产方式,都是在一个漫长的历史过程中,按照自己的发展规律逐步建立起来的。忽视所有制模式的客观物质基础的必要性,忽视经济过程的内在规律性,按照某种主观的意愿,人为加快其发展过程,结果往往是适得其反。市场经济的存在是一种历史的规定,只要这种历史的规定存在,市场经济便不能被主观的否定。

(1) 市场经济的社会制度条件

什么是市场,一般而言,市场是明确的产权界定与自由价格制度的结合。也就是说,只有在多个不同的所有权的前提下,财产及商品的交换才有必然的需要,才能形成一个真正意义上的市场,这个市场上的价格、利率等才是经济学上的概念。如果把市场的含义仅仅理解为变动的价格、利率与税率等,不存在相互独立的产权关系,便不可能有独立的经济交易主体,也便不会有合理的交易行为以及这种行为的社会形态——市场机制。因此,没有明确的产权,市场是不能严格定义的,正像一个产权不明确、偷抢骗行为合法的社会不可能有市场一样。在传统的计划经济体制下,为什么容易形成消费品市场,而难以形成大型生产资料市场,其原因正是在于在传统体制条件下,消费品的产权是较明确的,而大型生产资料的产权是不明确的。所以这种产权制度就决定了不可能产生真正的生产资料市场,因此所谓经营效果是没有客观标准的,因为不可能有真正的市场价格。

换句话说,没有明确的产权界定,就不会有市场,没有市场,任何责任制都不可能有客观的衡量标准。产权界定的要害是财产所有者的收入与财产价值的对应及自由处置权。

就财产制度的历史演进而言,只要在财产制度上存在排他性,并且这种排他性是法权性质的,不具超经济强制性质,那么,它就要求市场机制作为其运动实现形式。一般说来,若仅从市场微观效率出发,财产制度上的独立性、排他性、非超经济性越严格,市场机制微观上的资源配置效率越高,外在性也就越弱。迄今为止的经济发展史表明,资本主义私有制以其私人间所有权的独立性和排他性为市场机制提供了必要的基础,但这并不等于说所有权上的独立性、排他性、非超经济性只有在私有制条件下才是唯一可能具备的,至少在理论上,非私人间的但又确实具有排他性、可交易性的财产制度不是不可以设想和解释的。只要经济发展历史没有根本否定财产所有权方面的独立性以及与此相联系的利益独立性,市场机制就有其客观存在的必然性。

例如,法人自从其创立之日起,就是人们实现各自利益的一种中介组织,其背后的利益关系才是人与人之间各种社会关系的本质体现。划分所有制形态，正是要从经济生活中概括出人与人之间的社会关系本质，但法人所有制恰恰是回避了这一根本问题。在历史上，法人制度的发展，曾产生过多种所有制形态，先是以法人为中介的私人所有制，后是以法人为中介的混合所有制。我们今天所设想和创造的公有制形态，应准确地表述为以法人所有权为中介的社会所有制。因为环状持股形成的法人所有权十分全面，它既包括法人对公司财产的所有权，又包括法人互为股东时对其他公司股票所拥有的所有权。这种集团结构的原始出资人（国家）已经退出，但法人的受益人则是整个社会，国家可以居于它们之上，用公法权力引导各法人为社会利益服务，由此决定了其所有制形态的社会性。这种所有制结构，将使企业与国家脱离直接的财产关系，形成社会主义市场经济的运行机制。

"市场失灵"是国家干预的基本根据。但国家的过多干预往往使市场的发展遇到双重的困难：交易费用高和官僚制度的阻力。如果国家不过多地干预，随着分工的发展，交易规模的扩大，交易效率会提高，因而所谓"市场失灵"会自动消失，就像没有企业制度和商店制度以前，人们会遇到许多"市场失灵"的问题，但由于分工的发达，产生了专业商人，他们创立企业制度和商店（或超级市场）制度，会大大减少交易费用，使分工的潜力得到更充分的利用，所以所谓"市场失灵"只是低级市场制度的失败和对高级市场制度创新的需求。换言之，分工的演进会使交易费用加速增长，因而使低级的市场制度不适应分工的发展并产生对高级市场制度（交易效率更高）的需求。

从上述意义出发，深层次广义的市场应该包括各种企业和大公司制度，因为大公司制度是一种自由契约制度，既有明确的产权界定，也有财产的自由处置和契约关系的自由选择。而企业与低级市场形式的差别仅是考虑到交易费用而使用了交易效率更高的自由契约形式。所以这种发达的市场形式并不会排斥对最优计划的选择，而是保证了自由选择趋于社会最优计划。传统计划体制下的企业制度不是自由契约制度，产权界定不明确，没有缔结契约的自由就不能选择买者和卖者，不能自由辞职与解雇等。所以传统计划体制是用行政控制限制选择最优计划的自由。结果分工发展造成的产品之间竞争的加剧、经纪人之间对专业地位竞争的加剧，完全被行政控制所限制，由分工发展造成垄断加剧的坏处不能被分工发展造成的竞争加剧所抵消。在传统计划体制下，分工发展后，由于每种产品的生产者越来越少，消费者对这种加剧的垄断权力越来越没有办法控制（因为没有贸易和契约自由）。

在出现所谓"市场失灵"时，立刻就采取政府干预办法，是不利于市场发展的。因为这种办法可能只是用"官僚制度的失灵"来代替"市场制度的失灵"。

在交易效率不高时,短期内官僚制度可能要比市场灵一些。但如果没有官僚制度的干预,市场的演进会刺激制度创新和交易效率的提高,因此"市场失灵"会自动消失。而官僚制度一旦控制了经济,就会产生不可救药的恶性循环,它会自我繁殖对官僚制度的需求和加剧官僚制度的失灵。

（2）市场经济的经济发展条件

从经济发展史来看,不发达经济阶段是绝大部分人口从事农业,以单一经营为特征。从产业组织来看,企业之间、产业之间的产业组织不发达,分工也很不发达。一般都是对外贸易依存度很低的自给自足的经济。推演到极端,在完全非专业化的自给自足的情况下,根本不需要任何交易,因此也就无法形成市场。

不发达经济的产业结构是单一型的,而发达经济的产业结构是复杂的。发达经济的核心产业是工业。实质上,工业是一个相当复杂的物质生产系统,其内部分工很细,社会化程度高,每生产一件产品,都要依靠许多产业部门相互配合,提供必要的原材料和零部件才能进行。而且,工业的发展又促进了商业、金融保险业、运输通信业、服务业等行业的发展。这些产业构成了发达经济的产业群。由于经济发展伴随着人们收入的增加、生活水平的提高,从而产生更大的需求,促使产业活动和市场活动进一步发展。分工和专业化发展的一个后果是市场交易次数的迅速增多。在高度专业化的情况下,不仅需要进行不同产品的交换,而且需要不同工艺阶段或服务阶段之间的交换。

我们知道,市场机制是资源配置的一种组织形式,而市场经济则是以市场机制作为基本调节机制的经济。从规定市场经济存在的经济发展条件来看,生产社会化、分工化的程度是市场经济得以存在的主要条件。生产社会化与分工化的程度要具有这样的特征:生产的社会化已经把全社会的经济活动普遍联系起来,以至于任何封闭都表现出与生产的不适应;但同时,生产力的发展还未达到从根本上取消人们相互经济利益独立性的程度。具有鲜明经济利益独立性、排他性的主体之间要在广泛的社会分工中结成系统的经济联系,只有通过市场机制的作用。

社会分工发达后,每个人几乎都是消费别人生产的产品,消费者对生产的直接控制权则完全没有了,他甚至根本不知道产品是如何生产出来的。但是只要存在发达的市场,消费者可以通过利用自由进入造成的生产者之间的竞争来控制生产者,这种控制是通过对不同生产者的产品价格和质量的反应来间接实现的。由于分工发展扩大了市场,加剧了不同产品之间的竞争和不同人对某一职位的竞争,因此消费者通过市场对生产者降低成本、提高质量的压力比自给自足经济中消费者直接控制生产时还要大。从这个意义上来说,消费和生产的分离不是削弱而是加强了消费者对生产的控制。同样的道理,只要有发达的股票市场,所有权与经营权的分离不但不会削弱反而会加强股东财产权对管理的间接控制。虽然股东对企业管理的发言权很小,小股东对经理的任用几乎根本没有影响力,但是股东可以通过自由买卖股票来控制自己的财产值。这种自由买卖可以压低或抬高股票价格,形成对企业管理层的强大间接控制能力,这种压力比股东直接管理企业时要大得多。

如果没有发达的股票市场,则股东对企业管理层的控制的确会被削弱,人们可能会得出结果:社会化大生产将导致合理产权制度的削弱。然而事情并没有这么简单,所谓道高一尺,魔高一丈,分工发展一步,市场也会升级一步,企业制度升一级,市场制度也会升一级。这种相反相成的过程不但不会削弱合理的产权制度,反而加强了它。因为合理的产权制度实质是经济发展的原动力,是道德和正义的准绳,是法律和秩序的基础,没有它,传统计划经济条件下的种种不治之症就会出现。

5. 比较市场经济与计划经济配置资源的过程

资源配置是指经济中的各种资源(包括人力、物力、财力)在各种不同的使用方向之间的分配。在资源供给有限的条件下,需要研究的是如何有效地把经济中的各种资源分配于各种不同的用途。

在市场经济条件下产业结构的转换与调控主要通过市场机制来完成。在这里,产出结构与市场需求结构之间的偏差,通过价格信号的反映和利润导向的作用,促使作为独立商品生产者的企业根据其自身利益对此作出变动产品结构,变动企业内部资源配置结构,以及变动各种生产要素之间的替代关系等不同的自发反应。完善的生产要素市场的存在使得企业能够迅速实现劳动力、资金、物质技术要素等资源配置的转换,从而形成新的生产能力结构,有效地对需求结构的变化作出适应性反应,以新的产业结构来消除与需求结构之间的偏差。在这里,市场机制对资源进行了配置和再配置。

计划型资源配置机制,是一种比较典型的传统计划经济模式。匈牙利经济学家科尔奈曾对这种经济机制作出描述:产出结构与需求结构的偏差,通过数量等非价格信号反映出来,对企业起导向作用的不是利润,而是短缺的"瓶颈"。企业对需求变化的反应,必须经过计划或行政指令等一系列复杂的过程。在这种经济体制下,产业结构转换的主体是企业,但调控的主体却往往是政府。在这里,计划和行政指令在试图不断地协调产业结构与需求结构之间的偏差,以期实现产业结构的转换。

从偏差信息的传导上分析,在市场经济条件下,市场价格信号既广泛又大量。价格的高低涨落反映着商品供求关系的变化,不仅能反映剩余和短缺,而且还更广泛地反映着消费者偏好、产品质量等问题。在计划经济条件下,短缺、剩余、产品规格型号、质量、消费者偏好等各方面需求结构与产品结构的偏差，一般不是反映在价格变化上，而是以数量信号等非价格形式发出。信息的传导也不是通过市场，而是通过层层叠叠的生产组织机构。同时，长期规划所依据的预测也是建立在非价格信号基础之上，它一旦作出，就具有指导协调偏差的功能，因而也是一种偏差信息。在市场经济条件下，由于市场是无所不在的，因而偏差一旦发生，就可以反映在价格的涨落变化上。因此，信息发出源多，传输渠道宽而捷，能够全面、及时、准确地反映偏差情况。在计划经济条件下，短缺与剩余的数量信号很难从局部供求关系变化上及时发出，往往是积累到一定程度才从全局上发现，并从局部上反映出来。因此，信息发出源少，传输渠道窄而曲折，时滞较长，及时性和准确性都较差。由于计划经济的信息源一般是较高层次的管理机构，掌握面较广，计划性较强，因而信息的指导性比较强，能够在一定程度上减少信息接受者（企业）的盲目反应。

从结构偏差协调的导向和效果分析看，在市场经济条件下：(1) 价格信号的作用是以利润为导向的，直接影响市场参与者的利益。(2) 价格信号的调节作用是双向的，即同时调节需求和供给。例如，某种产品供不应求，价格上涨，则可在增加供给的同时抑制需求。(3) 价格信号的调节作用时滞短。因为，一方面价格变化在发出偏差信息的同时，本身即可构成调节过程的一个环节，因而调节从偏差发生即开始，具有自发性；另一方面，由于市场信息传输快，企业在利益诱导的情况下，对此反应敏捷。(4) 在市场经济中，由于生产要素市场的存在，资源的流动性强，价格信号既能较好地引导增量投向来改变产业结构，也可以有效地进行存量调整，使资源配置的存量结构可以通过要素市场迅速重组，以适应需求结构的变化。在计划经济条件下：(1) 数量信号是短缺导向，不直接涉及企业的切身利益，利益关系往往模糊不清。(2) 数量信号的调节作用本身是单向的，即只要求增加供给。在短缺经济中，由于非利益性和囤积倾向的共同作用，供给可能会缓慢增加，但需求却迅速增加，这反而会进一步深化结构偏差的矛盾。(3) 由于数量信号本身仅提供了指明短缺的导向作用，调节则需要经过计划、行政机构对信息进行处理后再发出调整性指令，而且这种指令性信息传输的环节多，变形幅度大，由于非利益性，企业的反应迟钝。(4) 数量信号的调节往往主要在结构的增量上起作用，结构存量由于资源流动性差而极富刚性。

有必要指明，对两种经济资源配置机制所进行的分析比较，不能忽视两者不同的体制基础。在市场经济条件下，作为市场参与者的企业利益个体性非常强，而一个完善成熟的市场体系也使得这种对个体利益的追求能够较好地实现。相反，在传统的计划经济体制下，一方面，由于不承认社会主义经济是商品经济，不按商品经济规律办事，在生产资料公有制的基础上，政府和经济运行的微观主体——企业形成了"父子关系"。企业预算约束软化，利益个体性较差。另一方面，由于缺乏一系列有关前提，尤其由于缺乏完善的信息系统的支撑和健全的动力系统的推动，计划经济体制在实践中难以解决资源配置的效率问题。以上对两种经济模式的比较，正是以这些体制问题为背景的。

第三节　两种不同的市场秩序观

必须承认，所谓市场经济绝非仅仅是一种以交易作为联系各行为主体，以价格信号来引导并推动经济资源配置的机制。这样说，并不是否定市场经济具备这样的基本功能，而是要说，市场经济之所以具备这样的功能，人类历史之所以选择这种机制，是有其深刻的文化背景的。

市场经济作为人类历史演进的文化现象，其发育演进过程，同时就是市场文化的进步过程，也是整个人类文明进展的一种历史形式。文化作为人类进步的一定状态，很难极精确地在范畴上加以界定，市场经济文化概念的界定，同样面临这种不确切性，但总体而言，市场经济文化至少包含三方面的内容：第一，人类在市场交易活动中形成的市场秩序，包括为贯彻实现市场秩序在市场活动中创造的经济制度手段，如货币、银行、工厂、公司制度、信用、证券交易制度等，可以说，整个市场机制所运用的手段都是市场经济文化的表现；第二，构成市场经济机制存在的深层社会制度结构基础，包括产权基础、分配结构、法律规范及原则等，其中最本质的是产权基础，市场经济文化之所以有别于其他历史文化，根本原因在于特定的产权制度规定着特定的文化内核，市场机制中一切制度手段的运用、市场交易的运动说到底不过是这一产权制度本质的要求及实现的形式；第三，市场经济的人格前提，即活动于市场之中的行为者的人性的发育及成长状态，包括商业道德、良心、信用、追求自由、虔诚、勤奋，推崇公平竞争、恪守法治的精神等，这种人格的力量是社会对市场经济制度，包括对市场经济的产权制度的文化心理上的支持，这种人性的成长是直接与市场经济相联系的，它截然不同于传统农业社会中的文化观念和道德准则，这种至少经过五百年左右历史积淀的典型的市场经济文化结晶与早期的商业资本活跃时代的商业文化人格也是截然不同的，尽管其间有着沉重的历史联系，这种市场经济下人性的成长状态，既是商业经济长期积累并遭历史不断扬弃的结果，又是当代复杂的交易契约关系得以维系、市场经济得以健康发展的最深刻的精神支柱。

认识市场经济，至少应从上述市场经济文化的三个方面加以考察，否则难以确立全面、坚实的市场经济观；认识中国特色的社会主义市场经济建设，也应当从整个市场经济文化上来检讨存在的差距和面临的历史使命。因为，中国的改革和现代化进程实际上是中国人民从传统农业文化向现代文明长征的过程,中国的市场经济建设是自己民族经济文化的历史生长,同时也是吸取西方市场经济文化五百年发展优秀结晶的过程;中国人民之所以追求市场经济,是因为在当代的中国这种经济制度具有这样的优越和力量,它不仅能够使我们在尽可能短的时期内实现西方几百年市场经济物质文明所取得的成果,而且在这种制度下,人能够得到全面自由的成长。这事实上才是马克思学说的真谛所在。当然,人的全面自由成长只能是一个历史过程,就中国当代而言,实现这种全面自由成长的历史条件是市场经济建设。

1. 对于市场经济秩序理解的基本分歧

所谓市场经济秩序,说到底,就是在市场运行过程中,市场行为者自觉或不自觉地遵循的某些规则。市场经济作为交换的经济,这种规则也就集中体现为交易规则,这种交易规则作为实现交易的条件,最直接的表现便是价格制度,价格本质上就是交易条件。当然,价格秩序并不是市场秩序的全部,但却是主要部分,市场机制实现对资源配置的推动,主要也是依靠价格信号的力量。因此,市场有无秩序,通常首先看其价格秩序如何,但是,价格秩序反映市场秩序,它之所以有序或无序则有着更深的原因,这就需要对市场秩序作更为深入的考察。

事实上,人类经济思想史和实践史上,围绕市场经济秩序始终存在两种不同的秩序观,这两种不同的经济秩序观在关于市场经济秩序问题上至少发生了三方面的冲突。

首先,也是最根本的在于关于市场经济的经济哲学观的冲突。在经济哲学观上,存在两种对立的基本观点,即以经济自由主义为基础的市场自发秩序论与以理性主义为基础的市场理性秩序论。这两种观点,一种强调市场的自发性,强调市场的自由、自愿性;另一种则强调超市场的干预,特别强调对市场自发性的匡正。

其次,与经济哲学观念分歧相适应,对于市场秩序源于何处也存在两方面对立的观点。经济自由主义的市场自发秩序论强调市场秩序只有在参加自愿的个人交易的过程之中才能出现并稳定下来,秩序本身是分散的个人交易的结果,不可能独立于个人交易过程之外形成,因而市场秩序尽管对分散的个人起统一的约束作用,但它又是建立在经济个体自由活动基础之上并产生于这种个体自由活动过程之中的。以理性干预主义为基础的理性秩序论则认为,市场秩序不是产生于个体交易活动过程之中,而是来自一部分社会精英的设计,这些精英比大众有着对市场活动及其变化更充分的认识,由此可以设计所需要的市场秩序,也就是说,市场秩序不是产生于个体分散的交易活动过程之中,而是事先设计出来的。

再次,在关于市场秩序的作用功能上,同样存在两种不同的认识。经济自由主义认为,市场经济自发形成的秩序,具有对分散的市场活动及其运动过程所产生的各种结果进行自动协调的功能,这种自动协调的过程即所谓"看不见的手"的作用过程,在这种自发秩序的自动协调下,资源配置能够达到有效状态,相反,对这种自发协调功能的任何干扰,都将导致资源配置上的损失。理性秩序论则认为,市场秩序的作用就在于为市场行为者的行动提供事先必须明确的准则,按社会精英的要求,通过外在于市场的法律、舆论、制度、政策、计划等方式和手段,来事先规范分散的市场行为者的行为,市场秩序作用目标就是以超市场的力量来匡正市场的自发性。

可以说,自然秩序论与理性秩序论的分歧,不仅存在于西方经济学界,而且在我国经济理论和实践中也有深刻的反映。经过十几年的改革,中国市场经济的发育、进展,已经进入迫切要求建立并完善市场秩序的阶段,或者说,市场经济发育初期的、尽管是客观形成的但确需克服的市场无序状况亟待扭转。因此,面对中国市场经济秩序的建设,人们也同样首先面临两种基本选择:是把企业、个人的分散活动的充分展开作为市场秩序形成的根本前提,还是将所谓体现整体利益的国家计划和计划者的偏好作为建设市场经济秩序的根本前提?再进一步说,在改革过程中,市场经济秩序的每一步进展,是将其视为市场行为者分散活动的结果,还是将其视为改革设计者事先设计的产物?这实际上涉及整个制度改革和经济文化发展的基本原则。事实上,这种基本选择触及了市场经济建设的基本社会方式,是自上而下地依靠少数精英的规范,还是依靠普遍的社会创造;是依靠大众的市场的力量来创造市场秩序,还是依靠集中的超市场的力量来创造、培育市场秩序。这里并不是把市场的力量与非市场的力量,把大众的自下而上与领导者的自上而下对立起来,这里强调的是在这两者之间应选择一种主要的、基本的力量,同时并不排斥另一种力量作为补充。历史的和逻辑的证明告诉人们,市场经济机制及秩序不可能通过非市场的、计划的、行政的力量造就,市场经济体制的转换只能是整个社会生活的转换,只能是大众的、分散个体的行为方式的转换,不能是少数人观念的转变。

2. 两种市场秩序观发展进程中的基本争论

自15世纪下半叶开始至今,约五百年的历史进程中,西方市场秩序思想演变大致经历了四个阶段。第一阶段是从15世纪重商主义兴起到18世纪古典经济学的胜利,这一阶段是古典主义的市场自然、自发秩序论战胜封建人为专制秩序论和重商主义的国家干预论的过程;第二阶段是19世纪下半叶开始的对古典自发秩序论的初步反思和批判,即19世纪末德国历史学派和美国制度学派以其对国家力量的偏好,以其对法律、政策、舆论等制度秩序的设计和强调,批评古典经济学的自发秩序论;第三阶段是20世纪30年代开始流行的市场失灵论,其结果是以凯恩斯主义为代表的宏观经济学和政府系统干预经济的政策出现,从而在西方经济理论和政策上真正开始确立非经济自由主义的理性干预论的地位;第四阶段是20世纪70年代以来,特别是进入80年代以后开始流行的政府失灵论,其结果是一方面对凯恩斯主义的全面反思,另一方面则以新自由主义为依据对市场经济秩序的重新透视。

（1）古典的自然、自发秩序论

古典经济学的市场自发秩序论事实上构成了古典经济学的哲学基础,包含着古典经济学家对经济学的全部理解。古典经济学关于市场秩序的思想主要包括以下几方面的内容。

第一,市场秩序是自发的,是出于个体的人的天性所要求的,因而是自然的永恒。这种观念从配第、魁奈到斯密、李嘉图的著作中都有充分的显现。他们共同认为,人类社会生活,当然也包括经济生活,都是由自然规律所统治的,而不是统治者的独断立法所能改变的。市场秩序的基础是个人不可剥夺的、天然的享受财产所得的权利,从事劳动的权利,享有不妨碍他人的追求个人利益的权利。显然,古典经济学的市场秩序自然论以个人的天然权利为基础,不仅是直接针对封建专制秩序,而且也是针对重商主义繁琐的国家干预主张的。

第二,市场秩序的核心作用是保障商品交易的公平性,反对商业欺诈,也反对只卖不买或只买不卖,既要追求交易的繁荣,又要追求交易的公正。由此,古典经济学的研究与前人相比发生了两个显著的转变,一是不再认为财富来自于流通,而是源于生产,这在古典劳动价值论中等到了充分的体现;二是价格的等值交易问题成为英国、法国、意大利经济学家研究的中心,由此,价值理论成为整个十七八世纪经济学讨论的热点。因为在古典经济学看来,公正价格的基础是什么,这是交易公正性得以解决的关键,而公正价格本身实际上是实现正常交易的根本交易条件,没有它便谈不上保障公平交易的市场秩序。

第三,自然、自发的市场秩序的优越性在于它能够造成分散自发的个体经济行为具有充分的创造性,同时又导致这些具有创造性的个体活动在总体结果上的有效性及和谐性。斯密曾指出,人类制度中存在着不可避免的缺陷,但若把人为的选择和限制去掉,最显然、最简单的自然秩序就会显现并确定下来,这种自然秩序作为一个自由体系,具有自发实现人类经济活动平衡的功能,这一功能就犹如一只看不见的手,促使每一个人在努力追求个人目的实现的同时,实现着并非属于他原来意图的目的。斯密怀疑一个人有意识地促进社会利益增进时所起的积极作用能够达到"看不见的手"引导下的人们无意识地实现的对社会进步的推动作用程度。①

(2) 对古典经济学自然秩序论的初步批评

这种对古典学派自然秩序思想进行初步反思和批评的工作,是由德国历史学派和美国制度学派首先开始进行的。这种反思与批评是在两方面背景下展开的。一方面,这种批判有着经济发展史的根据。古典经济学产生于当时资本主义生产关系和生产力最为发达的英国,当时英国资本主义经济的发展,既不需要国家过多的干预和保护,也不存在来自他国竞争的压力,以致不得不借助国家力量来支持其民族经济发展。而19世纪的德国则不同,它当时在资本主义世界中属于落后国家,因而它的主要历史任务是如何实现赶超,而要实现赶超就不能单纯依靠本国市场力量的缓慢发育,还需要国家对民族经济的扶持及保护。因而,最初提出以国家出面来维持经济秩序的国家经济学产生于德国就不难理解了。② 另一方面,对古典的自发市场秩序论的批判还有着深刻的经济哲学背景。古典的自发市场秩序论是建立在对人的行为合理性假设前提下的,即是说,在古典经济学看来,人作为经济人,其行为是有理性的,即人会自动地接受客观经济条件的规定,并在这些规定的约束下努力追求个人目标的极大化实现。在这种理性的驱动下,个人行为会自动趋于整体的和谐,进而创造出稳定的自然秩序。而历史学派对人性却有不同的理解,他们更强调人的行为的非理性方面,既然人存在非理性,那么秩序的建立就不能依靠人的理性自发地实现,而必须集中社会理智的力量,依靠国家立法者以法律的形式确立下来的秩序,作为外在的强制力量来规定和约束个人的分散行为。

19世纪对古典经济学自发市场秩序论的批判集中于对其"自发性"的批判上。这种批判主要表现在如下方面。

第一,市场经济秩序的建立不能单纯依靠市场行为者分散的交易行为,而应依靠国家的力量。李斯特明确指出:个人的生产力大部分是从他所处的社会制度和环境中得来的,没有这种制度,个人无论怎样勤奋、节俭,富于创造能力和智慧,都不能取得重大成就,而这种制度和环境离开国家力量不可能建立。③

第二,市场经济秩序的建立不能单纯依靠个人的、内在的理性力量,必须依靠法律来确认人的行为规则,只有通过国家权力和法规,人的行为才能真正有秩序,个人利益和国家利益才能得到均衡发展。私人经济原则和国家的经济原则是不同的,而且是难以自动协调的,必须依靠国家的力量,使个人利益服从国家

---

① 参阅斯密:《国民财富的性质和原因的研究》(中译本)下卷第二章,商务印书馆1974年版。

② 在西方经济思想史上,一般认为最初提出"国家经济学"的是德国早期历史学派的开拓者弗里德里希·李斯特。

③ 参阅弗·李斯特:《政治经济学的国民体系》(中译本),商务印书馆1961年版,第98页。

利益,使个体行为目标收敛于整体目标,国民经济才可能协调发展。①

第三,秩序不是客观的,因而谈不上基于自然规律的自然秩序。古典学派的自然秩序论是以承认自然规律存在为前提的,因而人的行为的自发性的结果是自然规律的显现。而历史学派则否认经济活动中自然规律的存在,认为经济行为是受意志的、精神的因素支配的,因此不可能有合乎规律的自然秩序。秩序的形成只能靠意志,靠体现国家意志的法律和权力。②

需要指出的是,与古典学派不同,历史学派所讲的秩序并非市场经济的内在秩序,而是市场经济外在的秩序,他们不是强调市场竞争内在的秩序和规则本身,而是强调保证市场经济得以运行的外在社会环境。应当说,市场秩序应当具有两方面的内容,即市场内在的竞争秩序和市场外在的社会秩序,指出社会秩序对市场经济运行的必要性是一种贡献,但以此否定或替代市场内在秩序则是不科学的。相比较而言,市场内在的竞争秩序更重要,外在的社会秩序不过是对内在秩序的承认和保护。

然而,特别需要说明的是,历史学派强调依靠国家意志和权力来建设市场秩序,并不是专制集权主义的,也不是建立在对经济个人权利和自由否定基础之上的。恰恰相反,他们所谓的依靠国家力量和法律手段,是以承认经济人个体权利和自由为前提的,不过是指出这种个体的经济权利和自由应服从国家意志和利益的需要,指出经济生活秩序之形成是个体权利及自由的自发伸展。这与通常人们所说的集权主义是不同的。历史学派否定个体的理性之完备,但却强调国家理性之完备。李斯特清楚地指出:技术和商业会从这一个城市转移到另一个城市,从这一个国家转移到另一个国家。无论何处,驱逐他们的总是理性的缺乏和专制虐政,吸引他们的总是自由精神。③ 这种自由精神需要有制度保证,而制度保证的关键在于对私人财产所有权的确认和保护。历史学派的另一主要代表希尔德就指出,历史的基本教训在于私有制是人类精神发展的最有力的杠杆,没有私有制的社会就会变得毫无生气,同时也失去了个性的多样性和发展。④

(3) 市场失灵论的流行与理性秩序论的确立

应当说,在历史学派那里,理性(国家意志)秩序思想已初露端倪,但其真正确立则是20世纪30年代以后的事情。这里存在两方面的背景,一方面是经济史的背景,20世纪30年代前后资本主义经济出现了罕见的秩序混乱,突出表现为1929年至1933年的经济大危机。这就不能不使人们对市场经济秩序自发性

---

① 参阅弗·李斯特:《政治经济学的国民体系》(中译本),商务印书馆1961年版,第143页。
② 这一观点在卡尔·克尼斯的《历史方法观的政治经济学》(1853年)中阐述得最为系统。
③ 参阅弗·李斯特:《政治经济学的国民体系》(中译本),商务印书馆1961年版,第100页。
④ 转引自陈岱孙主编:《政治经济学史》上册,吉林人民出版社1981年版,第233页。

原则产生根本性的怀疑,不能不驱使人们去寻找某种理性原则来取代至少是补充自发性原则以维持必要的市场经济秩序,由此便产生了30年代的"凯恩斯革命"和"罗斯福新政"。另一方面是经济思想史的背景,在20世纪初占统治地位的是以马歇尔为代表的新古典理论,与古典经济学不同,新古典理论关心的不是"什么是交易条件的公正和等值性?",而是关心"如何才能保证公正交易的市场条件得以确立?"。因此,新古典研究的热点不再是价值问题,而是竞争性的价格形成机制问题,即通常所说的寻找交易发生的均衡的位置。在他们看来,只要市场是充分竞争的,市场价格就是公正的,这种公正的价格就可以将资源配置引导到帕累托最优。

但问题在于,现实中的市场可不可能真正实现公正价格,即完全竞争价格?经济学家发现有多种原因会导致市场失灵,引起市场秩序的混乱。[①] 结果便是凯恩斯理论的产生。凯恩斯主义在理论和实践上的被承认,由异端成为正统,使得理性市场秩序论在西方经济理论和实践中的地位被确立下来。

凯恩斯主义带有明显的理性市场秩序论的倾向。人们对市场秩序自发性的怀疑,导致对理性秩序论的偏爱,甚至有人认为,市场秩序是"无所不知的事先周密设计的头脑的产物","如果这个设计者能知道全体参加者的效用函数,又懂得资源、技术和制度的限制……能够精确地复制市场调节过程所产生的结果",那么,在设计者理性的驱使下,参加市场活动的所有个人就会非自发地达到个人效用最充分、最大化的目标。[②]

应当说,20世纪以来,由市场失灵论所引发的理性秩序论在西方经济学界影响了一代经济学家,至今也还很难说完全失去其正统地位。而且,这种理性秩序思想还对30年代以来力图重建社会主义市场体系的一代改革思想家产生了深刻的影响。兰格自30年代提出的到50年代仍坚持的"市场模拟论",其经济哲学基础就是这种理性秩序论。兰格的思想启迪了其后的一代改革学者,在他之后的东欧改革思想家,包括我国的一批改革学者,所提出的种种改革设想和方案,大都是以理性秩序论作为其改革理论的哲学思想基础的,即把市场秩序理解为精英设计、国家推动的产物,而不是作为生活中的自发结果,因而,所谓"模拟市场"、"引入市场"成为改革者很长时期里的口号。问题恰在于作为生活现实,市场是可以模拟的吗?市场是可以从另一种生活向这一种生活引入的吗?从理性秩序论出发,无论怎样改革,社会主义市场行为者的活动始终是由精英们设计,是国家锻造的"笼子"中的"鸟",区别只在于有的"笼子"大些,有的小些,或

---

① 参阅 F. M. Bator:The Anotomy of market failure,《经济学季刊》1958年8月号。
② 转引自布坎南:《自由、市场与国家》(中译本)第二部分,上海三联书店1988年版。

有时大些,有时小些而已。

(4) 国家失灵论的兴起和经济自由主义自发秩序论的重振

严格地说,这是20世纪70年代以后的事情。从经济史的背景来看,凯恩斯主义者的经济政策和理论遇到了他们所不能解决的新问题。自50年代起,人们就开始思考贯彻凯恩斯国家干预政策能否有效地纠正市场失灵,70年代后出现的滞胀使人们更坚定了这种怀疑。人们意识到,国家在建立市场秩序过程中也会失灵,其原因主要在于:

第一,政府行为者的动机并不必然代表全社会的利益要求,政府行为当事人的利益也是在社会相互关系中确立的,因而也未必高尚,不能依靠他们来建立市场秩序。

第二,依靠国家来建立市场秩序并不具有充分的信息依据。因为,从技术上讲,信息是在无数分散的个体行为者之间发生和传递的,要想全部及时占有是不可能的;从经济上讲,获取信息是要支付代价的,信息并非是想得到即有的自由产品。因此,通过市场自发地横向传递或许比通过国家理智地纵向传输信息更有效。

第三,依靠国家建立市场秩序,客观上存在"投票悖论"。在民主体制下,假定存在无数投票者,关于财政拨款和税收政策要由无数个投票者投票决定,那么,由于投票者的偏好和评价不同,很难达成一致,少数服从多数也未尽合理。[①]假定不是由投票者而是由独裁者决定,那么,虽然可避免"投票悖论",但一个或几个人代替社会的选择,这种选择的公正性是令人怀疑的。

第四,依靠国家直接兴办工程和企业,从而直接进入市场活动,其效率是低下的。因为,首先,政府离开了市场竞争无法事先确定企业的边际成本;其次,即使政府能够确定企业的边际成本,但由于国有企业利润上缴,基本上不存在市场竞争压力,因此企业既无动力也无必要降低成本;再次,虽然国家可以给国有企业规定最低利润目标,但作用有限,因为企业可以采取各种提价的方式而不是降低成本的方式来完成规定的目标,即使不完成目标,企业也不可能负经济责任,因此,根本不可能遵循价格等于边际成本这一市场竞争原则。

由于国家失灵论的流行,形成了对理性秩序论的新的怀疑。依靠国家来建立市场秩序能否有效?这种怀疑的重要结果,便是20世纪70年代之后,以新经济自由主义为哲学基础的各种学派的崛起,如现代货币主义和供给学派、公共选择学派及产权经济学派等,其中较突出的便是哈耶克、布坎南等。

---

① 这一点在20世纪50年代由阿罗著名的"不可能定理"予以证明。参阅肯·阿罗:《个人价值与社会选择》(中译本),四川人民出版社1987年版。

哈耶克的秩序观在本质上是自发秩序论。在他看来,有效的经济秩序只能建立在私有制基础上,市场经济本质上是私有经济,因此,市场竞争秩序只能是私人经济活动的结果;私有制越牢固,经济个体的自由、权利、责任越明确、越充分,经济个体之间自发形成的市场秩序便越有效;任何与私有制、与个体的自由权利相冲突的体制、规则、政策等都是对有效秩序的破坏。他特别反对国有制和计划经济,认为在这种制度下不可能建立真正的市场秩序,因为在私有制基础上,通过经济个体自发形成的秩序,要比在国有制基础上,通过少数精英理智选择的秩序公正得多、有效得多。[①]

布坎南更为彻底地坚持了古典经济学的自然秩序论,并由此出发,对体现理性秩序观的长期占正统地位的微观经济学、福利经济学和国家干预论的宏观经济学进行了根本性批判。他认为,古典经济学的"看不见的手"的原理仍然是正确的,这个原理表明,个人分散的行为将通过市场机制进行协调,而这种市场关系中包含了财产权的实现、契约关系的履行、法律和政府的作用。只要个人行为可以通过市场协调,就不必利用统一的政治力量来组织,市场具有使个人自由与秩序相统一的功能,政府只要为市场秩序、为自发性提供法律保护即可。应当说,布坎南对自发秩序论的重新阐述,是直接针对正统的微观经济学和标准的福利经济学的。他明确指出,自发秩序形成过程根本无须识别效用函数中的自变量,也根本无须建立社会福利函数,不必对个人效用函数的先后次序加以排列,只需承认个人在市场活动中所固有的天性,承认个体的权利和人的个性,承认经济当事人基于权利、个性和愿望之上的自由交易。这样布坎南不仅批判了传统经济学以价格为中心的研究市场秩序的方法,而且动摇了其经济分析的哲学基础——理性秩序观。[②]

科斯等产权学派的代表则在强调市场秩序的产权的基础上,进一步指出,私有制越纯粹,产权界区越清晰,交易成本越低,进而资源配置越有效,市场秩序越有效。为此,他们特别强调从财产权利、责任上保障经济个体的独立性,否则便无市场秩序可言,也无自由竞争可言,任何对财产权利独立性的破坏,都是对自由竞争的瓦解,也是对市场机制的瓦解。

总之,在整个西方市场经济秩序的演进及经济思想史的演进中,经济自由主义与理性主义两种不同的经济哲学观的分歧、争端是贯彻始终的。但有一点是需要说明的,在西方学者那里,无论哪种市场经济观,在这样一点上是一致的,即都承认以私有制来保障个体的权利、自由,即使是理性论者也不是要否定个体的

---

① 参阅哈耶克:《通向奴役的道路》(中译本),商务印书馆1962年版。
② 参阅布坎南:《自由、市场与国家》(中译本)第24章,上海三联书店1988年版。

权利、自由。不同的是在这一基础上,国家的力量、政府的力量应起多大作用,当发生冲突时首先应服从哪种力量。这与根本否定经济个体的权利和自由的集权主义是不同的。

第四节 市场经济中的政府

1. 市场配置资源的检测标准

我们知道,有效地分配资源、讲求经济效益、公平分配、减少企业亏损这些目标是好的,是我们应当追求的,但如何才能实现这些目标呢?也就是说,社会每个参与者(消费者、企业、家庭等)是否有激励按照这些目标去做呢?换句话说,什么样的规则使得社会中的每个成员的行为与给定的社会目标一致呢?

由于激励问题在我国一直没有受到应有的重视,以致许多人的个人行为与社会目标实际上不协调:例如以权谋私、"走后门"等不正之风,国有企业的经济效益滑坡,服务业对顾客的态度不好等问题。这些个人或企业的行为显然违背了给定的社会目标。为什么个人、企业的行为会与社会目标不一致呢?因为在传统的经济体制条件下,企业或个人这样做可以得到利益、好处,甚至可以减少犯错误的风险(比如,人们知道不改革没有出路,但自己不想带头去做,因为搞不好可能犯错误)。长期以来,我们解决这些问题最常用的办法就是进行政治思想教育工作,除非是对社会造成严重损害的企业或个人才实行法律制裁。实践表明这些方法对许多人无效;或者要花费很长的时间或相当大的精力才能有效,其代价似乎太高了。那么我们是否可以采取其他办法(规则、机制)使得每个人(无论是先进的还是落后的,是自私的还是大公无私的)的行为与社会目标一致?这就是激励机制所关心的问题。塑造这样的机制是完全可能的。例如,我国处理激励问题的一个成功样板是在农村实行了联产承包责任制。在党的十一届三中全会以前,我们采用了很多办法试图把农业搞上去,如"人民公社化"、派工作组到生产队、抓典型、"农业学大寨"、政治思想教育等,整天喊"以粮为纲",结果农副产品产量并没有增加,每年政府要花许多外汇进口粮食。一旦实施包田到户,采用了联产承包责任制,人还是这些人,地还是这些地,短短的几年,农业发生了根本的变化。我们几十年一直想把农业搞上去的这个社会目标实现了,并且由粮食进口国一跃而变为粮食出口国。为什么会发生根本性的变化呢?原因是采用联产承包责任制以后,有激励使得农民的个人利益(发家致富、有饭吃)和社会目标(把农业搞上去)一致。此外,在一些资本主义发达国家,上至总统,下至平民百姓,他们一定有"为人民服务"或为社会服务的觉悟或思想吗?未必如此。但不可否认的是,这些国家的经济确实发展到了相当的程度,其重要原因之一是,这些国家都有一整套法律和制度(机制)迫使那些即使是最自私的人在追求个人利益时,也不得不为社会或他人服务。

(1) 效率是市场配置资源的检测标准

从上述内容可知,我们判断某一个激励是否有效的最起码的标准就看其是否调动了大多数人的工作积极性。然而如果没有激励的具体检测标准,企业或个人的积极性仍然无法调动起来。例如,我们以什么标准来衡量企业的实绩呢?又以什么样的标准来衡量职工对企业的贡献呢?

在市场经济条件下,衡量企业经营好坏的标准就是效率。企业的效率最终必须接受某种市场检验,否则就有可能破产。例如成本控制,即使不是成本最小化,对企业在市场环境中的生存与发展也是极为重要的。但是,成本控制对于传统意义上的国有企业并非是命运攸关的大事。它可以在政府的保护下继续生存。由此可以引出一个很深刻的问题:一个社会、一个企业或某一个社会成员能否仅仅依靠正面的、鼓励性的激励方式(团结互助、安全感等),而完全不需要反面的、具有惩罚性的激励方式(企业破产、暂时的失业等),就可以达到很高的经济效率? 可以说,市场经济条件下的效率原则更具有惩罚性激励的特征。

效率可分为以下三种:

① 生产效率。生产效率是指一个生产单位的投入和产出之比。

② 资源配置效率。人、财、物都是资源,资源配置到什么地方、什么产业、什么企业里,企业又如何配置人、财、物,采取什么样的要素组合方式,什么样的分配可以使得资源的利用效率最高? 这就是资源的配置效率。资源配置效率的前提是资源总是有限的。在资源有限的情况下,怎样更好地把资源组合起来,使资源配置得当,效率最高,既没有资源闲置,也没有资源浪费。

③ X 无效率。与资源配置的无效率相区别。所谓资源配置的无效率,意味着各种产品的相对价格与有效率的相对价格不符,因此,各种产品的相对比例没有在给定技术、资源条件下使福利最大化。例如政府对一种产品征税而对另一种产品不征税,就会产生资源配置的无效率。但是,即使存在资源配置的无效率,受市场机制约束的企业在技术上也会尽可能大量地生产产品。比如,企业如果生产 100 辆自行车,在现有技术条件下,企业剩余的资源还可生产 10 辆汽车,这是 X 有效率的。

在传统的计划体制下,由于价格的歪曲,资源配置是无效率的,而且国有企业不受市场约束,因此也是 X 无效率的,即明明可生产 100 辆自行车和 10 辆汽车,它却可能只生产 50 辆自行车和 4 辆汽车。也就是说,在传统计划体制下,不受市场约束的国有企业,不但生产的各种产品的相对比例不正确,而且各种产品的绝对数量还远远低于技术和资源可能达到的水平。而这种 X 无效率不可能由正确的相对价格来解决。

任何企业,不论是国有的还是私营的,由于各种原因都可以产生 X 无效率的情况。企业管理人员可能缺乏将成本最小化或利润最大化的动力,这可能是由于他们对未达到最大利润的现状感到满意,也可能是有更容易的办法赚取高额利润,或者认为稍低的成本与稍高的利润不值得花费足够的代价以促使中层管理人员和职工更加努力地工作。无论什么理由,许多企业及其管理可能受制于人们的惰性区域,接受效率不太理想的结果。虽然任何企业的管理都会受到这种惰性区域的限制,但实践表明,国有企业与私人垄断企业使成本最小化的行动,没有面临市场竞争或完全受市场机制约束的企业那样坚强有力。后者必须接受市场配置资源的检测标准——效率,否则就会破产,难以继续生存下去。

由于传统意义上的国有企业受到政府的保护,而且政府是国有企业唯一的股东,不会轻易让其完全接受市场检验(有可能被市场竞争所淘汰),因此在国有企业的管理者与市场要求之间存在一个巨大的缓冲器,对成本最小化的激情会比完全受市场约束的企业小得多,因而使 X 无效率可在一个较大的范围内为所欲为,比如企业内部到处是"窝工"、"出工不出力"、"相互扯皮"等。

从 X 无效率概念出发,可得到三点启示。第一,必须强调竞争。没有竞争,一个企业或某一个人很可能停留在惰性区域之内,得过且过。竞争的重要性不仅限于企业与企业之间,实际上涉及社会每一个成员。必须使职工感受到实际的竞争压力,才能提高他们的努力程度。第二,要尽可能使总目标与子目标协调。例如,企业强调某工作应当这么做,而某职工个人对其没兴趣,这样,目标就难以一致。在这种情况下,就要看怎样处理不同的目标之间的关系。处理得好,即使"存异",也不影响效率。要知道,在市场经济条件下,效率原则不仅具有正面的、鼓励性的激励特点,更具有反面的、惩罚性的激励特点。第三,企业不宜大。传统观念认为,企业规模越大越好。但是规模太大,总目标与子目标不一致之处可能越多,于是 X 无效率越严重。从企业的规模效益考虑,大有大的好处。何况,由于生产技术的特点,大的不一定能变小,于是就要研究企业管理体制问题了。权力下放,使下属单位有更大的自主经营权,也能起到与基本决策单位变小相似的作用,这些都有助于让总目标同子目标较好地协调。

(2) 企业制度的效率与费用

某一企业组织的"经济"或"不经济",换句话说,企业组织的效率如何,在很大程度上取决于企业制度状态,而相应的企业制度状态也可以用效率的高低来描述。从经济学的角度来剖析企业组织制度,费用就是一个不可缺少的概念。在这里我们称之为企业制度费用。企业制度的实际运转是通过制度中的人的各种具体操作实现的,而每一操作都是有成本的。企业制度的费用就是企业制度的操作费用(或交易费用)。交易费用是经济世界的摩擦力,它在经济系统的实际运行中扮演重要的角色。

所谓企业制度的效率,就是企业制度的投入与产出之比。因为企业制度的运转是由无数次具体操作构成的,所以所谓企业制度的产出具体表现为已经实现了的有关激励和资源配置的操作(或交易)的总和及这些操作(或交易)的有效性,而不直接表现为生产的产出。企业制度的投入,主要指单位制度费用(或单位操作费用),即有效完成某一操作时所支付的资源。在产出相同的情况下,维持企业制度运行的费用占整个企业支出费用的比例越高,企业制度的效率越低。比较两种企业制度的效率,可以从比较单位交易费用中得出结论:在实现一个对增进激励或优化企业资源配置方面同样有效的操作时,两种企业制度的费用孰高孰低。

虽然企业制度各有各的目标,但决定企业制度效率的主要不是各种制度的目标,而是其制度结构。正如我们不能说,我国国有企业制度的目标是低效率,或企业内部结构失调。一种企业制度的缺陷,部分地表现为该制度不能达到自己的目标。

人们发现,一般商品市场只是某种特殊的契约关系,如果把广义的契约关系看成一种广义的市场,则企业内各种复杂的契约关系甚至家庭都是可选择的制度安排。哪种制度安排在何种条件下能节省交易费用并保证有效的激励机制,这是超出以往经济理论领域的问题。一些学者指出,现代经济学中最活跃的一个领域是"市场的失败",但这只是说明了某种最简单的契约形式在节省交易费用和保证有效的激励方面的失败,并不说明广义的市场(包括企业制度等复杂的契约关系)的失败。正如货币和银行制度没有出现时,人们可以发现很多经济活动不能通过物物交换的低级市场来进行,可以说那是市场的失败,而实际上这仅仅是由于低级市场的失败而产生了对高级市场形式和制度创新的需要。

市场和企业制度具有共通之处。市场配置资源的检测标准——效率,促使企业进行制度创新以节约交易费用,而企业制度的本质又是用相对固定的长期契约来代替市场以节约交易费用。因而市场和企业制度同时演进,它们之间是相反亦相成、相灭亦相生的关系。

(3) 市场有效配置资源的前提条件——企业硬预算约束

预算约束对经济人行为具有重要的作用。新古典经济模型建立的一个基本公式,就是经济人在预算约束下追求目标函数的极大(小)值。这类模型都隐含地假定了硬预算的存在。因此也只有在硬预算的条件下,由此建立的理论才有有效的经济含义。如果企业只能运用自己拥有的资金,那么企业的预算必然是硬的。反之,就是软预算。软预算可以由下列任何一种情况产生:① 对企业来讲,价格不是一个外部给定的量;② 起作用的不是税率的高低,而是税收的规则可以经常被改变,或税收本身不被严格执行,因而税收系统是软的;③ 企业可得到政府的投资、财政补贴等免费拨款;④ 信贷不能严格按照是否具有偿还能力来发放,或偿还不按照事先的条约严格执行,因而银行信贷系统是软的。

衡量企业预算是否软化,匈牙利经济学家科尔奈提供了两条准则:一是看企业的生存是否自动得到保障;二是看企业的增长与它的盈利是否密切相关。根据这两条准则,传统计划体制条件下的企业的预算约束基本上是软的。这与纵向的官僚调节机制有着密切关联。当然,即使在原有体制条件下,企业预算的软硬程度也并不一致:例如,大型的国有企业的预算约束最软,中小型的集体企业次之,农村社区的乡办企业的预算约束则较硬,等等。相反,市场经济条件下具有明确的产权界定的企业的预算约束基本上是硬的。

软预算是企业事先对预算约束的一种期望,这种期望对企业的行为会产生重大的作用。过去一些研究国有企业积极性问题的学者们往往注重利润、工资、奖金及其分配形式对企业的刺激作用。这些因素确实重要,但它们的刺激作用是第二位的,而对企业最重要的是硬预算期望带来的刺激,因为它关系到企业的生存与发展这些更为重要的动态因素。如果企业预期政府官僚调节机制的存在,使得企业在经营不善以致赔钱的时候有人补助,在企业赚钱的时候又有人会用各种形式提取剩余,即使有很高的奖金,企业的积极性和效率仍不会高。

因此,保证市场有效地配置资源以及经济有效率的必要条件是:① 企业的充分自主权;② 企业的硬预算约束:除个别情况外,取消补贴,统一税率,制定有关企业破产与兼并的法律以及建立保证这些法律得以执行的机构;③ 一套有效的物质与精神刺激制度,用以激发生产者的积极性;④ 按照成本—效益原则安排经济活动;⑤ 能够迅速灵活地调整经济决策;⑥ 勇于创新和敢于冒险的企业家精神;⑦ 对经济决策的个人负责制。

可以设想,如果企业没有充分的自主权,没有硬预算约束,其他五个保证经济有效率的条件是不可能满足的。

2. 市场经济中政府应当做什么

(1) 市场经济中政府调节的基本含义

如果一个社会的资源配置的基本方式是市场经济机制,那么,其所要求的政府调节便至少具有以下特点。

第一,市场经济中的政府调节是指在经济生活以市场机制为基础性调节方式的前提下,政府对经济生活的补充性调节。因此,政府调节在这里是以市场经济机制的存在和不断完善作为前提的,市场经济中的政府调节绝不是指取消市场机制基础性作用下的集中计划调节。一方面,政府调节就其功能而言是针对市场失灵的领域加以再调节,即市场不能有效地起作用的方面,需要引入政府调节;另一方面,市场机制越完备、作用越充分,政府调节的压力便越小,相应的政府调节才越有效。否定市场经济机制,便不存在市场经济中的政府调节的可能与必要。

第二,市场经济的政府调节必须是调控主体与客体严格区分开来的调节,这种区分主要是指在利益上的界区界定性。也就是说,政府调节是对市场经济生活的外在的引导和调控,那么,在市场经济中的基本行为者,即直接进入市场竞争的不应当是政府本身,而应是独立于政府之外的经济力量,政府要做的更多的是为这些外在于政府的单位进入市场创造更公平的条件,为市场竞争制定必要的规则并监督规则的执行,对市场本身难以企及的领域进行干预等。如果政府作为调控主体的同时,政府本身,或通过政企不分等多种方式,使政府置身于市场直接的竞争活动中,那么,一方面,政府对市场的调控首先就包含了对自身的调控,政府既是调控主体又是调控的客体,政府的规则在此就很难保证严肃性,很难避免软约束,很难避免人们通常所说的父爱主义,从而使政府调节失灵;另一方面,政府作为制定、执行、监督规则的主体进入市场竞争,对于其他市场行为者来说意味着不公平竞争,是对市场竞争公平原则的根本破坏,从而也使市场失灵。

第三,市场经济中的政府调节是第二次调节。① 所谓第二次调节包含两方面的含义,一方面,市场调节是市场经济中的第一层次上的调节,市场能够调节的政府就不必去干预,但现实中总是存在市场无力企及的领域,因而需要政府再调节;另一方面,政府调节是更高层次上的调节,它所要解决的问题由于正是微观经济单位分散竞争难以解决的,因而更具总体性、全局性、引导性,所以难度更大。此外,经济生活中所谓第一次、第二次调节不过是一种逻辑上的抽象,在现实中这两者是密切结合的,从动态上看,市场调节难以解决的,要引入政府调节,政府调节难以实现的,又要再依赖市场调节。

第四,市场经济中的政府调节是在经济动态过程中的事先性调节,所谓事先性调节并不是否定政府调节是第二次调节,而是指政府针对市场基础性调节所存在的矛盾和局限,为避免或减少今后经济生活中再出现或加深矛盾,而根据市场经济的要求,对未来事先作出一定的计划安排和引导。这种政府调节的事先性主要体现在两方面:一方面,政府调节从总体出发,具有主动的计划性,即对未来经济运行和发展的主动安排,以克服市场事后调节的盲目性,减轻市场事后调节对经济造成的震动;另一方面,政府调节对所有被调控的客体来讲,具有事先

---

① 参阅厉以宁:《社会主义政治经济学》,商务印书馆1986年版。

的机会均等性,这是一种事先的规范,主要指对市场行为者权、责、利事先的制度规定,通过法律、制度、政策等,明确告知市场竞争者事先就应知道并遵守的竞争条件。

第五,市场经济中的政府调节是以间接性调控为主的调节。这种间接性并非建立在否定政府调节的权威性的基础之上,而是指政府调节不能主要建立在直接干预市场经济中的投资者、生产者、消费者行为的基础上。这种间接性主要反映在两方面,一方面,政府一般不直接调控企业,而是调控、引导市场机制,再通过市场去调节企业行为,市场经济中的企业行为规则应当首要地接受市场约束,否则不成其为市场经济;另一方面,政府对经济的调节手段主要不应是直接的行政手段,而应主要是经济手段,包括财政、金融、汇率、价格、关税、税收等经济杠杆。

第六,市场经济中的政府调节应以总量调节为基本目标,即是说政府调节之所以必要、之所以不同于市场调节,重要的便在于其总体性。这种总体性包含以下几方面的含义:① 政府调节主要是对总供给与总需求之间均衡关系的调控,并不是说市场经济本身无以实现总量上的均衡,而是说单纯依靠市场实现均衡,由于其竞争的分散性、盲目性,由于市场机制的不完备,这种均衡的实现具有长期性和波动性,有时甚至不可能,或者说即使达到均衡,经济上也要付出极大的代价,因而有必要针对市场调节在总量均衡目标实现上的局限,引入政府调节。② 政府调节应侧重于社会总体利益需要、社会长远发展需要的目标实现,诸如教育、科技理论研究、城市公共交通、环境美化及治理等,这些领域中的许多内容受市场影响不大,或者说很难将其逐一在市场上出售,因而从事这些活动的单位便难以通过市场买卖来保证自身的利益,但社会总体发展上又需要这些领域的存在,社会会由此长远受益,这就需要引入政府调节。③ 对于带有战略意义,同时又带有较大风险的领域、部门的发展,引入政府调节往往是必要的,这也是政府调节总体性特征的一种表现,比如一些可能代表未来产业发展趋势的高科技领域开发,其成本相当大,同时前景并不十分确定,可能会失败,也可能会对未来产生无以计量的收益,甚至改变未来人们的生活方式,这就需要政府从战略的角度予以调节,不可能单纯依靠市场来实现。④ 某些生产周期长,又关系到国计民生的产品的生产,往往需要政府干预,因为这些领域一旦受到市场经济周期较严重的冲击,一方面由于其生产周期长而在短期中难以恢复,另一方面对整个国民经济会形成严重的冲击,比如农业中的粮食生产,如果单纯靠市场自发地调节,由于历史的和现实的原因,当粮价较大幅度下降时,过低的价格必然伤害种粮人的积极性,从而减少供给,如果政府不予以一定的干预和保护,在价格上予以支持,那么一旦出现危机,在短期里便难以恢复。

(2) 市场经济中实现有效政府调节的必要条件

在市场经济条件下,真正有效地通过政府调节,弥补、克服市场调节的不足与局限,必须创造以下必要的体制条件。

第一,必须努力建设并完善市场机制。一方面,市场机制越完备,作用越有效,市场机制本身历史的、现实的所不能起作用的领域就越明确,从而政府调节的针对性便越强;另一方面,政府调节在许多方面是通过运用市场机制并通过市场作用于企业和消费者而实现的,因而,一个有效的市场机制对于实现有效的政府调节是必不可少的。此外,必须说明的是,在一定社会中并行存在的市场机制和政府调控机制,两者之间并非是一方更有效便可简单地替代另一方,相反,越发达的市场机制越要求有高效率、高素质的政府调节,两者的统一构成了当代经济运行系统,两者的关系犹如天平的两端,失去任何一端,社会经济资源的配置和运行都将失衡。这样说,并不意味着没有市场机制经济便不可运行,而是说那样将是没有效率的运行;这样说,也不是指没有政府经济便不可调控,而是说现实中的市场自发自动调控机制总有不完备之处。特别要指出的是,所谓高效率的市场调节要求高效率的政府调节与之相统一,相互间的关系具有历史性,即在一定历史条件下,市场无力起作用的领域并不意味着随着社会经济的发展和历史条件的变化,未来的市场机制同样不能起作用;同样,随着市场机制的发育,对原先市场不能有效发挥作用的领域渗透程度不断加深,以致可以由市场来调节,也并不意味着随着社会经济进程就可以完全取消对政府调节的要求,相反,经济发展总会不断提出新问题,对于这些新问题,已经发育起来的市场总有不适应的方面,因而总会要求不断引入并完善政府调节。总之,越是有效的市场经济,越是会提出更深刻的问题,市场调节越需要高效率的政府调节与之配合。

第二,市场经济中有效的政府调节的实现,必须实现总体上的政企分离。因为,首先,不实行政企分离,便无以造就真正有市场竞争力的企业,在缺乏有市场竞争活力的企业微观基础单位的条件下,也就不可能存在对市场经济活动有效的政府调节;其次,有效的政府调节的重要特点在于调控主体与被调控的客体必须严格区分开,否则没有权利与责任相统一的硬约束,不在法律上保证政企分离,便不可能使调控主体与客体区分开来;再次,政企不分势必导致市场调节规则与政府调节规则相互交叉、相互矛盾,结果是两类规则均无法贯彻,企业既要接受市场规则约束,又要听命于行政规则,只能使经济行为混乱。但要切实实现政企分离,在宏观体制与企业微观制度上,在经济、政治体制上,均需进行深入的改革。

第三,市场经济中有效的政府调节的实现,要求有行政体制的保证。一方面,必须根据市场经济的要求,针对市场不能做什么,市场能够做什么,来确立政府调节的作用领域及功能,离开这种政府调节功能的转换,不可能形成适应市场经济要求的政府行政机制改革。另一方面,改革行政机制,必须贯彻效率原则。这种效率原则至少包含两方面的内容,一是行政机制要适应市场竞争机制的要求,否则,越有行政效率的体制越可能阻碍、破坏市场经济运行;二是行政机制本身应有效率,即保证行政效率,为此,在制度上规定并明确行政权力与相应的责任是极为重要的,也就是说,任何一级行政权力单位,任何一种行政权力,必须同时有与之相适应的不可逃脱的责任,权力与责任不对称,是造成行政低效率的重要根源。此外,建设与市场经济相适应的行政体制,对于发展中国家来说,必须予以极大注意的是反对行政特权,因为发展中国家由于经济的、政治的、文化的、历史的、现实的等多方面原因,特权传统较浓重,正在发育中的市场经济的法权力量不强,正处于从传统向现代化市场经济的过渡之中,不仅处处可观察到传统特权的痕迹,而且在许多方面还需借助于传统力量才能实现向新体制的过渡。但特权较普遍的存在毫无疑问是阻碍市场机制建设的重要因素,在行政体制建设中尤其要反对特权。否则,一方面,会造成大量利用权力谋取私利的寻租者,使权钱交易普遍化,破坏公平竞争的市场交易准则,瓦解市场经济机制的发育,甚至导致严重的政治危机,这在许多发展中国家的历史上屡见不鲜;另一方面,势必导致行政体制本身的效率受损,使行政体制本身被腐蚀瓦解。

第四,市场经济中实现有效的政府调节必须弘扬市场经济文化建设,这既是市场经济机制发育所不可缺少的文化基础,也是实现政府有效调节的重要社会精神条件。概括而言,市场经济文化建设至少包含两方面的基本内容:① 弘扬"信任"精神,在制度上完善整个社会的"信用制度"。这种信任并不是单纯地对某个人人格、人品的信赖,而是指对市场经济活动中的每一个体,对市场、对与之有关的其他方面能够负多大责任的信赖,也就是说对能力的信任。市场经济本质上是一种信用经济,市场制度,包括商品买卖、货币交换、借贷关系、金融制度、支付关系等,实际上都是信用关系。因而,市场经济要求社会文化上的信任精神,要求每一市场行为者必须以自己负责任的能力赢得他人的承认和信任,否则不可能有市场经济机制。政府调节要求权威性、可行性,重要的社会文化基础便在于,一方面自身要负责任以赢得社会的尊重,另一方面必须促进全社会市场经济文化建设,使市场经济真正建立在信任文化的基础上,政府对市场经济下人们行为的调节才可能真正有效、真正可行、真正能够按照市场规则贯彻。② 加强法治建设。法治不同于法律,尽管两者密不可分。市场经济既然是一种普遍的交换经济,这种交换经济既然是一种信用经济,那么,它就必然要成为一种法治经济。因为,一方面,信用经济依靠交易契约维系,为保证契约的稳定性、严肃性,必须依赖法律制度和法治精神;另一方面,市场经济要求信任、守信,因而对于不守信的行为必须予以公共准则上的约束和制裁,这同样要求法律和法治精神。法,从某种意义上可以说是社会成员间相互欺骗,进而发现相互欺骗均受损,从而社会地约定的某种制度,以减少在交易中由于相互欺骗而导致的损失的产物。之所以说法律制度不同于法治精神,是因为,一方面,法律制度是一种制度,而法治是一种精神,更具文化特征;另一方面,一个社会可以有众多的法律规定,但不一定具有法治精神,也就是说,社会可能有法不依,缺乏自觉守法的精神,缺乏法律的社会权威。离开法治精神,市场经济便丧失了必要的历史文化基础,同时,在一个缺乏法治精神的社会中,不仅市场交易关系无以维系,而且政府调节也会缺乏力量,因为政府调节要有效,重要的便是依法办事,若社会缺少法治精神,包括政府本身缺乏法治精神,便不可能依法、依事先规定的共同规则来对待经济生活,进而市场经济及市场经济下的政府调节都将被瓦解。

| 第十一章

中国市场经济发展的进程

第一节 中国市场经济体制转轨的进程

1. 考察体制转换的基本内容

考察经济体制的转换,即从计划经济向市场经济的转换,主要应当考察哪些方面?概括地说至少应当考察以下三个方面。

(1)考察资源配置方式的变化,观察市场机制对计划机制的替代进程,这种微观上的变化主要包括以下两方面的内容:一方面是商品市场化的程度,包括消费品和投资品的市场化程度,对于这种市场化程度最直接的体现,便是商品在多大程度上由市场直接定价;另一方面是要素市场化的程度,包括劳动力、资本、土地等市场化的程度,这种市场化程度最直接的体现也是要素定价的市场化程度。

(2)考察政府宏观干预方式的变化,这种宏观体制上的变化主要包括三方面的内容:一是政府从竞争性领域退出的程度,这主要体现在国有制的比重及结构的变化上;二是宏观经济政策,包括财政改革和货币改革的间接性,以及政策制定和传导机制上的程序性及有效性;三是政府宏观调控的法治性,包括政策选择的民主性和对公共权力的法律约束程度的提高等。

(3)考察微观资源配置方式变化和宏观干预方式变化的根本经济制度原因,即所有制和企业产权制度的变化,包括所有制结构的变化和企业竞争自由度的变化。

2. 具体衡量市场化进展程度的度量指标选择

(1)当代各国反倾销实践中的市场经济衡量标准

什么是市场经济的标准?这本身是一个十分有争议,同时在理论上也难以达成共识的问题,在实践中更是一个不能确定的命题。在各国的实践中,对市场经济标准都有着自己的理解,这些理解有相同的方面,也有不同的方面,从当代欧美主要发达国家在反倾销实际中确立的市场经济衡量标准来看,具有代表性的有以下几种。

首先,美国商务部对市场经济有六方面的标准:一是货币的可兑换程度;二是劳资双方进行工资谈判的自由度;三是外资企业进入其市场的自由程度;四是政府对国民经济的控制和占有的比例;五是政府企业行为和微观的资源配置的退出程度;六是包括出口等内容的其他领域的企业自由度及政府控制程度。

其次,加拿大在对非市场经济问题的调查中,对市场经济的标准明确为五个方面:一是政府部门的作用是否干扰市场经济的正常运行,包括价格决定、市场准入、贸易限制等方面;二是在政府与企业的关系上,企业是否具有充分自由度,包括政府对企业生产经营行为以及融资行为的管制程度等;三是在国际贸易中,政府对企业外贸活动的管制状况等;四是国有企业行为的市场化程度;五是利率和汇率作为资金和外汇的价格,是否由市场决定,利率是否有差异,企业换汇是否可以自主等。

欧盟规定的判断市场经济标准的主要内容也有五条:一是价格是否由市场决定;二是企业是否具有符合国际财会标准的基础会计账簿;三是企业的生产成本与财务状况不受非市场因素扭曲,企业有向国外转移利润和资本的自由,有自主决定出口的自由及其他商业活动的自由;四是企业必须受破产法和资产法的约束;五是汇率由市场决定。①

从主要发达国家在国际经济往来中反倾销的实践来看,它们所提出的市场经济标准虽然有差别,但本质是相同的,即都体现了经济发达国家提高自由竞争、自由贸易程度的利益要求,核心问题在于:从政府、市场、企业三者关系上判断市场经济标准。相应的市场经济程度关键在于政府从竞争性领域的退出程度;市场竞争,尤其是市场准入及市场定价的自由程度;企业行为的自主程度。

(2)经济理论对市场经济标准的基本认识

经济理论上关于市场经济标准的认识分歧极深,甚至到底存不存在市场经济标准的问题也是有待探讨的,但是从现有的理论讨论和有关国际社会的法律规定的反映来看,是可以概括出一些具有共性的认识的。② ① 政府作用和行为是否规范化。包括政府和市场在资源配置中的地位和作用程度怎样,产品和要素的定价中政府和市场作用程度怎样,政府是否尊重和保护经济主体在生产经营方面的自主权,政府对不同企业是否有歧视,归根到底是指政府与市场、政府与企业的关系。② 企业权利和行为是否自由化。包括企业能否根据市场竞争的要求独立地决定产出数量和价格,企业是否有权利独立支配利润同时履行独立平衡预算的责任,企业是否拥有融资权和进出口等商业活动的自主权,说到底是指企业作为市场行为主体,是否真正实现了经济主体的自由化。③ 生产要素市场化的程度。包括要素的价格是否由市场决定,企业的成本是否真实等。④ 贸易条件的公平程度。包括交易活动是否自由,市场设施和相关立法、司法

---

① 参阅北京师范大学经济与资源管理研究所:《2003 中国市场经济发展报告》,中国对外经济贸易出版社 2003 年版,第 3—4 页。
② 李晓西博士负责的北京师范大学关于中国市场经济发展的报告对此作出了较系统、清晰的概括,这里予以援引。同上书,第 5—6 页。

是否健全,市场中介是否独立有效地发挥作用,贸易活动中企业是否具有自主定价权,是否具有商业活动的自由,政府对出口及相应的企业有怎样的管理等。总之,是指贸易,包括国内贸易和国际贸易的环境及条件是否公平。⑤ 金融参数合理化问题。包括本币是否可以兑换及兑换的自由程度有多大,利率和汇率怎样作用于货币(资本),外汇的价格是否由市场决定,金融财务状况是否受非市场经济体制歪曲,利率在不同企业、不同部门、不同产业间是否存在差异,企业是否拥有自主的换汇、存汇权利,企业能否向国外转移利润和资本等。归结起来,便是汇率、利率决定的市场化程度及相应的公平性。

(3) 经济自由化指数与市场经济程度指数

具体到市场化程度的度量上分歧和争议更大,包括选择哪些统计指标体现上述各方面市场经济标准的进展程度,各种指标如何构成一个完整系统的体系去综合体现市场化进展的水平,在进行市场化进展程度的比较中如何使指标的选择既有可靠性又有可比性等,都是富有争议的。

自由化指数往往被作为市场经济进展测度的重要指数,因为自由化指数的因素构成,基本上体现了市场经济标准的主要内容。自由化指数的组成因素的选择主要强调:① 政府管制的放松和干预度的降低;② 经济主体的自由程度;③ 强调企业成本的真实,强调要素市场化;④ 强调贸易公平、自由定价和贸易壁垒的降低;⑤ 强调银行的自由、自主活动和企业融资的自由,强调汇率、利率的市场决定。可见经济自由化指数所包括的内容,与市场经济标准总体上是一致的。[①]

在测算并比较经济自由化指数的工作方面,在国际上较有影响的是美国传统基金会和加拿大弗雷泽研究所,在国内则是北京师范大学经济与资源管理研究所。美国传统基金会的测算,共设置了 50 个指标,并将其分为 10 类因素,分别加以估测,然后将多类因素的分值进行平均,获得某国理论自由化指数。他们所选取的 10 类因素是:贸易政策、政府的财政负担、政府的经济干预、货币政策、资本活动及外国投资、银行和金融、工资及价格、产权、规制以及黑市。具体每项因素的评估采取分值测度的方法,然后将 10 类因素的分值进行算术平均(重要程度难以区分),获得一国经济自由化指数。分值自 1 至 5,指数低于 1.95,表示经济自由,指数在 2.00—2.95 间表示大部分自由,指数在 3.00—3.95 表示大部

[①] 自由化指数与市场经济标准也存在一些差别。一是从指导思想上,自由化指数更强调企业的自由,而市场经济标准更突出公平;二是自由化指数更注重政府放松管制,而市场经济标准则更注重政府行为是否符合市场规则;三是自由化指数的理论基础是经济自由主义,市场经济标准则是以国家干预主义与新自由主义相结合的新凯恩斯主义;四是自由化指数涉及内容更为广泛,而市场经济标准相对更集中于竞争和贸易的公平性方面。引自《2003 中国市场经济发展报告》,第 9—10 页。

分不自由,4分以上表示抑制。

加拿大弗雷泽研究所对世界上一百多个国家和地区的经济自由指数进行了测算,并据此提出了《世界经济自由度报告》。这一报告特别强调个人经济自由的选择和产权制度基础,在测度中,设置了37个指标,归结为5项因素,包括:政府规模、法律结构和产权保护、货币政策的合理性、对外交易的自由、信贷和劳动力及商业管制。这一研究报告认为,经济自由的核心是个人选择的自由、私有财产的保护、交换的自由。在方法上是通过对各项指标进行测算之后,进行加权平均得出综合指数,数值设定在1—10之间,数值越高表明经济自由度越高。

根据美国传统基金会发表的《经济自由度指标2003年报告》,中国经济自由度列世界第121位,俄罗斯则低于中国,列第131位。根据加拿大弗雷泽研究所2000年的经济自由报告,中国的排名在世界第101位,也领先于俄罗斯,俄罗斯为世界第116位。

我国一些学者也运用不同的方法对中国经济自由度(市场化指数)进行了测算,其中较为系统和具有代表性的是北京师范大学经济与资源管理研究所的报告。他们的研究在方法上是借鉴市场经济的五大标准因素,同时参考上述美国和加拿大研究的指标体系,基于中国的基本数据,围绕体现市场经济标准的五大因素,确定出11个子因素,在11个子因素下又明确了33个变量,通过对33个变量指标度等评分,汇总评估,得出对中国市场经济发展程度的判断。结果表明,在市场经济标准的五大因素中,自由度和市场化程度由高到低的排序依次为:生产要素市场化、经济主体自由化、贸易条件公平化、政府行为规范化、金融参数合理化。这一结果表明,中国的市场化进程中,产品和资源的市场化程度相对最高,企业制度改革及企业的自由化程度次之,进展最为迟缓的是金融方面,包括利率和汇率的市场化,政府行为规范化方面的进展也较为缓慢。汇总上述五大因素的评估值,中国现阶段总的市场化程度大体在70%左右。①

第二节 应当以怎样的历史价值取向认识和推动改革

中国的经济改革已进行了三十多年,伴随着改革的历史进程,中国经济发生了极为深刻的变化:一方面现代化的进展和人民生活水平的提高获得了前所未有的成就;另一方面社会的种种矛盾也更为复杂和尖锐。因而对于改革就难免有争议,至少在对改革的共识上会产生严重的困难:要不要继续改革?以何种历史价值标准评价已经发生的改革?以怎样的历史价值观推动改革?等等,都成

---

① 参阅《2003中国市场经济发展报告》。

为人们普遍关注的,同时又是社会发展亟需解决的问题。

1. 改革带来的社会经济变化及改革本身的历史性变化

（1）改革带来的社会经济变化集中体现在我国的体制变迁和经济发展两个方面

就体制变迁而言,经过三十多年的改革开放,市场机制已经基本上替代计划体制成为中国资源配置的主要机制,价格信号也已经取代数量信号成为引导资源配置的主要信号。尽管其中尚存在严重的无序和不公平竞争等问题,尽管人们对中国市场化进展的具体程度的量上的判断还存在不同的认识,但承认市场机制对计划体制地位的根本性替代是普遍的共识。① 同时,人们也普遍承认,中国市场化的速度在所有转轨国家的比较当中,是较快的,尤其是与俄罗斯经济转型比较,一般认为中国市场化指数或经济自由化指数高于俄罗斯；在国际贸易实践上,目前承认中国市场经济国地位的国家已达 50 个左右。②

就经济发展而言,中国经济改革空前地促进了中国的经济发展,无论是经济增长的数量指标还是经济结构变化的质量指标,无论是经济发展程度还是社会发展水平,无论是绝对指标的进展还是相对指标的提升,改革开放以来中国社会经济的进步是前所未有的。

其实,要取得对改革的社会共识,首先必须回答的问题是：承不承认改革空前地推动了中国的社会经济发展？中国的社会经济进步是不是与改革开放有着极为深刻的内在历史逻辑联系？社会经济发展是不是体制改革历史进步性的最为重要或最为根本的证明？中国经济发展和改革中产生的一系列矛盾和问题能不能从根本上否定改革开放的历史进步性？改革发展中出现的矛盾和问题主要是市场化本身造成的,还是主要由于市场化不够深入、市场机制不够完善所导致？中国社会经济发展面临的矛盾和问题的客观存在,是否定和批判以往改革的理由,还是进一步对未来改革深化提出的新的要求？这些问题的回答,在原则上都应按照历史唯物主义的基本方法,从改革开放所带来的社会变化的历史事实出发来发现和解释。

---

① 国内学者关于中国市场化进展程度的研究成果很丰富,如卢中原等：《市场化对我国经济的影响》,《经济研究》1993 年第 12 期；江小薇等：《中国市场经济程度的探索》,《管理世界》1995 年第 6 期；原国家计委课题组：《我国经济市场化程度的判断》,《宏观经济管理》1996 年第 3 期；顾海兵：《中国市场化程度的最新估计和判断》,《管理科学》1997 年第 2 期；常修泽等：《中国国民经济的市场化程度及发展思路》,《经济研究》1998 年第 11 期；樊纲等：《中国各地区市场化进程 2000 年报告》,《国家行政学院学报》2001 年第 3 期；陈宗胜等：《中国经济体制市场化研究》,上海人民出版社 1999 年版；李晓西等：《2003 中国市场经济发展报告》,中国对外贸易出版社 2003 年版。

② 在美国传统经济研究会和加拿大弗雷泽研究所的报告中,中国市场化的进展速度以及经济自由化程度均排在俄罗斯之前,包括在世界银行的相关分析中,中国市场化的速度在转轨国家中也是名列前茅的。

(2) 改革历史进程赋予改革新的特征

改革是历史的,那么,经过三十多年的改革进程,改革本身发生了怎样的历史性变化?或者说历史进程赋予改革怎样新的特征?

第一,改革的核心或改革成败的关键是否由企业改革,尤其是国有企业改革转变为政府改革,尤其是中央政府职能的转变?改革开放伊始,我们明确提出,新时期的改革开放是以搞活企业,特别是国有企业改革为核心,这一改革核心的明确与中国以往的体制调整所处理的核心问题根本不同。但经过三十多年的改革历程,目前,还能说中国改革的关键或核心命题是企业改革,尤其是国有企业改革吗?应当说,伴随着非国有化的进展①,国有企业资产比重持续下降,在国民经济中的地位和作用已发生了根本的变化,因此,改革深入的关键与其说是企业,尤其是国有企业改革,还不如说更为关键的是政府,尤其是中央政府的改革。包括政府职能的转变及政策传导机制的转变等。

第二,改革的基本内容是否由构建社会主义市场经济体系为主转变为完善市场经济秩序为主?经济改革的基本任务是以市场经济体制替代计划经济体制作为配置资源的基本体制,以价格信号替代数量信号作为配置资源的主要信号。因此,改革以价格改革为先导,以市场行为主体制度(企业制度)改革为首要,是改革的历史必然。② 经过三十多年的改革,可以说,到目前,尽管对于中国的市场经济进展程度仍有认识上的分歧,但承认市场机制已替代了计划机制在国民经济中的地位已成为普遍的共识。如果说在几十年的改革过程中,从配置资源的支配力量上、从市场机制的作用范围上,市场已替代了计划的支配地位;如果说在现代经济生活中,市场机制即使作为主要的资源配置力量,也不可能存在完全的市场经济,总会存在市场失灵的领域,因而市场化进度总是有限度的;那么,市场竞争的公平程度、有序水准的提高,或者说市场经济的质量建设则绝非几十年时间便可以从根本上实现的,更是无止境的。因此,经过三十多年的市场化推进,我国以社会主义市场机制为体制目标的改革进程,已进入由数量建设为主,即以拓宽市场机制作用空间为主,转变为以质量建设为主,即以提升市场化竞争的公平与有效性为主。市场机制的质量提升,说到底是市场秩序的建设和不断完善。首先是市场竞争的主体秩序,主体秩序回答的问题是"谁在竞争",其实质是企业产权制度;其次是市场竞争的交易秩序,交易秩序回答的问题是"怎样竞争",其实质是价格决定制度;主体秩序与交易秩序的统一构成市场经济的内

---

① 据最近的经济普查,国有工商业企业资本占企业总资本的比重已由改革开放初期的近90%降至现阶段的44%左右。

② 尽管价格改革与企业改革孰为主要存在争论,但培育市场内在竞争机制作为改革的首要任务是人们普遍的共识。

在竞争机制。对应于内在竞争机制,市场经济外在的环境秩序建设同样不可或缺。首先是市场经济的法治秩序,即在法律制度和法治过程中如何对市场竞争机制和秩序加以保护的制度安排,毕竟市场经济是法治经济,因为市场经济在内容上是贯彻法权,在形式上采取普遍的契约;其次是市场经济的道德秩序,即在道德精神上如何支持市场经济文明,毕竟市场经济是信用经济,因而以诚信为核心的道德秩序是市场经济文明进程的客观要求;法治秩序和道德秩序的统一,构成市场经济最为首要和基本的外在秩序。显然,社会经济的内在竞争秩序和外在环境秩序的建设都是极为漫长的历史过程。①

第三,改革历史进程的重点是否由产品市场化转变为要素市场化?我国的市场化进展速度是较为迅速的,但进一步分析可以发现,在前三十年的时间里,我国市场化进展的重点是商品市场化,包括投资品市场化和消费品市场化。如果以如何定价来作为判断是否市场化的基本标准,那么,可以说中国到目前商品市场化程度已经相当充分了,至少90%以上的商品种类已是市场定价,而不再由政府行政定价,这与改革开放初期相比较,可以说是根本性的变化。问题的根本在于,市场化更为重要的内容在于要素市场化,包括劳动、资本、土地等要素的市场化,而要素市场化所需要的制度变革要远远深刻于商品市场化。从我国的改革进程来看,在各类要素市场发育中,劳动市场化速度相对较快,无论是农村劳动力还是城镇劳动力,绝大部分的工资报酬(价格)现在已由市场决定,政府行政性决定工资水平的比例很低,尽管我国劳动力市场竞争的公平性、有序性、有效性还亟待提高。相对而言,我国资本市场化程度较低,无论是直接融资市场还是间接融资市场,发育速度均较为迟缓。就直接融资市场发育来看,一是规模小,工商企业资本形成中来自直接融资市场的不足5%,二是秩序乱,中国股市投机性过强已成不争的事实;就间接融资市场发育来看,一是价格(利率)决定基本上仍由政府行政管制,而不是市场定价,二是国有金融资本居绝对统治地位。因而,中国市场化进程面临的突出矛盾在于如何加速和深化资本市场化,尽管利率控制开始有所放松,在银行体制改革上也取得了相当显著的进展。与资本市场化相比较,我国土地要素市场化程度更低,包括城市土地和农村耕地,无论是在产权制度上,还是在交易制度上,无论是在价格决定上,还是在法律制度上,土地要素市场化配置的条件还远远不具备。要素市场化发育的滞后,是我国以社会主义市场经济体制为基本目标的改革进程深化的突出矛盾,从根本上制约着我国的市场化。

正由于上述改革本身的历史性变化(这里没有涉及改革面临的客观经济发

---

① 参阅刘伟:《我国市场经济文化观》,《我的市场经济观》,江苏人民出版社1993年版。

展基础和各方面社会环境的变化),使得改革无论是在方式上还是在动力上,抑或是在重点和范围上,都必须历史地深化。任何停滞、任何对改革深化的否定,都是我国社会发展历史进程所不能允许的。

2. 对改革评价标准的多元化及对改革要求的复杂化

伴随社会经济发展,伴随经济改革本身的历史变化,社会经济发展对体制改革不断提出新的要求,体制改革本身也形成一系列新的特点,因而,人们对于改革的评价标准以及要求,客观上也会更为多元化、复杂化,社会对改革绩效的价值判断标准开始由较为单一明确的标准向更为全面系统的综合标准转变。改革伊始,所需要解决的社会发展矛盾相对明确,生产力发展的要求也相对清晰,还未曾解决温饱的中国社会,最为迫切的要求是解决温饱,因此,发展,特别是经济发展以及相应带来生产力的解放和人们生活水平的改善成为最直接也最具说服力的判断改革成败的基本标准。但经过三十多年的改革发展,社会经济已由贫困状态穿越温饱,进入了小康,与此同时,社会发展的矛盾更为复杂,发展不均衡带来的社会问题更为尖锐,公平与效率的相互关系应当如何认识和处理更具不确定性,社会不同利益群体对于社会变革的要求分歧更为深刻。因而,社会对于改革的评价标准日益综合化,对深化改革的目标要求日益多元化。如何在这种评价标准综合化,目标要求多元化的历史变化中深化改革,是我们面临的新的历史性命题。

现阶段,人们对于改革的评价标准,至少可以归纳为三类:一类是制度性标准,即以一定的制度性质特征去判断改革的历史价值取向,去考察改革的历史进步性质;一类是发展性标准,即以制度变迁对于社会发展,尤其是对社会经济发展产生的影响作为衡量和判断改革的历史正义标准;一类是利益性标准,即以改革所产生的利益增进及利益结构关系的变化作为衡量和判断改革进步性质的标准。上述三类评价标准并不是相互割裂的,而是存在深刻的内在联系,通常人们在评价改革时,也是力图从上述三类标准的统一中出发的。但在具体分析和判断改革的价值取向时,往往总是强调不同的侧面,从而导致对改革的判断标准产生差异。

从制度性标准出发判断改革的方向和性质,并以制度性标准的要求来规范改革,有其历史的客观必要性。因为我们的改革是以建立社会主义市场经济为目标,所以改革所推动的制度演进首先要保持社会主义的方向,所建立的经济制度,必须具有社会主义社会的基本性质。坚持改革的社会主义方向,这不仅是中国共产党人领导的改革开放事业的信仰追求,也是中国历史证明的客观趋势。问题在于两方面:一方面,什么是社会主义?至少到目前在科学社会主义发展的理论和实践中,仍是有待探讨的命题,因此,如果是从抽象的教条出发,从既定的理论出发,从简单归纳出的所谓基本制度特征出发,寻求社会主义的性质、特征,并以此来作为衡量改革是否正确、是否正义、是否进步的标准,那就可能从根本上窒息改革。社会主义事业首先是我们的伟大实践,而改革本身正是创造社会主义伟大实践的重要历史方式。另一方面,社会主义事业与中国的命运如此紧密的历史结合,表明社会主义道路符合中国历史发展的要求,但同时也表明,只有真正有效解决中国社会发展矛盾和问题的制度才是中国特色的社会主义,中国特色的社会主义社会制度不应是脱离中国实际的抽象教条,而应是包含一切有助于中国现代化事业发展的制度安排和工具手段。因此,不能孤立地、静止地以制度本身的特征作为判断改革的特征,因为一切制度的进步性本身也还有待实践的证明。不能简单地说只有社会主义才能发展中国,而应树立只有发展中国才是社会主义的观念。

从发展性标准出发来评价改革,有其历史的合理性。因为从历史唯物主义的基本观点出发,改革作为社会生产关系的变革,检验其是否进步、是否成功,根本在于视其是否能真正有效地推动社会生产力的发展,并在社会生产力解放和发展的基础上,推动整个社会文明的进步。正是在这个意义上,邓小平说"发展才是硬道理",因为这是历史唯物主义的根本道理。说到底,制度变迁的历史进步性,不是依靠制度自身的特性去证明,而是依靠制度变迁带来的社会生产力发展和解放的成果来证明。但同样,问题也在于两方面:一方面,发展命题本身存在如何发展的问题,增长命题本身也存在增长方式问题,也就是说,发展背后存在发展观和增长方式的问题,而科学的发展观和有效的增长方式的选择,与其说是技术创新问题,还不如说更是制度创新的问题,科学的发展观不是人们的主观愿望,而应是具有社会经济、政治、文化制度保障的发展道路;有效的经济增长方式不是一般技术进步的必然,而是具有竞争性的制度创新的结果。另一方面,即使实现了有效的社会经济发展,也还存在如何在社会各方面分配发展成果的问题。分配命题与发展命题有深刻的联系,但又是不同的命题,就发展命题本身来说,要求制度变迁为发展带来效率提升的制度条件,而就分配命题来说,就不仅存在如何分配更有利于效率提高的问题,而且同时存在如何分配才更公平、更合理的问题。所以,简单机械地以发展作为衡量改革的标准,脱离与制度创新相联系的效率标准,脱离与发展成果分配相联系的社会公平标准,孤立单纯地以发展,尤其是以一定时期内的经济发展指标的变化作为改革进步性的证明,有其局限性。

从利益性标准出发来判断改革的合理性、公正性,有其社会的必然。因为社会总是利益关系的集合,现实中的人们对于制度变化的价值判断,首先是视其对自身的利益产生怎样的影响。但问题在于,如果人们是从各自不同的局部利益出发去判断改革的进步性,并以此去要求改革,那就很可能使改革脱离社会发展的根本利益要求,并且对改革进步性质的判断产生极大的基于自身利益要求的分歧。但如果从社会根本利益出发作为判断改革的标准,那就存在一个如何认识社会根本利益、谁来代表社会根本利益的问题。如果说以利益性标准作为衡量改革进步性的标准,那么,这个利益必须是社会根本利益,而这种社会根本利益必须同时是大多数人的利益,而不是少数人的局部个别利益,也只有这种大多数人的利益有效增进,才可能使公平与效率的统一具备可能。但问题在于,社会根本利益怎样识别、怎样体现、怎样保证?尤其是怎样保证其不为个别私利所侵蚀?这需要社会一系列的经济、政治、文化、行政、法律、新闻等制度保障,绝不仅仅是单纯的利益分配机制问题。因而,单纯从利益分配关系上判断改革的公正合理性,是难以给出正确的答案的,从个别局部利益出发评价改革总体进程,更难以作出合理的解释。

所以说,上述三类判断标准,各有其必要性、合理性、必然性,但如果孤立片面地运用其中一类标准,就难免有其局限,或者说难以真正科学地揭示改革的历史价值取向,尤其是如果将不同类别的判断标准对立起来,更无从对改革的进步性作出有说服力的剖析。必须把各类标准有机统一起来,这种统一不仅仅是理论分析的需要,而且更重要的是出自中国改革发展的需要。但是,同样必须强调的是,这种统一不是把各种标准简单机械地罗列出来,而应是一种有机的结构,在这种结构中,不同类的标准应有不同的地位。至少在上述三类标准中,发展,特别是生产力的解放和发展应当具有最为基本的和不可或缺的地位,虽然单纯运用发展,特别是生产力发展标准作为判断改革进步合理性的标准有其局限性,但否认生产力发展对制度变迁进步合理性证明的根本性地位也是不能成立的,因为制度标准意义上的历史进步性,最为根本的要依赖生产力发展去证实,利益性标准意义上的历史合理性,最为基础的也要依靠生产力发展去支持。

3. 收入分配的公平命题与改革的合理性

生产力发展与利益关系存在深刻的联系,制度变迁之所以有争议,最为直接的原因,在于利益矛盾。因此,社会对于收入分配的公平及合理性命题的认识,从某种意义上说,对于如何认识和评价改革起着决定性的作用。就实践而言,收入分配问题处理得怎样,也会从根本上影响经济发展。改革促进了发展,尤其是提高了经济发展水平及效率,这一点人们能够取得共识,也可以被中国三十多年来的实践证实,但伴随着改革开放的进展,我国收入分配的差距在扩大同样是不争的事实,在促进发展和提升效率的同时,社会收入分配公平目标的受损,成为人们对改革的价值取向有所怀疑、有所争论的主要原因。

收入分配公平目标至少包含两方面的意义,一方面,公平(fairness)是指一种权利,是指具有法权性质的事先机会面前的平等权利;另一方面,公平又包含平等或均等(equality)意义,均等是指一种事实,是指在事后结果上的水平均等。在社会发展进程当中,公平目标的实现,既包含了事先公平的法权意义上的公平,也包含事后事实上的均等目标的逐渐实现,只是在不同的历史条件下,对这两方面公平目标的强调及实现程度会有所不同。对于转轨的社会而言,就市场化进展与收入分配的相互关系来说,存在事先的机会不平等意义上的不公平,重要的原因在于市场化不够深入、不够完善,因而导致法权规则难以贯彻,存在较多的特权并以各种方式垄断机会或不公平竞争,从而形成收入水平上的差距扩大;而事后的事实的不均等意义上的不公平,重要的原因则与市场化有着深刻的联系,因为越是强调市场竞争的效率提升,在一定条件下,事后的不均等便越突出,所谓收入分配上的公平与效率难以兼得,指的主要是这种事后的收入分配均等目标与竞争性的效率目标间的冲突,而不是指事先的机会均等与效率目标的冲突。事先的机会面前的公平与效率目标是一致的,关键在于市场机制的完善和竞争的充分。复杂的是事后的结果上的收入分配均等目标与效率目标间的关系,过于强调事实上的均等,可能泯灭人们的竞争性从而降低效率,但事实上的差距过大,不仅损害公平目标,而且还会导致一系列社会矛盾的尖锐化,进而严重影响效率。

从我国的改革发展历史进程来看,在改革初期,体制上,我们是从计划经济等级制基础出发,向市场机制转型;发展上,我们是从极为落后同时又是强调平均主义的普遍贫困的状态向工业化加速的经济起飞转型,加之我国具有两千多年的封建传统,因此,改革的重要任务是强调事先的公平,打破等级及特权,鼓励平等竞争,以尽快提升效率,尽快摆脱贫困,所以,"效率优先,兼顾公平"、"机会公平为首要,结果均等为兼顾"。那么,伴随我国改革发展的深入,在现阶段的发展水平和体制条件下,是否到了更强调公平,尤其是更强调事后的结果上的均等目标,而将效率或事先公平的目标放在次要的时代呢?

必须承认,伴随我国经济的持续高速增长,我国社会收入分配的差距事实上在扩大。首先,城乡居民间的收入差距在扩大,尤其是进入20世纪90年代以来。1990年城镇人均可支配收入是农村人均纯收入的2.2倍,而到2003年,则是3.23倍,差距扩大的倍数高达50%左右。① 其次,不同阶层的收入差距在扩大,据国家统计局城调队对5万个左右的家庭抽样调查所获数据,1991年城镇居民中最高收入组与最低收入组人均可支配收入相差4.2倍,但到2004年,则

---

① 农村居民纯收入与城镇居民可支配收入存有差别,因而不能直接比较,但各自的增长速度相互间是可以比较的,数据参阅国家统计局:《中国统计年鉴》(2004、2005)。

扩大到8.87倍,7年间翻了一番。① 据国家统计局有关课题组研究,我国目前城乡居民的基尼系数已达0.45,超出了通常所说的安全线水平,不仅显著高于当代资本福利国家,如挪威、瑞典等(基尼系数在0.2—0.3),而且高于当代发达资本主义国家水平,如英、美、法等(基尼系数在0.3—0.4)。

那么,改革开放以来我国收入分配差距扩大的主要原因到底是什么?归结起来,主要有以下四方面原因:第一,发展性原因,即经济发展的不均衡所导致的收入分配的失衡加剧,尤其是作为发展中国家的显著特征在于经济的二元性,是发展中国家发展失衡的重要表现,我国现阶段收入分配差距扩大的深刻原因也在于发展二元性的强化。据统计测算,我国各地区人均GDP水平高低与各地区城市化率(城镇人口占总人口比率)高度相关(相关系数高达0.9140)②,城市化率越高的地区,经济发展速度和水平相应也越高,因而城乡差距的扩大成为收入差距扩大的重要发展性原因。若仅看城镇居民的基尼系数,目前只是0.32左右,不仅处于正常水平线,而且与20世纪90年代的0.30相比,十几年来也并无显著的增大;若仅看农村居民的基尼系数,目前仅为0.35左右,与前些年的0.34相比,也无多大程度的提高,并且还处在正常的安全水平之内;但若将城乡混为统一整体,全社会的基尼系数目前则已达到0.45,显然超过了安全线。这表明我国收入分配差距的扩大,重要原因在于城乡发展差距的扩大,在于发展的二元性加深。③ 第二,增长性原因,即在经济增长过程中不同的要素对于经济增长贡献作用在提高速度和程度上不同,导致收入分配中不同要素所有者的收入增长的速度及程度不同。并且,市场化越是深入,越是强调市场竞争,强调效率,便越是需要在收入分配上承认市场竞争中的差别,尤其是在市场经济体制下,要素参与分配,因此不同要素所有者的收入分配差距便与不同要素在竞争中的效率差异直接联系起来。我们曾通过柯布-道格拉斯生产函数对改革开放以来中国经济增长中各种生产要素的相互关系进行分析,发现伴随着我国市场化及非国有化程度的提高,劳动和资本这两个基本要素的效率明显上升,在同样的投入下对经济增长的贡献程度不断提高。但相比而言,制度变化对资本要素的影响程度显著大于对劳动要素的影响程度(据测算,两者相差900多倍),也就是说,中国的改革对资本和劳动效率的提升都产生了影响,但资本的效率提高程度以及相应的资本对经济增长的贡献增长程度远远高于劳动。④ 所以,若收入分配

---

① 资料来源:《中国统计年鉴》(2004、2005)。
② 各地区的GDP水平数据引自《中国统计年鉴》(2004),各地区人口数及其城乡构成根据第五次人口普查数据,以这两个指标的2000年横截面数据计算,相关系数达到0.9140。
③ 参阅刘伟:《收入分配的失衡根本在于发展的失衡》,《新财经》2005年第11期。
④ 参阅刘伟、李绍荣:《所有制变化与经济增长和要素效率提升》,《经济研究》2001年第1期。

与要素的贡献直接相联系,那么,资本要素的掌握者所获收入的增长速度相应的就要数百倍地高于劳动要素的收入增长,因而必然扩大收入分配的差距。这种差距的扩大既是增长中贡献不同的必然,也是市场化的必然;既是增长中要素效率提升不均衡的必然,也是市场体制性转型进程深化的必然。第三,体制变迁性原因,即在体制转型过程中,在不同方面和不同领域,市场化的进展程度及完善程度不同,因而市场竞争的充分性、公平性不同,事先机会均等程度不同,相应的特权对法权的排斥、垄断对竞争的否定、权钱交易以及各种腐败的产生,必然扩大转轨过程中的收入分配差距。从一定意义上可以说,这种收入差距的扩大是市场化进展不够深入和完善所致,包括与市场经济文明要求相适应的法治制度等不完善,而不是市场化所致,不是市场化的必然。这是事先机会不均等所导致的事后事实上的收入分配差距扩大。第四,收入结构性原因,即伴随改革开放,人们的收入来源越来越多元化,除劳动外,人们的资产性收入日益提高;除一般体力劳动外,人们的人力资本投入形成的差异日益成为收入差别的重要原因;此外,风险性收入、经营性收入等都开始成为不同社会阶层收入差距扩大的重要根源。其中特别是伴随所有制改革,伴随民营资本的积累,伴随国有企业的产权制度改造,资产性及投资性收入越来越成为社会高收入阶层的重要收入基础,并且所占比重还在逐渐上升,不像发达国家资产性收入所占比重已进入相对稳定时期。不同阶层之间的资产占有差距日益扩大。特别需要指出的是,在改革初期,我国社会成员相互间在资产(本)占有上几乎是无差异的,也就是说,资本占有的差异只是在改革开放后形成的。不像欧美,甚至不同于南美等地的传统,基于大种植园发展基础上的南美大地产主世代相袭,并附之法律上的长子继承,到当代,大资产者的资产与一般社会成员差距不仅巨大,而且因是世代相袭,社会成员在相当大的程度上能够予以承认和尊重,至少由此引发的社会矛盾不像想象的那样尖锐。而我国在短短的三十多年里,人们相互间的资产占有从基本无差异迅速扩大,易于引发社会矛盾和加剧摩擦,况且我国的传统又是基于棉花、水稻文明的小农经济,加之诸子分割继承和土地兼并及不断地均分,大资产占有与大量失去资产的社会成员的对立历来是社会冲突的重要根源。

可见,形成我国现阶段收入差距扩大的原因是多方面的。对于不同原因形成的收入差距扩大,应当采取不同方式加以处理。首先,源于发展不均衡(城乡差距)的收入差距扩大,解决的根本途径在于提高农村发展水平,加快城市化速度,发展不均衡所导致的收入差距,只能以加快发展、提高发展的均衡协调性来克服,任何牺牲发展或损害发展的做法,都会从根本上损害收入分配平等目标的实现。其次,源于增长性因素(不同要求对增长贡献程度在提高速度上的差异)的收入差距,是基于效率差异,基于事先机会均等的市场竞争的必然,在不否定

159

效率优先,强调以效率提高作为主要增长动力的增长方式根本转变过程中,不能以损害事先公平进而降低效率为代价,来提高事后分配结果上的均等程度。否则,不仅与中国社会经济发展历史的客观要求相冲突,而且与社会主义市场经济体制目标的根本要求相矛盾。市场有效竞争中形成的事后收入分配差距扩大的矛盾,难以通过市场竞争机制本身去解决,而应通过非市场的力量,特别是政府来处理。再次,源于体制性因素(市场化进展程度和完善程度的差异)的收入差距,是由于事先机会不均等所致,从理论上说,关键要认识到,这是市场化不足、不完善所致,而不是市场化的必然。从实践上,重要的在于两方面,一方面是深化并完善市场化竞争,包括产权制度和价格制度的改革,包括商品市场和要素市场培育,企业和政府的改革等;另一方面是加强并完善法制秩序,包括加快和提高法律制度建设的进程和质量,包括法律的权威和法治精神的弘扬等。最后,对于资产性差异所形成的收入差距扩大,关键在于两方面:一是从理论和实践上必须科学有效地处理公有制为主体的所有制结构与市场机制之间的关系;二是必须进一步加强政府在社会分配公平和均等目标实现上的作用,以提高社会各方面的和谐程度。

本篇重要提示

清楚地把握企业产权制度与市场制度间的内在联系,明确市场经济机制对于企业产权制度的基本要求。

本篇总结

从理论上深入剖析企业产权问题和市场机制,从对中国改革实践的考察中认识企业产权制度改革的重要性及改革进程的历史特点,认识市场化进程的特征和历史性的变化。就产权理论而言,本篇试图讨论这样三个层次的问题:其一,产权究竟是什么?其在人类社会制度变迁中具有怎样的地位和作用?其二,在思想史上人们是怎样推动产权讨论的?其三,产权理论主要研究了哪些问题?产权分析是怎样解释社会经济生活的?在讨论这三个层次的理论问题的基础上,分析了中国企业产权改革的历史实践。就市场机制的讨论而言,是在企业产权讨论的基础上,讨论企业、市场之间的内在联系,并从这两方面的内在联系中,进一步探讨市场经济所包含的历史内涵,考察市场机制的基本功能、基本规则、基本特点,特别探讨了中国市场化进程中的特点。

本篇思考题

1. 马克思关于所有制、所有权的分析有哪些主要特点?
2. 西方产权理论是如何演变的?
3. 中国国有企业改革的历史进程具有怎样的特点?
4. 中国民营企业产权制度具有怎样的历史特征?
5. 什么是市场经济?其功能怎样?有什么特点?
6. 产权制度与市场制度、企业制度相互关系怎样?
7. 中国特色的社会主义市场经济应具有哪些特点?
8. 如何理解市场经济秩序,中国转轨时期市场经济秩序建设面临哪些主要矛盾?

本篇主要参考书目

1. 科斯等:《财产权利与制度变迁》(中译本),上海三联书店1991年版。
2. D. C. 诺斯:《经济史中的结构与变迁》(中译本),上海三联书店1991年版。

3. 马克思、恩格斯:《资本论》(中译本),人民出版社2004年版。

4. 刘伟:《经济改革与发展的产权制度解释》,首都经贸大学出版社2000年版。

5. 厉以宁:《中国经济改革的思路》,中国展望出版社1988年版。

6. 吴敬琏等:《论竞争性的市场体制》,广东经济出版社1998年版。

7. 刘伟等:《中国市场经济发展研究》,经济科学出版社2009年版。

8. 李晓西等:《中国市场经济发展报告(2009)》,中国对外经贸大学出版社2010年版。

第三篇 经济结构与经济发展

本篇概要

本篇的基本内容是考察中国的经济结构及其演进,目的是从结构质态演变上认识中国的经济发展所达到的阶段和具有的特征。本篇共设五章(第十二章至第十六章),讨论了中国的产业结构高度及演进特点,分析了产业结构演进对经济增长及增长效率的影响,考察了中国GDP的成本结构以及这种成本结构对需求结构的影响,考察了区域结构与中国现阶段经济发展间的内在联系。

学习目标

使学生对经济结构演变与经济发展间的内在联系有较深入的认识,同时,对中国现阶段的经济结构特征,以及这种经济结构对中国现阶段经济发展的作用特点与问题有较清晰的认识。

本篇包含三方面的内容,一是中国现阶段的所有制结构及其变化,二是中国现阶段产业结构的状况及其变化特点,三是中国现阶段的经济区域结构特征。

第十二章 产业结构与经济发展

第一节 产业结构高度与经济发展

1. 产业结构的含义及结构分析的特点

产业结构分析有别于微观、宏观分析,也不同于孤立的部门经济分析。产业结构分析的目的在于揭示经济发展过程中产业及产业之间的相互关系,以及这种结构关系变化对于短期经济增长和长期经济发展间的相互影响。

就研究对象而言,产业结构分析具有以下特点:(1) 产业结构分析所考察的"产业"具有不确定性和历史性,所谓产业是指生产性企业、行业、部门的某种集合,按不同的集合标准,便有不同的产业划分。问题在于,哪些活动属生产性活动,进而哪些"业"属于"产业",并不是确定的。由于社会生产活动的历史性,也就导致人们对于产业认识的历史性,由此便发生对产业认识的深刻分歧,在将一切生产和劳动视为下层人从事活动的柏拉图时代,柏拉图把围绕财富的活动分为财富生产和财富取得两类,前者是创造新的自然物,如农业,后者是把已生产出来的自然物据为己有,如商业。农业为产业,产业是必需的,但未必是高尚的(亚里士多德的态度与柏拉图相似)。到中世纪,基督教初期,由于对苦行僧式生活的追求,因此对财富和生产在价值取向上是一概否定的。到中世纪盛期,教会为大地主掌握,他们不重视生产,而只强调分配和消费,对产业不可能作出认真的思考。真正对产业开始深入思考是资本主义产业出现之后的事情。十六七世纪重商主义作为代表商业资本利益的经济学说和政策体系被提出,重商主义被先于产业资本活跃起来的商业资本所迷惑,认为只有商业才是产业,特别是国际贸易才是国民财富的源泉,到 18 世纪中期法国重农主义兴起,认为农业是唯一的生产性产业,尽管他们已经以资产阶级的眼光来看待农业了,但在当时以农立国的法国,强调农业的生产性,否认工业制造业的生产性是具有一定的历史必然性的。产业革命的展开,使经济学不得不承认工业制造业的生产性,这在英国古典经济学中得到了集中的体现。进入 20 世纪,特别是在发生 1929—1933 年大危机冲击后,产品过剩成为危机的突出特征,而同时非物品的服务供给相对不足,引导人们日益重视服务业的发展。经济学家提出了三次产业的概念(费希尔,《安全与进步的冲突》,1935 年),并按三次产业来进行国民经济部门分类和国民经济核算("克拉克大分类法"),尤其是战后,服务业的发展成为"后工业化时代"的突出特征,在现实中服务业成为现代经济增长和发展中最为重要的产业,在理论上,运用三次产业分类法来分析经济发展进程越来越引起人们重视(西蒙·库兹涅茨等)。(2)产业结构研究重点在于分析产业间的关系,因而有别于宏观经济研究,也区别于微观经济分析,与宏观经济的总量分析相比,产业结构分析更具结构性,与微观经济的厂商和消费者行为分析相比,产业结构分析更具集合性。(3)产业结构分析方法主要基于长期分析,产业结构分析需要考察多产业间的数量比例关系及其运动,即规模上的结构均衡问题;需要考察多产业间内在的质的联系,所涉及的主要是结构演进与经济发展的内在历史逻辑;需要考察产业间及部门间投入产出关联特征,分析在技术上相关的产业间的投入产出关系,涉及的主要是结构演进与社会再生产过程的统一性。这些研究内容规定了产业结构分析方法上的长期性质。(4)产业结构研究更关注经济发展质态的演进,从而使得产业结构研究不同于一般的总量短期均衡分析,本质上产业结构分析是长期的供给分析,而不是短期均衡中的需求分析,所以,产业结构分析更强调经济发展中的产业结构高度演进及产业结构效益提升。所谓产业结构高度是指一国产业结构在经济发展历史逻辑进程中顺向地达到的阶段和层次,这种历史逻辑进程包括,产业结构中三大产业占优势比重的依次替代程度,产品结构中初级、中间、最终产品占优势比重的依次替代程度,技术结构中劳动、资本、技术密集型占优势比重的依次替代程度等。所谓结构效益是指产业结构高度及其演进对于国民经济的增长所起的作用,包括产业结构变化是否以产业效率提升为基础,否则便是"虚高度";结构变化对经济增长的贡献怎样,否则便是"负效益"。(5)产业结构分析具有鲜明的实用性,直接服务于产业结构政策的需要,产业结构政策所要影响的包括产业结构高度的推进、主导产业的选择和扶植、新兴战略产业的引领和培育、产业结构效益的提升、产业间相互协调性和结构均衡性的提高等。产业政策实施是政府为主体推动并实施的政策行为,但并不是严格意义上的总需求管理的宏观政策,而是总供给方面的管理政策,因此,其有效性在很大程度上取决于国民经济资源配置方式的有效性,或者说,总供给管理的有效性需要一定的微观机制基础支持,包括,产业结构政策的制定和实施使企业、地方、部门的利益目标是否协调?产业政策的制定和实施是否建立在较完善的竞争性市场机制基础上?是否有真实的价格信息?产业政策的制定和实施是否在制度上对政府权力形成有效约束?是否能有效防止权钱交易的"寻租行为"?等等。

2. 中国现阶段的产业结构高度与经济发展水平

(1)三大产业间结构演变的一般特点

从主要发达国家的经济发展史来看,首先,伴随着经济发展水平的提高,第一产业无论是在就业还是在产值比重上都持续下降,英、美、法、德、日等发达国家的农业劳动力就业比重分别从 19 世纪末的 40% 以上,甚至 80% 以上,下降至现阶段的一位数以内,美国、英国等主要发达国家农业劳动力就业比重目前只有 2% 左右;而第一产业的产值比重下降幅度同样显著,从占据绝对优势或相对优势比重下降至当代的 3%—6% 左右(日本和法国略高),这种变化幅度显著,并且是持续推进的,根本原因在于两方面,一是农业比较劳动生产率的提高,二是农产品收入和价格的需求弹性相对更低。其次,第二产业的比重呈现出由上升到停滞再到下降的趋势。从发达国家经济史来看,这一比重变化的时间进程有所不同,原因在于其产业革命推动的工业化历史进程不尽相同。从就业比重看,第二产业就业比重由上升到停滞再到下降的过程,是工业化成熟程度的反映,发达国家都经历了先是第二产业比重迅速上升,然后出现波动和停滞,当工业化成熟到一定程度,第二产业就业比重相应达到临界区域,再转而下降,第二产业就业比重下降是社会经济发展开始进入"后工业化时代"的重要标志。从主要发达国家的历史经验数据上看,英国是在第二产业就业比重达到 50%(1921 年),美国是达到 35%(1958 年),日本也是达到 35%(1971 年)后开始进入稳定下降状态的。从第二产业的产值比重上看,具有相同的演进趋势,只是由于各国工业化历史进程在时间上的不同,从比重上升到波动再到下降的具体时期有所差异而已,但总的来看,第二产业产值比重下降的速度相比较就业比重的下降而言更为缓慢。再次,第三产业的比重自第二次世界大战后在主要发达国家开始普遍上升,尤其是第三产业的就业比重战后上升趋势更为显著,而同期第三产业产值比重的变化则具有一定的不确定性,虽然总体上呈现上升态势,但波动较大,并且上升幅度远低于就业比重的上升幅度。

(2) 现阶段我国三大产业的结构高度

如表 12.1 所示,显然,与我国经济发展自身历史相比较,我国三大产业结构发生演变的速度自改革开放以来显著加快。尤其是在就业结构上,农业劳动力比重自 1978 年至 2010 年的 32 年间下降了 34 个百分点,而此前自 1952 年至 1978 年的 26 年间只下降了不到 13 个百分点,同时第三产业就业比重也大幅上升,自 1978 年至 2010 年上升了 23 个百分点,而此前 1952 年至 1978 年只上升了不到 3 个百分点。而且,伴随着我国社会主义市场经济改革的深入,伴随着工业化进程的加速,我国三大产业结构演进的速度越来越快。1992 年之后,无论是三大产业的就业结构变化,还是产值结构的变化均显著加快。在就业结构上,1978 年至 1992 年的 14 年间,农业劳动力就业比重下降 12 个百分点,而 1992 年至 2010 年的 18 年间下降 20 多个百分点;农业产值比重自 1978 年至 1992 年下降不到 5 个百分点,而 1992 年至 2010 年下降近 14 个百分点。从结构变化值的变化上也能体现这一点。①

表 12.1　我国三大产业就业和产值比重

年份	就业结构(%)			产值结构(%)		
	第一产业	第二产业	第三产业	第一产业	第二产业	第三产业
1952	83.5	7.4	9.1	45.4	34.4	20.2
1965	81.6	8.4	10.0	30.9	50.0	17.7
1978	70.7	17.6	11.7	28.4	48.6	23.0
1992	58.5	21.7	19.8	23.9	48.1	27.9
2010	36.7	28.7	34.6	10.1	46.8	43.1

资料来源:《中国统计年鉴》(历年),1978年后的数据为国民生产总值构成,1965年前的数据则是按社会总产值构成。

但是,若与当代世界各类经济水平相比较,我国的产业结构高度尚处于中等收入向上中等收入发展中国家过渡期间的水平。我国1978年改革开放初期的产业结构高度与当代低收入的发展中国家平均水平很接近,其中第一产业就业比重我国1978年为70.1%,而当代低收入发展中国家为73%,第一产业的产值比重我国当时为28.4%,低收入发展中国家为37%。目前,我国第一产业就业比重为36.7%,当代中等收入发展中国家(小康水平)为44%,上中等收入发展中国家(全面小康)为30%,我国正处于中等收入向上中等收入发展中国家过渡的状态。从产值结构上看也是如此,我国目前为10.3%,当代中等收入发展中国家为12%左右,上中等收入发展中国家为9%左右,如果通过结构相似性系数对三大产业结构状态与国际社会作出系统的比较,则我国改革开放初期的三大产业结构高度与低收入的发展中国家相似程度最高,结构相似性系数无论是在产值结构上还是在就业结构上,都是与低收入发展中国家最相似,结构相似性系数均在0.9以上。现阶段,我国三大产业结构高度与当代中等收入发展中国家最为相似,产值和就业结构与中等收入发展中国家间的相似性系数也都在0.9以上。②

---

① 结构变化值(K)表明一定时期结构变化的程度:$K = \sum |q_{it} - q_{io}|$,$i$为不同产业,即第一、第二、第三产业,$q_{io}$为基期所占比重,$q_{it}$为报告期所占比重,这一变化值的绝对值越大,表明变化速度越快。(金滢基:《产业结构变革与科学技术》,《经济学译丛》1981年第2期。)

② 结构相似性系数 s_{ij} 表达两种结构间的相似程度,若完全相似则 s_{ij} 为1,$1 - s_{ij}$ 则为两种结构的偏离度。公式 $s_{ij} = \dfrac{\sum_n x_{in} x_{jn}}{(\sum_n x_{in}^2 \sum_n x_{jn}^2)^{\frac{1}{2}}}$,其中 x_{in} 为第 i 种结构中 n 部门所占比重,x_{jn} 为在第 j 种结构中 n 部门所占比重。具体公式运用的方法可参阅刘伟:《工业化进程中的产业结构研究》第二章,中国人民大学出版社1995年版。

第二节 中国产业结构高度的国际及国内区域间的比较

产业结构的演变,特别是产业结构高度的提升,是一国经济发展取得实质性进展的重要体现。产业结构的转变方式可以区分为市场导向和政府导向两种基本类型,对于落后的发展中国家而言,实现结构升级的体制关键在于,如何在推进市场化体制进程的同时,把产业结构演进统一于市场导向和政府导向的有机结合中。对于由传统计划经济向社会主义市场经济体制转型的我国而言,产业结构高度的推进,关键在于如何在深入改革和完善竞争性市场机制的基础上,使政府的宏观调控有效地通过市场机制来实现其结构发展目标。从另一方面说,体制变迁对于发展的积极效应,重要的便在于体制变迁过程中,产业结构是否发生了深刻的变化,而这种变化是否真正推动了增长并体现着长期发展的意义。

产业结构高度表面上是不同产业的份额和比例关系的一种度量,若仅仅是一种份额和比例关系的度量,则有可能在一定时期发生"虚高度",即通过有悖经济成长逻辑的方式超越经济发展的客观约束,以严重损害资源配置效率为代价,提升所谓产业结构高度,因此产业结构高度的度量本质上必须同时是一种劳动生产率的衡量。只有一个国家或地区的劳动生产率较高的产业所占的份额较大,才能表明这个国家或地区的产业结构高度较高。

1. 产业结构高度的内涵

(1) 产业结构高度与"虚高度"

如果说经济结构变迁是工业化的基本内涵,那么产业结构高度化则是工业化进程中供给结构转变的基本要素,与之相对应的是,工业化的结构转变还包含需求结构的变迁。

一般而言,产业结构高度化是根据经济发展的历史和逻辑序列顺向演进的过程,它包括三个方面的内容:第一,在整个三大产业结构中,由第一产业占优势逐渐向第二产业、第三产业占优势演进;第二,在部门结构中由劳动密集型产业占优势逐渐向资本密集型、技术(知识)密集型产业占优势演进;第三,在产品结构中由制造初级产品的产业占优势逐渐向制造中间产品、最终产品的产业占优势演进。① 相应的在国民经济投入产出表中,无论从供给还是从需求方面考察,国民经济的产值、就业、资产等方面的结构均会发生变化。

产业结构高度化是工业化进程中一种定向的、有规律的份额变化,那么产业

---

① 周林、杨云龙、刘伟:《用产业政策推进发展与改革》,《经济研究》1987年第3期;刘伟:《工业化进程中的产业结构研究》,中国人民大学出版社1995年版。

结构高度是不是就是一种用份额来度量的指标呢？已有的相关研究大都是将几种份额，比如就业份额、资本份额、霍夫曼比值等，按照某种设定的权重加总所得之和作为产业结构高度的度量指标。不能否认这样的指标有一定的参考价值，但是，这样的指标适用性并不强，它们并不适用于工业化进程中的农业经济和城市经济。农业经济以新西兰为例，在其经济发展过程中，工业的产值比重没有显著的上升，因为农业在其经济中一直占有显著的比重。城市经济以中国香港地区为例，在其经济发展过程中，第三产业一直占有绝对的比重。这两种经济都没有呈现显著的、定向的份额变化。如果单纯用份额度量产业结构高度，以份额变化模拟产业结构高度化，我们将发现，在从不发达到发达的经济发展过程中，这些经济体的产业结构高度几乎没有显著提升，甚至是下降的。显然，产业间份额的转变并不是产业结构高度化的本质。

只有当产业结构的演进能使得各个产业的劳动生产率都提高至更高的水平时，这样的产业结构演进才是有意义的，也就是所谓"结构效益"的提升，否则，我们只能将这样的产业结构演进称为产业结构倒退或者说是"虚高度"。产业结构高度化是这样一个过程：原有要素和资源从劳动生产率较低的产业部门向劳动生产率较高的产业部门转移，新增的要素和资源也被配置到劳动生产率较高的产业部门，导致劳动生产率较高的产业部门的份额不断上升，使得不同产业部门的劳动生产率共同提高。因此，产业结构高度化实际上包含了两个内涵：一是比例关系的演进；二是劳动生产率的提高。前者是产业结构高度化的量的内涵；后者才是产业结构高度化的质的内涵。经济学家对经济史的探索和研究已经表明了这样一个客观的规律：从供给来看，产业之间的比例关系呈现一种规律性的变化，这种规律性的变化实际上伴随着不同产业的劳动生产率的共同提高，因此，产业结构高度化的量的内涵服从于质的内涵，长期来看，量的内涵绝不会违背质的内涵；在短期内即使人为地违背质的要求以"虚高度"的方式提升产业结构的高度，最终也会被经济发展强制纠正过来，当然这种纠正会伴随着巨大的代价。

产业结构高度的测度表面上是不同产业的份额和比例关系的度量，本质上是劳动生产率的衡量。因此，一个经济体的产业结构高度较高，表明这个经济体中劳动生产率较高的产业所占的份额较大。有人可能会怀疑，劳动生产率是不是涵盖了产业结构高度的全部内涵，产业结构高度是不是还应该包括资本积累的高度（人均资本）、技术进步的高度。新增长理论对技术进步的研究表明，资本积累和技术进步的成果完全可以体现在劳动生产率的增长上。例如 Kumar 和 Russell 认为劳动生产率的增长可以分解为技术效率的增长、技术进步的增长和资本积累的增长。产业结构高度是产业结构演进的成果的体现，只需将这样的成果的指标抽象出来即可。

（2）产业结构高度的指标及比较

现有的测度产业结构高度的方法主要有以下三类。

第一，静态直观比较方法。这一方法是指将所考察经济的产业比例关系与发达国家的产业结构或者是所谓"标准结构"的产业比例关系相比较，判定所考察经济的产业结构所处的高度。库兹涅茨、钱纳里、赛尔奎因等人通过研究多国产业结构演进的经验事实，利用投入产出分析法和计量实证方法，总结出工业化进程中不同阶段的产业结构高度的典型特征。他们都提出了不同人均收入下产业结构高度的标准，这些"标准"常常被用来衡量所考察经济的产业结构高度。

第二，动态比较判别方法。这一方法通过构建某些特定的量化指标，用另一个经济的产业结构系统作为参照系对所考察经济的产业结构高度进行判别。这种方法和第一种方法相似，仍用比较的方法测度所考察经济的产业结构高度，区别在于动态比较判别方法运用统计方法能够动态地判定两个经济的产业结构高度的相似性（离差）。这一类方法以结构相似性系数和结构变化值最为典型，分别代表着动态比较判别方法的两种类型：一种是相似判别法，即比较两个产业结构系统的相似程度，根据两者的"接近程度"衡量所考察经济的产业结构高度，包括结构相似性系数（又叫夹角余弦法）、相关系数法（统计学中的相关系数）；另一种是距离判别法，即度量两个产业结构之间的差距，根据两者的"离差程度"判定所考察经济的产业结构高度，包括结构变化值（海明距离法）、欧式距离法和兰氏距离法。

第三，指标法。这一类方法通过构建一种或多种指标判定一个经济的产业结构高度。前两种方法都是比较的（相对的）、定性的、离散的，只能用于定性地、离散地判断。指标法恰恰纠正了前两者的缺点，它可被用于对横截面数据和时间序列的连续的、定量的分析，霍夫曼比值也可以被归为这一类，因为它提供了一种测度工业内部结构的指标——消费品工业产值和资本品工业产值的比值，这一比值既有时间序列上的延承（从5降至小于1的数），也可以用于横向比较。

指标法适用性较强，既可用于截面数据和时间序列的连续分析，也可作为计量实证研究的基础数据。

为了和上一节所阐释的产业结构高度的内涵保持一致，本节的产业结构高度指标至少要包括两个部分：比例关系和劳动生产率。因此，将比例关系和劳动生产率的乘积作为产业结构高度的测度指标，即产业结构高度 H 为：

$$H = \sum v_{it} \times \text{LP}_{it} \qquad (12.1)$$

这里 i 处于一个开放的集合中，它可以为 1，2，3，代表第一、二、三次产业，也可以为 1，2，…，m，即随着产业门类不断被细分（细分至 m 种产业），i 的集合可以不断增大。其中，v_{it}是t时间内产业i的产值在GDP中所占的比重，LP_{it}是t时间内产业i的劳动生产率。显然这一公式符合前面所阐释的产业结构高度的内涵：如果一个经济中劳动生产率较高的产业所占的份额较大，那么，它的产业结构高度值H也较大。

但是，一般说来，劳动生产率是一个有量纲的数值，而产业的产值比重则是一个没有量纲的数值。因此，我们必须将"劳动生产率"指标标准化。为了使得我们的产业结构高度指标不仅可用于判断工业化的进程，还可用于国际比较，劳动生产率的标准化公式为

$$LP_{it}^N = \frac{LP_{it} - LP_{ib}}{LP_{if} - LP_{ib}} \tag{12.2}$$

其中LP_{it}^N是标准化的产业i的劳动生产率，LP_{if}是工业化完成时产业i的劳动生产率，LP_{ib}是工业化开始时产业i的劳动生产率，LP_{it}是原始的、直接计算的产业i的劳动生产率，其公式为$LP_{it} = VA_i / L_i$，即产业i的增加值与就业人数的比值。

在这里，我们将钱纳里等[①]的标准结构模型中的人均收入706美元作为工业化的起点，而将人均收入10 584美元作为工业化的终点，如表12.2所示。（原文以1970年美元计算，工业化起点是140美元，而终点是2 100美元，本文将它折算成2005年美元。通过美国的CPI数据可知，1970年美元换算成2005年美元的换算因子为5.04，本节中所有其他美元数据都以2005年美元计算。）在这一时点之后，经济将跨入发达经济阶段。（世界银行2005年划分的发达和不发达国家的人均收入的标准是10 725美元，与本节10 584美元的差异很小，可以忽略。）

表12.2 工业化进程中劳动生产率的标准

	劳动生产率 （1970年美元）	劳动生产率 （2005年美元）	劳动生产率 （2005年人民币）
工业化起点：人均收入为706美元（2005年美元）			
第一产业	70	352	2 570
第二产业	292	1 473	10 755
第三产业	340	1 714	12 509
工业化终点：人均收入为10 584美元（2005年美元）			
第一产业	1 442	7 268	53 058
第二产业	3 833	19 320	141 036
第三产业	1 344	6 773	49 441

---

① Chenery H. B., Robinson S., Syrquin M., *Industrialization and Growth: A Comparative Study*, Oxford University Press, Oxford, 1986.

产业 i 标准化的劳动生产率表明产业 i 的劳动生产率与发达经济产业 i 的劳动生产率的趋近程度,将各个产业标准化的劳动生产率加权平均求和所得的产业结构高度,就是表明了产业结构与工业化完成状态的产业结构高度的离差,成为一种既可用于横向比较也可用于纵向比较的指标。如果将发达国家的产业基础数据代入公式(12.1),由于美国已经处于后工业化时代,其各个产业的劳动生产率都显著高于工业化完成时各产业的劳动生产率,我们将发现发达经济的产业结构高度值 H 显著地大于1。

2. 横截面数据下产业结构高度的比较:国际和国内比较

(1) 国际比较

我们运用公式(12.1)和(12.2)计算2005年世界典型国家的产业结构高度,结果见表12.3。

表12.3 2005年世界典型国家的产业结构高度

国家	第一产业的 LP_{1t}^N	第二产业的 LP_{2t}^N	第三产业的 LP_{3t}^N	产业结构高度 H
中国	0.084	0.288	0.498	0.346
德国	0.202	3.905	16.094	12.372
法国	0.578	4.171	16.922	13.746
英国	0.180	4.827	14.661	11.929
美国	0.265	5.092	17.480	14.511
新加坡	-0.036	3.954	8.565	6.994
日本	0.222	4.142	14.291	11.013
韩国	0.330	2.810	5.693	4.318
泰国	0.096	0.529	0.946	0.679
巴西	0.168	0.658	0.860	0.707
印度尼西亚	0.088	0.486	0.274	0.343

表12.3显示,英国、美国、德国、法国等发达经济的产业结构高度显著地大于1,而中国、泰国、巴西、印度尼西亚等发展中国家的产业结构高度则显著地低于1。表12.3对各国产业结构高度的测度验证了效率意义上的产业结构高度与经济发展阶段、发展水平的一致性。从产业结构高度的视角来看,中国的工业化进程大约走完了1/3。但是,产业之间并不是均衡的,第三产业的现代化进程明显快于第二产业,更快于第一产业,第一产业和第二产业、第三产业之间的距离正在拉大。

(2) 国内比较

我们将2005年我国典型地区的三次产业数据代入公式(12.1)和公式(12.2),结果见表12.4(这里只选取了一些典型地区的结果)。

表 12.4　2005 年中国典型地区的产业结构高度

地区	第一产业的 LP_{1t}^N	第二产业的 LP_{2t}^N	第三产业的 LP_{3t}^N	产业结构高度 H
上海	0.210	0.949	2.361	1.655
北京	0.261	0.605	1.702	1.359
天津	0.226	0.826	2.062	1.320
广东	0.132	0.521	1.181	0.779
江苏	0.218	0.450	1.005	0.628
浙江	0.173	0.328	1.020	0.595
辽宁	0.192	0.519	0.799	0.594
福建	0.186	0.339	0.834	0.510
山东	0.138	0.441	0.734	0.503
河北	0.140	0.301	0.724	0.417
湖北	0.138	0.331	0.359	0.310
青海	0.047	0.354	0.306	0.299
陕西	0.039	0.325	0.313	0.286
河南	0.068	0.256	0.339	0.247
四川	0.075	0.196	0.199	0.173
贵州	0.007	0.195	-0.042	0.066

表 12.4 的结果显示,各省区的产业结构高度呈现明显的层次性。中国各地区的产业结构高度和经济发展水平基本相一致,和 GDP 水平并不完全一致,和人均 GDP 的水平相关性较高,东部地区的产业结构高度显著地大于中西部地区。上海、北京、天津三个直辖市的产业结构高度大于 1,广东、江苏、浙江、山东、辽宁等东部沿海地区的产业结构高度在 0.5 和 1 之间,河北、河南、湖北、陕西、四川、贵州等中西部地区的产业结构高度则在 0 和 0.5 之间。根据我们对产业结构高度的定义,一个经济的产业结构高度值和 1 越接近,表明其越接近工业化完成时期的产业结构高度。从平均的视角来看,上海、北京、天津三个直辖市已经完成了工业化,但是,这主要是由于城市化和第三产业的非均衡增长造成的,除了上海以外,北京、天津的第二产业(北京:0.605,天津:0.826)距离完成工业化仍有一段距离,而第一产业的劳动生产率距离完成工业化更是遥遥无期。因此,需慎言北京、上海和天津等国内发达城市已完成工业化。中国典型省区的数据普遍显示,第三产业的增长对产业结构高度的带动一般都很大;从效率意义上来说(除了个别地区以外),第一产业、第二产业距离完成工业化还有相当一段距离。

3. 时间序列下产业结构高度的比较

将 1978—2005 年全国的宏观数据代入公式(12.1)和公式(12.2),结果见

表 12.5(以 2005 年不变价格计算)。

表 12.5　1978—2005 年中国的产业结构高度演进

年份	第一产业的 LP_{1t}^N	第二产业的 LP_{2t}^N	第三产业的 LP_{3t}^N	产业结构高度 H
1978	-0.015	0.015	-0.095	-0.020
1979	-0.007	0.018	-0.112	-0.018
1980	-0.008	0.018	-0.118	-0.019
1981	-0.004	0.014	-0.119	-0.021
1982	-0.001	0.014	-0.111	-0.018
1983	0.003	0.018	-0.102	-0.014
1984	0.011	0.022	-0.076	-0.006
1985	0.010	0.025	-0.025	0.006
1986	0.011	0.025	-0.016	0.009
1987	0.014	0.028	-0.007	0.014
1988	0.012	0.029	-0.005	0.014
1989	0.007	0.025	-0.004	0.011
1990	0.007	0.014	-0.037	-0.004
1991	0.007	0.025	0.007	0.015
1992	0.009	0.042	0.045	0.036
1993	0.012	0.062	0.051	0.048
1994	0.020	0.071	0.048	0.053
1995	0.028	0.082	0.037	0.056
1996	0.035	0.090	0.041	0.063
1997	0.035	0.099	0.075	0.079
1998	0.037	0.107	0.122	0.100
1999	0.036	0.122	0.170	0.126
2000	0.036	0.145	0.220	0.158
2001	0.039	0.162	0.284	0.194
2002	0.043	0.195	0.340	0.234
2003	0.048	0.230	0.391	0.273
2004	0.071	0.258	0.433	0.304
2005	0.084	0.288	0.498	0.346

从产业结构高度的视角来审视中国改革开放的历程和工业化的进程是十分有意义的。表 12.5 的最后一列显示,1985 年之前,中国的产业结构高度一直在徘徊,尽管第二产业的劳动生产率一直显著提升,但是经济总体明显处于工业化起飞前的准备阶段。我们可以认为,从 1985 年开始,中国才开始真正进入工业化时期。除了 1989—1991 年间出现短暂的波动以外,产业结构高度一直稳步推

进。从 1998 年开始,产业结构高度出现加速提升(年均增长约为 0.03,此前年均增长约为 0.003),表明中国经济开始步入健康、稳态的发展阶段。但这种增长主要是由第三产业的劳动生产率提升所推动的,第三产业不仅劳动生产率增速较快,而且它在总产值中的份额也不断增长,这种趋势目前仍在持续。

4. 结论

本节在深入探讨产业结构高度基本内涵的基础上,设立了一种既可用于横截面数据比较,也可用于时间序列比较的产业结构高度指标。我们认为,产业结构高度表面上是不同产业的份额和比例关系的一种度量,本质上是一种劳动生产率的衡量。一个国家或地区劳动生产率较高的产业所占的份额较大,表明这个国家或地区的产业结构高度较高。本节通过国际比较、国内各地区比较、全国数据时序比较得出以下结论。

首先,对产业结构高度的国际比较发现,产业结构高度的演进和经济发展水平的提升呈现明显的相关性,发达经济的产业结构高度显著地大于 1,发展中国家的产业结构高度则显著地小于 1。一个经济的产业结构高度值越接近 1,表明其离完成工业化的终点越近。从产业结构高度的视角来看,至 2005 年,中国的工业化进程大约走完了 1/3。但是,产业之间并不是均衡的,第三产业的现代化进程明显快于第一产业、第二产业,第一产业和第二产业、第三产业之间的距离正在拉大。

其次,对国内各地区的产业结构高度的研究发现,根据产业结构高度的水平值,各省市可以分为三个阶梯,上海、北京、天津三个直辖市的产业结构高度大于 1,处于第一阶梯;广东、江苏、浙江、山东、辽宁等东部沿海地区的产业结构高度在 0.5 和 1 之间,处于第二阶梯;河北、河南、湖北、陕西、四川、贵州等中西部地区的产业结构高度则在 0 和 0.5 之间,处于第三阶梯。从平均的视角来看,上海、北京、天津三个直辖市已经完成了工业化,但是,这主要是由于城市化和第三产业的非均衡增长造成的,单从最能衡量工业化水平的第二产业结构角度来看,除了上海较接近完成以外,北京、天津距离完成工业化尚有一段距离。中国各省区的数据普遍显示,第三产业的增长对产业结构高度的带动很大,第一产业、第二产业距离完成工业化还有相当一段距离。

最后,对产业结构高度进行时序比较发现,从 1985 年开始,中国开始真正进入工业化时期。除了 1989—1991 年间出现短暂的波动以外,产业结构高度一直稳步推进。从 1998 年开始,产业结构高度进入加速提升阶段,中国经济也逐渐走入优化产业结构、转变增长方式的良性发展轨道。在此过程中,第三产业的推动作用最大。

第三节 中等收入阶段产业结构演进的主要特点

1. 工业化加速时期是第一产业劳动生产率显著提高,同时比重迅速下降的时期

这一方面可以从经济史上的伴随经济发展,比较产业劳动生产率逐渐提高的事实来证明,同时也可以从恩格尔定律的客观存在得到支持。从农业劳动生产率提高来看,工业化加速时期的农业劳动生产率与非农产业(如工业制造业)劳动生产率的比较,即比较产业劳动生产率,显示出迅速上升的趋势,其比值从显著小于1逐渐向1接近(直到目前为止尚未发现有经验证明这一比值超过1的现象,即一国农业劳动生产率水平普遍超出工业制造业或第三产业劳动生产率),从而为农业比重的下降创造了可能性。从恩格尔定律到微观经济理论对农产品弹性的分析,都可以说明伴随经济发展和人们收入水平的提高,用于农产品支出的比重在下降,动态地说,即是用于农产品支出的增加速度低于收入水平提高的速度,在市场经济中相对地说农产品的市场需求比重自然就会下降,从而导致农业比重的下降。并且,这种下降在工业化加速的不同阶段呈现明显的加速度。①

2. 工业化加速时期,第二产业、第三产业的比重以加速度上升,但上升幅度最大的是第二产业比重

据库兹涅茨的分析,在工业化加速时期,特别是在人均GDP达到1 000美元的过程中(按20世纪50年代美元价格),第二产业就业比重上升率为375%,第三产业就业比重上升率为277.8%,相差近100个百分点;第二产业产值比重上升率为171%,第三产业产值比重上升率为46%,相差125个百分点。② 经济发达国家的经济史表明,第三产业比重及增长率超过第二产业必须是在经济发展达到一定阶段之后才可能,在工业化未完成的工业化加速时期,尚不具备这种条件。第二产业比重上升的趋势停滞并转而下降,存在一个经济发展过程的结构变化临界区间,从就业结构上看,世界主要发达国家历史上是在第二产业就业比重达到37%—50%之后(英国1881年50%,美国1958年37%,日本1971年37%),才开始陆续出现第二产业就业比重下降的趋势;从产值结构上看,日本是自1971年起,美国是自1889年起,英法则是自20世纪初开始,第二产业产值

---

① 参阅库兹涅茨:《各国的经济增长》(中译本),商务印书馆1985年版,第111—210页。
② 同上。

比重开始出现停滞、下降的迹象,并且下降的速度直到现在也都很低。① 世界银行的分析资料表明,以人均国民生产总值为标志,在 20 世纪 50 年代以 1 000 美元为标志界限值,70 年代以 3 000 美元为标志界限值,80 年代以 7 000 美元为标志界限值,工业比重才开始呈现出由上升到下降的变化状态。②

3. 在工业化加速时期,产业结构变化对经济增长的作用上,工业制造业比重的上升对经济增长的作用程度最强

库兹涅茨曾通过分析工业化加速时期(70—1 000 美元/20 世纪 50 年代价格)的不同产业部门反应弹性值,来考察不同产业部门在一定的增长率下对经济增长的拉动作用程度,部门反应弹性值表示的是与人均国民生产总值增长率变动相联系的部门产值变动的百分比,某一部门的反应弹性值越大,表明该部门对整个国民经济增长的作用程度越强。结果表明,在工业化加速时期,工业制造业部门反应弹性值最大,为 1.38;服务业次之,为 1.11;农业最低,为 0.44。③ 在库兹涅茨横截面的比较静态的考察基础上,钱纳里等人进一步计算了各产业部门贡献的平均值,并将其引入经济发展的动态过程,得出结构变化的动态模型。分析表明,在经济发展的三个阶段中,第一阶段,经济增长主要是依靠扩大要素投入量,全要素生产率增长的贡献低于投入量的贡献,大量低效率使用的劳动力滞留于农业,资本、技术劳动力还不可能大规模地向非农产业转移。在第二阶段(人均 GDP 400—2 100 美元/20 世纪 70 年代价格),经济增长主要由急速扩张的工业制造业拉动,农业的贡献逐渐降低,服务业对经济增长的贡献也逐渐出现停顿并稍趋下降(人均 GDP 达到 560 美元之后);在实现经济增长的方式上,全要素生产率提高对经济增长的贡献显著并持续上升,相应的,要素投入量增长对经济增长的贡献趋于下降。第三阶段,进入后工业化时代,工业制造业对经济增长的贡献由于其产品的需求弹性降低等多种原因而趋于下降,初级产品生产部门的贡献进入相对稳定状态,后工业化时代的新兴产业,尤其是现代第三产业的贡献越来越显著。④

4. 工业化加速时期工业制造业内部结构变化对于增长的作用特点

若将工业制造业区分为三类,一类是传统加工业,包括食品和纺织工业等;二类是劳动对象工业,包括石油、采矿、冶金等;三类是劳动资料工业,主要指机械工业。从发达国家工业化历史来看,在工业化进程中的第一阶段(从工业化

---

① 参阅刘伟、杨云龙:《中国产业经济分析》,中国国际广播出版社 1987 年版,第 41—49 页。
② 参阅世界银行:《世界发展报告 1987》(中译本),中国财政经济出版社 1988 年版,第 46—513 页。
③ 参阅库兹涅茨:《各国的经济增长》(中译本),商务印书馆 1985 年版,第 118—119 页。
④ 参阅钱纳里等:《工业化和经济增长的比较研究》(中译本),上海三联书店 1989 年版,第 93—98 页。

起步到 19 世纪末),传统加工业和劳动对象工业在工业结构中比重最大、增长速度最快,但在这一时期的期初和期末,传统加工业与劳动对象工业的地位发生了转换,传统加工业由期初的首位转变为期末的次席,相应的劳动对象工业上升为首位。在工业化的第二阶段(大约从 20 世纪初开始),机械(电)工业的增长速度显著提高,从而机械(电)工业在工业结构中的比重逐渐上升为首位,增长速度最慢、比重也最低的是传统加工业,劳动对象工业居中。在工业化的第三阶段(20 世纪中期以后),机械(电)工业的速度和比重仍居第一位,但同时劳动对象工业的比重下降和增速降低的幅度增大,而传统加工业经过技术改造,其比重和增速下降的幅度减小。显然,这种工业结构的演变是以科技革命进程为依托,与生产力发展中的三次重大的技术革命相适应的。[①]

5. 工业化加速时期市场化的制度目标对第三产业的发展具有特殊的要求

如前面所讲到的,在工业化加速时期,单纯地从经济成长的阶段性来看,产业结构演进的突出特征是第二产业的显著上升,第三产业无论是在比重提升上,还是在扩张速度上,包括其扩张对于整个经济增长的贡献,都低于第二产业,也就是说,在工业化加速时期,就产业结构变动意义而言,拉动经济增长的首要动力是第二产业。但对于未实现工业化的我国来说,为实现经济的有效增长,在体制上不能不历史性地推进市场化,这种工业化和市场化双重转轨并行的历史条件,使我国的工业化加速期的第三产业发展不能简单地遵循发达国家的历史,也不能简单地等同于当代新兴工业国的发展轨迹。据统计分析,无论是在发达国家的经济史上,还是在当代新兴工业化国家的进展中,一般是先进行商业革命,而后再推动以工业化为本质的产业革命,或者说,是先在经济体制上构建了市场机制,然后以市场机制为依托推动工业化,整个工业化过程表现为市场化之后的经济成长,因而在工业化加速时期,与市场化进程直接相联系的第三产业的一系列部门几乎没有新的发展,在这一时期整个第三产业的比重(按不变价格计)几乎不变。这表明在进入工业化加速期之前,第三产业的发展伴随着商业革命和市场化进展已达到了一定的规模。事实上,没有哪一个产业的发展与市场机制的发育联系得如同第三产业与市场化进程那样直接和紧密,尤其是现代第三产业许多部门的发展直接构成市场机制的产业服务基础。如商业、金融业、法律服务业、保险业、信息业、邮电通信业、交通运输业等,无不直接构成市场经济社会的体制性产业基础。因此,如果说工业化的进程必须在体制上以市场化为前提,那么,在工业化加速期之前,围绕市场机制的发育所需要的第三产业的一系列重要部门必须先行发展,而进入工业加速期之后,经济增长所要求的市场机制的制

[①] 参阅刘伟、杨云龙:《中国产业经济分析》,中国国际广播出版社 1987 年版,第 59—64 页。

度创新已经基本实现,围绕市场化所需要的第三产业部门的发展进入相对稳定期,整个经济增长主要表现为第二产业的显著扩张。根据钱纳里等人的多国标准模型回归分析,在工业化加速期,期末与期初相比,在人均国民收入的构成当中,第二产业比重上升幅度最大(上升21个百分点),而同期第三产业的比重在数十年的时间里基本不变(仅上升3个百分点),表明工业化加速时期的经济增长首要的是依靠第二产业拉动,但需要指出的是,虽然第二产业上升幅度最大,可是在期初第三产业所占比重远远高于第二产业所占比重(36%对15%),到期末,尽管这期间第二产业比重显著上升,可在比重上仍是第三产业最高(39%对36%)。① 这一方面表明在工业化加速之前,第三产业已有远远超越第二产业规模的发展,这是与产业革命加速之前的市场化相联系的,另一方面表明在工业化加速过程中,第三产业比重基本上未改变,这是与工业化加速过程中增长主要依靠第二产业发展相联系的。因此,对于以市场化和工业化为目标的双重转轨经济来说,大力发展第三产业的重要目标导向应是为了培育市场化,而经济增长目标,即工业化目标则主要依靠发展第二产业,第三产业发展会对经济增长作出贡献,但相对而言,其作用程度在工业化加速时期远低于第二产业,但无论是在总量上,还是在结构上,大力推进市场机制建设所要求的第三产业,对于双重转轨的经济来说,有着极其重要的制度创新意义。②

6. **工业化加速时期需求结构的变化特征对产业结构演变发生重要影响**

首先,突出的一点在于,工业化加速过程中,需求结构中的中间需求比重显著扩张,与这种需求结构变化相适应,产业间的关联程度极大地提高,这是工业化进展的重要特征。③

其次,不仅与最终需求相比,中间需求比重显著上升,而且最终需求内部也发生着深刻的结构变化,其中消费需求在规模绝对扩大的同时,所占比重显著下降,而投资需求在规模绝对扩张的同时,所占比重也大幅上升。那么,工业化加速时期的这种需求结构变化特点对产业结构及相应的经济增长发生怎样的影响呢? 第一,总需求中的中间需求比重显著上升,表明这一时期中间需求对于经济增长的作用程度显著提高,而最终需求对经济增长的作用的提高速度低于中间需求;第二,消费需求在最终需求中比重下降,表明这一时期消费需求增长对经济增长的作用相比较而言呈下降趋势;第三,消费需求在最终需求中比重的下降主要是由于对农产品需求的下降所致,从而推动工业化加速时期产业结构演变

---

① 参阅钱纳里:《工业化和经济增长的比较研究》(中译本),上海三联书店1989年版,第56—78页。
② 参阅刘伟、杨云龙:《工业化与市场化:中国第三次产业发展的双重历史使命》,《经济研究》1992年第12期。
③ 参阅金德尔伯格等:《经济发展》(中译本),上海译文出版社1986年版,第194—195页。

上第一产业比重持续显著下降,恩格尔定律对此具有较强的解释能力;第四,中间需求的增加主要是由于对工业制造业的中间需求比重增加,中间需求比重迅速提高带动的经济增长加速,主要是来自工业制造业的中间需求比重的提高,来自工业制造业本身的发展和外贸要求,而不是主要来自最终需求中的消费需求变动,所以,工业化加速时期工业制造业的比重提高,增长速度加快,不能像解释农业比重下降那样,以恩格尔定律加以说明。[①]

[①] 参阅钱纳里:《工业化和经济增长的比较研究》(中译本),上海三联书店1989年版,第73页。

第十三章 产业结构演进对我国经济增长及增长效率的影响

改革开放以来,中国经济已经保持了三十余年10%左右的持续增长,那么未来中国经济能否保持这一持续高速增长趋势及这一趋势还能持续多久就值得我们深刻探讨了。克鲁格曼[1]在他的著名文章《亚洲奇迹的神话》(The Myth of Asia's Miracle)中就指出,大部分东亚国家和地区的经济增长主要依靠要素投入的增加,技术进步没有发挥显著作用,因此,他认为东亚经济的增长是不可持续的。克鲁格曼的观点引起了学术界的热烈讨论,国内外众多学者用他的观点来证明1997年亚洲金融危机的必然性,并认为东亚经济需要调整增长路径,通过提高要素生产率来推动经济增长。具体而言,他们认为,在新古典经济学的视角下,一个国家的长期经济增长可以归结为两个方面:一是要素投入的增加;二是要素生产率即劳动生产率或全要素生产率的提高。单纯依靠要素投入扩张的经济增长以粗放式地消耗要素和资源为代价,从长期来看是不可持续的,只有提高全要素生产率才能保证经济增长的可持续性。克鲁格曼所指出的不可持续的东亚增长模式与我国1998年之前的经济增长模式是比较相似的,不过1998年之后我国经济增长模式已经越来越体现出其自身的可持续性。

当然很多学者也认为全要素生产率并不等于技术进步,它只是核算中的残差,用全要素生产率代表技术进步是一个相当大的误解。更重要的是,对于中国这样的发展中国家而言,在改革和发展的最初阶段,纯粹的技术进步对经济增长的贡献可能要逊于市场化改革所带来的产业结构变迁对经济增长的贡献。随着市场化改革的推进,改革所带来的收益可能会逐步减少,而技术进步对经济增长的作用则会慢慢凸显出来。

本章试图将技术进步和产业结构变迁从要素生产率(劳动生产率和全要素生产率)中分解出来,对产业结构变迁和技术进步对经济增长的推动作用进行横向和纵向的对比分析。通过这样的分析,我们希望研究这样一些问题:改革开放三十余年来,产业结构变迁对中国经济增长的推动作用究竟有多大?与技术进步等其他因素对经济增长的影响相比,这种推动作用占据多大的份额?或者

---

[1] Krugman P., The Myth of Asia's Miracle: A Cautionary Fable, *Foreign Affairs*, 1994, 73, pp. 62—78.

说,是市场化改革的推动作用大,还是技术进步的推动作用大?产业结构变迁对经济推动作用的波动趋势是怎样的?能否作出预测,中国未来的经济增长更多地是要依靠更深入的市场化改革还是依靠技术进步来推动?

第一节 中国产业结构变迁对劳动生产率增长的贡献

1. 劳动生产率分解式

本节将使用"转换份额分析"(Shift-Share Analysis)的方法,把结构变迁效应从劳动生产率增长中分解出来。最近将这一方法应用于新兴工业经济和转型经济的结构变迁效应的研究主要有 Fagerberg(2000)[①]、Timmer(2000)[②]和 Peneder(2003)[③]等。

令经济总体的劳动生产率为 LP^t,其中 LP_i^t 是指各个产业部门的劳动生产率,上标 t 表示时期,下标 i 表示不同的产业部门($i=1,2,3$),分别代表第一产业、第二产业和第三产业,LP_i^t 表示产业 i 的 t 期劳动生产率,S_i^t 是 t 期产业 i 的劳动所占份额。

总体劳动生产率可以表示成:

$$LP^t = \frac{Y^t}{L^t} = \sum_{i=1}^{n} \frac{Y_i^t L_i^t}{L_i^t L^t} = \sum_{i=1}^{n} LP_i^t S_i^t \tag{13.1}$$

根据公式(13.1),可以推知 t 期的总体劳动生产率相对于 0 期的增长率为:

$$\frac{LP^t - LP^0}{LP^0} = \frac{\sum_{i=1}^{n}(S_i^t - S_i^0)LP_i^0 + \sum_{i=1}^{n}(LP_i^t - LP_i^0)(S_i^t - S_i^0) + \sum_{i=1}^{n}(LP_i^t - LP_i^0)S_i^0}{LP^0} \tag{13.2}$$

公式(13.2)分解成如下三项:第一,(13.2)式右边第一项被称为静态结构变迁效应,它度量的是劳动要素从劳动生产率较低的产业流向劳动生产率较高的产业所引起的总体劳动生产率的净提升。如果劳动要素流向劳动生产率相对较高的产业 i,则该产业在 t 期内的份额变化值大于 0,我们对其赋予的权重也较大,因此产业 i 的静态结构变迁效应较大。第二,(13.2)式右边第二项被称为动态结构变迁效应,它和第一项有所不同,它表现了劳动要素移动引起的动态效应,

---

[①] Fagerberg Jan, Technological progress, structural change and productivity growth: a comparative study, *Structural Change and Economic Dynamics*, 2000, 11, pp. 393—411.

[②] Timmer P. M., Szirmai A., Productivity growth in Asian manufacturing: the structural bonus hypothesis examined, *Structural Change and Economic Dynamics*, 2000, 11, pp. 371—392.

[③] Peneder Michael, Industrial structure and aggregate growth, *Structural Change and Economic Dynamics*, 2003, 14, pp. 427—448.

度量的是从劳动生产率增长较慢的产业流向劳动生产率增长较快的产业所引起的总体劳动生产率的净提升。如果劳动要素流向劳动生产率较高的产业 i,则该产业在 t 期内的份额变化值大于 0,我们对其赋予的权重也较大,因此产业 i 的动态结构变迁效应也较大。第三,(13.2)式右边第三项被称为生产率增长效应,它是由于各个产业内部的技术效率变化和技术进步等因素导致的各个产业内劳动生产率的增长。

2. 结构变迁效应的计算

我们根据公式(13.2)计算出我国经济总体和三次产业的静态结构变迁效应、动态结构变迁效应和生产率增长效应(表13.1)。

表 13.1 应用转换份额分析的结构变迁效应矩阵

1978—2006 年	列加总	Ⅰ静态结构 变迁效应	Ⅱ动态结构 变迁效应	Ⅲ产业内 增长效应
行加总	4.98	0.50	1.42	3.06
	=	=	=	=
第一产业	0.42	−0.11	−0.35	0.88
第二产业	2.45	0.22	0.70	1.53
第三产业	2.12	0.39	1.07	0.65

表 13.1 中的数值只具有相对意义,我们将表 13.1 换算成百分比形式(分母都是总体的劳动生产率增长率),就更易于理解了(见表 13.2)。

表 13.2 应用转换份额分析的结构变迁效应矩阵(百分比形式)

1978—2006 年	列加总	Ⅰ静态结构 变迁效应	Ⅱ动态结构 变迁效应	Ⅲ产业内 增长效应
行加总	100	$10.0(e_1)$	$28.5(e_2)$	$61.5(e_3)$
	=	=	=	=
第一产业	$8.5(p_1)$	$-2.2(x_{11})$	$-7.0(x_{12})$	$17.7(x_{13})$
第二产业	$49.1(p_2)$	$4.4(x_{21})$	$14.0(x_{22})$	$30.7(x_{23})$
第三产业	$42.5(p_3)$	$7.8(x_{31})$	$21.6(x_{32})$	$13.1(x_{33})$

注:数值后括号内的变量是用以指代该数值的矩阵变量。

结论是显而易见的,从表 13.2 中可以看到,结构变迁效应之和在劳动生产率增长率中占到 38.5%,但分别从三次产业来看,则又各不相同。

第一产业的结构变迁效应是负值,因为农村劳动力不断从农业部门迁移出来,劳动份额呈现负向变化。不过,与结构变迁效应相比,第一产业的生产率增长效应更显著($x_{13} > |x_{11} + x_{12}|$),即第一产业的劳动份额下降 1%,导致整体经济的劳动生产率的增长大于 1%。这说明第一产业内部制度变革和技术进步共

同推动了劳动生产率的提升。

第二产业的结构变迁效应是正值,但低于第二产业生产率增长效应($x_{23} > x_{21} + x_{22}$),这说明第二产业的劳动生产率增长更大程度上取决于产业内技术效率变化和技术进步等因素,而不是产业间要素优化配置。换句话说,对于第二产业而言,产业内的技术效率变化、技术进步导致的劳动生产率的增长大于因为结构变迁导致资源配置效率提高而引起的劳动生产率的提升。

第三产业的结构变迁效应最显著。因为,第三产业吸纳了大量从农村和农业流出的剩余劳动力,从 1978 年约 0.5 亿的就业人口增加到 2006 年约 2.5 亿的就业人口,劳动人口份额也从 12% 上升到 32%。农村剩余劳动力从劳动生产率较低、人均产值较低的农业部门流向城市中的第三产业,这种劳动力产业间迁移极大地解放了生产力。相对于剩余劳动力滞留在农村而言,农村剩余劳动力与第三产业的结合极大地提升和优化了我国资源配置效率,农村剩余劳动力劳动生产率的提高也连锁地引起了经济总体劳动生产率的提升。从第三产业的三种效应的横向对比来看,生产率增长效应低于结构变迁效应,这表明在 28 年(1978—2006 年)的改革开放历程中,第三产业劳动生产率增长主要依赖于结构变迁效应导致的资源配置效率的提高,而不是依靠各产业的技术效率变化和技术进步。

3. 结构变迁效应的贡献率[①]及其趋势

为了分析结构变迁效应的贡献率,需要平滑结构变迁效应的波动,我们使用的方法是将 1978—2006 年分割成 1978—1985 年、1985—1988 年、1988—1991 年、1991—1998 年、1998—2002 年、2002—2006 年六个时段[②],这些时段表示若干个经济波动周期,在每一个经济波动周期内计算结构变迁效应的贡献率。在经济波动周期之内计算结构变迁效应平滑了结构变迁效应的波动性,使得结构变迁效应的贡献率可以被度量。我们不仅计算了经济总体的结构变迁效应的贡献率,还分别计算了第一产业、第二产业和第三产业结构变迁效应的贡献率。

(1) 经济总体和第一产业的结构变迁效应的贡献率

图 13.1 展示了经济总体结构变迁效应贡献率的波动趋势。尽管结构变迁效应的贡献率受到宏观经济的影响而呈现明显的波动性,但从长期来看,经济总

[①] 我们把贡献率定义为,当结构变迁效应和劳动生产率都为正数时,结构变迁效应占到劳动生产率增长率的比例。当结构变迁效应为负值时,或与劳动生产率增长率正负号相反的时候,结构变迁效应的数值与劳动生产率增长率之比则成为没有意义的数字。当结构变迁效应为显著的负值时,我们假定结构变迁效应的贡献率为零。

[②] 之所以要划分成这样的六个时间间隔,是基于我们对 1978—2006 年中经济周期性波动的判断,我们尽量把经济周期包含于这些时间段之内,以便我们分析结构变迁效应和生产率增长效应的相对贡献率。

体结构变迁效应的贡献率呈现下降的趋势。1990年之前,结构变迁效应的贡献率为35%—50%;1990年以后,结构变迁效应的贡献率则低于30%。在第五个时段(1998—2002年)中,结构变迁效应甚至趋向于零。

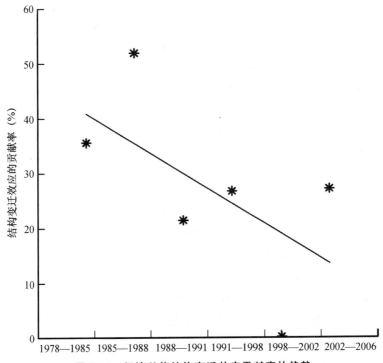

图13.1 经济总体结构变迁效应贡献率的趋势

表13.3显示了六个时段中第一产业的结构变迁效应和生产率增长效应的数据。表13.3显示,20世纪80年代,第一产业的劳动生产率的增长主要是由于1978—1985年农业的制度变革(家庭联产承包责任制)将农业的劳动生产力在原有计划经济体制的藩篱中充分地释放出来,生产率增长效应达到0.195。在1985—1988年和1988—1991年两个时段中,第一产业的劳动生产率在原有制度变革导致增长的基础之上没有进一步的增长,生产率增长效应分别只有0.010和-0.020。在整个20世纪80年代中后期,第一产业结构变迁效应的负值表明了工业化进程中,第一产业部门就业份额的降低,农业剩余劳动力持续地向第二产业和第三产业转移。

表 13.3 第一产业的结构变迁效应的长期趋势

周期	劳动生产率增长率	结构变迁效应	生产率增长效应
1978—1985 年	0.140	-0.055	0.195
1985—1988 年	-0.004	-0.014	0.010
1988—1991 年	-0.019	0.001	-0.020
1991—1998 年	0.062	-0.061	0.123
1998—2002 年	0.014	0.001	0.013
2002—2006 年	0.047	-0.032	0.079

在经济的低迷期 1988—1991 年和 1998—2002 年中,第一产业结构变迁效应是正数,表明了第一产业的就业份额非但没有下降,而且在上升。所幸的是,1991 年以后,第一产业内部的劳动生产率仍然是显著增长的。尤其是 1991—1998 年和 2002—2006 年,第一产业的生产率增长效应基本达到甚至超过了经济总体的增长率水平。

由于第一产业的结构变迁效应和生产率增长效应的正负号不相同,我们难以计算第一产业的结构变迁效应和生产率增长效应的贡献率。在正常经济增长的情形(1978—1985 年、1991—1998 年、2002—2006 年)中,第一产业的劳动生产率增长率大于零,结构变迁效应为负,生产率增长效应为正,这表明对于第一产业而言,由于技术进步引起的劳动生产率增长大于结构变迁导致的劳动生产率的降低。和第二产业、第三产业不同,如果第一产业的劳动生产率大于零,就表明了生产率增长效应大于结构变迁效应,也表明第一产业内出现了技术进步和技术效率的变化。

(2)第二产业、第三产业的结构变迁效应贡献率的趋势

同样的,我们分别计算了 1978—1985 年、1985—1988 年、1988—1991 年、1991—1998 年、1998—2002 年、2002—2006 年的六个时段中第二产业、第三产业的结构变迁效应和生产率增长效应,以及它们对劳动生产率增长的贡献率,并绘成柱状图。图 13.2 描绘了第二产业结构变迁效应的贡献率,图 13.3 描绘了第三产业结构变迁效应的贡献率。

图 13.2 和图 13.3 显示,在 1978—2006 年间,第二产业、第三产业的结构变迁效应的贡献率都是逐渐降低的。

图 13.2 展示第二产业的结构变迁效应贡献率的波动。如果一个产业的结构变迁效应的贡献率大于 50%,表明这个产业内的劳动生产率增长主要不是由于产业内技术进步和技术效率变化导致的,而主要是由于资源的优化配置导致的。1991 年之前(1978—1985 年、1985—1988 年、1988—1991 年),第二产业的结构变迁效应贡献率大于 50%,这表明改革开放的前期,由于我国市场刚刚

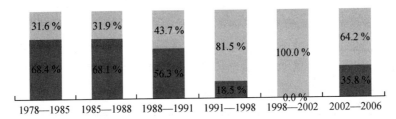

图 13.2　第二产业的结构变迁效应贡献率

注：结构变迁效应(黑色柱)和生产率增长效应(灰色柱)之和就是劳动生产率的增长率，黑色柱在柱形中所占比例表示了结构变迁效应的相对重要性。

■ 结构变迁效应贡献率
■ 生产率增长效应贡献率

1978—1985	1985—1988	1988—1991	1991—1998	1998—2002	2002—2006
37.47%	39.67%	50.60%	37.69%	81.82%	66.01%
62.53%	60.33%	49.40%	62.31%	18.18%	33.99%

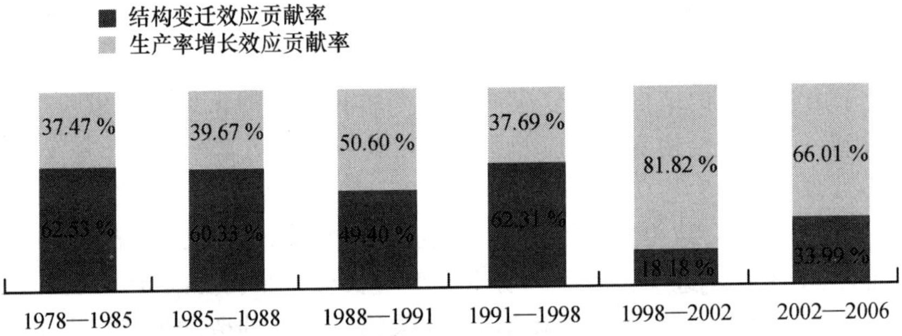

图 13.3　第三产业的结构变迁效应贡献率

注：结构变迁效应(黑色柱)和生产率增长效应(灰色柱)之和就是劳动生产率的增长率，黑色柱在柱形中所占比例表示了结构变迁效应的相对重要性。

放开，劳动生产率由于制度变革引致资源优化配置出现快速增长，加之我国正处于短缺经济时代，因此此时的经济增长基本上就是典型的短缺经济下由需求驱动的粗放式增长。当中国经济步入 20 世纪 90 年代以后，结构变迁效应贡献率明显下降，第二产业尤其是工业的资本积累、技术研发、产业升级被提上日程，主要是供不应求的经济状况有所改变，最终，需求逐渐被满足，而市场竞争则越来越激烈，使得企业在原有的完全粗放的增长中不再有广阔的利润空间，企业不得不另谋发展路径。这种情形最典型的例子就出现在 1998—2002 年的通货紧缩期间，第二产业的结构变迁效应几乎为零，而产业内生产率增长效应则占据了几乎全部份额。这表明，在此期间受到有效需求萎缩的影响，第二产业的劳动生产率增长几乎完全依赖于产业内的生产率提升。

1991—1998 年和 2002—2006 年相比，其结构变迁效应贡献率较低，这和我们的直觉可能并不相符。如果不受经济周期的影响，那么结构变迁效应的贡献率应该是递减的。对此,我们有两点解释。首先,1991—1998年是第二产业,尤其是工业的资本积累和技术创新的基础时段,资本积累和技术创新的边际报酬是递减的,因此,1991—1998年,第二产业的生产率增长效应贡献率为82%,而2002—2006年间,第二产业的生产率增长效应贡献率为64%,前者比后者高18个百分点。其次,结构变迁效应可能受到需求波动的影响,1991—1998年经济波动性较大,如1994年出现通货膨胀,1998年则已经出现通货紧缩的苗头,而2002—2006年的经济则被认为是相对平稳而健康的增长,因此2002—2006年的结构变迁效应贡献率较高。

图13.3展示了第三产业结构变迁效应的贡献率的波动情况。第三产业的结构变迁效应的贡献率的波动和第二产业类似。在1991年之前,除了1988—1991年,结构变迁效应和生产率增长效应几乎相等以外,其他时段中第三产业的结构变迁效应大于60%。与第二产业不同的是,1991—1998年,第二产业的结构变迁效应小于生产率增长效应,而第三产业结构变迁效应大于生产率增长效应。我们可以推断,第三产业增长方式的转变是从1998年开始的,在1998年之前第三产业主要处于粗放式增长阶段,而1998年之后则进入以生产率增长为主的增长阶段。

从1998—2002年的情形来看,通货紧缩对于经济增长的影响并不都是负面的。有效需求的萎缩和供过于求的状况,使得企业只有降低生产成本、提高技术效率、加速技术进步才能在剧烈的市场竞争中生存下来。因此,1998年可能是第三产业提高产业内技术效率、加快技术进步、转变经济增长方式的起点。图13.3显示,1998—2002年,第三产业的生产率增长效应贡献率约为82%,这是1978—2006年的6个时段中生产率增长效应贡献率最大的一个值,它表明了1998—2002年是28年中(1978—2006年)第三产业生产率增长最快的时段。

第二节　中国产业结构变迁对全要素生产率增长的贡献

1. 全要素生产率的分解式

在一个非均衡的经济①中,不同产业部门的要素边际生产率不相等,要素和资源在不同部门之间的流动促进经济总体的全要素生产率(TFP)的提升,这就是产业结构变迁对提升资源配置效率、推动经济增长的作用。经济总体的总产出增长在扣除要素投入增长之后,可以分成两个部分:各个产业部门的平均全要素生产率增长和结构变迁导致的增长。

---

① 非均衡是指不同产业部门的要素边际产出不相等。

因此,计算结构变迁效应的基本方法就是对照总量水平(aggregate level)的 TFP 增长率和部门水平(sectoral level)的 TFP 增长率的差异。[①] 假定生产函数是规模报酬不变和技术进步中性的可微函数:

$$Y_i = f^i(K_i, L_i, t) \tag{13.3}$$

其中 $i = 1, 2, 3$,分别表示第一产业、第二产业、第三产业,则各个产业部门的总产出增长率可以分解为:

$$G(Y_i) = \alpha_i G(K_i) + \beta_i G(L_i) + G(A_i) \tag{13.4}$$

其中 $G(X) = (dX/dt)/X = \dot{X}/X$,$G(A_i)$ 就是 i 产业的 TFP 增长率,$\alpha_i = f(K_i)K_i/Y_i$ 是 i 产业的资本产出弹性,$\beta_i = f(L_i)L_i/Y_i$ 是 i 产业的劳动产出弹性。因此,用部门变量表示的总产出增长率 $G(Y)$ 表示为:

$$G(Y) = \frac{d(\sum_i Y_i)}{Y} = \sum \rho_i G(Y_i) = \sum \rho_i \alpha_i G(K_i) + \sum \rho_i \beta_i G(L_i) + \sum \rho_i G(A_i) \tag{13.5}$$

其中 $\rho_i = Y_i/Y$,表示各个产业产值在总产值中所占的份额。然而,经济总量 Y 的增长率也可以用经济总体变量来表示:

$$G(Y) = \alpha G(K) + \beta G(L) + G(A) \tag{13.6}$$

其中 $Y = \sum Y_i, K = \sum K_i, L = \sum L_i, \alpha = \sum \rho_i \alpha_i, \beta = \sum \rho_i \beta_i$,而 $G(A)$ 就是总量水平的 TFP 增长率。总量水平的 TFP 增长率 $G(A)$ 和部门水平的 TFP 增长率加权平均值 $\sum \rho_i G(A_i)$ 之间的差异就是结构变迁对经济增长的贡献——结构变迁效应。因此,结构总效应 TSE(Total Structural effect)等于:

$$TSE = G(A) - \sum \rho_i G(A_i) = \sum \rho_i \alpha_i G(k_i) + \sum \rho_i \beta_i G(l_i) \tag{13.7}$$

其中 $k_i = K_i/K, l_i = L_i/L$ 分别表示各产业部门的资本、劳动在资本、劳动投入总量中所占的份额。公式中右边第一项表明各产业部门的资本要素的结构变迁对全要素生产率的贡献,第二项表明各产业部门的劳动要素的结构变迁对全要素生产率的贡献。将 $\alpha_i = f(K_i)K_i/Y_i, \beta_i = f(L_i)L_i/Y_i, G(k_i) = \frac{\dot{K}_i}{K_i} - \frac{\dot{K}}{K}$ 和 $G(l_i) = \frac{\dot{L}_i}{L_i} - \frac{\dot{L}}{L}$ 代入公式(13.7)即可得产业结构变迁对全要素生产率的贡献:

[①] 这里参考了 Syrquin(1984)使用的全要素生产率分解式。参阅 Syrquin, M., Resource allocation and productivity growth, In: Syrquin, M., Taylor, L., Westphal, L. E. (Eds.), *Economic Structure Performance Essays in Honor of Hollis B. Chenery*, Academic Press, 1984, pp. 75—101。

$$TSE = \frac{1}{Y}\sum \dot{K}_i[f(K_i) - f(K)] + \frac{1}{Y}\sum \dot{L}_i[f(L_i) - f(L)] = A(f_K) + A(f_L)$$
(13.8)

其中 $f(K_i)$ 和 $f(L_i)$ 分别表示 i 产业部门的资本和劳动的边际产出,而 $f(K)$ 和 $f(L)$ 分别表示经济总体的资本和劳动的边际产出。

公式(13.8)中的 $A(f_K)$ 和 $A(f_L)$ 分别表示资本和劳动要素市场的产业结构变迁效应,即它们分别表示资本和劳动在不同部门之间流动带来的全要素生产率增加。公式(13.8)的含义简单明了:如果资本(劳动)要素在那些可以取得高于平均水平的边际报酬($f(K_i) - f(K) > 0$,或 $f(L_i) - f(L) > 0$)的产业中的份额增长较快,则资本(劳动)的结构变迁效应较大,反之,资本(劳动)要素在那些取得低于平均水平的边际报酬($f(K_i) - f(K) < 0$ 或 $f(L_i) - f(L) < 0$)的产业中的份额增长较快,资本(劳动)的结构变迁效应较小。

当一个经济中不同产业部门的资本和劳动要素的边际产出都趋同时,$A(f_K)$ 和 $A(f_L)$ 才会同时趋向于零,结构总效应 TSE 才会消失。此时,如公式(13.5)和公式(13.6)所示,总量视角下投入的贡献和不同产业部门投入的加权平均的贡献才会相等,而总量视角下的 TFP 增长率 $G(A)$ 和各产业的 TFP 增长率的加权平均值 $\sum \rho_i G(A_i)$ 才会相等。而当不同产业的要素边际报酬不相等的,那些要素边际报酬高于平均水平的产业提高了资本(劳动)要素的份额,则用公式(13.5)估计各个产业的全要素生产率的贡献就会出现低估,公式(13.6)和公式(13.5)之间的差异就是结构变迁效应 TSE。

2. 数据说明

为了计算结构变迁效应在 TFP 增长率中的贡献率,不仅要计算结构变迁效应的数值,即根据公式(13.8)计算 TSE,而且要计算 TFP 增长率,即根据公式(13.6)计算 $G(A)$。公式(13.8)和公式(13.6)的意义是简单明了的,但由于数据的局限性,计算结构变迁效应的贡献率并不那么容易。前者要求我们知道经济总体和各个产业的资本、劳动的存量变化量以及它们的边际报酬,后者要求我们知道经济总体和各个产业的资本、劳动的存量增长率以及它们的产出弹性。因此我们面临三个任务:① 计算经济总体和各产业的资本和劳动的边际报酬;② 计算经济总体和各个产业的资本和劳动的产出弹性;③ 计算总体和各个产业的资本和劳动的存量及其变化。资本和劳动的产出弹性可以通过统计回归的方法直接估算,也可以通过产出弹性的公式($\alpha_i = f(K_i)K_i/Y_i$ 是资本的产出弹性,$\beta_i = f(L_i)L_i/Y_i$ 是劳动的产出弹性)计算得到。要素产出弹性的两种计算方法各有利弊,为了保持方法和数据的一致性,我们使用弹性公式直接计算要素产出弹性。因此,三个任务就变成两个任务:计算经济总体和各产业的资本和劳动的边际报酬;计算总体和各个产业的资本和劳动的存量及其变化。

第一,我们可以在收入法国内生产总值中找到资本和劳动的报酬:其中"劳动者报酬"就是收入法国内生产总值中劳动的总报酬,"劳动者报酬"在收入法国内生产总值中所占的比例就是劳动的产出弹性;"生产税净额"、"营业盈余"和"固定资产折旧"三项之和就是收入法国内生产总值中的资本总所得,"生产税净额"、"营业盈余"和"固定资产折旧"三项之和在收入法国内生产总值中所占的比例就是资本的产出弹性。值得注意的是,《中国统计年鉴》中只有各地区收入法国内生产总值的数据表,没有全国收入法国内生产总值的表项,也没有全国分行业的收入法国内生产总值。唯一的数据来源是国家统计局公布的全国投入产出表(共有 1987 年、1990 年、1992 年、1995 年、1997 年、2002 年六张表)。我们可以在这些投入产出表上找到分析所需的绝大部分数据。

第二,分析中仍缺少两项数据:劳动的存量及增量、资本的存量及增量。其中劳动的存量、劳动的增量、资本的增量(资本形成总额)很容易在《中国统计年鉴》上找到,或者通过简单演算得到。但是,资本存量的计算却是一个很大的问题。在这里,我们引用薛俊波的结论,他在投入产出表的基础上估算了资本存量,与本节所用的数据口径一致。①

3. 结构变迁效应的求解和分析

为了分析产业结构变迁对经济增长中的相对贡献,结合公式(13.4)和公式(13.5),可以把公式(13.8)重新表述为:

$$G(Y) = \alpha G(K) + \beta G(L) + \sum \rho_i G(A_i) + \text{TSE} \qquad (13.9)$$

在公式(13.9)中,GDP增长被分成四个部分:资本投入增长的贡献$\alpha G(K)$;劳动投入增长的贡献$\beta G(L)$;各产业的技术进步的贡献的加权平均值$\sum \rho_i G(A_i)$,我们称之为"净技术进步效应";产业结构变迁效应 TSE。其中全要素生产率被分成技术进步效应和产业结构变迁效应两个部分。全国投入产出表的"初始投入表"中有"劳动者报酬"、"生产税净额"、"营业盈余"和"固定资产折旧"四项。其中第一项就是劳动的总报酬$f(L_i)L_i$,而后三项之和就是资本的总报酬$f(K_i)K_i$,再引入资本存量K_i和劳动力存量L_i的数据,我们就能计算得出资本的边际报酬$f(K_i)$和劳动的边际报酬$f(L_i)$。利用这些数据,可以计算出如表 13.4 所示的各项结果。

---

① 薛俊波估算资本存量至 2000 年,在他的基础上,我们通过永续盘存法计算了 2001 年和 2002 年的资本存量,参阅薛俊波:《中国 17 部门资本存量的核算研究》,《统计研究》2007 年第 7 期。

表 13.4　各个因素对经济增长率的贡献率(%)

年份	劳动增长的贡献率	资本增长的贡献率	全要素生产率增长的贡献率	其中	
				产业结构变迁效应	净技术进步效应
1986—1990 年	10.7	84.2	5.1	—	
1990—1992 年	9.1	79.5	11.4	58.2	41.8
1992—1995 年	5.9	80.4	13.7	42.3	57.7
1995—1997 年	5.6	74.3	20.1	34.9	65.1
1997—2002 年	3.5	68.0	28.5	11.3	88.7

注：由于数据缺乏，我们没有利用 1987 年的投入产出表，只计算了 1990—2002 年的结构效应。1986—1990 年的结果，我们借用张军扩(1991)的结论，放在这里作为参照。但张军扩的文章中没有计算产业结构变迁效应和净技术进步效应。参阅张军扩：《"七五"期间经济效益的综合分析——各要素对经济增长贡献率测算》，《经济研究》1991 年第 4 期。

表 13.4 清楚地表明了经济增长的各个因素的贡献。正如克鲁格曼[①]在《亚洲奇迹的神话》中所说的，大部分东亚国家和地区的经济增长主要依靠增加投资。不少学者对克鲁格曼的研究提出了质疑，我们认为在跨国数据比较中，虽然传统的全要素生产率计算方法不能充分地度量资源配置效率提升和技术进步，但是在时序数据对比中，仍然能表现出要素投入增长和全要素生产率增长对一国经济增长贡献份额的波动规律，也不妨碍我们解释产业结构变迁和技术进步对经济增长的影响规律。刘伟、蔡志洲[②]通过对中国投入产出表中直接消耗系数矩阵的动态对比分析，研究了 1992—2005 年技术进步和产业结构对以中间消耗率反映的经济增长效率的影响，研究结论表明，20 世纪 90 年代中期以后，产业结构变化对以中间消耗率反映的经济增长效率没有作出显著贡献。这也从另外一个角度佐证本节的观点：包括中国在内的许多亚洲新兴市场国家一般都处于这样一个较多地依赖要素投入增加和人均资本存量增长的工业化早期发展阶段；随着工业化的深入，中国经济的增长将更多地依赖于全要素生产效率的提高，从表 13.4 中可以看出，在我国经济增长中，劳动、资本增长贡献率总体呈现下降趋势，全要素生产率贡献率总体呈现上升趋势，这种动态变化过程也有力地显现了我国经济持续高速增长的内在根源。只要在未来的经济增长中能够在新技术和新产业占领一席之地，新兴市场化国家的经济增长仍然是可持续的。

1990—2002 年，我们可以看到两个趋势：第一，要素投入增长的贡献率和全要素生产率增长的贡献率呈现此消彼长的趋势(虽然资本投入的贡献不是一直上升的)；第二，在全要素生产率内部，产业结构变迁效应和净技术进步效应呈

---

① Krugman P., The Myth of Asia's Miracle: A Cautionary Fable, Foreign Affair, 1994, 73, pp. 62—78.
② 刘伟、蔡志洲：《技术进步、结构变动与改善国民经济中间消耗》，《经济研究》2008 年第 4 期。

现此消彼长的关系。前者和钱纳里①对所有工业化国家的研究有着相似的结论;后者则得出了与劳动生产率分解式分析中相似的结论,也是本节最重要的一个结论:产业结构变迁所代表的市场化的力量对我国长期经济增长的贡献正在逐渐地让位于技术进步的力量。

第三节 产业结构变迁对经济增长的贡献的趋势分析

产业结构变迁对经济增长的推动作用为什么正在减弱,结构变迁效应的贡献率为什么正在下降呢?如果把结构变迁效应比做资源非效率配置和资源有效率配置之间的落差②形成的势能,势能的做功主体就是市场这只"看不见的手"。随着资源配置效率的落差不断缩小,产业结构变迁过程中释放的势能(结构变迁效应)也将逐渐减小。

以下的分析将表明,资源配置效率的落差确实正在缩小——不同产业的要素边际报酬正在趋同。但是,由于某些历史原因,某些层面的要素配置效率的落差短时间内难以弥合。由于某些制度的因素,要素出现"反效率配置"的现象:第二产业存在资本过度配置现象,资本正在"挤出"劳动;第三产业存在劳动过度配置现象,劳动生产率偏低。这些反效率的资源配置不仅使得已有的资源配置效率的落差没有很好地被利用,反而扩大了资源配置效率的落差。

这一结论一方面表明,中国经济现实中的资源配置效率的落差并没有消失,未来中国经济增长的潜力仍然是十分巨大的;另一方面也表明消除反市场的因素、完善市场机制的工作仍然任重而道远。

1. 资源配置效率落差持续存在的发展和体制原因

资源配置效率的落差将持续存在的发展和体制原因主要有如下两个。

第一,城乡二元结构的差异是产生资源配置效率落差的重要原因。由于城乡二元经济结构的持续存在,一方面,农村剩余劳动力呈现"无限供给"的状态,劳动价格保持在较低的水平上;另一方面,社会需求由于受到人均收入增长的限制而缓慢增长,在一个较低的劳动价格水平上消化几乎无限量的农村剩余劳动力尚需一个漫长的过程,因此就业结构的变迁会持续存在,这对于所有正处于城市化和工业化进程中的国家而言都是相同的。

第二,我国的市场化改革是渐进式改革,这使得市场机制逐渐释放它的巨大

---

① Chenery H. B., Robinson S., Syrquin M., *Industrialization and Growth: A Comparative Study*, Oxford University Press, Oxford, 1986, pp. 48—52.

② 这种落差可能是体制原因造成的,比如计划经济体制下重工业和轻工业比例的失调;也可能是发展原因造成的,比如发达国家工业革命之前农业劳动生产率和工业劳动生产率的差距。

作用。在改革开放的进程中,先放开了产品市场,再放开要素市场,这使得市场机制的优化配置功能是分阶段、逐步发挥作用的。即便是市场完全放开了,完全充分有效的市场也只是在理论上存在,现实中的市场总有各种缺陷和障碍。

2. 要素的反效率配置及其原因

我们利用1992年和2002年的投入产出表,计算各个产业的资本和劳动所占份额、各个产业的资本和劳动的边际报酬,以及各个产业的资本劳动比和劳动生产率。下列几个表格中的结果大致显示了各个产业的资源反效率配置的状态。这些反效率的资源配置不仅使得已有的资源配置效率的落差没有被很好地利用,反而扩大了资源配置效率的落差。

表13.5显示,从资本份额的变化来看,第一产业、第三产业的资本份额都在下降,而第二产业的资本投入份额在上升(第3列和第4列),这表明资本都向第二产业(主要是工业)集中,新增资本主要在第二产业中形成,甚至一部分旧有资本也在向第二产业转移。另一方面,经济总体和三大产业的资本边际报酬普遍都在下降,由于这里资本的边际报酬近似于毛利润率,可以认为资本的毛利润率普遍在下降,这和一些研究的结论[1]是一致的。其中,第二产业的毛利润率下降最迅速,而且从1992年的毛利润率的第一名降至第二名,第一产业的资本边际报酬也有显著下降,但相对较慢,而第三产业的毛利润率下降幅度最小,几乎持平,但一直低于第一产业、第二产业的毛利润率。

表13.5 资本的结构变迁

	资本投入变化(亿元)	1992年资本投入所占份额(%)	2002年资本投入所占份额(%)	1992年资本边际报酬(元/1元资本)	2002年资本边际报酬(元/1元资本)
经济总体	91 780.1	100.0	100.0	0.3359	0.2449
第一产业	3 073.4	5.1	3.9	0.4131	0.3309
第二产业	45 215.0	38.9	46.1	0.4975	0.2753
第三产业	43 491.6	56.0	50.0	0.2166	0.2102

从资本边际报酬的变化来看,第二产业尤其是工业的资本深化加速,资本产出比提高过快,导致资本的边际报酬递减过快。这一现象导致两个结果:其一,

---

[1] 唐志宏的研究发现,中国的平均利润率的增长率为 -0.5%,即资本的平均利润率不断下降。虽然唐志宏计算的是净利润率,但如果折旧率和税率没有显著变化,毛利润率也是下降的。参阅唐志宏:《中国平均利润率的估算》,《经济研究》1999年第5期。

资本的边际报酬递减过快,导致投资需求的增长将会趋缓,产出增长率可能会下降①;其二,如果工业部门的资本深化过快,在新增的产出中每单位资本只能带动更少的劳动,这将导致第二产业所能带动的就业份额不断下降。

表13.6显示,第一产业的劳动份额显著下降,这表明劳动要素正在从农村流向城市的第二产业、第三产业,这显然是中国城市化和工业化的结果。但是,第二产业的劳动份额也略有下降,这也印证了表13.6的结论:第二产业吸纳劳动的速度正在下降,资本可能正在挤出劳动。

表13.6 劳动要素的结构变迁

	劳动投入变化(万人)	1992年劳动投入所占份额(%)	2002年劳动投入所占份额(%)	1992年劳动的边际报酬(元/人)	2002年劳动的边际报酬(元/人)
经济总体	7 588	100.0	100.0	1 712	4 127
第一产业	-1 829	58.5	50.0	1 197	1 865
第二产业	1 425	21.7	21.4	2 462	7 367
第三产业	7 992	19.8	28.6	2 412	5 659

从劳动的边际报酬看,不同产业劳动边际报酬的差距在扩大,其中第二产业的劳动边际报酬增长至原来的三倍,第三产业的劳动边际报酬也翻了一番,而第一产业的劳动边际报酬上升幅度很小。

表13.7显示,1992—2002年,第三产业的资本劳动比大幅上升,从低于第二产业变为高于第二产业,表明第三产业吸纳劳动的能力很强。如果说第二产业的资本挤出了劳动,那么第三产业劳动相对地"挤出"了资本。1992—2002年,第三产业的就业弹性为0.278,而第二产业的就业弹性为0.067,第三产业创造就业的能力大约是第二产业的4倍。

表13.7 资本劳动比和劳动生产率

	资本劳动比(万元/人)		劳动生产率(元/人)	
	1992年	2002年	1992年	2002年
经济总体	0.62	1.80	3 786	8 532
第一产业	0.05	0.14	1 421	2 329
第二产业	1.11	3.87	7 964	18 027
第三产业	1.74	3.15	6 191	12 271

---

① 张军认为,资本深化过快导致资本的边际报酬下降加速,是20世纪90年代中后期的GDP增长率下降的主要原因,参阅张军:《增长、资本形成与技术选择:解释中国经济增长下降的长期因素》,《经济学季刊》2002年第1期。

另一方面,表 13.7 显示第三产业的劳动生产率增长速度较低,其增长速度只有第二产业的 2/3。结合第二部分的分析可知,第三产业的劳动生产率增长过多地依赖于规模扩张,其技术密集度和资本密集度都有待提高。

当然,出现要素的反效率配置的原因十分复杂,主要是因为我国的市场制度还有待完善。首先,从宏观层面来看,尽管普通商品的价格可以自由定价,但是资本和劳动要素的自由定价目前还受到相当程度的限制;其次,从微观层面来看,产权改革还在深化过程中。

第四节 结 论

本章将技术进步和产业结构变迁从要素生产率中分解出来,实证度量了产业结构变迁对经济增长的贡献,并将其与技术进步对经济增长的贡献相比较。研究表明,改革开放以来,产业结构变迁对中国经济增长的影响一度十分显著,但是,随着我国市场化程度的提高,产业结构变迁对经济增长的推动作用正在不断减弱。20 世纪 80 年代,结构变迁效应的贡献率一直大于 50%,产业结构变迁对经济增长的贡献甚至超过了技术进步的贡献;20 世纪 90 年代初期和中期,产业结构变迁对经济增长的贡献和技术进步的贡献基本持平;1998 年以后,产业结构变迁对经济增长的贡献变得越来越不显著,逐渐让位于技术进步,即产业结构变迁所代表的市场化的力量已经逐步让位于技术进步的力量。这样,克鲁格曼所指出的不可持续的东亚增长模式与我国 1998 年之前的经济增长模式是比较类似的。不过 1998 年之后我国的经济增长过程中,一方面,要素投入增长的贡献率逐步降低而全要素生产率增长的贡献率则不断提升;另一方面,在全要素生产率内部,产业结构变迁效应和净技术进步效应也呈现出了此消彼长的关系。由此可见,1998 年之后我国经济增长模式已经越来越体现出了其自身的可持续性。从 1998 年开始,落实科学发展观,转变增长方式,提升技术创新能力对于中国而言也越来越不再是一个简单的口号,而是实现中国长期经济持续增长的必由之路。

本章的研究也发现,产业结构变迁对中国经济增长贡献的减弱并不表明市场化改革带来的收益将会归于零。若干发展和制度的因素还会导致市场机制难以充分有效地发挥作用,这些发展和体制的因素既表明未来中国经济增长的潜力仍然是十分巨大的,也表明中国完善市场机制的工作仍然会持续下去。

第十四章 产业结构演进对国民经济中间消耗的影响

投入产出表及其基本分析方法是诺贝尔经济学奖获得者列昂惕夫[①]提出的,此后在部门结构关联分析和研究中得到广泛应用。后来,联合国把投入产出表结合进传统的国民收入统计,使它成为完整的国民经济核算体系中的一个重要组成部分。[②] 在列昂惕夫建立的投入产出分析模型中,直接消耗系数矩阵研究的是中间投入和总投入间的技术关系,而钱纳里等人[③]则通过对中间需求率的分析,观察在各个部门总需求中的中间需求和最终需求之间的比例关系,并研究不同部门之间的需求结构对经济增长的影响。

1987年,中国开始编制全国规模的投入产出表。到现在为止,中国已经有了1987年、1992年、1997年和2002年等四份在大规模投入产出调查基础上编制的投入产出表。此外,每隔三年,国家统计局还将通过对基准年份的数据的调整,发布延长的投入产出表,现在已经发布了1990年、1995年、2000年三份投入产出表。这样,中国目前公布的投入产出表已经达到七份。这些投入产出表形成的时间序列,连续地记录了改革开放以来中国强劲的经济增长中部门间投入产出结构的变化。在此基础上,我们又根据新公布的生产法和支出法GDP核算数据,在历年投入产出表的基础上进行平衡调整,推算了2005年三部门的投入产出表。本章的分析,就是以这八个表为数据基础进行的。我们利用中国投入产出表的动态资料,对中国市场化改革后(20世纪90年代以后)的国民经济的中间消耗水平的长期发展变化趋势进行了定量分析,考察了各方面因素对国民经济中间投入和中间需求水平所可能产生的影响,并探讨了降低国民经济中间消耗率的主要途径。

[①] W. 列昂惕夫:《投入产出经济学》(中译本),中国统计出版社1990年版。
[②] 联合国:《国民经济核算体系》,中国财政经济出版社1982年版。
[③] Chenery, H. B., Clark, P. G., *Interindustry Economics*, John Wiley and Son, New York, 1959. Chenery, H. B., Syrquin, M., *Patterns of Development*: 1950—1970, Oxford University Press, Oxford, 1975.

第一节　从直接消耗系数矩阵看中间消耗变化的结构特征

首先,我们通过分析以现行价格计算的投入产出系数矩阵时间序列,研究中国经济增长过程中直接消耗变化的结构特征。以现行价格反映的投入产出分析是有现实意义的,直接消耗系数反映的是每生产一个单位的某一部门的总产品所需要的相应生产部门的中间投入。在市场经济条件下,用现行价格计算的单位总产品中使用的中间投入越多,所得到的增加值越少。从投入产出分析的观点看,降低在单位总产品中对各部门产品的中间消耗,就意味着提高增加值(固定资本损耗、劳动者报酬、间接税净额和营业盈余)所占的比率,因此也就提高了生产效率。

将各年的投入产出表归并为三个部门直接消耗系数矩阵,得到表 14.1 中的计算结果。

表 14.1　1987—2005 年中国三次产业直接消耗系数矩阵变化

	第一产业	第二产业	第三产业	全部部门		第一产业	第二产业	第三产业	全部部门
1987 年	0.1473	0.0848	0.0241	0.0849	1997 年	0.1606	0.0655	0.0177	0.0640
	0.1314	0.4972	0.2442	0.3838		0.1889	0.5400	0.2893	0.4324
	0.0365	0.0843	0.1413	0.0861		0.0531	0.0960	0.1899	0.1159
合计	0.3152	0.6663	0.4096	0.5548	合计	0.4026	0.7015	0.4969	0.6123
1990 年	0.1788	0.0955	0.0226	0.0975	2000 年	0.1526	0.0509	0.0198	0.0513
	0.1277	0.5208	0.2587	0.4023		0.2069	0.5662	0.2840	0.4484
	0.0363	0.0812	0.1463	0.0848		0.0622	0.1028	0.2044	0.1290
合计	0.3428	0.6975	0.4276	0.5846	合计	0.4217	0.7199	0.5082	0.6287
1992 年	0.1393	0.0694	0.0147	0.0638	2002 年	0.1622	0.0534	0.0163	0.0521
	0.1568	0.5112	0.2775	0.4012		0.1764	0.5280	0.2492	0.4120
	0.0597	0.1326	0.1992	0.1411		0.0794	0.1295	0.2030	0.1470
合计	0.3558	0.7132	0.4914	0.6060	合计	0.4180	0.7109	0.4685	0.6112
1995 年	0.1723	0.0675	0.0148	0.0687	2005 年	0.1655	0.0516	0.0149	0.0513
	0.1728	0.5406	0.2602	0.4280		0.1891	0.5369	0.2399	0.4261
	0.0572	0.1047	0.1736	0.1146		0.0849	0.1315	0.1952	0.1450
合计	0.4023	0.7128	0.4486	0.6113	合计	0.4395	0.7200	0.4500	0.6223

注:本表中的直接消耗系数矩阵根据相应年份的按三次产业部门分类的投入产出表计算,其中,1987—2002 年投入产出表数据来源于国家统计局网站投入产出表数据库。2005 年投入产出表数据根据历年投入产出表趋势及 GDP 核算数据平衡推算而得到,正式数据公布后应以国家统计局公布数据为准。

资料来源:北京大学中国国民经济核算与增长中心:《中国经济增长报告 2008》,中国经济出版社 2008 年版。

在表 14.1 的各个年份中，都包含一个 4×4 的扩展了的直接消耗系数矩阵：

$$A = \begin{bmatrix} a_{11} & a_{12} & a_{13} & a_{14} \\ a_{21} & a_{22} & a_{23} & a_{24} \\ a_{31} & a_{32} & a_{33} & a_{34} \\ a_{41} & a_{42} & a_{43} & a_{44} \end{bmatrix}$$

其中，a_{11}，a_{21}，a_{31} 分别表示第一产业部门每生产一个单位的总产品，分别需要多少的第一产业、第二产业和第三产业产品作为中间消耗，而 a_{41} 表示第一产业部门每生产一个单位的产品，需要各个生产部门所作的总的中间投入，即 $a_{11} + a_{21} + a_{31} = a_{41}$。第 2 列、第 3 列则分别说明了第二产业和第三产业的中间消耗的情况。第 4 列表示的是整个国民经济中间消耗系数的情况，它表示在整个国民经济活动中，每提供一个单位的货物或服务，需要全部产业部门投入多少货物或服务作为中间消耗。

从表 14.1 中可以看出，1987—1992 年，大多数消耗系数都有一个跳跃性的变化，在此之后的变动则比较平稳。这是因为 20 世纪 80 年代后期的价格体制改革，使原先扭曲的价格体系发生了很大的变化，而到 1992 年以后价格关系的变动开始趋向平稳。以 1992 年的直接消耗系数矩阵作为对比基础，能够较好地反映目前的价格体系下投入产出关系的变化。通过对各个直接消耗系数时间序列的比较分析，可以看出它们有以下特征。

第一，在 16 个直接消耗系数时间序列中，如果将 1992 年数据和 2005 年相比，有 6 个数列是减小的，其余 10 个是增大的。

减少的数列首先发生在第一产业，如 a_{12} 和 a_{14}，这说明整个国民经济的发展对农业的依赖在降低。然后发生在第三产业部门，第三产业要求第一产业的中间投入（a_{13}）是增加的，但要求的第二产业、第三产业以及全部产业的中间投入（a_{23}、a_{33} 和 a_{43}）都是减少的。由此得出的分析结论是，从 20 世纪 90 年代初到现在，中间消耗的减少主要体现在两个方面，一是国民经济对农业的依赖在降低；二是第三产业部门对其他生产部门要求的中间投入在减少，扩大第三产业的发展，有助于降低整个国民经济的中间消耗。

第二，按部门看，第二产业对各个部门产品的中间消耗要求最大，2005 年为 0.7200；第三产业次之，为 0.4500；第一产业最小，为 0.4395。而从动态上看，第一产业和第二产业的总的直接消耗系数的数值在增加，第一产业的中间消耗（a_{41}）由 1992 年的 0.3558 增加到 2005 年的 0.4395，第二产业的中间消耗（a_{42}）由 1992 年的 0.7132 上升为 2005 年的 0.7200，第三产业的中间消耗（a_{43}）由 1992 年的 0.4914 下降为 2005 年的 0.4500。可以看出，第一产业对各个部门的中间消耗的依赖明显增加,第二产业对各个部门的中间消耗的依赖略有增加,而第三产业对各个部门中间消耗的依赖则有明显下降。

第三,如果总产出或总投入保持1992年的结构不变,仅仅是各个直接消耗系数发生了变化,那么,按照1992年的总投入或总产出构成,2005年整个国民经济的中间消耗系数将会从0.6060变为0.6098,只有很微小的变化,或者说,按现行价格反映的整个国民经济的生产效率略有降低。

第四,如果再考虑结构变化,那么,2005年整个国民经济的中间消耗系数(a_{44})上升到了0.6223,其中1.25%的增量是由结构性变化带来的。综合来看,1992—2005年,整个国民经济的中间消耗系数从0.6060上升为0.6223,其中,由于技术因素使中间消耗因素提高了0.38%,而由于部门结构因素使中间消耗系数提高了1.25%,二者共同作用的结果是使整个国民经济的中间消耗系数提高了1.63%。这表明在包含了价格变动在内的国民经济投入产出价值量分析中,结构变动对于中间消耗水平的影响大于技术因素。从表14.2中可以看到,1992—2005年,第三产业总产值占整个国民经济总产出的比重基本上没有变化,但第二产业的比重增加了4.43%左右,与第一产业减少的比重(4.68%)大体相当,由于第二产业的直接消耗系数明显高于其他部门,这就提升了整个国民经济中的直接消耗水平。

表14.2 1992年与2005年直接消耗系数变化分析

	指标	第一产业	第二产业	第三产业	合计
1992年	总产值比重(%)	13.18	59.70	27.12	100
	对各部门直接消耗系数合计	0.3558	0.7132	0.4914	—
	国民经济对本部门中间消耗	0.0469	0.4258	0.1333	0.6060
2005年	总产值比重(%)	8.49	64.14	27.37	100
	对各部门直接消耗系数合计	0.4395	0.7200	0.4500	—
	国民经济对本部门中间消耗	0.0373	0.4618	0.1232	0.6223
2005年比1992年增加	总产值比重(%)	-4.68	4.43	0.25	
	对各部门直接消耗系数合计	0.0837	0.0068	-0.0414	—
	国民经济对本部门中间消耗	-0.0096	0.0360	-0.0101	0.0163

第二节　技术进步与结构变化对投入产出效率的影响

1957 年,索洛[①]使用总量生产函数对影响经济增长的因素进行分解,分别估计资本、劳动和技术进步对经济增长的贡献程度。在他之后,技术进步的概念被广泛地运用于经济增长分析。一般地说,技术进步指的是在同样投入的情况下,通过技术创新获得的产出的增加。Kendrick(1967)[②]和 Jorgenson(1961)[③]等人则对技术进步等进行了更加深入的研究。他们通过全要素生产率等领域的研究,对各种生产要素及技术进步等影响经济增长的要素进行进一步分解。改革开放以来,技术进步对于经济增长的作用一直是经济学界关心的问题。史清琪[④]等最早开展了这一领域的研究。林毅夫和任若恩[⑤]在质疑克鲁格曼[⑥]对东亚经济奇迹的批评文章中指出,对于一个国家经济的长期可持续发展来说,重要的是技术的不断创新,而不在于全要素生产率的高低。

技术进步对于经济增长的积极的意义可以从多个方面进行考察和研究,如分别研究它对劳动生产率、单位固定资本产出率及单位产品中间消耗率的影响。这里,我们通过按可比价格计算的直接消耗系数矩阵,考察技术进步和结构变动对于中国经济增长中的中间消耗水平的影响。在分析中,我们把各部门直接消耗系数的变动归结为技术进步的影响,再在整个国民经济的部门结构关系不变的假定下,计算整个国民经济的中间消耗率,并把由此得到的中间消耗率的降低,定义为技术进步对于国民经济的中间消耗率的贡献。而扣除了技术进步因素之后的中间消耗率的变化,就反映了结构变动的影响。按照可比价格计算 2005 年[⑦]的直接消耗系数矩阵,得到表 14.3 的数据结果。

---

① Solow, Robert M., Technical Change and the Aggregate Production Function, *the Review of Economics and Statistics*, 1957, 39(3).
② Kendrick, John W., *Productivity Trends in the United States*, Princeton University Press, Princeton, 1961.
③ Jorgensen, Dale W., Griliches, Zvi, The Explanation of Productivity Change, *Review of Economic Studies* 34, 1967, 3(7), pp. 349—383.
④ 史清琪等:《技术进步与经济增长》,科学技术文献出版社 1985 年版。
⑤ 林毅夫、任若恩:《东亚经济增长模式相关争论的再探讨》,《经济研究》2007 年第 8 期。
⑥ Krugman, Paul, The Myth of Asia's Miracle, *Foreign Affairs*, 1994, 11/12.
⑦ 第一产业的中间产品的价格变化以原材料、燃料、动力购进价格指数中的农副产品类指数进行调整(以 1992 年为基期的 2005 年定基指数),第二产业直接以原材料、燃料、动力购进价格指数调整,第三产业则参照第一产业、第二产业价格变化和第三产业增加值平减指数调整而得。各个产业的增加值则以相应产业的平减指数加以调整。

表 14.3　1992 年与 2005 年直接消耗系数矩阵比较

系数	1992 年	2005 年	2005 年比 1992 年增加
a_{11}	0.1393	0.1445	0.0052
a_{21}	0.1568	0.2012	0.0444
a_{31}	0.0597	0.0815	0.0218
a_{41}	0.3558	0.4271	0.0713
$a_{12}^{\#}$	0.0694	0.0395	-0.0299
$a_{22}^{\#}$	0.5112	0.5000	-0.0112
$a_{32}^{\#}$	0.1326	0.1104	-0.0222
$a_{42}^{\#}$	0.7132	0.6499	-0.0633
$a_{13}^{\#}$	0.0147	0.0122	-0.0025
$a_{23}^{\#}$	0.2775	0.2399	-0.0376
$a_{33}^{\#}$	0.1992	0.1759	-0.0233
$a_{43}^{\#}$	0.4914	0.4280	-0.0634
$a_{14}^{\#}$	0.0638	0.0404	-0.0234
a_{24}	0.4012	0.4088	0.0076
$a_{34}^{\#}$	0.1411	0.1254	-0.0157
$a_{44}^{\#}$	0.6060	0.5745	-0.0315

注：$^{\#}$表示 2005 年直接消耗系数小于 1992 年。

从整体上看,以固定价格或可比价格计算的投入产出系数在 1992—2005 年的变化,反映出以下特征。

第一,在三次产业中,第一产业的中间消耗的比率是增加的,而第二产业和第三产业中间消耗的比率是下降的,第三产业中间消耗比率的下降数值略高于第二产业。从技术进步的角度看,第三产业改善最大(变化的比率较高),第二产业也在改善,但第一产业退步了。

第二,从静态比较上看,第二产业对各个部门产品的中间消耗要求最大,2005 年为 0.6499,第三产业次之,为 0.4280,第一产业较小,为 0.4271。

第三,如果总产出或总投入保持 1992 年的结构不变,仅仅是各个直接消耗系数发生了变化,那么,按照 1992 年的总投入或总产出构成(参见表 14.2),整个国民经济的中间消耗系数(a_{44})将会从 0.6060 变化为 0.5603,降低 4.56%。这说明在这一期间,技术进步对于降低整个国民经济的中间消耗水平作出了贡献。

第四,实际结果是,整个国民经济的中间消耗系数(a_{44})只下降到了 0.5745,和在部门结构不变的假定下得到的计算结果(0.5603)之间的差额为 -1.42%(=0.5603-0.5745),这就是结构变化对整个国民经济中间消耗的影响。从这个角度看,1992—2005 年间,由于中国的加速工业化过程,部门结构变动对降低整个国民经济的中间消耗没有作出贡献,或者说只有负面影响。而技术进步和部门结构因素对整个国民经济的中间消耗水平的综合影响为 3.14%(=4.56%-1.42%)。技术进步在这一综合影响中占主导因素,但是从长期发展看,这种变化的幅度仍然偏小,由此可以得出的结论是,在这一期间,从经济增长与中间消耗的关系看,促进中国经济高速增长的主要因素是投入规模的扩大而不是技术进步。

根据分别按不变价格和现行价格计算的扩展的直接消耗系数矩阵,我们所得到的分析结论略有差异:按不变价格计算,技术进步对经济增长的贡献是明显的(中间消耗率下降了 4.56%),而整个国民经济的中间消耗水平也是改善的(中间消耗率下降了 3.14%)。但按现行价格计算,如果不考虑结构因素,整个国民经济的中间消耗水平反而提高了 0.38%,再加上结构的影响,国民经济的中间消耗水平提高了 1.63%。

因此,对于技术进步,不仅要从技术角度考察投入产出关系,还要从经济角度考察产品价格和成本的关系。如果在生产过程中,某一部门按固定价格计算的单位产品的中间消耗在减少,但由于市场的原因,产品的价格上涨幅度低于中间消耗品,单位产品中增加值的比重反而降低,生产过程的经济效率就没有提高。这就需要通过更多的技术进步,抵消由于市场条件变化造成的中间消耗的提高。

同时,我们还要看到,这一时期中国产业结构的变化,尤其是工业化进程中所出现的直接消耗系数较高的第二产业的较快增长,提升了整个国民经济的单位产品中间消耗的比率。这一方面说明加速工业化时期社会对第二产业的需求在加大,另一方面则说明产业结构的进一步调整对降低中间消耗、提高整个国民经济的投入产出比具有重要意义。

第三节 对第二产业部门直接消耗情况的进一步分析

第二产业是中间消耗最大、按总产值计算比重最大的生产部门,那么,在第二产业内部,各个部门对整个产业有些什么影响呢?考虑到技术和经济两方面因素综合分析的需要,我们仍然采用现行价格对有关变量进行分析。表 14.4 列出了 1992 年与 2002 年各个产品部门的中间消耗、比重以及相互间的对比。

表 14.4　1992 年与 2002 年第二产业各部门直接消耗情况比较

	部门	直接消耗系数合计		部门总产值占国民经济的比重(%)	
		1992 年	2002 年	1992 年	2002 年
1	煤炭开采和洗选业#	0.5613	0.4315	1.71	2.10
2	石油和天然气开采业#	0.3781	0.2888	1.44	1.71
3	金属矿采选业#	0.6066	0.5695	0.54	0.76
4	非金属矿采选业#*	0.5585	0.5347	1.51	0.83
	采掘业合计#	0.5145	0.4216	5.20	5.40
5	食品制造及烟草加工业#*	0.7430	0.6894	9.58	7.60
6	纺织业#*	0.7940	0.7522	8.96	4.73
7	服装皮革羽绒及其制品业#*	0.7879	0.7542	3.57	3.48
8	木材加工及家具制造业#	0.7467	0.7271	1.15	2.07
9	造纸印刷及文教用品制造业#*	0.7300	0.6634	4.16	3.70
10	石油加工、炼焦及核燃料加工业	0.7282	0.8280	2.38	3.19
11	化学工业*	0.7214	0.7307	11.45	11.32
12	非金属矿物制品业*	0.6532	0.6712	5.98	3.05
13	金属冶炼及压延加工业	0.7155	0.7560	7.48	8.06
14	金属制品业	0.7604	0.7633	3.37	3.15
15	通用、专用设备制造业*	0.7172	0.7192	8.93	6.82
16	交通运输设备制造业	0.7328	0.7378	3.63	5.06
17	电气、机械及器材制造业	0.7462	0.7586	3.63	3.74
18	通信设备、计算机及其他电子设备制造业	0.7503	0.7898	2.44	6.81
19	仪器仪表及文化办公用机械制造业	0.6615	0.7427	0.48	0.89
20	电力及蒸汽、热水生产和供应业#	0.5124	0.5114	2.78	4.64
21	其他制造业*	0.7439	0.5096	2.58	1.52
	制造业合计#*	0.7271	0.7203	82.55	79.83
22	建筑业	0.7041	0.7656	12.27	14.76
	第二产业合计	0.7132	0.7108	100	100

注:#表示 2002 年中间消耗比 1992 年减少,*表示用总产值反映的该部门占第二产业的比重减少。

第一,第二产业部门有较高的中间消耗率。从表 14.4 中看到,除了采掘业的各个部门外,第二产业的各个部门的中间消耗率(即直接消耗系数的合计数)大都在0.7左右,这是由第二产业的性质所决定的。按照我国的三次产业分类标准,第二产业包括采掘业、制造业和建筑业(有些国家把采掘业列为第一产业),2002年采掘业在第二产业总产值中所占的比重约为5%,建筑业所占的比重不到15%,这也就是说,制造业所占的比重约为80%。

第二,从结构变动的长期趋势上看,采掘业的比重略有提高,制造业的比重有所下降,而建筑业的比重在提高。值得注意的是,建筑业在这一期间的较快扩张,在以增加值反映的部门增长率中,表现得并不明显,增长率要低于工业部门,但如果用总产值作为比较基础,建筑业的增长反而快于工业部门。

第三,从制造业内部看,轻工业部门(如食品、纺织、服装、造纸等)的中间消耗率呈下降趋势,而重工业部门的中间消耗率呈上升趋势,但由于主要重化工部门在1992—2002年的比重略有降低,即这些部门以总产值反映的增长率相对低于其他部门,使整个制造业部门的中间消耗率有所下降。但我们可以看到,制造业的中间消耗率虽然是下降的,但没有显著差异,这样,当重工业的发展速度重新加快时,制造业的中间消耗率就会重新提高。

第四,从新兴工业化国家和地区的经验看,在工业化进程中,国民经济中间消耗水平会随着轻纺工业替代农业成为主导产业的第一次产业升级、制造业替代轻纺工业成为主导产业的第二次产业升级而有所提高,但是随着第三次产业升级即中间消耗水平较低的高新技术产业和第三产业逐渐成为经济增长的主导产业,整个国民经济的中间消耗水平会逐渐下降。从2003年到现在,中国经历了一轮第二产业重新加速发展的阶段,其产业特征为建筑业和重化工业的加速发展。从表14.4中可以看出,这种加速发展必然导致整个国民经济的中间消耗水平的提高。但另外一方面,它也是新一轮产业升级的先导,即经济增长的主导部门将由制造业逐渐过渡为高新技术产业和第三产业,这将为中国下一步的可持续发展提供动力,也是降低整个国民经济中间消耗水平、实现可持续发展的重要途径。

第四节　中间需求结构的变化

如果从生产上看,各个生产部门需要进行中间投入和最初投入,以得到这些部门的总产品,那么从使用上看,各个生产部门所提供的总产品将用于满足各个部门的中间需求和最终需求。中间需求率或中间需求系数是各个产业中间需求和总产出(或总需求)之比,它说明在产品部门单位总产出中,用于特定部门的中间需求的比例。这是钱纳里在对各国产业结构进行比较研究时首先使用的方法。对于整个国民经济来说,其总产品用于中间需求的比例越大,用于最终需求的比例也就越小,其效率也就越低。对历年的投入产出数据按现行价格计算中间需求系数矩阵 B,得到表 14.5 的数据结果。

表 14.5　1987—2005 年中国三次产业中间需求系数矩阵变化

	第一产业	第二产业	第三产业	合计		第一产业	第二产业	第三产业	合计
1987 年	0.1473	0.2944	0.0244	0.4661	1997 年	0.1606	0.3452	0.0400	0.5459
	0.0378	0.4972	0.0713	0.6063		0.0359	0.5400	0.1241	0.7000
	0.0360	0.2887	0.1413	0.4660		0.0235	0.2238	0.1899	0.4371
全部部门	0.0574	0.4217	0.0757	0.5548	全部部门	0.0472	0.4333	0.1317	0.6123
1990 年	0.1788	0.3361	0.0223	0.5373	2000 年	0.1526	0.3251	0.0615	0.5392
	0.0363	0.5208	0.0728	0.6298		0.0324	0.5662	0.1382	0.7368
	0.0367	0.2889	0.1463	0.4719		0.0200	0.2112	0.2044	0.4356
全部部门	0.0622	0.4456	0.0768	0.5846	全部部门	0.0401	0.4381	0.1505	0.6287
1992 年	0.1393	0.3144	0.0302	0.4839	2002 年	0.1622	0.3558	0.0537	0.5717
	0.0346	0.5112	0.1261	0.6719		0.0265	0.5280	0.1233	0.6777
	0.0290	0.2918	0.1992	0.5201		0.0241	0.2617	0.2030	0.4887
全部部门	0.0469	0.4258	0.1333	0.6060	全部部门	0.0381	0.4322	0.1409	0.6112
1995 年	0.1723	0.3350	0.0268	0.5341	2005 年	0.1655	0.3900	0.0481	0.6036
	0.0348	0.5406	0.0950	0.6704		0.0250	0.5369	0.1024	0.6643
	0.0315	0.2868	0.1736	0.4919		0.0264	0.3081	0.1952	0.5296
全部部门	0.0517	0.4550	0.1045	0.6113	全部部门	0.0373	0.4618	0.1232	0.6223

可以看出,表 14.5 中的 b_{44} 与表 14.1 中的 a_{44} 是相等的,即国民经济的中间需求总额或总的中间需求率,与中间投入总额或总的直接消耗率是相等的。我们仍然以 1992 年的中间需求系数矩阵作为对比基础进行分析,从中可以看出这一时期中间需求变动的几个特征。

首先,第一产业的总产品用于各个部门中间需求的比例是扩大的。其中,用于第一产业、第二产业和第三产业的中间需求的比例从 1992 年的 13.93%、31.44% 和 3.02%,上升到 2005 年的 16.55%、39% 和 4.81%,用于全部产业中间需求的比例则从 48.39% 上升为 60.36%,上升了 12.03%,这说明随着产业链的延长和市场化程度的提高,第一产业和其他产业的关系更加密切了。

其次,第二产业、第三产业总产品用于全部产业部门的中间需求的比例没有显著变化。第二产业用于第一产业中间需求的比例,由1992年的3.46%下降到2005年的2.5%,用于第二产业本身的比例由51.12%上升为53.69%,用于第三产业的比例由12.61%下降到10.24%,而用于全部产业中间需求的比例则从67.19%下降到66.43%,虽然数值有所减少,但没有显著性变化。第三产业的情况也是类似的,用于全部产业中间需求的比例则由52.01%上升为52.96%,仅有微小变化。

最后,整个国民经济的总产品用于中间需求的比重在上升。分部门看,由于中间需求率和结构变化的共同影响,整个国民经济的总产品用于第一产业中间需求的比例由1992年的4.69%下降到2005年的3.73%,用于第二产业中间需求的比例由42.58%上升到46.18%,而第三产业的比例由13.33%下降到12.32%,由于第一产业和第三产业中间需求比例下降的幅度低于第二产业中间需求比例上升的幅度,整个国民经济的中间需求略有增加,从60.6%上升到62.23%,增加了1.63%。

对比表14.1和表14.5可以看出,相对于直接消耗系数矩阵,中间需求系数矩阵起伏的幅度更大。这是由于两个矩阵所反映的内容不同而决定的,如果说直接消耗系数矩阵主要反映的是国民经济中的技术关系,它们的需求变动通过长期的技术进步而逐渐反映出来,那么中间需求系数矩阵则反映了生产活动中各个部门间的经济关系,对它的改善的时效性相对较强,我们可以通过实施各种政策,对国民经济的各种需求关系加以引导和调整,提高整个国民经济的投入产出效率。

第五节 对资源和能源产业的进一步分析

把2002年投入产出表中的42个产品部门归并成三大部门,分别为采掘业、能源和资源工业及一般生产部门。其中,采掘业包括四大类一级的部门:煤炭开采和洗选业,石油和天然气开采业,金属矿采选业和非金属矿采选业。能源和资源工业也包括4个子部门:石油加工、炼焦及核燃料加工业,电力、热力的生产和供应业,燃气生产和供应业以及水的生产和供应业。一般生产部门则包括未包括在以上两个大分类在内的所有生产部门。按照这一分类,我们可以把2002年42×42产品部门的投入产出表归并为一个反映采掘业、能源和资源工业及国民经济一般生产部门关系的投入产出表(见表14.6)。

表 14.6　2002 年采掘业、能源和资源工业及一般生产部门的投入产出表
（按当年生产价格计算）

（单位：亿元）

产品部门		中间需求				最终需求	总产出
		采掘业	能源和资源工业	一般生产部门	合计		
中间投入	采掘业	352.26	5 103.85	5 135.50	10 591.61	−274.42	10 317.19
	能源和资源工业	934.94	1 220.90	11 566.91	13 722.74	1 203.81	14 926.55
	一般生产部门	3 063.39	3 235.34	160 958.51	167 257.24	120 929.52	288 186.76
	合计	4 350.59	9 560.08	177 660.92	191 571.60	121 858.9	313 430.50
	增加值	5 966.60	5 366.47	110 525.84	121 858.90		
	总投入	10 317.19	14 926.55	288 186.76	313 430.50		

在表 14.6 中，采掘业的最终需求为负数。这说明了这个部门的净出口小于最终消费和投资之和，或者说净进口大于国内需求。这表明 21 世纪以来，中国在经济增长中对国外能源和资源的依赖已经大大增加。

对于能源和资源工业对国民经济活动的影响，可以从两个大的方面观察。

先看国民经济对于采掘业、能源和资源工业的投入产出关系。表 14.7 列出的是三个部门的直接消耗系数扩展矩阵。

表 14.7　2002 年采掘业、能源和资源工业及一般生产部门的直接消耗系数矩阵

产品部门		中间需求			
		采掘业	能源和资源工业	一般生产部门	合计
中间投入	采掘业	0.0341	0.3419	0.0178	0.0338
	能源和资源工业	0.0906	0.0818	0.0401	0.0438
	一般生产部门	0.2969	0.2168	0.5585	0.5336
	合计	0.4217	0.6405	0.6165	0.6112

从表 14.7 中看出，能源和资源工业对于采掘业有较强的依赖，每生产一个单位的总产值，需要消耗 0.3419 的采掘业产品。而一般生产部门对于采掘业的直接消耗相对较小，只有 0.0178，但对于能源和资源工业的依赖较大，每生产一个单位的总产值，需要消耗的能源和资源工业的产品为 0.0401，二者合计为 0.0579。也就是说，一般生产部门的总产值中，对采掘业、能源和资源工业的中间消耗为 5.79%。由于在采掘业、能源和资源工业的生产过程中也要发生相互消耗的情况，因此，从整个国民经济的角度观察，对这两个部门的消耗比例还要更大一些，从表 14.7 右边合计栏中可以看到，整个国民经济每生产一个单位的总产值，所需要消耗的采掘业、能源和资源工业的产品为 0.0776（0.0338 +

0.0438),也就是说,在国民经济总产值中,采掘业、能源和资源工业的中间消耗所占的比例为7.76%。

对表14.7中的前3行和前3列的数据计算列昂惕夫逆矩阵,得表14.8。

表14.8 对2002年采掘业、能源和资源工业及一般生产部门计算的列昂惕夫逆矩阵

	采掘业	能源和资源工业	一般生产部门
采掘业	1.101361	0.429855	0.083536
能源和资源工业	0.144169	1.169234	0.112120
一般生产部门	0.811513	0.863157	2.376346

从表14.8的计算结果中可以推算出,一般生产部门每增加1个单位的最终需求,需要采掘业提供0.0835的产品,需要能源和资源工业提供0.1121的产品。换句话说,一般生产部门生产的每一个单位的GDP,需要这两个部门提供的产品为8.35%和11.21%。这说明我国经济增长中对这两个部门的依赖是相当大的。

再看更加具体的部门对采掘业、能源和资源工业的需求。

从前面的分析中可以看出,我国目前每形成1元钱的最终需求(消费、投资或净出口),需要对采掘业、能源和资源工业的直接或间接消耗为0.2元左右(8.35%+11.21%=19.56%),但是不同的产业部门,对能源和资源消耗的程度是不一样的。表14.9分别列出了2002年对采掘业、能源和资源工业产品需求最大的10个部门。先看采掘业,采掘业的产品50%左右提供给能源和资源工业,然后是金属冶炼及压延加工业,所占的比重为17.87%,再下来是化学工业,所占的比重为9.35%。仅仅这三个部门就使用了采掘业近75%的产品。再看能源和资源工业(如电力部门),这一产业首先是用采掘业提供的资源进行生产,然后再提供给其他部门。可以看出,交通运输部门是能源和资源工业最大的用户,所占的比重达到13.39%,再下来是化学工业和金属冶炼及压延加工业,分别占11.78%和9.23%。这三个部门对能源和资源工业的需求占的比重超过30%。和采掘业情况不同的是,各个部门对这一产业的需求比例的集中度不那么高。

交通运输及仓储业、化学工业、金属冶炼及压延加工业、建筑业,是影响我国能源和资源消耗的大部门。如果要降低整个国民经济对能源和自然资源的单位消耗水平,一是使这些能源和资源消耗较大的部门进一步降低单位消耗,如在交通运输部门,应该考虑如何通过更加有效地安排交通工具、实现人流和物流更有效率的移动;二是在经济增长中,能源和资源的消耗主要应该服从内需的要求,应该降低对能源和自然资源依赖较大的产品在出口产品中所占的比重;三是在

表 14.9 2002 年对采掘业、能源和资源工业产品需求最大的 10 个部门

部门	占采掘业总产品的比重(%)	部门	占能源和资源工业总产品的比重(%)
1 能源和资源工业	49.47	交通运输及仓储业	13.39
2 金属冶炼及压延加工业	17.87	化学工业	11.78
3 化学工业	9.35	金属冶炼及压延加工业	9.23
4 建筑业	6.81	能源和资源工业	8.18
5 非金属矿物制品业	5.44	建筑业	7.59
6 采掘业	3.41	采掘业	6.26
7 金属制品业	1.41	农业	4.10
8 通用、专用设备制造业	1.25	批发和零售贸易业	3.71
9 农业	0.95	非金属矿物制品业	3.57
10 交通运输及仓储业	0.74	通用、专用设备制造业	2.68
合计	96.7	合计	70.5

经济增长中,促进那些对能源和资源依赖较低的产业的发展,通过产业结构的调整和升级,来逐步降低整个国民经济中单位产出的能源和资源消耗。

第六节 结 论

实现经济增长主要有两个途径:一是扩大生产要素的投入规模;二是提高要素的生产效率。本章通过 1992—2005 年的投入产出资料,对影响国民经济中间消耗水平的主要影响因素进行了分析。

第一,如果用现行价格编制的投入产出表进行动态分析比较,1992—2005 年的国民经济的中间消耗水平整体上是上升的。中间消耗率由 0.6060 上升为 0.6223,其中,由于技术因素使中间消耗因素提高了 0.38%,而由于部门结构因素使中间消耗系数提高了 1.25%,两者共同作用的结果是使整个国民经济的中间消耗系数提高了 1.63%。这说明,在包含价格变动在内的国民经济投入产出价值量分析中,结构变动对于中间消耗水平的影响大于技术因素。

第二,按可比价格计算,1992—2005 年整个国民经济的中间消耗率即直接消耗系数由 0.6060 下降到 0.5745,这反映了在消除了价格变动因素之后,技术进步对降低经济增长过程中的中间消耗的贡献。其中,技术进步使国民经济的中间消耗水平降低了 4.56%,由产业结构变动所形成的影响为 -1.41%(即使中间消耗水平提高了 1.41%),两者共同作用的结果,是使整个国民经济的中间消耗率降低了 3.15%。这说明技术进步对提高这一阶段中国经济增长的效率

作出了贡献。

第三,对比按照不变价格和现行价格分别进行的分析,我们看到,对于技术进步,不仅要从技术角度考察投入产出关系,还要从经济角度考察产品价格和成本的关系。即使在技术进步的条件下,由于市场原因,还是可能出现一个部门单位产品的中间消耗比率上升的现象。我国近些年的发展就反映了这一点,这就需要通过更大的技术进步,来抵消这种由于市场条件的变化造成的中间消耗的提高。

第四,第二产业是改革开放以来在国民经济中所占比重最大,同时又是增长最快的生产部门。由于第二产业本身的生产性质,无论从现行价格还是从可比价格来看,它的中间消耗率都是国民经济各部门中最高的。从新兴工业化国家和地区的经验看,在工业化进程中,国民经济中间消耗水平会随着轻纺工业替代农业成为主导产业的第一次产业升级、制造业替代轻纺工业成为主导产业的第二次产业升级而有所提高,但是随着第三次产业升级即中间消耗水平较低的高新技术产业和第三产业逐渐成为经济增长的主导产业,整个国民经济的中间消耗水平会逐渐下降。中国目前正在进入这一阶段。在改善各个部门中间消耗水平的同时,注重新兴产业的发展和部门结构的优化,是降低整个国民经济中间消耗水平、实现可持续发展的重要途径。

第五,直接消耗系数矩阵主要反映的是国民经济中的技术关系,它们的变动需求通过长期的技术进步而逐渐反映出来,而中间需求系数矩阵则反映了生产活动中各个部门间的经济关系,对它的改善的时效性相对较强。我们可以通过实施各种政策,对国民经济的各种需求关系加以引导和调整,提高整个国民经济的投入产出效率。

第六,交通运输及仓储业、化学工业、金属冶炼及压延加工业、建筑业是影响我国能源和资源消耗的几个大部门。改善整个国民经济的能源和自然资源的消耗,首先应该改善这些部门的中间消耗水平。

第十五章

中国 GDP 成本结构对投资和消费比例的影响

在世界各国的国民经济核算中,GDP 的成本核算(也就是我国所说的按收入法核算 GDP)都受到高度关注,这首先是因为 GDP 核算或者国民经济核算最早就是由收入或国民收入的核算发展而来,同时 GDP 的成本结构也是各国研究各个机构部门收支行为的起点。[①]

第一节 中国 GDP 的成本结构与最终需求

GDP 成本结构(cost structures),指的是从收入方计算的国内生产总值项目构成。计算一个国家或地区的 GDP,可以用三种方法,即生产法、收入法和最终产品法,收入法计算的 GDP 包括四个大项,即固定资本损耗(主要是折旧)、雇员补偿(劳动报酬)、营业盈余和间接税净额(生产税净额)。这四项内容是一个经济在生产活动中做出的最初投入,即我们传统说法所称的初次分配收入,其中,劳动报酬或雇员补偿由劳动者获得,固定资本损耗和营业盈余是企业的收入,而间接税则由政府获得,它们形成国民经济活动中新增价值的成本支出。

1. 1992—2005 年 GDP 成本结构

表 15.1 列出的是中国自 1992 年以来部分年份按百分比计算的 GDP 成本构成的情况。[②]

表 15.1 1992—2005 年中国 GDP 成本构成

(单位:%)

年份	劳动报酬	固定资产折旧	营业盈余	生产税净额	国内生产总值
1992	45.22	13.32	29.51	11.95	100
1995	47.08	12.97	27.33	12.62	100
1997	54.68	14.07	17.76	13.49	100

---

① 联合国:《国民经济核算体系 1993》,中国统计出版社 1995 年版。
② 中国在 1992 年以前编制的投入产出表,还没有按照联合国的标准列示各项内容(如利润和税金合并为一项,这是由当时的计划体制所决定的),因此和后来的投入产出表在许多项目上不直接可比。

(续表)

年份	劳动报酬	固定资产折旧	营业盈余	生产税净额	国内生产总值
2000	54.24	16.15	14.46	15.15	100
2002	46.04	15.32	22.98	15.66	100
2005	41.40	14.93	29.56	14.12	100

注：表中2002年以前数据由相应年份投入产出表计算而来，2005年数据根据《中国统计年鉴》中地区生产总值项目构成汇总计算。

从表15.1中可以看出，1992—2005年，生产税净额的比重略有增加，提高了2.17%。但劳动者报酬的比重却经历了一个由低向高、再重新降低的过程，1992—2000年，它的比重由45.22%提高到54.24%，提高了9%左右，而2000—2005年，这一比重却由54.24%下降到41.40%，下降了13%左右。固定资产折旧比重的变化趋势也是类似的，只是幅度没有这么大。与之相反，营业盈余的比重却经历了由高向低再由低向高的过程，调整幅度达到了12%。可以看到，2000—2005年，劳动报酬、生产税净额与固定资产折旧所占的比重都是降低的，但是生产税净额与固定资产折旧所占的比重只是略有变化，而劳动报酬的比重则下降得相当明显，与之相对应，是生产税净额在GDP中的比重显著回升，而从更长的时间周期看，1992—2005年，生产税净额、固定资产折旧和营业盈余所占的比重都有所提高，唯有劳动报酬的比重是下降的。

2. 初次收入与最终使用

表15.2列出的是与表15.1的对应年份里中国的投资率和积累率的情况。其中，投资率指的是资本形成占支出法GDP的比重，消费率指的是最终消费占GDP的比重，而净出口率则是货物和服务的净出口占GDP的比重。

表15.2 1992—2005年中国投资率、积累率和净出口率

(单位:%)

年份	投资率(资本形成率)	最终消费率			净出口率
		消费率	居民消费率	政府消费率	
1992	36.6	62.4	47.2	15.2	1.0
1993	42.6	59.3	44.4	14.9	-1.8
1994	40.5	58.2	43.5	14.7	1.3
1995	40.3	58.1	44.9	13.3	1.6
1996	38.8	59.2	45.8	13.4	2.0
1997	36.7	59.0	45.2	13.7	4.3
1998	36.2	59.6	45.3	14.3	4.2
1999	36.2	61.2	46.1	15.1	2.6
2000	35.3	62.3	46.4	15.9	2.4

(续表)

年份	投资率(资本形成率)	最终消费率			净出口率
		消费率	居民消费率	政府消费率	
2001	36.5	61.4	45.2	16.2	2.1
2002	37.9	59.6	43.7	15.9	2.6
2003	41.0	56.8	41.7	15.1	2.2
2004	43.2	54.3	39.8	14.5	2.5
2005	42.6	51.9	38.0	13.9	5.5

资料来源:国家统计局,《中国统计年鉴》(2006),中国统计出版社2006年版。

劳动报酬、固定资产折旧、营业盈余和生产税净额对GDP甚至整个国民经济的生产部门来说是支出,但对于居民、企业、政府等机构部门(institutional sectors)来说就是初次收入,而从初次分配到最终使用,还要经过复杂的再分配过程,才会形成GDP的最终使用。

居民的劳动报酬和企业的营业盈余中形成居民收入的部分按一定比例向政府缴纳所得税或直接税,政府也会对一部分居民实施补贴,再加上其他转移支付,才形成居民可支配收入。[①] 居民可支配收入一部分会用做储蓄,其他部分才是居民的最终消费;企业的营业盈余留给企业的部分加上固定资产折旧,再加上政府对企业的补贴,以及通过金融市场等途径转移到企业的资金,将形成投资。而政府通过直接税、间接税等取得的收入,除了部分用于政府投资外,大部分将用于政府消费。因此,最终使用或最终需求的格局,首先要受到GDP成本结构的约束。

从国际收支平衡的角度来看,各国都力争做到把净出口率控制在很小的比率上,因此,在世界各国,消费和投资都是最终需求的主要内容。从表15.2中可以看到,在这一期间,政府消费率(政府消费支出所占的比重)长期以来是相当稳定的,波动不超过3%,净出口率的波动相对也比较小。主要的波动反映在投资率和居民消费率上,而且这两项波动间是互补的,投资率提高,消费率就下降,反之亦然。虽然有些反复,但整个发展趋势是投资率在提高,消费率在下降,净出口率有所上升,2005年的投资率比1992年提高了6%,消费率则下降了10.5%,净出口率上升了4.5%。投资率最低的年份是2000年,这与表15.1中营业盈余比重最低的年份相对应,而消费率最低的年份是2005年,这和表15.1中劳动报酬的比重最低的年份相对应。这说明在中国,GDP的最初投入成本结构对最终需求是有比较明显影响的。具体地说,消费率和劳动报酬在GDP中的

---

① 在我国目前的国民经济核算中,并没有提供居民可支配收入的总量数字(仅有城镇居民人均可支配收入和乡村居民纯收入)。

比重、投资率和营业盈余在 GDP 中的比重表现出比较明显的相互联系。但有三种情况可能会对投资率产生影响。

一是财政或货币政策有较大调整,如一些发展中国家通过增加国债和财政赤字的方法来扩大货币供应或增加国家直接投资,即使营业盈余不显著增加,也可能刺激投资率的提升,但这往往要以较高的通货膨胀为代价。中国1992—1995 年投资率的提高,就和当时扩张的财政政策有很大关系。①

二是国际收支的较大变化可能会对投资率形成影响,如外商直接投资显著增加,也可能在营业盈余不变的情况下,使投资率显著上升;反之,当国际贸易顺差显著增加时,由于净出口率(货物和服务的净出口占支出法 GDP 的比重)提高,投资率则可能下降。

三是以经济景气循环为背景的货币和资本市场的变化可能对最终需求格局产生影响,如债市、股市、房地产市场的波动就有可能影响最终收入在投资和消费之间的分配从而影响积累率,不过就中国目前情况看,这种波动通常只会对积累与消费之间的比率产生短期的影响。

第二节 二元结构对 GDP 成本和需求结构的影响

GDP 的成本或初次分配结构与最终需求是有关联的,但由初次分配转化成最终需求还要经过复杂的再分配过程。虽然劳动报酬对消费有较大影响,营业盈余则可能对投资产生较大影响,但是通过国家财政、金融机构等方面的作用,劳动报酬也可以转化为投资,营业盈余也可以转化为居民消费和政府消费。因此,改变投资和消费之间的比例关系,不仅需要宏观的需求管理,也需要供应管理和微观管理。

表 15.3 列出了 2002—2006 年三大产业部门的增加值构成以及它们之间的相互比较,从表中可以看出,到 2002 年,中国的工业化程度已经相当高了,第一产业增加值在 GDP 中所占的比重降到了 13.8%,而非农产业所占的比重则超过 85%,此后的 5 年,随着中国加速的工业化过程,中国第二产业所占的比重进一步提高,现在,第二产业、第三产业在国民经济中所占的比重已经接近 90%,而第一产业的比重约为 10%。

---

① 1993—1995 年中国的 CPI 分别为 114.7、124.1 和 117.1。

表15.3　2002年与2006年三次产业增加值构成比较

（单位：%）

	第一产业	第二产业	第三产业
2002年增加值构成	13.5	44.8	41.7
2006年增加值构成	11.8	48.7	39.5
2002—2006年增加值构成变化	-1.7	3.9	-2.2

资料来源：国家统计局，《中国统计年鉴》(2006)，中国统计出版社2006年版。

但是在另一方面，如果我们考察三次产业的劳动力结构，就会发现它和增加值结构间存在着较大的差异。表15.4列出的是2002年、2006年三大产业部门的劳动力构成以及它们之间的相互比较。从表中可以看到，2002年，第一产业（主要是农业）中的就业人员占全体就业人员的比重仍然保持在50%的高水平上，近几年虽然有所改善，但直到2006年，第一产业劳动力的比重仍然高达42.6%。

表15.4　2002年与2006年三次产业就业人员比较

（单位：%）

	第一产业	第二产业	第三产业
2002年就业人员占全体就业人员比重	50.0	21.4	28.6
2006年就业人员占全体就业人员比重	42.6	25.2	32.2
2002—2006年就业比重变化	-7.4	3.8	3.6

资料来源：国家统计局，《中国统计年鉴》(2006)，中国统计出版社2006年版。

通过表15.3和表15.4的比较分析我们可以看到，第二产业的增加值最大，第三产业次之，第一产业最小；但从就业人员的比重来看，次序正好反过来，第一产业最大，第三产业次之，第二产业最小。这说明中国经济发展过程中各个产业部门的增长和其就业结构的变化是不对称的。钱纳里[①]曾利用101个国家1950—1970年的统计资料进行归纳分析，构造出一个著名的"世界发展模型"，由发展模型求出一个经济发展的"标准结构"，即经济发展不同阶段所具有的经济结构的标准数值（参见表15.5）。如果以我国的增加值结构和钱纳里标准结构相比，按第一产业所占比重衡量，我国已经超过了人均2 000美元（1970年美元），但按照劳动力比重衡量，正好在400美元的标准上。这也说明由于中国人口众多、农村人口占较大比重这一特殊国情，经济增长中二元结构现象还相当严重。

---

① 钱纳里等：《工业化和经济增长的比较研究》（中译本），上海三联书店1995年版。

表 15.5　人均收入水平、GDP 结构和就业结构

(单位:%)

	人均收入水平(1970 年美元)			
	400 美元	600 美元	1 000 美元	2 000 美元
第一产业占 GDP 比重	26.7	21.8	18.6	16.3
第二产业占 GDP 比重	25.5	29.0	31.4	33.2
第三产业占 GDP 比重	47.8	49.2	50.0	50.5
劳动力在第一产业中所占比重	43.6	34.8	28.6	23.7
劳动力在第二产业中所占比重	23.4	27.6	30.7	33.2
劳动力在第三产业中所占比重	23.0	37.6	40.7	43.1

表 15.6 列出了中国三大产业部门 2002 年与 2006 年劳动生产率(以每个劳动力平均增加值反映)的情况。从表中可以看到,2002 年,容纳就业人员比重最大的第一产业部门生产率仅为平均水平的 26.99%,而第二产业和第三产业的生产率则分别为平均水平的 209.3% 和 145.86%。换句话说,第一产业的生产率仅为第二产业、第三产业的 12.89% 和 18.5%。由于农业劳动力向非农产业的转移,2006 年,第一产业劳动生产率的相对水平有所提高(0.53%),但这一基本格局仍然没有改变。而由于第三产业的生产率相对下降,第三产业和第二产业之间生产率的相对差距又扩大了。从总供给和总需求的关系看,在收入中用于投资的比例是受到一个部门生产率水平制约的,一个部门的生产率水平越高,其剩余产品越多,所能够用于扩大再生产的投资的份额也就越大。

表 15.6　2002 年与 2006 年各产业部门劳动生产率比较

年份	项目	第一产业	第二产业	第三产业	合计
2002	按就业人员计算的人均增加值(元/人)	4 404	34 155	23 801	16 319
	人均增加值为平均水平的(%)	26.99	209.3	145.86	100
2006	按就业人员计算的人均增加值(元/人)	7 597	53 660	33 709	27 601
	人均增加值为平均水平的(%)	27.52	194.42	122.13	100

资料来源:国家统计局,《中国统计年鉴》(2006),中国统计出版社 2006 年版。

表 15.7 列出的是 2005 年中国按三次产业分类的 GDP 成本构成,从表中可以看出,具有较高生产率的部门具有较高比例的营业盈余,从而为通过自筹资金扩大固定资产投资创造了条件。而对于生产率较低的第一产业部门,由于营业盈余较低,而较低的人均劳动报酬又使其难以增加储蓄,因此,通过这一产业收入的消费剩余而形成的投资当然是比较低的。

表 15.7 2005 年中国按三次产业部门分类的 GDP 成本结构

	成本项目	第一产业	第二产业	第三产业	合计
增加值（亿元）	固定资产折旧	1 056.3	11 891.2	12 896.1	25 843.6
	劳动者报酬	17 120.1	29 777.5	28 902.6	75 800.2
	生产税净额	847.1	16 393.7	10 086.4	27 327.2
	营业盈余	4 047	28 984.2	21 082.5	54 113.7
	合计	23 070.4	87 046.7	72 967.7	183 084.8
各成本项目占 GDP 比重(%)	固定资产折旧	0.6	6.5	7.0	14.1
	劳动者报酬	9.4	16.3	15.8	41.4
	生产税净额	0.5	9.0	5.5	14.9
	营业盈余	2.2	15.8	11.5	29.6
	合计	12.6	47.5	39.9	100.0

注：此表由作者根据国家统计局公布的生产法和支出法 GDP 核算数据及历史数据估算，国家统计局数据公布后，应以官方正式数据为准。

从以上的分析可以看出，由于中国经济增长中的二元结构所形成的农村和城市（或第一产业与非农产业）之间生产率上的差距，对不同部门的收入在消费和投资间进行分配是有影响的。生产率较高的部门因为能获得较高的收入，有可能较大规模地增加投资并吸引其他部门的收入转化为本部门的投资，从而获得较快的增长；而生产率较低的部门的收入较低，其消费和投资的规模都会受到限制。

第三节　从需求结构失衡看供给管理

从 2002 年下半年开始，中国经济增长开始加速，在此之后，中国的固定资产投资一直保持着相当高的增长率。2003—2010 年，中国消除了价格变动的全社会固定资产投资的年均增长达到了 20% 左右，而在此期间，GDP 的年均增长率为 10% 左右。也就是说，全社会固定资产投资和 GDP 之间的弹性系数达到了 2，即每增长 1% 的 GDP，需要增加的全社会固定资产投资为 2%。由于投资和消费间的关系是互补的，在 GDP 增速不变的情况下，投资增长得越快，消费增长得也就越慢，投资和消费的比例失调，意味着在经济增长中居民没有享受到应有的福利，同时也可能意味着投资没有发挥应有的效率，资源配置可能不是最优的。

在近几年的宏观调控中，对于固定资产投资增长过快、投资率过高的情况，国家采取了一系列调控措施。但是在这些措施中，大部分措施都是从需求管理角度出发的，主要是通过调节货币的供给来平抑社会上的投资需求。但是固定资产投资增长过快的现象仍然在延续。和往年不同的是，在这一轮经济增长周期中,全社会固定资产投资中自筹资金占的比例较大,而且还在不断扩大,从表15.8中可以看出,它的占比从2000年的52.2%上升到2010年的63.4%,上升了11.2%,而国内贷款所占的比重从2003年以后就开始下降,从20%左右下降到2010年的15.2%,下降了约5个百分点,这说明稳健的货币政策在实施过程中,确实注重了通过控制贷款的增加来遏制投资过热,但对于自筹资金,或者说货币政策作用不到的其他领域,投资冲动仍然是旺盛的。从前面的分析中可以看出我国投资率和消费率之间的失衡,从动态比较上看,有初次分配等方面的原因,而从和其他市场经济国家的比较看,有我们的市场经济还不够完善、市场体系和再分配体系需要进一步发展等方面的原因。这说明在中国要形成一个良好的、投资和消费互相促进的、可持续的经济增长和经济发展机制,仅仅靠需求方的短期总量管理是不够的,还应该注重供给方的长期结构管理,即通过生产领域的改革和管理,影响需求结构的长期均衡。

表15.8 2000—2005年按资金来源分,全社会固定资产投资构成情况

(单位:%)

年份	国家预算内资金	国内贷款	利用外资	自筹资金	其他资金	合计
2000	6.4	20.3	5.1	52.2	16.0	100
2001	6.7	19.1	4.6	52.4	17.3	100
2002	7.0	19.7	4.6	50.6	18.0	100
2003	4.6	20.5	4.4	53.7	16.8	100
2004	4.3	18.3	4.4	55.7	17.2	100
2005	4.4	17.3	4.2	58.3	15.9	100
2006	3.9	16.5	3.6	59.7	16.2	100
2007	3.9	15.3	3.4	60.6	16.8	100
2008	4.3	14.5	2.9	64.8	13.5	100
2009	5.1	15.7	1.8	61.3	16.0	100
2010	4.7	15.2	1.6	63.4	15.1	100

资料来源:根据历年《中国统计年鉴》整理。

通过供给管理调节投资和消费的比例关系,不仅是中国长期经济增长的需要,也和在科学发展观的指导下构建和谐社会的目标相统一。初次分配中劳动报酬中用于消费或投资中的比例,在其他条件不变的情况下,是和收入分配差异相关的。在收入逐渐增加的条件下,收入差异增大,总收入中用于投资的比例会增大,反之,则可能由于低收入者扩大消费而增加消费的比例。从中国目前的情况看,改善供给方的结构管理,应该重视以下几方面的工作。

第一,在发展经济的指导思想上,增长导向应该逐渐转为发展导向。增长导向强调经济增长,而发展导向则在注重经济增长的同时,还注意就业、价格总水

平、收入分配和国际收支等多方面的问题。在"十一五"规划中，GDP 增长率已经不再是地方政府的考核指标，但现在的地方政府出于改善当地经济的愿望，最注重的仍然是吸引投资和经济增长。这种愿望当然是好的，但是最后则有可能影响到当地群众甚至是全局的利益。因此，对地方政府发展经济的指导思想的引导是非常重要的。应该看到，地方政府和中央政府促进或者是抑制经济增长的手段是有区别的，中央政府可以运用的国债、赤字预算、货币政策等需求政策地方政府是没有的，地方政府发展经济的主要手段主要是供给政策，即通过改善生产要素方面的优惠条件（如较便宜的劳动力价格），鼓励投资和发展经济，反之，则是利用行政手段限制某些方面的发展。对于各级政府在供给管理中产生的问题，中央政府通过需求管理是无法完全解决的。要求各级政府调整指导思想，也应该出台相应的供给政策。

第二，在初次分配领域，国家应该采取措施（如价格政策、就业政策、工资政策、税收政策等），改善低收入部门和群体的收入，如鼓励农业劳动力向其他部门流动、增加农业部门的人均收入等，通过整体地提高这一部分群体的收入，改善他们的生活来调整投资和消费的比率关系。应该说明的是，初次收入分配的改善不一定要以牺牲效率为前提，如果说在部门内部，一个有差异的收入分配结构往往有助于行业竞争力的提高，那么在部门之间，过大的收入分配差异反而往往是不利于国民经济协调发展的。

第三，应该完善市场经济条件下收入再分配机制的应用。在市场经济条件下，国民收入再分配可以有多种手段，但主要手段是国家的税收政策。虽然新中国成立以来中国就有各种税收，如农业税曾对当时的工业发展提供过积极的支持，但税收制度真正作为一个完整的体系建立起来，还是20世纪80年代以后的事情。在国有企业实行"利改税"以及所得税制度实施以来，中国的税收制度经过多次重大调整。近些年来，国家税收增长较快，与GDP间的比率在逐年提高，如何使税收政策和财政政策在供给管理中发挥更积极的作用，是值得更加深入研究的。

第四，应该加强资本市场的建设。资本市场对于国民收入的使用具有重要意义，一个国家的经济发展水平越高，居民收入增加得越多，转移为投资的资金也就越多，而资本市场的发展则为这种转移提供了中介，反过来，人们从投资中获得的回报，除了继续投资外，也有一部分转为消费，因此，资本市场是调节一个国家投资和消费关系的重要工具。在中国，无论是直接融资市场还是间接融资市场，都面临着发展的任务。国有商业银行刚刚完成了股份制的改造，现在正处于一个全新的起点上。而证券市场虽然在20世纪90年代初期就已经建立，但是其真正大规模的发展，还是从2005年证券市场的股权分置改造开始的。由于市场刚刚开始扩大规模、发展还不平稳,如何根据中国的特色发展中国的资本市场,不但需要宏观调控,也需要制度建设和微观管理。金融机构能否调节国民经济的消费和投资的比例并使它们趋于合理,是中国资本市场建设是否取得成功的一个重要标志。

第五,应该进一步加强统计工作的建设,改善中国的国民经济核算,无论是需求管理还是供给管理,都要建立在对经济发展的各种数量判断的基础上。从20世纪80年代中期中国开始建立GDP和国民经济核算以来,我们在这一方面已经取得了很大的进展。但和中国的GDP在世界上的排名相比,中国的GDP核算和国民经济核算还存在着很大的差距,许多市场经济国家已经建立的核算制度我们还没有建立,或者提供数据的及时性较差。例如,从需求管理的角度看,现在各方面对按季度核算的支出法GDP要求很迫切;而从供给管理的角度看,对于收入流量的核算(即从初次分配收入到最终收入再到最终需求的记录和分析)不但分类较粗,时效性也较差,这也影响了我们对宏观经济运行状态的精准的判断。

第十六章 区域结构与我国经济发展

第一节 我国经济区域的划分及特点

1. 我国经济地带的划分及其演变

自1949年以来,我国经济地带的划分大体上经历了四个阶段。第一阶段是在20世纪50年代,将全国经济地带分为沿海和内地两大部分。这基本上是按照历史遗留下来的经济发展基础和我国经济地理自然条件而划分的。由于历史的原因,我国沿海地区受外国资本影响程度较高,近代工业发展较早,也较为集中,交通运输条件、金融机构、基础设施、市场服务等较内地齐全、发达,工业化程度相对较高,而且由于自然条件较优越,农业生产率和农业商品化程度也较内地高。所以,沿海与内地总体上的经济发展水平差距显著。将整个国民经济从经济区域空间上划分为沿海和内地两大部分,反映了当时我国经济发展的基本格局。但这种划分方式只是一种立足于当时的现实,对落后的现实予以被动的、机械的确认,并不具有更积极的发展意义。第二阶段是在50年代末之后,将全国划分为东北、华北、华中、华东、华南、西南、西北七大行政区,同时具有一定的经济区域划分的意义,兼顾了地区的经济因素。但总的来说,这种七大区的经济划分是根据地理位置上的差异,并以行政省市区划为基础进行的,目的主要是在扩大范围的行政管辖区的基础上协调中央与地方的关系,尽管其中包括经济关系的处理需要,但并未真正将区域划分与经济发展联系起来。第三阶段是60年代以后,从军事的战略需要出发,根据各地区军事战略位置的不同,将全国划分为一线、二线、三线三大军事、行政、政治、经济地带,同时,将原来的七大经济区中的华中、华南区合并为中南区,形成人们通常所说的六大经济行政区。应当说,在当时的历史条件下,这种经济区域的划分是从属于经济、行政、军事战略等方面的需要,而不是根据客观经济规律的要求展开的,其结果是造成生产力布局上的极端扭曲和对有限资源的极大浪费。第四阶段是改革开放以来,根据经济发展的内在要求和现实经济发展水平及特点,对我国经济地带及相应的经济区域进行新的划分,就经济地带而言,划分为东部沿海、中部内陆、西部边远三大地带。以省市行政区划为单位,东部沿海地带包括:辽宁、北京、天津、山东、上海、江苏、浙江、福建、广东9省市;中部内陆地带包括:黑龙江、吉林、河北、山西、河南、安徽、湖北、江西、湖南9省;西部地区则包括:陕西、四川、重庆、贵州、云南、西藏、内蒙古、青海、宁夏、甘肃、新疆等省、市、自治区。这种地带划分是在省市行政区划的基础上,既承认自然地理位置,同时又特别注意经济发展的状况及特征。尤其是经过三十多年的经济改革和发展,已经或正在逐渐形成具有鲜明特征的经济区,如以广州、深圳为核心的珠江三角洲经济区,以上海、江苏为核心的长江三角洲经济区,以京、津为核心的环渤海经济区,以东三省为构架的东北经济区,以及中原经济区、山东经济区、西南经济区、西北经济区、山陕经济区等。这些经济区域的形成并不是行政划分,而是由在经济发展过程中逐渐形成某些共同特点并建立起一定的经济联系的省、市、自治区组成。

2. 我国经济地带及区域经济结构的基本特点

其一,经济发展水平总的来说,在三大经济地带之间,由东到西呈现出较明显的、由高到低的梯度状态。尽管长期以来,在发展方针和经济政策上,一直力图缩小三大地带经济发展水平的差距,但由于历史的原因,也特别由于改革开放以来追求竞争性效率目标,这种差距并无实质性缩小,在某些方面还相对有所扩大。

其二,三大地带之间资源分布与经济发展水平不协调,经济相对发达的东部沿海地区资源相对不足,而中、西部资源分布则具有总体的优势。从资源分布的总体上看,三大地带由东向西,又存在着倒梯度。

其三,经济区域之间的经济联系仍在形成过程中,长期受行政分割而形成的各省、市间在经济上相互封闭、相互割裂的状况仍较为严重,因而,区域间在社会化大分工、专业化大协作等方面仍有待深化,亟须培育具有区域特点和优势的主导产业群落。

其四,区域间专业化特征不突出,相应的产业结构趋同的倾向较为严重,各省之间工业结构相似程度较高,霍夫曼比例[①](即消费品工业净产值与资本品工业净产值之比)也较为接近,同时,越是按工业生产内在趋势要求集中度高的产业,如重化工业和新兴耐用消费品工业等,在我国区域间的集中度越低,分散度越高。

其五,农业水土自然资源在区域间分布差异显著,一方面,从东西差异上看,我国东南部受季风影响强烈,西北地区气候大陆性特征明显;东南部地区年降雨是在400—1000毫米以上,而西北地区平均只在200毫米以下。东南地区水、土、光、热等条件较为协调,资源生态系统生产力水平较高,是我国最重要的农

---

① "霍夫曼比例"是德国经济学者霍夫曼提出的,他根据近二十个国家的时间序列数据,分析了消费品工业和资本品工业之间净产值的比例关系,概括出代表性的比值(小于1、等于1、大于1),并据此将工业化的过程分为不同的阶段。

区、林区、牧区;而西北地区资源系统生产力低,在相当长的时期里必须恢复并逐步提高生态系统生产能力和资源融合的协调性。另一方面,从南北差异上看(以长江为界),南部水多地少,北部地多水少,尤其是黄淮海地区,耕地占全国总耕地的40%,而水量还不到全国总水量的7%。

其六,区域间能源特点差异大,丰裕程度相差悬殊,开发难易程度差别大。从煤炭资源上看,一是经济发展速度快、经济水平也较高的东南部沿海地区煤炭资源少,煤炭资源主要集中在华北、西北,因而不同区域经济发展中的煤炭资源产需矛盾十分突出;二是北煤南运成为我国煤炭资源分布对交通运输的突出要求,区域之间煤炭运输量极大;三是从发展趋势看,我国煤炭生产的重点必然会逐渐西移,除中部的山西外,将进一步集中于内蒙古、新疆、陕西等省、自治区。从石油资源上看,就目前的开采和加工来说,重点集中在东北、华北、华东、中南地区,也就是说,集中在东部地区;但从未来发展来看,西部地区和近海将逐渐成为我国石油后备资源的战略重点地区。从水电资源的分布来看,水电资源主要集中在中西部,东部所占比例很少,就可能开发的水电资源来说,长江中上游、黄河中上游等地区将成为开发重点。

3. 协调经济区域布局需要注意的若干原则

合理的区域经济布局的形成,至少由三个因素决定,一是分布于一定地理区域的天然资源因素,这是最基本的物质基础;二是在经济发展过程中,通过人们的社会经济活动,形成的具有区域特点和优势的产业体系;三是在具有特点的区域产业体系的基础上,进而形成不同的经济区域,而经济区域的形成机制,或者是主要通过市场机制,或者是主要通过计划机制,或者是两种机制的某种结合。

在我国这样一个二元性经济特征显著、区域间经济差异突出的发展中国家,经济区域间的结构协调应充分注意处理以下几方面的关系。(1)区域间的均衡与效率关系,在一定的发展阶段上,效率往往会成为首要目标,而由此又往往会扩大地区之间已有的显著差异;相反,若过于强调区域间差异的缩小,有可能削弱区域间竞争的动力,从而影响区域结构性效率的提升。区域差异过大,区域间过于失衡,不仅会造成严重的社会发展的不和谐,而且也会从根本上损害效率目标的持续提高;但区域平衡目标若长期建立在严重损害效率提高的基础上,不仅会从根本上损害推进协调和公平目标实现的经济可能,而且会引发一系列更为尖锐的社会矛盾。因此,兼顾并协调区域间的均衡目标和效率目标,有着特殊的意义。(2)区域间的梯度推进与增长点选择的关系。梯度推进或称梯度是指根据经济地带及区域经济发展的状况和可能,在实现经济发展的过程中,在区域间贯彻均衡的原则,使不同地带和区域以不同的速度、不同的阶段、不同的步骤,依次梯度地呈现预定的发展目标。显然,这种梯度推进的战略强调,一方面区域经济发展过程中要首先突出效率原则;另一方面区域经济发展目标的实现以已有的可能性为基础。但是,在我国不同发展水平的经济地带和区域之间存在显著差异的同时,即使在相对落后的区域,也已形成了一些重要的经济增长点,中部和西部虽然在经济发展总体上落后于东部,但在中部及西部地区也已具有中心城市,尤其是沿交通干线,已经形成一些重要的经济发展中心,这些中心具有增长点(发展极)的功能,其对于整个区域内的辐射作用和向心作用,是东部地区无法替代的,中、西部地区经济发展在相当大的程度上首先要直接依赖于这些发展极是指主导部门和有创新能力的产业在空间上的集聚,并且以干线与其他经济中心建立联系,形成具有竞争力和影响力的点轴体系。它具有三方面的功能:一是具有突出的经济发展向心力,并以此形成扩散效应,聚集区域经济并带动其发展;二是具有离心力,即发展极一旦形成,便可通过各方面渠道向其他区域扩散;三是具有聚集效应,即通过集聚优势,创造更多的外部经济。因而,在区域差异显著,同时又具有一定的发展极分布基础的条件下,区域经济的协调,必须充分注意梯度推进与发挥发展极作用的统一。(3)区域间的经济转移与补偿的关系。在区域之间的经济转移,包括能源、资源、生态能力等相互间的转移和影响,在许多情况下并不一定能够直接通过市场机制实现,因而,就可能出现某些地区为全局或为其他地区的发展作出了贡献,并且也为此蒙受了损失,但却难以从市场交易中得到补偿,而某些地区在享受其他地区为其创造的经济便利时,却可以不必支付代价,这种状况既不公平,也不利于合理的区域结构形成,对总体分区的协调和总体目标的实现会产生严重的障碍。因而,在区域间要贯彻相应的补偿原则,一方面,尽管补偿的合理标准是一个十分难以准确确定的问题,但在原则上贯彻"谁受益谁付费"是必要的;另一方面,对落后地区的补偿,应尽可能将转移性的补偿支持与努力提高其经济竞争能力统一起来,总体上说,补偿原则应与效率原则相互协调。

第二节　区域差异与可持续增长

1. 区域间人均 GDP 水平差异与梯度增长效应

一国经济区域之间存在显著差异,对于落后的发展中国家来说,既是其落后的重要体现,又是其落后的重要原因,但对于经济进入高速增长的发展中国家而言,区域差异的存在,进而产业的区域间梯度增长的推进效应,在一定意义上构成了其高速增长可持续的重要条件。

从地区人均 GDP 水平与地区增长速度的相互关系看,我国现阶段可以区分为这样几类情形:(1)人均 GDP 水平高,相应的经济增长速度从高速增长已开始逐渐放慢的地区,如北京、上海、广东、浙江等省市,增长速度已开始出现低于全国平均水平的趋势;(2) 人均 GDP 水平较高,同时经济增长速度仍保持较高水平的地区,如天津、江苏、山东、福建、辽宁等省市,增长速度略高于或相当于全国平均水平;(3) 人均 GDP 水平较低,但增长速度较快的地区,如重庆、河南、吉林、陕西、内蒙古、湖南、广西等省市,其增长速度不仅明显高于全国平均水平,而且在经济增长率的排序上已处于领先地位;(4) 人均 GDP 水平较低,但增长速度也较低的省市,如青海、宁夏、甘肃、云南等省区,这些地区大多处于偏远地区,不仅人均 GDP 水平低,而且近十几年来增长速度也处于全国较低水平;(5) 人均 GDP 水平并不低,已达到国内中等水平,但近十几年来增长速度长期处于全国偏低水平的省市,如河北、黑龙江、湖北、海南等省。

我国现阶段作为工业化加速时期的中等收入发展中国家,地区间静态的人均 GDP 水平与动态的 GDP 增长速度之间的相互关系,正在逐渐发生深刻的变化,除去西藏、青海、宁夏、新疆等具有特殊民族因素和政策、体制性因素作用的省区外,我国在自改革开放直至进入 21 世纪 10 年代中期之前,不同地区的人均 GDP 水平与当地 GDP 增长率之间等级相关系数较高[1],越是人均 GDP 水平高的地区,其经济增长速度一般相应越快,而人均 GDP 水平低的省区,其增长速度大都较低,这说明,经济增长主要依靠较发达地区推动,并且发达与不发达地区间的差距在扩大。但是进入现阶段,情况逐渐发生了变化,不同地区的人均 GDP 水平与 GDP 增长率之间等级相关性显著降低,从某种意义上可以说开始出现不相关甚至负相关的状况,地区人均 GDP 水平与其经济增长率之间并无必然联系,人均 GDP 水平较高的东部发达省市经济增长速度明显放缓,而以往相对欠发达的中部甚至西部部分省区,在经济区位、劳动力成本、投资环境、要素条件等方面的后发优势日显突出,增长速度明显加快,这种态势的出现,一方面表明伴随经济发展的历史进程,高速增长本身正发生着区域间梯度转移效应,另一方面,这种增长梯度效应的转移表明区域间的差距在逐渐缩小,我国作为一个发展中的大国经济,不同地区之间存在发展水平和速度上的差异,既是我国作为发展中国家经济存在二元性特征的重要体现,同时也由此形成我国经济高速增长可以保持更长时间的重要条件。

2. 区域间产业结构差异与可持续发展

产业结构高度的演进,一方面是经济发展质态的改变,另一方面结构演进也会影响经济规模(即影响经济的生产可能性曲线),比如产业结构高度的提升(如第一产业比重的缩小)会使经济的生产规模相应扩大。不同地区产业结构

---

[1] 参阅《中国经济增长报告2004》,中国经济出版社2004年版。

高度不同,其经济发展水平所达到的历史阶段不同,产业结构变化的特征也就不同,进而结构变化对总量增长的影响方式、作用程度等也存在差异。这是我国作为非均衡的发展大国,之所以可能保持更长期高速增长的重要的结构性原因。

从我国现阶段总体上看,产业结构高度呈现出新兴工业化国民经济的特征,从经济增长与产业增长的相互关系上看,经济增长与第一产业增长速度之间的相关性不明显,与第二产业增长速度关系最为密切,其次是第三产业。也就是说,从总体上看,处于工业化加速时期的我国经济,产业结构变化已进入加速变化期,这种结构变化既是经济发展水平提高的结果,又是进一步推动发展和增长的动因,而这个时期结构变化对经济增长的拉动,最为突出的在于第二产业增长速度加快,所以大力发展第二产业、提升第二产业比重是工业化加速时期经济增长的重要命题。从经济发展史来看,处于工业化加速时期的国民经济,无论是拉动经济增长,还是提高技术进步速度,无论是增加就业,还是提高资本效率,在三大产业中,第二产业的作用和贡献程度均列首位。从我国现阶段不同省市的产业结构高度来看,除北京、上海外,其他经济较发达省市,第三产业的比重都还低于第二产业,欠发达地区第三产业水平和比重更低,表明我国现阶段总体经济增长还必须主要依靠第二产业增长拉动。但是,从各产业的增长速度来看,从2000年到2009年,第二产业和第三产业的增长速度大体相当,年均在11.2%,但第三产业的增长已开始加速并呈现逐渐超越第二产业增长速度的势头,这种增长率的加速和超越积累到一定时期,会使整个产业结构发生深刻变化,第三产业的比重将显著超越第二产业,从而使国民经济在产业结构高度上显示出"后工业化"时代特征。按照我国经济增长目标及战略步骤,从目前中等收入发展阶段到2020年前后要在GDP水平上达到上中等收入发展中国家水平,在结构演进上基本实现工业化,到2030年前后,在GDP水平上要达到当代高收入发展中国家水平,在经济结构上成为按照当代国际标准真正成为工业化、城市化、市场化、国际化、信息化的现代经济社会。也就是说在2030年之前,尤其是2020年之前,总体上第二产业的发展始终是支持经济增长的最为重要的动力,但同时第三产业在增长速度上开始逐渐领先,尤其是2020年之后第三产业增速领先于第二产业的趋势会更为明显。

但是,不同地区间的产业结构高度是不同的。从我国目前情况看,可以区分为以下几类:(1)由于社会经济、文化、政治等方面的发展水平较高,第二产业已取得相当进展,甚至按当代国际标准,已基本实现工业化的基础上,第三产业的比重已超过第二产业占据首位的省市,如北京、上海;(2)经济较发达,但在结构上第二产业仍占首位,第三产业只是在增长速度上超越第二产业,在比重上仍低于第二产业的省市,如天津、广东、江苏、浙江、福建、山东等,其第二产业产值比重大都在50%以上;(3)经济仍欠发达,但具有较好的工业基础,第二产业比重不仅占据首位而且显著超出第三产业比重,第二产业产值比重一般也在50%左右,第三产业明显落后并且第三产业增长速度迟缓的省区,如山西、陕西、辽宁、河北、内蒙古、重庆等;(4)第二产业比重已到首位,但工业化率水平不高,第二产业产值比重只有甚至不足40%,第三产业严重落后,同时第一产业仍占较大比重的省区,如江西、安徽、河南、吉林、湖北、广西、四川、甘肃、青海、宁夏、新疆等;(5)经济发展总体水平较低,但由于种种经济的和非经济的原因,第三产业产值比重已超过或接近第二产业,包括云南、湖南、海南、贵州、西藏等,这些省区第三产业的比重占据首位并不是在第二产业充分发展起来的基础上实现的,而是在工业化并未取得实质性进展的条件下,主要依靠减少第一产业的比重实现的,因而这些省区不仅人均GDP水平低,而且一般来讲年均增速也低于全国平均增速,这在一定意义上说明,一定地区除其特殊条件和机遇外,在工业化未完成的时期,在产业结构演进上首先依赖第三产业比重上升而不是第二产业拉动增长是远远不够的,也不符合经济发展的内在逻辑。

我国不同地区之间产业结构高度上的差异,表明在经济发展的不同阶段和地区间不同的社会经济发展水平上,产业结构升级的内涵和同期性特征是不同的,产业结构高度演进在不同地区间的差异,既可能推动不同产业中心在地区之间转移,也为地区之间产业结构升级的可持续性创造条件。从经济史上看,以造船业为例,半个多世纪以来,其中心就经历了由欧美向日本、再向韩国、又到中国的转移过程。在我国国内,上海原来是最重要的轻工业中心,但它现在已不再具有家用电器等轻工产业优势,上海在新的产业支持下获得了新的发展,而以往在轻工业方面的许多产业优势已转移到其他省市,成为支持其他省市高速增长的重要产业。不同地区之间产业结构演进高度上的差异和落差,为不同的产业中心在不同地区不断转移,从而持续地又是梯度地推动各地区产业结构升级,对于实现发展中的大国经济持续高速增长有着重要的意义。当然,这种不同产业中心在不同地区间的转移和地区产业结构梯度升级,必须建立在资源配套的竞争性效率和结构性效率不断提高的基础上,或者说是出于并遵循效率提高需要而实现的转移及升级,否则便可能导致地区间产业结构演进的"虚高度",严重违背经济发展规律。而要实现这一点,必须在发展方式上具有体制上的保障,尤其是在制度上使市场机制这一配置资源的基础性力量与政府调控的宏观作用相互协调。

3. 区域间需求水平差异与增长动力提升的持续性

从供给方面看,经济增长表现为国民经济各个部门的增长;从需求方面看,经济增长则表现为居民现期消费的增长和作为长期投入的投资的增长,经济增长的动力有多大,在相当大的程度上直接取决于投资需求和消费需求增长的能力。

就总需求中的投资需求而言,现阶段我国不同地区固定资产投资增长的特点是,发达地区的固定资产投资增长率在回落,而欠发达地区的固定资产投资在加速。从地区分布上看,东部地区的固定资产投资增速有所回落,而中、西部地区的投资增长在加速。从表16.1中可以看到,2005—2010年,我国固定资产投资年均增长率最高的四个地区分别为安徽、吉林、广西、陕西,都是改革开放以来经济增长偏慢、经济发展水平偏低的地区,但现在它们却有了新的区位优势和比较优势,进入了投资和经济增长的黄金时期。再看投资的年均增长率最慢的几个地区,分别为上海、浙江、北京和广东,都是改革开放以来经济增长最好的地方,但随着要素价格的上涨,生产和生活成本的提升,这些地方的经济发展开始放缓。这是经济发展的必然结果,发达地区不可能始终以最快的速度发展,在自身发展起来之后,还要带动其他地方的发展。这时候,它们的投资和GDP可能放缓,但可以通过产业结构和经济结构的调整,提高经济增长质量,实现社会经济和环境的可持续发展。

表16.1　2005—2010年中国各地区投资和GDP情况

地区	全社会固定资产投资年均增长率（%）	GDP年均增长率（%）	2010年人均GDP（元）
安徽	35.5	13.4	20 888
吉林	35.2	14.9	31 599
广西	33.6	13.9	20 219
陕西	33.4	14.9	27 133
天津	33.2	16.1	72 994
江西	32.1	13.2	21 253
黑龙江	31.4	12.0	27 076
河南	30.9	12.9	24 446
湖北	30.8	13.9	27 906
辽宁	30.7	14.0	42 355
湖南	29.7	14.0	24 719
四川	29.6	13.7	21 182
河北	29.5	11.7	28 668
甘肃	29.4	11.2	16 113
海南	29.1	13.4	23 831
福建	28.8	13.8	40 025
重庆	28.2	14.9	27 596

(续表)

地区	全社会固定资产投资年均增长率（%）	GDP 年均增长率（%）	2010 年人均 GDP（元）
内蒙古	27.6	17.6	47 347
山西	27.1	11.2	26 283
宁夏	26.6	12.7	26 860
贵州	25.5	12.6	13 119
云南	25.5	11.8	15 752
青海	25.3	13.1	24 115
江苏	23.2	13.5	52 840
新疆	20.7	10.6	25 034
西藏	20.6	12.4	17 319
山东	20.1	13.1	41 106
广东	17.5	12.4	44 736
北京	13.8	11.4	75 943
浙江	13.7	11.9	51 711
上海	7.8	11.2	76 074

注：表中全社会固定资产投资增长率是按现行价格计算的名义增长率，GDP 增长率为实际增长率。根据历年《中国统计年鉴》整理。

对表 16.1 中的固定资产投资增长率与 GDP 增长率求相关系数，得 $R = 0.5192$，呈较弱正相关，说明固定资产投资的增长与 GDP 增长之间有一定的关系。而对固定资产投资增长率和人均 GDP 水平求相关系数，得 $R = -0.5350$，呈较弱负相关，在一定程度上说明人均 GDP 较高的地区投资增长率较低，而较低水平地区增长水平较高。当然，也有例外的情况，如天津的人均 GDP 较高，但投资仍然增长较快，而一些边远地区虽然人均 GDP 较低，但投资增长率还没有上来。

固定资本形成的增长，是经济增长的领先指标，也就是说，GDP 增长的加速往往是以固定资本形成增长加速为先导。如果说改革开放前二十多年的高速增长主要靠沿海发达地区高速增长所拉动，在需求结构上主要是依靠这些地区投资需求的加速提升，那么，从新世纪以来，尤其是从"十一五"时期开始，欠发达和中等发展地区的投资增速则开始明显加快，成为我国区域经济发展的新特征。而到了"十二五"时期，欠发达和中等发展地区的投资，则成为中国经济投资拉动的主要力量。作为一个发展中的大国，不同地区发展水平的不同阶段的差距，恰恰可能弥补发达地区伴随发展水平的提升而形成的投资需求增速放慢的损失，这体现了中国经济的大国优势。从我国现阶段的现实来看，经济水平相对落后的地区固定资本形成增长速度的加快，尽管在短期内所形成固定资本总额的绝对水平可能是有限的，拉动的经济增长规模也有限，但累积起来却是这些地区未来 GDP 增长速度领先的物质基础。我国大量的中等水平省市的固定资本形成速度开始加快并且大大超过经济发达地区的现实，表明在未来的中国经济增长中，这些地区的投资需求高速增长将成为支持这些地区甚至整个国民经济高速增长的重要动力。

从我国目前区域之间的消费需求水平及变动情况来看，具有以下主要特点：

(1) 从总体上看，我国现阶段属于中等收入发展中国家的水平，但各个地区的发展不平衡。到 2010 年年末，全国人均 GDP 水平已经达到 30 000 元，最终消费率为 47.4%（即包括居民消费和政府消费在内的全部最终消费占 GDP 的比重），人均最终消费支出为 14 220 元；而居民消费支出占总的最终消费支出的比重为 71.3%，人均居民消费支出约为 10 138 元。人均居民家庭的消费支出占 GDP 的比重大约为 1/3。虽然居民的消费水平近年来已经有了很大的改善，但无论和人均 GDP 的规模相比，还是和世界各国的人均居民消费支出水平相比，人均居民消费水平都不算高。这种人均消费水平以及占比反映了中国作为一个新兴工业化发展中国家的特征，一方面是在迅速的经济增长中，需要有较高的储蓄率，即将较大比例的国民收入转为投资，另外一方面，在快速经济增长中，尤其是在进入中等收入阶段前后，各个地区的发展必然不均衡，先行一步发展的地区的人均 GDP 和可支配收入将显著地高于欠发达地区，并进而导致地区间消费水平形成显著差异。从表 16.2 中可以看到，2010 年，消费水平最高的上海为 32 271 元，而消费水平较低的贵州仅有 5 879 元，上海约为贵州的 5.5 倍。

表 16.2　2010 年中国各地区人均消费水平

（单位：元）

地区	消费水平	地区	消费水平
上海	32 271	陕西	8 273
北京	25 015	安徽	8 237
浙江	18 097	四川	8 182
天津	17 784	山西	8 159
广东	17 218	河北	8 057
江苏	14 035	江西	7 972
辽宁	12 934	河南	7 837
福建	12 871	广西	7 732
山东	11 611	海南	7 553
内蒙古	11 080	新疆	7 276
重庆	9 723	青海	7 234
吉林	9 141	云南	6 724

(续表)

地区	消费水平	地区	消费水平
宁夏	8 992	甘肃	6 035
湖北	8 977	贵州	5 879
湖南	8 922	西藏	4 513
黑龙江	8 906	全国	10 138

资料来源:《中国统计年鉴》(2011)。

(2)人均居民消费与人均GDP水平之间存在相关关系。对2010年各个地区人均GDP和消费水平的截面数据进行回归分析,得到的相关系数为0.9244,说明人均GDP和消费水平之间有比较密切的关系。虽然在表16.3中,可以看到各个地区消费水平占人均GDP的比重是有差别的,如比重最高的贵州占比为44.81%,比重最低的内蒙古为23.40%,但大多数地区在30%左右。

表16.3 2010年全国各地区人均GDP与消费水平比较

地区	人均GDP(元)	消费水平(元)	消费水平为人均GDP的(%)
上海	76 074	32 271	42.42
北京	75 943	25 015	32.94
天津	72 994	17 784	24.36
江苏	52 840	14 035	26.56
浙江	51 711	18 097	35.00
内蒙古	47 347	11 080	23.40
广东	44 736	17 218	38.49
辽宁	42 355	12 934	30.54
山东	41 106	11 611	28.25
福建	40 025	12 871	32.16
吉林	31 599	9 141	28.93
河北	28 668	8 057	28.10
湖北	27 906	8 977	32.17
重庆	27 596	9 723	35.23
陕西	27 133	8 273	30.49
黑龙江	27 076	8 906	32.89
宁夏	26 860	8 992	33.48
山西	26 283	8 159	31.04
新疆	25 034	7 276	29.06
湖南	24 719	8 922	36.09
河南	24 446	7 837	32.06
青海	24 115	7 234	30.00

(续表)

地区	人均GDP(元)	消费水平(元)	消费水平为人均GDP的(%)
海南	23 831	7 553	31.69
江西	21 253	7 972	37.51
四川	21 182	8 182	38.63
安徽	20 888	8 237	39.43
广西	20 219	7 732	38.24
西藏	17 319	4 513	26.06
甘肃	16 113	6 035	37.45
云南	15 752	6 724	42.69
贵州	13 119	5 879	44.81

资料来源:根据《中国统计年鉴》(2011)中有关数据计算。

设X为平均消费水平,Y为人均GDP,对表16.3中的数据进行回归分析,可得到如下回归方程:

$$Y = 0.3149X + 353.96$$

该方程的判定系数为0.8546,通过置信度为95%的显著性检验,表示消费水平每提高1%,对人均GDP的拉动约为0.32%,这说明就整体而言,各个地区消费水平的提升对经济增长是有贡献的,但贡献程度偏低。

(3)从总体上看,各地区消费水平占人均GDP的比重是和其增长的不同阶段相联系的。从表16.3中可以看到,发达地区的上海和欠发达地区的贵州和云南有着相近的占比,而一些近年来发展较快的地区(如内蒙古)消费占比却比较低,这反映了随着经济发展水平的提高,消费占比会经过一个首先下降(即增加积累)再逐步下降(即消费重新扩大)的过程。

从以上地区之间消费需求及其变动速度来看,由于各地区之间发展水平的差异,直接导致地区间客观上存在消费水平的差距,而这种消费水平的差距又与消费支出的递增速度变化密切相关:从总体上看,在我国工业化加速时期,随着经济发展水平的提高,消费支出占GDP的比重首先是下降的,然后才会缓慢地提高。从地区上看,人均GDP较低的地区,消费占比是比较高的,而随着经济增长的提速,需要在国民收入中分出更大的比例进行投资,以促进经济增长,这时候消费占比有可能有所下降,而到了经济发展的更高水平,消费占比又可能重新提升。从动态上看,随着我国的经济增长,近些年来我国地区之间消费水平的差距是缩小的,2002年,上海消费水平是贵州的8倍左右,现在已经下降到5倍,这说明近些年来欠发展地区人民生活的改善程度超过了发达地区,但相互之间的差异仍然很大。这种差异的存在一方面是我国现代化进程中地区经济发展失衡的结果,另一方面也是中国现阶段经济增长的潜力。

总之,无论是从经济发展水平和经济增长速度的地区差异上,还是从区域间产业结构高度的落差上,或是从地区间投资和消费需求变动的特点上,我国作为一个处在工业化加速期的发展中大国,区域间发展的非均衡既是我国实现现代化的巨大难题,但同时,也是支持我国经济不同于发达国家,不同于一般发展中的小国,保持更长时期高速增长的重要发展性条件和资源。问题在于我们能否从发展战略、经济体制、经济政策等方面,使这种发展性的资源和非均衡的潜在持续发展优势真正转变为财富,转变为现实的发展奇迹。

第三节 宏观调控需要承认区域差异

我国区域经济结构发生的上述变化,要求宏观调控必须尊重区域在不同发展阶段上的特殊性,在实现区域优势的基础上实现宏观调控目标。事实上,我国经济发展的一条重要经验便是调动中央和地方两方面的积极性。即使在计划经济年代,我国与苏联传统的计划经济体制重要的区别之处也在于此。苏联计划经济贯彻的是"部门主义"(条条管理),地方政府权力很有限。我国则是贯彻"条块结合",中央垂直计划管理的同时,地方政府作为"块块"拥有一定的权力。当然,也因此形成我国所谓"条块"之争的矛盾。这种矛盾在现阶段以新的方式表现出来,对宏观经济调控相应提出了新的要求。

1. 宏观调控在经济增长速度、预期调控指标上必须充分尊重不同地区发展阶段性特征

宏观经济政策的调整应当充分考虑不同地区经济增长周期性特点。很难想象区域间在成长阶段、经济周期、发展重点、约束条件等方面存在巨大差异的基础上,以完全统一的宏观政策,包括在政策目标、调控力度、调控周期、实施方式等方面的统一,实现科学有效的宏观调控。宏观经济的均衡应以区域效益为基础,忽视区域特征难以形成区域效益;宏观经济的效率应以区域结构均衡为基础,否定区域差异难以形成合理的区域结构。

2. 宏观调控中主体功能区的发展必须在法律制度、经济政策、利益机制等方面尊重不同地区的特殊性,构造协调合理的区域利益结构

"十二五"规划明确提出实施主体功能区战略,以形成高效协调可持续发展的国土空间开放格局,进而将经济区域从主体功能上加以划分,即城市化地区、农产品主产区、重点生态功能区。无论是城市化功能区的优先开发地区,还是重点开发地区;无论是农产品主产区中的农业现代化,还是以县城为重点的城镇化;无论是重点生态功能区中的限制开发区,还是禁止开发区,都必须充分尊重地方的利益诉求,充分尊重区域经济特点和发展阶段性规律。

3. 宏观调控上的区域发展极(增长点)布局必须真正建立在区域核心竞争力优势上

大国经济发展由于存在经济差异,从而存在梯度效应,但并不排除在区域内部,包括在欠发达地区内部率先形成带动经济增长的发展极,并举全国之力使之成为具有总体战略意义的增长点。在提出加快西部大开发、中部崛起、振兴东北、继续推动东部地区率先发展等区域发展战略的同时,我国近年来将一系列区域性增长点上升为国家战略,体现了构建区域发展极的战略思想。它们虽都上升为国家战略,仍必须依靠区域优势才可能使之真正成为国家发展战略的有机组成。

4. 需求管理与供给管理的统一,要求重视地方在宏观调控中的作用

现阶段我国宏观经济失衡既面临经济下行的威胁,又面临通货膨胀的压力,如果只强调总需求管理,宏观调控有效性会受到很大限制,宏观经济政策选择将面临极大的困难,宏观经济目标在保增长与反通胀之间难以取得均衡。因为,保增长要求扩张需求,由此可能加剧通胀,反通胀要求紧缩经济,由此会加剧萧条。这就使财政政策与货币政策既难以同时扩张(双松),也难以同时紧缩(双紧),若采取"松紧搭配"反方向组合,则又严重抵消政策效应。因此,需要在进行需求调节的同时,注重供给管理。供给管理的根本在于综合运用各方面的政策手段,包括注重财政政策和货币政策中的供给效应,如财政政策中的财政支出和财政收入,都有刺激企业和劳动者的供给效应;货币政策中的信贷政策和利率政策、汇率政策都具有影响企业成本和效率的供给效应。供给管理还包括区域政策、产业结构政策、产业组织政策、人力资本政策、技术创新政策、劳动者保护和福利政策、企业激励和劳动者薪酬政策等。总之,供给管理直接影响生产者和劳动者的效率,而地方政府直接面对企业和劳动者,在供给管理中具有更大也更有效的作用能力。在总需求管理中,地方政府作用相对有限。在投资需求上,中央政府与地方政府之间,有时处于对立状态。在繁荣期,地方政府具有强烈的投资冲动,而中央政府往往需要从总体上控制投资扩张;在萧条期,中央政府刺激投资,而地方政府往往缺乏配套的经济能力。在实现投资需求的体制上,中央与地方政府之间是行政上下级关系,当中央政府需要扩大投资时,可以运用经济和行政手段要求地方政府,而地方政府与支撑当地经济的投资者之间是市场性联系,地方政府扩大投资之所以可以超越其财力限制,重要的原因在于"招商引资",再加上我国金融市场化水平较低,地方经济中的储蓄与投资和增长之间高度不相关,当地的储蓄并不能在体制上保证有效地转变为当地的积累,这就更加剧了地方对招商引资的倚重。招商引资不能行政命令而需市场谈判,所以,中央要求扩大投资时可以行政性地命令地方,而地方不能行政性地命令投资者;当各地经过一定周期形成投资热潮时,中央为抑制投资过快增长,可以行政性地要求地方政府退出,但地方政府前期市场性地招商引资,若要求投资者退出,不能不承担极为高昂的投资费用,因此难以及时配合中央紧缩投资的要求。这就在投资需求调节上形成了中央与地方之间的周期与反周期的差异。在消费需求调节上,内需不足需要刺激消费需求时,地方政府的作用有限,并且对拉动地方经济来说往往具有不确定性。因为,要扩大消费需求需要增加当地居民的收入,而当地居民增加收入之后,未必在当地消费,可能异地消费,或者即使在当地消费,也是购买外地企业甚至进口产品,这对当地的市场需求和经济增长的拉动作用是有限且不确定的。这也是为何地方政府在需求调节中偏向刺激投资需求,而忽视消费需求的重要原因。如果在宏观需求管理的同时注重供给管理,会更有利于保增长与反通胀的均衡。因为供给管理的关键是降低成本提高效率,在提高企业竞争力刺激经济的同时,降低成本推进的通胀压力,在实现有效增长的同时,遏制需求过快扩张。尤其需要指出的是,这一过程有利于提高中央与地方在宏观调控中的协调性。在调节投资需求的同时,从供给方面注重投资结构的改善和投资效率的提升,地方政府可以避开需求调节上与中央可能产生的冲突及周期上的非同步性,从供给管理上有效推动宏观管理目标的实现。在调节消费需求的同时,从供给方面完善消费基础,保障消费安全,维护消费秩序,改进收入分配和社会保障,地方政府可以减少扩大消费需求对当地经济发展的不确定性,扩大内需的同时有效拉动当地经济增长。①

5. 地方在宏观调控中作用空间的拓展要求宏观调控决策机制进一步民主化、法治化、程序化,以保障地方发展的特殊性能够在宏观调控中得到承认

宏观调控中,中央的调控目标和政策重点的选择,与地方政府利益,至少是部分地区利益和发展要求产生矛盾是正常的,况且不同地区之间对宏观政策的要求也不相同。问题在于,在宏观经济决策机制上能否使地区不同的要求和中央宏观调控目标有机统一。在中央政府与地方政府之间、在政府与企业之间、在财政与货币政策之间、在中央财政与地方财政之间、在银行与企业之间,等等,其各自的目标和对宏观调控的要求能否在机制上充分地得以表达,相互间形成充分的沟通和尊重,并在此基础上形成宏观决策,这是有效科学决策的关键。在这种决策机制下,即使宏观决策与部分地区利益产生冲突,也能够切实保障符合总体(大部分地区)的发展要求。尤其是当宏观经济既面临通胀压力,又面临增速放缓威胁时,一般而言,增速放缓带来的负面效应首先冲击企业,企业受到冲击后

---

① 参阅北京大学中国国民经济核算与经济增长研究中心:《中国经济增长报告》(2008),中国经济出版社 2008 年版。

往往直接影响当地经济发展和稳定,所以,地方政府和企业在反萧条和反通胀之间往往首选反萧条。而通货膨胀则不同,导致货币供给过多的原因是多方面的,但首要责任在中央,所以,中央政府在反萧条和反通胀双重压力都存在的情况下,往往首选反通胀。这种"利益—责任"锁定机制是客观的,科学有效的宏观决策机制要求充分理解和尊重不同方面的利益和责任,而不是简单地否定或无视。地方应当服从中央,但中央宏观决策应当在承认和协调地方利益的基础上,制定符合大多数地区利益及有利于整体利益最大化的政策。这就不仅需要深入了解各地的社会经济发展特点,努力消除信息的不对称性,而且更要在推动公共财政制度改革、推动金融深化等基础上,改进宏观决策机制,提高宏观决策的"公共选择"程度,即提高其民主化、法治化、程序化,减少其过度集权化、行政化、随意化,在机制上保证宏观决策的科学性。同时,以此提高各级政府、企业及市场力量对宏观经济决策的可预期性,以完善人们的行为预期,提高政府预期管理的水平,防止宏观决策变化的突然性和反复性,提高宏观调控淡化周期的作用。

本篇重要提示

本篇是从经济发展角度展开的考察,就产业结构分析而言,重要的是将结构演进理解为经济发展的实质;就区域结构分析而言,重要的是探讨中国经济可持续增长与区域间梯度增长的效应及其协调。目的是从经济结构特点分析入手,进一步认识中国经济发展的特点。

本篇总结

本篇通过经济结构与经济发展相互关系的分析,深入系统地考察了中国现阶段经济结构演变的特征和演进的动因,分析了经济结构变化对经济发展的作用及影响方式,从结构方面进一步明确了中国经济发展的实质和最为根本的困难及趋势。

本篇思考题

1. 如何认识产业结构演进与经济发展的关系?
2. 中国现阶段产业结构演进的水平和特点是什么?
3. 如何认识中国区域经济结构的特点?这种特点对中国经济发展具有怎样的作用?

本篇主要参考书目

1. 刘伟等:《工业化加速时期的产业结构研究》,中国人民大学出版社1995年版。
2. 刘伟、李绍荣:《转轨中的经济增长与经济结构》,中国发展出版社2004年版。
3. 库兹涅茨:《各国的经济增长》(中译本),商务印书馆1985年版。
4. 钱纳里等:《工业化和经济增长的比较研究》(中译本),上海三联书店1989年版。
5. 厉以宁:《非均衡的中国经济》,经济科学出版社1991年版。

第四篇 经济增长与宏观调控

本篇概要

本篇共设五章(第十七章至第二十二章),主要是对中国经济作出总量分析。本篇首先指出了经济增长与 GDP 分析的相互关系,讨论了中国经济增长所达到的阶段性特征及所面临的挑战,进而分析了中国新时期以来经济增长的同期性特点,考察了中国现阶段国民收入的生产、分配对国内总需求的影响,进而考察其对经济增长的作用,最后分析了中国宏观经济政策的变化及效应。

学习目标

对中国经济增长的特点、所达到的水平、面临的问题有较为全面的认识,对宏观经济政策的内涵及其在中国现阶段运用的特点有较清楚的了解。

第十七章 经济增长与 GDP 分析

经济增长的基本含义是国民经济的总量扩张,这种总量扩张的体现便是国内生产总值(GDP)的增长,因此,对国民经济进行总量分析,首先必须明确 GDP 的基本意义,进而分析以 GDP 运动体现的总量均衡(失衡)状态。

第一节 总量经济分析的提出及特点

1. 总量经济分析的提出

经济学自产生起,先是以资源配置问题为研究对象,而资源配置问题又是作为微观问题存在的,这里涉及的是厂商及消费者等市场机制中的个体行为分析,即研究生产者如何追求收益最大化和消费者如何追求效用最大化的行为过程,总量问题是不在经济学研究范围之内的。从理论上来说,形成这种经济学教条是基于古典经济的经济自由主义传统,在古典经济学看来,只要市场竞争是充分的,市场机制中分散的行为者虽然是独立决策,但其行为并不是发散的,而是最终会趋于总体协调的状态,即所谓市场机制犹如一只"看不见的手",能够使分散自由竞争的经济自动实现均衡,因而不需要任何力量,尤其是不需要国家(政府)从总量上干预经济,经济运行和资源配置应是市场个体自由竞争的过程,国家(政府)的直接干预会破坏"看不见的手"的自动协调功能,进而损害资源配置效率,因此,也就不需要从总量上研究经济问题。从历史上来说,在自由竞争时代的资本主义,市场机制自动调节经济的功能的确发挥得较为充分,至少并无周期性的严重危机发生。经济史上第一次经济危机是发生在 1825 年的英国。因而在相当长的时期里,政府对于市场是不直接干预的,而是扮演所谓"守夜人"的角色,即维护经济秩序,所以,也就不存在政府从总量上系统干预经济的宏观经济政策。虽然也有经济学家提出从总体上考察经济的思想,英国古典经济学和法国重农学派也曾提出过国民收入与经济增长的命题,甚至 19 世纪中叶德国历史学派已提出了国民经济总量范畴并展开了分析,在 19 世纪末 20 世纪初马歇尔的新古典经济学体系中也已涉及并分析了总供给、总需求及总量均衡的宏观命题,但在 20 世纪 30 年代凯恩斯《就业利息和货币通论》(简称《通论》)发表之前,占据主流地位的经济哲学观仍是经济自由主义,经济学中并没有形成严格意义上的系统的总量分析。

英国经济学家凯恩斯在1936年发表了著名的《通论》,对传统的经济学,包括古典经济学和新古典经济学提出了革命性的挑战,即所谓经济思想史上的"凯恩斯革命"。凯恩斯经济学的理论变革基于1929—1933年大危机的历史现实,大危机的发生表明市场作为"看不见的手"难以使经济自动趋于均衡,相反却发生了严重的以生产相对过剩为特征的经济危机。这表明传统的古典经济学和新古典经济理论难以解释危机事实,需要变革。进而,从经济学研究方法上,凯恩斯提出不能使经济学局限于仅仅研究个体行为的微观层面,既然微观个体分散的行为难以自动通过市场自由竞争而实现总供给与总需求间的协调,那么,就需要经济学对总供给与总需求的总量关系进行分析,考察总量失衡的原因并探讨促进总量均衡的方法,因此,需要总量经济分析,即宏观经济学。从经济理论上,20世纪30年代大危机的发生和非自愿失业的存在,表明市场不能使供求自动均衡,原因何在?凯恩斯认为根本原因在于三大心理法则的存在,一是资本的边际报酬递减规律使人们的投资欲望逐渐减弱,从而导致投资需求不足;二是消费的边际效用递减使人们的边际消费倾向递减,从而导致消费需求不足;三是人们对流动性的灵活偏好存在,进而使得人们总有部分收入以手持货币的形式存在而不支出。由此,会导致有效需求不足成为常态,供求均衡不现实。从经济政策上,基于上述方法和理论上的认识,凯恩斯主张政府必须从宏观上干预经济,以促使经济在总量上趋于均衡,尤其是通过财政政策和货币政策,刺激总需求,使有效需求相对不足的失衡得以缓解,推动经济增长。

2. **总量分析的核心:国民收入分析**

总量分析是对国民经济总量展开考察,国民经济总量的基本体现即总产出,也就是国民收入。所谓国民收入是指,一国在一定时期(通常按一年统计)按最终产品价值计算的总产值。最终产品是相对中间产品而言的,指的是可以用于最终消费和投资的产品,中间产品则是有待加工才能被最终使用的产品。按最终产品价值统计的总产出的价值(国民收入),其中不包括中间产品价值,否则必然有重复计算。决定国民收入量的因素是要素投入量(包括劳动和资本),以及效率。国民收入有广义和狭义之分:广义的国民收入即社会总产值,其中包含固定资产折旧部分,即转移的价值部分,同时包括当年新生产出来的价值部分;狭义的国民收入即社会净产值,即社会总产值中减去固定资产折旧转移部分后所剩下的新创造的价值部分。

在供求均衡条件下,总供给与总需求相等时,国民收入称为均衡国民收入。

总供给是指一国经济在一定时期生产部门提供的可用于最终消费和投资使用的产品及劳务的总和。总供给分为广义和狭义两类,广义的社会总供给同广义的国民收入相适应,狭义的总供给同狭义的国民收入相适应,两者的共同点是都只按最终产品价值计算,不包括中间产品,即不会重复计算。不同点在于,广义的总供给包含固定资产折旧部分,狭义的总供给则不包含折旧。开放条件下,进口产品和劳务也列在总供给当中。

总需求是指一国经济在一定时期内对产品和劳务的购买支出总和,又称总支出。总需求包括社会中个人、企业、政府等多方面的消费支出和投资支出,由于再生产分为简单再生产和扩大再生产,相应的投资支出分为重置投资和新增投资,补偿生产中消耗掉的固定资产投资为重置投资,与简单再生产相适应。新增加固定资产投资为新增投资,又称净投资,与扩大再生产相适应,重置投资与新增投资之和为总投资。消费支出与总投资支出之和为广义的总需求,消费支出与净投资支出之和为狭义的总需求,两者的共同点是都包括消费和投资两部分,区别在于,广义的总需求包含了重置投资,狭义的总需求则不包含。开放条件下,出口作为来自国外的需求列入总需求。

总量均衡即指总供给等于总需求,均衡条件下形成的国民收入(总产出)即为均衡的国民收入,如果总供给既定,决定均衡国民收入水平的是总需求,总需求小于总供给时,经济增长不足,存在失业,反之则存在通货膨胀,实现均衡的国民收入目标关键取决于如何进行总需求管理(凯恩斯政策即以需求管理为中心)。如果总供给是变化的,那么,总供给的变化对国民收入和价格也会产生影响(宏观经济学中的供给管理正是考察这种影响)。

也就是说,国民收入(总产出)可以从总供给和总需求两方面考察。

国民收入(狭义) = 总供给(狭义)
     = 一定时期生产出的可供最终使用的产品和劳务的新创造的价值
     = 劳动者收入 + 剩余

国民收入(广义) = 总供给(广义)
     = 一定时期生产出的可供最终消费和投资使用的产品和劳务的价值(包括新创造的价值和折旧)
     = 劳动者的收入 + 剩余

国民收入(狭义) = 总需求(狭义)
     = 消费需求 + 投资支出(不包含重置投资支出)

国民收入(广义) = 总需求(广义)
     = 消费支出 + 投资支出(包括新增投资和重置投资支出)

总量均衡指的是总供给与总需求之间的均衡,在开放经济条件下,总供给与总需求之间的均衡需引入进出口和资本流入(出)等因素。

即:总供给 = 总需求

　　劳动者收入 + 剩余 + 进口 + 资本流出

　　= 消费支出 + 投资支出 + 出口 + 资本流入

即:劳动者收入 + 剩余 + 资本净流出(资本流出 – 资本流入)

　　= 消费支出 + 投资支出 + 净出口(出口 – 进口)

经济学的分析表明(特别是以斯密为代表的英国古典经济学和以萨伊为代表的19世纪中期之后的新古典经济学),如果市场机制是完备的,具备产权清晰、竞争完全、信息充分等条件,市场机制是能够使经济自动调节至均衡状态的,但恰恰由于在现实中实现市场自动均衡所要求的条件不完全具备,因此现实中的结果恰恰相反,经济经常是处于失衡状态中,凯恩斯的宏观经济学论证了这一点,以萨缪尔森为代表的新古典综合派又进一步发展了凯恩斯宏观经济学,并推动凯恩斯经济学的宏观政策运用于实践,尽管20世纪70年代后,宏观经济学出现了不同新学派(弗里德曼为代表的货币主义、卢卡斯为代表的理性预期学派以及所谓新凯恩斯主义等),但他们也都是以承认市场难以自动实现均衡为分析基础的,并在此基础上引入宏观经济政策分析。

3. 总量(宏观)政策

总量政策是政府从宏观上干预经济的手段,目的是推动经济趋于均衡,至少把失衡控制在国民经济运行能够承受的程度之内。

一般而言,宏观经济政策工具主要包括财政政策和货币政策。财政政策主要包括财政支出政策和财政收入政策,货币政策主要包括数量工具(信贷规模)和价格工具(利率)等。

宏观经济管理方式主要分为:需求管理和供给管理。需求管理是针对总需求采取宏观管理(凯恩斯主义),推动均衡目标实现,一般来讲需求管理具有短期管理的特点,更具总量性质,所运用的政策工具是财政政策和货币政策。供给管理则针对总供给采取宏观管理(供给学派),一般来讲供给管理具有长期管理特点,涉及的是生产者的效率及积极性,所运用的政策工具除注意财政政策和货币政策中的供给效应外,特别强调运用收入分配政策,强调以减税的财政政策来降低国民经济生产成本(著名的拉弗曲线:减税即增税),同时对人力政策、区域结构发展政策等也予以关注。

宏观经济政策目标一般包括四个方面:一是充分就业,即克服需求不足形成的失业;二是稳定物价,即与经济增长相对应保持低且稳定的通货膨胀率;三是经济增长,即资源要素条件和技术进步条件能予以支持的适度必要的经济增长率;四是国际收支均衡,既防止国际收支出现大幅赤字,又要控制国际收支严重盈余。运用宏观经济政策,特别是财政和货币政策实现上述宏观经济目标中的单一目标,困难不大,复杂的是,上述宏观经济目标相互间往往存在矛盾,比如经济增长目标与稳定物价目标之间,稳定物价目标与充分就业目标之间,国际收支均衡目标与其他宏观目标之间都可能产生矛盾,不同的学派在不同政策目标之间强调的重点会有不同,比如凯恩斯主义较为强调充分就业,货币主义则更为强调稳定物价,困难的是,当宏观经济目标产生冲突时,如何准确地判断首要目标,然后再根据首要目标的要求选择相应的宏观政策。

引入货币和财政政策后,总量均衡的状态会有新的因素加入,即在原来基础上要加入宏观政策因素,财政支出应加入总需求一方,财政收入则应列入总供给一方,信贷支出应列在总需求一方,信贷收入则列入总供给一方,这样:

总供给 = 总需求

劳动者收入 + 剩余 + 资本流出 + 进口 + 财政收入 + 信贷收入

= 消费支出 + 投资支出 + 资本流入 + 出口 + 财政支出 + 信贷支出

即:劳动者收入 + 剩余 + 资本净流出(资本流出 − 资本流入)

　+ 净信贷余额(信贷收入 − 信贷支出)

= 消费支出 + 投资支出 + 净出口(出口 − 进口)

　+ 净财政支出(财政支出 − 财政收入)

需要说明的是,财政是凭借国家权力进行的分配关系,这种分配关系通过财政收入和财政支出的形式来影响经济生活,财政收入的来源是国民收入中剩余的一部分和居民收入(劳动者报酬)中的一部分;财政支出则包括消费(公共消费和个人消费)和投资(只指净投资,不包括重置投资)。由于财政收入和财政支出是国民收入分配的结果,因此财政收支并不改变国民收入总量,只影响国民收入的结构,财政收入是国民收入(总供给)中的一部分,财政支出也是国民收入(总需求)中的一部分。财政收入大于财政支出为财政盈余,反之为财政赤字,财政支出与财政收入的差额为净财政支出,净财政支出可以为零,也可以大于或小于零,其他条件不变时,正值的净财政支出具有扩大总需求的作用,负值的净财政支出则有紧缩总需求的作用。

同样,信贷收入和信贷支出也是国民收入分配的结果,不改变国民收入总量,只影响其结构,信贷收入或者来自劳动者收入,或者来自剩余,总之是国民收入(总供给)中的一部分;信贷支出或者用于消费,或者用于投资,总之也是国民收入(总需求)中的一部分。信贷收入与信贷支出之间的差额为净信贷余额,净信贷余额可以等于零,也可以大于或小于零,净信贷余额为正值时表明有信贷存差,存差会使总需求减弱,为负值时表明有信贷借差,借差会使总需求增大。

4. 运用财政政策与货币政策的工具

财政政策是政府通过调整财政收入和财政支出的措施来调节总需求与总供

给相互关系的经济政策,财政政策是宏观管理中需求管理的重要政策,尽管财政政策本身也具有供给效应,但其供给效应一般要经过一定时期才能较明显地体现出来。财政政策的基本内容是财政支出政策和财政收入政策两方面。财政政策的运用形式和作用主要包括:(1) 内在稳定器作用的财政政策,有些财政政策工具不需要有意识地调节就可以自主调节经济,如某些税率(如所有税等)及转移支付的水平采取固定标准,便可以稳定人们的行为及预期,从而起到自动稳定经济的作用。(2) 相机抉择的财政政策,在繁荣时采取紧缩性财政政策以获得财政盈余,同时抑制总需求,遏制通货膨胀;在萧条时采取扩张性财政政策,以繁荣时的财政盈余补偿扩张性财政政策形成的赤字,同时刺激经济增长,稳定就业。这是一种反周期的调控政策,因而又称为"补偿性财政政策"。(3) 赤字财政政策,即通过政府举债或增发货币,在税收未增加的条件下,增大政府筹资规模,进而使政府财政支出超过财政收入,形成赤字财政。它与补偿性财政政策不同,补偿性财政政策是以繁荣期的财政盈余补萧条期的赤字,在长期或全部经济周期中财政预算大体平衡;赤字财政则是长期里始终存在赤字,以达到长期刺激总需求、促进增长的目标。

财政政策对经济失衡具有缓解作用,但若运用不当,会加剧失衡。一方面,长期扩张性财政政策会形成严重财政赤字,加剧通货膨胀;同时,扩张性的财政政策也可能引起"挤出效应",即政府财政支出的增加排斥了私人市场支出,因为在货币供给量既定时,政府筹资便会提高利率,增大私人投资成本,抑制私人投资。另一方面,采取紧缩性财政政策在一定条件下也可能产生"财政拖累"效应,即由于财政收入的增加大于财政支出的增加,而财政收入的增加意味着私人支出的相应减少,这样,政府财政支出增加部分有可能少于由于财政收入增加而相应带来的私人支出减少部分,因而总支出可能是减少的,从而对经济产生抑制作用。

货币政策工具通常分为两大类,一是数量工具,即货币供给量的调节,二是价格工具,即利率的调节。一般成熟的市场经济国家,由于利率是市场化的,同时利率又是货币政策唯一盯住的中间目标,即通过调整货币供给量,以影响货币供求关系,进而影响市场利率,使市场利率与货币政策的目标利率相接近,因而,作为货币政策工具运用的主要是货币数量工具,利率本身是货币政策目标,而不是所直接运用的货币政策工具。以美联储为代表的成熟市场经济中,货币政策工具主要有三种:(1) 公开市场操作,即中央银行在金融市场上,通过公开市场操作,买进或卖出政府债券以影响货币供求格局。(2) 再贴现政策,即中央银行通过调节贴现率来影响货币供求关系。再贴现和再贷款不同:再贷款是指中央银行对金融机构发放的贷款,通常为短期再贷款,分为信用贷款和质押贷款,信用贷款是根据商业银行的信誉发放的短期贷款,质押贷款是商业银行以其所持有价证券(国库券、央行融资券、央行特种存款凭证、金融债券、银行兑汇票等)质押而获得的央行贷款;再贴现是指商业银行将未到期的通过贴现持有的各类票据向中央银行申请再贴现,以取得中央银行的短期贷款。(3)法定存款准备金率政策,即中央银行调整法定准备金率(通常较少调整)。一般来讲,在萧条时期,采用扩张性货币政策,即在公开市场上买进政府债券,降低贴现率,降低法定准备金率,从而增大货币供给量,进而推动市场利率降低,达到刺激经济的目的。在繁荣期,采用紧缩性货币政策,在公开市场上卖出政府债券,提高贴现率和法定准备金率,以紧缩需求,抑制通货膨胀。

由于我国利率还未市场化,中国人民银行直接规定利率水平,中国的货币政策的中间目标是对货币供应量和利率同时盯住的双目标,因而不仅货币数量工具成为货币政策工具的组成部分,而且利率也成为货币政策工具的重要内容。在我国现阶段货币政策工具体系中包括:(1)数量工具,主要包括:法定存款准备金率、再贷款和再贴现、公开市场业务等。(2)价格工具,主要包括:央行调整基准利率(包括再贷款利率、再贴现利率、准备金利率、超额准备金利率等)、央行调整法定存贷款利率并确定利率浮动范围、调整利率结构等。除上述货币数量和价格工具外,我国还有综合信贷计划,根据国民经济发展要求,规划计划期内信贷资金来源和数量,同时规划信贷资金的使用和数量,规划流通中的现金增减、投放及回笼数量等。实践中,我国信贷计划以贷款限额方式进行管理。综合信贷计划是我国所特有的货币政策工具,与我国的体制特点和发展阶段有深刻的联系,其利在于有助于控制货币供应量、稳定物价,其弊在于不利于提高信贷资产质量、不利于提高其信贷资金的市场竞争性效率。

5. 总量失衡的基本类型与财政政策和货币政策的选择及组合

总量失衡的类型是多样的,当总需求相对不足,同时,国际收支均衡或有盈余,相应的问题是经济增长放缓、失业率上升时,要求采取扩张性财政政策,即财政支出增大,财政收入(税)减少;相应的货币政策也需扩张,即扩大货币供给量,包括买进政府债券、降低法定准备金率和贴现率等,在我国还可直接运用降低利率等价格手段。当总需求相对过热,同时,国际收支均衡或有赤字,相应的问题是需求膨胀、物价上升时,要求采取紧缩性财政政策,即减少财政支出,增加税收;相应的货币政策也需紧缩,即紧缩银根。以上两种总量失衡是同方向失衡的典型状态,财政政策与货币政策采取同方向组合,即或者同时扩张,或者同时紧缩。

如果总量失衡的总体方向由于种种原因难以判断,比如,国民经济投资领域供求失衡方向与消费领域供求失衡方向出现相反的格局,宏观经济政策若扩张则对一领域缓解失衡有利,而同时必然会加剧另一领域的失衡,当到底哪一领域的失衡是最主要的矛盾难以判断时,财政和货币政策就难以采取同一的方向选择,既难以"双松"(全面扩张),也难以"双紧"(同时紧缩)。

又比如,当国民经济运行中既存在经济衰退(停滞)的威胁因素,同时又存在通货膨胀的压力(滞胀)时,财政和货币政策采取同方向,或全面扩张,或全面紧缩,在缓解一方面压力的同时,会加剧另一方面矛盾,当主要矛盾尚难以判断时,财政与货币政策也难以选择同一方向。

在以上两类复杂的失衡状态下,货币与财政政策采取反方向组合或许是风险较小的政策抉择,尽管由此可能降低政策效应。更重要的是,如果力图使国内经济政策目标与国际收支均衡目标同时实现,财政政策与货币政策的反方向组合往往被采用。因为,相对而言财政政策对国内经济的影响更显著,货币政策对外影响更显著。当国内经济存在失业、对外国际收支存在赤字时,一方面,采取扩张性的财政政策刺激总需求以增加就业,尽管扩张性财政政策刺激经济使总需求(国民收入)增加后会刺激进口增加,从而增大国际收支赤字,但财政政策对国内经济的作用程度一般大于其对外的作用程度,即扩张性财政政策刺激总需求增加的就业效应一般会大于其引起的国际收支赤字增加的效应。另一方面,同时采取紧缩性的货币政策,使利率上升从而增加资本流入,有助于国际收支的均衡,但紧缩性的货币政策又会抑制总需求从而加剧失业,一般而言,由于货币政策对外的经济影响比对内的经济影响更显著,因此紧缩性的货币政策引发的抑制总需求的效应通常小于其同时形成的对国际收支均衡的促进效应。显然,在这种情况下,如果单独采取紧缩性的货币政策或单独采取扩张性的财政政策,都会使国内均衡目标与国际收支均衡目标的实现之间发生冲突,如果同时采取扩张性的财政政策和紧缩性的货币政策,则既可以通过财政扩张刺激需求,又可以通过货币紧缩减少国际收支赤字。同理,在国内经济需求膨胀,通货膨胀严重,而国际收支存在盈余时,可以采取紧缩性的财政政策,同时采取扩张性的货币政策,使总需求通过财政紧缩得以抑制,在通胀得以缓解的同时,利率下调推动资本流出,将促使国际收支均衡,尽管降低利率的扩张性货币政策同时会刺激需求、加剧通胀,但只要由此引起的国际收支均衡效应大于其刺激需求的效应就是可取的,而货币政策一般对外的经济作用相对比对内的经济作用更显著;同样,紧缩性的财政政策在抑制国内总需求的同时会促使出口增加、进口减少,从而增大国际收支盈余,但通常财政政策对国内经济的作用大于其对外的经济作用,所以,在这类情况下,"松紧搭配"的财政与货币政策反方向组合是可行的。

第二节 经济总量的统计和实证分析与GDP

1. GDP是国民经济核算体系的核心

进行总量分析,从国民经济总体对国民收入(总供给、总需求)进行核算,必须有较为准确和科学的经济总量指标的统计计量。一般来说,在社会和经济发展目标确立之后,进一步需要解决的问题就是用什么指标及指标体系收集数据,从数量特征上反映国民经济的规模、水平和变化特点,进而以此为基础进行宏观经济分析并得出相应的政策根据。对于经济总量及增长的统计计量和实证分析,20世纪之后发展相当快,从20世纪20年代库兹涅茨对国民收入的计量及经济增长的研究(为此获得了1971年诺贝尔经济学奖),到40年代理查德·斯通主持的国民经济账户体系的研究(为此获得了1984年诺贝尔经济学奖),传统的国民收入统计迅速地发展成为对国民经济价值流量和存量进行全面计量的国民经济核算体系,国内生产总值(GDP)就是这一体系中的核心指标,在这一体系中,传统的国民收入核算和投入产出分析、资金流量分析、国际收支平衡分析、资产负债分析等结合为一个完整的账户体系,正是在此基础上发展成为著名的联合国国民经济核算体系(SNA),成为当代进行经济统计和计量研究的国际标准,宏观经济学和经济增长理论也因此得到了迅速的发展,凯恩斯的宏观经济学以及后来的经济增长理论的发展,都与国民收入统计及国民经济核算体系有密切的关系。在20世纪80年代中期之前,包括我国在内的传统的计划经济国家,以马克思的劳动价值理论和再生产理论为基础,建立了独特的国民经济统计体系,即物质产品平衡表体系,其突出特点是工农业总产值和物质资料产品占有核心地位,其中具有代表性的是列昂惕夫在苏联早期进行的棋盘式平衡表研究,后来被发展成为著名的投入—产出表及其分析方法(为此获得了诺贝尔经济学奖),但在这个物质产品平衡表体系中没有包括劳务部门,因而有很大的局限。到20世纪80年代中期之后,伴随着计划经济体制国家的经济转轨进程,在国民收入统计和国民经济核算体系上,也都先后统一到联合国的国民经济核算体系上来了。我国的统计体系在改革开放后相应作出了改革,一方面,以往企业生产统计的是净产值而不是增加值,两者的区别在于净产值当中不包括折旧,因而所统计的是狭义的国民生产值,增加值统计中是包含折旧的,因而是广义的国民生产值,现在的统计是广义的,即包括折旧在内的国民生产值,这是现代的经济统计和传统的计划经济体制下的物质产品平衡统计的一个重要区别。另一方面,以往的统计不包括服务部门,只是对物质产品部门进行统计,服务部门不被视为创造价值的生产性部门,而现代的国民经济核算体系是包括服务业的。这样,在传统的物质产品国民收入统计的基础上,再加上折旧部分和服务业部门的增加值,我们便从总体上与市场经济国家一致起来,获得了与其在总量上口径大体相同的 GDP 口径。

2. GDP 的计量方法

国民生产总值,即一国在一定时期(比如一年)生产的价值总量,反映的是按市场价格计算的一国(或地区)所有常住单位在一定时期里生产活动的最终成果,它有三种表现形态,即价值形态、收入形态和产品形态。从计算方法上看,有三种方法,即生产法、收入法和支出法。

(1)生产法

从价值形态上看,GDP 是所有常住单位在一年内生产的全部货物和服务价值超过同期投入的全部非固定资产货物和服务价值的差额,即所有常住单位的增加值之和,所谓按生产法计算 GDP,就是把国民经济中全部常住单位的增加值汇总,这里的关键是统计各个常住单位的总产品和中间消耗的数量,两者之差便是增加值,把一个部门内的所有生产单位的增加值汇总便是部门的增加值,把所有部门的增加值汇总即是 GDP。

(2)收入法

从收入角度看,GDP 是所有常住单位在一年内创造并分配给常住单位和非常住单位的初次收入之和。它反映的是企业在生产过程中对生产要素的支付,而生产要素的提供者包括常住单位和非常住单位,表 17.1 以一个企业总产出的价值构成为例,说明了企业增加值的基本内容。

表 17.1　×××企业的产出价值构成

项目		金额(万元)
中间投入		40
初次投入	固定资本损耗	15
	劳动者报酬	30
	生产税净额	20
	营业盈余	20
	初次投入(增加值)小计	85
总投入(总产出)		125

从表 17.1 可见,对一个企业而言,生产法和收入法不过是同一事物的两个方面,生产法是从总产出(总投入)中扣除中间投入而获得的初次投入(增加值),即表中反映的 85 = 125(总产出) - 40(中间投入),而收入法则直接由包括在初次投入中的具体项目加总得到的增加值,即 15(固定资本损耗) + 30(劳动者报酬) + 20(生产税净额) + 20(营业盈余) = 85(初次投入)。

显然,收入法计算的增加值要优于生产法,它既可以得到增加值的总数,又可以得到增加值的价值构成。但在实际工作中,这往往难以做到,因为,增加值的统计是按生产活动的期间计算的,而企业的财务记录往往是根据企业的销售进行的,这就增加了企业统计的困难,因而,在目前的企业统计中,生产法往往是使用更多的方法,这也增加了我们得到增加值构成项目的难度,进而影响了从行业和国民经济角度检验统计数字准确性的难度。

从数字上看,通过生产法计算得到的 GDP 是没有问题的,但是从 GDP 的构成项目来看,却存在问题。第一,不能及时获得 GDP 部门详细分类数字。目前,国际上各国按生产法计算的 GDP 大多是按国民经济产业部门分类公布的,联合国公布的《国际标准产业分类》(修订第三版 ISIC)就是如此,我国 2003 年公布的中国国民经济行业分类与联合国的标准产业分类在方法上也是类似的,在这两个分类中都没有三次产业的划分,也就是说三次产业是经济学中的重要范畴,也是国民经济核算体系的基础,但在统计实践中通常不是统计实践工作的标准。但在我国则不同,虽然在理论划分标准上我国国民经济行业分类不是直接按三大产业划分,而是与联合国标准类似,以流动类型分类,但在我国的统计实践中,GDP 首先是按三次产业分类公布的,原因是我国的统计制度改革时,是在传统的物质生产部门的国民收入统计上加上了结算的服务业增加值,而没有对服务业再细分,不像联合国的标准,虽然没有概括地分为三次产业,但在具体分类过程中把服务业细分为不同的类别包含进来,这样,我国统计的 GDP 在总量上与国际上是可比的,但在部门分类上却是不可比的,虽然我们在统计年鉴和每隔几年编制的投入—产出表中,可以查到按国民经济部门分类的数据,但其时效性已经受到很大影响。第二,难以及时得到 GDP 的价值构成的数据。在我国统计实践中,这方面的数据往往要在几年后才得以公布,对现实经济分析的意义受到很大影响,而缺乏这方面的数据,我们便难以对国民经济的主要资金流量、各种收入和支出活动以及经济运行的情况进行深入的分析。

(3) 按支出法计算的 GDP

从产品形态看,GDP 是所有常住单位在一定时期内最终使用的货物和服务的价值减去进口的货物及服务的价值。国民经济中的常住单位,取得初次分配收入,再经过复杂的再分配过程,形成最终收入。国民收入的初次分配是指,国民经济中提供货物和服务的单位所创造的新价值如何分解为劳动者的收入和剩余(固定资产消耗的补偿部分,在广义的国民收入概念中包含,但这不属于国民收入分配的范围),剩余又如何分解为税金和利润,企业保留利润又如何分解为生产发展基金(简单再生产条件下为零,扩大再生产条件下则大于零)、福利基金和奖金等。国民收入再分配是指,国民收入在初次分配的基础上,在全社会范围内进行的再次分配。国民收入再分配主要通过以下三条渠道进行,一是通过国家财政收支进行再分配,国家向所有获得收入的单位(包括初次分配和再分配获得收入者)征税,然后再通过财政支出,分配给有关部门、单位、个人,形成其最终投资和消费支出;二是通过银行信贷进行国民收入再分配,银行吸收社会资金,贷给需要资金的单位及个人,以形成最终投资和消费,这也属于国民收入的再分配,此外,利息作为资金的价格,也具有再分配的作用;三是通过价格渠道进行再分配,包括货物、服务和资金的价格水平及结构的调整等。通过国民收入的初次分配和再分配形成人们的最终收入,最终收入的使用按其用途区分,或者是投资,或者是消费。各个机构部门,即企业、金融机构、居民、政府、非营利机构及国外对该国民经济所发生的所有最终支出的总和,就是按支出法计算的GDP,即所谓投资支出、消费支出和净出口。

从理论上来说,按生产法(收入法)计算的GDP与按支出法计算的GDP应当是相同的,但由于统计误差,使得两者有所差异。我国现在计算GDP使用的基本流量是按生产法计算的GDP,而大多数市场经济国家是按支出法计算的GDP,原因在于,它们认为按照支出法计算的GDP有实物量作对应,能够比较准确地反映实物和价值之间的对应关系。

需要进一步说明的是GDP与GNP的区别,即国内生产总值与国民生产总值的差别,作为统计指标来说,两者的差别主要来自"国外的要素收入"这一项,GDP是按"国土原则"计算的,而GNP是按"国民原则"计算的,GDP着眼于从生产角度考虑一国的经济问题,而GNP则更重视从收入的角度考察一国经济。现在世界银行公布的国家和地区经济水平排序,使用的仍是GNP,但称呼已经改成了国民总收入(GNI)。

运用国民收入GNP指标反映经济增长在西方市场经济国家已有相当长的历史,而运用GDP指标则是后来的事情,原因在于,一方面,在开放条件下,资本流入与流出、进口与出口等国际收支活动在经济中占有越来越重要的地位,一国的国民经济增长及失衡不能不考虑国外要素进入后产生的作用及国外要素收入,因而,按"国土原则"比按"国民原则"计算经济总量能够更好地反映各国市场客观的生产状况,也有利于进行国际对比。另一方面,从国民经济核算体系的变化来说,联合国于1968年公布新的国民经济核算体系后,人们在运用GDP指标上达成了共识,SNA是把国民收入核算投入—产出表、资金流量表、国际收支平衡表及国民资产负债表相结合而产生的一个综合体系,在这一体系中,GDP是其基本指标之一,所以,在各国应用SNA之前,进行国民收入核算所运用的核心指标是GNP,而此后则是以GDP为基本指标。

3. GDP 的局限性

GDP 是一个指标体系,它从国民经济活动的起点(生产)到终点(需求),综合地反映着国民经济的全面活动,经过长期发展,这一指标体系已经相当完善,寻找其他指标体系来代替它是十分困难的。但我们必须看到,GDP 本身是有局限性的。

(1) 生产和收入的问题

GDP 从其计算原则上看,是一个生产指标,它反映的是一个国家在这块国土上常住单位在一定时期所生产的货物和服务的总和。但这些货物和服务所取得的收入并不完全归这个国家的国民,还有相当一部分是其他国家的"国民"取得的收入,这就是国外要素收入净额。一般来说,发达国家的这种收入净额是正的,即这个国家的国民通过对外投资取得的收入大于外国国民在这一国家取得的收入,如当代的日本等国。而发展中国家,这种收入净额往往是负的,也就是说支出大于收入,像中国这样大量吸收外资的国民经济,尤其是如此。吸收外资一方面促进了本国经济增长,但另一方面也增加了要素收入的净流出。这说明,以国土原则统计的 GDP 中,实际上并不是完全由本国国民所得,而是包含了他国国民收入的一部分,同时也舍弃了本国国民在境外的投资所得,因此,就反映本国国民经济的真实状况而言,GDP 是不准确的。所以,GNP(或 GNI)还是要用的。世界银行在对各国经济进行总量分析和收入排序时,使用的就是 GNI(国民总收入)。

(2) 总量和结构的问题

GDP 指标从总量上反映了一国经济总体达到的生产规模。作为一个国民经济核算体系,尽管其中包含了一定的部门结构及投入产出结构关系,但是,一方面,GDP 总量水平,无论是总体规模还是人均水平,都难以直接体现总量背后的生产结构,而结构构成了国民经济发展水平的本质特征。另一方面,不同产业结构条件下的国民经济完全可能具有相同的 GDP 水平,甚至由于生产规模大,落后的产业结构条件下的国民经济的 GDP 规模可以比发达结构条件下的国民经济更大,这样,GDP 水平便难以真正反映经济发展的实质性水平。如 19 世纪初叶的中国,按现代国民经济核算方法加以计量,当时中国 GDP 规模占世界 GDP 规模比重达到 30% 以上,远高于当时最发达的英国及法国,比当代美国占比最高的年份所占比重还要高(2001 年美国 GDP 占世界 32%),但到 1840 年鸦片战争爆发,中国即沦为半殖民地半封建社会,之所以沦落得如此快,除其他原因外,重要的经济原因便在于,支撑巨大规模的 GDP 背后的经济结构仍是落后的传统农业经济,而当时的英法等国虽 GDP 规模不及中国,但都是以当时现代化的产业结构作为支持。因此,仅从 GDP 量上难以充分反映一国真正的竞力,结构特征更具本质意义。经济结构,包括产业结构、区域结构、城乡结构、技术结构、产品结构、就业结构等的演变之所以更体现经济发展的实质,关键在于结构变化是效率改善的结果,而效率改善是创新的结果,GDP 的增长则只是规模的扩张,它可以在没有创新,因而效率不变的条件下,通过增大要素投入量实现总产出的增长,所以,GDP 的增长可以在短期里显著表现出来,而结构变化一定是长期累积的结果,但更体现发展的实质性进展。

(3) 存量和流量的问题

GDP 反映的只是一个时期经济活动中创造的流量,而国民财富才是现实生活中的存量。GDP 作为流量计量的通常是一年时间里创造的价值,流量必须真正累积起来,才能形成真正的财富积累存量,如果只有流量的 GDP,而无流量的积累,那么最终是难以有效地形成财富积累的。如何认识和解决流量与存量问题具有十分重要的意义,实际上,这是如何把短期的(如一年的)增长与中长期(至少是跨越年度的)的经济持续发展统一协调的问题。一方面,严格意义上的 GDP 指标本身只反映流量问题,也就无从体现存量;另一方面,尽管 GDP 作为国民经济核算体系,提出了处理流量和存量关系的方法,但如何真正有效地协调仍是有待探索的问题。从一定意义上说,这种存量与流量的差异问题,并非 GDP 本身的问题,而是 GDP 的某种特点,而这种特点一旦被极端化,便会对国民经济核算及经济发展本身带来严重的损害,要知道,投资建设一项目会作为某一年度发生的经济流量计入当年 GDP,但在下一年度拆除该项目的经济流量,同样会计入第二年的 GDP,可是累积下来的财富却为零。

(4) 市场与非市场的问题

GDP 反映的是用货币计量的市场经济行为,未通过市场交易的经济活动的结果,不具有真实的市场价格,因而或者不能,或者难以较准确地计入 GDP,而在现实生活中,相当部分的经济活动并不是直接的市场交易行为,市场制度也并不是安排组织经济活动的唯一制度,这就使得市场交易之外的经济行为,在 GDP 的统计核算中难以充分体现。这并不是 GDP 本身的问题,而是 GDP 指标体系对于反映现实经济生活来说具有的局限。比如,同样是家务服务,如果是家庭在劳务市场上购买的家政服务,其服务无论按怎样的统计方法,都会计入当年GDP,如果是家庭成员自我提供的家务,由于未通过市场交易,就难以有价格,也难以计入 GDP,但这部分家务的确是消耗了资源,也消耗了劳动,只是由于是以家庭内部服务的制度,而不是以市场交易的制度来组织的,虽然可以根据一定的家务市场价格对家庭自我服务的总价值水平加以估算,但其准确性往往令人质疑,尤其是在家务服务市场化程度低且发展不均衡的条件下,更难以准确估算。又比如,军队、警察、官员等的服务,作为国家机关和政府权力部门,其提供的服务原则上是不能通过市场交易实现的,而是通过国民收入的再分配,由国家财政转移支付实现其生产和再生产。这同样使得这些服务没有市场价格,计入 GDP 时缺乏可靠价值计量根据,通常是根据财政转移支付的相关数据加以推算,计入当年 GDP,但这要求财政应当是公共财政,即财政是社会公共的、民主的、法治的和程序的选择决策过程,而不是集权的、随意的,甚至难以受到充分民主监督和法治约束的过程。这一点并不是容易做到的,尤其是对发展中国家而言,尚须做出很大努力。此外,正规市场交易制度之外的非法交易,如"黑市"等地下经济活动,也难以较准确地反映在 GDP 核算体系中,当然,这些并非是 GDP 核算体系本身的问题,而是在运用 GDP 核算体系过程中,由于其他客观存在的原因,使 GDP 核算体系在全面、客观、准确反映经济活动时存在一定的局限。

(5) 经济增长和社会发展问题

人类文明的进步和社会的发展并不只是经济增长和经济发展,人们推动社会发展的目的和动因也不只是出于经济目标和经济需要,尽管经济发展和经济目标对于社会发展和社会进步有着十分重要的意义。所以,GDP 指标及核算体系并不是全能的,核算和评价经济发展及社会进步需要运用多种方法和指标体系,GDP 指标体系只是其中到目前为止最为重要的一种指标体系,仍需其他指标体系的配合。比如经济发展与环境问题、经济发展与人类的全面社会发展要求问题、经济发展与人们的幸福程度问题等,都是 GDP 指标体系难以反映,但又是社会文明进程中的重要问题。因此,在总量分析和国民经济核算体系指标的研究中,人们又提出了绿色 GDP、幸福指数、人类发展指数等范畴,目的主要就是为弥补 GDP 指标体系的不充分性。

第三节 对 GDP 指标体系的补充及拓展

1. GDP 与绿色 GDP

绿色国民经济核算,也称资源环境经济综合核算,在联合国文献中称为综合环境经济核算。它是在现有的国民经济核算的基础上融入资源和环境因素的结果。它是在人们对经济发展与资源环境之间的关系有了比较深入的认识的基础上产生的。从 20 世纪后半叶开始,人类活动对于环境的影响已经在世界上引起了越来越多的关注。人们开始认识到,经济增长和人类福利都与环境提供的服务密切相关。这些服务包括提供用于生产货物和服务的原材料和能源、回收人类活动的废弃物、支持人类的基本生活(如洁净的水和空气)以及提供各种感官上的享受(如享受美景)。而这些服务是否得到了合理的利用,就成为关注的焦点:自然资源的开采和生产过程中的污染是否威胁到了人类健康和物种的生存?

即使当前没有,将来有没有可能?如果已经发生,如何计量这种威胁的程度并采取应对的措施以保证一个地区、一个国家甚至全世界的可持续发展?1987年,联合国世界环境和发展委员会发表的《布伦特兰报告》(Brundtland Report)宣称:人类有能力维持可持续发展,即在不牺牲子孙后代需求的基础上满足当代需求的发展。这已经成为被最为广泛接受的可持续发展(sustainable development)概念的基本解释。虽然可持续发展这一概念包含了比环境远为广泛的内容,但从联合国世界环境和发展委员会对它的解释得到广泛认可来说,环境对于可持续发展的重要意义是不容置疑的。而综合环境经济核算体系(System of Integrated Environment and Economic Accounting,SEEA)正是在改善人类可持续发展的背景下提出来的。

(1) 综合环境经济核算体系(SEEA)

通常认为,经济、社会与环境是可持续发展的三大支柱。而对这三方面的发展及它们的联系进行客观的统计计量并在此基础上作出科学的分析和决策,则是保证一个国家可持续发展的重要保证。从统计史上看,人们最早关注的经济活动的情况是经济增长,随着经济水平的不断提高,人们开始对经济发展有更多的关注,这就使经济统计首先发展起来。当经济发展到一定阶段,人们开始要求对于人口、教育、健康、社会秩序等方面有更多的了解,这就使社会统计有了更多的发展。而对于环境统计的研究,则是近些年随着各国社会和经济的不断发展而提出的更新的课题。一个国家对经济、社会和环境这三方面发展以及它们之间相互联系研究的侧重,事实上是和一个国家的社会经济发展水平相联系的,一个国家的经济发展水平越高,就越关心可持续发展问题,对社会和环境的关注程度也就越高。20世纪70年代以来,一些国家和国际组织对资源环境经济核算工作进行了有益的探索。目前,美国、加拿大、法国、英国、德国、芬兰、挪威、日本、菲律宾、印度尼西亚等二十多个国家开展了大量的研究和测算工作。例如,挪威开展了能源核算研究,澳大利亚开展了环保支出核算研究,印度尼西亚开展了森林、石油和土地资源核算研究,等等。这些研究工作取得了重要成果。联合国在公布SNA 1993时,同时公布了作为SNA的附属账户(又称卫星账户)的综合环境经济核算体系的临时版本,后来又几经完善,先后公布了2000年版、2003年版的操作手册。参加SEEA(2003)修订工作的有五个国际机构,分别为联合国、欧盟统计局、国际货币基金组织、经济合作发展组织和世界银行。从总体上看,SEEA目前仍处于研究阶段,但已经接近应用阶段,SEEA(2003)就是作为官方版本公布前的最后一次预备版本而公布的。

综合环境经济核算体系研究的环境和经济间的关系问题,是作为国民经济核算体系的一个延伸而展开的,这样,它一方面能够和SNA之间保持衔接,另一方面,它则可以通过对 SNA 的扩展,将环境和经济方面的各种变量结合在一起。与 SNA 相类似,SEEA 也是通过国民账户的形式对环境和经济变量进行核算的。

SEEA 对环境和经济进行综合核算,其基本思路沿着流量和存量两方面展开。在国民经济核算体系中,流量被定义为一个时期内提供的货物和服务,存量则反映了在一个时期之后,一定的时点上的资产的数量。对当期流量的核算即核算一个时期经济活动与自然资源、生态投入、废弃物排放之间的关系。其中,自然资源和生态投入代表向经济过程提供的环境货物,接纳经济过程的废弃物排放可视为是向经济提供了环境服务。环境资产存量的核算是在 SNA 的经济资产的基础上,对自然资产的存量及其变化的全面核算。这两个方面又是相互联系的:对经济过程的投入是影响自然资产存量变化的重要因素。

从 SEEA 核算内容看,包含以下两个层次,一是实物型核算,二是货币型核算。所谓实物型核算,就是在国民经济核算框架基础上,运用实物单位建立不同层次的实物存量账户和环境—经济供应使用表、投入—产出表,描述各类环境资产的存量和变化量,描述与经济活动对应的各类自然资源和生态投入量、废弃物排放量。货币型核算具体包括两个部分,一是对现存经济核算中有关环境的货币流量予以核算,包括环境保护支出和环境税费的核算;二是在实物核算基础上,估算各种环境流量和存量的货币价值。

具体地说,SEEA 包括四类账户:第一类账户是实物账户,它们与材料和能源的流量有关,尽可能按照 SNA 的结构记录下来。在这一类账户中,SEEA 还要表现分别用实物和货币单位表示的流量数据应该如何结合并产生所谓的"混合账户"。第二类账户处理的是 SNA 中那些与环境管理有关的因素,以便更好地说明那些与环境保护相关的变量。第三类账户包括以实物和货币单位计量的环境资产。最后一类账户研究目前的 SNA 体系应该如何被调整以说明经济活动对环境的影响。其中包括三种调整,一是与消耗有关的影响,二是所谓的保护性支出的影响,三是环境恶化造成的影响。将货币型核算的结果与国民经济核算的内容合并起来,对传统的宏观经济总量进行调整,就可以进一步得到各种经过了环境变量调整的宏观总量。

(2) 中国的绿色国民经济核算

随着中国的经济发展,资源和环境的问题越来越突出地表现了出来。一方面,人口众多、资源却相对不足的矛盾日益成为制约中国的可持续发展的最重要因素;另一方面,新中国成立以后直到现在对自然资源的过度开采不但透支着我们宝贵的资源,而且在这一过程中对环境造成了严重的破坏。工业化在推动中国的经济发展和社会进步的同时,也为中国的可持续发展带来了负面影响。在这种背景下,对于资源、生态、环境与可持续发展的研究,不能不引起我们的高度重视,它们促使着我们加强和推进对于绿色国民经济核算的研究。

2006年9月7日,国家统计局和国家环境保护总局在北京联合召开中国绿色国民经济核算研究成果新闻发布会,发布了《中国绿色国民经济核算研究报告2004》。由这两个部门组成的项目技术组用了两年的时间,对全国31个省(自治区、直辖市)和42个行业的环境污染实物量、虚拟治理成本、环境退化成本进行了核算分析。研究结果表明,2004年我国因环境污染造成的经济损失为5118亿元,相当于GDP的3.05%。其中,水污染的环境成本为2862.8亿元,占总成本的55.9%;大气污染的环境成本为2198.0亿元,占总成本的42.9%;固体废物和污染事故造成的经济损失为57.4亿元,占总成本的1.2%。此次核算还对污染物排放量和治理成本进行了核算。核算结果表明,如果在现有的治理技术水平下全部处理2004年点源排放到环境中的污染物,需要一次性直接投资约为10 800亿元,占当年GDP的6.8%左右;同时每年还需另外花费治理运行成本2 874亿元(虚拟治理成本),占当年GDP的1.80%。[1] 我们从这个报告可以得出的结论是,如果我们把当年的经济增长的增量(2004年的经济增长率为10.4%),全部用于弥补损失和治理环境,大概持平。

在此之后,这项工作改为由国家环境保护总局(后改为环境保护部)环境规划院并联合中国环境监测总站、中国人民大学统计学院、清华大学环境学院等单位承担,研究报告的名称调整为《环境经济核算研究报告》,但研究对象和方法都是类似的[2],2009年度的主要结论是:(1)我国经济发展的环境污染代价持续上升。环境污染治理压力日益增大,六年间基于退化成本的环境污染代价从5 118.2亿元提高到9 701.1亿元。2009年环境退化成本和生态破坏损失成本合计13 916.2亿元,较上年增加9.2%,约占当年GDP的3.8%。(2)直接物质投入增速较快,资源产出效率低于发达国家水平。直接物质投入由2006年的80多亿吨增加到2009年的100多亿吨。"十一五"期间我国资源产出率处于320—350美元/吨的水平,且有下降的趋势,目前先进国家已达到2 500—3 500美元/吨。(3)我国已经成为二氧化碳排放大国,二氧化碳排放控制压力巨大。中国一次能源二氧化碳排放量从2000年的34.7亿吨上升到2009年的71.8亿吨,增长了一倍,中国已成为世界主要的二氧化碳排放大国。我国各省"十二五"期间GDP增速都超过7%,部分省份的GDP增速还在两位数以上,由此带来

---

[1] 国家环境保护总局和国家统计局课题组:《中国绿色国民经济核算研究报告2004》,《环境经济》2006年第10期。

[2] 王金南等:《中国环境经济核算研究报告2004》,中国环境科学出版社2009年版。

的二氧化碳排放控制压力较大。(4) 污染治理水平仍待提高,环境质量改善任重道远。虽然"十一五"期间我国政府加大了对工业和生活污染治理的力度,但电力生产、非金制造、黑色冶金、化工等二氧化硫排放大户和造纸、食品加工和化工等COD排放大户,其二氧化硫去除率、COD去除率仍低于全国平均水平。(5) 欠发达地区经济发展的生态环境投入产出效益相对较低。生态环境退化成本占GDP的比例与人均GDP之间呈现负指数关系,显示出经济发展越是落后的地区,经济发展的生态成本越高。[①]

2008年年底,国家统计局在北京主持召开了"中国资源环境核算体系框架"专家咨询会,来自环境保护部、国家林业局、水利部、国土资源部、发改委、农业部等部门的官员以及来自有关研究单位的专家参加了会议。国家统计局指出,建立资源环境核算体系非常必要,要尽快出台《中国资源环境核算体系》,规范资源环境核算工作。国家统计局国民经济核算司将根据专家意见加快修改,突出资源环境核算体系的原则框架,明确资源环境核算的范围,设计建立重要资源环境的核算表式。国家统计局高度重视资源环境核算工作,建立资源环境核算是国家从以经济建设为中心转向科学发展的必然选择,统计部门要把资源环境核算作为统计部门学习实践科学发展观的切入点,把资源环境核算作为统计部门落实科学发展观的重要举措,把资源环境核算作为统计部门实践科学发展观的重要标尺,希望有关政府部门也把资源环境核算摆在重要的位置上,建立中国资源环境核算统计体系和评价指标体系,把资源环境核算最终纳入地方党政领导科学发展的考核体系中。

(3) 绿色国民经济核算和绿色GDP

绿色国民经济核算是一项非常复杂的工作。目前,世界上还没有一个国家建立起完善的绿色国民经济核算制度,也没有一个国家计算全部资源耗减成本和全部环境损失代价后,从GDP中扣除这些部分,公布出完整的、可信的、权威的"绿色GDP"。

首先是资源耗减成本和全部环境损失的范围还不能精确地确定,如很多对人们的健康造成危害的环境污染因素可能已经发现,但还有很多未被认识,但未被认识不等于不存在,不把它们计算在损失中,当然是不准确的。把不准确的数和准确的数放在一起算,所得出的结果是没有说服力的。当然,GDP计算中也可能出现偏差,但GDP的概念是清楚的,偏差出在技术上,而环境污染成本和损失的概念的边界是模糊的。这是两个不同性质的问题。

---

① 参阅环境规划院完成的《2009年中国环境经济核算报告》,环境保护部环境规划院网站,2012年1月12日。

其次是对环境污染成本和损失的价值量核算是困难的。资源分为多种类型,许多资源的耗减成本的估价都是不容易的。比如森林资源,它是一种可再生资源,如果森林的采伐速度不超过森林的自然生长速度,森林资源总量就不会减少。但是,如果过度采伐,森林面积和林木蓄积量就会减少。林地和林木资源的耗减成本的估算也许容易些,但是,除了蓄养树木之外,森林具有保持土壤、涵养水源、净化空气、防风固沙、旅游休闲等多种功能,这些功能具有重要的经济价值。当森林面积大幅度减少时,森林的上述功能势必下降,从而相应的经济价值也随之下降,这种经济价值变化的估算就不那么容易了。对矿产资源耗减成本进行估价也并非易事,因为大部分矿产资源是不进行交易的,没有相应的市场价格可供参照。不合理地使用土地,比如过度地使用化肥,利用被污染的水进行灌溉等,会导致土地生产能力的下降,这也是一种类型的资源耗减成本,对这种成本进行估价不是一件容易的事。过度放牧,造成草地沙化,草原面积减少;过度开发水资源,导致江河断流,地面沉降;等等,人们都知道其代价惨重,但其经济价值究竟有多大,估计起来也很困难。大气和水具有消化吸收废弃物的能力,所以,如果人们的经济活动产生的废弃物在大气和水的消化吸收的能力范围内,空气和水体的质量就不会下降。但是,随着经济的迅速发展,许多地区所产生的废弃物大大超过了大气和水的消化吸收能力范围,导致空气和水体的质量下降,环境损失严重。把已经受到污染的空气和水治理达到一定的标准,需要多大成本,估价起来非常困难。

有鉴于此,要对我国的资源耗减成本和环境损失代价进行科学合理的估价,并计算出科学的、可信的、权威的绿色 GDP,有很多理论问题和实践问题需要解决,并非是一朝一夕的事。但是问题在于,我们并不是一定要得出一个"绿色GDP"的数来,才能说明中国当前环境保护的紧迫性和重要性。环境研究院近几年所公布的报告,揭示了中国严峻的环境状况,引起各方面的高度重视。这已经是非常重要的绿色国民经济核算研究。但是一个或几个研究机构的力量是有限的,还是要依靠专门的调查队伍和部门(如国家统计机构)把这个工作做好做细。而且对于统计部门来说,由于可以把国民经济核算和绿色国民经济核算结合起来,所得出的结果可能更有说服力。

绿色国民经济核算(SEEA)和国民经济核算(SNA)是相互联系的,但也有明显的区别:

从发展路径上看,它们可能是相反的。SNA 的发展是首先有一个指标或一组指标,如最早的国民收入概念、GNP、GDP,然后再由这些指标扩展开来,建立起一套复杂的国民经济核算账户,而 SEEA 则可能是先把账户建立起来,从实物量核算为主发展到比较全面的价值量核算,最终在条件成熟的时候,再推出正式的绿色 GDP 数据。

从应用上看,GDP 核算和绿色 GDP 核算的意义也是不同的,GDP 核算得出的不是一个数而是一系列宏观经济指标,它们反映的是经济活动的动态发展和静态成果,是宏观调控和其他宏观经济管理的重要依据,如我们需要根据经济增长率、投资、价格等的变化调整货币政策,平抑经济波动,而绿色 GDP 是不具备这些功能的,它说明的是我们在经济建设中造成了多大的污染和损害,原因在哪里,主要影响因素是什么,需要采取哪些应对措施。即使是把它们作为考核指标,也有一系列问题需要考虑,发达地区和欠发达地区在环境污染构成上有很大的差别,简单地用"绿色 GDP"对不同地区的领导进行绩效评价也是不够的。

2. 幸福指数

追求经济增长和经济发展,是当今世界的时代特征。经济增长和经济发展,不断地满足着人们物质上增长着的需求,也为改善人们的精神生活创造了条件。但物质生活和精神生活毕竟存在着差异,物质生活的改善不一定带来精神生活的改善,特别情况下,在物质生活改善的背景下,还可能出现精神生活恶化的情况。而如何反映人们对社会和经济发展的满意程度,就成为一个新的研究课题。幸福指数就是在这种背景下提出并得以应用的。随着经济增长和科学发展观的提出,中国现在也展开了对于幸福指数的研究和计算。虽然各种研究表明,幸福指数和国民收入间并不一定会表现出线性的关联。但是,在中国经济发展到了今天的水平之后,我们开始更多地关注人们的幸福程度,这本身就说明随着物质生活和精神生活之间的一种关系。物质水平越高,对于精神生活的关注度也就越高。这也是对于幸福指数的讨论为我们的社会和经济发展带来的积极意义。

目前,国际上最具权威的幸福指数是由"世界价值调查"(the World Values Survey,WVS)公布的,这个机构是由原先的"欧洲价值调查"(EVS)发展而来,现在是世界上著名的国际比较研究机构,所调查和研究的内容涉及政治、社会、宗教、家庭等各个方面,美国密歇根大学教授罗纳德·英格哈特目前是协会的主席。这一指数是通过对被访问者的调查结果进行处理后得出的。问题只有一个,而且非常简单:把所有的事情加在一起,你认为你是:非常幸福、十分幸福、不很幸福,还是不幸福?(Taking all things together, would you say you are: very happy, quite happy, not very happy, or not at all happy?)通过对访问者答案的统计处理,WVS 得出各个国家的幸福指数。表 17.2 列出的是 WVS 计算的一部分国家或地区近年来的幸福指数。从表中可以看到,计算这些指数的数据来源是有差别的,年份也不完全统一。而各国或地区的幸福指数是有可能随着年份的变化而变化的,如印度尼西亚在这个表中排名是居前的,而在 2004 年的排名中,它则因为当时的国家动荡而靠后(参见《中国经济增长报告2005》)。

表17.2 世界部分国家或地区幸福指数排名

排序	国家或地区	年份	计算的数据依据	指数数值
1	新西兰	2004	WVS调查,第五次(2005—2008)	193.8
2	挪威	2007	WVS调查,第五次(2005—2008)	192.8
3	瑞典	2006	WVS调查,第五次(2005—2008)	192.4
4	加拿大	2006	WVS调查,第五次(2005—2008)	190.9
5	新加坡	2002	WVS调查,第一至四次(1981—2004)	189.8
6	马来西亚	2006	WVS调查,第五次(2005—2008)	189.5
7	波多黎各	2001	WVS调查,第一至四次(1981—2004)	188.3
8	荷兰	2006	WVS调查,第五次(2005—2008)	188.0
9	坦桑尼亚	2001	WVS调查,第一至四次(1981—2004)	187.7
10	瑞士	2007	WVS调查,第五次(2005—2008)	187.6
11	英国	2006	WVS调查,第五次(2005—2008)	187.0
12	美国	2006	WVS调查,第五次(2005—2008)	186.3
13	印度尼西亚	2006	WVS调查,第五次(2005—2008)	185.7
14	泰国	2007	WVS调查,第五次(2005—2008)	185.1
15	西班牙	2007	WVS调查,第五次(2005—2008)	184.5
16	芬兰	2005	WVS调查,第五次(2005—2008)	184.2
17	越南	2006	WVS调查,第五次(2005—2008)	183.9
18	尼日利亚	2000	WVS调查,第一至四次(1981—2004)	183.7
19	澳大利亚	2005	WVS调查,第五次(2005—2008)	183.6
20	沙特阿拉伯	2003	WVS调查,第一至四次(1981—2004)	182.9
21	奥地利	2001	ISSP 2001-Social networks II	180.8
22	法国	2006	WVS调查,第五次(2005—2008)	180.5
23	意大利	2005	WVS调查,第五次(2005—2008)	179.4
24	波兰	2005	WVS调查,第五次(2005—2008)	179.3
25	日本	2005	WVS调查,第五次(2005—2008)	177.2
26	菲律宾	2001	WVS调查,第一至四次(1981—2004)	175.3
27	韩国	2005	WVS调查,第五次(2005—2008)	174.8
28	塞浦路斯	2006	WVS调查,第五次(2005—2008)	174.2
29	约旦	2007	WVS调查,第五次(2005—2008)	173.8
30	特立尼达和多巴哥	2006	WVS调查,第五次(2005—2008)	173.5

(续表)

排序	国家或地区	年份	计算的数据依据	指数数值
31	土耳其	2007	WVS调查,第五次(2005—2008)	172.4
32	巴西	2008	拉美调查(1995—2008)	172.3
33	丹麦	2002	ISSP 2001-Social networks II	172.2
34	卢旺达	2007	WVS调查,第五次(2005—2008)	170.9
35	中国台湾	2006	WVS调查,第五次(2005—2008)	170.3
36	吉尔吉斯	2003	WVS调查,第一至四次(1981—2004)	168.6
37	中国香港	2005	WVS调查,第五次(2005—2008)	167.7
38	马里	2007	WVS调查,第五次(2005—2008)	166.4
39	埃及	2008	WVS调查,第五次(2005—2008)	166.3
40	德国	2006	WVS调查,第五次(2005—2008)	165.5
41	危地马拉	2008	拉美调查(1995—2008)	164.7
42	摩洛哥	2007	WVS调查,第五次(2005—2008)	161.8
43	斯洛文尼亚	2005	WVS调查,第五次(2005—2008)	161.1
44	委内瑞拉	2008	拉美调查(1995—2008)	160.9
45	伊朗	2005	WVS调查,第五次(2005—2008)	160.1
46	墨西哥	2008	拉美调查(1995—2008)	158.8
47	乌拉圭	2008	拉美调查(1995—2008)	157.8
48	乌干达	2001	WVS调查,第一至四次(1981—2004)	157.6
49	加纳	2007	WVS调查,第五次(2005—2008)	156.9
50	以色列	2001	WVS调查,第一至四次(1981—2004)	156.2
51	捷克共和国	2001	ISSP 2001-Social networks II	156.0
52	南非	2007	WVS调查,第五次(2005—2008)	156.0
53	巴拿马	2008	拉美调查(1995—2008)	155.0
54	孟加拉国	2002	WVS调查,第一至四次(1981—2004)	154.9
55	哥斯达黎加	2008	拉美调查(1995—2008)	154.8
56	哥伦比亚	2008	拉美调查(1995—2008)	154.1
57	中国内地	2007	WVS调查,第五次(2005—2008)	153.1
58	巴基斯坦	2001	WVS调查,第一至四次(1981—2004)	152.5
59	乌克兰	2006	WVS调查,第五次(2005—2008)	152.1
60	印度	2006	WVS调查,第五次(2005—2008)	151.0
61	匈牙利	2001	ISSP 2001-Social networks II	150.2
62	智利	2008	拉美调查(1995—2008)	147.9
63	巴拉圭	2008	拉美调查(1995—2008)	142.4

(续表)

排序	国家或地区	年份	计算的数据依据	指数数值
64	萨尔瓦多	2008	拉美调查（1995—2008）	139.5
65	黑山共和国	2001	WVS调查,第一至四次（1981—2004）	136.4
66	俄罗斯联邦	2006	WVS调查,第五次（2005—2008）	135.9
67	洪都拉斯	2008	拉美调查（1995—2008）	134.1
68	白俄罗斯	2000	WVS调查,第一至四次（1981—2004）	133.5
69	格鲁吉亚	2008	WVS调查,第五次（2005—2008）	133.5
70	埃塞俄比亚	2007	WVS调查,第五次（2005—2008）	127.3
71	塞尔维亚	2006	WVS调查,第五次（2005—2008）	127.0
72	尼加拉瓜	2008	拉美调查（1995—2008）	126.1
73	多米尼加	2008	拉美调查（1995—2008）	124.7
74	保加利亚	2006	WVS调查,第五次（2005—2008）	115.5
75	赞比亚	2007	WVS调查,第五次（2005—2008）	113.8
76	罗马尼亚	2005	WVS调查,第五次（2005—2008）	111.3
77	拉脱维亚	2001	ISSP 2001-Social networks II	111.1
78	津巴布韦	2001	WVS调查,第一至四次（1981—2004）	110.7
79	厄瓜多尔	2008	拉美调查（1995—2008）	109.6
80	伊拉克	2006	WVS调查,第五次（2005—2008）	106.7
81	摩尔多瓦	2006	WVS调查,第五次（2005—2008）	103.3
82	秘鲁	2008	拉美调查（1995—2008）	99.5
83	玻利维亚	2008	拉美调查（1995—2008）	88.2

资料来源：Map of Happiness By Jaime Díez Medrano Director of the WVS Archive and ASEP/JDS。

这个表中的幸福指数,是各个国家或地区被调查居民的主观感觉的综合指标。指标值在140以下为不太幸福（less happy）,140—170之间为一般幸福（fairly happy）,170以上为比较幸福（more happy）。具体地看,一个国家或地区在这个表上的排序和它的富裕程度可能是无关的,如排名第9位的坦桑尼亚、第13位的印度尼西亚、第14位的泰国、第17位的越南和第18位的尼日利亚,都不是富裕国家,但都属于人民幸福感比较强的国家,高于经济发达的日本和德国。在亚洲国家和地区中,新加坡和马来西亚的幸福指数是最高的,排名第5位和第6位,两个国家是邻国,但经济发展水平有很大差距,新加坡属于高收入国家,而马来西亚仍然属于中等收入国家,但幸福感是接近的。表中列出了中国的三个地区,分别是中国台湾、中国内地和中国香港,这三个地区的经济发展水平的差别是很大的,人均GDP为中国香港最高,中国台湾次之,中国内地较低,而从幸福指数上看,则是中国台湾最高,达到 170 以上,为较幸福地区,中国香港虽然高出中国内地较多,但从分类上看,是属于同一类的(一般幸福)。但如果从整体上看,各国或地区在这个表上的排序还是和其经济发展水平有关的,在这个表上排名较前的国家或地区中,发达国家或地区居多,而在排名偏后的国家或地区中,发展中国家或地区居多,这说明基本的物质条件对人们的幸福感是有影响的。但是如果过分注重追求财富,工作压力大,反而又有可能影响人们的幸福感。幸福是属于个人的一种感受,受多方面因素的影响,经济的、历史的、民族的、文化的、宗教的、政治的因素,都可能影响人们的主观感受,但从动态上看,经济和福利的因素对人们的感受影响较大,其他因素则有相对的稳定性。英国著名的幸福指数研究机构莫里(MORI)在 20 世纪八九十年代进行了多次调查,当问及是什么让人感到快乐和不快乐的时候,回答为健康的比重最大,占了 59%,其次是家庭生活(41%)、婚姻状况(35%)、工作和就业(31%)、收入和财务状况(25%)、住房条件(9%)和接受的教育(7%)。这种回答反映了英国作为一个发达国家的特征。它解决得比较好的教育、住房等问题,引起人们关注的程度当然也就比较低。这也是所有人群都具有的特征,一方面的问题解决得越好,人们对它的关心程度也就越低。在一个有着洁净的饮水的地方,能否饮用洁净的水对人们的幸福感是没有影响的,但是在一个缺水或者是水污染严重的地方,这可能是影响人们的幸福感的最重要因素。

WVS 曾经将 1998 年《人类发展报告》(Human Development Report)中的 54 个国家和地区的 1995 年人均 GDP(按购买力平价方法计算)与他们计算的幸福指数相比较,发现二者之间的相关达到了 0.7,统计检验显著相关。这说明尽管按人均 GDP 排序的结果和幸福指数的排序不完全一致,但从整体上看,一个国家或地区的人均收入(表现为人均 GDP 或人均可支配收入)越高,人们所普遍感受到的幸福程度也就越高。马克思曾经指出,人们首先必须有衣食住行等物质生活条件,然后才能从事艺术、科学、宗教等活动。马克思的这一基本观点,也在一定程度上说明了收入与幸福的关系。人们在最基本的生活需要还没有得到满足的条件下,就想通过追求精神生活的方式来提高幸福感,这种改善肯定是有限度的。时至今日,一些经济相当落后地区的人民,仍然很注重自己劳作后的娱乐,如在中国的一些边远地区、非洲的很多部落,民间的歌舞娱乐都相当活跃,这对改善他们对现实生活的满意程度当然是非常重要的,这也就是常说的苦中作乐。但是,在基本物质生活条件得不到保证的情况下,这种活动对于他们精神生活的改善仍然是有限度的。只有在物质生活的改善达到了一定程度(如恩格尔系数降到了一定程度)以后,人们在增强自己的满足感方面,对物质条件的依赖可能会减弱。换句话说,收入的增加所造成的幸福感的边际产出,在超过一定的临界点后,很可能是递减的。在那种情况下,更多的非收入因素的投入,可能是增加个人甚至是整个人群的幸福感的更重要手段。而在生产力和人均收入还未充分发达的情况下,通过经济增长改善收入(国民收入及家庭可支配收入)仍然是提高人们幸福程度的最重要途径。

除了WVS之外,国际上还有很多机构开展幸福指数的研究和调查,如英国的新经济学基金设计了一个幸福星球指数(Happy Planet Index),指标设计更加复杂,得出的结论也和WVS之间有差别①,但想说明的问题是类似的。这在另外一方面也说明,对于"幸福"的理解和度量是非常复杂的。在很多经济学家看来,对于经济活动的某种解决方案,应该建立在对相应的经济活动的精确分析上。因此,许多解决方案都是提出各种各样的指标,然后再对这些指标进行加权平均或其他数学处理,由此得到一个人群对于某种偏好或者是一些偏好的集合的感受程度。对幸福指数的研究也是如此。如不丹进行的国民幸福总值(GNH)就是一个例证。对这些研究的争论很大,而且也不容易达成共识。但是在社会学家和统计学家那里,对许多方面的研究却要概括得多。在各种类型的幸福指数中,WVS所进行的调查和计算是最简单的,但也是最具权威和最有说服力的。因为对于幸福或者是快乐的定义,不需要进行专门的解释,每个人都会根据自己的理解对问题作出判断。在获得了人们的答案和综合汇总得出结果后,WVS再根据受调查人群的数量特征,分析影响人们幸福感受的原因。这和一般的统计分析方法的方向是相反的,但却是一个很有成效的分析方法。

在中国,较早进行幸福指数研究并取得较大影响的是中欧国际工商学院行为科学研究中心主任奚恺元,他与《瞭望东方周刊》合作,在2004年4月中旬对中国六大城市进行了一次幸福指数测试,测试的结果如表17.3所示。

表17.3 中国六城市幸福指数排名

排名	城市
1	杭州
2	成都
3	北京
4	西安
5	上海
6	武汉

资料来源:《中国六城市幸福感测试》,《瞭望东方周刊》2004年第21期。

---

① 参阅 Center for well-bing, new economics foundations, The Happiness Planet Index 2.0。

在看到了国际幸福指数的排名后,再来观察国内的幸福指数排名,就会发现这一测试所得到的结果和我们的直观感觉非常接近。这说明这一指数确实反映了现实情况。尽管从这些城市的人均 GDP 考察,上海是最高的,但是如果这里的人追求更高,现实生活离目标较远,他们对目前生活的满意程度就会偏低,由此出现幸福指数较低的现象。而杭州和成都的居民,历来被认为是最会享受生活的人,杭州的人文传统、成都的茶楼文化,都是当地人民知足者常乐这种生活理念的重要体现。这两个城市在人均 GDP 不如上海和北京的情况下排名反而相对靠前,也就不足为奇。后来,《瞭望东方周刊》持续开展这一方面的调查,取得了连续性的成果。他们采用的研究方法和 WVS 是最接近的:调查问题只有一个,即把所有事情加在一起,你认为你是"非常幸福"、"比较幸福"、"不很幸福"还是"不幸福"。由他们评选的 2010 中国最具幸福感城市(地级及以上)为:杭州、成都、长沙、昆明、南京、长春、重庆、广州、通化、无锡;最具幸福感城市(县级)为:江阴、宜兴、长沙县、余姚、滕州、铜梁、海城、太仓、莱州、胶州。[①] 所得到的结果和大家直观的感觉也是接近的。还有一些国内的研究机构和学者进行了这一方面的研究,如中共山东省委党校人才测评中心主任邢占军教授主持了国家社会科学基金项目"当今中国城市居民主观幸福感研究"课题,江苏卫视和零点调查公司举办了"2009 中国幸福指数调查",都积极地推动了这一领域的调查和研究,并得出了很多有意义的结论。

有些人认为,通过对幸福指数的研究,可以得出结论,即幸福和收入不一定成正比。一些很贫穷的人,照样生活得很快乐;而一些很富有的人,生活得却很痛苦。而快乐和收入相比,快乐显然更为重要。因此,提高人们的幸福感,并不一定要通过改善收入的途径。这个结论有它客观的方面,即它指出了改善一个人群的幸福程度可以通过很多方式(如通过在茶楼喝茶);但也有值得商榷的方面,即不应该把收入和幸福对立起来。从统计学的观点看,事物间的联系不能仅仅通过个别案例来说明,还必须通过大量观察来得出结论。在计算幸福指数上,这种大量观察包含了两方面的意义,一是这种幸福不是对个别人的幸福进行判断而必须是对群体的判断,一个人的感觉可能受个人价值观以及生活态度较大的影响,但群体的判断则与社会共同的价值观和生活态度有关。二是这种分析不能仅仅从对少数地区的观察中得出结论,必须通过大量观察。而从《瞭望东方周刊》连续进行的评选看(实际上是在进行统计调查),只要样本量足够,所得出的结论就能够说明问题。

---

① 参阅《幸福围城》,《瞭望东方周刊》2011 年第 1 期。

我们认为,目前在中国开展对于幸福指数的研究,具有以下几方面的积极意义:

第一,通过对它的计算以及对它的各种影响因素的研究,我们可以了解什么是人民群众最希望解决的问题。是通过经济增长改善收入?还是改善收入不公和社会保障、惩治腐败、改善教育和医疗?还是树立正确的价值观和幸福观,正确地看待工作和生活中遇到的各种问题?这和建立科学的发展观的要求是相一致的,因为科学的发展观就是要解决政府代表人民利益,决定中国及其各个地区如何发展的问题,而了解现实中存在的各种矛盾正是解决这些问题的开端。中国的问题有其特殊性,这种特殊性需要通过深入的调查研究才能真正了解。而通过幸福指数及其影响因素的分析,可以让我们了解这种区别所在,找出主要矛盾并按照轻重缓急来解决它们。

第二,它为我们在发展过程中,对于非经济因素对可持续发展所可能形成的影响,提供了一个重要的分析工具。改革开放以来,我们的工作重点转移到了经济建设上来,因此,在中国的各种决策中,对经济因素的重视超过了其他因素。而事实上,人类对发展的追求不仅仅局限于经济,经济的发展水平越高,人类生活中非经济因素的影响也会越大。在这种情况下,如何通过一个综合的指标,研究经济和非经济因素的影响,对社会经济发展和追求进步显然具有非常重要的意义。

第三,它为我们使用国际通用的方法研究中国问题,提供了新的思路。长期以来,为中国的各种决策提供最基本分析依据的统计工作,大多是通过某种社会经济现象数量标志的搜集和汇总得来的,而对于各种意向性的数据的搜集和整理,我们进行得很少,至少在政府统计工作体系中进行得较少。而幸福指数所使用的这种分析方法,为我们研究和解决中国现实生活中的问题,提供了新的思路。这就是我们在强调经济增长的同时,也在强调应用包括幸福指数在内的多种方法研究中国的可持续发展的原因。

3. HDI 与社会经济发展

从 20 世纪 80 年代末期开始,联合国计划开发署(UNDP)开始利用人类发展指数(Human Development Index,HDI)①来综合地反映世界各国的人类发展状况,并每年发表《人类发展报告》,对世界各国的人类发展情况进行统计评估、排序和比较。HDI 包含了三方面的变量,它们分别是寿命、教育和按购买力平价方

---

① 也有人把这一指标翻译成"人文发展指数",把 UNDP 的年度报告翻译成《人文发展报告》,但我们认为"人文"的发展并不能涵盖健康、教育和经济的发展。

法计算的人均国内生产总值。这三个变量实际上是从人类生存状况、文化水准及物质丰裕程度三个方面分别反映了一个国家平均的人类发展程度,而对它们综合之后计算的人类发展指数则更为全面地反映了一个国家人类发展和社会进步的程度。具体地说,人类发展指数包含三个基础指标:(1) 用出生人口预期寿命来衡量的一个国家或地区的总体健康状态;(2) 用成人综合识字率(占 2/3)和三级教育入学率(占 1/3)衡量的受教育水平;(3) 按现行价格计算的人均国内生产总值(用 PPP 美元测算)来衡量的生活水平。

为得到人类发展指数的各个部分,一般地说,单个分指标可以用以下总的公式来计算:

指数 = (实际的 X_i 值 − 最小 X_i 值)/(最大 X_i 值 − 最小 X_i 值)[①]

然后再对各个分指数进行加权平均,得出总的人类发展指数。从上述公式可以看出,人类发展指数事实上是通过一系列相对数,来综合地衡量一个国家社会经济发展的一般水平。

HDI 中的人均 GDP 指数之所以要用购买力平价(Purchasing Power Parity, PPP)方法计算[②],是因为各国汇率之间的差异在相当大的程度上反映了某一种货币在国际上被需求的程度而不完全反映了这种货币的实际购买力水平。通过按购买力平价调整后的人均 GDP(PPP 美元,国际元),就是要使这种 GDP 反映不同国家人民生活水平上的实际差异。这种经过调整后计算的 GDP 指数,在人类发展指数中实际上代表着在人类健康、寿命、知识之外的所有方面,或者说是和经济发展有关的各个方面。

从 20 世纪 80 年代末开始,UNDP 每年都以专门的主题发表《人类发展报告》。2003 年的主题是:千年发展目标——消除人类贫困的全球公约。报告中通过专门的章节对中国和印度消除人类贫困的努力进行了研究,指出:1990 年至 2000 年,中国的贫困人口由 33% 下降到 16% ,1.5 亿人摆脱了贫困,取得了人类在消灭贫困方面最大的成就。

2003 年报告公布了对于 175 个国家或地区人类发展指数的计算及排序结果。表 17.4 摘录了其中的一部分指数及排序情况。

---

① 具体计算时,考虑到人均 GDP 指数对 HDI 的贡献的权数应该适中,还要对它进行对数调整。
② 根据全球 2003 年《人类发展报告》,2001 年,中国人民币和美元的购买力平价之比为 1 人民币等于 0.5329 PPP 美元。

表 17.4　2001 年部分国家或地区人类发展指数排序情况

HDI 排序	国家或地区	出生人口预期寿命（年）	15 岁以上成人识字率（%）	各级教育综合入学率（%）	人均 GDP（国际元）	HDI	HDI 排序减人均 GDP 排序
1	挪威	78.7	…	98	29 620	0.944	4
4	澳大利亚	79.0	…	114	25 370	0.939	8
7	美国	76.9	…	94	34 320	0.937	−5
9	日本	81.3	…	83	25 130	0.932	5
26	中国香港	79.7	93.5	63	24 850	0.889	−11
30	韩国	75.2	97.9	91	15 090	0.879	7
85	菲律宾	69.5	95.1	80	3 840	0.751	19
104	中国内地	70.6	85.8	64	4 020	0.721	−2
109	越南	68.6	92.7	64	2 070	0.688	21
127	印度	63.3	58.0	56	2 840	0.59	−12
130	柬埔寨	57.4	68.7	55	1 860	0.556	9
144	巴基斯坦	60.4	44.0	36	1 890	0.499	−7
152	尼日利亚	51.8	65.4	45	850	0.463	13
175	塞拉利昂	34.5	36.0	51	470	0.275	0
	全世界	66.7	…	64	7 376	0.722	…

资料来源：UNDP, Human Development Report 2003。

从表中可以看出，在 2003 年公布的 175 个国家和地区的 HDI 中，中国内地名列第 104 位，在全球排名中处于中等偏下水平。与按人均 GDP（PPP 美元）为标准所进行排序相比，中国的排序落后了 2 位，这说明中国其他方面的人类发展低于其经济发展水平。应该说，UNDP 所进行的这种人类发展指数的研究，在世界各国已经得到了广泛的认可，它所进行的排名和人们的直觉是非常接近的。这说明了这种研究方法的科学性和客观性。在这个表中我们还可以看到，中国香港在全球的 HDI 是相当靠前的，为第 26 位，它的人口平均寿命、识字率和人均 GDP 的情况都比较好，但是它的综合入学率的数值却比较低，这说明它的高等和继续教育方面的情况还有待于进一步改善，这可能会影响它未来的发展和国际竞争力。

表 17.5 列出的是中国自 1975 年至 2010 年间标志年份的 HDI 的变动情况。从表中可以看出，改革开放后，中国的 HDI 是明显改善的，从 1980 年的 0.554 提高到 2001 年的 0.721，这说明经济增长对于改善人类发展的状况具有明显的作用。表中 2010 年的指数数值低于 2001 年，是因为在 2010 年前后，HDI 的指标算法有了一定的调整，从表 17.5 和表 17.6 的比较中可以看出，首先是教育指标

进行了调整,由原来的 15 岁以上成人识字率(%)和各级教育综合入学率(%)调整为 25 岁的成年人平均在校年份(mean of years of schooling for adults aged 25 years)和入学年龄儿童的预期在校年份(expected years of schooling for children of school entering age),前者强调了近些年来教育的改善情况,后者则强调了未来年份教育的发展情况,对改进教育的测度加强了。其次是对人均收入水平的指标进行了调整,由原来的人均 GDP 指标换成了人均 GNI① 指标。进行了这种调整后,中国的 HDI 略有下降,但从排序来看,名次是在不断地提前的。HDI 排序已经从 2002 年 175 个国家和地区中的第 104 位,上升到了 2010 年 169 个国家和地区中的第 89 位。②

表 17.5　中国 1975—2010 年 HDI 变动情况

年份	HDI	比上一标志年份增加
1975	0.521	
1980	0.554	0.033
1985	0.591	0.037
1990	0.624	0.033
1995	0.679	0.055
2001	0.721	0.042
2010	0.663	-0.058

资料来源:根据 UNDP 历年《人类发展报告》整理。

通过人类发展指数的观察还可以看到,尽管改革开放以来中国的经济增长取得了重大的进展,社会和经济综合平均发展水平(即人类发展水平)也有很大进步,从中等偏低水平发展到中等水平,但和"很高"与"高"人类发展水平国家相比,还有一定的差距。在人口预期寿命方面,中国现在已经达到了 73.5 岁,但"很高"组国家的水平已经达到 80 岁左右。在教育方面,"很高"组国家的"平均在校年份"都在 11 年以上,但中国仍然只有 7.5 年,在原来的 HDI 中,相关的指标包括了中老年人群,但在新指标中,反映的只是青年人(25 岁)的平均受教育情况,尽管改革开放后,中国的教育事业有很大发展,但和"很高"与"高"组国家相比,青年人的平均受教育年限仍然不高。再看"很高"组的预期在校年份,基本上在 15 年以上,而中国只有 11 年,因此,加大教育投入、增加年轻人平均受教育年限是提高一个国家人类发展水平的重要措施。经济增长的成果不仅应该用来进行物质产品的投资和消费,更应该重视人力资源的回收,这在世界各国已经

---

① 即国民总收入,原来称国民生产总值(GNP)。
② UNDP: Hunan Development Report 2010.

达成共识。在人均收入水平上,中国和"很高"发展水平组的国家也存在着明显的差距,表17.6中这一个组中的人均GDI大多在20 000国际元以上,为中国的3倍以上,这说明中国在经济增长及改善人民生活方面,还必须做出长时间的不断努力,才有可能实现赶超世界先进水平的目标。从表17.6中可以看到,在"很高"水平组中,大多数为经济发达国家,但也包括一些新兴工业化国家,如韩国,虽然它的人均GDP略低于发达国家,但在健康、教育方面都达到了相当高的水平。这也启示我们在现代化的进程中,不能单独追求经济总量的发展,还要注意人民生活质量的提高和文化素质的提高,这样才能实现社会经济和人类发展水平的全面提高。

表17.6 2010年部分国家人类发展指数(HDI)

排序	国家	HDI值	人口预期寿命(年)	平均在校年份(年)	预期在校年份(年)	人均GNI(2008国际元)
很高水平						
1	挪威	0.938	81.0	12.6	17.3	58 810
2	澳大利亚	0.937	81.9	12.0	20.5	38 692
3	新西兰	0.907	80.6	12.5	19.7	25 438
4	美国	0.902	79.6	12.4	15.7	47 094
7	荷兰	0.890	80.3	11.2	16.7	40 658
8	加拿大	0.888	81.0	11.5	16.0	38 668
9	瑞典	0.885	81.3	11.6	15.6	35 308
10	德国	0.885	80.2	12.2	15.6	35 308
11	日本	0.884	83.2	11.5	15.1	34 692
12	韩国	0.877	79.8	11.6	16.8	29 518
高水平						
45	智利	0.783	78.8	9.7	14.5	13 561
46	阿根廷	0.775	75.7	9.3	15.5	14 603
47	科威特	0.771	77.9	6.1	12.5	55 719
中等水平						
86	斐济	0.669	69.2	11.0	13.0	4 315
87	土库曼斯坦	0.669	65.3	9.9	13.0	7 052
88	多米尼加	0.663	72.8	6.9	11.9	8 273
89	中国	0.663	73.5	7.5	11.4	7 258
90	萨尔瓦多	0.659	72.0	7.7	12.1	6 498
91	斯里兰卡	0.658	74.4	8.2	12.0	4 886
92	泰国	0.654	69.3	6.6	13.5	8 001

（续表）

排序	国家	HDI 值	人口预期寿命（年）	平均在校年份（年）	预期在校年份（年）	人均 GNI（2008 国际元）
低水平						
128	肯尼亚	0.470	55.6	7.0	9.6	1 628
129	孟加拉国	0.469	66.9	4.8	8.1	1 587
169	津巴布韦	0.140	47.0	7.2	9.2	176

资料来源：UNDP, Human Development Report 2010。

人类发展指数是反映各国人类发展情况的最为概括的基本指标。要更为深入和全面地了解人类发展的情况，还需要使用更细分类的指标及指标体系来反映各方面的进展。为反映各国的现状及实现发展目标中可能遇到的各种问题，2003 年报告共使用了 8 大类 30 小类的指标体系。8 个大类分别为：1. 监测人类发展，扩大人们的选择；2. 通向健康生活；3. 获得知识；4. 提高生活水平所需要的资源；5. 未来发展的储备；6. 保护个人安全；7. 妇女与男子的平等；8. 人类发展与劳动权利。从这一指标体系可以看出，人类发展包括了比经济发展要更为广泛的内容。但从整体上看，人类发展指数更为重视的，还是经济增长、教育和人民健康这三个主要领域。应该指出的是，这三个领域的发展实现的方式是不同的，经济增长主要是通过生产过程来实现；而教育的发展尽管可能有多种渠道，但主要的还是要依靠政府的支持；人民健康的基本保障，也要靠政府的支持和社会保障制度的建立和完善，而进一步的改善才是居民自己的事情。政府在改善人类发展方面，扮演着重要的角色。

第十八章 中国经济增长及阶段性特征

改革开放以来,中国的经济保持了高速增长的趋势,同时,也形成了不同的阶段性特征。从 1978 年到 2010 年的三十多年里,中国经济保持了 GDP 年均 9% 以上的增长速度,一方面,使中国的经济发展水平有了显著的提升,另一方面,也使中国经济增长具有了一系列新的历史特征,进而对经济体制和发展方式变化、对宏观调控方式和政策等,均提出了新的历史性要求。

第一节 中国经济增长达到的阶段

1. 我国经济增长达到的水平及国际比较

(1) 改革开放初期中国人均收入水平的国际比较

表 18.1 列出的是世界银行公布的 1980 年世界部分国家或地区人均国民生产总值[①]数据和排名。在参加排名的 196 个国家或地区中,中国的人均 GNI 为 192 美元[②],排名第 189 位,略高于柬埔寨、越南、乌干达和索马里等国,为当时世界上的最贫穷的低收入国家。由于中国当时对世界经济的参与度较低,人民币与美元的汇率又是官方定价,政府统计工作又相当薄弱,由此得到的比较结果也许不能完全真实地反映中国和世界其他国家经济发展水平上的差距[③],但中国当时经济发展处于相当低下的水平是一个客观事实。纵向比较,从中华人民共和国成立到改革开放初期,虽然人民生活有了一定的改善,但实际上还没有解决温饱问题;横向比较,我们的近邻日本重新成为世界强国,亚洲"四小龙"(韩国、新加坡、中国台湾、中国香港)迅速崛起,我们和它们之间的经济差距在扩大。我们在科技创新、经济体制和发展理念上,都是与不断发展的现代文明相分离

---

① 国民生产总值(Gross National Product)的英文名称现已改为 Gross National Income(GNI),国家统计局在公布这一指标时,已将这一指标的中文译名相应改为国民总收入。

② 这一数值和邓小平所说的 250 美元之间存在一定的差距,但表 18.1 是以世界银行公布的世界各国的数据进行比较的。

③ 对于如何以人均收入指标来反映或比较世界各国的经济发展水平,目前仍然存在着很多的争议,世界银行目前主要采取两种方法计算和公布世界各国的人均 GNI 和 GDP,即三年平均汇率法(Atlas method)和购买力平价法(PPP method)。汇率法的计算比较简单,只需要对各国提供的官方数据及汇率加以折算;而购买力平价方法则需要大量关于商品和服务的数量和价格方面的基础数据,方法也在不断改进中。因此,汇率法仍然是国际比较的一般方法。

的。中国内地的改革开放正是在这样的经济背景下开始的。

表 18.1 1980 年部分国家或地区人均国民总收入（GNI）排序

排序	国家或地区	人均 GNI（美元）	排序	国家或地区	人均 GNI（美元）
1	卡塔尔	36 512	69	智利	2 375
2	阿联酋	29 746	76	匈牙利	2 034
5	科威特	24 354	79	巴西	1 869
6	瑞士	18 079	80	纳米比亚	1 842
7	沙特阿拉伯	17 163	84	马来西亚	1 748
8	瑞典	15 839	89	韩国	1 646
9	挪威	15 081	91	土耳其	1 616
10	冰岛	14 330	92	波兰	1 563
14	法国	12 863	117	津巴布韦	904
16	美国	12 154	138	菲律宾	673
18	联邦德国	11 716	144	赞比亚	593
20	澳大利亚	11 546	152	印度尼西亚	504
24	英国	9 389	178	印度	265
27	日本	8 968	181	阿富汗	244
37	西班牙	6 085	188	埃塞俄比亚	193
39	中国香港	5 628	189	中国内地	192
44	希腊	5 347	192	尼泊尔	129
46	新加坡	4 662	193	柬埔寨	125
47	中国澳门	4 562	194	越南	118
50	俄罗斯	4 003	195	乌干达	98
63	墨西哥	2 781	196	索马里	93
64	阿根廷	2 715		世界加权平均	3 705

资料来源：世界银行《世界发展指标数据库》（World Development Indicators database）。

从那时各国人均 GNI 的情况以及经济政治的特点看，我们可以把世界各国分为如下几类：

一是高收入石油输出国。1973 年石油危机后，世界原油价格迅速攀升，从 1973 年的每桶 3 美元左右上升到 10 美元以上，而 1978 年的第二次石油危机，则进一步把石油价格推到了 1980 年的 30 美元以上。这使得中东主要产油国的人均 GNI 水平迅速提高。从表 18.1 中可以看到，主要石油输出国是当时世界上人均 GNI 最高的国家，如卡塔尔、阿联酋、科威特和沙特阿拉伯等。

二是北欧高收入国家，这些国家包括瑞典、挪威、芬兰、丹麦、冰岛，它们虽然地偏人稀、气候寒冷、自然资源有限,但重视开发人力资源、注重制度创新和技术创新,在一些特定的领域或行业中创建和发展了具有世界影响力的品牌和公司,利用欧洲和全球的广阔市场发展各具特色的外向型经济,取得了成功。这种优势一直保持到今天。

三是以当时的七国集团(美国、英国、法国、联邦德国、日本、意大利和加拿大)为代表的西方工业化国家或发达国家。这些国家人口多、科技和经济发达、经济规模占世界的比重大,对世界经济的影响力强。从表18.1中可以看到,1980年全世界人均GNI的加权平均水平为3 705美元,而这些国家的人均水平则已经达到了10 000美元左右。还有许多经济规模小一些的欧洲和其他地区的发达或较发达国家,虽然不属于七国集团,但经济发展水平也比较高,如瑞士、澳大利亚、西班牙、希腊等,人均GNI至少也在5 000美元以上。

四是以当时的苏联为首的苏联和东欧实行计划经济的国家。这些国家虽然存在着体制上的问题,但工业化水平已经相当高,俄罗斯的人均GNI超过4 000美元,东欧国家大多也在2 000美元以上。但由于这些国家把大量资金投入在与以美国为首的西方国家的军备竞赛上,不仅影响了经济的进一步发展,也影响了人民生活。

五是当时发展较快的拉美国家。墨西哥的人均水平已经超过了2 700美元,水平稍低的巴西也达到了1 800美元。在世界银行的人均GNI分类中,如果一个国家或地区的人均GNI达到了加权平均水平的一半,一般就被归类于中等收入国家(1980年为1 850美元)。显然,在20世纪80年代,拉美主要国家已经进入中等收入国家的行列。亚洲国家实现经济起飞并保持高速增长,主要是通过实行高储蓄以及吸引外国直接投资(FDI)来解决发展资金问题的,而拉美国家则把借外债作为最重要的融资方式,通过举债来增加投资甚至是消费,进而促进经济增长,因此,在成为中等收入国家后,还本付息成为这些国家的沉重负担,再加上体制等方面的原因,拉美国家的经济开始停滞,进入了所谓中等收入陷阱。

六是处于新兴工业化进程中的亚洲国家或地区。各个国家或地区的经济发展水平之间虽然有所差别,但已经实现了经济起飞和高速增长,经济总量和人均水平都在迅速提高,其中中国香港、新加坡、中国澳门等都市国家或地区的人均GNI已经超过世界平均水平,分别达到5 628美元、4 662美元和4 562美元,韩国和马来西亚等国的人均水平虽然还不高,分别为1 646美元和1 748美元,但也接近和达到了中等收入国家的水平,这为它们下一步的发展建立了很好的基础,如整体经济规模较大的韩国,承接了发达国家的产业转移,工业化进程进行得非常快,汽车、造船、电子工业都发展了起来,很快成为在国际上具有重要影响的亚洲国家。

七是有一定资源条件或者是经济得到了部分发展的国家,如约旦、伊拉克、伊朗、阿尔及利亚、土耳其等,人均 GNI 达到了 1 000 美元甚至更多,属于当时的中等偏低或中等收入国家。

八是人均 GNI 在 1 000 美元以下的欠发达或低收入国家。而世界上人口最多的国家中国、印度和巴基斯坦,就处于这一行列中,人均 GNI 分别为 192 美元、265 美元和 309 美元。

(2) 中国式现代化与"三步走"发展战略

① GDP 和"三步走"发展战略在中国现代化进程中的特殊意义

1979 年 10 月 4 日,邓小平在中共省、市、自治区委员会第一书记座谈会上做了关于经济工作的讲话。在这次讲话中,他第一次使用国民生产总值这个指标,对中国现代化的目标进行了探讨。他说:"政治工作要落实到经济上面,政治问题要从经济的角度来解决。我们开了大口,本世纪末实现四个现代化。后来改了口,叫中国式的现代化,就是把标准放低一点。特别是国民生产总值,按人口平均来说不会很高。我们到本世纪末国民生产总值能不能达到上千美元? 等达到一千美元的时候,我们的日子可能就比较好过了,就能花多一点力量来援助第三世界的穷国。现在我们力量不行。现在我们的国民生产总值人均大概不到三百美元,要提高两三倍不容易。我们还是要艰苦奋斗。"这是新中国成立 30 年来,中国领导人第一次用"国民生产总值"这样一个国际通用的指标来设计我们的经济发展目标。后来,邓小平又把"翻两番"的设想,发展成为"三步走"的战略构思。1987 年 4 月 30 日邓小平在会见西班牙外宾时说:第一步在 80 年代翻一番。以 1980 年为基数,当时国民生产总值人均只有 250 美元,翻一番,达到 500 美元,解决人民的温饱问题;第二步是到 20 世纪末,再翻一番,人均达到 1 000 美元,进入小康社会;第三步,在下世纪再用 30 到 50 年的时间,再翻两番,大体上达到人均 4 000 美元,基本实现现代化,达到中等发达国家的水平。

1982 年中共十二大报告明确提出,要在 20 世纪末实现中国的国民经济总量"翻两番"。在中共十三大上,"三步走"的战略构想则被完整地写进大会的报告中,作为党和国家进行现代化建设的重要指导思想。从某种意义上说,到现在为止,我们的改革开放和大部分经济工作,都是围绕着实现这一战略构想而开展的。这使得这一构想的落实和实施,远远高出了预想的进度。1992 年,中共十四大报告指出:"九十年代我国经济的发展速度,原定为国民生产总值平均每年增长百分之六,现在从国际国内形势的发展情况来看,可以更快一些。根据初步测算,增长百分之八到九是可能的,我们应该向这个目标前进。"1997 年,中共十五大报告提出:"展望下世纪,我们的目标是,第一个十年实现国民生产总值比

2000年翻一番,使人民的小康生活更加宽裕,形成比较完善的社会主义市场经济体制;再经过十年的努力,到建党一百年时,使国民经济更加发展,各项制度更加完善;到世纪中叶建国一百年时,基本实现现代化,建成富强民主文明的社会主义国家。"2002年,中共十六大报告在提出全面建设小康社会的要求时提出:"在优化结构和提高效益的基础上,国内生产总值到2020年力争比2000年翻两番,综合国力和国际竞争力明显增强。基本实现工业化,建成完善的社会主义市场经济体制和更具活力、更加开放的经济体系。城镇人口的比重较大幅度提高,工农差别、城乡差别和地区差别扩大的趋势逐步扭转。社会保障体系比较健全,社会就业比较充分,家庭财产普遍增加,人民过上更加富足的生活。"2007年十七大报告中,对全面建设小康社会提出了更高的要求:"在优化结构、提高效益、降低消耗、保护环境的基础上,实现人均国内生产总值到2020年比2000年翻两番。"

20世纪70年代末期,世界进入了新一轮的技术革命,在这样的背景下,以邓小平为核心的中国领导人破除迷信、解放思想,果断地把党和国家的工作重点转移到经济建设上来,并且把以GDP或GNP为代表的经济总量的高速增长作为以后相当长一段时期的奋斗目标。事实已经证明这是一个历史性的英明决策。中国抓住了20世纪最后一次世界科技和经济发展的历史机遇,迅速地启动了中国现代化的进程。在此之后的两任领导集体,也都坚持强调高速经济增长对于中国实现具有中国特色的现代化、全面建设小康社会的重要意义。

② 改革开放后各个历史时期对经济增长目标的表述

我们也可以看到,随着中国经济的不断发展,在党的历次代表大会上,对于经济增长目标的具体表述也在发生一些变化。

首先,使用的指标发生了变化:十二大召开时,国家统计体系还没有完成由计划经济下的物质产品国民收入统计向市场经济国家的国民经济核算体系(SNA)的转换,这一目标是以工农业总产值翻两番的形式提出来的;在党的十三大和十四大上,经济增长目标改为当时世界各国通用的国民生产总值(GNP);到了十五大和十六大,由于世界大多数国家已经用GDP代替GNP作为国民经济核算的基本流量,中国的经济增长目标也改为用GDP规定;而在十七大上,经济增长目标则考虑了人口的因素,用人均GDP来规划。

其次,从不同时期提出的增长目标看,也有一些具体的调整。而且无论哪一个时间提出的经济增长目标,我们都完成得很好。

图18.1反映的是以1978年为基期计算的中国1978—2010年的定基指数,可以看到,这一时期中国的经济总量按几何级数在不断增长,增长函数为一阶导数和二阶导数均大于零的一条平稳的抛物线。

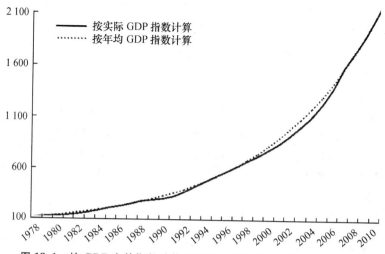

图 18.1 按 GDP 定基指数计算的 1978—2010 年中国经济增长曲线

表 18.2 列出了 1978—2009 年中国 GDP 指数具体数值,我们可以通过这个表来分析在经济发展的不同时期中国经济高速增长的情况。

表 18.2 1978—2010 年中国 GDP 指数

年份	GDP 指数(上年 =100)	年份	GDP 指数(上年 =100)	年份	GDP 指数(上年 =100)
1978	111.7	1989	104.1	2000	108.4
1979	107.6	1990	103.8	2001	108.3
1980	107.8	1991	109.2	2002	109.1
1981	105.2	1992	114.2	2003	110.1
1982	109.1	1993	114.0	2004	110.1
1983	110.9	1994	113.1	2005	110.4
1984	115.2	1995	110.9	2006	111.6
1985	113.5	1996	110	2007	113.1
1986	108.8	1997	109.3	2008	109.6
1987	111.6	1998	107.8	2009	109.2
1988	111.3	1999	107.6	2010	110.3
2010 年为 1978 年的倍数					20.02
年均经济增长率(%)					9.82
2010 年为 1980 年的倍数					17.26
年均经济增长率(%)					9.96

资料来源:根据《中国统计年鉴》历年数据整理而成。

1987年,按不变价格计算的中国GDP总量达到了1980年的2.04倍,提前3年完成了第一个翻番的目标;1995年,这一总量达到了1980年的4.33倍,提前5年完成了翻两番的经济增长战略目标。2000年中国GDP总量为1980年的6.55倍,比原先翻两番目标多出2.55倍。

在新世纪,我们提出的奋斗目标是前10年翻一番,但是在实际进展上,2007年中国就提前3年完成了这一目标。2011年已经达到了2000年的2.88倍,年均经济增长率达到10.1%,也就是说,由于在前一阶段中国取得了更快的经济增长,因此在在未来的9年里,中国只要再实现3.71%的年均GDP增长率就能完成在新世纪翻两番的目标。2007年,十七大进一步提出,要在新世纪的前20年,实现人均GDP翻两番。由于新世纪里,我国的人口增长率有所回落,年均增长率不到6‰,2000年至2011年,人均GDP的年均增长率为9.5%。换句话说,在未来的9年里,在人口增长率不显著变化的情况下,只要实现年均4.2%左右的人均GDP增长率,就可以完成这一目标。从中国当前的经济增长趋势来看,无论是3.71%的年均GDP增长,还是4.2%的年均人均GDP增长,都属于相当低的增长速度,如果不出大的意外,提前实现十六大和十七大上提出的经济增长目标是完全可能的。

再次,对于经济增长的约束条件在不断增加。从十二大到十五大,经济增长是中国长期经济发展战略的主要内容,十二大首先提出了翻两番的目标;十三大则发展成为"三步走"的设想;十四大提出了建立社会主义市场经济,加快经济增长;十五大提出的目标是在21世纪第一个十年实现国民生产总值比2000年翻一番,使人民的小康生活更加宽裕,形成比较完善的社会主义市场经济体制。但是在十六大和十七大上,对于经济增长的表述则更加严密,十六大提出:在优化结构和提高效益的基础上,国内生产总值到2020年力争比2000年翻两番,综合国力和国际竞争力明显增强;而十七大则提出,在优化结构、提高效益、降低消耗、保护环境的基础上,实现人均国内生产总值到2020年比2000年翻两番。十七大不仅把十六大的目标调整为人均GDP翻两番,而且在原有的优化结构、提高效益的约束条件上,又增加了降低消耗、保护环境的内容。这说明随着经济增长和经济规模扩大,中国更加重视可持续发展问题。

③"三步走"发展战略的实施情况

"三步走"发展战略其实包括了经济增长和社会经济发展两方面的要求,后来,我们又根据实际情况对这些目标进行了修正和具体化。现在看来,经济增长的情况比预计得好,可以说远远超出了预定的目标。但也要看到,虽然我们已经取得了巨大的进步,各方面的发展仍然不平衡,仍然存在着许多需要解决的矛盾。从具体步骤上,改革开放后的我们的阶段性发展目标,一是要解决温饱;二是在21世纪时要进入小康社会;三是要在21世纪中叶以前,基本上实现中国式的现代化,后来这一目标又被具体化为首先在21世纪的前20年全面建设小康社会。

第一步是要解决人民的温饱问题。这一目标在20世纪90年代初已经基本实现。现在可以说除了极少数地方之外,中国已经解决了这一长期社会经济发展历史中的最大难题。

第二步是进入小康社会。1991年,国家统计与计划、财政、卫生、教育等12个部门的研究人员组成了课题组,按照国务院提出的小康社会的内涵确定了16个基本检测和临界值。这16个指标把小康的基本标准设定为:(1)人均国内生产总值2 500元(按1980年的价格和汇率计算,2 500元相当于900美元);(2)城镇人均可支配收入2 400元;(3)农民人均纯收入1 200元;(4)城镇住房人均使用面积12平方米;(5)农村钢木结构住房人均使用面积15平方米;(6)人均蛋白质日摄入量75克;(7)城市每人拥有铺路面积8平方米;(8)农村通公路行政村比重85%;(9)恩格尔系数50%;(10)成人识字率85%;(11)人均预期寿命70岁;(12)婴儿死亡率3.1%;(13)教育娱乐支出比重11%;(14)电视机普及率100%;(15)森林覆盖率15%;(16)农村初级卫生保健基本合格县比重100%。① 这16个指标按照统计方法综合评分,到2000年总体实现了确定目标的96%。分地区来看,东部基本实现,中部实现程度为78%,西部实现程度为56%。16个指标中有3个指标没有完全实现:第一个是农民人均纯收入。当时确定的是按1980年不变价达到1 200元,实际只达到1 066元。第二个是蛋白质日均摄取量。当时按照联合国有关组织对欠发达国家、贫困国家营养指标标准,确定人均日蛋白质摄取量为75克,实际按农村和城市综合计算只达到73.7克,主要是农村居民没有实现。第三个是农村基本卫生达标县,实际也没有达到100%。这说明在中国经济增长过程中,农村的发展低于我们原先的预期,这也是后来国家重点强调社会主义新农村建设的重要原因。根据前面的测算结果,中国政府向全世界宣布:中国人民生活总体上达到了小康水平。第二步发展目标可以说基本实现。2000年6月,江泽民在全国党校工作会议上的讲话中指出:"我们要在胜利完成第二步战略目标的基础上,开始实施第三步战略目标,全面建设小康社会并继续向现代化目标迈进。"②2000年10月,中共十五届五中全会通过《中共中央关于制定国民经济和社会发展第十个五年计划的建议》,明确宣布:"从新世纪开始,我国将进入全面建设小康社会,加快

---

① 《全面小康什么样》,《人民日报》第九版,2002年11月18日。
② 江泽民:《论党的建设》,中央文献出版社2002年版,第419页。

推进社会主义现代化的新的发展阶段。"①总体小康社会和全面小康社会只有两字之差,却有不同的内涵,"全面建设小康社会"意味着中国已经开始实施邓小平当年提出的第三步发展战略。

在党的十六大上,以21世纪头20年为期,明确提出全面建设小康社会的目标。全面建设小康社会,主要包括四方面的内容:

第一,在优化结构和提高效益的基础上,国内生产总值到2020年力争比2000年翻两番,综合国力和国际竞争力明显增强。基本实现工业化,建成完善的社会主义市场经济体制和更具活力、更加开放的经济体系。城镇人口的比重较大幅度提高,工农差别、城乡差别和地区差别扩大的趋势逐步扭转。社会保障体系比较健全,社会就业比较充分,家庭财产普遍增加,人民过上更加富足的生活。

第二,社会主义民主更加完善,社会主义法制更加完备,依法治国基本方略得到全面落实,人民的政治、经济和文化权益得到切实尊重和保障。基层民主更加健全,社会秩序良好,人民安居乐业。

第三,全民族的思想道德素质、科学文化素质和健康素质明显提高,形成比较完善的国民教育体系、科技和文化创新体系、全民健身和医疗卫生体系。人民享有接受良好教育的机会,基本普及高中阶段教育,消除文盲。形成全民学习、终身学习的学习型社会,促进人的全面发展。

第四,可持续发展能力不断增强,生态环境得到改善,资源利用效率显著提高,促进人与自然的和谐,推动整个社会走上生产发展、生活富裕、生态良好的文明发展道路。

这说明中国现阶段的发展,不能仅仅注重经济增长目标,还需要实现其他方面的协调发展,需要控制通货膨胀、改善就业、改善收入分配、优化资源配置和保持国际收支平衡等。经济发展水平越高,各个目标之间的相互制约也就越多,宏观经济管理也就越复杂。因此,国家在制订第十一个五年规划时,适应中国经济发展的要求,对中长期经济发展指标从数量上作出了更加具体的规定。表18.3列出了"十一五"规划中最主要的可以量化的22个经济和社会发展指标,分为预期性指标和约束性指标两类。所谓预期性指标,就是国家期望的发展目标,主要依靠市场主体的自主行为来实现。而政府就是要创造一个好的宏观环境、制度环境和市场环境,使市场配置资源的基础性作用能够发挥得更好。而所谓约束性指标,就是在预期性指标基础上,强化了政府必须履行的职责,是政府必须实现、必须完成的指标。

---

① 《十五大以来重要文献选编》(中),人民出版社2002年版,第1369页。

表 18.3 "十一五"时期经济社会发展的主要指标

类别	指标	2005 年	2010 年	年均增长(%)	属性
经济增长	国内生产总值(万亿元)	18.2	26.1	7.5	预期性
	人均国内生产总值(元)	13 985	19 270	6.6	预期性
经济结构	服务业增加值比重(%)	40.3	43.3	[3]	预期性
	服务业就业比重(%)	31.3	35.3	[4]	预期性
	研究与试验发展经费支出占国内生产总值比重(%)	1.3	2	[0.7]	预期性
	城镇化率(%)	43	47	[4]	预期性
人口资源环境	全国总人口(万人)	130 756	136 000	<8‰	约束性
	单位国内生产总值能源消耗降低(%)			[20]	约束性
	单位工业增加值用水量降低(%)			[30]	约束性
	农业灌溉用水有效利用系数	0.45	0.5	[0.05]	预期性
	工业固体废物综合利用率(%)	55.8	60	[4.2]	预期性
	耕地保有量(亿公顷)	1.22	1.2	-0.3	约束性
	主要污染物排放总量减少(%)			[10]	约束性
	森林覆盖率(%)	18.2	20	[1.8]	约束性
公共服务人民生活	国民平均受教育年限(年)	8.5	9	[0.5]	预期性
	城镇基本养老保险覆盖人数(亿人)	1.74	2.23	5.1	约束性
	新型农村合作医疗覆盖率(%)	23.5	>80	>[56.5]	约束性
	五年城镇新增就业(万人)			[4 500]	预期性
	五年转移农业劳动力(万人)			[4 500]	预期性
	城镇登记失业率(%)	4.2	5		预期性
	城镇居民人均可支配收入(元)	10 493	13 390	5	预期性
	农村居民人均纯收入(元)	3 255	4 150	5	预期性

注:国内生产总值和城乡居民收入为 2005 年价格;带[ ]的为五年累计数;主要污染物指二氧化硫和化学需氧量。

而从发展目标上,也从过去强调 GDP 增长扩展为重视经济、社会和环境的可持续发展。发展目标扩展为四大类别,分别为经济增长、经济结构、人口资源环境和公共服务人民生活。2010 年是"十一五"规划的最后一年,从目前的实施进展来看,大部分指标都能实现预定的目标,这说明中国的经济发展已经开始由经济增长导向转为各个方面的综合发展,这正是中国经济发展水平不断提高的必然结果。

(3)中国当前经济总量和人均收入的国际对比

根据日本共同社 2011 年 2 月 14 日报道,日本内阁府 2 月 14 日公布的 2010 年日本名义国内生产总值换算成美元为 54 742 亿美元,首次被中国赶超。后者为58 786亿美元,日中相差4 044亿美元。2002年十六大时,根据当时各国的GDP统计,中国的全年GDP在世界上排名第六位,我们认为这是中国经济发展的一个重要标志①,而在此后8年,中国的经济总量先后超越意大利、法国、英国、德国和日本,达到世界第二位,这更是中国经济增长的伟大成就。不仅仅是GDP,在一系列工业产品(如钢铁、煤炭、造船、汽车、家用电器等)的产量上,中国在世界上也是名列前茅,出口规模在2008年已经超过德国居世界第一,这在改革开放初期是很难想象的。经过三十多年的努力,中国重新成为了一个在世界上有影响力的经济大国,而不仅仅只是一个人口大国,这说明中华民族不仅有着灿烂的历史文明,同样有能力在现代科技和文明的背景下实现伟大的复兴。

从表18.4可以看到,尽管世界上有二百多个国家,但是大的经济体提供了经济总量的主要份额。2009年,GDP总量排序居前的15个国家,人口总数只占世界人口的56%,但GDP比重达到了75%以上。在这15个国家中,中国和印度所占的人口比重最大,约为37%,但GDP所占的比重只有10.67%,如果扣除中国和印度,那么其他的13个国家,就以不到20%的人口,分享了全球65%左右的经济总量。这种世界性的国民收入分配不均衡,是各国经济发展的不均衡造成的,有复杂的历史和现实的原因。而中国的发展和重新崛起,不仅在改善和提高中国人民的物质和文化生活的水平,也在改变世界经济发展不平衡的格局。如果从这个角度看问题,很多事情就变得容易理解,比方说能源和自然资源的使用问题,中国当然应该重视节能、减排和可持续发展,而且一刻也不能放松,但是这是全人类应该共同关注的问题。中国有发展的权利,也有发展的条件,应该抓住当前有利时机获得更大的发展。如果在未来的10年中,中国仍然能够保持较快的增长,即使经济增长率比过去三十多年有所下降,但只要仍然能保持在7.5%以上的水平,那么在2020年以前,中国的人均GDP或人均GNI就可能翻一番。再考虑随着经济发展水平的提高,中国的购买力平价和汇率之间的差距会进一步缩小,那么,到2020年,中国按汇率法计算的人均GNI就有可能达到上中等收入国家的水平或世界平均水平。而使占全球人口20%的中国的人均收入水平提高到世界平均水平,这本身就是中国对全人类作出的最大贡献。

---

① 江泽民在中国共产党第十六次全国代表大会上的报告:《全面建设小康社会,开创中国特色社会主义事业新局面》,人民出版社2002年版。

表 18.4 2009 年世界上最大的 15 个经济体国内生产总值

排序	国家	GDP（万亿美元）	占世界GDP的%	2007年人口数（亿人）	人口占世界人口的%
1	美国	14.2563	24.52	3.0162	4.56
2	日本	5.0675	8.72	1.2777	1.93
3	中国	4.9093	8.44	13.1831	19.94
4	德国	3.3467	5.76	0.8227	1.24
5	法国	2.6494	4.56	0.6171	0.93
6	英国	2.1745	3.74	0.6100	0.92
7	意大利	2.1128	3.63	0.5937	0.90
8	巴西	1.5720	2.70	1.9160	2.90
9	西班牙	1.4603	2.51	0.4488	0.68
10	加拿大	1.3361	2.30	0.3298	0.50
11	印度	1.2961	2.23	11.2479	17.02
12	俄罗斯联邦	1.2307	2.12	1.4210	2.15
13	澳大利亚	0.9248	1.59	0.2102	0.32
14	墨西哥	0.8749	1.50	1.0528	1.59
15	韩国	0.8325	1.43	0.4846	0.73
	小计	44.0439	75.76	37.2315	56.32
	世界	58.1333	100	66.1026	100

资料来源：根据世界银行发展指标数据库的各国国民收入数据制作。

但是在另外一方面，我们也要看到，由于中国的人口众多，从人均收入水平上看，中国在世界上的排名仍然是中等偏后的。表 18.5 列出的是世界银行公布的 2009 年世界部分国家或地区的人均 GNI 比较，从表中可以看出，中国的人均 GNI 为 3 620 美元，在列入排名的 213 个国家或地区中列 124 位，约为列第 17 位的美国的 1/13，约为名列 32 位的日本的 1/10。这一方面说明中国的经济发展水平和发达国家相比还存在着很大的差距，另外一方面也说明中国经济仍然有很大的发展空间。

表 18.5 2009 年部分国家或地区人均 GNI 比较

排序	国家或地区	人均 GNI（汇率法）（美元）	排序	国家或地区	人均 GNI（PPP方法）（国际元）
3	挪威	86 440	6	科威特	53 590
8	丹麦	58 930	7	挪威	56 050
9	瑞士	56 370	8	中国澳门	52 410

(续表)

排序	国家或地区	人均GNI(汇率法)(美元)	排序	国家或地区	人均GNI(PPP方法)(国际元)
10	科威特	43 930	11	新加坡	49 850
14	荷兰	49 350	14	美国	46 730
15	瑞典	48 930	16	中国香港	44 070
17	美国	47 240	19	瑞士	41 830
18	奥地利	46 850	22	荷兰	40 510
19	芬兰	45 680	23	瑞典	38 560
20	中国澳门	35 360	24	奥地利	38 550
21	比利时	45 310	25	澳大利亚	38 210
23	爱尔兰	44 310	26	丹麦	37 720
24	法国	43 990	28	加拿大	37 590
25	澳大利亚	43 770	29	英国	37 360
26	冰岛	43 220	32	德国	36 960
27	德国	42 560	34	比利时	36 520
28	加拿大	42 170	35	法国	35 020
30	英国	41 520	36	芬兰	34 430
32	日本	37 870	38	冰岛	33 390
33	新加坡	37 220	39	爱尔兰	33 280
35	意大利	35 080	39	日本	33 280
40	中国香港	31 420	41	西班牙	31 630
41	西班牙	31 870	42	意大利	31 330
42	希腊	28 630	45	塞浦路斯	28 050
43	塞浦路斯	26 940	46	希腊	28 440
44	新西兰	26 830	48	韩国	27 310
51	葡萄牙	20 940	50	新西兰	26 430
54	韩国	19 830	56	沙特阿拉伯	24 000
57	沙特阿拉伯	17 700	59	捷克	23 610
58	捷克	17 310	60	葡萄牙	22 870
66	匈牙利	12 980	67	匈牙利	18 570
69	波兰	12 260	68	波兰	18 440
75	智利	9 460	69	俄罗斯联邦	18 390
77	俄罗斯联邦	9 370	75	罗马尼亚	14 460
78	墨西哥	8 960	76	阿根廷	14 120

(续表)

排序	国家或地区	人均GNI(汇率法)(美元)	排序	国家或地区	人均GNI(PPP方法)(国际元)
80	土耳其	8 730	77	墨西哥	14 110
82	罗马尼亚	8 330	78	土耳其	13 730
84	巴西	8 070	80	马来西亚	13 530
86	阿根廷	7 600	81	智利	13 430
89	马来西亚	7 230	92	保加利亚	12 290
90	哈萨克斯坦	6 740	94	伊朗	11 490
96	保加利亚	5 770	98	哈萨克斯坦	10 270
96	南非	5 770	99	巴西	10 260
104	哥伦比亚	4 950	100	南非	10 060
105	多米尼加	4 900	106	哥伦比亚	8 500
110	伊朗	4 530	107	多米尼加	8 470
112	阿尔及利亚	4 420	108	阿尔巴尼亚	8 170
114	纳米比亚	4 310	109	秘鲁	8 140
115	秘鲁	4 160	110	阿尔及利亚	8 130
116	阿尔巴尼亚	3 950	115	泰国	7 640
121	泰国	3 760	120	中国内地	6 710
122	约旦	3 740	121	纳米比亚	6 410
124	中国内地	3 620	123	乌克兰	6 190
135	乌克兰	2 800	125	约旦	5 840
144	印度尼西亚	2 230	126	埃及	5 690
146	伊拉克	2 210	147	印度尼西亚	4 060
147	埃及	2 070	149	菲律宾	3 540
153	菲律宾	1 790	152	伊拉克	3 340
162	印度	1 170	154	印度	3 230
170	巴基斯坦	1 020	160	越南	2 850
172	越南	1 010	162	巴基斯坦	2 710
174	赞比亚	970	167	老挝	2 210
177	老挝	880	176	柬埔寨	1 850
180	肯尼亚	770	180	孟加拉国	1 580
184	马里	680	181	肯尼亚	1 570
185	柬埔寨	650	185	坦桑尼亚	1 350
186	乍得	620	189	赞比亚	1 280

(续表)

排序	国家或地区	人均 GNI(汇率法)(美元)	排序	国家或地区	人均 GNI(PPP方法)(国际元)
188	孟加拉国	590	190	乍得	1 230
192	坦桑尼亚	500	191	马里	1 190
193	卢旺达	460	191	乌干达	1 190
193	乌干达	460	193	尼泊尔	1 180
195	中非共和国	450	195	阿富汗	1 110
196	莫桑比克	440	197	卢旺达	1 060
196	尼泊尔	440	200	几内亚	940
202	阿富汗	370	201	埃塞俄比亚	930
203	几内亚	370	202	莫桑比克	880
206	埃塞俄比亚	330	206	中非共和国	750
211	刚果民主共和国	160	211	布隆迪	390
211	利比里亚	160	212	刚果民主共和国	300
213	布隆迪	150	213	利比里亚	290
世界		8 751	世界		10 614
低收入		503	低收入		1 199
中等收入		3 400	中等收入		6 340
其中:较低中等收入		2 310	其中:较低中等收入		4 741
较高中等收入		7 523	较高中等收入		12 480
低收入和中等收入		2 969	低收入和中等收入		5 571
其中:东亚和太平洋地区		3 163	其中:东亚和太平洋地区		5 948
欧洲和中亚地区		6 793	欧洲和中亚地区		12 628
拉美和加勒比地区		6 971	拉美和加勒比地区		10 338
中东和北非地区		3 594	中东和北非地区		7 927
南亚地区		1 079	南亚地区		2 951
非洲撒哈拉地区		1 096	非洲撒哈拉地区		1 996
高收入		38 134	高收入		36 473
其中:欧元区		38 805	其中:欧元区		33 829

在表18.1和表18.5中,世界银行公布的人均收入水平比较,使用的是国民总收入(GNI)指标,即过去的国民生产总值(GNP)指标,这个指标和国内生产总值(GDP)的差别,在于核算时采用不同的原则。国内生产总值是按照"国土原则"核算的,凡是在一个经济内生产的产品和服务,都计入这个经济的GDP,而国民总收入则是按照"国民原则"核算的,凡是一个国家或地区的国民从事生产

活动所得到的收入,都计入这个经济的 GNI。二者之间的差别,从数量上看,为"得自国外的要素收入净额",即由土地、资本、劳动等要素得到的收入净额,对于一个国际收支相对平衡的经济来说,这两个数值之间的差别是很小的。表 18.6 列出了中国从 2001 年到 2007 年按现行价格计算的 GDP 和 GNI,从表中可以看到,这两个数值之间的差别很小。值得注意的是,在 2004 年以前,中国的 GDP 大于 GNI,而从 2005 年以后,则是 GNI 大于 GDP,这说明中国已经由一个要素收入净输出国转变为一个净输入国。

表 18.6 2001—2007 年中国 GNI 与 GDP 的比较

年份	2001	2002	2003	2004	2005	2006	2007
GNI(亿元)	108 068	119 096	135 174	159 587	184 089	213 132	259 259
GDP(亿元)	109 655	120 333	135 823	159 878	183 217	211 924	257 306

资料来源:《中国统计年鉴》(2009)。

在表 18.5 中可以看到,世界银行首先按照人均 GNI 把各个国家或地区分为低收入、中等收入和高收入的国家或地区,平均水平分别为 503 美元、3 400 美元和 38 134 美元,然后再在这个基础上进行更进一步的分类,如将中等收入国家或地区再分为较低中等收入(2 310 美元)和较高中等收入(7 523 美元)的国家或地区等。从这个表中可以看出,中国的人均 GNI(3 620 美元)虽然不到世界平均水平(8 751 美元)的一半,但已经超过中等收入国家的平均水平,成为中等收入国家。[①] 中国的人均 GNI 水平,在"十一五"规划期间实现了历史性的跨越。从国际比较的角度看,2009 年是一个标志年份,从这一年起,中国超过了世界银行中等收入国家的数量标准,以这一年的数据进行静态和动态的国际比较,可以得出许多重要的分析结论。

近些年来,越来越多的学者认为,国际比较应该更多地考虑购买力的因素而不仅仅是汇率因素,如日本的物价比较高,而中国的物价相对较低,用实际购买力来评估两国经济总量和人均水平之间的差距,两国之间的差距将会进一步缩小。目前国际机构也在进行这方面的探索,并公布了参考数据,表 18.5 的右栏所列出的就是世界银行公布的各国按购买力平价方法计算的人均数据。从表 18.5 中看出,如果用购买力平价方法(美国为主要参照标准),那么中国的人均 GNI 为 6 710 国际元,约为美国的 1/7、日本的 1/5,在世界上名列第 120 位,仍然属于中等收入(6 340 国际元)国家。除了个别情况之外,一般地说,一个国家的经济发展水平越低,融入国际经济活动的程度越低,其 PPP 比率(该国物价与美

---

① 2008 年,中国的人均 GNI 为 2 947 美元,仍然在中等收入水平(3 260 美元)以下。由于经济增长、统计数据调整及汇率变动等多重因素的影响,2009 年中国的人均 GNI 提高的幅度较大。

国物价之比)与汇率之间的比值往往越高,用国际元和汇率法分别算出的人均GNI的比值就越高。从表18.5左右两栏的比较也可以看出,这两种计算方法的数值虽然有差别,但在排序上的相关程度很高。另外一方面,在国际比较项目(ICP)中,一个很大的难题是如何选取价格折算系数中各类商品的相对数,一般地说,一个国家或地区的工业化水平越高,它的初级产品以及劳动密集型产品的价格就越高,而资金密集型和技术密集型的产品就越便宜,但它的恩格尔系数也比较低,而对于发展中国家而言,则存在着劳动力价格便宜、恩格尔系数高的现象,导致资金密集和技术密集型的产品价格较高,那么,如何选择权数建立价格折算系数进行发达国家与发展中国家之间的对比,就变得十分复杂,要得出真实客观而且被大家认可的唯一数据是比较困难的。正因如此,在国际比较的研究中,购买力因素具有重要的参考意义,但汇率法仍然是一种基本的国际比较方法。

(4) 中国经济增长的国际动态比较

表18.7列出了38个国家和地区1980—2009年这30年里人均GNI的发展变化情况。我们把表中的国家和地区分为三类。低增长国家:年均增长率在3%以下,表中有6个国家,既包括了世界上最贫穷国家(埃塞俄比亚、阿富汗和赞比亚),也包括了世界最富裕的主要石油输出国(科威特、沙特阿拉伯),政治和经济体制经历了大动荡的俄罗斯也在这一行列。中等增长国家:年均增长率在3%—6%,在表中的38个国家或地区中,有26个国家或地区在这个行列中。高增长国家:年均增长率在6%以上,表中列出的国家有:中国、韩国、越南、新加坡、波兰和匈牙利。其中四个是亚洲国家,两个是东欧的原计划经济国家。

表18.7 1980—2009年部分国家或地区人均GNI名义增长率

排序	国家或地区	人均 GNI(美元)		2009年为1980年的倍数	年均增长(%)
		1980年	2009年		
1	中国内地	192	3 620	18.85	10.66
2	韩国	1 646	19 830	12.05	8.96
3	越南	118	1 010	8.56	7.68
4	新加坡	4 662	37 220	7.98	7.43
5	波兰	1 563	12 260	7.84	7.36
6	匈牙利	2 034	12 980	6.38	6.60
7	挪威	15 081	86 440	5.73	6.21
8	中国香港	5 628	31 420	5.58	6.11
9	土耳其	1 616	8 730	5.40	5.99

(续表)

排序	国家或地区	人均 GNI(美元) 1980 年	2009 年	2009 年为 1980 年的倍数	年均增长(%)
10	希腊	5 347	28 630	5.35	5.96
11	西班牙	6 085	31 870	5.24	5.88
12	柬埔寨	125	650	5.20	5.85
13	乌干达	98	460	4.69	5.48
14	印度尼西亚	504	2 230	4.42	5.26
15	英国	9 389	41 520	4.42	5.26
16	印度	265	1 170	4.42	5.25
17	巴西	1 869	8 070	4.32	5.17
18	日本	8 968	37 870	4.22	5.09
19	马来西亚	1 748	7 230	4.14	5.02
20	智利	2 375	9 460	3.98	4.88
21	美国	12 154	47 240	3.89	4.79
22	澳大利亚	11 546	43 770	3.79	4.70
23	法国	12 863	43 990	3.42	4.33
24	尼泊尔	129	440	3.41	4.32
25	墨西哥	2 781	8 960	3.22	4.12
26	德国	11 716	36 960	3.15	4.04
27	瑞士	18 079	56 370	3.12	4.00
28	瑞典	15 839	48 930	3.09	3.97
29	冰岛	14 330	43 220	3.02	3.88
30	阿根廷	2 715	7 600	2.80	3.61
31	菲律宾	673	1 790	2.66	3.43
32	俄罗斯	4 003	9 370	2.34	2.98
33	纳米比亚	1 842	4 310	2.34	2.97
34	科威特	24 354	43 930	1.80	2.05
35	埃塞俄比亚	193	330	1.71	1.87
36	赞比亚	593	970	1.64	1.71
37	阿富汗	244	370	1.52	1.45
38	沙特阿拉伯	17 163	17 700	1.03	0.11
	世界平均	3 705	8 751	2.36	3.01

先看中国经济增长,与世界各国比较,它具有三个特点。

首先是经济增长快。表18.7中最后一列中列出的各国年均经济增长率,是以美元计算的名义增长率。这一经济增长率中包含三个大的影响因素,一是各国的实际增长率,二是各国的通货膨胀率,三是各国的汇率变化。由于美元是购买力相对稳定的世界货币,如果一个国家的汇率形成机制是市场化的,那么在进行长期比较时,通货膨胀率和汇率之间会互相冲抵①,由此得到的分析结论,相互之间大都是统计可比的。可以看到,中国是这一时期全世界增长最快的国家,GNI总量相当于1980年的18.85倍,年均增长10.66%。

其次是国际经济地位得到了巨大的提升。1980年,在列入排序的196个国家或地区中,中国落后于印度、阿富汗和埃塞俄比亚等低收入国家,排189位,仅领先于尼泊尔、柬埔寨、越南、乌干达和索马里等少数国家,可以说是全世界最贫穷的国家。到了2009年,中国已经在列入排序的213个国家或地区中排名124位,虽然排名仍然是中等偏后,但已经取得了重大的进步。表18.7中排序提前幅度最大的三个国家为中国、韩国和波兰,分别为65、35和23,中国比位居第二、三名的韩国和波兰,排序提前的幅度高了20位和42位。经济增长率长期保持着世界领先的水平。一个13亿人口的大国,在这样长的时间里,人均GDP保持着这样高速的增长,必然对世界经济格局产生重大的影响,受到全球的高度关注。

再次,中国的人均GNI和世界平均水平、先进水平相比,仍然存在很大的差距,需要进一步发展经济。从表18.5中可以看到,世界银行分类中的中等收入水平,从数值上看,大约为加权平均水平(8 751美元)及较高中等收入水平(7 523美元)的一半,为高收入水平和欧元区收入水平的1/10。因此,从人均水平上看,中国仍然有很大的发展空间。而从经济增长所处的状态来看,中国目前仍处于高速增长期,这其实是中国经济增长的一种优势。表18.7中名次落后幅度最大的国家为沙特阿拉伯,它的人均GNI在1980年时已经达到了17 000美元,名列第7位,但是到了2009年,人均GNI仍然在这个水平上,名次已经落后到了第57位。虽然水平很高,但发展已经停滞了,中国虽然发展水平还不算高,但保持着高速增长,这就是我们的发展优势,我们仍然有巨大的发展潜力。

再看世界经济格局的变化。20世纪70年代,几乎与中国的经济改革同时,世界进入了新一轮技术革命浪潮。在这一背景下,从整体上看,从20世纪80年代初到2008年世界金融危机发生之前,全球经济处于一个较好的发展时期,无论是发达国家还是发展中国家,经济都得到了一定的发展,但由于各经济发展的不平衡,世界的经济格局在发生变化。

第一,石油输出国等以输出资源为主的国家经济发展缓慢。1973年石油危机以后,石油输出国通过石油提价,迅速成为世界上人均收入水平最高的国家。

---

① 转轨国家通常反映为较大幅度的价格总水平的上涨和汇率下降,中国情况也是如此。

按照世界银行1980年的人均GNI排序,前几位几乎都是石油输出国,但在那之后,这些国家的人均GDP没有显著改善。这说明即使资源非常丰富,单纯依赖输出资源来发展经济,发展前景是有限的。

第二,原来的实行计划经济的苏联和东欧集团已经不复存在,经济发展也发生了很大的分化。原来属于这一阵营的一些国家,如波兰、匈牙利等,由于实现了经济转轨,再依靠它们和欧洲的密切关系,经济得到比较大的发展,成为世界上经济增长最快的国家;另外一方面,俄罗斯等国则由于改革失败,经济增长陷入长期徘徊,难以走出困境。

第三,主要发达国家的经济仍然保持着稳健的增长。从表18.7中可以看到,1980年,以七国集团为代表的欧美主要发达国家,人均GDP已经达到了10 000美元以上,只有英国略低,但也达到了9 300美元。相比较而言,这些国家的人口较多,科技水平和工业化程度高,经济规模大,市场发展和法制建设较为完善,对世界经济的影响较大。到20世纪80年代初,这些国家都已经跨越了加速经济增长时期,进入了平稳增长时期。在此期间,这些国家没有停步不前,仍然在通过各种努力寻求经济增长,如美国引领的新科技革命、欧洲的一体化进程,都为新的经济增长注入了动力。尽管有多重原因影响着这些国家的经济增长,如德国的东西德合并、日本的日元升值等,但整体来看,这些发达经济大国都保持了较为平稳的经济增长,按美元计算的年均名义增长率在4%—6%之间,属于中等速度的经济增长。

第四,新兴工业化国家和地区正在迅速崛起。在新技术革命、冷战结束和经济全球性化的背景下,如果一个国家能够较好地解决影响自身发展的各种内部矛盾,那就有可能通过自己的比较优势,获得或是保持较好的发展。如果说中国在历史上曾经多次错过经济发展的良好时机,那么在这一次新技术革命的浪潮中,我们则抓住了发展机会,取得了较大的发展。在表18.7中,按美元计算的年均经济增长率在7%以上的国家有5个,其中4个为亚洲新兴工业化国家(中国、韩国、新加坡、越南),波兰属于东欧原计划经济国家。从经济发展阶段上看,中国和越南的高增长属于低收入国家向中等收入国家的发展,而韩国、新加坡和波兰属于中等收入国家向高收入国家的发展;从经济增长的影响因素上看,中国、越南和波兰属于经济转轨国家,体制创新对经济增长作出了较大的贡献,通过市场化改革、对外开放等措施,在解决自身内在矛盾的同时,学习和吸收世界先进文明、科学技术、资金、管理等,通过自己的比较优势,推动本国的工业化和现代化。而韩国和新加坡在这一时期的体制变化较小,技术创新对经济增长作出了较大贡献。

第五,一些在20世纪70年代以前经济已经有一定发展,达到中等收入水平的国家,由于没有很好地解决自身的矛盾,过早地中止了高速经济增长,进入了中等收入陷阱。所谓中等收入陷阱,指的是一个国家从低收入国家发展成为中等收入国家后,经济增长率放缓,无法继续保持较好的经济增长。①

(5) 围绕 GDP 水平的若干争论

围绕从 GDP 数量水平判断中国经济增长达到的阶段是否合理存在严重分歧,来自欧美国家的占主流地位的质疑,认为中国的实际经济增长水平要远高于统计数字折算为美元所表现出来的水平,认为中国现阶段已远远超出中等收入水平的发展中国家阶段,甚至已不再是一个发展中国家。产生这种质疑的理论根据主要集中在两方面。一方面,认为中国的统计存在漏洞和缺项,主要是服务业的统计不足,包括一些正规制度不承认其合法性,但又在事实上存在的服务业未列入;还包括对一些市场性的服务业(如家务和政务等)估算不足等。另一方面,更重要的质疑在于折算比率,我们是按汇率法折算的,但我国的汇率不是市场汇率,而是政府有管理的浮动汇率,实质上是政府确定外汇的价格,西方社会普遍认为,在目前中国的汇率制度和水平下,存在低估人民币的倾向,因而在折算为以美元为单位的总量时,就会低估。

第一方面的质疑根据是有一定客观性的,但即使按西方学者的估计,这一部分的缺失,也至多使中国 GDP 的统计减少 20% 左右(这一点也为我国普查数据所证实,2004 年我国经济普查所得 GDP 数据较一般统计上恰好多出 20%,其中 93% 左右是来自于服务业),这一数量并不能改变中国是中等收入的发展中国家的判断。

第二方面的质疑则具有根本性,因为并无有效科学的方式来准确估计政府确定的汇率与真实的市场汇率之间究竟相差多少,通常的方法是以货币购买力平价(PPP),而货币购买力平价的计算具有极大的不确定性,关键在于如何选择计量货币购买力平价的商品和服务的结构,比如有西方学者和国际机构所计算的人民币对美元的购买力平价指数为 2∶1 左右,若按这一平价比折算就比按现行汇率折算为美元的中国 GDP 水平高出许多,中国 GDP 总量就可能已超过美国,人均 GDP 水平也会超过 15 000 美元以上。以购买力平价折算的这种不确定性表明,仅仅依靠 GDP 数量的换算和比较来反映一国的经济发展水平是有困难的,或者说,脱离 GDP 指标难以从数量规模上反映国民经济发展达到的水平,但仅以 GDP 指标也难以准确地反映国民经济发展的状况。以我国现阶段经济发

---

① 2006 年,世界银行在题为《东亚复兴——经济增长的思路》的研究报告中对此进行的讨论,引起了世界各国的关注,参阅 Indermit Gill and Homi Kharas, An East Asian Renaissance: Ideas for Economic Growth, World Bank, 2006。

展为例,尽管以购买力平价折算 GDP 水平存在很大分歧,但若考虑到我国经济结构等方面的质态特征,应当承认中国仍是发展中国家,并且是一个未实现工业化、城市化、市场化、国际化、信息化的中等收入水平的发展中国家。比如,从产业结构中的农业就业比重上看,我国现阶段仍在 36% 以上,虽然改革开放以来,由初期的 70% 以上有显著下降,2 亿多农村剩余劳动力从农业中转移到非农部门,但 36% 以上的农业就业比重仍远未达到当代新兴经济体的平均水平(10% 以下),与发达国家更是差距显著,只是达到了当代中等收入发展国家的平均水平。又比如,从社会发展的城市化率上看,改革开放初期我国城市化率仅为 14%,现在已上升至 50% 以上,上升的速度是十分迅速的,但仍低于当代世界平均水平(自 2009 年起世界城市化率超过 50%),与发达国家城市化水平相比差距更大,从一般发展经验看,一国城市化率进入 30%—70% 之间是其城市化加速期,而这一加速期通常与工业化加速期是相互吻合的,从经济发展阶段上看,是从中等收入进入上中等收入进而达到高收入发展中国家水平的成长期,我国现在 50% 以上的城市化率(其中包含了部分进城农民工,即离开原农村所在地一年以上、进城的目的是获得工作收入的原农村居民)表明我国正处于城市化、工业化加速期。又比如,从居民消费结构上的恩格尔系数(居民家庭食品消费支出所占比重)来看,改革开放以来,虽然发生了深刻变化,从初期的贫困状态(城乡平均恩格尔系数在 60% 以上),转变为目前的小康水平(城乡平均恩格尔系数在 40% 以上),但距离发达国家(大都在 20% 以下)差距还极大,也远未达到一般富裕状态(20%—30%),甚至还达不到一般相对宽裕水平(30%—40%),这种消费结构表明我国现阶段还只是处于中等收入向上中等收入发展阶段的发展中国家。此外,更为重要的是,按当代国际一般标准,我国经济并未完成工业化,仍具较强的二元经济结构特征,按区域看,我国目前真正基本实现工业化的只有北京、上海等直辖市,东部沿海省市工业化实现程度也只是达到工业化后期,其他地区则总体上处在工业化中期,甚至有的还处于工业化的早期,从我国工业化进展总体水平上看,是处于工业化的中后期。[①] 预计我国经济要到 2020 年,即实现全面小康经济目标的同时,基本实现工业化。[②] 这种工业化进展程度也表明我国现阶段处于中等收入向上中等收入发展中国家发展时期。

2. 进入中等收入发展阶段面临的机遇与挑战

从发展机遇来看,发展中国家跨越了贫困,超越了温饱阶段之后,在国内政治稳定、国际局势以和平发展为主题的条件下,有可能获得经济发展上较长时期

---

① 刘伟等:《中国产业结构高度与工业化进程和地区差异的考察》,《经济学动态》2008 年第 11 期。
② 参阅中共十七大报告。

的持续高速增长,从而实现相应历史条件下的现代化目标。以我国现阶段的情况看,进入新世纪,我们提出的目标是前10年翻一番,达到当代中等收入发展中国家水平;后10年再翻一番,达到当代上中等收入发展中国家水平(全面小康社会),基本实现工业化;第三个10年再翻一番多,到2030年前后按不变价格计算的GDP比2000年增长10倍左右,达到当代高收入的发展中国家水平,实现当代国际标准意义上的工业化、城市化、市场化、国际化、信息化。在此之前,即未实现工业化、城市化、市场化、国际化、信息化之前,我国经济有可能继续保持较高的持续增长。在此之后,进入后工业化时代,经济增长的速度相应放缓,整个经济增长趋于稳定。预计到本世纪中叶(2050年前后),我国将成为世界上中等发达国家,即社会主义现代化的强国。① 从现在的实际进展上看,到2007年我国提前3年实现了第一个10年翻一番的目标,在今后至2020年的发展中,实现到2020年较2000年翻两番的目标,年均经济增长率只要保持在5%左右,就能够实现。从人均GDP增长目标看,中共十七大提出到2020年实现总量较2000年翻两番的同时,实现人均GDP翻两番。进入新世纪,我国年均人口增长率不到6‰,同期人均GDP增速超过9%,2009年人均GDP已是2000年的2.27倍,也就是说在今后至2020年期间,我国只要达到人均GDP年均5%—6%的增长率,就可以完成人均GDP水平翻两番的目标。从经济约束条件上看,在2020年之前,我国无论是GDP总量增速达到年均5%左右,还是人均GDP增速达到年均5%—6%,都是完全可能的,而且很可能较显著地高于这一速度。这就是说,我国预计在2020年实现全面小康社会发展目标,在相当大的程度上可能提前实现,从而为到2030年成为高收入的发展中国家,全面实现工业化、城市化、市场化、国际化、信息化创造充分条件,进而为在本世纪中叶把我国建设成为社会主义现代化强国,赶上当代经济发达国家,奠定坚实基础。

我国要进入中等收入发展阶段,面临着诸多挑战,并有可能面临"中等收入陷阱"(middle income trap)。2006年世界银行发表了一篇题为《东亚复兴——经济增长的思路》的研究报告,其中对于避免中等收入陷阱的讨论,引起了世界各国的关注。在此之后,许多国家(尤其是那些已经成为或正在成为中等收入国家)的学者开始对这一问题进行更加深入的研究。所谓"中等收入陷阱",指的是一个国家从低收入国家发展成为中等收入国家后,经济增长率出现回落,无法继续保持高速增长。以马来西亚为例,1980年,它的人均GDP在世界上的排名是84位,而2009年的排序为89位,没有发生显著性变化。在这一期间,它的人均GNI的年均名义增长率为5.02%,高于全球3.01%的增长率。而与世界加

---

① 胡锦涛:在纪念中国共产党成立90周年大会上的讲话。

权平均水平相比,1980年它不到世界平均水平的一半,但2009年已经接近世界平均水平。应该说,马来西亚经济增长的表现好于世界经济增长。但是如果和东亚其他经济高速成长的国家相比,它的经济增长率却是偏低的,这也是马来西亚重视中等收入陷阱这个问题的主要原因。各个国家的具体情况不同,进入中等收入陷阱的原因也有所不同。如20世纪70年代的"拉美现象",90年代的"东亚泡沫"以及现在的"西亚、北非危机"等都是中等收入陷阱的表现。综合各方的讨论,主要有以下几方面原因。

第一是不能保持持续的制度创新,经济和社会发展缺乏持久的动力。尤其是市场化不足,缺乏竞争性,要素和资源更多地控制在政府手中,而不是通过市场竞争配置。在很多国家,最初的经济起飞往往是通过政府对银行贷款(间接融资)进行指导,从而实现私营经济的发展来实现的。进而"寻租"行为普遍发生,私营经济及国民经济的发展往往伴随着政府官员中腐败行为的增加,如果制度建设又不能及时跟上,往往会出现政府效率降低、银行不良贷款增加和一般企业的积极性受挫等一系列问题,严重时还会出现社会动荡,也就是说当资源的配置不是根据效率原则而是根据腐败指数来配置,其效应自然难以保障,这必然导致这些国家走入中等收入陷阱。

第二是技术创新能力不足,不能通过稳定地提高效率来保持经济增长。大多数国家或地区的经济起飞即最初的加速经济增长,都是依靠在短期内增加投入和产出来形成的,但是劳动力和资源的供给是有限的,同时还存在着市场竞争的问题,因此要实现可持续的经济增长,就必须依靠技术进步而不是简单地增加投入。新加坡、韩国的经济之所以能长期保持较快的增长,和它们注重人力资源的培养以及研究开发的投入是分不开的。反之,如果一个国家只是出卖资源而不注重研究开发以及提高产品的附加值,它的增长就只能依靠加大资源的开发量,或者寄希望于资源价格的提升,这种发展必然是有局限性的。自主创新率低,进入中等收入阶段后,储蓄进而积累能力提高,但缺乏产业结构升级的空间、缺乏新的投资机会,导致投资需求疲软。

第三是经济发展失衡导致资源配置恶化和供需失衡。经济发展失衡包括收入分配失衡、地区发展失衡、投资和消费失衡等。对于低收入国家而言,在经济起飞初期,往往伴随着收入分配差距的扩大,部分地区的经济优先获得发展以及积累率的迅速提高,对提高整个国民经济的效率具有积极的作用,但是当经济发展到一定阶段时,社会经济发展就会要求在新的基础上形成新的均衡,即减少收入分配差距、大城市和中小城市都获得发展、城乡差距缩小、中低收入居民家庭明显改善等。收入差距会严重影响社会消费倾向,从而导致消费需求不足。如果在这时有科学合理的政府干预和制度安排,形成新均衡的时间就会大大缩短,否则很可能会经历一个长期甚至是痛苦的过程。严重的收入分配差距、少数大城市的畸形发展和其他地区的极端落后并存以及消费拉动不足,是长期陷入"中等收入陷阱"国家的基本特征。

第四是发展中对外部世界的过度依赖,经济活动缺乏内在的稳定性。很多中等收入国家在发展过程中,都对外部的资源存在着较大的依赖,如资金、技术、人才、市场等,而在经济发展到一定程度时,又没有及时地对自身的资金结构、市场结构等加以调整,这样,外部世界的动荡和风险往往严重地影响本国经济的稳定。一些拉美国家从20世纪70年代末起,就一直处于债务危机的阴影中,这和它们外资结构不合理,又没有适时地进行调整有很大关系;还有一些国家和地区的产业发展过分单一,对世界市场的依赖过大,国际市场一旦发生变化,国内经济就受到严重冲击。

以上所说的这些问题,在中国也是存在的,只是程度不同而已,因此,中国也存在着进入中等收入陷阱的可能性。但是和那些经济长期徘徊或增长缓慢的中等收入发展中国家不同,中国目前仍然处于高速经济增长的过程中,经济发展中虽然存在着很多矛盾,各个方面(如社会、能源、环境等)对经济增长的约束条件也在增加,但中国保持平稳较快增长的基本条件并没有发生根本的变化,如果我们能较好地改善和解决各种经济和社会发展中的矛盾,中国便有可能继续保持一个较长时期的高速经济增长,使经济发展进入更高的水平。

第二节 克服"中等收入陷阱"的关键在于转变发展方式

1. 中国克服"中等收入陷阱"的发展优势

第一,从经济发展阶段性特征看,我国正处于工业化加速期,具有克服"中等收入陷阱"的"天时"。按当代国际工业化标准,我国工业化率显示我国发展正处于工业化中后期,即工业化尚未完成,但已进入由一般加工制造业为主向重工、重化工为主的产业革命深化的阶段。据测算,我国京、沪、津三个城市已基本完成工业化(工业化率达100%),其他东部沿海发达地区工业化也已进入后期(工业化率一般在70%以上),而西部部分落后地区工业化尚处于初期阶段(工业化率一般在50%以下,甚至有的地区仅为30%左右),其他地区则在工业化中期。全国加权平均所得工业化率在工业化进程的中后期。① 从经济发展史来看,这一阶段的经济发展通常是高速增长期,这一高速增长期的长短在不同国家有所不同,但一般说来,越是大国这一时期相对越长,因为要解决的问题更艰巨;

---

① 刘伟等:《中国产业结构高度与工业化进程和地区差异的考察》,《经济学动态》2008年第11期。

越是先发展的国家这一时期相对越长,因为缺少后发优势。我国改革开放以来保持了30年的高速增长。按照我们的发展目标,到2020年基本实现工业化,成为全面小康社会(相当于国际社会上中等收入发展中国家),到2030年真正实现工业化、城市化等一系列目标,成为当代新兴工业化国家(相当于国际社会高收入发展中国家)。也就是说,在未来10—20年里,在我国完成工业化、城市化发展阶段之前,完全有可能继续保持较高的增长率,这意味着目前我国经济发展正处在一个前后长达50年左右的高速增长期的中间,在这一时期,无论是投资需求还是消费需求均具有较高的增长动力,若再考虑到我国特有的人口规模和"人口红利",这种需求动力就更为强劲。这种发展的阶段性特征构成我国克服"中等收入陷阱"的"天时"。

第二,潜在的城市化空间是支持我国经济持续增长的重要因素,我国城市化水平不仅低于世界平均水平,而且落后于我国经济发展水平。2009年世界首次出现城市人口超过农村人口,而我国当时城市化率仅为46%略强。同时,我国这46%的城市化中还包含1亿多进城民工,而进城民工虽然离开农村户口所在地半年以上并以务工收入为生进城,但其生产方式和社会福利水平与真正的市民有很大差距,这表明我国城市化率不仅规模低,而且质量水平也不高。更为重要的是,我国在城市化率水平低的同时,城乡差距悬殊。从收入水平上看,据统计我国目前平均每个农村居民年纯收入仅相当于城市居民可支配收入的1/3左右,而农村居民家庭同时又是生产者,其收入能够用于消费的部分就更少。据估算平均每个农村居民的消费支出不到市民平均水平的1/4。换句话说,我国作为一个拥有13亿以上人口的大国,经济增长的需求动力长期主要依靠不到总人口50%的城市居民收入增长拉动,而50%以上的人口作为农村居民,收入增长长期滞后,不能不使我国经济增长的需求动力结构严重扭曲,其可持续性受到极大的局限。因此,我国城市化速度的加快和城乡差距的缩小,不仅推动着社会经济均衡发展,而且是扩大内需保持持续高速增长的重要动力。我国现阶段城市化的进程,已进入加速期,一般说来,城市化率达到30%—70%的阶段是加速发展时期。我国不仅城市化规模提升空间巨大,而且城市化质量改善的空间更大,在改善和完备现代城市的功能过程中,必然要求在体制上加快市场化,很难想象脱离较完备的市场机制能够发展起现代城市,现代城市是市场机制功能上的集合;必然要求在产业结构上不断高级化,尤其是在现代工业制造业基础上发展现代服务业,如果说工业制造业的发展主要决定了城市的规模,那么现代服务业的发展则主要决定着现代城市的质量;等等。而经济体制的市场化和产业结构的高级化,都是提高经济增长效率的重要条件,因此,城市化规模和质量的提高不仅使更多的农村人口生活方式转变为城市现代生活,从而创造出更大的需求以推动增长,而且使经济资源在更大程度上从传统方式转入现代市场体系和产业结构体系,这本身就是资源配置效率提升的过程。

第三,非均衡的区域经济结构,既是我国现代化发展水平低的表现,同时也是支持我国可以更持续地保持高速增长的因素。我国地区间经济发展差距的客观存在,使我国在经济发展的主要地区推动力上呈现出梯度状态,从而持续拉动经济高速增长。如果说以前东部经济发达地区是我国经济增长的主要区域推动力,那么伴随我国西部大开发的深入和中部崛起的加速,即使东部沿海地区进入增长速度逐渐放慢的增长拐点(比如通常所说的当人均 GDP 达到 15 000 美元后),西部和中部却可能恰好进入高速增长期。此外,各地根据当地优势和资源禀赋,发展和培育"增长极",努力扩大极化效应,能够极大地提高我国区域经济结构性效益,不仅提升着高速经济增长的可持续性,而且提高着经济增长的效率。近些年来,我国政府先后批复涉及珠江三角洲、长江三角洲、北京中关村高科技园区、天津滨海新区、福建海西经济区、陕甘关中—天水经济区、黄河三角洲、中国图们江区域、横琴新区、安徽皖江城市带、鄱阳湖生态经济区、曹妃甸循环经济示范区、海南旅游岛、广西北部湾经济区、江苏沿海城市带、辽宁沿海城市群、长株潭城市群、武汉城市圈、中原城市群等二十多个国家级地方发展区域战略规划,这种区域性增长极的批次涌现不仅提高着中国经济发展的区域均衡性,而且推动着经济增长的可持续性。

2. 克服"中等收入陷阱"的关键在于转变发展方式:微观上资源配置方式的变化

几乎没有多少人怀疑我国正处于一个持续高速增长期,但却有相当多的人在质疑我国将怎样实现这一高速增长,或者说以怎样的发展方式实现中国的现代化,为此将付出怎样的代价,中国自身能否支付得起这种发展成本。克鲁格曼等人的研究发现 20 世纪 90 年代之前,中国的经济增长之所以高速,主要源于两方面因素:一是要素投入量的不断扩大,而不是要素和全要素效率的提高;二是要素成本低带来的竞争优势,而不是竞争性收益率提高促成的优势。这种低效率、低成本下的量的投入扩张带来的高速增长,不仅难以持续,而且必将导致泡沫经济。亚洲 20 世纪 90 年代末的金融危机和此次全球金融危机的形成,有力地证明了这一点。所以,能否实现可持续增长的关键在于,增长是否真正建立在效率提高的基础上,而效率提高的根本在于创新,提高创新的根本在于发展方式的转变,包括发展的制度方式和技术方式等方面的转变。

首先,从体制改革中寻求增长的动力和效率。这既是我国发展方式转变的要求,也是我国改革开放以来经济发展的重要经验。我国经济正处在发展模式和体制模式双重转轨的过程中。就发展模式的转轨而言,我们正从传统经济向新兴工业化和现代化经济转型;就体制模式的转轨而言,我们正从传统体制向市场经济体制转轨。伴随市场化的深入和完善,资本在越来越大的程度上由行政计划体制转入市场竞争体制,其竞争性的效率不断提高,从要素效率来看,依我国的经验,在改革开放以来的经济增长生产函数中,若引入市场化(非国有化)率指标为变量,实证分析表明,市场化越深入对中国经济增长中的要素效率,特别是资本要素效率的提高作用越显著。正因为如此,才使得我国的经济高速增长不仅是增大要素投入量的结果,同时也是要素效率提高的结果。① 从结构效率来看,市场化的深入使资源配置的结构发生了深刻变化,在市场机制的作用下,资源日益从低效率部门转向相对高效率的部门,这种产业结构的演变,对经济增长的效率提升起到了重要作用。我国20世纪90年代中期之前,这种体制性推动的结构演变产生的效率,甚至超过技术进步对增长效率的贡献。只是进入21世纪以后,在全要素效率内部,市场化进程带来的体制性效应和净技术进步效应的比例关系才发生了新的变化,体制性效率的提升趋于稳定,而净技术进步对增长效率的贡献上升速度逐渐加快。这一方面说明随着市场化体制改革速度的平稳,经济增长全要素效率提升越来越依靠技术创新;另一方面也说明,在未来的发展中,大力推进市场化进程,完善竞争秩序,对我国经济增长的要素效率提升有着巨大空间,因为我国毕竟还是一个朝着社会主义市场经济体制目标转轨的经济体,距离完善的市场经济目标尚有很长的路。② 在新时期深化市场化进程本身也面临一系列新的历史特点。一是改革的重点从商品市场化逐渐转为要素市场化。改革开放到目前,我国商品市场化(包括投资品和消费品)基本实现,绝大部分的商品价格已由市场定价,但我国要素市场化的进程可以说尚处于发育初期,包括劳动、资本、土地等要素市场的发育尚极其不足,无论是各类要素市场的竞争主体机制(产权制度)还是要素市场的竞争交易机制(价格制度)都还处在构建中,且不同的要素市场发育在总体水平不高的基础上存在着极不均衡的状况。二是改革的难点从构建市场体系逐渐转移至构建市场秩序,或者说从扩张市场作用空间(市场化的数量方面)逐渐转向完善市场秩序(市场化的质量方面),既包括市场竞争的内在秩序,即竞争的主体秩序(企业产权制度——回答"谁在竞争"的问题),竞争的交易程序(价格决定制度——回答"怎样竞争"的问题);也包括市场竞争的外在秩序,即市场竞争的法制秩序(从法制上以公正保护市场内在竞争秩序)和市场竞争的道德秩序(从道德上以诚信弘扬市场内在竞争秩序)。如果说市场经济在规模和数量建设方面存在极限,毕

---

① 刘伟、李绍荣:《所有制变化与经济增长和要素效率提升》,《经济研究》2001年第1期。
② 刘伟、张辉:《中国经济增长中产业结构变迁和技术进步》,《经济研究》2008年第11期。

竟不可能存在百分之百的市场经济社会,那么市场经济在质量和效率建设上将是一个持续的历史进程。对我国现阶段的经济发展来说,推进这一历史进程具有极为重要的意义,特别是对转变发展方式、提高经济增长的效率有着关键的作用。

其次,从产业组织和市场结构的改进中寻求技术创新能力的提升。经济发展史表明,技术创新的主体应当是企业,而不应当是政府,尽管政府在技术创新中有着重要的作用。以企业为行为主体实现创新,运用的经济机制应当主要是市场体制而不是行政计划体制,尽管政府的政策支持不可或缺。这就要努力改进产业组织状况和市场结构,以提高市场竞争推动企业技术创新的能力和效率。产业组织和市场结构处理的根本问题是规模经济和有效竞争的命题,对于技术创新来说,重要的一点便在于合理构建企业规模,同时努力提高竞争的充分性。一般来说,重大的战略性和持续性的技术创新,主要依靠大企业。因为只有大企业,尤其是市场占有率和集中度较高的大企业,不仅有可能投入更多的资源进行创新,而且能将高研发的高投入风险尽可能广泛地分散,其单位产出均摊的创新风险成本越低,企业承受风险的能力便越强,而技术创新最为关键的恰恰在于如何化解其中的高风险。中小企业在技术创新中固然不可缺少,但中小企业的技术创新更多的是个别产品创新、工艺创新或局部技术创新,尤其是中小企业在技术创新中虽具有更灵活的学习和借鉴能力,但总的来说其创新力往往与单一产品的市场生命周期相联系,难以持续。如何构建一个合理的大中小企业的产业组织结构,使企业具有普遍的规模经济,同时又在市场结构上支持企业创新力的提高,是我国经济面临的重要问题。

对于我国来说,培育具有创新力的大企业,关键在于如何使国有企业真正具备现代企业制度和行为特征。我国现阶段的国情在于大型和特大型企业多为国有或国有控股企业,尤以央企为主,因此,如果说重大战略性技术创新的主体应当是大企业,那么,在我国便主要是国有企业,而企业作为创新的主体所需运用的机制又首先是市场竞争机制,而不是政府行政机制,那么,在我国依靠大企业作为重要的创新主体,便遇到一个特殊的问题,即如何使国有大型和特大型企业真正接受市场规则的硬约束,进而国有大型和特大型企业的产权制度改革问题、政企分离问题、公司治理问题等,便成为约束企业技术创新力的重要内在制度因素。从外部竞争环境来讲,问题在于如何构建合理有效的市场结构,使国有大企业面临充分有效的市场竞争压力,而不是在垄断条件下,特别是在借助于市场力量和行政双重作用形成的垄断条件下经营。显然,这些问题的处理不仅十分艰难,而且独具中国特殊性,但正是这种独具中国特殊性问题的处理,才能为中国经济的技术创新力提升创造条件。

3. 克服"中等收入陷阱"的关键在于转变发展方式:宏观上经济调控方式的变化

我国总量失衡的动因是多方面的,其中一系列结构性失衡起着十分突出的作用。一是总需求中的内需与外需结构失衡,出口需求的波动对经济增长稳定性的影响过大。据测算,现阶段我国出口需求增长 10 个百分点,大体拉动 GDP 增长 1 个百分点,在 2008 年世界金融危机之前,2003—2007 年我国年均出口需求增长率在 26% 左右,大体上每年拉动 GDP 增长 2—6 个百分点。经过危机冲击,由于全球 2009 年进入第二次世界大战后首次负增长,我国出口需求增长率为 -17% 左右,相应拉动经济增长率为 -1.7 个百分点,前后比较由于出口增长率的变化,使我国经济增长发生 3—4 个百分点的波动,这表明我国经济增长波动性受世界市场波动的影响程度过高,与大国的基本内向型经济要求(即投入和产出绝大部分依靠国内市场)不相符。二是在内需结构中投资需求和消费需求结构性失衡,国民经济增长过于依赖投资需求拉动。改革开放以来我国年均固定资产投资需求增长率保持在 13.5% 以上,2003 年以来,更是从未低于 24%,有些年份甚至超过 30%,尽管我国所处的经济发展阶段客观上促使投资需求相对其他阶段更快些,但是长期大幅度高速增长使国民经济产生深刻的结构性扭曲,不仅严重排斥了消费需求的增长,而且使国民经济增长的持续性受到严重削弱。据测算,在现阶段我国固定资产投资增速超过 30% 后,消费需求便会出现相应的负增长,而且与世界一般水平比,若内需拉动经济增长 10 个百分点,世界趋势是其中 7 个百分点左右是消费需求拉动,投资需求增长拉动只在 3 个百分点左右,而我国恰好相反,近 7 个百分点由投资需求拉动。三是国民收入分配结构扭曲,对经济增长的均衡性和可持续性产生了深刻的影响。一方面,长期以来在政府、企业和居民三类社会经济主体中结构失衡,与政府财政收入和企业产值增长速度相比,居民收入增长速度明显滞后,近 10 年居民收入在国民收入中所占比重大体上下降了 10 个百分点左右,这就不能不加深消费需求增长乏力的矛盾。另一方面,居民收入分配内部结构失衡,基尼系数自 1994 年以后,除个别年份(1999 年)外,均超过 0.40,而进入 21 世纪以来,多年均超过 0.45,2005 年后基本上在 0.47 的水平上[①],显著超出了通常所说的警戒线。基尼系数的提高表明高收入阶层收入提高更快,收入差距扩大本身就意味着社会消费倾向降低,导致内需不足。因此,收入分配结构是否合理,不仅影响公平目标,同时影响效率目标。四是城乡发展结构性失衡,一方面,我国现阶段城市化率虽然已进入加速期(30%—70% 为城市化加速期),但总体水平不高,仅在 47% 左右,低

---

① 数据参阅近年的联合国《人类发展报告》。

于世界平均水平(2009年世界总人口中城市人口首次超过乡村人口),而且其中把离开户籍所在地半年以上进城务工的1亿多农民工也计入城市化人口,但其真正的生活方式和福利保障水平与市民仍存在显著差距。另一方面,我国在城市化率低的同时,城乡差距大。据统计,现阶段我国农村人口年均纯收入大体相当于城市人口年均可支配收入的30%,或者说3个多农村人口的收入才抵得上1个城市人口的收入,考虑到农村农户的生产性质和农业生产投资性支出,就消费力而言,至少4个以上的农村人口的消费力才抵得上1个城市人口。而我国13亿多的总人口中,有超过50%的农村人口,导致长期以来,我国经济增长的消费需求动力主要依靠不足50%的城市居民支持,这是需求动力不足的重要原因。五是产业结构失衡,其中突出的一点在于现代化服务业发展落后于经济发展的要求,与工业制造业的发展间存在严重的结构矛盾。我国的工业化率按当代国际标准,已到达工业化中后期,而我国现代服务业的比重预计到2011年年底可望达到43.3%左右("十一五"规划目标),显著低于当代世界中等收入发展中国家平均水平。这种产业结构的失衡,降低了我国国民经济增长对于就业的结构性吸纳能力。在工业化加速过程中,第一产业大规模转移剩余劳动力,第二产业伴随着内部结构朝着资本密集和技术密集演变,同样的增长率能够带来的就业增长弹性越来越低。如果主要依靠第二产业加速发展实现充分就业,那不仅要不断加快第二产业的发展,加剧经济过热和通胀压力,而且单位经济增长率带来的就业增长机会不断减少,难以形成充分就业,反而可能陷入"滞胀"。因而产业结构上的这种失衡不仅加剧着各方面的矛盾,而且严重困扰着均衡增长目标的实现。我们还可以寻找到其他方面的结构性失衡,但上述五个方面的结构性失衡对我国现阶段的均衡和持续增长已经造成较为突出的影响。

要实现我国经济持续均衡增长,必须努力改变宏观调控方式。宏观调控方式的改变要与我国市场化进程阶段性特征相适应。目前,我国市场化进程的重点发生了转移,从市场规模构建转为市场秩序完善;市场化进程的焦点也发生了转移,从国有企业改革转为政府职能转变和改革。相应的,现阶段我国制度创新的关键集中在三大制度创新上,一是财税制度改革,包括公共财政制度的改革和中央与地方、政府与企业的财税结构改革;二是金融制度改革,包括金融市场化和央行独立性的提高;三是土地制度改革,包括土地资源配置方式的改变和农村土地制度的调整等。没有这三方面关键制度的创新,我国现阶段宏观调控方式改变和调控效率的提升,都面临严重的障碍。

就实现宏观调控的具体方法而言,依我国现阶段的国情,可以也应当注重强调需求管理与供给管理的统一,供给管理的核心在于降低成本提高效率。总需求管理无论是运用财政政策、货币政策还是汇率政策,其需求效应均具有短期显著性。因而,货币、财政、汇率政策的供给效应往往容易被忽略。比如,扩张性的财政收入政策(减税)在刺激需求的同时也可以带来降低成本的供给效应;紧缩性货币政策(加息)在紧缩需求的同时,也可能产生企业和项目提高盈利能力和竞争性效率的供给效果;人民币升值,在紧缩出口需求的同时,也会带来进口价格下降进而降低相应成本的供给效应。事实上宏观政策的供给效应虽然长期才能显现,但其作用往往具有根本性。对于我国来说,由于特殊的体制转轨特征和后发优势的存在,在实施供给管理上更具可能和必要。其一,制定和实施较为系统的产业政策,包括产业结构和产业组织政策;其二,制定和实施较为明确的区域结构政策,包括发挥地方政府的积极性和明确区域性增长极;其三,制定和实施持续的技术创新政策,包括技术、产品、制度、市场等多方面的创新;其四,制定和实施人才战略,提高人力资本的比重以提高劳动生产率;其五,制定和实施节能减排、保护环境等降低社会成本和发展成本的长期发展政策,等等。[1]

当然,在实现宏观经济目标的调控方法上协调需求管理与供给管理,必须有相应的体制条件作保障,即必须在深化市场化进程并且不断完善市场机制的基础上,系统地引入政府的需求管理和供给管理,如果没有这一制度前提,总需求管理便成为不可能。同时,总供给管理也极可能演变为计划经济下的政府直接控制经济,因为,供给管理的政策效应相对于总需求管理而言毕竟更直接地作用于企业和劳动者。[2]

---

[1] 刘伟、苏剑:《供给管理与我国现阶段的宏观调控》,《经济研究》2007年第2期。
[2] 刘伟、苏剑:《供给管理与我国的市场化进程》,《北京大学学报》2007年第5期。

第十九章 中国经济增长的周期性及失衡

经济增长的周期性是与经济制度及资源配置方式相联系的,一般来说,经济增长的周期规律性是在市场经济机制下的一种客观存在,而市场经济机制除具有其一般意义上的特点外,还会由于其所依赖的社会基本经济制度的本质不同,而有其特殊的制度特征,进而使经济周期性有显著差异。我国在传统计划经济条件下,不存在市场经济背景下的增长周期,虽然增长过程中也有阶段性的波动,但不是市场经济中的周期表现,而是政府计划波动使然。改革开放以来,伴随社会主义市场经济体制改革的深入,我国经济增长过程中经济周期规律开始逐渐发挥作用,并且由于公有制为主体、多种所有制共同发展的基本经济制度,由于经济发展不同阶段的要求,我国现阶段的经济增长周期的表现又区别于当代发达市场经济国。

第一节 中国经济增长的阶段性与"五年计划"

1. "五年计划"的提出与实施

在经济发展中实施"五年计划"是在传统计划经济体制下提出的,苏联自1927年提出,依据计划经济体制,对经济发展实施"五年计划",此后,以五年为一周期,对整个国民经济增长和发展的目标、方针、政策等制订统一的计划,成为计划经济国家经济发展的重要特点,我国在新中国成立不久,自1953年起开始编制并实施"五年计划",到目前已进入第十二个"五年计划"。

需要指出的是,计划本身是实现增长的方式,而并非构成社会经济的本质,资本主义社会同样有计划,实施"五年计划"尽管是计划经济体制下提出并形成的一个传统,在我国直到现阶段,制订和实施"五年计划",仍是经济增长和发展阶段性的重要体现。计划作为配置资源的一种方式和手段,在传统公有制计划经济社会可以运用,在社会主义市场经济体制下同样也可以运用,甚至说,计划在社会主义市场经济条件下可以运用,在资本主义市场经济中也可以被运用,就如同市场在资本主义社会可以作为配置资源的重要方式,在社会主义社会也可以作为配置资源的基本方式。伴随我国经济社会的发展,特别是伴随改革开放以来我国社会主义市场经济体制的不断完善,我国的"五年计划"历史地发生着极为深刻的变化,这种变化集中体现在两方面:一方面,从计划的内容上看,适应我国经济发展不同阶段提出的不同要求,"五年计划"列出的目标、提出的途径、制定的政策都有相应的变化,并且这种变化的趋势是,顺应经济发展的历史要求和约束条件的变化,日益提高其科学性和可行性;另一方面,从计划的实施方式上看,适应改革开放的新时期到来及深入,"五年计划"的制订及贯彻所依赖的体制发生了深刻的变化,从依靠政府行政集权的计划经济体制,逐渐转向依靠和运用市场经济体制来明确规划的目标任务和实施路径。

2. 我国"十二五"规划中的经济增长

(1)"十二五"规划的突出特点

基于改革开放三十多年的经验和教训,基于新的历史条件和国际、国内经济条件的变化,基于在新的发展阶段社会经济发展的新要求,我国"十二五"规划具有一系列显著的新特点,尤其是在经济增长方面,突出强调了这样几方面:① 强调经济增长的科学性和可持续性。特别是强调资源、环境、能源、人口、资本、科技等方面的约束。② 强调经济增长的均衡性和协调性。特别是强调短期增长与长期发展、总量增长与结构演进等方面的统一。③ 强调实现经济增长的社会主义市场经济体制条件的培育。特别是强调市场化改革的深入,强调完善市场秩序、推进要素市场化等。④ 强调经济增长与社会发展的协调。特别是强调经济增长与收入分配、经济发展与社会文明、经济效率与社会保障及福利等方面的协调。⑤ 强调经济增长的开放性。特别是强调国内经济均衡增长目标与国际经济周期及金融危机间的相互影响等。

(2)"十二五"期间中国经济增长的潜力

从经济发展阶段上看,中国现正处于工业化的中后期和城市化的加速期,在这一时期,无论是投资需求还是消费需求,均完全可能表现出高速增长的趋势,进而拉动经济保持较高增长速度。从经济体制转轨进程上看,中国现正处于市场化和国际化加速期,这种体制变迁因素,不仅刺激着投资和消费需求的扩张,而且提高着国民经济增长的效率,具有强烈的供给效应,进而使经济增长更具有效性和可持续性。

综合我国现阶段供给方面的因素,包括资本存量及资金供给能力、劳动力资源供给及质量上升、科技水平的提高及相关投入的增长、产业结构高度的提升及区域结构的均衡、市场化及国际化带来的体制性增长效率的提升等方面,在"十二五"规划期间,我国GDP增长率年均可达8%—9%,其中第一产业按不变价年均增长率可达4%—5%,对经济增长的贡献率为4%—5%左右,第二产业按不变价年均增长率可达9%—10%,对经济增长的贡献率为45%左右,第三产业按不变价年均增长率可达9%以上,对经济增长贡献率为50%以上。第一产业的产值比重会继续下降,而第二、第三产业的比重会继续保持缓慢上升的趋势。①

综合考虑"十二五"期间我国的需求因素,包括消费需求和投资需求及国外需求等,我国年均经济增长率在8%—9%,低于"十一五"期间年均增长率1个百分点左右,其中最终消费年均增长率有望超过9%,对经济增长的贡献率约为53%左右;资本形成总额年均增长约在8%以上,对经济增长的贡献率大约在40%以上;净出口年均增长有望达到9%左右,对经济增长的贡献率会超过7%。在整个"十二五"期间的总需求结构变化上,投资率(按不变价)会有所下降,相应的消费率(按不变价)会有所上升。②

考虑到一系列不确定性因素,尤其是考虑到世界金融危机对全球经济的冲击,我国在制订"十二五"规划时,将经济增长率这一预期指标定为7%,应当说是积极的,同时也是稳妥的。其实,若按我国进入21世纪以来的经济增长目标要求,即按不变价,2010年GDP水平较2000年翻一番,进入中等收入发展中国家阶段;2020年较2000年翻两番,基本实现工业化,成为全面小康社会;2030年较2000年翻四番,增长10倍左右,成为当代新兴经济国,即高收入的发展中国家,年均增长率达到7.2%左右即可实现。由于在实际增长中,2001年至2010年我国年均经济增长率超过9%,远高出7.2%的增速要求,因而原定10年翻一番的目标在2007年提前3年实现,实现第二个10年再翻一番的目标,若时间表不变,要求的年均增速只要达到5%即可,从目前的规划预期速度(7%)和测算的潜在增速(8%—9%)看,均显著高出5%,也就是说,第二个10年再翻一番的增长目标完全可能再提前实现,如果实际年均增速达到潜在增速的下线8%,略高出"十二五"规划预期的7%,那么,第二个10年翻番目标则可能再提前2—3年完成,这就意味着,原来预定用20年时间比2000年GDP水平翻两番,达到全面小康经济水平的目标,有望在2015年前后提前5年左右实现,即在"十二五"规划结束时,有可能提前实现全面小康的经济增长目标,所以,可以说,"十二五"规划期间是我国实现全面小康社会目标的关键时期。

(3)"十二五"规划与经济增长的质量及增长方式的转变

我国在"十二五"规划期间及今后较长时期里,完全有可能保持较高的经济增长速度,但真正困难的在于如何实现高质量、高效率、均衡和谐的增长,这就要求确实树立科学发展观,并努力转变发展方式,以保证落实科学发展。基于此,"十二五"规划在提出一系列预期指标的同时,明确了一系列约束性指标,即要求必须努力实现的指标,包括经济增长中的节能减排(16%—17%)指标、教育

---

① 具体测算可参阅刘伟:《转轨中的经济增长》,北京师范大学出版社2011年版,第243—258页。
② 同上。

支出占 GDP 比重(4%)指标、居民收入增长与 GDP 增长保持同步(7%)指标等。

要实现这一系列体现科学发展观要求的预期指标和约束性指标,就必须有制度上的保证,而制度保证的根本在于努力转变发展方式,通过转变发展方式使我国经济增长切实从主要依靠要素投入量扩大转变到主要依靠效率提升,使我国经济竞争优势真正从主要依靠比较成本优势转变到主要依靠核心竞争力上升,这种增长和发展方式的转变的根本路径在于创新,包括一系列的技术创新和根本性的制度创新。技术创新是实现发展方式转变的直接而又重要的路径,要实现技术创新能力的提升,重要的是要依靠制度创新,制度创新在我国现阶段的基本内容在于深化社会主义市场经济改革。经过三十多年的改革开放,我国社会主义市场经济改革进程本身也发生着深刻的历史变化,改革的核心环节从企业改革,尤其是国有企业改革逐渐转变为政府职能改革和宏观体制改革;改革的困难从构建市场体系,尤其是拓展市场机制作用空间逐渐转变为市场秩序的完善和提升竞争的公平性及充分性;改革的重点从培育商品市场化,包括消费品市场化和投资品市场化,逐渐转变为要素市场化,特别是资本(货币)市场化、土地要素市场化等;开放的进程重点从关注如何将外资引进来逐渐转向更为关注中资如何走出去。这一系列的转变,一方面表明改革开放的深入,另一方面也表明改革开放面临新的历史性命题,正是在这一意义上说,"十二五"期间同时是我国社会主义市场经济体制改革的攻坚时期。

第二节 改革开放以来中国经济增长的周期性特征

1. 经济增长速度及其波动

改革开放以来,中国经济增长具有这样的突出特点:一是中国经济获得了持续高速的增长,从 1978 年到 2010 年三十多年里,中国 GDP 年均增长率在 9% 以上,其中 1992 年至 1996 年和 2003 年至 2007 年两个五年中,每一年的经济增长率均在 10% 以上,这种所谓增长的奇迹状态在第二次世界大战后全球范围内出现过四次,一次是 20 世纪 60 年代的日本,一次是 20 世纪 70 年代的新加坡,而另外的两次则都是发生在改革开放之后的中国。二是中国经济不仅实现了罕见的持续高速增长,而且创新对经济增长,尤其是对效率的贡献是较显著的,表明我国改革开放以来的高速经济增长,不仅是依靠增大要素投入量,而且也具有效率提升的支持,这种效率提升对增长的支持首先表现在中国高速增长过程中经济结构的变化上,结构变动对增长中效率的提高有重要提升作用,同时,结构变动本身又是效率提升的结果,而效率提升依靠的是制度创新和技术创新,正由于创新在不同领域程度不同,导致效率改善状况在不同领域存在差异,这种差异累积起来便形成经济结构的演变,结构高度的提升反过来又会从多方面提高资源配置的效率,这种增长过程中效率的提升自20世纪90年代中期以来更为明显。① 三是创新中的制度创新,尤其是市场化水平的提高,对经济增长中的效率提高作出了重要贡献,这是我国作为处于转轨经济进程中的经济增长的一个重要特点。实证分析表明,我国经济体制改革中的市场化水平的不断提高,对经济增长及其效率有着显著的影响,尤其是在市场化进程加速期,这种来自体制创新的增长效率更为突出,随着社会经济发展及市场化体制的逐渐形成和完善,体制创新因素对经济增长的贡献逐渐递减,而来自于技术创新的贡献日益增大。② 四是整个国民经济的增长所依靠的需求动力稳定提升,有支付能力的需求保持稳定增长的态势,尽管在国民收入的分配上由于种种原因,在资本和劳动不同要素的报酬分配上,在不同所有制经济成分间,在不同地区和产业间,尤其是城乡居民之间,在不同阶层之间,收入差距的确在扩大,从而提高了基尼系数,相应有可能降低全社会的边际消费倾向;再加上自主技术创新能力提升迟缓,也有可能抑制投资需求扩张;但总的来看,我国改革开放以来的总需求增长是稳定的,从而拉动国民经济持续增长。五是出口对于国民经济增长作出了重要贡献,改革开放以来的经济增长中,大凡增长率超出10%的年份,相对应的出口需求增长率往往超过20%,或者说中国现阶段经济增长率要达到10%,其总需求中出口需求的增速须达到20%以上。

图19.1是根据表18.2的数据绘制的,描绘了中国经济增长的波动。

图19.1　1978—2010年中国GDP指数波动情况

---

① 刘伟、蔡志洲:《结构升级与改善国民经济中间消耗》,《经济研究》2008年第4期;刘伟、张辉:《中国经济增长中的产业结构变迁和技术进步》,《经济研究》2008年第11期。
② 刘伟、李绍荣:《所有制变化与经济增长和要素效率提升》,《经济研究》2001年第1期。

改革开放以来,我国经济增长发生了三次大的起伏,第一次是出现在20世纪80年代初期,从1982年开始加速(当年增速达9.1%),到1984年达到高点(增速为15.2%),然后逐渐减速,到1990年达到最低点(3.8%),完成了改革开放以后的经济增长的第一个循环。第二次出现在20世纪90年代初期,从1991年开始发动(9.2%)到1992年达到高点(14.2%),然后开始逐渐减速,到1999年达到最低点(7.1%),完成了改革开放以来经济增长的第二个循环。第三次出现在21世纪初,2003年开始加速(10.1%),到2007年达到最高点(13.1%),然后开始逐渐减速,到2009年达到最低点(9.2%),完成了改革开放以来经济增长的第三个循环。从2010年(下半年)起我国经济进入金融危机冲击后的复苏状态,开始准备进入新一轮增长循环。

这种波动和起伏在一定程度上反映了我国经济增长的周期性特征,周期的长度接近10年,但是从总的趋势上看,这种波动的幅度是逐渐减弱的,这在一定程度上说明随着中国市场化水平的提升以及相应的宏观调控能力的提高,中国经济增长的稳定性在上升,社会主义市场经济本身的自我调节功能正在逐渐增大其作用。

2. 经济增长中的投资与消费

投资和消费的比例关系反映的是经济增长中最终需求的两个主要方面的相互关系,两者比例关系的问题始终是经济学中讨论的重要问题,对于经济增长而言,从需求管理的角度看,宏观调控的目的就是通过宏观政策影响投资和消费的总量及增长,从而使国民经济获得均衡有效的增长,因而,从动态角度看,宏观调控对投资和消费的影响是一个连续的过程,伴随我国经济体制改革的深化,配置资源的基本方式已由政府计划机制为主逐渐转变为市场机制为基础,进而,政府宏观调控的目标,与其说是要使投资和消费达到一种既定的比例关系状态,还不如说是通过短期需求分析及调控,促进或抑制一个或几个方面的发展,以获得整个国民经济的协调发展,所以,对于GDP、投资和消费的增长速度的动态研究,比对GDP中投资和消费比例的静态研究更为重要。

研究GDP增长中的投资和消费的比例关系的变化,运用支出法国内生产总值中的资本形成总额和最终消费是较为理想的指标,因为它们本身就是GDP的组成部分,通过对它们的进一步细分,还可以进行相关的更深层次的分析,但在我国目前的进度统计中,并不统计和公布支出法GDP的相关数据。因此,在我们宏观管理实践中,更多地使用的是两个与之相联系的指标,即全社会固定资产投资总额和社会消费品零售总额,用于替代GDP中投资和消费对宏观经济运行的动态观察和分析。因此,改善宏观调控,首先要改善作为宏观调控基础的统计基础工作,具体地说,支出法GDP的数据及构成,应该由按年公布过渡到按季度公布,各个部门、各个核算层次及各个方面公布的数据之间应该能够相互衔接,如按生产法和支出法公布的 GDP 之间,城乡居民住户调查中的人均消费支出与支出法 GDP 中的居民最终消费支出之间,全社会固定资产投资总额与支出法 GDP 中的固定资本形成总额之间,等等,都须保持相互衔接的关系,相差不能太大,但由于各方面条件的限制,这种过渡和完善还需要时间,目前,仍需要通过运用全社会固定资产投资总额与社会消费品零售总额指标对投资和消费展开相关的研究。

（1）GDP、投资、消费的增长速度

我们采用平均分析的方法,对改革开放以来我国的经济增长率、投资增长率、消费增长率进行分析,表 19.1 首先列出了 1981 年至 2010 年的 GDP 指数,全社会固定资产投资指数和社会消费品零售指数,并针对各自的时间序列计算平均数和标准差,考虑到宏观经济指标的波动性,我们把均值加上一个标准差作为稳定区间的上限,而把均值减去一个标准差作为稳定区间的下限。也就是说,当指标的增长幅度在上下限之间波动时,认为宏观经济运行是稳定的,而超过上限时,认为出现了经济过热,而低于下限时,认为出现了经济过冷。

表 19.1　1981—2010 年 GDP、投资和消费的增长变动情况

	GDP 指数		全社会固定资产投资指数		社会消费品零售指数	
	数值(%)	评价	数值(%)	评价	数值(%)	评价
1981	105.2	冷	103.0	正常	107.2	正常
1982	109.1	正常	125.6	热	107.3	正常
1983	110.9	正常	114.5	正常	109.2	正常
1984	115.2	热	124.7	热	114.6	热
1985	113.5	热	127.6	热	117.8	热
1986	108.8	正常	115.8	正常	95.8	冷
1987	111.6	正常	113.2	正常	109.0	正常
1988	111.3	正常	105.8	正常	107.8	正常
1989	104.1	冷	78.8	冷	105.3	正常
1990	103.8	冷	100.3	冷	100.3	冷
1991	109.2	正常	113.2	正常	110.2	正常
1992	114.2	热	125.2	热	110.8	正常
1993	113.5	热	127.8	热	100.1	冷
1994	112.6	热	118.1	正常	107.2	正常
1995	110.5	正常	111.0	正常	110.4	正常
1996	109.6	正常	110.4	正常	113.2	正常

(续表)

	GDP 指数		全社会固定资产投资指数		社会消费品零售指数	
	数值(%)	评价	数值(%)	评价	数值(%)	评价
1997	108.8	正常	107.0	正常	109.3	正常
1998	107.8	正常	114.1	正常	109.6	正常
1999	107.1	正常	105.5	正常	110.1	正常
2000	108.0	正常	109.1	正常	111.4	正常
2001	107.5	正常	112.5	正常	111.0	正常
2002	108.0	正常	116.7	正常	113.3	正常
2003	109.3	正常	124.0	正常	109.2	正常
2004	110.1	正常	120.1	正常	110.2	正常
2005	110.4	正常	124.0	正常	112.0	正常
2006	111.6	正常	122.1	正常	112.6	正常
2007	113.1	热	120.2	正常	112.5	正常
2008	109.6	正常	115.6	正常	121.5	热
2009	109.2	正常	133.2	热	116.9	热
2010	110.4	正常	119.5	正常	114.8	正常
均值**	109.8		115.3		110.0	
标准差	2.8		10.6		5.2	
上限	112.6		125.9		115.2	
下限	107.0		104.7		104.9	

注:表中的三个指数序列都已经消除价格变动的影响,反映的是相关领域的实际增长。

表19.1 所列的分析结果,反映出我国 GDP、投资、消费三者间的动态关系上有以下突出特点:

第一,三者的增速长期不均衡,根据算术平均数计算,从 1981 年到 2010 年,我国的 GDP 算术平均指数为 109.8%(略低于通常按几何平均数计算的结果),对应这一增长,投资的平均指数(以消除了价格变动因素的全社会固定资产投资总额指数来反映)达到 115.3%,高于 GDP 增速 5.5 个百分点,消费需求的平均指数(以消除了价格变动因素的社会消费品总额指数来反映)为 110%,高于 GDP 增速 0.2 个百分点,三者这样的增长格局,累积的结果便是在支出法 GDP 中,投资率的比重不断增加,消费率比重持续下降。

第二,在 GDP、投资和消费增长中表现出来的另一个特点在于增长波动性上的差别,如果我们对 1981—2010 年我国的 GDP 指数、全社会固定资产投资指数、社会消费品零售指数的时间指数计算标准差并以此作为衡量波动的标准,那么在三种增长中,投资增长的波动最大(10.6%)、消费次之(5.2%)、GDP 最小(2.8%)。

第三,对平均数的偏离程度存在相应不同的临界值,经济增长中的总量指标波动性越大,表明资源配置的均衡和有效性受损越大,宏观调控的重要任务,就是通过各种宏观经济政策和政府调控,降低经济增长的波动,提高增长的稳定性。平均数反映的是经济发展的某种内在趋势,GDP增长、全社会固定资产投资增长和社会消费品零售总额增长的三个指数的平均数,反映的是三项主要经济总量长期增长趋势,对于这种长期趋势的较大偏离,即较剧烈的波动,意味着经济偏离了正常状态,如果我们以统计学上的一个标准差为控制标准,那么,超过或低于平均数加1个标准差的增长,就可以判断为通常所说的"过热"或"过冷",表19.1按照这一标准,对1981年以来我国经济活动的波动程度的可承受性作了初步判断。GDP增长率的均值为9.8%,一个标准差为2.8%,经济运行正常波动的上、下限为12.6%和7%(9.8±2.8)。从图19.2中可以看出,从1981—2010年,中国经济增长出现了三次过热,分别在1984年前后,1992年前后和2007年前后,在经济过热之后,紧接着就是经济增长率的回落,经济向偏冷转变。1989年前后,我国的经济增长率落到了稳定区间之外,而在1999年前后,虽然经济增长率出现了比较大的下滑,但仍然在稳定区间。2007年中国经济增长偏离了正常区间,这实际上意味着经济运行已经过热,可能出现回落,而此时发生的全球金融危机加剧了这种矛盾。

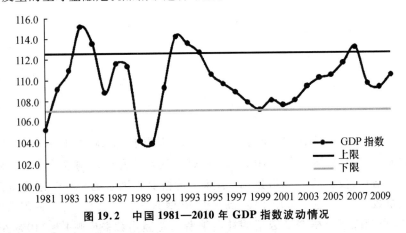

图19.2 中国1981—2010年GDP指数波动情况

再看全社会固定资产投资指数,它的平均值为15.3%,一个标准差为10.6%,投资增长的正常波动上、下限为25.9%和4.7%,稳定运行区间为(15.5±10.6),超出这个区间则可以认为出现了投资过热或过冷。从图19.3中可以看到,中国固定资产投资的波动是和经济运行密切相关的,三次过热分别出现在1985年前后、1993年前后和2009年。和经济增长相比,中国固定资产投资的平均增长率更高,波动幅度更大。从图中还可以看出,从1999年开始,中国的投资增长率开始探底回升,从5.5%一直上升到2003年和2005年的24%,上升了近20%,虽然从长期看仍然属于稳定运行区间,但已经接近上限,存在着过热的隐患。这也是后来2007年中国经济增长出现过热的重要原因。而2009年的投资过热,则属于中国当时应对全球金融危机所采取的危机管理措施,虽然对拉动经济增长有积极意义,但由于投资超出了正常的范围,为了鼓励投资而采取的货币和财政政策也可能会在相应的领域中带来一系列负面影响,如2010年后出现的通货膨胀就和2009年的货币供给和投资激增有密切关系。

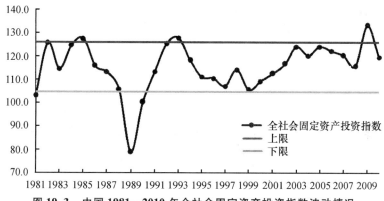

图19.3 中国1981—2010年全社会固定资产投资指数波动情况

再来看社会消费品零售指数,其增长率的均值为10%,一个标准差为5.2%,经济正常可承受的波动上、下限为15.2%和4.9%,平稳运行区间为(10.0±5.2)。从长期增长看,中国社会消费品零售总额的增长率相对比较稳定,而且重心是在缓慢地上移。如图19.4所示,1986年、1990年和1993年,我国社会消费品的增长率出现了三次较大的回落,每一次回落都和当时的通货膨胀有关,尤其是在1993年,无论是经济增长率和投资增长率都很高,但是用这一指标反映的消费基本上没什么增长,2008年,我国的消费的实际增长曾达到20%以上,但随后就出现了回落,2011年的实际增长已经回落到长期年均增长率10%左右。和投资相比,社会消费品的增长是相对缓慢的,增长率的均值低于投资10%左右,这就导致了社会消费品零售总额与全社会固定资产投资总额的比重在不断降低。从社会消费品零售总额的变动看,短期的刺激政策对其作用有限,1998年亚洲金融危机期间,我国的经济增长率在放缓,但它却仍然保持较高的增长率,但在经济增长加速时,它却可能因为通货膨胀的作用发生增长回落,2008年全球金融危机以后,我们采取了一系列鼓励消费的措施,但其增长率在2008年达到一个短期高点后,又开始逐渐回落,反映出它对通货膨胀的敏感性。从实证分析的结果看,提升消费的增长率比提升投资的增长率,难度要大得多。

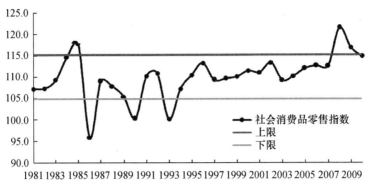

图19.4 中国1981—2010年社会消费品零售指数波动情况

图19.5所示的是三大指数波动情况的对比,可以看出,在GDP、投资和消费指标中,在一般情况下,投资是先行指标,投资将带动GDP和消费的增长,消费是滞后的指标,但如果投资增长过快,引发通货膨胀,GDP增长虽然在提升,消费的增长率也可能发生回落,这已经从1993年和2009年的数据中得到印证。因此,在推动经济增长的同时,要注重对通货膨胀的控制,否则,在投资上升的时候,消费的增长率反而可能出现回落。

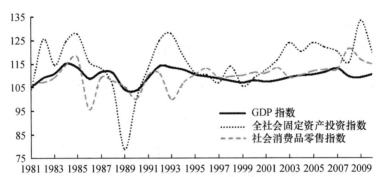

图19.5 中国1981—2010年GDP、全社会固定资产投资和社会消费品零售指数波动情况

(2) GDP、投资、消费增长速度上的相互制约和影响

对表19.1中的GDP指数、全社会固定资产投资指数和社会消费品零售指数序列分别求相关系数,得:

GDP指数与投资指数之间的相关系数 $r = 0.70061$

和

GDP指数与消费指数之间的相关系数 $r = 0.293738$

由此得出的结论是,从1981年到2010年,经济增长和固定资产投资增长的相互影响关系较为密切,而和消费增长之间的相互影响关系较小。

设 GDP 指数为因变量(z),而把全社会固定资产投资指数(x)和社会消费品零售指数(y)为自变量,进行回归分析,所得到的分析结果为:

	y	x	截距 B
回归系数	0.037333	0.176966	85.2908
SE	0.077645	0.037842	8.215655
	$R^2 = 0.495177$	SEY = 2.037893	
	F 统计量 = 13.24207	自由度 = 27	

用线性回归方程表示,有:

$$z = 85.29 + 0.176966x + 0.037333y$$

该方程通过了在 90% 置信度上的假设检验,但判定系数的值偏低,说明经济增长还受其他方面因素的影响。此方程的经济意义在于说明了 x 和 y 变动对 GDP 增长的影响,可以看出,y 的系数明显地低于 x,说明在过去 30 年中,消费对经济增长的影响明显地低于投资。假设固定资产投资增长了 15%,而社会消费品零售总额增长了 10%,从长期发展的经验看,GDP 指数应为:

$$85.29 + 0.176966 \times 115 + 0.037333 \times 110 = 109.74$$

在此假设下,全社会固定资产投资每增加 1%,经济增长率将提高 0.18% 左右,而社会消费品零售总额每增长 1%,经济增长率仅提高 0.04% 左右,也就是说,经济增长主要靠的是投资拉动,社会消费品的增长对经济增长的影响在模型上反映不明显,相关关系很弱。经济增长很好的时候,消费可能没有得到改善,而改善消费时,经济增长可能又是放缓的,扩大消费对经济增长的影响在模型上表现得不明显。这说明在我国的长期经济增长中,并没有充分发挥消费对经济增长的拉动作用。

经济增长中的投资与消费的关系是十分重要的。在计划经济时期,积累与消费的相互关系问题长期受到关注,但并不能得到解决。改革开放初期,消费曾经受到重视,但后来为了保持较快的经济增长,投资在经济增长中开始发挥越来越大的作用。从以上分析中可以看出,在改革开放以来的长期经济增长、投资和消费的发展上,表现出以下特征:

第一,在 GDP、投资、消费三者增长指数上,投资增速最快,GDP 和消费(以消除了价格变动的社会消费品零售总额度量)增长基本持平。应该看到,即使投资(以消除了价格变动的全社会固定资产投资总额度量)增长高于 GDP 增长,其高出的幅度必须适度,以改革开放后的长期发展趋势看,投资增长的平均速度约高出经济增长 5 个百分点,但近几年来,尤其是 2003 年以来,投资的实际增长率长期居高不下,高出经济增长的幅度大多在 10 个百分点以上,也就是说,同样的经济增长需要由更多的投资来拉动,这也是我们的模型中消费和经济增长的关系变得越来越不显著的原因。这种现象的出现,和我国进入加速工业化阶段有关,但也有盲目扩大投资、投资效率不断降低的问题,这也就意味着,经济增长的成果越来越多地转为投资而不是消费。因此,一方面,在宏观政策调控中要力争使三者增速的差距不要超过上述标准,因为如果三者增速相差过大,必然使经济增长发生一系列失衡。另一方面,即使对改革开放以来的三者的长期增长率,也要注意其长期累积而可能形成的经济增长中的结构性失衡,特别是以消除了价格变动的社会消费品零售总额来代表真实的居民消费增长时,由于这一指标反映出来的增长可能快于真实的消费增长,即真实的消费增长和GDP的增长相比可能偏慢(这在按支出法计算的GDP及其构成的变化中表现得非常明显),导致在支出法GDP中,资本形成的比例在不断提高,而最终消费的比例在不断下降。

第二,在我国的经济增长中,GDP、投资和消费的增长波动性存在较大差别,产生这种现象的主要原因是在不同社会的不同发展阶段,影响经济增长中的投资和消费的因素存在很大差别。消费由于与消费者收入水平及改善程度等现实条件有关,并且往往具有一定程度的"不可逆性",因此增长也相对稳定,而投资由于制度创新、投资者信心和对投资回报的预期及市场环境等影响,具有更强的不确定性,因此往往波动性更强。正因为如此,应对投资增长速度的调控予以更多的关注,并通过协调投资与消费的比例及其与动态增长速度的关系,促进国民经济均衡增长。

第三,要加强对于扩大消费的研究。长期以来,我国消费的增长是滞后于经济增长的,经济增长本来是带动消费增长的,但如果在经济增长过程中出现过热,导致通货膨胀,其结果很可能是消费增长率的回落。因此,在经济增长过程中,注意遏制经济过热、投资过热和通货膨胀,对于消费增长具有积极的意义。

3. **经济增长与外向型经济的发展**

对于要实现经济起飞的国家,发展外向型经济是推动经济增长的重要手段。十一届三中全会以来,对外开放和经济体制改革一样,始终是我国现代化建设中最重要的内容。我们首先是通过扩大初级产品的出口获得外汇、引进国外的先进设备,然后通过开办"三资"企业,尤其是借助华人华侨和港澳台同胞的力量,引进境外的资金、设备、先进的经营管理经验,发展加工型企业,接着在国内进行了全面的外贸体制改革,促进民营经济在外向型经济领域的巨大发展。国家采取了一系列优惠政策,鼓励出口导向的外向型产业发展。到了世纪之交,由于中国在生产要素上特殊的比较优势,再加上经过长期的努力加入了WTO,中国开始成为世界上吸引外商直接投资(FDI)最多的国家之一,投资主体也开始多元化,大批的跨国公司被吸引进来,使中国开始成为新的全球制造业中心,对外贸易的规模开始进入新一轮高速扩张。从表19.2中可以看到,在进入新世纪和加入WTO以后,中国的出口贸易增长得特别快,年均增长率达到17.9%,尤其是2002—2007年间,每年的增长率都在20%以上,2008年,由于全球金融危机造成的世界经济衰退,使中国的出口增长率出现了明显回落,2009年甚至是负增长,但随着国际经济形势的改善,2010年中国的出口增长率又回到20%以上。表中列出了以现行价格反映的各年的GDP和相应的名义增长率(因为出口及增长也是按照现行价格计算的),可以看出,在这一时期,中国的出口增长是快于GDP增长的,从名义增长率看,高出约3个百分点,出口对于经济增长的贡献在加大,反映为出口依存度(出口总额与GDP的比值)的提高,由2000年的20.8%提高到26.8%,提高了6个百分点。从具体发展看,则经历了先提高再有所回落的过程。尤其是2009年,由于全球金融危机的冲击,出口出现大幅度的负增长,从而导致出口依存度有明显下降,而国家必须通过增加投资的手段来保持经济增长的稳定。这一方面说明我国在发展外向型经济方面取得了重大进展,促进了经济增长,但在另外一方面,也说明随着外向型经济规模的不断扩张,我国的经济增长对世界经济的依赖程度在提高,国际经济环境的变化对中国经济的影响程度也在提高。如果说投资和消费更多地受国内经济周期的影响,那么对于我国的外向型经济而言,现在已经开始越来越多地受到世界经济周期的影响。通过调整内需和外需的结构,使外向型经济的增长和经济增长相适应,有利于增加我国经济增长的稳定性,同时也有利于可持续发展。

表19.2 2000—2010年中国出口与经济增长

年份	出口 总额(人民币亿元)	出口 名义增长率(%)	GDP 总额(人民币亿元)	GDP 名义增长率(%)	出口依存度(%)
2000	20 634	—	99 215	—	20.8
2001	22 024	6.7	109 655	10.5	20.1
2002	26 948	22.4	120 333	9.7	22.4
2003	36 288	34.7	135 823	12.9	26.7
2004	49 103	35.3	159 878	17.7	30.7
2005	62 648	27.6	184 937	15.7	33.9
2006	77 595	23.9	216 314	17.0	35.9
2007	93 456	20.4	265 810	22.9	35.2
2008	100 395	7.4	314 045	18.1	32.0
2009	82 030	-18.3	340 903	8.6	24.1
2010	107 459	31.3	401 202	17.7	26.8
年均增长(%)		17.9		15.0	

资料来源:根据《中国统计年鉴》(2011)中相关数据整理。

表19.3列出的是同一时期世界前十个最大的出口国家或地区商品出口的增长情况。在这一期间,如果用美元计算,中国的年均出口增长率是在主要出口国家中是最快的,达到20.26%,为世界平均增长率9.12%的两倍以上。2000年,美国是世界上最大的出口国,出口占世界的份额达到12.3%,而中国则排在6个最大的发达国家之后,列第7位,但对外贸易的高速增长(主要是出口的增长,进口是由出口带动的)使中国的出口超过了世界所有国家和地区,成为最大的出口经济体。在这一期间,除了个别国家(如德国)之外,欧美发达国家的出口普遍增长得比较慢,低于世界平均水平,虽然中国、韩国、荷兰等由于增长较快而加大了在全球出口中的份额,但还不能抵消发达国家出口份额下降的部分,所以前十大出口国家或地区在全球出口中的比重是下降的。这说明世界贸易的格局已经发生了很大的变化,中国在这一进程中取得了突出的成就。但在另外一方面,这也增加了我们继续发展的难度。这也说明,中国未来的经济增长要更多地建立在扩大内需的基础上。

表19.3 2000—2010年世界主要经济体商品出口情况

	2000年					2010年				2000—2010
排序	国家或地区	总额(十亿美元)	份额(%)	增长率(%)	排序	国家或地区	总额(十亿美元)	份额(%)	增长率(%)	年均增长率
1	美国	781.1	12.3	11	1	中国	1 578	10.4	31	20.26
2	德国	551.5	8.7	1	2	美国	1 278	8.4	21	5.05
3	日本	479.2	7.5	14	3	德国	1 269	8.3	13	8.69
4	法国	298.1	4.7	−1	4	日本	770	5.1	33	4.85
5	英国	284.1	4.5	6	5	荷兰	573	3.8	15	10.43
6	加拿大	276.6	4.3	16	6	法国	521	3.4	7	5.73
7	中国内地	249.3	3.9	28	7	韩国	466	3.1	28	10.47
8	意大利	237.8	3.7	1	8	意大利	448	2.9	10	6.53
9	荷兰	212.5	3.3	6	9	比利时	412	2.7	11	8.27
10	中国香港	202.4	3.2	16	10	英国	406	2.7	15	3.63
	小计	3 572	56.1			小计	7 721	51		—
	世界	6 364	100	12		世界	15 237	100	22	9.12

资料来源:WTO, STATISTICS:INTERNATIONAL TRADE STATISTICS 2011, Table I.8 Leading exporters and importers in world merchandise trade, 2010; INTERNATIONAL TRADE STATISTICS 2001, Table I.5 Leading exporters and importers in world merchandise trade, 2000。

第三节 新时期我国经济增长失衡的演变及现阶段的特征

1. 改革开放以来我国经济增长失衡演变的阶段性

新时期以来,我国经济高速增长的过程中,总量失衡表现出五个阶段性特征。第一阶段是自1978年改革开放起到1998年(上半年)。这一时期总量除个别年份外,失衡的基本方向是需求膨胀,投资需求扩张冲动性突出,消费需求在攀比机制下表现出强烈的增长刚性。这一时期总量失衡的主要原因在于,一方面由于种种历史和现实的因素,供给能力薄弱,相对于经济改革开放带动的迅速增长的发展需求,供给不足的矛盾突出;另一方面由于市场发育尚在初期,市场机制对于投资和消费需求的约束力度不足,使需求扩张仍具软预算约束的特征。这一时期总量失衡的主要矛盾在于通货膨胀压力突出,新时期以来我国发生过三次较严重的通货膨胀,都是发生在1998年之前,即1984年年底至1985年年初、1988年夏秋之际和1994年,这三次较严重的通货膨胀之所以发生,直接原因各不相同,但根本原因均在于经济失衡总的方向是需求相对膨胀,稍有刺激便会形成需求拉动的通货膨胀。这一时期宏观经济政策的基本倾向是紧缩总需求。第二阶段是自1998年(下半年)至2002年年底。这一时期总量失衡的基本方向是需求相对不足:内需不足,再加1998年亚洲金融危机冲击,出口需求受到一定影响。这一时期总量失衡的主要原因在于,一方面,由于经济周期性波动等使投资和消费两方面内需呈现疲软状态,也由于前期投资冲动和预算约束乏力及技术创新力不足等导致产品过剩和产能过剩在许多领域开始呈现;另一方面,亚洲金融危机带来的对世界市场的冲击,以及在这种冲击下我国采取人民币不贬值等相应政策,为缓和冲击承担了较多的责任,相应在国际市场上的出口需求增长受到明显影响。这一时期总量失衡的主要矛盾在于经济增速放缓,物价自1999年至2001年持续负增长,大量非国有企业关闭,大量国有企业职工下岗。这一时期宏观经济政策的基本倾向是扩张总需求,尤其是刺激内需。第三阶段是自2003年至2007年。这一时期总量失衡的基本方向不清晰,在投资和消费两个不同领域出现了不同方向的失衡,投资领域需求相对膨胀,重要的投资品市场价格大幅持续上升,投资需求高速增长,消费领域则需求相对不足,尤其是大量工业消费品产品和产能均相对严重过剩。这一时期总量失衡的主要原因在于投资领域中的投资主体受市场约束不够严厉,尤其是地方政府能够采取各种措施,严重超越地方经济本身能力的限制,形成强烈的投资需求,而同时消费领域中由于收入分配差距扩大带来消费倾向下降,再加上消费者对未来的预期不稳定等多方面原因,出现消费需求疲软。这一时期总量失衡的主要矛盾在于投资与消费在不同领域出现反方向失衡,使总量政策目标难以明确,宏观经济政策既不能以反衰退为首要目标而全面扩张,也不能以反通胀为首要目标而全面紧缩。相应的,这一时期的宏观财政政策和货币政策采取了"松紧搭配"的反方向组合,即积极的财政政策(扩张性)与稳健的货币政策(从紧性)。第四个阶段是自2008年(下半年)至2010年(上半年)。这一时期总量失衡的基本方向是总需求相对不足,经济增长速度放缓,GDP增速从2008年第一季度起至2009年第一季度连续下滑,直至2009年第一季度跌至6.2%。这一时期总量失衡的主要原因在于2007年6月美国爆发金融危机并迅速形成全球性金融危机,对世界经济产生了深刻影响,以至于2009年出现了战后全球经济首次负增长,对中国的出口需求增长产生了严重冲击,2009年出口甚至呈现负增长(-16%以上);同时,早已有之的内需不足的矛盾进一步呈现,由于自主创新不足和资本货币市场化不足等原因形成的投资需求疲软,由于国民收入分配方面存在的多方面扭曲及消费者预期等原因形成的消费需求不足,使拉动增长的总需求动力减弱。这一时期总量失衡的主要矛盾在于金融危机下全球经济衰退中的我国经济增速持续下滑。相应的,宏观经济政策的基本倾向是全面扩张以反衰退、反危机,进而采取更加积极的财政政策和适度宽松的货币政策,在财政政策扩张力度显著加大的同时,货币政策从前一时期的紧缩性方向逆转为扩张性方向,以全面刺激总需求。第五个阶段是自2010年(下半年)以来,宏观经济失衡的基本方向不明,失衡的突出特点是既有较强的通货膨胀压力,又面临经济增速放缓的衰退威胁,宏观政策的基本方向从前一时期反危机状态中的全面扩张,调整为积极的财政政策与稳健的货币政策的"松紧搭配"反方向组合,从此前的全面刺激经济转入"择机退出"。

2."择机退出"以来我国宏观经济失衡新特点

自2010年下半年相对此前全面刺激经济以应对金融危机的影响的扩张政策,转为"择机退出"以来,我国宏观经济失衡的突出特点在于既面临较强的通货膨胀压力,又面临较严峻的经济增速放缓的威胁。

一方面,总需求不足的主要原因并未克服,从而威胁经济增长。(1)就投资需求而言,尽管自2008年下半年起采取的一系列扩大内需的举措,取得了一定的效果,但是必须看到:一是这类扩大投资的行为主要是政府行为(包括中央政府和地方政府),或是具有行政指令性的投资项目,特别是政府主导的基础设施类建设项目居多,并非是真正的企业行为和市场性投资,对后续的经济增长能够带来的作用并无多少持续性;二是我国国有大型及特大型企业自主创新能力仍亟待提高,研发投入长期偏低及垄断地位的形成,使得相当一部分国有企业自主创新能力低下,即使具有较强的投资资本能力,但由于缺乏新产品研发和产业结构升级的能力,缺少有效的投资机会,若在原有技术和产业结构下大规模扩大投资,结果只能是重复建设,一旦普遍必然会导致产品和产能严重过剩,加剧经济失衡;三是民营中小企业在自身资产能力普遍较弱、企业治理结构不合理的同时,市场化滞后,特别是货币市场化、资本市场化滞后,民营中小企业进入和运用金融市场往往面临很大程度的制度歧视,其投资需求难以被正规的金融体系承认,难以转化为有效的可实现的投资需求,若寻求正规金融体制之外的民间融资市场支持,则又面临高昂的融资成本及风险。因此,我国现阶段投资需求增长乏力仍是有待克服的突出问题。(2)就消费需求而言,要使消费需求增长与经济增长相互协调,重要的条件在于国民收入分配需合理,我国现阶段国民收入分配不合理进而导致消费需求增长乏力的主要原因在于三方面:一是国民收入分配在政府、企业、居民三者之间存在结构性扭曲,从 GDP 增速、财政收入增速和居民收入增速比较来看,财政收入增速长期显著高于 GDP 增速,而居民收入增速则长期明显低于 GDP 增速,居民收入占国民收入的比重持续下降,从而使得消费需求增长在总体结构上严重滞后于经济增长;二是国民收入分配在城乡之间存在显著差异,居民收入增长本身就落后于政府财政收入增长和经济增长,而在居民收入中,农村居民收入增长更是长期落后于城市居民收入增长,城乡间居民收入差距和消费力上的差距不断扩大,占人口总数 50% 左右的农村居民对消费需求增长的拉动作用,与其人口占比严重不符,消费需求的增长长期主要依靠不足人口总数一半的城市人口消费增长拉动,极大地限制了消费需求扩张空间;三是无论城市还是农村居民,在其内部收入分配差距不断扩大,尽管由于统计数据和处理方法等方面的差异,关于我国基尼系数的测算结果各有不同,但都反映出收入分配差距扩大趋势的客观存在,并且普遍认为我国现阶段居民收入分配差距已超出通常所说的警戒水平(基尼系数 0.4 以上),这就使我国居民消费倾向不断下降,进一步降低消费需求增长的可能。可见,我国现阶段消费需求增长与经济增长要求间的失衡具有深刻的原因,尤其是在收入分配制度上。(3)受世界金融危机冲击及全球经济复苏迟缓的影响,我国经济面临的国际竞争压力以及国际市场环境日益严峻,特别是在贸易保护主义抬头的情况下,矛盾更为尖锐,进而使我国的出口增长遇到严重的困难。进入 21 世纪以来直至金融危机爆发之前,我国出口年增长率多数年份超过 20%,对经济增长的贡献基本稳定在 2—3 个百分点左右,在相当大的程度上缓解了内需不足的矛盾,在金融危机冲击下,出口需求增速大幅降低,甚至出现严重负增长,在内需疲软未根本克服的同时,出口需求又受到世界金融危机的持续影响,因而导致总需求增长乏力,严重威胁经济增长。

另一方面,我国经济现阶段还面临较强的通货膨胀压力,从发展阶段上看,我国正处于工业化、城市化的加速期,属于中等收入发展中国家,经济发展史表明,在这一成长时期,无论是需求拉动还是成本推动的通货膨胀压力都处于显著上升期,统计数据显示,低收入阶段的发展中国家通货膨胀水平一般较低,大都在一位数之内,但到了中等收入阶段直至上中等收入阶段,通货膨胀率显著上升,年通货膨胀率一般在两位数以上,只有到高收入发展阶段,即工业化和城市化进程完成并开始进入"后工业化"时期,通货膨胀率才开始回落,重回到一位数之内。[1] 从经济体制转轨来看,由于我国正处于市场化进程中,市场体系不完整,市场分割,甚至市场缺失仍较为严重,市场秩序有待完善,市场竞争仍不充分,这些都会阻碍资金在不同市场间的融通,同时使资金融通效率降低;加之转轨中的企业资金运用效率等方面存在的问题,使得转轨经济对货币的需求量相对更大。这些发展方面和体制性因素,都增大着反通胀的难度。表19.4列出了改革开放以后历年的居民消费价格指数,从表中可以看出,在改革开放中前期,我国价格指数的波动是相当大的,进入新世纪后,波动幅度已经明显减弱(参见图19.6),但随着市场经济的建立,经济增长对保持价格总水平稳定的要求也在提高。

表19.4 1978—2010年中国居民消费价格指数(上年=100)

年份	居民消费价格指数	年份	居民消费价格指数	年份	居民消费价格指数
1978	100.7	1990	103.1	2002	99.2
1979	102.0	1991	103.4	2003	101.2
1980	106	1992	106.4	2004	103.9
1981	102.4	1993	114.7	2005	101.8
1982	101.9	1994	124.1	2006	101.5
1983	101.5	1995	117.1	2007	104.8
1984	102.8	1996	108.3	2008	105.9
1985	109.3	1997	102.8	2009	99.3
1986	106.5	1998	99.2	2010	103.3
1987	107.3	1999	98.6	2011	105.4
1988	118.8	2000	100.4		
1989	118.0	2001	100.7		

资料来源:根据历年《中国统计年鉴》整理,1978—1985年数据为商品价格零售指数。

---

[1] 世界银行:《世界发展报告》(中译本),中国财政经济出版社1989年版。

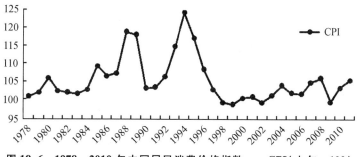

图 19.6　1978—2010 年中国居民消费价格指数——CPI（上年 = 100）

就我国现阶段通货膨胀压力成因而言,具有以下几方面的特殊性。(1)具有需求拉动与成本推动共同作用的特点。我国改革开放以来发生的较严重的通货膨胀主要有三次,都是集中于 1998 年之前,而且成因主要是需求膨胀所致,属于需求拉动、经济过热的结果。而现阶段的通胀,除具需求拉动的作用外,还有较为显著的成本推动的动因,本来发展中国家穿越贫困、跨过温饱水平进入中等收入发展阶段(小康)后,各类生产要素,包括劳动力、土地等自然资源,燃料动力等上游投入品的价格会相应上升,如果发展方式未能相应转变,经济增长不能从主要依靠要素投入量扩大转变为效率提高,竞争优势不能从主要依靠成本低廉转变为创新力强,就不可能消化不断上升的成本压力,不可能使经济增长保持可持续,从而一方面形成成本推动的高通胀,另一方面形成低效率的低增长,导致严重的失业。我国现已进入中等收入发展阶段,不能不面对所谓"中等收入陷阱"的挑战,其中重要的表现便是国民经济成本上升形成的通胀压力不断增大,这样,以紧缩银根的紧缩性货币政策来治理通胀的有效性就被严重削弱,紧缩性货币政策,无论是数量工具还是价格工具的紧缩,对需求拉动的通胀能够产生较明显的效果,因为紧缩银根本身就是紧缩需求,但对成本推动的通胀的抑制作用不明显,因为治理成本推动的通胀关键在于提高企业和劳动者的效率,降低其成本,对于成本推动的通胀,紧缩银根的措施可能会加剧通胀,紧缩性宏观经济政策在产生紧缩性需求效应的同时,也产生供给效应,无论是加息还是控制信贷规模等紧缩性货币政策,或是加税及减少政府支出等紧缩性财政政策,事实上都会使企业成本上升,企业上升的成本转移到产出价格当中,从而加剧成本推动的物价上涨压力。(2)现阶段通货膨胀具有国际输入性特征。在经济开放程度日益提高、外贸依存度已达较高水平的条件下,国际经济周期对我国经济均衡的影响程度会不断加大,包括对经济增长、通货膨胀、就业及国际收支均衡等宏观经济目标的影响越来越显著。现阶段对通胀压力影响的表现主要集中在以下几方面。一是我国经济对石油等重要能源的进口依赖度不断提高,而原油的国际市场价格虽有波动,但总体趋势是显著上升,这就不能不从国民经济上游增大成本,进而推动物价上升。二是铁矿砂等矿物资源的国际市场价格持续上扬,处于工业化、城市化加速发展期的我国经济对铁矿砂等矿物资源的需求正处于迅速扩张时期,这一方面刺激着国际市场矿物资源价格上涨,另一方面上涨的国际矿物市场价格又会进入企业成本,成为提高相关产出价格的成本动因。三是农产品国际市场价格上升对我国经济也产生了不容忽视的影响,我国农产品在总量上基本能够达到产需均衡,但从结构上来看,我们除部分出口(如稻米)外,也有部分进口(如大豆、玉米等),国际农产品市场上近些年来变化的特点之一恰恰是稻米价格基本稳定,而我国主要依赖进口的大豆等价格上升幅度较大,进而影响国内市场价格上升。以近年来的大豆为例,据测算,国内市场大豆价格与国际市场大豆价格指数相关系数高达0.914,长期影响系数达0.83,即国际市场大豆价格每增加1%,国内市场大豆价格上涨0.83%;而我国国内市场大豆价格指数对食品类价格长期影响系数为0.439,即国内市场大豆价格上涨1%,食品价格上升0.439%;其中最突出的是对肉禽类产品价格的影响,长期影响系数达到0.616,即大豆价格上涨1%,肉禽类产品价格上升0.616%。[①] 在我国现阶段,居民食品消费支出占总消费支出仍高达40%左右(恩格尔系数)的条件下,食品价格的上升无疑会对整个消费品价格指数(CPI)产生重要的影响。尽管发达国家的核心价格指数中通常不包含食品价格,因为农产品生产受自然气候影响较大,宏观经济政策不能控制和作用于自然气候的变化,但当代发达国家的居民恩格尔系数大都到20%以下,食品价格对整个CPI的影响程度很弱,我国现阶段则不然,食品价格对人们的实际生活及通胀和通胀预期影响程度是很强烈的,应当予以重视。四是美国定量宽松的货币政策,在一定程度上增大了国际市场上的美元供给量,这种国际市场上流动性的增加,会推动美国向国际经济输出通货膨胀,而国际市场上的通货膨胀加剧,会通过各种渠道不同程度地影响我国物价水平、增大国际输入性通货膨胀的压力。对于上述各类国际输入性因素形成的通货膨胀压力,国内的宏观紧缩政策的作用是有限的,并且是被动的。(3)现阶段的通货膨胀具有显著的需求拉动滞后性。自2008年下半年至2010年上半年,我国为应对世界金融危机的冲击,采取"更加积极的财政政策和适度宽松的货币政策",国民经济中的流动性大量增加,这种扩张性政策措施在应对世界金融危机冲击方面产生了积极的成效,但同时也产生了巨大的需求拉动的通货膨胀压力,不同的是,这种需求拉动的通胀压力的释放,在时间上往往存在一个"滞

---

① 刘伟、金三林:《国际粮食价格波动特点及对我国价格总水平的影响:以大豆价格为例》,北京大学经济学院博士后工作站工作论文。

后期",这个滞后期时间的长短在不同国家的不同时期有所不同。换句话说,我国经济现阶段所承受的需求拉动的通胀压力,在一定程度上是前一阶段扩张性政策滞后作用的体现。对于这种滞后性需求拉动的通胀,现期的宏观经济政策作用是有限的,而且现期的政策本身也具有"时滞",不是即时能够显现作用的。
(4)开放条件下我国国际收支失衡的特殊性及现行的结(售)汇制度特征增大着通货膨胀的压力。我国国际收支领域长期存在大量顺差,外汇储备不断增加,当汇率不能按外汇市场供求关系变化而相应变化时,即在外汇储备增加,汇率又不是由市场决定,人民币不能由市场力量决定其是否升值的条件下,在结(售)汇时,我们支付给外汇储户的人民币量增加,即央行的外汇占款不断增加。2006年以来,我国央行外汇占款已超越其他因素成为决定基础货币供给量的最主要的因素。在今后一段时期,一方面,我国贸易顺差的格局仍将长期存在;另一方面,国际社会对人民币升值的压力增强及对人民币升值预期提高。在这两方面的压力下,我国外汇占款还将增加,并且在今后一段时期里继续成为推动基础货币增加的主要因素,从而增大通货膨胀的压力,削弱反通胀政策的效果。我国国际收支领域长期收大于支的特点及客观性,会抑制反通胀的宏观经济政策的有效性,也增大了反通胀的困难。

如果国民经济失衡的状况是:既面临总需求不足,进而经济增长乏力,失业率攀升,市场萧条;同时又面临通胀压力,并且形成通胀压力的成因复杂,治理通胀的宏观政策效果受到多种因素的抑制,那么宏观调控会遇到严重的困难。如果全面扩张,有利于经济增长,但相应地会加剧通胀压力;如果全面紧缩,有利于治理通胀,但相应会加剧衰退。或者说,当通胀压力和增长乏力双重矛盾同时存在,而各自所要求的政策方向又完全相反的条件下,从积极意义上看,或者说从提高宏观调控的效率看,宏观经济政策的选择原则,重要的在于从这两方面矛盾当中寻找出最为主要的矛盾,根据缓解和克服最主要矛盾的需要,明确相应的宏观政策方向,有时往往为解决当务之急的首要矛盾不得不以同时加剧其他相比较而言处于次要地位的矛盾作为代价。从消极意义上看,或者说从降低宏观调控的风险看,若通胀和衰退孰为首要难以判断,或者两种失衡压力客观上大体相当,宏观调控的两大政策工具,即财政政策和货币政策的方向可以考虑采取反方向的"松紧搭配"的组合方式,比如当存在衰退威胁时运用扩张性的财政政策刺激需求,同时由于存在通胀压力,运用紧缩性货币政策来抑制通胀,以避免采取"双松"或"双紧"可能产生的宏观政策风险。但这种"松紧搭配"的反方向组合可能会产生政策效果之间的相互抵消,在财政和金融体制上,若财政政策与货币政策的实施联系具有直接性和紧密性特征,这种反方向组合的宏观政策格局在政策效应上的相互抵消程度会更为显著。考虑到货币政策和财政政策的各自特点,尤其是一般而言,财政政策对国内经济的影响程度会大于其对国际收支领域的影响,而货币政策对国际收支领域的影响相对更显著,因此,当国内总量失衡,而同时国际收支领域也存在失衡,比如国内存在较严重的增长乏力和失业,而同时国际收支存在赤字,在这种状态下,采取扩张的财政政策以刺激国内需求和增长,尽管由此可能刺激进口,增大国际收支赤字,但相对而言,财政政策对国内经济的刺激效应会大于对国际收支失衡的影响程度;同时,采取反方向的紧缩性货币政策,以提高利率,刺激资本流入,缩小国际收支赤字,尽管紧缩性的货币政策会抑制国内需求,但相对而言,货币政策对国际收支失衡的作用程度会大于对国内需求的影响程度。这样采取财政政策与货币政策反方向组合,尽管存在政策效应的相互抵消,但这种抵消是为克服失衡而付出的成本,并且在这种状况下,政策收益会高于其成本。但是,必须说明的是,这种兼顾国内失衡和国际收支失衡治理的货币政策与财政政策的反方向组合,要取得较经济的效果,要求汇率是市场汇率,利率也必须是市场决定,而不是管制汇率和政府定价。否则,在国际收支赤字的状况下,采取紧缩性货币政策紧缩信贷规模,利率未必市场性上升,再加上行政管制性汇率,资本流出未必能够随市场供求关系的变化而变化,其结果可能是货币紧缩抑制了国内需求,使需求不足矛盾加剧的同时,难以缓解国际收支赤字。

第二十章 新时期中国国民收入的生产、分配及对国内总需求的影响

第一节 增加值结构、就业结构与部门人均收入

任何一个国家的经济增长,都不仅仅是总量的增长,而是和其产业结构的变化密切联系的,生产率较高的部门加速增长以及由此带来的部门份额的增加,对于提升整个国民经济的总量具有重要意义。配第(1691)-克拉克(1940)定理指出:随着经济的发展,第一产业的规模和劳动力所占的比重会逐渐下降;第二产业的规模和劳动力所占的比重会逐渐上升,再随着经济的进一步发展,第三产业的规模和劳动力所占的比重将开始上升。通过对近年来对中国增加值结构和就业结构的比较,我们可以看到中国产业结构变化的几个特征。

第一,改革开放后,尤其是进入新世纪后,包括增加值结构和就业结构在内的中国产业结构变化,是符合配第-克拉克定理所揭示的规律的。从表20.1中可以看到,从2000年到2009年,中国第一产业增加值所占的比重从14.8%下降到10.3%,第二产业的比重从45.9%上升到46.3%,而第三产业比重从39.3%上升到43.4%,为上升最快的产业部门。就业结构的变化趋势也是类似的,第一产业的就业比重从50%下降到38.1%,第二产业的比重从22.5%增加到27.8%,第三产业的比重从27.5%上升为34.1%。

第二,中国的增加值结构和产业结构之间的发展,仍然是失衡的。如果将2008年的增加值结构和就业结构进行横向比较,就会发现这两个结构之间存在着严重的失衡。刘易斯(1954)曾经分析过在劳动力无限供给情况下发展中国家经济增长中的二元结构问题。而中国由于众多的人口和大量现存的农业劳动力,二元结构的矛盾显得更为突出。可以看到,第一产业以10%左右的增加值,容纳了近40%的农业劳动力,形成鲜明的反差。这还是近些年来中国加速工业化进程中第一产业劳动力所占比重迅速下降的结果,否则,这种反差还会更大。

表20.1　1978—2009年增加值结构与就业结构的比较

年份	按现价计算的增加值部门构成(%)			就业构成(%)		
	第一产业	第二产业	第三产业	第一产业	第二产业	第三产业
2000	14.8	45.9	39.3	50.0	22.5	27.5
2001	14.2	45.2	40.7	50.0	22.3	27.7
2002	13.5	44.8	41.7	50.0	21.4	28.6
2003	12.6	46.0	41.4	49.1	21.6	29.3
2004	13.1	46.2	40.7	46.9	22.5	30.6
2005	12.6	47.5	39.9	44.8	23.8	31.4
2006	11.8	48.7	39.5	42.6	25.2	32.2
2007	11.1	48.5	40.4	40.8	26.8	32.4
2008	10.7	47.4	41.8	39.6	27.2	33.2
2009	10.3	46.3	43.4	38.1	27.8	34.1

资料来源:《中国统计年鉴》(2009)。

但发达市场经济国家,增加值结构和劳动力结构是匹配的,尤其是农业劳动力在总就业中所占的比重和第一产业增加值在国民收入中所占的比重往往是相当的。表20.2列出了美国2008年三次产业增加值结构和劳动力结构的比较,从表中看到,两种结构的比例相当接近,对其他发达市场经济国家如日本和德国的数据进行观察,也能够得到类似的结论。增加值结构和就业结构是从生产领域观察的,它们的对比在一定程度上说明了国民收入初次分配的情况。农业领域生产率的提高由于受到资源(如土地)和技术发展水平的限制,增长率往往明显低于非农业领域,因此,提高农业及整个第一产业的生产率一方面要通过技术进步提高其产出及效率,另一方面还要通过其他产业的发展来吸纳更多的剩余农业劳动力。如果多余的农业劳动力不能合理地转出这个领域,农业劳动生产率的提高就会受到限制,二元结构就会继续存在,农村居民的收入就很难有较大的增长,而受此影响的潜在市场就不能充分开发出来。增加值结构和就业结构不对称的情况,一方面说明中国仍处于工业化进程中,有限的经济资源和过剩的农业劳动力供给之间的矛盾,决定了增加值结构要优先于就业结构得到提升,再

表20.2　2008年美国增加值比重和就业比重比较

	第一产业	第二产业	第三产业
就业比重(%)	2.3	23.2	74.5
增加值比重(%)	1.11	20.0	78.9

资料来源:就业比重根据美国劳工统计局资料计算(Employment by industry, occupation, and percent distribution, 2008 and projected 2018),增加值比重根据美国经济分析局数据(NIPA 2008)计算。

反过来消化过剩的劳动力;另一方面,也是中国未来经济增长的比较优势,这说明中国经济还有很大的提升空间。

第三,我国就业结构开始加速升级,变动幅度大于增加值结构,标志着我国的产业结构升级正在经历着一个新的发展阶段。

从表20.3中可以看到,从2004年到2009年,也就是"十一五"规划前后,我国平均每年需要安排的非农就业人数为1 671万,其中559万为城镇新增劳动力,从农业部门转出的劳动力为1 112万,分别安排在第二产业(953万)和第三产业(718万),而从就业地区看,其中900万左右是在城镇安排的,其余的在农村的非农产业部门就业。

表20.3 2000—2009年中国就业变化

年份	就业人员(万人)			
	全部	第一产业	第二产业	第三产业
2000	72 085	36 043	16 219	19 823
2001	73 025	36 513	16 284	20 228
2002	73 740	36 870	15 780	21 090
2003	74 432	36 546	16 077	21 809
2004	75 200	35 269	16 920	23 011
2005	75 825	33 970	18 084	23 771
2006	76 400	32 561	19 225	24 614
2007	76 990	31 444	20 629	24 917
2008	77 480	30 654	21 109	25 717
2009	77 995	29 708	21 684	26 603
2004—2009年年均新增就业	559	-1 112	953	718

"十一五"规划提出,五年转移农业劳动力4 500万人,五年城镇新增就业4 500万人,城镇登记失业率控制在5%,服务业就业人员占全社会就业人员比重提高4个百分点。现在看来,这些指标都能够完成(前三个指标)或接近完成(服务业就业人员占全社会就业人员比重提高4个百分点)。完成这些目标对改善我国产业结构和缩小城乡收入分配差距,都具有重要的意义。从改善就业的要求看,在"十二五"规划期间,我们仍然需要在产业结构优化的基础上,实现平稳较快的经济增长,这不仅仅是我国经济发展的需要,也是改善就业、实现结构优化和缩小城乡差别的需要。

在这种背景下,我国增加值结构和劳动力就业结构的变化,显示出一个新的特征,这就是就业结构的变化大于增加值结构的变化。2000年到2009年,分产业看,第一产业增加值的比重下降了4.5%,而就业比重下降了11.9%,第二产业的增加值比重增加了0.4%,而就业比重上升了5.3%,第三产业增加值比重上升了4.1%,但就业比重上升了6.6%。虽然从绝对量上看,第一产业的人均增加值显著低于第二、第三产业,2009年第一产业的劳动生产率分别为第二、三产业的1/6和1/5,但由于劳动力结构的变化,第一产业人均增加值的增长率却快于第二、第三产业。这说明第一产业的人均收入改善程度相对大于其他产业。

第四,从表20.4中可以看到,随着就业结构的变化,不同部门以人均收入所反映的差异开始收敛,但要把这种差异降低到较低的水平还要经历一个长期的过程。

表20.4　2000—2009年各产业人均收入变化情况

年份	按就业人数计算的人均收入(元)			各产业人均收入为第一产业的%		
	第一产业	第二产业	第三产业	第一产业	第二产业	第三产业
2000	4 146	28 088	19 530	100	677	471
2001	4 322	30 405	21 931	100	703	507
2002	4 485	34 155	23 660	100	762	528
2003	4 756	38 836	25 680	100	817	540
2004	6 071	43 679	28 057	100	719	462
2005	6 600	48 440	31 517	100	734	478
2006	7 383	53 950	35 977	100	731	487
2007	9 104	60 997	44 689	100	670	491
2008	10 994	70 588	51 071	100	642	465
2009	11 857	72 698	55 498	100	613	468

从图20.1中可以看到,自2000年以来,第二、第三产业对第一产业人均收入(按劳动力计算的人均增加值)的倍数首先是发散的,在2002年左右到达高点,而从2003年开始,虽然有一些波动,但从趋势上看是收敛的,即差距是缩小的。

第一产业人均收入和其他产业差异之所以开始减少,并不是第一产业的增长率加快了,从表20.5中可以看出,2000—2009年,虽然在后期(2004—2009年)第一产业的增长快于前期,但从整体上看,都慢于GDP和第二、第三产业的增速。如果其他条件不变,第一产业的人均收入就会是下降的。但是在这一过程中,有两个变化影响了人均收入的变化。

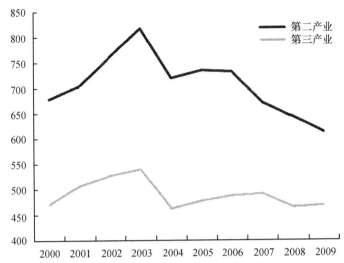

图 20.1 第二、第三产业按劳动力计算的人均增加值与第一产业比较(第一产业 = 100)

表 20.5 2000—2009 年中国 GDP 及三次产业指数(上年 = 100)

年份	GDP	第一产业	第二产业	第三产业
2000	108.4	102.4	109.4	109.7
2001	108.3	102.8	108.4	110.3
2002	109.1	102.9	109.8	110.4
2003	110.0	102.5	112.7	109.5
2004	110.1	106.3	111.1	110.1
2005	111.3	105.2	112.1	112.2
2006	112.7	105.0	113.4	114.1
2007	114.2	103.7	115.1	116.0
2008	109.6	105.4	109.9	110.4
2009	109.1	104.2	109.9	109.3
年均	110.3	104.0	111.2	111.2

一是农产品价格的变化,从图 20.1 中可以看到 2004 年和 2007 年第二、第三产业的相对人均收入是下降的,而这两年恰恰是居民消费价格指数上升幅度偏大的年份,而引起指数上涨的主要因素是农产品价格,2000 年是粮食价格,2007 年是猪肉价格,这使得第一产业按现行价格计算的增加值有较大提升。从表 20.6 中可以看到,2004 年包括了价格和实物量变动的第一产业价值指数高于 GDP 指数和第二、第三产业指数,而 2007 年和 2008 年的数值则相当接近,而从长期发展看,第一产业的年均增长率是 9.1%,和 GDP 及第二、第三产业增加

值之间的差距也小于实物量指数。这种现象的发生反映了高速经济增长条件下的发展要求,这就是生产率较低的农业部门的价格增长,要快于生产率较高的非农产业,但是即使如此,以农业为主的生产部门的价值增加仍然慢于非农产业。这也是世界各国在工业化时期,第一产业虽然也在不断发展,但其占国民收入的比重却不断下降的基本原因。这也说明在快速经济增长的条件下,农产品的价格提升是存在供给压力的,如果不能实现稳定提升,那么在需求及其各方面条件(如货币流动性增加较快)发生较大变化的情况下,就会出现这种价格上升的压力突然释放的现象,对整个国民经济的发展以及居民生活造成冲击。

表 20.6 2000—2009 年中国按现行价格计算的 GDP 价值指数(上年 = 100)

年份	GDP	第一产业	第二产业	第三产业
2000	110.6	101.2	111.0	114.3
2001	110.5	105.6	108.7	114.6
2002	109.7	104.8	108.9	112.5
2003	112.9	105.1	115.8	112.2
2004	117.7	123.2	118.4	115.3
2005	115.7	104.7	118.5	116.0
2006	117.0	107.2	118.4	118.2
2007	122.9	119.1	121.3	125.7
2008	118.1	117.7	118.4	118.0
2009	108.4	104.5	105.8	112.4
年均	114.3	109.1	114.4	115.9

二是农村劳动力向非农产业的转移。从表 20.7 和图 20.2 中可以看到,改革开放以来,我国第一产业就业人数所占的比重下降得非常快,从 70% 左右下降到不足 40%。虽然与发达国家和新兴工业化国家相比,这个比重仍然非常高,但对于一个有着 13 亿人口和 7 亿就业人口的大国来说,这已经是了不起的成就。从发展上看,改革开放后第一产业就业比重的下降,经过了三个阶段,第一是改革开放初期到 1986 年,比重由 70% 下降到 60% 左右,这一时期农业劳动力的转移方向,主要是乡镇企业;经过大约 6 年左右的调整,1992 年开始,农村劳动力又经历第二次大的转移,这一次转移既包含向乡镇企业的转移,也包含向城镇的转移,到了 1996 年,第一产业的劳动力下降到了 50%,比上一阶段又下降 10%;在此之后,第一产业劳动力又进入调整和稳定期,一直保持到 2003 年,从 2003 年开始,我国进入了克服亚洲金融危机冲击后的加速增长时期,与此相伴的就是农业劳动力向非农业领域的转移,到 2009 年为止,比重已经下降到

38.1%,而且没有明显放缓的迹象,而国家制定的就业政策,也在鼓励和促进农业劳动力向非农业领域的转移,这一时期转移的农业劳动力不但比重大,而且绝对数量也大。而从总体发展来看,第一产业就业比重下降得比较快的阶段,都是中国经济增长得比较好的阶段,这进一步证明了经济发展对改善中国的三次产业结构和城乡二元结构具有重要意义。从就业结构看,中国还带有明显的发展中国家的特征,而改变这一结构,仍然需要中国有一个较长时期的较快经济增长。从中长期发展来看,如果能把这一比重下降到20%左右,或者说把中国的第一产业就业数量降到1亿人到2亿人之间,那么我们农村劳动力过剩的情况就会得到明显改善,而农村居民的收入和生活水平也会得到明显提高。

表20.7 1978—2009年中国第一产业就业人员占全部就业的比重

年份	比重(%)	年份	比重(%)	年份	比重(%)
1978	70.5	1989	60.1	2000	50.0
1979	69.8	1990	60.1	2001	50.0
1980	68.7	1991	59.7	2002	50.0
1981	68.1	1992	58.5	2003	49.1
1982	68.1	1993	56.4	2004	46.9
1983	67.1	1994	54.3	2005	44.8
1984	64.0	1995	52.2	2006	42.6
1985	62.4	1996	50.5	2007	40.8
1986	60.9	1997	49.9	2008	39.6
1987	60.0	1998	49.8	2009	38.1
1988	59.3	1999	50.1		

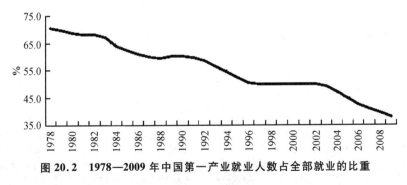

图20.2 1978—2009年中国第一产业就业人数占全部就业的比重

总的来看,第一产业劳动力的减少和按现行价格计算的增加值的提高这两重因素共同作用的结果,使得第一产业部门和第二、第三产业之间的相对差距有所下降。但从绝对量上看,差距仍然很大。在中国工业化、城市化和现代化进程中,如何通过非农产业的发展,促进农业劳动力向非农领域转移,是我国现阶段经济发展中的重要任务。

第二节　地区收入差异与中国经济发展潜力

对于中国这样一个大国而言,要在经济发展水平很低的情况下实现起飞,就需要将有限的资源集中起来,在某些局部首先实现非常规的发展,而各种体制创新和政策倾斜,也是鼓励这种非均衡发展的。最近几年,国家更是高度重视地方经济发展,一系列地区的经济发展被提高到国家发展战略的高度。① 地方经济的发展,已经成为近些年来中国经济增长和经济发展的重要动力。

从表 20.8 中可以看到,随着中国的经济增长和人均国民收入水平(以人均 GDP 表示)的提高,各个地区的经济发展水平也都提升到了一定的高度。上海、北京和天津这三个直辖市,已经接近甚至超过了 10 000 美元,超过世界平均水平,达到了上中等收入国家的标准。有 20 个省市的人均 GDP 超过了 20 000 元,但是还有 11 个省和自治区的人均 GDP 在 20 000 元以下,贵州省的人均 GDP 才刚刚突破 10 000 元,虽然这 11 个省和自治区这几年已经有了比较大的发展,和发达地区的差距在缩小。贵州 2005 年的人均 GDP 为 5 052 元,现在已经达到了 10 309 元,用了 4 年时间翻了一番,虽然其中包含了价格上涨因素,但主要是发展的成果。2005 年,上海的人均 GDP 为 51 474 元,是贵州的 10.18 倍,而到了 2009 年,已经下降为 7.66 倍。一国经济区域之间存在显著的发展差异,通常被作为经济二元性的重要体现和不发达的重要标志。但对于中国这样一个大国现

---

① 2003 年 9 月 29 日,中共中央政治局讨论通过《关于实施东北地区等老工业基地振兴战略的若干意见》。2006 年 6 月 6 日,国务院通过中国政府网发布《国务院关于推进天津滨海新区开发开放有关问题的意见》(国发[2006]20 号),正式宣布天津滨海新区成为全国综合配套改革试验区。2006 年 12 月 8 日,国务院常务会议审议并原则通过《西部大开发"十一五"规划》。2007 年 6 月,国家发展和改革委员会发出通知,批准重庆市和成都市设立全国统筹城乡综合配套改革试验区。2008 年 2 月 21 日,国家发改委发布《广西北部湾经济区发展规划》。2009 年 12 月 3 日,山东省政府消息,国务院已正式批复《黄河三角洲高效生态经济区发展规划》。以此为起点,黄河三角洲地区的发展上升为国家战略。2009 年 4 月 14 日,国务院发表《关于推进上海加快发展现代服务业和先进制造业 建设国际金融中心和国际航运中心的意见》。2009 年 5 月 14 日,国务院颁布《国务院关于支持福建省加快建设海峡西岸经济区的若干意见》。2009 年 6 月 25 日,国务院正式发布《关中—天水经济区发展规划》。2009 年 9 月 23 日,国务院常务会议讨论并原则通过《促进中部地区崛起规划》。2009 年 10 月 28 日,国务院常务会议讨论并原则通过《关于进一步促进广西经济社会发展的若干意见》。2009 年 12 月 16 日,继上海浦东新区、天津滨海新区之后,中国第三个国家级新区横琴新区在珠海市横琴挂牌成立。2010 年 1 月 4 日,国务院颁布《国务院关于推进海南国际旅游岛建设发展的若干意见》。2010 年 1 月,中国国务院正式批复《皖江城市带承接产业转移示范区规划》,这是中国批准设立的首个国家级承接产业转移示范区,它标志着产业梯度转移正式上升为中国国家战略之一。

阶段的经济成长来说,这种区域差异的存在,进而产生的梯度式推进的可能,从一定意义上恰恰是中国实现持续高速增长的重要资源和特有的发展禀赋。大国优势和区域差异为中国保持一个相对更长时期的高速增长提供了独特的条件。我们要实现经济发展方式的转变和扩大内需,那么扩大欠发达地区投资和消费需求,将是现阶段和未来相当长一个时期里我国扩大内需的重要手段。

表 20.8　2009 年各地区人均 GDP 和城镇人口比重

排序	地区	人均 GDP（元）	城镇人口比重(%)	排序	地区	人均 GDP（元）	城镇人口比重(%)
1	上海	78 989	88.6	17	陕西	21 688	43.5
2	北京	70 452	85.0	18	山西	21 522	46.0
3	天津	62 574	78.0	19	河南	20 597	37.7
4	江苏	44 744	55.6	20	湖南	20 428	43.2
5	浙江	44 641	57.9	21	新疆	19 942	39.9
6	广东	41 166	63.4	22	青海	19 454	41.9
7	内蒙古	40 282	53.4	23	海南	19 254	49.1
8	山东	35 894	48.3	24	四川	17 339	38.7
9	辽宁	35 239	60.4	25	江西	17 335	43.2
10	福建	33 840	51.4	26	安徽	16 408	42.1
11	吉林	26 595	53.3	27	广西	16 045	39.2
12	河北	24 581	43.0	28	西藏	15 295	23.8
13	重庆	22 920	51.6	29	云南	13 539	34.0
14	湖北	22 677	46.0	30	甘肃	12 872	32.7
15	黑龙江	22 447	55.5	31	贵州	10 309	29.9
16	宁夏	21 777	46.1		全国	25 575	46.6

我国当前各地区的人均 GDP 及其变动,具有以下三个重要特征。

第一,人均 GDP 水平与城市化进程之间存在着显著的相关关系。人均 GDP 是衡量一个地区经济发展水平的重要依据。从表 20.8 中可以看出,各个地区的人均 GDP 和城市化水平存在着依存关系,一般地说,以人均 GDP 反映的经济发展水平越高,城镇人口占总人口的比重(城镇化率)也就越高。对二者计算相关系数,$R=0.9361$,相关程度很高。说明中国在工业化进程中,随着各个地区经济发展水平的提高,它们的城镇化水平也在不断提高。

第二,中等和低收入地区的人均 GDP 的增长率高于发达地区,但相互之间的发展差距仍然较大。表 20.9 中列出的是"十一五"规划期间按现行价格计算的各地区人均 GDP 增长的情况,用现行价格计算的增长率包含了价格变动的影响,但却能够比较好地进行各个地区经济发展水平之间的横向比较。从表20.9中可以看出,一些原先基础较差或发展较慢的地区,在"十一五"规划期间增长情况有了比较明显的改变,在年均增长率排名前10的地区中,除了内蒙古和吉林以外,其他地区2009年的人均GDP都在全国平均水平以下,从整体上看,在此期间较低收入地区的人均GDP增速高于较发达地区。虽然各个地区人均水平迅速改善的原因有所不同,如内蒙古是发展了资源和环保产业,陕西、宁夏、青海、贵州得益于西部大开发战略,吉林是在深化经济体制改革中取得了重大成果,重庆和四川在城乡综合发展试点中取得了成就,湖南和湖北则属于中部地区的崛起。但从总体来看,这些发展较快的地区都是根据自身的特点挖掘经济增长的潜力,在中央的支持下努力推动经济发展,使当地的综合实力和人民生活得到明显改善。

表20.9 2005—2009年各地区按现价计算的人均GDP增长

排序	地区	2005年人均GDP(元)	2009年人均GDP(元)	年均增长(%)
1	内蒙古	16 331	40 282	25.3
2	陕西	9 899	21 688	21.7
3	宁夏	10 239	21 777	20.8
4	重庆	10 982	22 920	20.2
5	贵州	5 052	10 309	19.5
6	吉林	13 348	26 595	18.8
7	湖北	11 431	22 677	18.7
8	湖南	10 426	20 428	18.3
9	青海	10 045	19 454	18.0
10	四川	9 060	17 339	17.6
11	安徽	8 675	16 408	17.3
12	辽宁	18 983	35 239	16.7
13	江西	9 440	17 335	16.4
14	广西	8 788	16 045	16.2
15	江苏	24 560	44 744	16.2
16	河南	11 346	20 597	16.1
17	福建	18 646	33 840	16.1
18	山东	20 096	35 894	15.6
19	海南	10 871	19 254	15.4
20	天津	35 783	62 574	15.0
21	云南	7 835	13 539	14.7

（续表）

排序	地区	2005年人均GDP(元)	2009年人均GDP(元)	年均增长(%)
22	山西	12 495	21 522	14.6
23	甘肃	7 477	12 872	14.5
24	广东	24 435	41 166	13.9
25	西藏	9 114	15 295	13.8
26	河北	14 782	24 581	13.6
27	浙江	27 703	44 641	12.7
28	黑龙江	14 434	22 447	11.7
29	北京	45 444	70 452	11.6
30	上海	51 474	78 989	11.3
31	新疆	13 108	19 942	11.1

相比较而言,经济增长偏慢的地区主要有两类,一类是在前一阶段经济获得较大的发展的地区,如北京、上海、浙江、广东,还有一类是经济发展水平在平均水平附近的地区,如河北、黑龙江、新疆等。这些地区的增长率也不低,都在10%以上,只是和增长较快的地区有一定的差距。发达地区由于生产要素价格的提高,经济已经开始进入稳步增长阶段,要重视通过转变发展方式提高经济增长的效率,而中等水平地区的发展除了需要得到中央的进一步政策扶持外,还应该重视加强体制创新。

第三,人均GDP的地区分布有一定改善,但仍然属于偏态分布。图20.3反映的是我国2009年人均GDP的人口分布。图中下方的数值是各个分组的组中值,如果一个省的人均GDP在10 000至20 000元之间,那么这个省的人口就全部归到这个组,如陕西的人均GDP为21 688元,陕西的人口就被全部归入20 000到30 000元这个组(组中值为25 000),纵轴反映的是各个收入组的人口在全部人口中所占的百分比。从图中可以看到,按人均GDP反映的人口分布是偏态的,即两个低收入组的人口比重比较大,高收入组的比重比较低,只有不到4%的人口的人均GDP在50 000元以上,20%以上的人口的人均GDP在40 000元以上。

这说明了在我国继续保持经济平稳较快增长的必要性。改革开放以来,虽然就全国而言,我们一直保持着高速经济增长,但是这种经济增长是不均衡的,是以少数地区的较快发展来带动整个国家的经济增长,换句话说,在全国取得10%的年均GDP增长时,一些地区的增长率可能大大高于10%,而另一部分地区的增长率则可能远远低于10%,而在高速增长前期,由于发展条件的限制,首先出现加速经济增长的地区往往是地理条件和经济基础比较好的地区,这就使

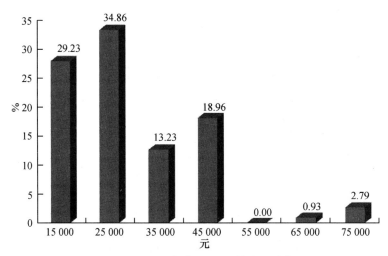

图 20.3 2009 年中国 GDP 的人口分布

得发达地区和欠发达地区之间的发展差距更大。进入新世纪以来,尤其是在"十一五"规划时期,由于我们更加强调科学发展观,更加强调建设和谐社会,而与此同时,各个地方比较优势也在发生变化,国家综合实力的提高也使得中央有可能把更多地区的区域经济发展提升为国家战略,这促使更多地区经济实现了加速增长。这是近些年中国经济增长的重要动力。

第三节 宏观收入分配

宏观收入分配,也称国民经济总体分配,是指国民收入在政府、企业和居民三者之间的分配比例及其相互关系。自改革开放以来,我国宏观经济分配格局发生了较大的变化,特别是近年来劳动者报酬占初次分配收入比重和居民可支配收入占国民可支配收入比重的持续下降已引起政府和社会各界的高度关注。迄今为止,许多政府部门和学者都对我国宏观收入分配格局的现状、成因和问题进行了深入研究,并得出了许多有意义的结论。鉴于第二次经济普查后国家统计局对历史年份资金流量表数据又进行了系统修订,我们利用修订后资金流量表的最新数据对新世纪以来我国宏观收入分配的现状、成因和问题进行了分析,并对这种宏观收入分配格局对国民收入的最终使用进行了研究。

收入分配包括初次分配和再分配两个层次。初次分配是对生产要素的分配,再分配则是生产环节之后通过经常转移的形式对收入的分配。生产活动形成的原始收入,是整个收入分配的起点,经过初次分配,形成了一国的初次分配总收入;经过收入的再分配,最终形成了一国的可支配总收入。在国民经济核算与资金流量核算中,参与国民经济的收入分配与再分配的单位,是按照机构部门(institutional sectors)来分类的,机构部门也称制度部门或财务收支部门。目前,中国将国内的机构单位划分为四大类:非金融企业部门、金融机构部门、政府部门和住户部门。

近些年来,尤其是进入新世纪以来,中国的最终需求结构中,投资所占的比重提高得十分迅速,资本形成率(投资率)由2000年的35.2%提高到2008年的43.5%,而最终消费率则由62.3%下降到48.6%。2000年,中国的全社会固定资产投资总额为社会消费品零售总额的84.18%,而到了2008年,这一比率已经提高到179.38%。① 高投资率对当前中国经济增长的贡献是明显的,2001年以来国内总需求的增长中,50%以上来自于资本形成的贡献。对中国而言,较高的投资率有其客观基础,伴随着实现现代化的目标而发生的高速经济增长和"赶超"进程,需要有更高的积累率即储蓄和投资,由此推动作为发展中国家的中国的工业化、城市化和国际化。日本和亚洲"四小龙"在高速经济增长进程中,也都有过类似的现象。但是,如果在经济增长中过度依赖投入的增加,尤其是固定资产投资的增加以及由此带来的中间消耗的规模的迅速扩张,就有可能影响经济增长的效率。如果把经济增长和经济发展仅仅建立在增加投入的基础上而没有提高效率,那将是不可持续的。② 目前,对中国的投资和消费的比率失衡人们已经形成普遍共识③,其原因是多方面的。这里通过对近年来国民经济主要资金流量的分析,分别分析国民收入分配的总体结构变化、居民收入分配结构变化以及对其支出行为的影响,并在此基础上分析各个机构部门的收入支出行为对整个国民经济最终消费、总储蓄和投资的影响程度。研究表明,近十年来,在我国的国民可支配总收入中,非金融企业、金融机构和政府部门所占的份额在逐渐增加,住户部门即居民家庭所占的份额在不断降低,而在住户部门内部,收入分配的差异仍在不断扩大,这导致国民可支配总收入中用于最终消费的份额在不断减少,而总储蓄和投资则在不断增大,导致了国内总需求的严重失衡。我们对导致国民收入分配和国内总需求失衡的体制背景进行了分析,指出改善这种失衡,不仅是社会发展和公平的需要,也是提高我国经济增长和经济发展宏观效率的重要保证。

1. 国民收入分配总体结构的变化

在国民经济核算中,参与国民经济的收入分配与再分配的单位,是按照机构

---

① 北京大学中国国民经济核算与经济增长研究中心:《中国经济增长报告2010》,2010。
② Paul Krugman,The Myth of Asia's Miracle,*Foreign Affairs*,Nov/Dec,1994,p.77.
③ 当然也有不同的观点,如宋国青就提出过中国投资率太低的观点,参阅宋国青:《中国投资率太低》,《21世纪经济报道》2006年08月25日。

部门来分类的。在各个机构部门的增加值中,加上要素收入净收入(即减去要素支出再加上要素收入),得到的就是它们的初次分配总收入。各个机构部门的初次分配总收入之和,就是国民总收入(GNI)[①]。初次分配总收入主要体现了生产部门的增加值在各个机构部门之间的分配,它主要包括三个大的部分:一是劳动者报酬,主要由企业部门向住户部门转移;二是生产税净额,主要在企业和政府部门间转移;三是财产收入(利息、红利、土地租金等),在各个机构部门之间转移(见表20.10)。

表20.10 国民收入的分配与使用

初次分配项目	再分配项目	最终使用项目
1. 净出口	6. 初次分配总收入	8. 可支配总收入
2. 增加值	7. 经常转移	9. 最终消费
3. 劳动者报酬	(1) 收入税(直接税)	(1) 居民消费
(1) 工资及工资性收入	(2) 社会保险缴款	(2) 政府消费
(2) 单位社会保险付款	(3) 社会保险福利	10. 总储蓄
4. 生产税净额	(4) 社会补助	11. 资本转移
(1) 生产税(间接税)	(5) 其他经常转移	(1) 投资性补助
(2) 生产补贴	8. 可支配总收入	(2) 其他
5. 财产收入		12. 资本形成总额
(1) 利息		(1) 固定资本形成总额
(2) 红利		(2) 存货增加
(3) 土地租金		13. 其他非金融资产
(4) 其他		获得减处置
6. 初次分配总收入		14. 净金融投资

表20.11列出了近年来各机构部门可支配收入在国民总收入中所占比重的变化情况。从表中可以看到,在这一期间,非金融企业部门、金融机构部门和政府部门的初次分配总收入在GNI中所占的比重虽然逐年变化的情况不同,但是从长期趋势看,非金融企业部门、金融机构部门和政府部门的比重是上升的,而住户部门是下降的。从1998年至2007年,金融机构部门所占的比重提高了1.8%,政府部门所占的比重提高了2.6%,非金融企业部门所占的比重上升了

[①] 以往称之为国民生产总值(GNP)。从总量上看,GNI = GDP + 来自国外的要素收入 − 付给国外的要素支出。从GDP核算的结果来看,在2004年以前,中国的GDP大于GNI,而从2005年起,由于来自国外的要素收入(劳务收入、投资收益等)大于付给国外的要素支出,GNI开始大于GDP。

3.3%,而住户部门的比重下降了7.7%。① 而初次分配格局的变化,将直接影响到国民收入的再分配,最终影响到全社会的投资和消费比例。②

表20.11　1998—2007年各机构部门初次分配总收入在国民总收入中所占比重

(单位:%)

年份	非金融企业部门	金融机构部门	政府部门	住户部门	合计
1998	16.7	0.8	16.9	65.6	100
1999	17.4	0.7	16.9	65.0	100
2000	18.2	0.8	16.7	64.4	100
2001	17.6	0.5	18.4	63.5	100
2002	16.1	1.2	17.5	65.3	100
2003	16.4	2.4	18.0	63.2	100
2004	22.8	1.7	17.8	57.7	100
2005	21.3	1.6	17.5	59.6	100
2006	20.3	2.1	18.6	59.0	100
2007	20.0	2.6	19.5	57.9	100

在各个机构部门的初次分配总收入中,加上经常转移收入(包括收入税、社会保险缴款、社会补助、社会保险福利和其他经常转移等)净额(即减去经常转移支出再加上经常转移收入),得到的就是各个部门的可支配总收入③(见表20.12)。可支配总收入是各个机构部门可以支配使用的金额的总和,它直接影响各个机构部门的消费、储蓄和投资行为。

表20.12　1998—2009年各机构部门可支配总收入及年均增长率

年份	非金融企业部门 (亿元)	金融机构部门 (亿元)	政府部门 (亿元)	住户部门 (亿元)	合计 (亿元)
1998	11 423	500	14 591	56 781	83 379
1999	12 267	533	16 533	59 644	88 888
2000	14 089	493	19 606	64 532	98 522
2001	16 098	326	22 951	69 396	108 771
2002	15 983	1 202	24 635	78 352	120 171

---

① 由于资金流量表的编制需要大量工作,国家统计局往往推迟三年发布资金流量表的数据,即2010年发布2008年的数据。

② 参阅刘伟、蔡志洲:《中国GDP成本结构对投资与消费的影响》,《求是学刊》2008年第2期。

③ 从总量上看,国民可支配收入=国民总收入(GNI)+来自国外的经常收入−付给国外的经常支出,而自中国编制资金流量表之后,来自国外的经常收入一直大于付给国外的经常支出,所以国民可支配收入一直大于国民总收入。

（续表）

年份	非金融企业部门（亿元）	金融机构部门（亿元）	政府部门（亿元）	住户部门（亿元）	合计（亿元）
2003	18 172	3 006	29 786	85 669	136 634
2004	33 750	1 453	32 943	93 337	161 483
2005	36 117	1 303	38 165	110 584	186 169
2006	37 921	1 939	49 125	126 475	215 460
2007	45 512	2 786	63 084	150 816	262 199
2008	60 442	3 418	76 236	181 154	321 251
2009	65 023	3 679	81 925	192 710	343 336
年均增长率(%)	17.13	19.89	16.98	11.75	13.73

注：表中2004—2007年的数据直接来自于国家统计局公布的资金流量表，而2004年以前的数据，由于第一次全国经济普查后，以往年份的GDP和GNI数据都重新进行了调整，这些年份的各机构部门的可支配收入也按比例进行了调整。2008年和2009年数据是根据表中1998—2007年的各机构部门的可支配收入与GDP数据之间建立回归方程外推所得到的估算数据。[①] 而国民可支配收入为各个机构部门可支配收入之和。

表20.13计算了各个机构部门可支配收入占国民可支配总收入的比重。对比表20.13和表20.11中的数据可以看出，经过经常转移支付后，非金融企业部门和金融机构部门的收入在总收入所占的比重下降了，政府部门的比重提高了，而住户部门所占的比重基本上没有变。以2007年为例，非金融企业部门所占的比重从20%下降为17.4%，金融机构部门所占的比重由2.6%下降为1.1%，而政府部门所占的比重则由经常转移支付前的19.5%提高到了24.1%。这种比重变化的主要原因在于企业部门对政府的所得税转移。而高收入居民缴纳的所得税近些年来也有所增加，但政府通过经常转移支付将这一部分收入又重新用于住户部门的低收入家庭，因此，政府和住户部门之间的经常转移支付，基本没有改变住户部门的收入比例（由57.9%下降为57.5%）。这说明，在现阶段，住户部门（或居民家庭）在再分配后在国民收入中所占的比重与初次分配格局密切相关，提高住户部门在初次分配中所占的比重，是整体提升居民家庭收入的重要途径。

[①] 假设 Y_1、Y_2、Y_3、Y_4 分别为非金融企业部门、金融机构部门、政府部门和住户部门的可支配收入，X 为GDP，则通过表中数据得到的回归方程分别为 $Y_1 = 0.2149X - 7\,068.4857$，$Y_2 = 0.0122X - 419.4857$，$Y_3 = 0.2669X - 7\,608.8538$，$Y_4 = 0.5423 + 10\,847.4081$，拟合优度 R^2 分别为 0.9396、0.5278、0.98963 和 0.9970，除了金融机构由于其可支配收入所占比重较小、各年份间的收入变化较大而回归效果较差外，其余回归模型均通过统计显著性检验。

表20.13　1998—2009年各机构部门可支配总收入在国民可支配总收入中所占比重

（单位:%）

年份	非金融企业部门	金融机构部门	政府部门	住户部门	合计
1998	13.7	0.6	17.5	68.1	100
1999	13.8	0.6	18.6	67.1	100
2000	14.3	0.5	19.9	65.5	100
2001	14.8	0.3	21.1	63.8	100
2002	13.3	1.0	20.5	65.2	100
2003	13.3	2.2	21.8	62.7	100
2004	20.9	0.9	20.4	57.8	100
2005	19.4	0.7	20.5	59.4	100
2006	17.6	0.9	22.8	58.7	100
2007	17.4	1.1	24.1	57.5	100
2008	18.8	1.1	23.7	56.4	100
2009	18.9	1.1	23.9	56.1	100

通过对表20.13本身的结构分析,可以看出一个和表20.11类似的现象,这就是从动态上看,非金融企业部门、政府部门在全部可支配收入中所占的比重在上升,而住户部门所占的比重在下降。1998—2009年,非金融企业部门的比重上升了5.2%,金融机构部门的比重上升了0.5%,政府部门的比重提高了6.4%,而住户部门则从68.1%下降到56.1%,下降了12%。从近些年的发展趋势来看,住户部门可支配收入在国民可支配收入中所占的比重,每年至少下降一个百分点。

2. 居民收入分配结构变化及对支出行为的影响

改革开放以来,中国居民家庭的收入差距是逐渐扩大的。在20世纪80年代初主要是通过拉开人们的劳动收入差距,而90年代初期市场化改革后又通过承认各种要素收入的合理性,来鼓励由于收入分配差距扩大所带来的社会经济效率的提升。事实证明,让一部分人、一部分地区先富起来,最终实现共同富裕的主张和实践,对改革开放后中国的高速经济增长作出了积极的贡献。库兹涅茨曲线(Kuznets curve)就指出,随着发展中国家的加速经济增长,居民收入分配差异会呈现扩大化的趋势,但当经济发展到一定程度时,这种扩大化的趋势就会停止,重新开始收敛。① 从目前情况看,中国的居民家庭收入分配差异仍处于发散的过程。我们在本章第四节中,还要对此进行更加深入的讨论。居民家庭即住户部门收入分配变化所带来的总体效应是:在住户部门占国民可支配总收入的比重下降的同时,部门内部总储蓄所占的比重仍在上升,这意味着居民最终消费在国民可支配总收入中的比重在下降。

居民家庭的收入消费倾向是随收入的增加而下降的,居民家庭的收入越高,其新增收入中用于消费的比例也就越低,而低收入家庭的收入消费倾向本来是比较高的,但是收入增长较慢影响了他们的消费能力。这就导致了整个住户部门的收入增长高于消费的增长,储蓄的比重不断增加。从表20.14中,这一点已经得到了明显的反映。如果从整个国民经济的角度观察,所得的结论也是一样的。从表中可以看出,最终消费的比重从73.5%下降到62.1%,下降了11.4%。

表20.14 2000—2007年住户部门可支配收入的使用去向

(单位:%)

	2000	2002	2003	2004	2005	2006	2007
1. 可支配总收入	100	100	100	100	100	100	100
2. 减去:居民最终消费	73.5	71.4	71.1	68.4	64.4	63.6	62.1
3. 等于:总储蓄	26.5	28.6	28.9	31.6	35.6	36.4	37.9
4. 减去:资本形成总额	8.7	9.0	10.4	14.5	15.7	13.2	12.8
5. 等于:净金融投资和其他	17.8	19.6	18.5	17.1	19.9	23.2	25.1

假设2007—2009年居民最终消费占可支配收入的比重每年下降0.75%②,以2007年居民最终消费比重62.1%为起点,那么2009年居民最终消费在住户部门中的比重将下降62.1% - (0.75% × 2) = 60.6%。居民最终消费占国民可支配收入的比重将下降:

$$60.6\% \times 56.1\% = 34.0\%$$

而居民储蓄占总储蓄的比重为:

$$39.4\% \times 56.1\% = 22.1\%$$

---

① 参阅 Kuznets, Simon(1957), Summary of Discussion and Postscript to W. W. Rostow, John R. Meyer, and Alfred H. Conrad—the Integration of Economic Theory and Economic History, *Journal of Economic History*, 17, pp.545—553。

② 2000—2008年城乡居民储蓄存款的年均增长率(16.47%),远远高于城镇和农村居民家庭收入的年均增长率(12.21%和9.8%)。2008年,在全部的居民最终消费支出中,城镇居民的最终消费所占的比重约为75%,农村居民所占的比重约为25%。而从2005年到2008年,城镇居民消费占可支配收入的比重每年均下降1%,而农村居民的消费比重则基本上保持了稳定。参阅《中国统计年鉴》(2009)中的"人民生活"数据。

表 20.15 是通过同样方法计算的居民家庭最终消费和总储蓄占国民可支配总收入的比重,可以看到,这一期间居民消费所占的比重下降了 14.14%,而总储蓄所占的比重则提高了 4.75%。值得注意的是,居民家庭总储蓄所占比重的提高,是在这一部门可支配收入占国民经济可支配总收入的比例下降的情况下取得的,居民家庭储蓄占其可支配收入的比重的提高(26.5%—39.4%),抵消了其可支配收入占总收入比重下降(65.5%—56.1%)所带来的影响。

表 20.15 2000—2009 年住户部门消费和总储蓄占国民可支配总收入的比重

(单位:%)

年份	居民最终消费所占比重 (1)	居民总储蓄所占比重 (2)	居民可支配收入所占比重 (3) = (1) + (2)
2000	48.14	17.36	65.50
2006	37.33	21.37	58.70
2009	34.00	22.10	56.10

3. 国民收入分配结构对总储蓄和最终需求结构的影响

参加国民收入分配与再分配的,不仅仅是居民家庭,还有非金融企业部门、金融机构部门和政府部门,这些机构部门的可支配收入及支出行为的变化,对国民经济的最终需求结构同样会产生影响。在第一节中我们已经指出,近些年来这三个部门的可支配收入占国民可支配总收入的比重在不断上升,那么,这种上升对国民经济总储蓄、总最终消费及投资①具有哪些影响?

(1) 总储蓄和总最终消费

投资率即资本形成率的变化,主要受到各个机构部门可支配收入占国民可支配收入的比重及它们的可支配收入中总储蓄(或最终消费)所占的比重这两个因素的影响。当然,也和总储蓄中实物投资所占的比重有关。非金融企业部门和金融机构部门的可支配收入中是没有最终消费的,它的全部收入将用于储蓄并转化为投资。因此,这两个部门可支配收入所占的比重越大,国民总储蓄率也越高。政府部门的可支配收入将用于政府消费和储蓄,因此,政府的可支配收入所占的比重越大,政府消费占其可支配收入的比重越高,国民总储蓄率也

---

① 在一般的宏观经济学教科书中,对于封闭经济下的国民收入和储蓄、投资和最终消费之间的关系,有:国民收入 = 总储蓄 + 总消费,国民收入 = 总投资 + 总消费,因此:总储蓄 = 总投资。但在开放经济条件下,由于国际收支的作用,总储蓄和国内总投资是不相等的。又由于在具体的统计计算中,同样作为国民收入指标体系组成部分的指标 GDP、GNI 和国民可支配收入等,都可以作为计算一个国家总储蓄率、积累率、投资率和最终消费率的分母,为避免混乱,在本书中,最终消费率定义为最终消费占国内总需求(最终消费 + 资本形成)的比重,投资率或资本形成率定义为资本形成总额占国内总需求的比重,而总储蓄率定义为总储蓄占国民可支配总收入的比重,在开放经济条件下,总储蓄中的一部分可能会用于对于国外的净金融投资,因此,总储蓄率可能不等于总投资率。

越高。

先看非金融企业部门和金融机构部门：

金融机构在国民可支配总收入中的比重是比较低的，只占1%左右，所以关键在于非金融企业部门的可支配收入所占的比重，从表20.13中可以看到，这一部门可支配收入的比重从2000年的14.3%提高到了2009年的18.9%。而这两个部门的总储蓄占国民可支配收入的比重也从14.9%提高到了20%。

再看政府部门：

政府部门的消费为政府消费，也属于最终消费，政府部门的可支配收入扣除政府消费后，剩下的部分就是政府储蓄，可用于政府自身的固定资本形成，也可以通过资本转移形成企业的投资，还有一部分形成政府的净金融投资。从表20.16中可以看出，近些年来，在政府部门对其可支配收入的使用中，政府消费的比重不断地发生波动，这种波动主要受两个因素的影响，一是资本净转移，这主要体现为政府对企业的支持，随着2003年宏观经济的好转，这种支持在不断地下降，二是净金融投资，规模在不断地扩大，为避免特殊数值对总体趋势的影响，假设政府的总储蓄率在其平均数左右波动，2009年的总储蓄率为2000—2007年的平均数，等于36.3%，则2009年政府部门总储蓄占国民可支配收入的比重为：

$$23.9\% \times 36.3\% = 8.68\%$$

而政府消费占国民可支配总收入的比重为：

$$23.9\% \times 63.7\% = 15.22\%$$

表20.16　2000—2007年政府部门可支配收入使用结构

（单位：%）

	2000	2002	2003	2004	2005	2006	2007
1. 可支配总收入	100	100	100	100	100	100	100
2. 减去：政府最终消费	66.6	64.7	57.3	70.5	69.6	61.4	55.8
3. 等于：总储蓄	33.4	35.3	42.7	29.5	30.4	38.6	44.2
4. 减去：资本净转移	27.2	26.2	21.2	11.6	5.7	3.4	3.6
5. 减去：资本形成总额	18.4	20.1	26.2	25.0	24.8	21.9	18.4
6. 等于：净金融投资和其他	-12.2	-11.0	-4.7	-7.0	-0.1	13.3	22.2

综合以上计算，再考虑上一节讨论过的住户部门的情况，2009年的整个国民经济总储蓄率为：

$$18.9\% + 1.1\% + 8.68\% + 22.1\% = 50.78\%$$

而2000年和2006年中国的总储蓄率分别为38.82%和48.67%，2009年比

2000年和2006年分别提高了11.96%和2.11%。和总储蓄率不断上升相对应的是最终消费占国民可支配比重的不断下降。按照以上的估算,2009年的国民可支配总收入中最终消费所占的比重为:

政府最终消费率 + 居民最终消费率 = 15.22% + 34% = 49.22%

可以看到,国民可支配总储蓄和总消费的比率已经从2006年的48.67:51.33提高到了2009年的50.78:49.22,也就是说,已经从消费高于储蓄转变为储蓄高于消费。

(2) 总储蓄和总资本形成

表20.17列出了各个机构部门的储蓄占国民经济总储蓄的比重,可以看到虽然各个机构部门可支配收入结构发生了很大变化(住户部门所占的比重下降了9.4%),但各个机构部门的储蓄在总储蓄中所占的比重却是相对稳定的(住户部门的比重仅下降了2.13%)。这又一次说明整个国民经济的储蓄率的提升,并非仅仅只是由于住户部门的收入分配差异扩大。

表20.17　2006年和2009年各机构部门总储蓄所占比重的比较

		非金融企业部门	金融机构部门	政府部门	住户部门	国内合计
总储蓄所占比重(%)	2000年	36.83	1.29	17.17	44.71	100
	2006年	36.15	1.91	18.03	43.92	100
	2009年	37.12	2.16	18.13	42.58	100

各个部门的储蓄将通过各种复杂的再分配过程(金融机构、资本市场、政府转移支付以及对国外的投资等)形成最终投资。通过表20.17和表20.18中2006年数据的比较,可以看到,虽然住户部门的储蓄所占的比重很大(43.92%),但其本身资本形成所占的比重还不到20%,住户部门总储蓄的一半以上,都通过金融机构的中介,转移成为非金融企业部门的资本形成。而2007年以后,随着房地产市场的升温,住户部门对于住宅的购买(资本形成)在总资本形成及住户部门的可支配收入中的份额都可能提高,但其总储蓄中的主要去向仍然是对非金融企业部门的投资。①

表20.18　2006年各机构部门资本形成占总额所占的比重

(单位:%)

	非金融企业部门	金融机构部门	政府部门	住户部门	国内合计
资本形成总额	70.31	0.1	11.89	17.7	100

---

① 根据2008年全社会固定资产投资总额的数据,这一比重可能已经提高到20%以上。

从表20.18中可以看到,非金融企业部门占资本形成总额的比重最大,这部门投资主要有三个来源,一是非金融企业部门本身的可支配总收入,这些总收入将全部转为它的总储蓄;二是由政府获得的资本转移;三是来自其他部门(如住户部门)的净金融投资。这三个部分比重的变化是和企业的发展、国家宏观调控的实施及资本市场的发展相互联系的。从长期发展趋势看,非金融企业部门的资本转移中,来自于其他部门(尤其是住户部门)的净金融投资的比重是增大的,而政府的资本转移的比重在减少。这说明在非金融企业部门的资本形成总额(主要是固定资产投资)中,企业的自有资金和来自其他部门的金融投资正在发挥更大的作用(见表20.19)。

表 20.19　2000—2007 年非金融企业部门资本形成资金来源及使用

(单位:%)

	2000	2001	2002	2003	2004	2005	2006	2007
1. 可支配总收入	49.6	51.0	44.3	42.4	71.3	67.1	56.4	56.9
2. 等于:总储蓄	49.6	51.0	44.3	42.4	71.3	67.1	56.4	56.9
3. 加上:资本转移	18.8	21.6	17.8	14.8	8.0	4.1	2.9	3.1
4. 加上:净金融投资和其他	31.7	27.4	37.9	42.8	20.7	28.8	40.7	39.9
5. 等于:资本形成总额	100	100	100	100	100	100	100	100

从表20.19中还可以看到,在资金流量表中作为收入来源方的总储蓄,和作为收入使用方的资本形成并不是完全对等的概念,总储蓄除了用做实物投资即资本形成外,还用于资本转移和金融投资。表20.20表明,如果把国内的各个部门作为一个整体,2006年和2007年,在对外贸易顺差和外汇储备迅速增加的同时,中国对于国外的净金融投资不仅比例大,而且增加得快。

表 20.20　2006 年和 2007 年中国国内所有部门总储蓄的使用情况

	2006 年			2007 年		
	运用(亿元)	来源(亿元)	运用占来源的(%)	运用(亿元)	来源(亿元)	运用占来源的(%)
1. 国内总储蓄		104 864	—		133 405	—
2. 对国外的净资本转移	-320		-0.3	-236		-0.1
3. 国内资本形成总额	94 402		90.0	110 919		83.1
4. 对国外的净金融投资	10 783		10.3	22 722		17.0
合计	104 865	104 864	100	133 405	133 405	100

这也解释了为什么在总储蓄率已经超过50%时,最终消费在国内总需求中的比重仍然会大于50%(见表20.21)。它说明了在外向型经济迅速发展时,国

际收支平衡对最终消费与总储蓄之间的关系、最终消费和国内资本形成的关系都会产生重要的影响。从表 20.21 可以看到,资本形成在国内总需求中所占的比重,从 2000 年的 36.2% 增加到 2008 年的 47.3%,上升了 11.1%,与之相对应,最终消费所占的比重下降了 11.1%。资本形成率过高,在国内消费需求不足及国际市场产生波动时,必然会出现产能过剩,除了影响资源配置的有效性外,也在增加居民部门净金融投资的风险。

表 20.21　2000—2009 年中国最终消费和资本形成占国内总需求的比重

年份	最终消费（亿元）	资本形成（亿元）	国内总需求（亿元）	占国内总需求的比重(%) 最终消费	资本形成
2000	61 516.0	34 842.8	96 358.8	63.8	36.2
2001	66 878.3	39 769.4	106 647.7	62.7	37.3
2002	71 691.2	45 565.0	117 256.2	61.1	38.9
2003	77 449.5	55 963.0	133 412.5	58.1	41.9
2004	87 032.9	69 168.4	156 201.3	55.7	44.3
2005	97 822.7	80 646.3	178 469.0	54.8	45.2
2006	110 595.3	94 402.0	204 997.3	53.9	46.1
2007	128 444.6	111 417.4	239 862.0	53.5	46.5
2008	149 112.6	133 612.3	282 724.9	52.7	47.3
2009	166 197.8	155 765.1	321 962.9	51.6	48.4

注:2009 年最终消费数据根据 2000—2008 年国内总需求与最终消费时间序列建立回归模型推算而得,设最终消费为 Y,最终消费需求为 X,则有 $Y = 0.4669X + 15\,848.9630$,模型的拟合优度为 0.9984,通过统计显著性检验。

（3）分析结论

通过对国民可支配总收入及其构成的研究,可以看出近年来国内总需求结构的变化与国民收入分配格局的变化有密切关系。

第一,非金融企业机构、金融机构部门和政府部门的可支配收入占国民可支配收入比重的增加,以及上节所讨论的住户部门储蓄率的增加,导致了整个国民经济的高储蓄率。2006—2009 年,按国民可支配总收入计算的总储蓄率已经从低于 50% 增加到高于 50%。与之相对应的是包括居民消费和政府消费在内的最终消费占国民可支配总收入的比重不断下降。

第二,各个机构部门的高储蓄形成的资金流量,通过金融机构和资本市场向企业部门集中并形成投资,导致了中国的高投资率。如果这种投资的效率不高,不仅会影响企业本身的利益,还可能为其他机构部门（主要是住户部门）的金融投资带来风险。

第三,国际收支不平衡造成中国的一部分储蓄转为对国外的净金融投资,这使最终需求中最终消费所占的比率有所提升,但如果合理地改善国际收支平衡,将一部分总储蓄用于民生,如加大政府最终消费的比率,那么在改进最终消费和储蓄的关系的同时,也可能改善消费和国内投资的比例关系。

4. 国民收入分配失衡的体制背景及导致的发展瓶颈

进入新世纪以来,中国国民收入分配的矛盾以及由此造成的投资和消费的失衡有着复杂的原因。

首先可以从宏观、中观和微观三个层次上分析。

从宏观上看,进入新世纪后,随着构建社会主义市场经济体系目标的初步实现,以货币政策为主导的需求管理更多地成为宏观调控的基本手段。需求管理的特征是短期的总量管理,这对我们实现平稳较快的经济增长有着积极意义。上一轮经济周期的实践也证明了我国的总量调控基本上是成功的,实现了低通货膨胀下的平稳高速增长,即使在2008年年底全球金融危机之后,我们仍然通过运用总量政策,实现了平稳较快的经济增长。但总量需求管理也有它的局限性,这就是它往往更加重视短期的增长效应,而对长期的结构调整和升级关注不足。这样,在保持了一个较长时期的快速增长后,经济活动中的失衡不断积累,当结构性矛盾到达一定程度,就可能反过来影响我们的经济增长和经济发展。这也是我们强调在现阶段要重视供给管理的主要原因。[1] 供给管理和需求管理并不是截然分开的,很多宏观经济政策往往既有供给管理的属性,也有需求管理的职能。但是从原则上看,供给管理和需求管理的着重点是不同的,需求管理更加重视总量和短期的效应,而供给管理更加重视结构和长期的效应。收入分配结构、需求结构的调整和优化,都需要有一个长期的过程,不但涉及资源配置,同时还涉及社会的价值取向。改革开放以后,在一个相当长的时期里,经济增长都是我们社会和经济发展的最主要目标,反映在宏观调控上,就是要实现持续的高速经济增长。虽然我们也在讨论收入分配的合理性,也在注意避免固定资产投资过热,但和总量目标相比,我们在这一方面的政策力度是远远不够的。

从中观上看,或者是从地方政府或者是行业发展上看,我们的政策也是向资本倾斜的。

如果从宏观上看,投资和消费是一个国家经济发展的重要条件,那么从地区经济发展的角度看,投资往往就是改变地方经济面貌、实现跨越式发展的重要条件。改革开放以来,几乎所有地区超常规发展,靠的都是投资拉动。地方政府必须依靠中央给的特殊政策或者是当地的优惠政策,招商引资,并在此基础上实现

---

[1] 参阅北京大学中国国民经济核算与经济增长研究中心:《从需求管理到供给管理》,中国发展出版社2010年版。

加速的经济增长。因此,各个地方政府所制定的经济发展政策,首先是向着鼓励外部投资、吸引人才、提高效率方面倾斜的。各个地方的可支配总收入,当然也会向企业倾斜,企业获得的收入越多,其进一步投资的能力就越强,其吸引新进投资的示范效应就越强,而企业内部的收入分配机制,也是向扩大差异以提高效率的方向发展的。这样造成的结果是:从各个地区的产业发展来看,非农产业的收入增长要快于农业;从企业部门和居民部门的比较来看,企业部门的可支配收入要快于居民部门;而从住户部门内部来看,居民家庭的收入分配差异在扩大化。因此,在很多地方,尤其是近些年经济加速增长的地方,收入分配的失衡与投资和消费的失衡是同时发生的,如果这样的地方较多,就会对整个国民经济产生较大的影响。从行业的发展看,虽然在市场化改革之后中国的民营经济获得了很大的发展,但在国民经济的许多重要行业,国有企业仍然占据着垄断地位。这种垄断对我国国民收入的分配格局有很大影响,这主要表现在两个方面:一是垄断利润成为国民经济总储蓄中的重要组成部分;二是股份制改造后的国有或国有控股企业的薪酬制度实际上是朝着扩大收入分配差异的方向发展的。

从微观上看,我国的市场化改革虽然已经初步完成,但完备社会主义市场经济体系仍然是我们的长期任务。经过三十多年的改革开放,我国的商品市场化程度已经相当高了,除了个别资源性产品和社会服务,大部分产品都是按照市场供求关系定价的;但是我们的要素市场,尤其是劳动力市场、资本市场、土地市场,发展仍然很不完善。一方面,由于中国人口众多,劳动力市场存在着长期的供过于求,在政府干预不足的情况下,一般或简单劳动力价格的提升,滞后于社会发展的要求;另一方面,资本和土地市场的扭曲,导致部分利益集团不断地从这一市场上获得超额利润,使得收入分配的失衡更加严重。

其次可以从中国特定的经济发展阶段上分析。

发展中国家的新兴工业化和现代化过程,实际上是一个经济增长率、总量和人均水平上的赶超过程,客观上需要将较多的资金用于固定资产投资,改善基础设施建设、改善装备和提高技术水平,提高资本的有机构成,使生产效率不断提高,通过生产规模的扩大和技术进步来完成这一过程。在体制创新的基础上,发展中国家可以利用发达国家的资金、技术、管理和经验,同时发挥自己在生产要素上的优势,获得更快的发展。这就是我们的比较优势。这种比较优势需要放弃一些眼前的消费,通过发展获得更多的长久利益。这也是改革开放后我国长期的高速经济增长伴随着更高速度的固定资产投资的基本原因。

但是我们也要看到,单纯的投资扩张是不可能带来长久的经济增长的。改革开放初期,我们正是改变了传统体制下投资拉动的经济增长方式,注重改善民生,才启动了我国的经济起飞。在经济起飞以及后来的长期高速增长中,我们进行了供给和需求两方面的革命,从供给领域看,主要是通过经济体制改革和市场化进程,提高生产领域的效率及产出;从国内需求来看,则是通过不断的消费升级,从解决温饱到家电消费,从手机、电脑到汽车和住宅,来拉动消费并带动投资。从总体上看,这两方面的革命是成功的,使我们实现了长达三十多年的高速经济增长。但由于供给领域中的改革滞后于需求领域,近些年来,有支付能力的需求不足开始在需求领域中比较明显地表现出来,一方面,一般消费品开始出现大面积产能过剩,另一方面,具有消费属性的居民住宅的供需出现明显失衡①,对供给即生产领域产生明显负面影响。在这种情况下,从短期上看,通过出口和继续扩大投资,我们能够在短期里消化一部分过剩的产能,但是从长期来看,如果出口受到影响,而不断扩大的投资所形成的产能不能被未来的消费所充分消化,就可能出现经济资源的闲置或者是浪费。这实际上意味着现阶段的增长可能是"虚增长",在不断制造明天就可能失去价值和使用价值的东西,那不但是在浪费资源,还可能影响到中国经济增长的可持续性。这就是我们的发展瓶颈。

因此,改善中国当前的国民收入分配不仅仅是公平问题,即随着我国经济发展水平的提高,全社会都要求更加公平地分享改革开放和经济增长的成果;同时也是一个效率问题,即如何通过对收入分配的改善,形成更加强劲的国内消费需求,并由此消化和支持不断成长的投资需求。从短期上看,这种改善可能会影响一部分企业的即期收益,但是从长期上看,这却可能是促进企业改善管理和实现技术进步、实现经济增长方式转变的重要途径。进入新世纪后,尤其是在"十一五"规划期间,我国在宏观调控中,主要采取的是需求管理的手段,即通过调控经济总量来实现平稳较快的经济增长,而在"十二五"期间及其以后相当长的一段时间里,我们应当更多地注重供给管理,运用各种宏观、中观和微观的措施,通过进一步的体制创新影响生产领域,推动经济结构的调整和升级。随着经济发展水平的不断提高,保持平稳较快的经济增长这一总量目标正在受到越来越多的结构关系的制约,这标志着中国经济正在进入重要的转型时期,以总量为主带动结构调整的经济发展必须转向以优化结构带动总量扩张的经济发展。

第四节　居民收入分配

随着近些年来迅速的经济增长,中国居民家庭的收入分配差异在扩大化,这和库兹涅茨曲线所揭示的收入分配格局随经济发展而变化的规律是相符合的。

---

① 居民住宅价格的不正常上涨,受到各种供给因素的显著影响,首先,从生产成本上看,土地市场的不完善明显影响到居民住宅的供给价格;其次,收入分配的失衡则造成在相当大一部分居民家庭买不起房的时候,有支付能力的需求依然强劲,导致居民住宅需求价格的上升;再次,银行信贷对供需两方面的支持,则进一步推动了供需双方抬高价格。在这种基础上,所谓经济增长方式的转变和技术进步是很难推进的。

我们一方面要认识到这是中国高速经济发展的必然结果,收入分配格局的变化对提高中国经济效率起了重要的作用,但在另外一方面,当中国开始进入中等收入国家的行列时,合理地调整居民家庭的收入分配,就成为中国在未来一个时期尤其是"十二五"时期的重要任务。虽然在世纪之交,很多学者已经对中国居民家庭收入分配扩大化的趋势提出了预警,但是从2000年到2009年,这种扩大化的趋势仍然在发展,从发展上看,反映出三个重要特征。

一是城乡居民收入差距在继续扩大。

表20.22对2000—2009年中国城乡居民收入增长与人均GDP、城乡居民储蓄的增长进行了比较。首先,增长得最慢的是农村居民的纯收入,年均增长9.63%,扣除价格上涨因素,实际增长不到8%,明显低于城镇居民的收入增长和人均GDP的增长。2000年,农村居民家庭人均纯收入为城镇居民可支配收入的35%,而到了2009年下降到30%,下降了5个百分点。这还是在农业劳动力大规模向非农产业转移,并由此增加了农村居民家庭收入后的结果,这说明通过社会主义新农村建设继续改善农村居民的收入和生活,是值得我们高度重视的。其次,城镇居民可支配收入的增长达到11.83%,虽然快于农村居民,但低于人均GDP的增长。再次,按现价计算的人均GDP的增长达到14.01%,这也印证了上一节的分析结论,这就是由于收入增长速度较慢,居民家庭收入在国民收入中所占的比重在降低,2000年,城镇居民可支配收入占人均GDP的比重为79.9%,而到了2009年,已经下降到67.1%。最后,城乡居民储蓄存款的增长幅度是最大的,年均增长率达到14.52%,高于人均GDP的增长。

表20.22 2000—2009年城镇和农村居民收入及相关指标

年份	城镇居民家庭人均可支配收入(元)	农村居民家庭人均纯收入(元)	人均GDP(现行价格)(元)	城乡居民人民币储蓄存款(年底余额)(亿元)	居民消费价格指数(上年=100)	城镇居民家庭恩格尔系数(%)	农村居民家庭恩格尔系数(%)
2000	6 280	2 253	7 858	64 332	100.4	39.4	49.1
2001	6 860	2 366	8 622	73 762	100.7	38.2	47.7
2002	7 703	2 476	9 398	86 911	99.2	37.7	46.2
2003	8 472	2 622	10 542	103 618	101.2	37.1	45.6
2004	9 422	2 936	12 336	119 555	103.9	37.7	47.2
2005	10 493	3 255	14 185	141 051	101.8	36.7	45.5
2006	11 760	3 587	16 500	161 587	101.5	35.8	43.0
2007	13 786	4 140	20 169	172 534	104.8	36.3	43.1
2008	15 781	4 761	23 708	217 885	105.9	37.9	43.7
2009	17 175	5 153	25 575	260 772	99.3	36.5	41.0

（续表）

年份	城镇居民家庭人均可支配收入（元）	农村居民家庭人均纯收入（元）	人均GDP（现行价格）（元）	城乡居民人民币储蓄存款（年底余额）（亿元）	居民消费价格指数（上年=100）	城镇居民家庭恩格尔系数（%）	农村居民家庭恩格尔系数（%）
2009年为2000年的%	273.48	228.72	325.46	338.69	120.09		
年均增长率（%）	11.83	9.63	14.01	14.52	2.05		

二是城镇居民的收入分配差距在进一步扩大。

从城镇居民家庭可支配收入的分组数据（表20.23）中可以看到，城镇居民收入的增长是和他们的收入水平相关的，收入越高，其增长的速度也就越快。最低收入组的收入只增长了1.98倍（年均增长7.89%），而最高收入组则增长了3.52倍（年均增长15.00%）。2000年，最高收入组的人均收入只是最低收入组的5.02倍，而到了2008年已经达到8.91倍。这一时期我国的人均国民收入到达一个新的水平，进入了中等收入国家的行列，低收入居民家庭本应该得到更多的改善，但实际情况却是收入较高的居民家庭在高速经济增长中享受了更多的福利。

表20.23　2000—2009年城镇居民人均可支配收入比较

			人均可支配收入			
			2000年（元）	2008年（元）	2008年为2000年的倍数	年均增长率（%）
全国			6 280	17 175	2.73	11.83
按收入等级分	最低收入户	10%	2 653	5 253	1.98	7.89
	困难户	5%	2 325	4 198	1.81	6.78
	低收入户	10%	3 634	8 162	2.25	9.41
	中等偏下户	20%	4 624	11 244	2.43	10.38
	中等收入户	20%	5 898	15 400	2.61	11.25
	中等偏上户	20%	7 487	21 018	2.81	12.15
	高收入户	10%	9 434	28 386	3.01	13.02
	最高收入户	10%	13 311	46 826	3.52	15.00
最高收入户为最低收入户的倍数			5.02	8.91		

在农村和城镇居民的收入变化中，影响中国居民收入分配整体格局的主要因素是城镇居民的收入分配，首先是城镇居民的人数和收入增长得都比农村快，城镇居民收入在全部居民收入中的比重在不断上升（根据居民最终消费支出匡算所占比重已经达到75%以上），其次是城镇居民的收入分配格局的变化程度

比农村大。因此,当前对我国收入分配格局的调整,对农村来说主要是加强社会主义新农村建设,提高农民收入的问题;在城市则要考虑在不牺牲经济增长和经济发展效率的情况下,尽可能地改善居民收入增长不均衡现象。

三是以基尼系数反映的全部居民的收入分配差距仍在扩大。

改革开放三十余年来我国居民生活水平不断提高,城镇居民的人均可支配收入由1978年的343元提高到2008年的15 781元,农村居民人均纯收入由1978年的133.6元提高到2008年的4 761元,但是,收入分配差距也在不断增大。表20.24给出了我国1978—2008年基尼系数的变化情况,我国1978年的基尼系数为0.3,1994年突破国际公认的0.4的警戒线后,只有1999年降到0.397,进入21世纪,基尼系数又开始新一轮上升,2007年达到0.48。

表20.24 中国1978—2008年基尼系数变化状况

年份	基尼系数	年份	基尼系数
1978	0.3	1995	0.445
1981	0.31	1996	0.458
1982	0.25	1997	0.403
1983	0.264	1998	0.403
1984	0.297	1999	0.397
1985	0.266	2000	0.42
1986	0.297	2001	0.447
1987	0.31	2002	0.45
1988	0.34	2003	0.46
1989	0.349	2004	0.465
1990	0.343	2005	0.47
1991	0.324	2006	0.46
1992	0.376	2007	0.48
1993	0.36	2008	0.469
1994	0.436		

资料来源:1978—2006年的基尼系数来自孙浩进:《中国收入分配公平的制度变迁》,吉林大学2009年博士论文。2007—2008年数据来自联合国《人类发展报告》。

2007年8月,亚洲开发银行发布的研究报告《亚洲分配不均》显示,在22个纳入研究范围的亚洲国家或地区中(包括阿塞拜疆、蒙古、尼泊尔在内),中国的贫富差距是最大的:其收入最高的20%人口与收入最低的20%人口的收入比为11.37,排名第二的是尼泊尔,为9.47;中国的基尼系数为0.4725,排名第二,第一位是尼泊尔,为0.473(见表20.25)。

表 20.25 亚洲部分国家或地区收入分配差距表

国家或地区	最高20%人口收入/最低20%人口收入	基尼系数
中国内地	11.37	0.4725
尼泊尔	9.47	0.473
菲律宾	9.11	0.440
土库曼斯坦	8.33	0.430
泰国	7.72	0.420
马来西亚	7.7	0.403
柬埔寨	7.04	0.381
斯里兰卡	6.83	0.402
越南	6.24	0.371
中国台湾	6.05	0.339
阿塞拜疆	5.95	0.365
哈萨克斯坦	5.61	0.338
印度	5.52	0.362
印度尼西亚	5.52	0.343
韩国	5.47	0.316
蒙古	5.44	0.328
老挝	5.4	0.346
塔吉克斯坦	5.14	0.326
亚美尼亚	5.08	0.338
文莱	5.03	0.341
巴基斯坦	4.46	0.312
吉尔吉斯	4.43	0.303

资料来源：亚洲开发银行研究报告《亚洲分配不均》，2007。

表 20.26 列出的是世界部分国家或地区的基尼系数比较，从表中可以看到，虽然基尼系数受多重因素的影响，但从分布上看仍然具有一定的规律性。库茨涅兹曾经揭示了收入分配变化的长期趋势，即在低收入时收入分配是相对均等的，随着经济发展分配差距会有所扩大，而到了经济发展的更高阶段，收入分配会重新缩小。在表 20.26 中，不发达的人口大国如越南、印度、孟加拉国、巴基斯坦等，基尼系数都在 40% 以下，而中等收入国家(如拉美国家、马来西亚、菲律宾等)的基尼系数较高，在 40% 以上，一些南美国家甚至在 50% 以上，而除美国以外的发达国家，基尼系数几乎都在 40% 以下，德国、瑞典和挪威的基尼系数最低，都不到 30%。这些国家或地区基尼系数的分布，反映了收入分配将随着经

济发展水平的提高而发散和收敛。但是也有特例,如海地属于典型的穷国,但收入分配差距很大;在纳米比亚和南非的经济发展水平上,收入分配差异本来应该有所缩小,但是历史上种族主义造成的两极分化还在长久地发生影响;中国香港、新加坡已经属于高收入国家或地区,但基尼系数仍然偏高,这和它们整体的经济规模有关,同时也反映了它们的新兴工业化经济体的特点。美国的基尼系数达到了45%,和收入相近的国家比较偏高,收入和财富的集中在一定程度上增强了国家的竞争力,扩大了它在世界上的影响力。从这个意义上看,基尼系数的国际比较虽然能够在一定程度上反映收入分配的演化趋势,但由于具体国情不同,标准也不是绝对的。

表20.26 世界各国或地区基尼系数比较

(单位:%)

排序	国家或地区	基尼系数	计算年份	排序	国家或地区	基尼系数	计算年份
1	纳米比亚	70.7	2003	74	日本	38.1	2002
2	南非	65.0	2005	78	越南	37.0	2004
8	海地	59.2	2001	79	印度	36.8	2004
9	哥伦比亚	58.5	2008	83	新西兰	36.2	1997
10	巴西	56.7	2005	92	英国	34.0	2005
14	智利	54.9	2003	93	瑞士	33.7	2008
16	中国香港	53.3	2007	94	孟加拉国	33.2	2005
19	秘鲁	52.0	2008	96	瑞士	33.0	2005
27	斯里兰卡	49.0	2007	98	法国	32.7	2008
28	墨西哥	48.2	2008	100	加拿大	32.1	2005
29	新加坡	48.1	2008	101	意大利	32.0	2006
34	尼泊尔	47.2	2008	102	西班牙	32.0	2005
36	马来西亚	46.1	2002	104	韩国	31.3	2007
37	菲律宾	45.8	2006	107	荷兰	30.9	2007
38	阿根廷	45.7	2009	108	爱尔兰	30.7	2008
42	美国	45.0	2007	109	巴基斯坦	30.6	2007
45	伊朗	44.5	2006	110	澳大利亚	30.5	2006
50	泰国	43.0	2006	118	丹麦	29.0	2007
53	俄罗斯	42.3	2008	122	匈牙利	28.0	2005
56	土耳其	41.0	2007	125	德国	27.0	2006
66	印度尼西亚	39.4	2005	133	挪威	25.0	2008
72	葡萄牙	38.5	2007	134	瑞典	23.0	2005

资料来源:CIA网站。

由以上分析中可以看出,我国居民收入分配不公平的问题已经相当严重。收入分配包括初次分配与再分配的两个环节。尽管社会主义分配原则一直强调要注意兼顾公平与效率,初次分配注意效率,再分配注意公平。但是现实中这两个环节都存在着很大的问题。在初次分配中,分配格局过于倾向资本要素,而劳动力要素占比较低,而且还有因某些行业的垄断地位造成的行业间收入差距过大的现象;再分配过程中,政府公共服务供给不足,如2007年,教育、医疗和社会保障三项公共服务支出占政府总支出的比重合计只有29.2%,与人均GDP 3 000美元以下国家和人均GDP 3 000—6 000美元国家相比,分别低13.5和24.8个百分点。其中,医疗支出比重分别低4.7和8.2个百分点;社会保障支出比重分别低9.9和18.3个百分点。由于政府公共服务支出总体不足,居民不得不用自身的收入来支付快速增长的教育、医疗、社保等支出,使得高收入群体消费意愿不足和低收入群体支付能力不足同时并存,大大降低了居民的消费欲望。因而政府公共服务支出不足也成为我国收入分配不合理乃至居民消费率下降的重要原因。

从具体表现上看,我国收入差距主要体现在以下几个方面:城乡收入分配差距过大;行业收入分配不平衡;地区收入分配不均;城乡内部收入分配不平等。

1. 城乡收入分配差异

改革开放前我国农产品采用"统购统销"制度,农产品价格被压低,农产品和工业品之间存在"剪刀差",城乡之间收入差距较大,1978年我国城乡居民人均收入比为2.57倍。由于农村家庭联产承包责任制的改革先行一步,自1979年至1985年,我国城乡居民收入差距不断缩小,1980年为2.50倍,至1985年进一步下降到最低点1.86倍。但是80年代中期开始的以城市为重点的体制改革开始推动城乡居民收入增长,城乡居民收入差距又开始增加。到了90年代中期,大规模国有企业改革产生了大量下岗失业现象,城乡居民收入差距又有所减小,但是由于基数差距较大,因此收入差距变化并不明显,最低到1997年下降至2.47倍。而进入21世纪以来,城乡收入差距一直保持在3倍以上,且连续小幅增加。到2008年,我国城镇居民人均可支配收入为15 708.8元,农村居民人均纯收入为4 760.6元,城乡居民的收入差距达到3.33倍。从收入总量看,2006年,我国居民收入总量为93 573亿元,其中,城镇居民收入总量为66 978亿元,占71.6%;农村居民总收入为26 595亿元,占28.4%(见图20.4)。

以上城乡居民收入差距的数值,仅仅是货币收入的标准,考虑到教育、医疗、养老等方面的政府公共服务支出,城乡之间的收入差距将更为明显。

2. 行业收入分配不平衡

改革开放三十余年来,我国行业收入差距不断扩大,而且两极分化的趋势越

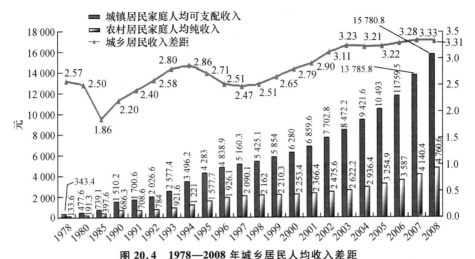

图 20.4 1978—2008 年城乡居民人均收入差距
资料来源:《中国统计年鉴》(2009)。

来越明显。不同行业职工平均工资的最高值与最低值比值,从 1978 年的 2.17 倍适度略升为 1980 年的 2.18 倍之后开始降低,到 1989 年降至 1.71 倍,随后差距开始扩大,尽管有过小的调整,1994 年升至 2.38 倍,2002 年达到 2.99 倍,2003 年升至 4.63 倍,2005 年为 4.88 倍,随后略微下降,2007 年降至 4.46 倍。国际上公认行业间收入差距的合理水平在 3 倍左右。

在计划体制时代,电力、煤气、建筑业、地质勘查业和水利业为高收入行业。因为全社会总体收入都不高,高低收入之间的差距不是十分明显。直到 1992 年,采掘业一直是高收入行业。1993 年,高收入行业转变为电力、煤气及水的生产和供应业,交通运输仓储和邮电通信业以及房地产行业。1994 年以后,电力、煤气及水的生产和供应业以及房地产业仍是高收入行业,金融保险业、科学研究和综合技术服务业开始加入到高收入行业的行列。表 20.27 给出了 2000—2008 年我国不同行业人均年收入。2003 年以后,我国对行业划分进行了调整,在 2003 年到 2008 年的 6 年间,高收入行业集中在金融业、电力、煤气及水的生产和供应业,科学研究、技术服务和地质勘查业,信息传输、计算机服务和软件业等四大行业。总体上看,我国行业间收入分配总的趋势是向技术密集型、资本密集型行业和新兴产业倾斜,而传统的资本含量少、劳动密集、竞争充分的行业,收入则相对较低。

表 20.27 2000—2008 年我国不同行业人均年收入

(单位:元)

指标	2008	2007	2006	2005	2004	2003	2002	2001	2000
农林牧渔业	12 958	11 086	9 430	8 309	7 611	6 969	6 398	5 741	5 184
采矿业	34 405	28 377	24 335	20 626	16 874	13 682	11 017	9 586	8 340
制造业	24 192	20 884	17 966	15 757	14 033	12 496	11 001	9 774	8 750
电力、煤气及水的生产和供应业	39 204	33 809	28 765	25 073	21 805	18 752	16 440	14 590	12 830
建筑业	21 527	18 758	16 406	14 338	12 770	11 478	10 279	9 484	8 735
交通运输、仓储和邮政业	32 796	28 434	24 623	21 352	18 381	15 973	16 044	14 167	12 319
信息传输、计算机服务和软件业	56 642	49 225	44 763	40 558	34 988	32 244	—	—	—
批发和零售业	25 538	20 888	17 736	15 241	12 923	10 939	9 398	8 192	7 190
住宿和餐饮业	19 481	17 041	15 206	13 857	12 535	11 083	—	—	—
金融业	61 841	49 435	39 280	32 228	26 982	22 457	19 135	16 277	13 478
房地产业	30 327	26 425	22 578	20 581	18 712	17 182	15 501	14 096	12 616
租赁和商务服务业	31 735	26 965	23 648	20 992	18 131	16 501	—	—	—
科学研究、技术服务和地质勘查业	46 003	38 879	31 909	27 434	23 593	20 636	—	—	—
水利、环境和公共设施管理业	22 182	19 064	16 140	14 753	13 336	12 095	—	—	—
居民服务和其他服务业	23 801	21 550	18 935	16 642	14 152	12 900	—	—	—
教育	30 185	26 162	21 134	18 470	16 277	14 399	13 095	11 269	9 336
卫生、社会保障和社会福利业	32 714	28 258	23 898	21 048	18 617	16 352	—	—	—
文化、体育和娱乐业	34 494	30 662	26 126	22 885	20 730	17 268	—	—	—

资料来源:中经网数据库,2003 年起采用新行业分类标准。

尽管目前高收入行业也包括计算机服务业等高科技行业,但是电力、电信、金融、保险、烟草等垄断行业职工的平均工资是其他行业职工平均工资的 2—3 倍,如果再加上工资外收入和职工福利待遇上的差异,实际收入差距可能在 5—10 倍之间。总的说来,垄断行业收入畸高是导致行业间收入差距过大的最主要表现。

首先,垄断行业大都具有很强的行政垄断性,凭借其天然垄断地位获得高额垄断利润成为行业内个人收入分配丰厚的物质基础。其次,国家对国有垄断行业的工资外收入缺乏宏观调控,使这些行业的收入分配处于失控状态,这些垄断企业的名义工资并不算太高,而各种福利、奖金、补贴占了收入的大部分。另外,国有企业的垄断地位造成了垄断资源寻租的可能性,这些行业的某些从业人员拥有灰色收入来源。

国内的一些学者也通过系统的定量分析方法证明了垄断行业高收入源于这些行业的行政垄断性:如岳希明、李实等利用应用 Oaxaca-Blinder 分解方法,把垄断行业高收入分解为合理和不合理两个部分。其实证分析发现,垄断行业与竞争行业之间收入差距50%以上是不合理的,并把原因归咎于行政垄断,作者进一步指出其研究还未考虑垄断行业的高福利,其测量结果实际上大大低估了垄断行业高收入中的不合理部分。

3. 地区收入分配不平衡

我国地区间居民收入差距主要表现在东部发达地区和中西部欠发达地区、南方与北方、沿海城市和内陆城市的差别。

2003年,东、中、西部地区城镇居民人均可支配收入分别为10 366元、7 036元和7 096元,比上年分别增长10.8%、10.5%和8.4%,东部地区人均可支配收入增长最快。从省际来看,2005年最高收入省与最低收入省的收入相差10 655元,收入之比达到2.33∶1。2005年东部地区与中部地区的收入差距由2004年的3 731元扩大到2005年的4 193元,差距拉大了462元;东部地区与西部地区的收入差距由2004年的2 706元扩大到2005年的3 251元,差距拉大了545元。2005年东部地区城镇居民收入最高,为12 884元;其次是西部地区,为9 633元;最低是中部地区,为8 691元。东部地区与中部地区农村居民收入的差距由2004年的1 999元扩大到2005年的2 308元,差距拉大了309元;东部地区与西部地区农民的收入差距由2004年的2 281元扩大到2005年的2 615元,差距拉大了334元。

表20.28给出了1999—2009年中国各省城镇地区家庭平均每人可支配收入排名。近十年在城镇家庭平均每人可支配收入排名前三之列出现过的上海、北京、浙江、广东等省份都位于东部地区,而近十年在城镇家庭平均每人可支配收入排名后三位之列出现过的甘肃、青海、宁夏、山西等省份都是位于中部或西部地区,并以西部省份居多。

表20.28 1999—2009年中国各地区城镇地区家庭平均每人可支配收入排名

1999	2001	2003	2005	2007	2009
上海	上海	上海	上海	上海	上海
北京	北京	北京	北京	北京	北京
广东	浙江	浙江	浙江	浙江	浙江

（续表）

1999	2001	2003	2005	2007	2009
浙江	广东	广东	广东	广东	广东
天津	天津	天津	天津	江苏	天津
西藏	福建	福建	福建	天津	江苏
福建	西藏	江苏	江苏	福建	福建
江苏	江苏	西藏	山东	山东	山东
云南	山东	山东	重庆	重庆	内蒙古
重庆	云南	重庆	湖南	内蒙古	辽宁
湖南	湖南	广西	西藏	辽宁	重庆
山东	重庆	湖南	广西	湖南	广西
广西	广西	云南	云南	广西	湖南
四川	新疆	湖北	内蒙古	河北	河北
河北	四川	海南	辽宁	山西	云南
海南	河北	辽宁	河北	云南	河南
新疆	湖北	河北	山西	湖北	湖北
湖北	青海	新疆	湖北	河南	陕西
安徽	海南	四川	吉林	安徽	安徽
贵州	辽宁	内蒙古	河南	江西	宁夏
辽宁	安徽	吉林	江西	吉林	江西
内蒙古	宁夏	山西	安徽	西藏	吉林
江西	内蒙古	河南	四川	四川	山西
青海	江西	江西	黑龙江	海南	四川
陕西	陕西	陕西	陕西	宁夏	海南
黑龙江	贵州	安徽	贵州	陕西	西藏
河南	黑龙江	青海	海南	贵州	贵州
吉林	山西	黑龙江	宁夏	新疆	青海
甘肃	甘肃	甘肃	甘肃	青海	黑龙江
宁夏	吉林	贵州	青海	黑龙江	新疆
山西	河南	宁夏	新疆	甘肃	甘肃

资料来源：根据历年《中国统计年鉴》计算。

地区收入不平衡从省际差异也可见一斑，表20.29给出了1999—2009年中国城镇居民家庭人均可支配收入最高省份与最低省份的情况，2009年上海市城镇居民人均可支配收入28 837.8元，甘肃最低，仅为11 929.8元，两者相差16 908元，相差2.4倍。基本上中国城镇居民家庭人均可支配收入最高省份与最低省份相差在 2 倍以上。

表 20.29　1999—2009 年中国城镇居民家庭人均可支配收入最高与最低省份对比

	1999	2001	2003	2005	2007	2009
最高省份	上海	上海	上海	上海	上海	上海
人均可支配收入(元)	10 931.6	12 883.46	14 867.49	18 645	23 622.73	28 837.8
最低省份	山西	河南	宁夏	新疆	甘肃	甘肃
人均可支配收入(元)	4 342.6	5 267.42	6 530.48	7 990.2	10 012.34	11 929.8
最高省份/最低省份(倍)	2.52	2.45	2.28	2.33	2.36	2.42

资料来源:根据历年《中国统计年鉴》计算。

上述数据表明,地区之间收入分配差距明显。地区差距过大得不到抑制,会引发资源、人才、资金、机会自动流向回报率高的地区,越是发达的地区将发展越迅速,而越是欠发达地区,发展越滞后,其结果则是地区间居民收入差距继续严重扩大。

造成这种现状的主要原因有四个方面。

(1) 区域发展政策不平衡。改革开放之初,政府经济政策首先向东部沿海地区倾斜,使得东部沿海地区在改革开放初期得以吸引大量的外国资本,推动了沿海经济的发展。例如,1983—1996 年,中国的外商投资有 88.3% 分布在东部沿海地区,仅有 8.3% 分布于中部地区,3.4% 分布于西部地区。而西部大开发则是在 20 世纪末才提出的,这时我国的改革开放政策已经实施了 20 年。

(2) 经济结构差异。

所有制结构:在中西部的所有制结构中国有资产的比重较大。以国有经济占各地区工业总产值的比重为例,2002 年,全国国有及国有控股企业 41 125 个,总产值按 1990 年不变价格计算为 37 278.08 亿元人民币,当年价格为 45 178.96 亿元人民币,西部八省国有及国有控股公司共 5 916 个,总产值 5 291 亿元人民币。国有资产存量在中西部地区过高的聚集,加大了中西部国有企业改革的成本,抑制了中西部市场经济的发育,从而造成了收入差距的扩大。

产业结构:首先与东部相比较,中西部的产业结构的转换能力差。中西部出口创汇的产业少,创汇收入也就少,在外汇收入上造成了东西部地区的差距。其次,中西部的产业结构层次低。西部主要以资源型企业为主,技术密集型和服务型产业少,致使东部的经济收入明显高出西部,地区收入差距扩大。

(3) 人才资源差异。东部地区教育设施完善、教育资源优良,居民平均受教育程度高,而中西部地区居民的人均受教育水平远远低于东部地区。而且中西部地区的受教育程度高的人员倾向于在东部地区就业,进一步使得中西部地区人才资源难以满足本地经济发展的需要。

（4）自然条件不平衡。从地理区位上讲，东南沿海地区交通设施发达，具有其他地区无法比拟的外向地缘优势。而且东部地区气候条件好，适宜生产及生活。尽管党和政府实施西部大开发、振兴东北地区等老工业基地等战略举措。但是由于中西部发展基础薄弱，短期内绝对差距还将进一步扩大。

4. 城乡内部收入不平衡

不仅是城乡间居民收入不平衡现象比较严重，即使是城镇居民内部、农村居民内部收入不平衡现象也比较突出。

（1）城镇居民收入不平衡

由表20.30可以看出，1980年以前城镇居民基尼系数低于0.2；1981—1993年逐年增长，但是始终保持在0.3以下；1994—1998年，在0.3附近上下波动；1998年以后，基尼系数始终保持在0.3以上，2005年达到改革开放以来的最高点0.396，随后逐年小幅回落到2008年的0.38。这31年来基尼系数上升了136%，年均上升4.39%。这说明城镇居民收入差距也在逐年增大，并且呈现出阶梯形特征。

表20.30 1978—2008年中国城镇居民基尼系数

年份	基尼系数	年份	基尼系数
1978	0.162	1994	0.302
1979	0.164	1995	0.288
1980	0.173	1996	0.303
1981	0.209	1997	0.292
1982	0.205	1998	0.308
1983	0.205	1999	0.336
1984	0.228	2000	0.342
1985	0.238	2001	0.351
1986	0.224	2002	0.373
1987	0.228	2003	0.382
1988	0.231	2004	0.388
1989	0.226	2005	0.396
1990	0.235	2006	0.392
1991	0.243	2007	0.379
1992	0.254	2008	0.38
1993	0.272		

资料来源：马草原、李运达、宋树仁：《城镇居民收入差距变动轨迹的总体特征及分解分析：1978—2008》，《经济管理与研究》2010年第9期。

从人均收入角度看，自改革开放以来，城镇居民整体人均收入的实际增长率呈现递增趋势，1986—1990年、1991—1995年、1996—2000年、2001—2005年分别为 2.26%、7.73%、7.84%、9.63%。但是，10%最高收入户、10%高收入户和 20%中等偏上户的实际增长速度都高于整体平均增长速度，其他60%收入分组低于整体平均增长速度。这说明在1985—2005年，不同收入分组人均收入实际增长率不平衡性加剧恶化，实际增长速度差异性不断扩大：人均收入水平越高，实际增长率也越大，我国城镇居民收入差距呈"加速"扩大格局。

从人均可支配收入角度看，高收入户与低收入户人均可支配收入差距不断增大。如表20.31所示，1997年我国城镇居民中最高收入户和困难户人均可支配收入分别为10 250.93元和2 161.11元，二者相差4.74倍；而2008年，二者分别为43 613.75元和3 734.35元，相差11.7倍。由表20.32可以看到，越是收入高的居民户，年复合增长率越高，这表明不同收入户之间的收入差距在逐渐拉大，收入不平衡日趋严重。此外城镇居民收入不平衡在东中西部地区差异和行业差异方面也非常显著。

表20.31　城镇家庭平均每人可支配收入

（单位：元）

年份	最高收入户	高收入户	较高收入户	中等收入户	较低收入户	低收入户	困难户
1997	10 250.93	7 460.7	6 074.17	4 894.66	3 966.23	3 223.37	2 161.11
1998	10 962.16	7 877.69	6 404.9	5 118.99	4 107.26	3 303.17	2 198.88
1999	12 083.79	8 631.94	6 904.96	5 512.12	4 363.78	3 492.27	2 325.7
2000	13 311.02	9 434.21	7 487.37	5 897.92	4 623.54	3 633.51	2 325.05
2001	15 114.85	12 662.6	8 164.22	6 366.24	4 946.6	3 319.7	2 464.8
2002	18 995.85	15 459.49	8 869.51	6 656.81	4 931.96	3 032.11	1 957.46
2003	21 837.32	17 471.79	9 763.37	7 278.75	5 377.25	3 295.38	2 098.92
2004	25 377.17	20 101.55	11 050.89	8 166.54	6 024.1	3 642.24	2 312.5
2005	28 773.11	22 902.32	12 603.37	9 190.05	6 710.58	4 017.28	2 495.75
2006	31 967.34	25 410.8	14 049.17	10 269.7	7 554.16	4 567.05	2 838.87
2007	36 784.51	22 233.56	16 385.8	12 042.32	8 900.51	6 504.19	3 357.91
2008	43 613.75	26 250.1	19 254.08	13 984.23	10 195.56	7 363.28	3 734.35
2009	—	37 433.9	21 018	15 399.9	11 243.6	6 725.2	—

资料来源：中经网统计数据库。

表20.32　1997—2008年不同收入户人均可支配收入年复合增长率

（单位：%）

最高收入户	高收入户	较高收入户	中等收入户	低收入户	较低收入户	困难户
14.07	12.12	11.06	10.01	8.96	7.80	5.10

资料来源：根据表20.31计算得到。

（2）农村居民收入不平衡

从表 20.33 中的数据变化看，1986 年以后，基尼系数一直保持在 0.3 以上，农村居民收入差距也呈现逐渐增大的趋势，但是增长趋势相对于城市居民而言比较平缓，其最高年份基尼系数为最低年份的 1.8 倍。

表 20.33 1978—2006 年中国农村居民基尼系数

年份	基尼系数	年份	基尼系数
1978	0.21	1994	0.32
1979	0.24	1995	0.34
1980	0.24	1996	0.32
1981	0.24	1997	0.33
1982	0.23	1998	0.34
1983	0.25	1999	0.34
1984	0.24	2000	0.35
1985	0.23	2001	0.36
1986	0.3	2002	0.36
1987	0.34	2003	0.37
1988	0.3	2004	0.37
1989	0.31	2005	0.38
1990	0.31	2006	0.37
1991	0.31	2007	0.37
1992	0.31	2008	0.38
1993	0.33	2009	—

资料来源：1978—2007 年的数据来自程永宏：《全国总体基尼系数的演变及其城乡分解》，《中国社会科学》2007 年第 4 期；2007—2008 年的数据来自联合国《人类发展报告》。

从国际通用的五等分法来看，如表 20.34 所示，2000—2008 年不同收入组农户人均收入保持持续增长，但最低收入组农户平均增速为 7.2%，最高收入组农户平均增速为 9.0%。最高收入组与最低收入组人均收入比由 2000 年的 6.471 增长到 2008 年的 7.527。

表 20.34 中国 2000—2008 年农村居民不同收入分组人均收入状况

年份	最低收入组（元）	中低收入组（元）	中等收入组（元）	中高收入组（元）	最高收入组（元）	最高/最低
2000	802	1 440	2 004	2 767	5 190	6.471
2001	818	1 491	2 081	2 891	5 534	6.765
2002	857	1 548	2 164	3 031	5 903	6.888

(续表)

年份	最低收入组（元）	中低收入组（元）	中等收入组（元）	中高收入组（元）	最高收入组（元）	最高/最低
2003	866	1 607	2 273	3 207	6 347	7.329
2004	1 007	1 842	2 579	3 608	6 931	6.883
2005	1 067	2 018	2 851	4 003	7 747	7.261
2006	1 182	2 222	3 149	4 447	8 475	7.170
2007	1 347	2 582	3 659	5 130	9 791	7.269
2008	1 500	2 935	4 203	5 929	11 290	7.527
年均增长率(%)	7.2	8.2	8.6	8.8	9.0	—

资料来源：根据历年《中国统计年鉴》计算。

另外，农村居民收入的地域差距也很大，1978年，西部、中部、东部农村居民人均收入比例为1:1.09:1.36，而2000年差距最大，为1:1.35:2.27，2001年以后地域差异有所减少，2005年收入比为1:1.22:2.04，这与2000年以来的西部大开发、新农村建设等国家扶持政策有一定关系。如果从省域看，农村居民收入差距也很大，例如2008年全国农村居民收入最高是上海地区，为11 440元，而最低的贵州地区仅为2 797元，二者相差4倍。

造成农民收入差距的主要原因有区域发展不平衡、条件的差异、农民文化素质随地域不同有所不同、国家农村低收入者的政策扶持力度仍显薄弱等。

我国收入分配政策坚持以"效率优先，兼顾公平"为导向，初次分配重效率，再分配重公平，而实际上由于要素市场发育不健全、竞争不充分，直接导致我国要素价格体系严重扭曲，要素价格无法有效反映其实际贡献，初次分配缺乏效率；而由于税收、转移支付制度、社会保障制度仍不完善，再分配趋公平的分配力度不够，导致我国国民收入分配不均。

"十一五"以后，收入分配问题受到了国家更多的重视，2005年党的十六届五中全会强调要"更加注重社会公平"。近两年来，国家开始采取一系列措施，调整我国的收入分配格局，而且已经收到了一定的成效。但应该看到，这种收入分配格局的形成已经经历了一个长期的过程，对它的调节也应该是长期的、持续的，直至形成较为合理的、在社会上认同程度较大的收入分配格局。从表20.23和表20.35的对比中可以看出，尽管从长期来看，在城镇居民家庭可支配收入中，收入较高的居民组收入增长得更快，但是在2008年至2009年期间，情况是反过来的，也就是收入较低的收入组的收入增长得到较多的改善，这说明只要加以重视，我国的收入分配不是不可以改善的，当然，这仅仅是一年的情况，还有很多特殊因素在发挥作用，但只要继续坚持下去，我们就有可能做到在保持平稳较快增长的同时,改善我国的收入分配。随着收入分配关系的改善,居民家庭的最终支出结构也会得到改善,人民生活水平就会有一个整体的提高,并进而带动内需结构的调整,促进社会和经济资源的合理配置。

表20.35　2008—2009年城镇居民家庭平均每人可支配收入

			2008年(元)	2009年(元)	增长(%)
	全国		15 780.76	17 174.65	8.83
按收入等级分	最低收入户	10%	4 753.59	5 253.23	10.51
	其中:困难户	5%	3 734.35	4 197.58	12.4
	低收入户	10%	7 363.28	8 162.07	10.85
	中等偏下户	20%	10 195.56	11 243.55	10.28
	中等收入户	20%	13 984.23	15 399.92	10.12
	中等偏上户	20%	19 254.08	21 017.95	9.16
	高收入户	10%	26 250.1	28 386.47	8.14
	最高收入户	10%	43 613.75	46 826.05	7.37

第五节　结　论

国民收入的生产、分配和使用涉及社会利益格局的调整,既是综合性较强的经济问题,也是战略性突出、事关全局的社会问题。经济增长的效率,不仅仅取决于国民收入的创造,也和国民收入的分配和使用密切相关。转变经济发展方式,不仅是在技术上实现低投入、高产出,还需要在经济上实现国民收入的合理分配和使用,不仅要强调激励机制,还要考虑收入分配对最终使用的影响以及对生产领域的反作用。本章运用近年来的国民经济核算数据对国民收入的生产、分配和使用进行了全面分析,得出以下结论。

第一,伴随着新世纪以后的高速经济增长,以增加值反映的国民收入产业结构继续得到提升,并为新增就业和农业劳动力向非农产业转移提供了大量的就业机会,但我国增加值结构和就业结构之间的差距,仍然远远大于工业化国家,这说明通过平稳较快的经济增长以及产业结构的提升提供更多的非农就业和城镇就业岗位,并由此得到就业结构的提升,是我国经济发展中的长期任务。

第二,近几年我国区域经济增长呈现出新的格局,欠发达地区和中等发展水平的地区的经济增长在加快,发达地区的经济增长有所放缓,地区间人均国民收入的差距在缩小,这一方面说明中国在改善地区差异方面取得的成就,另一方面也反映了中国的长期和持续经济增长方面仍然具有很大的潜力。

第三,在政府、企业和居民部门之间,无论从初次分配收入看,还是经过再分配之后形成的可支配收入看,政府和企业在总量中的比重在上升,居民家庭所占的比重在下降。

第四,在居民部门内部,城乡之间、城镇居民家庭之间的收入差距在扩大,城镇居民家庭收入分配差异的扩大化是近年来收入分配差异扩大化的主要原因。

第五,政府、企业可支配收入比重的增加及居民收入差异的扩大化,导致在国民收入的最终使用中,居民消费所占的比重在明显下降,而储蓄和投资(资本形成)的比重在提高,尤其值得重视的是,在消费不足的情况下,我国的对外净金融投资在国民可支配总收入中所占的比重近几年在迅速提高。

第六,国民可支配收入的最终使用出现的失衡,说明不合理的收入分配格局不仅有违公平,其实也在影响经济增长的效率。过高的积累率和投资率可能导致固定资产的闲置甚至是浪费,过高的对外净金融投资可能增加我国金融资产的风险,而和人民生活密切相关的消费则可能因为有支付能力的需求不足而得不到应有的发展。如果这种失衡继续下去,将会反过来影响到生产领域的发展以及与之密切相关的就业的改善。

从总体上看,进入新世纪以来,伴随着高速经济增长和总量的迅速扩张,中国的收入分配中由于发展原因而造成的差异在减少,而由体制原因造成的差异仍在扩大。今后一个时期,要以科学发展观为指导,坚持以人为本,完善按劳分配为主体、多种分配方式并存的分配制度,健全劳动、资本、技术、管理等生产要素按贡献参与分配的制度,初次分配和再分配都要处理好效率和公平的关系,再分配要更加注重公平,着力提高城乡居民特别是中低收入者收入水平,创造机会公平、规范分配秩序,使广大群众同步共享经济社会发展成果。

第二十一章 新时期我国宏观经济政策的变化及特点

中国的宏观经济政策和手段,是伴随着市场化进程而发展的。党的十四大明确提出了在中国建立社会主义市场经济的目标,而随着社会主义市场体系的构建和完善,我们的宏观经济政策的构成与调控手段也在发生变化。但是从整体上看,中国新时期以来宏观经济政策的方向是正确的,宏观调控所取得的成果是积极的,否则,我们就很难解释我们在新世纪里在经济增长和经济发展上取得的伟大成就。但是与此同时,我们也需要对我们的宏观经济政策和宏观调控进行反思,它主要包含三方面的内容:一是我们的政策本身是否还有值得改进的地方,尤其是在国际形势、国内经济发展不断出现大的变化的情况下,我们的政策是否科学合理,是否反映了经济发展的客观要求;二是作为宏观经济政策的应用对象的市场体系是否存在着继续完善的空间,我们应该如何通过进一步的体制创新完善市场,使我们的政策能够应用得更加顺畅,更能反映科学发展观的要求;三是我们仍然要关注世界各国的经济政策以及这些政策可能产生的影响,加强对这些政策以及产生这些政策的环境的研究,总结正反两方面的经验教训,推动我国的经济发展,提高我们的宏观管理水平。

第一节 美国量化宽松政策和中国的应对措施

2008年以后,由美国"次贷危机"引发的全球金融危机,对世界经济产生了重大影响。这不仅仅是由于美国是世界上经济总量最大的国家,而且还在于它的国际金融体系中的特殊地位。第二次世界大战之后,美国凭借它强大的经济实力成为世界霸主。1945年建立的战后国际金融体系——布雷顿森林体系,确立了美元作为最主要的国际储备货币。在布雷顿森林体系下,美元可以兑换黄金和各国实行可调节的钉住汇率制,是构成这一货币体系的两大支柱。布雷顿森林体系促进了国际贸易的迅速发展和全球经济一体化的进程,也为美国利用全球资源支持本国经济发展创造了条件。美国凭借其全球金融中心的地位,通过预算赤字和贸易逆差向各国供应美元,并由此获得支持美国经济发展的货物和服务。从二战之后到现在,国际金融和经济秩序虽然已经有了很大的变化,但由布雷顿森林体系开启的、美国依靠在全球金融体系中的特有地位获得利益并由此支持本国经济发展的这种规则,并没有根本改变。这也是美国国内的经济波动对国际金融体系产生重大冲击的主要原因。

1. 全球金融危机以前美国宏观经济政策的演变

20 世纪 30 年代,英国经济学家凯恩斯创立了以研究经济总量、强调国家干预为主要内容的宏观经济学。但宏观经济学的进一步发展却发生在美国。

凯恩斯宏观经济理论,以扩大政府财政支出,干预经济增长和就业为主要观点。所以一直到 20 世纪 70 年代初,美国的政府干预是以财政政策为主要内容的。但是从那时起,美国经济开始出现一系列重大的变化。美国从此进入经济滞胀阶段。

美国从 1983 年以后基本上就走出了石油危机的阴影,经济增长进入了相对稳定的发展时期,没有出现较大的通货膨胀。这也是在进入 21 世纪前后,人们普遍对美国的经济发展持乐观态度的重要原因。

从石油危机后到金融危机之前,美国政府的经济政策的倾向也在发生着变化。从发展上看,美国的宏观经济政策有两方面的重大变化:一是政府对经济活动的直接干预在逐渐减少,经济自由化的程度在提高,市场的自我调节机制在经济运行中开始发生越来越大的作用。二是货币政策代替财政政策,成为调控经济发展的主要手段。这二者之间是相互联系的,只有在市场化和自由化程度相当高的情况下,才有可能在政府减少干预的情况下仍然使经济保持平稳,而充分的市场化和自由化,实际上是以金融市场的发展为条件的。在金融市场较为发展的条件下,调节了这个市场,也就调节了整个经济活动。美国经济增长逐渐走向平稳和宏观调控方式的变化,说明美国的市场经济体制在逐渐进步。但在另一方面,由于金融市场在经济增长中的特殊作用,美国的经济活动中所潜在的风险也相当大。长期以来实行的债务经济,使美国成为财政赤字[①]、贸易逆差、个人债务和国家债务[②]最大的国家之一,由于美国在全球经济中的领导地位及美元的强势,这种债务对美国经济的潜在威胁在很长时间里没有转化成现实。其实,美国通过包括次级贷款在内的各种债务形成的对最终需求的拉动已经存在着巨大风险,而且这种风险所可能造成的危害也早已经被很多人认识。在这种情况下,美国本应改善它的债务结构,使其经济增长和需求拉动更多地建立在自

---

① 在截止到 9 月 30 日的 2008 财年,美国政府的财政赤字达 4550 亿美元,占当年 GDP 的 3.2%。

② 早在 1989 年,美国的房地产开发商西摩·德斯特就在纽约建立了一个国家债务钟,提醒美国人关注巨额国债。当时国债金额为 2.7 万亿美元,约占当年 GDP 的 50% 左右。2008 年 10 月 7 日,这一数字已上升到 10.2 万亿美元,和当年 GDP 的比率已经超过 100%,国债钟的记位数已经全部用完,发生"爆字"。

身经济发展的基础上;或者再退一步,通过政府对于潜在较大金融风险的领域的监控,降低由于虚拟经济的发展所可能导致的系统风险。在这一方面,美国有过1929 年金融危机和大萧条时期的经验教训,在很长一段时间里也非常重视对金融风险的控制,这也是为什么欧洲各国普遍都实行了全能性银行制度后,美国到了 1999 年才废除对商业银行和投资银行实行分业经营的《格拉斯-斯蒂格尔法》(Glass-Steagall Act)的主要原因。但是持续多年的稳定增长,使人们对美国现在的增长模式充满乐观情绪,从而忽视了对风险的控制,实体经济和虚拟经济之间发生了严重的脱节,最终由次级抵押贷款引发出全面的金融和经济危机。

2. 金融危机后美国宏观经济政策的取向

2010 年 11 月 3 日美联储主席伯南克宣布,为改善美国的就业和经济增长,美联储将在 2011 年 6 月底以前购买 6 000 亿美元的美国长期国债,以进一步刺激美国经济。预计每月将购买 750 亿美元的美国长期国债。这被外界称为第二轮量化宽松(Quantitative Easing 2,QE2)货币政策。这一货币政策和美国传统的货币政策的显著区别在于,它不是通过调整利率而调整货币供应量并作用于经济活动,而必须通过美国政府的财政支出来影响经济发展,也就是说,QE2 是通过财政政策来实现其货币政策目标的。这样做的原因,是在"次贷"危机发生后,美联储自 2008 年 9 月开始频繁降息,联邦基准利率从 5.25% 拉低至 12 月 16 日"0 至 0.25% 的区间",已经无法再降,但仍然不能有效地刺激经济复苏,于是想出了印钞票的方法,试图拉动美国经济。世界各国包括美国国内,对 QE2 的实施有很多的争论。但无论怎么争论,QE2 已经成为美国既定的货币政策。

在美国次级贷款危机后,美联储曾经先后两次采取了所谓"量化宽松货币政策"来帮助美国经济复苏。在布什政府时期,当次级贷款危机蔓延为全球金融危机时,美国开始实施第一轮量化宽松政策(QE1),美联储购买了 1.25 万亿美元的抵押贷款(MBS)支持债券、3 000 亿美元的美国国债和 1 750 亿美元的机构证券,累计 1.725 万亿美元。但是美国的经济并没有因此复苏。为了摆脱经济衰退,奥巴马政府在美联储的配合下,推出了一系列经济刺激计划。

那么,刺激经济复苏、促进经济增长和改善就业需要的这么多钱从哪里来呢?美国决定通过大幅度地增加国债发行来增加财政赤字,弥补财政收入的差额。作为弥补这些巨额赤字的主要手段,美国政府大量地发行国债,再加上美联储的大量购买,实际上进一步加剧着货币流动性泛滥发行。而由于美国经济中深层次的矛盾没有解决,在流动性泛滥的同时,仍然不能改善通货紧缩的局面,美国政府就继续向市场输入流动性,这种不负责任的手段,不仅加大了美国国内未来的通货膨胀预期,而且还由于美元作为国际储备货币的特殊地位,对世界经济带来冲击。

美国政府采取的两轮量化宽松政策,至少给我们提供了以下几方面的启示。

第一,宏观经济政策和宏观调控手段的"标准"事实上是不存在的。

在格林斯潘时代(1987年8月至2006年1月),货币政策逐渐成为美国政府干预经济的主要手段,利率调整成为美国调控通涨、经济增长和就业的基本工具,而财政政策和其他行政手段在宏观干预方面所起的作用很小。但是美国的经验又一次证明,在政府对宏观经济的干预中,财政政策和货币政策是同样重要的,而且相互之间应该配合使用,而具体如何应用,还要根据现实的经济情况,采取正确合理的政策,才能达到预期的目标。所谓的"标准"是不存在的。

第二,货币政策和财政政策,在决策程序、所应用的对象传导机制方面有很大的差别,需要结合应用才能收到较好的成效。

从货币政策和财政政策的作用对象看,货币政策主要是属于总量政策,即利用调整利率、变动存款准备金和公开市场业务等政策,通过商业银行影响广大企业和居民的收入支出行为,而财政政策更多地属于结构性政策,即通过财政支出的使用,对经济活动的一些具体方面加以影响;从政策的传导机制来看,货币政策和财政政策都具有短期需求管理和长期供给管理的属性,如降低利率和增加货币供应,一方面增加了社会的短期需求,另一方面企业在生产过程中的利息支出也减少了,事实上对供给领域也形成了影响。但是相比较而言,货币政策和财政支出政策更重视调节需求,而税收政策对供给领域的影响更大。而美国经济面临的困难是,一方面在供给领域需要通过减税降低企业负担而增加企业的活力,另一方面在需求领域则需要增加开支刺激需求,政府的收入可能减少,而政府的支出需要扩大,在这种情况下,美国采取了变相发钞的货币政策,来弥补收支间的差额。这种政策的效果还有待观察,但说明在关键性时刻,必须将货币政策和财政政策结合应用,政府干预才能收到更好的效果。

第三,世界各国的经济政策,主要的出发点是本国利益。各国间经济政策的协调是必要的,但不能损害本国的利益。

从20世纪70年代开始,美国经济可以说进入了一个较好的发展时期,前有新技术革命的带动,后有房地产的推动,中间有金融服务业支持,宏观经济政策也比较稳健,这使得美国经历了长达三十多年的经济景气。但也就在这一过程中,美国放松了对金融风险和经济风险的防范和控制,最后导致了危及全球的巨大灾难。还应该指出的是,美国经济发展固然带动过世界经济的发展,但是它在发展中也利用了全世界的资源。《马斯特利赫特条约》要求各国的国债负担率不得超过GDP的60%,但是在过去10年间,美国国债增加两倍多,至2010年6月1日,突破13万亿美元,相当于国内生产总值的近90%。2010年9月,中国持有的美国国债总额达到8 835亿美元,日本持有的美国国债总额为8 650亿美元,英国持有的美国国债总额为4 591亿美元。仅这三个国家,所持有的美国国债就达到了2.2万亿,占美国国债总额的1/6。现在,美国为了摆脱自己的困境,一方面通过货币政策大量发钞,另一方面,对世界各国提出各种要求,包括对中国提出人民币升值的要求,希望各国帮助它摆脱困境,这实际上是在通过输出通货膨胀、使各国金融资产贬值以及牺牲他国利益来转嫁自身的危机。在20国集团韩国峰会上,美国要求各国应该使它们经济账户上的盈余降到GDP的4%以下,帮助解决全球贸易的不平衡。但是,它自己却不按照国际公认的标准,把国债总额控制在一定的范围内。这说明在经济政策上,它实行的也是"双重标准"。在这种情况下,中国的宏观经济政策应该立足本国的利益,而不必屈从于别人的压力,中国不要求别人为自己的发展牺牲自己的利益,但也不可能为了他国的发展牺牲自己的利益。各国之间宏观经济政策的协调,应该是促进各国共同的发展,而不是服从于某一个特定国家的利益。在这一点上,中国政府坚持人民币汇率平稳调整、反对贸易保护主义以及要求美国政府在刺激经济时不应该危及他国的金融安全,都是正确的。至于中国政府如何处理外向型经济和内需的关系,如何调整汇率及国际收支平衡,那是中国自己的政策选择。

第四,虽然在经济全球化的背景下各国经济是互相影响的,但中国和美国处于不同的经济发展阶段,经济发展中所面临的主要矛盾是不同的,因此,在制定国内政策时,既要考虑国际环境,更要注重国内的实际情况。

表21.1列出了中国的部分宏观经济数据,和美国相比,中国财政收支是相当稳健的,国债负担率远远低于国际要求的风险标准,而居民储蓄存款与GDP的比值相当大,这当然和东方节俭储蓄的文化传统有关,但在另外一方面,也反映出中国的整个宏观经济政策中的风险防范取向,这是正确的。

表21.1 2007—2009年中国部分宏观数据

(单位:万亿元人民币)

年份	GDP	财政收入	财政支出	赤字	国债发行	居民储蓄存款
2007	24.95	5.1322	4.9781	-0.1540	2.31	17.25
2008	31.40	6.1330	6.2593	0.1262	0.85	21.78
2009	33.53	6.8477	7.5874	0.7397	1.64	26.08

美国的经济刺激计划之所以迟迟不能明显奏效,除了金融危机的冲击外,还在于美国经济众多的深层次矛盾,而解决这些矛盾是需要时间的。而在中国,虽然也存在着各种复杂的内部矛盾,但是从总体上看,中国仍处于迅速的工业化、城市化、现代化进程中,经济增长和经济发展仍然保持着强劲的势头,中国的经

济发展不仅使周边国家受益,也有益于美国、欧洲、日本等发达国家,虽然中国的GDP和国际贸易总量都已经达到世界领先水平,开始对世界经济产生越来越大的影响,但中国的人口众多,人均水平仍远远低于世界先进水平和平均水平,因此,中国经济面临的主要问题仍然是发展问题,所实施的经济结构调整、经济发展方式转变等,都是为了实现可持续发展。从这个意义上看,中国的经济发展应该越来越显示自己的独立性,不能因为国际环境的变化就停止前进的脚步,中国经济不仅在世界经济形势好的时候需要发展,在世界经济形势不好的时候也需要发展。这也是中国在外向型经济领先于整体经济发展了30年之后,内需型经济需要重新振兴的重要原因。

第二节 中国货币政策选择

货币政策作为宏观经济政策中最为基本和重要的政策手段,在我国改革开放,特别是进入新世纪以来,对经济发展和努力实现均衡增长政策目标,起到了极其重要的作用,尤其是在应对金融危机对我国冲击的过程中,发挥了特殊的政策效应。欧美国家在应对此次金融危机的过程中,货币政策虽有调整,但相比之下,财政政策的变化及其产生的作用尤为显著。我国则不同,在金融危机发生前后,我国为应对危机对我国的冲击,除了采取财政政策的调整外,货币政策作出了方向性的逆转,并且财政政策的调整也只是政策作用力度的变化,并无方向性变化。自1998年下半年到2002年,为反衰退、反通缩,财政政策就已开始采取强力扩张态势;到2003年至2007年,为应对投资领域过热、消费领域过冷的不同领域的方向失衡的矛盾,财政政策继续采取积极(扩张)的政策;2008年,特别是2008年下半年以后,针对金融危机的冲击,财政政策的方向未变但力度加大,采取更加积极的财政政策;自2010年年底以来,财政政策力度再调整,从反危机时期的"更加积极"重回危机前的"积极"财政。总体上看,财政政策的扩张方向始终未变。

但同期货币政策则不然,自2003年至2007年,在采取积极财政政策的同时,货币政策是反方向呈现紧缩态势的"稳健的货币政策",连续加息和上调法定准备金以及后来的信贷规模指标控制等,都表示了当时货币政策的紧缩倾向。2008年下半年针对反危机的需要,货币政策从以前"稳健"(紧缩)的状态逆转为"适度宽松"的扩张状态,2008年年末比年初新增贷款4.9万亿元,2009年新增9.6万亿元,2010年上半年新增4.6万亿元,都印证了货币政策由紧缩逆转为扩张的变化。自2010年年底以来,货币政策又重回危机前的状态,即"稳健"(紧缩)状态。连续上调的法定准备金率和加息的举措表明了这一点。危机前后货币政策这种方向型的逆转表明货币政策在我国现阶段起着极为特殊的作用,尤其是在财政政策方向始终不变的条件下,货币政策多次采取方向性逆转,表明我国当前货币政策的效应较欧美国家而言,更为活跃。这是当前我国货币政策效应的突出特点之一。

我国货币政策效应的另一特点在于,货币政策对我国不仅具有显著的需求效应,而且具有重要的供给效应。我国目前是中等收入的发展中国家,人均GDP已接近5 000美元(按汇率法计算),这一水平的社会经济,既有进一步持续增长的可能(没有特殊原因,通常一国在成为高收入发展中国家之前,即实现新兴工业化国家目标之前,是有可能继续保持较高的增长速度的),但也面临"中等收入陷阱"的威胁。这种威胁的发生,有来自需求方面的原因,比如由于收入分配不合理导致的内需不足,再如由于过于依赖出口支撑、在世界市场萧条时外需严重不足导致总需求不足,等等;但更重要的是来自供给方面的原因,核心问题在于中等收入发展阶段种种要素成本大幅度上升,包括土地劳动成本、环境成本、上游投入品成本上涨带来的成本压力等,而与此同时,创新水平提高迟缓,包括技术创新和制度创新力均低,进而效率提升迟缓,远不能消化上升的成本,使经济增长的均衡性和可持续性受到严重损害,经济增长持续低迷的同时,通货膨胀居高不下。克服"中等收入陷阱"的关键是从供给方面改善国民经济,以创新提高效率,使经济增长方式切实从主要依靠要素投入量扩大转变为主要依靠要素效率提升,使核心竞争力从主要依靠要素成本低廉转变为主要依靠技术进步。事实上,中等收入发展阶段之所以产生内需不足,重要原因也在于供给方面,供给方面创新不足,就缺乏新的投资机会和投资领域,扩大投资只能在原有技术和经济结构的基础上进行重复投资,内需不足必然导致过于依赖出口,使国民经济增长的均衡性受到国际市场周期的严重干扰。

因此,包括运用货币政策在内的全部宏观经济调控,在我国现阶段除关注其政策的需求效应外,也要关注其供给效应,尤其要关注这次金融危机的教训。危机的发生在相当大的程度上,是货币政策长期片面强调其刺激需求的政策效应的结果,尤其是以持续降息进而降低投资者使用信贷资金的成本的政策,一方面刺激投资需求和扩张,一方面降低成本推动的通胀压力,进而缓解自20世纪70年代以来的"滞胀"问题,但由此付出的供给方面的代价是,降低利率实际上是降低对投资项目效率和盈利能力的要求标准,结果是扩张的需求拉动的大量低质量、低水平的投资泡沫,当需求扩张到一定程度,拉动种种要素价格,包括信贷资金价格(利率)上升时,以往低利率即低盈利标准下形成的大量投资便形成不良资产,从而引发金融危机。

要关注货币政策的供给效应。一般来讲货币政策不能过于宽松,尤其是在长期里不宜过于宽松,否则不利于企业竞争力的提高。在采取从紧的货币政策时,会对需求扩张产生不利的影响,但同时可能迫使企业更进一步提高效率,进而产生供给方面的有利效应;在加快人民币升值时,会对出口需求产生不利影响,但同时会使进口品价格下降,进而使相关企业的成本下降,提高其竞争力。总之,我国作为中等收入的发展中国家,货币政策的选择既要关注其需求效应,也要关注其供给效应;既要关注其短期效应,也要关注其长期效应。一切不利于供给改善的需求扩张,都是不能持续的。

1. 中国实体经济衰退与流动性相对过剩

进入2008年下半年以后,中国经济增长率开始下滑,失业率上升,通货膨胀率逐步下降并最终变为负的,但资产价格却在随后暴涨,出现了实体经济和资产市场背离的局面。同样是受美国金融危机的影响,美国的实体经济与资产市场的表现却是一致的。那么,为什么会出现这种现象呢?其中的深层原因在于:中国经济危机的根源与美国不一样,但是两国却采取了相同的宏观经济政策。

美国的本轮经济危机源于次贷危机。次贷危机导致商业银行流动性不足,从而同时对实体经济和资产市场构成了威胁。因此,要消除美国的经济危机,就得向经济中注入大量货币,从而保证商业银行有足够的资金发放贷款。中国经济危机的根源跟美国不一样。对于中国经济来说,首先是全球金融危机的影响导致出口下降,然后引起企业投资意愿和居民消费意愿下降,这就导致企业投资需求和居民的消费需求下降。后者又从两个渠道分别影响中国的实体经济和资产市场。第一,企业投资需求和居民消费需求下降导致经济中的总需求下降,随着总需求的下降,中国的经济增长率开始下滑,失业率上升,物价开始下跌,这就导致实体经济的衰退。第二,企业投资需求和居民消费需求下降又意味着企业和居民对货币的交易性需求下降,从而在货币供给不变的情况下,就出现了流动性相对过剩的局面。

可见,对于中美两国而言,虽然两国都出现了总需求的下降,但总需求下降的原因却是完全不同的。其结果就是,美国金融体系出现问题,导致货币供给不足,资产市场和实体经济同时下降;而中国则是实体经济衰退,货币需求不足,货币供给相对过剩,从而会导致资产价格的膨胀。因此,中国的应对措施应该是货币紧缩、财政扩张:通过财政扩张增加总需求,通过货币紧缩抑制资产泡沫。但中国实际上采取了与美国相同的政策,财政和货币同时扩张,加剧了流动性过剩的程度。①

---

① 参阅苏剑等:《金融危机下中美经济形势的差异和货币政策选择》,《经济学动态》2009年第9期。

2. 财政政策与货币的内生扩张

在标准的宏观经济政策理论体系中,信贷被认为是货币政策范畴。这是由于,信贷是信用货币创造的一个环节:人们将资金存入银行,然后由银行通过信贷将资金贷给其他人,然后其他人又将获得的部分资金存入银行,周而复始,这便是信用货币创造的过程。在西方发达国家,财政融资主要是通过税收和各级政府发行债券,很少采用银行贷款的方式。因此,标准的宏观经济学通常不将信贷与财政政策联系起来。但在中国情况不一样。

中国的财政融资除了税收和国债以外,银行贷款也是很重要的途径。它主要是通过财政资金与信贷资金配合的模式进行的。长期以来,由于中国的银行绝大多数都是国有独资或国有控股的,银行信贷的行政色彩比较浓厚,逐渐形成了财政资金与信贷资金配合的财政模式,如表21.2所示。①

表21.2 中国财政资金与信贷资金配合的模式

	财政资金与信贷资金配合的模式	时期
模式1	国债投资项目配套银行贷款	1998—2004年
模式2	财政注入银行资本金与银行债权转股权	1998年开始
模式3	财政贴息、财政补助项目配套银行贷款	1998年开始
模式4	财政投资项目配套政策性贷款	1998年开始
模式5	财政支持信用担保与促进中小企业贷款	1998年开始
模式6	财政投资基金与银行贷款相结合	1996年开始
模式7	土地财政与信贷资金相结合	1998年开始

可见,中国的信贷扩张在许多时候是财政扩张的结果,尤其是2009年。当然,这种信贷扩张显然也使经济中的货币增加,但主要不是通过使基础货币增加,而是通过使货币乘数增加。当实体经济下滑导致信贷需求下降时,大量货币蛰伏在银行体系当中,从而导致银行超额准备金的增加(在法定准备金率不变的情况下)。当政府推出财政刺激计划以后,银行信贷与财政资金配套进行,财政政策的作用就表现为信贷投放,蛰伏在银行的货币减少,超额准备金率便会下降,从而货币乘数上升,经济中的货币供应也就增加了。

以上分析表明,中国财政扩张导致了信贷扩张,而信贷扩张导致了货币扩张。因此,财政扩张在一定程度上也意味着货币扩张。这是中国目前出现流动性过剩的第二个原因。

3. 贸易顺差、人民币升值与货币供给

中国的货币供给与西方发达国家也有差别。美联储主要是通过在公开市场

---

① 王元京:《1998年以来财政资金与信贷资金配合使用的模式》,《金融理论与实践》2010年第2期。

上买卖国债,来增加和减少基础货币。由于美国国债规模很大,美联储持有的国债存量也很大,因此它通过公开市场操作调节基础货币的空间较大,并且这种调节的双向性很强。在中国,影响基础货币供给的主要因素包括再贷款、再贴现、国债买卖、央行票据、财政存款、结售汇等。财政存款是政府与央行之间的资金往来,主动权在政府,因此不能算做央行的一种政策手段。而中国国债规模太小,央行通过买卖国债的作用也很有限。因此,央行曾经主要运用再贷款和再贴现调节基础货币。随着中国"双顺差"的出现和长期存在,中国外汇储备的规模不断增加,在结售汇制度下表现为央行外汇占款的不断增加。到2006年年初,央行外汇占款开始超出基础货币,成为影响基础货币的最主要因素,对基础货币形成单边增加的巨大压力。

表21.3是2006年以来中国央行资产负债表中主要项目与基础货币之比。

表21.3 中国人民银行资产负债表主要项目与基础货币之比(2006—2009年)

(单位:%)

月份	主要资产项目				主要负债项目		
	外汇	对政府债权	对其他存款性公司债权	对其他金融机构债权	储备货币	发行债券	政府存款
2006.3	107	5	12	30	100	44	15
2006.6	114	5	11	30	100	45	19
2006.9	116	4	10	30	100	46	21
2006.12	108	4	8	28	100	38	13
2007.3	123	4	8	28	100	50	18
2007.6	125	3	8	26	100	45	22
2007.9	127	10	8	18	100	44	23
2007.12	113	16	8	13	100	34	17
2008.3	122	16	8	12	100	38	21
2008.6	116	14	7	11	100	36	24
2008.9	122	14	7	10	100	39	23
2008.12	116	13	7	9	100	35	13
2009.3	123	13	6	10	100	33	13
2009.6	129	13	6	10	100	33	19
2009.9	125	12	6	9	100	30	20
2009.12	122	11	5	8	100	29	15

资料来源:根据中国人民银行数据计算。

注:在上述资产负债表中,外汇即外汇占款,对其他存款性公司债权和对其他金融机构债权,则分别为央行对商业银行和其他金融机构的再贷款和再贴现,储备货币即基础货币,发行债券即央行票据。

可以看出,外汇占款在基础货币总量中占比呈上升趋势,外汇占款与基础货币之比远远超出100%,最高时达到129%,2009年12月为122%。可见,外汇占款确实是中国当前基础货币供给最主要的来源。再贷款和再贴现(由于可得数据不足,这里以"对其他存款性公司债权"和"对其他金融机构债权"代表)的比例在不断下降,表明它们逐步淡出了基础货币扩张的过程。在政府债权方面,近年来的占比有所上升,这应该与国债规模扩大有关,但是它的占比并不是很高,说明对基础货币的影响依然有限。

事实上,央行的统计数据表明,中国外汇占款的增长势头可能在悄然形成。可以预期,随着世界经济形势的好转和人民币升值预期的加剧,中国的外汇流入幅度还会增加。

4. 货币政策选择及宏观政策组合

通过以上对中国宏观经济特殊性的分析,可以看出,它确实与西方发达国家存在很大区别。对于中国目前的货币政策选择来说,不得不考虑这些特殊性。此外,我们在思考中国货币政策的选择问题时,也不能孤立地来看,而是应该在一定政策目标下,考虑到与其他政策的配合,以使货币政策的作用更加有效和合理。

(1) 货币政策的目标问题

至2010年,全球金融危机已经基本过去,但是其影响在短期内仍然难以消失,中国资产市场与实体经济背离的情况在短期内还可能继续存在下去。

因此,基于中国宏观经济的这个特点,当前的政策目标应该是在保证一定的经济增长速度的情况下防止资产泡沫。之所以要关注资产泡沫,就在于资产价格并不是通常所想象的那样与实体经济无关。一方面,本轮金融危机的爆发本身就强有力地说明了资产价格的重要性,它的泡沫化和破灭,将会对实体经济产生灾难性和毁灭性的影响。[①]另一方面,资产价格本身蕴涵了未来实体经济通货膨胀的信息,资产价格的暴涨可能导致人们通胀预期的上升,从而使得实体经济通货膨胀提前到来,这是不利于中国实体经济恢复的。

(2) 货币政策的取向问题

当前的货币政策的取向,也应该综合考虑实体经济的特殊性、扩张性财政政策以及外汇流入对货币供给的影响等情况。特别是考虑到宏观经济失衡既有通胀压力又有衰退威胁,货币政策更要在反通胀和促增长间保持均衡。

(3) 货币政策工具的选择

在中国,货币政策的工具可以分为两大类,即"价格型工具"和"数量型工

---

① 本次金融危机就是资产市场引发的。

具"。所谓"价格型工具",就是影响资金价格的那些工具,即利率政策,是通过行政手段对利率进行直接规定,而不是通过市场化途径。而所谓"数量型工具",指的是针对货币数量的那些政策工具,主要包括再贷款、再贴现、法定准备金率、贷款限额、央行票据等。再贷款和再贴现的调控力度有限,尤其是在流动性过剩的情况下,央行很少用这两个政策工具。至于贷款限额,考虑到扩张性财政政策对信贷资金的需求,对信贷额度进行过多限制,可能不利于财政政策发挥作用。因此,数量型工具,应该以法定准备金率和央行票据为主。

当货币市场上货币供给大于货币需求,即流动性相对过剩时,如果央行直接上调基准利率,在货币供给一定的情况下,货币需求会进一步下降,从而流动性相对过剩的情况会更加严重,进一步加剧资产价格的泡沫。因此,对于中国来说,如果出现流动性相对过剩,央行不能简单地直接上调基准利率,这样做很可能效果恰好相反:利率上升一方面提高了企业的融资成本从而降低投资,抑制实体经济;另一方面加剧了流动性过剩,从而加剧资产价格的泡沫。

(4) 外汇管理政策

前边我们说过,目前的世界经济已经大大偏离了正统宏观经济学理解的范畴,正统的货币政策和财政政策面对这些局面已经力不从心。因此,就必须借助行政手段和法律手段来调节经济。对于中国目前而言,如果外汇流入过多,那么只凭借货币政策可能难以达到货币适度紧缩的目的。随着外汇占款不断增加,央行票据对冲外汇占款的成本会增高,对冲压力会不断加大。基于这方面的考虑,还得配合外汇管理政策,通过行政、法律和经济手段管理外汇流入和流出,减少不必要的外汇占款增加。具体如下:

① 逐步取消对外商直接投资的优惠政策。中国当前的外资并不缺乏,中国民族企业的技术实力已经得到较大提高,市场换技术也可以通过技术转让等方式来替代,加上外资优惠政策不符合 WTO 规则,因此,建议逐步取消外商直接投资优惠政策。

② 鼓励外国直接投资以非金融资本的形式进入中国。鉴于中国在劳动力和市场方面的优势,即使取消对外国直接投资的优惠,外资也会大量进入中国。事实上,可以制定适当的政策,鼓励外商以金融资本以外的形式在中国投资。比如,鼓励外商在国外购买机器设备带入中国,鼓励外商以技术、知识产权等形式入股以提高中国的技术水平等。

③ 用行政或法律手段拧紧外国热钱流入的阀门。比如,可以提高资本项目下外汇流入的要求,增加审批手续和难度等;同时比照中国以前采取的外汇管制措施,实施人民币管制,即对用外汇兑换人民币规定更低的限额。

④ 增加短期外资的流入成本。比如比照货物进口中国的方式征收"资本进

口税",外国热钱流入中国,就相当于中国从外国进口了资本,既然货物进入中国可以征税,资本进口为什么不可以?同时,对经常账户下的外汇流入进行严格监管,防止热钱采用虚假贸易等方式通过经常账户流入国内。

⑤ 严格限定短期外资进入的领域。短期外资进入中国后,不会待在账面上等待人民币升值,而是会投资到其他领域如股市、楼市以赚取更大利益,而外资进入这些领域会导致资产价格的泡沫,给中国经济埋下金融危机的隐患。因此,应予严格限制,甚至完全禁止其进入中国的房地产市场和股票市场。

第三节 财税体制的改革与中国财政政策

1. 税收、国家财政收入和宏观税负

税收制度改革和调整包括税率的调整和税收结构的发展。税收政策通常属于中长期政策,一经形成就有一定的稳定性,这是它区别于经常调整的货币政策的重要方面。虽然税收制度同时具备需求管理和供给管理的属性,通过税收改革来调整居民收入,能够在一定程度上影响社会需求,而对生产领域的税收调整,则可以改变企业的生产成本。被"里根经济学"所接受的供给学派的理论,所提出的主要政策主张就是减税,通过减税降低企业负担,促进经济增长。从表面上看,税率似乎降低了,但由于经济发展了,税基扩大了,税收总额也会增加,这就是"拉弗曲线"中著名的"减税=增税"的结论的由来。我国政府最近也在不断强调,要按照"十二五"主题主线和中央经济工作会议的要求,坚持稳中求进的总基调,下力气实施好积极的财政政策,落实和完善结构性减税措施,推进财税重点改革,保持经济平稳较快发展和物价总水平基本稳定,促进创新驱动和转型发展。①

(1) 分税制改革后税收收入增长

1994年,中国进行了改革开放后最大的税收制度改革,实行中央和地方的分税制。分税制改革以来,国家又陆续采取了一系列减税措施和税收制度改革。1998年开始提高纺织品出口退税率(由9%提至11%),并取消了企业20项行政事业收费;1999年先后进一步提高服装业出口退税率(提高到17%),对房地产业的相关税费给予一定的减免,同时取消对企业的73项基金收费;2000年对软件、集成电路等高新技术产业实行税收优惠。2004年的税制改革中,对出口退税采取了新的办法,而且取消了在中国延续几千年的农村农业税,大规模取消对农民的缴费项目;2008年对内资外资企业逐渐统一税率,这对内资企业来说

---

① 参阅李克强:《实施好积极财政政策 推进财税重点改革》,新华网2012年2月18日。

就是所得税大幅下降的过程,而在增值税的征收上生产型增值税向消费型增值税转型,即企业购入固定资产金额允许从销售额中扣除。这些改革,都极大地促进了中国的经济增长,虽然税率降低了,但经济发展了,国家税收反而提升了。表21.4列出了改革开放以后税收占GDP比重的变化情况,可以看到,1994年分税制改革以前,税收收入的比重是波动的,呈逐渐降低趋势,但是在改革开放初期,有一部分国家财政收入是以企业上缴利润的形式体现的,而20世纪80年代中期的"利改税"试验,则把一部分利润转化成了税收,所以那一时期的税收数据并不是完全可比的。从表中看出,到1994年前后,税收占GDP的比重下降到最低水平(1996年为9.71%),在此之后,税收比重开始稳步提高,2010年达到18%以上,约为1996年的2倍。这说明,合理税收制度和适度的减税,反而有可能促进国家税收的增长。

表21.4 1978—2010年税收占GDP的比重

年份	GDP(亿元)	税收收入(亿元)	税收收入占GDP的比重(%)
1978	3 645	519	14.25
1980	4 546	572	12.58
1985	9 016	2 041	22.64
1990	18 668	2 822	15.12
1991	21 781	2 990	13.73
1992	26 923	3 297	12.25
1993	35 334	4 255	12.04
1994	48 198	5 127	10.64
1995	60 794	6 038	9.93
1996	71 177	6 910	9.71
1997	78 973	8 234	10.43
1998	84 402	9 263	10.97
1999	89 677	10 683	11.91
2000	99 215	12 582	12.68
2001	109 655	15 301	13.95
2002	120 333	17 636	14.66
2003	135 823	20 017	14.74
2004	159 878	24 166	15.12
2005	184 937	28 779	15.56
2006	216 314	34 804	16.09
2007	265 810	45 622	17.16

(续表)

年份	GDP(亿元)	税收收入(亿元)	税收收入占GDP的比重(%)
2008	314 045	54 224	17.27
2009	340 902	59 522	17.46
2010	401 202	73 211	18.25

资料来源:《中国统计年鉴》(2011)。

(2) 从福布斯税负痛苦和改革指数看中国的税收体制改革

《福布斯》杂志根据世界主要国家和地区的公司税率、个人所得税率、富人税率、销售税率/增值税率,以及雇主和雇员的社会保障贡献等,每年计算和公布福布斯税负痛苦和改革指数(Forbes Misery & Reform Index)。2002年中国位居世界第三,2004年第四,2005年第二。2008年,在66个国家和地区中位居法国、荷兰、比利时与瑞典等高税收国家之后排名第五。2009年,又重新位于法国之后名列第二。也就是说,按照《福布斯》杂志的标准,中国属于税负较高的国家。由此得出的结论是,和世界各国相比,尤其是和发达国家相比,中国税收的痛苦程度很高,税收体制需要进行更多的改革。

大多数用这一指标渲染中国税负痛苦的人,都是只看到了计算结果而没有了解它的具体内容。如果我们研究一下它的计算方法和数据依据,就会发现这一指标完全不适合于在中国和发达市场经济国家之间进行比较。福布斯税负痛苦和改革指数是将一个国家六个税(费)种(公司和个人所得税、雇主和雇员缴纳的社会保险金、销售税、财产税)的法定最高税率简单相加所得到的结果:2009年中国的福布斯税负痛苦和改革指数(159%) = 企业所得税最高税率(25%) + 个人所得税最高税率(45%) + 雇主缴纳的社会保险金最高费率(49%) + 雇员缴纳的社会保险金最高费率(23%) + 增值税最高税率(17%)。显然,用这一结果来评价中国税负的痛苦程度是有问题的。

第一,它的计算依据存在着问题。指标中的雇主缴纳的社会保险金费率指的是雇主或企业为员工向社会保险机构缴纳的费用占员工工资的比重,为49%,雇员缴纳的社会保险金指的是员工自己缴纳的社会保险费占其工资的比重,为23%。而在这一指数排名中列出的福利国家瑞典(第4位),这两个费率仅为31.4%和7%。中国有哪一个企业或政府部门,为员工缴纳这么高的社会保险费率?如果是那样的话,我们的社会福利肯定好得不得了,但事实上完全不是那么回事。实际情况是,按照我国现行的社保制度,由单位负担的社会保险费率(养老保险、失业保险、工伤保险、生育保险和基本医疗保险)大约在30%左右,由个人负担的部分在10%左右,合计数在45%以下。如果按照这一数据计算,在其他情况不变的情况下,中国的福布斯指数应为132%,在66个国家和地区中位于芬兰之后、希腊之前排第10位。福布斯指数的研究者在研究中国问题时,应该对中国的情况有一个起码的了解,不能编造数据。

第二,如果解决了社会保险的缴款问题,福布斯指数也不能说明中国的税负水平高,只能说明中国最高边际税率在全世界排名比较靠前。在福布斯公布的数据中,中国的个人所得税最高税率(45%)排在法国(52.1%)、比利时(53.5%)、瑞典(61%)、荷兰(52%)、奥地利(51%)、芬兰(53.5%)、日本(50%)、德国(47%)、丹麦(51.5%)、加拿大(46%)等国家之后,和美国、澳大利亚的水平相当。这些最高边际税率高于中国的国家,几乎都是发达国家。它们的经济发展水平都比中国高(表现在人均GDP显著地高于中国),收入分配的差异程度往往也小于中国(表现为基尼系数低于中国)。发达市场经济国家的公司和个人收入分布往往比发展中国家和新兴工业化国家更加均匀。而在平均收入以及收入分配相近的情况下,累进税制上差别,确实能够说明税负水平的不同,在它们之间福布斯指数是可比的。但中国是一个处于市场化、加速工业化和城市化进程中的发展中国家,虽然增长的速度高,但人均水平是比较低的,收入分配差异也比较大,不能简单地用最高税率和发达国家之间进行对比。之所以最高边际税率比较高,是因为中国个人所得税的税制设计和改革理念,是主张共同富裕,因而对收入较高的公司或个人,规定了较高的税率标准,但在实际生活中,符合最高纳税等级条件的人所占的比例却很少,月收入超过10万元、开始按45%缴纳累进税的个人所占的比例非常小,适用于低税率的公司和人群更多。中国现在的问题不是最高税率高了,而是要对低收入人群减税,而这种调整并不会降低中国的福布斯指数的数值。但是在经济发达国家,适用最多税率的人群在全部纳税人中所占的比例比我们大得多。因此,用福布斯指数中的边际税率来进行中国和发达国家之间的比较,实际上是把我们的理念和人家的现实在进行比较,并不能反映实际税率或者是税负上差别。从这一点看,用这一指标来进行中外比较,所得到的分析结论也是有偏差的。

第三,福布斯指数的方法容易产生统计估计上的偏差。福布斯指数并不是针对中国的,福布斯指数早就有了,后来才把中国加进去,不能因为它在反映中国的实际时出现了偏差(bias),就说人家有偏见,问题是出在方法上。从统计学的角度看,这个指标对基础数据的假设是非常强的,一是由于取得数据困难,它使用了简单算术平均数,而简单算术平均数只有在各个样本的权重相近的情况下,才有较好的代表性,二是用极端值代替平均值对总体进行估计,这样的估计要在很强的同分布假设下,才能得出无偏的比较结果。由于在现实中这样的条件很难得到满足,得到的分析结果就很可能出现谬误。

从研究角度看,学者们完全可以设计各种方法得出各种研究结论,供大家参考。福布斯指数也应该是这样。这一研究结论之所以触动了我们社会的神经，是大家关心这个指数所研究的对象。在这种情况下，这个指标的方法是否合理和正确似乎已经不重要，而转到了另外一个领域。即使没有福布斯指数，媒体也会找出另外一个什么指数，希望引起大家的关注和讨论。然后我们这些学者又会在这里评价或争论一番。其实，福布斯指数本身只是一个引子，产生了轰动效应，大家关心的还是中国的税负。应该说，无论是与发展中国家比较，还是与发达国家比较，中国目前的宏观税负（即税收和社会保险占GDP的比重）水平确实不算高，居世界及发展中国家中等水平，这已经被大量研究所证明。但是从纵向发展看，中国近十年来国家税收的增长却是明显偏快，远远高于按现行价格计算的国民收入的增长。也就是说，政府所支配的国民收入的比重在不断提高，而在市场经济中，如果政府过多地介入资源配置，其结果很可能是降低经济运行的效率。同时，我们还要看到，政府税收比重提高较快，在其他条件不变的情况下，意味着居民家庭的收入增长可能相对较慢，在国民收入中所占的份额在减少。从微观上看，这也可能会影响居民家庭的生活改善，而从宏观上看，则可能因为居民消费增长缓慢而影响我们扩大内需和保持平稳较快的经济增长。在我国迅速发展的过程中，无论是税收体制还是收入分配，都存在并产生着各种各样的矛盾，需要我们以科学的态度和方法，深入研究和认真解决。2005年以来，中国官方和学者每年都在批判这一指数，但是在实际上，我们也可以做一些具体的工作，使中国的宏观税负更加合理，更加接近国际通行的做法。

表21.5列出了1980年和2011年《中华人民共和国个人所得税法》关于累进税率规定的比较，从表中可以看到，两个规定中关于税率等级的规定，虽然纳税标准变化了，但是各个级别的税率没有什么大的变化。而2011年中国的经济体制和1980年相比，已经有了根本的区别。我们在建立社会主义市场经济体制中，广泛学习和借鉴了世界各国的经济，按"国际标准"进行了许多重大的改革，如分税制的实行，就借鉴了市场经济国家的经验，现在正在探索和试验的"房产税"或"物业税"，也是"按照世界标准"来发展的。因此，在税制改革方面，我们也需要研究，我们究竟是应该按"中国特色"还是"世界标准"来发展我们的税收体制，不能在这一件事上讲"中国特色"，那一件事上又讲"世界标准"，而应该把两方面的标准结合起来。从目前情况看，中国的个人所得税改革，应该吸收各国的经验，最高边际税率不要太高，但适用于最高税率的标准可以调整，而低税率的起征点可以提高。使所得税法既符合国际通行的标准，又考虑到中国调整居民收入分配结构的要求。

表 21.5 《中华人民共和国个人所得税法》关于累进税率规定的变化

级数	1980 年（月收入）*	税率（%）	级数	2011 年（月收入）**	税率（%）
1	800 元以下的	免	1	不超过 1 500 元的	3
2	801 元至 1 500 元的部分	5			
3	1 501 元至 3 000 元的部分	10	2	超过 1 500 元至 4 500 元的部分	10
5	3 001 元至 6 000 元的部分	20	3	超过 4 500 元至 9 000 元的部分	20
			4	超过 9 000 元至 35 000 元的部分	25
6	6 001 元至 9 000 元的部分	30	5	超过 35 000 元至 55 000 元的部分	30
7	9 001 元至 12 000 元的部分	40	6	超过 55 000 元至 80 000 元的部分	35
8	12 001 元以上的部分	45	7	超过 80 000 元的部分	45

注：* 1980 年 9 月 10 日第五届全国人民代表大会第三次会议通过。

　** 根据 2011 年 6 月 30 日第十一届全国人民代表大会常务委员会第二十一次会议《关于修改〈中华人民共和国个人所得税法〉的决定》第六次修正；全月应纳税所得额是指依照本法第六条的规定，以每月收入额减除费用 3 500 元以及附加减除费用后的余额。

（3）国家财政收入的项目构成

表 21.6 中列出了 2010 年我国财政收入的主要项目和构成，从表中可以看出，我国目前的财政收入具有如下几个特点。

表 21.6　2010 年国家财政收入项目

项目	国家财政收入（亿元）	各项收入占比（%）	中央财政收入（亿元）	地方财政收入（亿元）	中央占比（%）	地方占比（%）
总计	83 101.5	100.0	42 488.5	40 613.0	51.1	48.9
税收收入	73 210.5	88.1	40 509.3	32 701.5	55.3	44.7
国内增值税	21 093.5	25.4	15 897.2	5 196.3	75.4	24.6
国内消费税	6 071.6	7.3	6 071.6		100.0	
进口货物增值税、消费税	10 490.6	12.6	10 490.6		100.0	
出口货物退增值税、消费税	-7 327.3	-8.8	-7 327.3		100.0	
营业税	11 157.9	13.3	153.3	11 004.6	1.4	98.6
企业所得税	12 843.5	15.5	7 795.4	5 048.4	60.7	39.3
个人所得税	4 837.3	5.8	2 903.4	1 934.3	60.0	40.0
资源税	417.6	0.5		417.6		100.0
城市维护建设税	1 887.1	2.3	150.8	1 736.3	8.0	92.0
房产税	894.1	1.1		894.1		100.0
印花税	1 040.3	1.3	527.8	512.5	50.7	49.3

（续表）

项目	国家财政收入（亿元）	各项收入占比（%）	中央财政收入（亿元）	地方财政收入（亿元）	中央占比（%）	地方占比（%）
证券交易印花税	544.2	0.7	527.8	16.3	97.0	3.0
城镇土地使用税	1 004.0	1.2		1 004.0		100.0
土地增值税	1 278.3	1.5		1 278.3		100.0
车船税	241.6	0.3		241.6		100.0
船舶吨税	26.6	0.0	26.6		100.0	
车辆购置税	1 792.6	2.2	1 792.6		100.0	
关税	2 027.8	2.4	2 027.8		100.0	
耕地占用税	888.6	1.1		888.6		100.0
契税	2 464.9	3.0		2 464.9		100.0
烟叶税	78.4	0.1		78.4		100.0
其他税收收入	1.8	0.0	0.0	1.8	1.1	98.9
非税收入	9 890.7	11.9	1 979.2	7 911.6	20.0	80.0
专项收入	2 040.7	2.5	298.0	1 742.7	14.6	85.4
行政事业性收费	2 996.4	3.6	396.0	2 600.4	13.2	86.8
罚没收入	1 074.6	1.3	31.8	1 042.9	3.0	97.0
其他收入	3 779.0	4.5	1 253.3	2 525.6	33.2	66.8

资料来源：《中国统计年鉴》(2011)。

首先是财政收入可以分为地方财政收入和中央财政收入，而中央财政收入的比重大于地方财政收入。

2010年，中央财政收入在国家财政收入中的比重为51.1%，地方财政收入所占的比重为48.9%，中央财政收入高于地方财政收入，但幅度比上一年的52.4:47.6略有降低。而在税收收入中，由国税所形成的税收占55.3%，由地税所形成的收入占44.7%，同样是中央税收高于地方税收，比例也比上一年的56.1:43.9有所下调。说明地方财政收入的比重有一定改善。可以看到，地方财政收入的比重大于税收收入比重，这是由非税收入形成的，在表中可以看到，在非税收入中，中央财政所占的比重为20.0%，而地方财政所占的比重为80.0%。也就是说，地方财政要通过非税收入（尤其是行政事业收费）来弥补其税收收入的不足。尽管国家已经对财政预算内和预算外的各项行政事业收费进行过多次清理，但由于地方财政的困难，当然也有法制不健全的原因，这一类收费是越清理越多，给企业经营和人民生活都带来一定的影响。从表21.7中可以看到，从2000年到现在，在国家财政收入中，中央和地方所占的比重是相当稳定的,波动不超过2%,但在这一期间,国家财政收入的规模却在迅速扩大,从2000年的1.34万亿元增加到2010年的8.31万亿元,年均增长率在20%左右,而在这一期间,我国按照现价计算的GDP年均增长率在15%以下,这意味着财政收入的年均增长率高出GDP名义增长率5个百分点。也就是说,国家财政收入在GDP中所占的比重在不断提高。而在中央和地方财政收入所占的比例方面,中央财政收入经历了比重逐渐提高又重新回落的过程,在经济增长率最高的2007年到达最高值,然后又逐渐回落。这说明在现行税收体制下,在经济增长较快时期,中央财政收入的比重会有一定的提高。

表21.7 中央财政与地方财政收入之间的关系

年份	财政收入（亿元）	其中:		比重（%）	
		中央(亿元)	地方(亿元)	中央	地方
2000	13 395.2	6 989.2	6 406.1	52.2	47.8
2001	16 386.0	8 582.7	7 803.3	52.4	47.6
2002	18 903.6	10 388.6	8 515.0	55.0	45.0
2003	21 715.3	11 865.3	9 850.0	54.6	45.4
2004	26 396.5	14 503.1	11 893.4	54.9	45.1
2005	31 649.3	16 548.5	15 100.8	52.3	47.7
2006	38 760.2	20 456.6	18 303.6	52.8	47.2
2007	51 321.8	27 749.2	23 572.6	54.1	45.9
2008	61 330.4	32 680.6	28 649.8	53.3	46.7
2009	68 518.3	35 915.7	32 602.6	52.4	47.6
2010	83 101.5	42 488.4	40 613.0	51.1	48.9

资料来源:《中国统计年鉴》(2011)。

其次是税收增长高于经济增长,政府可支配的财力在国民收入中的比重在提高。

1994年到2010年,以现行价格计算的中国GDP名义年均增长率为14.2%,而从表21.8中可以看到,这一期间的政府全部税收收入的年均增长率为18.1%,也就是说,税收收入的年均增长率高于GDP名义年均增长率约4个百分点,这使得国民收入中由政府支配的部分在不断增加。而从市场化改革的方向看,政府所支配的资源总量即使不减少,至少也应该和经济增长保持同步,如果长期地、大幅度地高于经济增长,那么减税的必要性就在增加。在各种主要税种中,所占比例最大的是国内增值税,我们可以看到,分税制改革后的年均增长率为 14.8%，基本上和 GDP 保持了同步增长①。国内增值税在全部税收中的比重由 1994 年的 45% 下降到 2010 年的 28.8%。增长最快的税种为个人所得税，从 1999 年以来年均增长率达到 27.9%，在全部税收中的比重由 1999 年的 3.9% 提高到 2012 年的 6.6%，所以国家在 2012 年做出的调整个人所得税率的决定是必要的。营业税和企业所得税这两项，在全部税收收入中的比重较大，现在都超过了 15%，增长也快，分税制改革后年均增长率达到 19% 以上，这两部分的税率可以考虑适当调整，使它们的增长和经济增长保持同步，在减轻了企业负担后，反而能够促进经济增长。

表 21.8 1994—2010 年中国主要税收收入变动情况

年份	合计	国内增值税	国内消费税	营业税	企业所得税	个人所得税	关税	以上各项小计
总额(亿元)								
1994	5 126.9	2 308.3	487.4	670.0	708.5		272.7	4 446.9
1995	6 038.0	2 602.3	541.5	865.6	878.4		291.8	5 179.6
1996	6 909.8	2 962.8	620.2	1 052.6	968.5		301.8	5 905.9
1997	8 234.0	3 283.9	678.7	1 324.3	963.2		319.5	6 569.6
1998	9 262.8	3 628.5	814.9	1 575.1	925.5		313.0	7 257.1
1999	10 682.6	3 881.9	820.7	1 668.6	811.4	413.7	562.2	8 158.4
2000	12 581.5	4 553.2	858.3	1 868.8	999.6	659.6	750.5	9 690.0
2001	15 301.4	5 357.1	930.0	2 064.1	2 630.9	995.3	840.5	12 817.9
2002	17 636.5	6 178.4	1 046.3	2 450.3	3 082.8	1 211.8	704.3	14 673.9
2003	20 017.3	7 236.5	1 182.3	2 844.5	2 919.5	1 418.0	923.1	16 523.9
2004	24 165.7	9 017.9	1 501.9	3 582.0	3 957.3	1 737.1	1 043.8	20 840.0
2005	28 778.5	10 792.1	1 633.8	4 232.5	5 343.9	2 094.9	1 066.2	25 163.4
2006	34 804.4	12 784.8	1 885.7	5 128.7	7 039.6	2 453.7	1 141.8	30 434.3
2007	45 622.0	15 470.2	2 206.8	6 582.2	8 779.3	3 185.6	1 432.6	37 656.6
2008	54 223.8	17 996.9	2 568.3	7 626.4	11 175.6	3 722.3	1 770.0	44 859.5
2009	59 521.6	18 481.2	4 761.2	9 014.0	11 536.8	3 949.4	1 483.8	49 226.4
2010	73 210.8	21 093.5	6 071.6	11 157.9	12 843.5	4 837.3	2 027.8	58 031.6

---

① 这也可以从一个方面论证中国 GDP 核算的结果，因为从生产方看，GDP 正好就是各部门增加值的合计，但是在第一产业部门，相当一部分增加值是免税的。那么到底是税多缴了，还是 GDP 少算了，这是值得财政部门和统计部门共同研究的一个有意思的课题。

(续表)

年份	合计	国内增值税	国内消费税	营业税	企业所得税	个人所得税	关税	以上各项小计
占比(%)								
1994	100.0	45.0	9.5	13.1	13.8		5.3	86.7
1995	100.0	43.1	9.0	14.3	14.5		4.8	85.8
1996	100.0	42.9	9.0	15.2	14.0		4.4	85.5
1997	100.0	39.9	8.2	16.1	11.7		3.9	79.8
1998	100.0	39.2	8.8	17.0	10.0		3.4	78.3
1999	100.0	36.3	7.7	15.6	7.6	3.9	5.3	76.4
2000	100.0	36.2	6.8	14.9	7.9	5.2	6.0	77.0
2001	100.0	35.0	6.1	13.5	17.2	6.5	5.5	83.8
2002	100.0	35.0	5.9	13.9	17.5	6.9	4.0	83.2
2003	100.0	36.2	5.9	14.2	14.6	7.1	4.6	82.5
2004	100.0	37.3	6.2	14.8	16.4	7.2	4.3	86.2
2005	100.0	37.5	5.7	14.7	18.6	7.3	3.7	87.4
2006	100.0	36.7	5.4	14.7	20.2	7.1	3.3	87.4
2007	100.0	33.9	4.8	14.4	19.2	7.0	3.1	82.5
2008	100.0	33.2	4.7	14.1	20.6	6.9	3.3	82.7
2009	100.0	31.0	8.0	15.1	19.4	6.6	2.5	82.7
2010	100.0	28.8	8.3	15.2	17.5	6.6	2.8	79.3
年均增长率(%)								
1994—2010	18.1	14.8	17.1	19.2	19.9	27.9	13.4	17.4

资料来源:《中国统计年鉴》(2011)。

(4) 减税还是增税

按照国家税务总局提供的数据,按包含税收和政府非税收入等在内计算的宏观税负,发达国家平均为43.3%(其中,社会保险缴款占10.4%),最高为58.7%,最低为21.7%;发展中国家和地区平均为35.6%(其中,社会保险缴款占6.9%),最高为52%,最低为21%。按照中国现行各类预算管理制度规定,并以2009年数据测算,中国税收收入占GDP的比重为17.5%;加上政府性收费和基金等非税收入,宏观税负约为30%(其中,国有土地使用权出让收入占4.2%,社会保险基金收入占3.8%)。①

可以看出,无论是和发达国家相比,还是和发展中国家相比,中国按以上口

---

① 参阅肖捷:《走出宏观税负的误区》,《中国改革》2010年第10期。

径计算的宏观税负都不算高,因此有人认为,中国的宏观税负仍然有继续提升的空间。这个观点从一般的意义上说是正确的,但是对于中国特定的经济发展阶段来说,如何提升宏观税负水平,却是一个值得研究的问题。从前面的分析中可以看出,从2000年以来,中国的税收增长已经显著地高于GDP的名义增长率,每年高出4个百分点以上,也就是说,在国民收入中,由国家支配的比重在增加,而由企业和居民支配的规模在减少。而中国的经济体制改革和转轨的经验已经证明,政府如果对各种资源具有过大的支配权,经济增长的效率反而是可能降低的。中国改革开放的历史,实际上是一个逐步"放权"的历史,也就是说,让市场在配置资源时发挥基础作用,而政府则是通过完善政府职能,为经济建设和改善人民生活建立一个很好的环境。和世界各国相比,即无论是和一般的发达国家相比,还是和发展中国家相比,中国现在的最大特点是处于高速经济增长的加速工业化阶段,而那些国家大多处于平稳发展时期,所以它们的宏观税负是相对稳定的,而我们的宏观税负则是迅速增加的,而且增加的幅度过快,虽然国家建设、政府运作、社会事业发展、社会保障都需要用钱,但是就中国而言,现在关键的问题并不是提高税收,而是改革税收体系和财政体系,使财政和税收体系更合理,更有利于形成合理的市场运行机制,由经济增长创造更大的税基,由此提供税源解决更多的发展难题。例如在住房保障方面,国家可以在房价过高的情况下,通过保障房的建设改善一部分中低收入家庭的居住条件,但是不可能重新回到实物分房的老路上去,而是应该通过税收改革(包括房产税或物业税改革),解决地方政府的土地财政问题,从供给方面根本解决房价上涨过快的问题。从改革开放以后的经验看,对于存量的减税和对于增量的实际增税,是增加税收收入的好办法。从前面的比较看,中国社会保险的缴款水平在世界上是比较低的,要想提高它的水平,首先必须增加居民的收入,然后在收入的增量部分适当地提高社会保险缴款的比例,这样,中国社会保险缴款的水平才有可能逐步提高。从现阶段经济发展看,我们的税收水平不是增长得太慢,而是增加得太快,所以适度地调整税收,对减轻企业负担、增加居民收入、扩大内需都是有好处的。

2. 财政支出

从财政支出来看,进入新世纪后,我国的财政支出有以下几个特点。

首先,地方财政支出的比重明显增加。

表21.9列出了我国2000年至2010年国家财政支出及其变化的情况。可以看到,在这一期间,随着我国经济的增长和财政收入的增加,国家财政支出的规模也在迅速扩张,年均增长率达到19.1%,2010年的财政支出规模为2000年的5.65倍。这说明随着国家的经济增长,国家的财力也在迅速提高,能够在改善民生、经济建设和巩固国防方面做更多的事。从中央财政和地方财政支出分

别占国家财政支出的比重看,10年来,地方财政支出所占的比重是持续增加的,从65.3%提高到82.2%,提高了17%,而在表21.7中,我们看到中央财政收入所占的比重是高于地方的,收入和支出占比的差别,说明了中央财政对地方财政的支持在不断加大。这是中国近年来财政支出结构变化的一个显著特征。

表21.9 2000—2010年国家财政支出、增长率及比重

年份	财政支出总额(亿元)	比上年增长(%)	中央财政支出(亿元)	地方财政支出(亿元)	中央占比(%)	地方占比(%)
2000	15 886.5	20.5	5 519.9	10 366.7	34.7	65.3
2001	18 902.6	19.0	5 768.0	13 134.6	30.5	69.5
2002	22 053.2	16.7	6 771.7	15 281.5	30.7	69.3
2003	24 650.0	11.8	7 420.1	17 229.9	30.1	69.9
2004	28 486.9	15.6	7 894.1	20 592.8	27.7	72.3
2005	33 930.3	19.1	8 776.0	25 154.3	25.9	74.1
2006	40 422.7	19.1	9 991.4	30 431.3	24.7	75.3
2007	49 781.4	23.2	11 442.1	38 339.3	23.0	77.0
2008	62 592.7	25.7	13 344.2	49 248.5	21.3	78.7
2009	76 299.9	21.9	15 255.8	61 044.1	20.0	80.0
2010	89 874.1	17.8	15 989.73	73 884.43	17.8	82.2
年均增长(%)		19.1				

资料来源:《中国统计年鉴》(2011)。

其次,中央财政对地方财政的转移支付对欠发达地区的经济发展做出了支持。

从表21.10可以看到,2010年,地方政府一般预算收入为4.06万亿元,而一般预算支出为7.39万亿元,一般预算支出为一般预算收入的1.82倍,其中高于1的部分就是中央财政对地方的支持。可以看到,中央财政对各个地方财政的支持力度是不同的。从具体地区来看,西藏、青海、甘肃、宁夏、新疆、贵州的倍数都在3倍以上,绝大多数地区属于少数民族聚集区和落后地区,其中西藏排序最前,高达15.04倍。而倍数在1.5倍以下的地区为山东、天津、江苏、浙江、广东、上海和北京。北京和上海的倍数为最低,仅为1.15倍。从整体分布来看,一般地说,一个地区的经济发展水平越高,国家的转移支付的程度也就越小,国家转移支付的力度和一个地区的经济发展水平成反比,而且关系非常密切。这也在一定程度上解释了为什么中国的发达地区经济增长在放缓,而宏观经济政策尤其是货币政策又有所收缩的时候,我国经济增长还会表现得那么强劲,这就是经济较不发达地区在中央财政政策以及相关政策倾斜的支持下,经济增长正在

加速。从整体上看,通过这种转移支付来支持欠发达地区发展的政策是正确的。我们在调整货币政策的时候,财政政策尤其是支出政策的取向仍然保持着积极,这对于我国的区域经济增长具有积极的意义而且已经在发挥作用。

表21.10 从2009年收支差额看中央对地方政府的转移支付

地区	一般预算收入（亿元）	一般预算支出（亿元）	支出/收入（倍数）
合计	40 613.04	73 884.43	1.82
西藏	36.65	551.04	15.04
青海	110.22	743.40	6.75
甘肃	353.58	1 468.58	4.15
宁夏	153.55	557.53	3.63
新疆	500.58	1 698.91	3.39
贵州	533.73	1 631.48	3.06
黑龙江	755.58	2 253.27	2.98
吉林	602.41	1 787.25	2.97
四川	1 561.67	4 257.98	2.73
云南	871.19	2 285.72	2.62
广西	771.99	2 007.59	2.60
湖南	1 081.69	2 702.48	2.50
湖北	1 011.23	2 501.40	2.47
河南	1 381.32	3 416.14	2.47
江西	778.09	1 923.26	2.47
陕西	958.21	2 218.83	2.32
安徽	1 149.40	2 587.61	2.25
海南	270.99	581.34	2.15
内蒙古	1 069.98	2 273.50	2.12
河北	1 331.85	2 820.24	2.12
山西	969.67	1 931.36	1.99
重庆	952.07	1 709.04	1.80
辽宁	2 004.84	3 195.82	1.59
山东	2 749.38	4 145.03	1.51
福建	1 151.49	1 695.09	1.47
天津	1 068.81	1 376.84	1.29
浙江	2 608.47	3 207.88	1.23

（续表）

地区	一般预算收入（亿元）	一般预算支出（亿元）	支出/收入（倍数）
江苏	4 079.86	4 914.06	1.20
广东	4 517.04	5 421.54	1.20
北京	2 353.93	2 717.32	1.15
上海	2 873.58	3 302.89	1.15

资料来源：《中国统计年鉴》（2011）。

再次，财政支出构成进一步改善。

表 21.11 列出的是按支出比重排序的国家财政支出构成。从中可以看到中央和地方财政支出项目的构成。先看各个项目在国家财政支出中所占的比重：在各个支出项目中，教育、一般公共服务以及社会保障和就业所占的比重在 10% 以上，其中教育支出所占的比重最大，达到 13% 以上，而且还在增加，由

表 21.11 2009—2010 年中央和地方财政支出项目

项目	国家财政支出（亿元）	各项支出占国家财政支出的比重(%)	中央财政支出（亿元）	地方财政支出（亿元）	中央财政支出占比(%)	地方财政支出占比(%)
2009 年						
总计	76 299.9	100.0	15 255.8	61 044.1	20.0	80.0
教育	10 437.5	13.7	567.6	9 869.9	5.4	94.6
一般公共服务	9 164.2	12.0	1 084.2	8 080.0	11.8	88.2
社会保障和就业	7 606.7	10.0	454.4	7 152.3	6.0	94.0
农林水事务	6 720.4	8.8	318.7	6 401.7	4.7	95.3
城乡社区事务	5 107.7	6.7	3.9	5 103.8	0.1	99.9
国防	4 951.1	6.5	4 825.0	126.1	97.5	2.5
公共安全	4 744.1	6.2	845.8	3 898.3	17.8	82.2
交通运输	4 647.6	6.1	1 069.2	3 578.4	23.0	77.0
医疗卫生	3 994.2	5.2	63.5	3 930.7	1.6	98.4
采掘电力信息等事务	2 879.1	3.8	508.2	2 370.9	17.7	82.3
科学技术	2 744.5	3.6	1 433.8	1 310.7	52.2	47.8
粮油物资储备等事务	2 218.6	2.9	781.4	1 437.2	35.2	64.8
环境保护	1 934.0	2.5	37.9	1 896.1	2.0	98.0
国债付息支出	1 491.3	2.0	1 320.7	170.6	88.6	11.4
文化体育与传媒	1 393.1	1.8	154.8	1 238.3	11.1	88.9

(续表)

项目	国家财政支出（亿元）	各项支出占国家财政支出的比重（%）	中央财政支出（亿元）	地方财政支出（亿元）	中央财政支出占比（%）	地方财政支出占比（%）
地震灾后恢复重建支出	1 174.5	1.5	130.6	1 043.9	11.1	88.9
金融事务	911.2	1.2	778.0	133.2	85.4	14.6
保障性住房支出	726.0	1.0	26.4	699.5	3.6	96.4
外交	250.9	0.3	249.7	1.2	99.5	0.5
其他支出	3 203.3	4.2	601.8	2 601.4	18.8	81.2
2010 年						
总计	89 874.2	100.0	15 989.7	73 884.4	17.8	82.2
教育	12 550.0	14.0	721.0	11 829.1	5.7	94.3
一般公共服务	9 337.2	10.4	837.4	8 499.7	9.0	91.0
社会保障和就业	9 130.6	10.2	450.3	8 680.3	4.9	95.1
农林水事务	8 129.6	9.0	387.9	7 741.7	4.8	95.2
城乡社区事务	5 987.4	6.7	10.1	5 977.3	0.2	99.8
公共安全	5 517.7	6.1	875.2	4 642.5	15.9	84.1
交通运输	5 488.5	6.1	1 489.6	3 998.9	27.1	72.9
国防	5 333.4	5.9	5 176.4	157.0	97.1	2.9
医疗卫生	4 804.2	5.3	73.6	4 730.6	1.5	98.5
资源勘探电力信息等事务	3 485.0	3.9	488.4	2 996.7	14.0	86.0
科学技术	3 250.2	3.6	1 661.3	1 588.9	51.1	48.9
环境保护	2 442.0	2.7	69.5	2 372.5	2.8	97.2
住房保障支出	2 376.9	2.6	386.5	1 990.4	16.3	83.7
国债付息支出	1 844.2	2.1	1 508.9	335.4	81.8	18.2
文化体育与传媒	1 542.7	1.7	150.1	1 392.6	9.7	90.3
商业服务业等事务	1 413.1	1.6	139.8	1 273.4	9.9	90.1
国土气象等事务	1 330.4	1.5	176.4	1 154.0	13.3	86.7
粮油物资储备管理等事务	1 172.0	1.3	495.1	676.8	42.2	57.8
地震灾后恢复重建支出	1 132.5	1.3	37.9	1 094.6	3.3	96.7
金融监管支出	637.0	0.7	488.2	148.9	76.6	23.4
外交	269.2	0.3	268.1	1.2	99.6	0.4
其他支出	2 700.4	3.0	98.3	2 602.1	3.6	96.4

资料来源：《中国统计年鉴》(2011)。

2009年的13.7%上升到2010年的14%,但占GDP的比重仍然只有3.1%,离4%的目标仍然有差距。一般公共服务的比重在降低,由12%下降到10.4%,社会保障和就业的支出有所增加,从10%上升到10.2%,这一方面的投入比重还应该进一步增加。在近年来的国家的财政支出中,包含了地震灾后恢复重建支出和保障性住房支出这两个大项,2009年所占比重分别达到1.5%和1%,而在2010年,则变化为1.3%和2.6%,保障性住房支出的比重有明显提高,2011年这方面的支出应该更高,这说明财政支出在改善民生和拉动消费需求方面,是能够发挥积极作用的。经济增长、财政收入和财政支出之间,应该形成良好的互动关系。从中央财政支出和地方财政支出占比方面,国家支出所占比重达到50%以上的,分别是国防、科学技术、国债付息支出、金融和外交,而这些项目占国家财政支出的比例相对都比较小,比重最大的国防开支,2010年在全部支出中所占的比重还不到6%,其他各项支出都是地方财政支出占较大比重,这也是在全部财政支出中地方财政支出占绝对比重的原因所在。

从总体上看,中国的国家财政收支的整体格局是在财政收入上国家占较大比例,而在财政支出上则是以地方财政为主导,这种财政收入和财政支出不对称的情况,对发挥中央的财政支出政策在宏观调控上的积极作用是有影响的,同时也影响了地方财政的积极性和主动性。由于很多税种的主要部分由中央收走,地方政府在培育有关税源方面不积极,执行税收政策的力度不够,造成部分税收流失或者对有关领域的扶持不足,而更加重视中央财政的支持。在财政预算方面,中国财政政策的制定和执行是稳健的,地方政府不允许有赤字预算,地方政府债券的发行也有严格限制,而在中央一级预算的赤字很小,国债规模现在只占GDP总量的20%左右,远远低于《马斯特利赫特条约》所规定的风险标准。从表面上看,这样的财政体系是稳健的,但是在事实上财政体系没有发挥应有的作用,滞后于我国经济发展的要求。当我们实施紧缩或宽松的财政政策时,由于大部分支出不由中央直接控制,必须通过中央对地方政府的拨款形成效应,调控效果就会受到影响。而地方政府从制度上是没有财政政策的,但却可以通过自有资金、中央政府拨款以及各种形式的收入组织资金来源,而其调控的方向可能是和中央政府完全相反的,当中央政府要刺激经济发展时,地方政府可能担心风险,不愿意上,而中央政府要实行紧缩时,地方政府可能却要刺激经济发展,有的政策有时影响到当地的环境保护、人民生活和金融稳定,有时反而可能增加国民经济的风险。因此,适当地增加地方政府在税收收入中所占的比例和加大中央政府在财政支出中的比例,可能是我们财政体制改革的方向。例如,在中国的教育支出中,2010年中央支出所占的比重只有5.7%,而地方支出所占的比重达到了94.3%,虽然地方政府在改善教育方面也是积极的,但是由于各地社会经济发展的重点不同、领导的重视程度不同,这一部分支出就可能出现差异,还有保障房建设、医疗等和人民生活密切相关的领域,都存在着类似的问题。

第四节 供给管理与现阶段宏观管理

在我国现阶段的经济发展与体制改革的历史背景下,宏观经济失衡产生了一系列新特点,相应的宏观经济政策也产生了一系列新的特点,需求管理的局限性日益显现,对供给管理的要求愈加明显。

1. 中国宏观经济需求管理政策的主要局限

需求管理的宏观经济政策的局限主要体现在以下三个方面。

第一,需求的总量政策效应降低,甚至难以就需求管理进行总量政策选择。

需求管理上的总量政策选择的基本方向,无外乎扩张和紧缩两种类型,而我国目前的宏观经济失衡不同于以往。既有通胀压力又有衰退威胁,使得宏观政策就需求管理而言,既不能全面扩张又不能全面紧缩,这种总需求上的扩张不能扩张、紧缩难以紧缩的两难选择,表明我国现阶段宏观经济失衡的复杂性,使得总量政策上的需求管理具有极大的局限。

第二,货币政策与财政政策的同步性降低,甚至产生政策效应方向性差异。

货币政策与财政政策产生的方向性差异,主要原因在于当前经济失衡的特殊性和体制改革的阶段性。事实上,现阶段我国财政政策对总需求仍然保持扩张态势,而货币政策则采取紧缩选择,这种两大基本宏观经济政策体系选择方向性差异,表明在现阶段复杂的经济失衡面前,从需求管理方面进行宏观经济政策干预,具有更多的不确定性和更深刻的矛盾,这也是需求管理局限性的重要表现。

尽管在总量失衡矛盾运动方向尚不十分清晰的条件下,财政政策和货币政策采取"松紧搭配"的原则或许更有助于经济增长稳定性的提高,或许更能够减轻"双松"或"双紧"带来的经济大幅震荡。但我国现阶段财政政策与货币政策效应产生的方向性的差异并不是主动的政策选择,而是被动的无奈,因为,一方面这种差异的出现并不是真正建立在公共财政体制和货币政策独立性的基础上;另一方面,也不是建立在对宏观总量失衡方向有着明确判断的前提下。所以,这种方向性差异本身表明我国现阶段总量失衡的矛盾特殊性,使得若只从总需求管理入手,财政与货币政策之间难以协调。

第三,中央政府与地方政府对于宏观经济失衡调控行为产生了周期性差异,使得政府总量上的需求管理政策实施效应程度受到深刻影响。

伴随社会主义市场经济体制的建设,中央与地方政府间的相互利益关系以及相互间的机制业已发生深刻的变化,从相当大的程度上可以说,改革开放中地方政府的权、责、利的独立性获得了很大提升,地方政府本身越来越成为当地社会经济发展的剩余索取权和剩余控制权的掌握者。因而,地方政府的行为与中央便产生了显著差异。首先,行为目标不同。中央政府对宏观经济加以调控,其目标在于实现宏观意义上的均衡,即防止恶性通货膨胀,又要防止严重的衰退;而地方政府的经济行为目标只能是地方经济利益最大化,尤其是地方政府的收入(包含财政收入和非财政性的地方政府各类收入)最大化。其次,进入经济的方式和壁垒不同。中央政府与地方政府之间的联系方式是行政机制,因此,中央政府需要通过地方政府贯彻其对经济调控的扩张政策意图时,可以通过行政方式进行安排,而地方政府作为行政下级也应当服从中央的行政指示,这里对于中央政府的决策来说,是通过行政方式贯彻,若有失误首先付出的是行政决策引发的代价。但地方政府进入经济的方式和面临的壁垒有所不同,无论是地方政府出自收入最大化目标的冲动,还是出于执行中央加快发展经济的行政指示的需要,发展地方经济首先要加快投资,而投资的基本渠道无外乎两条,一是财政投入,应当说大部分地方政府的财力是不足以支持其投资性要求的,甚至地方财政应当承担的基础建设、公共品生产和公共服务等都难以保证,况且地方政府又不能在财政上以发债的方式进行"增量改革";二是将银行储蓄转化为投资,但由于我国国有专业银行垄断性的金融体制的"垂直性",再加上地方中小中介金融机构欠发育,因而,我国地方政府的投资增长与地方经济发展水平及相应的地方居民储蓄能力之间高度不相关,也就是说地方政府难以要求银行等金融机构支持其地方投资。在财政和银行两方面都不能或不会支持其投资活动的条件下,发展地方经济所需要的投资,只有依靠"招商引资"。而地方政府与其所依靠的所要招的"商"和引的"资"之间并不是行政上下级的关系,不同于以往政府与国有企业的关系,地方政府不能依靠行政手段指示其进入当地经济,而只能通过市场谈判吸引其进入。这不仅需要一个谈判过程,而且需要地方政府在改善投资条件等方面做出努力,通常是把这些条件改善作为市政基础设施建设项目,由地方财政担保,向银行贷款融资。

  中央政府与地方政府、地方政府与企业之间相互关系和联系机制的变化,使得在宏观需求调控中,中央政府与地方政府的行为产生了周期性的差异。当中央从总需求角度认为需求不足、经济不景气,需要繁荣经济、增加就业时,中央政府可以通过行政机制要求地方政府加快发展,加快对需求的刺激,但地方政府在这时无论是通过财政还是通过银行,都无力即时扩大投资,因为地方经济发展主要依靠招商引资,而这又需要一个过程。当各地方政府纷纷加大招商引资力度和速度,经过一定时期取得了所要招的"商"和"资"的信任后,各地纷纷聚集了一批引入的"商"、"资",形成总需求尤其是投资需求的迅速增长,迅速扩张的总需求又使经济产生了需求过大的失衡,因此,中央政府从宏观总供需均衡目标出发,又要抑制总需求,进而通过行政方式要求各地方政府减缓投资冲动,甚至要求其从已经进入的经济中退出,然而,此时的地方政府已经难以退出了,因为地方政府为招商引资进行了大量的投入,这些投入构成了地方政府退出的经济壁垒。显然,改革带来的体制变化和利益格局的改变,也使得单纯从需求方面进行宏观调控产生了严重的局限,至少作为宏观经济政策的决策者和执行者的行为主体,即中央政府和地方政府,对总需求的扩张或抑制的利益冲动及相应的行为周期产生了显著差异,这种周期错落,甚至可以说是周期与反周期的行为差异,对需求管理的效应必然会产生深刻的影响。

可见,至少从以上三个方面看,即从宏观经济政策效应的总量方向性上、从宏观经济政策的基本政策工具上、从宏观经济政策决策和贯彻行为主体上,需求管理政策的局限性越来越明显,我国现阶段的宏观经济失衡的调控目标的实现,需要对宏观调控方式作出重要调整,尤其需要加强供给管理政策在短期调节经济波动方面的应用。

2. 我国宏观经济失衡的调控与供给管理政策的应用

需求管理政策本身的局限性以及我国经济发展和体制改革双重转轨的特殊性,表明需要引入并重视供给管理。一般而言,供给发生变化,包括生产成本及经济结构等方面的变化,往往以技术创新和制度创新为前提,即以效率改变为条件,而这种增长方式的变化必然是长时期才可能的,因而,供给管理的政策效应大都更具长期性。在经济思想史上,供给管理政策作为宏观经济政策的组成部分,其地位远不如需求管理政策,其中主要原因在于凯恩斯对需求管理政策的强调,以及在战后需求管理政策推动均衡增长方面取得的成功,从而导致对供给管理政策的忽视。

20世纪70年代出现的"滞胀"对凯恩斯主义经济学的冲击,曾经使人们开始重视供给管理政策,形成所谓"供给学派经济学",特别强调通过降低税率的方式来刺激经济、增加就业,实现均衡(如"拉弗曲线"所描述的状况)。当时的供给管理政策是被作为需求管理政策的替代物而提出来的,其目的就是应付短期经济波动。在供给学派经济学家看来,供给管理政策之所以能够对经济进行短期调节,就在于它能够改变包括企业和劳动者在内的生产者所面临的激励。一个经济的资本、劳动力、自然资源、技术等在短期内可能无法发生变化,但生产者的激励却是可以随时变化的。正如供给学派的代表人物拉弗所说:"一旦人们面临的激励发生变化,其行为就会随之改变。正的激励吸引人们做一些事情,而负的激励阻止人们做一些事情。处于这种情境中的政府的作用就在于改变人们面临的激励,从而影响社会行为。"因此,调节生产者面临的激励是短期供给管理政策的核心,而税收政策就是调节激励的最基本的工具。供给学派认为,对于工人来说,面临的激励决定于两个相对价格:工作和闲暇的相对价格和未来消费与现在消费的相对价格。① 第一个相对价格决定了工人的劳动积极性,第二个相对价格决定了工人的储蓄积极性。

但由于里根政府大量采取供给学派的政策并未取得预期的成功,加之人们对"滞胀"的理解逐步深入,需求管理政策又重新占据了宏观经济政策体系中的重要地位,供给管理政策在主流宏观经济学的视野中也逐步退出。到了20世纪90年代以后,伴随技术革命带来的产业结构调整和经济全球化所导致的区域经济布局的深刻变化,以及人们对长期经济增长命题的关注程度不断提高,使得产业政策、区域政策以及针对长期总供给的增长政策等成为长期性供给管理政策的主要构成部分,重新引起了人们的关注。正是由于供给管理政策的长期性特点,使人们对供给管理政策的重视仅限于其对经济的长期影响,而对供给管理政策的短期调节效应没有予以充分承认。事实上,供给管理政策不仅能够,而且经常被运用于调节短期经济波动,只是不被人们关注,或者不被视为供给管理政策,而被想当然地看做需求管理政策了。供给管理政策和需求管理政策对均衡的影响是不同的,对价格水平和总产出的影响不同,区分这两种政策的特点直接影响到对宏观经济形势的预期和对宏观政策效应的判断。我国当前的宏观经济失衡的矛盾复杂性,要求即使在短期调节上,也必须将需求管理政策与供给管理政策有机地结合起来,一般说来,调节短期经济波动经常运用的供给管理政策主要包括货币政策、财政政策、工资政策、原材料和能源价格政策等。

(1) 作为调节短期经济波动的供给管理的货币政策效应特点

在传统的宏观经济学理论中,货币政策被视为需求管理政策,实际上,货币政策同时也是供给管理政策,因为它不仅影响总需求,同时也影响总供给。货币政策的主要目的是调节利率,而利率对经济有两方面的影响,它既可以影响总需求,也可以影响总供给,比如降低利率,一方面可以影响投资,促使投资需求扩大,从而增大总需求,货币政策在这里起着需求管理政策的作用;另一方面,利率同时也影响资本的使用成本,利率的降低使生产的要素成本降低,从而影响总供给。也就是说,利率的变动同时具有总需求效应和总供给效应。利率的这两种效应都促使均衡产出增加,但对价格水平的影响是不同的,总供给效应使得价格水平下降,而总需求效应使得价格水平上升。价格水平最终是下降还是上升,取决于这两种效应的相对大小。从货币政策的实际作用效果来看,总需求效应一

---

① 参阅 Bruce R. Bartlett and Timothy Roth(1983),*The Supply Side Solution*,Chatham House。

般大于总供给效应,因为总体来说放松银根的货币政策一般会带动价格水平上升。对于既要关注经济增长又要防止严重通货膨胀的我国宏观经济调控而言,关注货币政策的总供给效应便有着特别的重要性。

那么,货币政策的总供给效应①的大小由哪些因素决定呢?货币政策对总供给的影响可以分为三个环节,即货币的变动先是影响利率,然后利率的变化影响生产成本,而后生产成本的变动影响总供给。相应的,货币政策的总供给效应程度的大小便取决于这三个环节。首先,货币政策对利率的影响有多大?在其他因素不变的情况下,货币政策对利率的影响越大,货币政策的总供给效应就越大,而货币政策对利率的影响又取决于货币需求对利率的敏感程度,货币需求对利率越敏感,货币政策对利率的影响就越小,因而,货币政策的总供给效应就越小。其次,利率变动对生产成本的影响程度有多大?这取决于经济中的总资本存量,总资本存量越大,利率的变动对生产成本的影响就越大。随着我国经济的不断发展,超高储蓄导致快速的资本深化,我国经济的资本密集度不断加大,这样就会使货币政策的总供给效应越来越大。最后,生产成本的变动对总供给的影响有多大?这取决于总供给的价格弹性,总供给的价格弹性越大,给定的生产成本的变动对总供给的影响就越大②,因而,货币政策的总供给效应就越大。那么,在什么情况下,总供给的价格弹性较大呢?一般而言,一个经济的闲置生产能力越大,总供给的价格弹性就越大,因此,当经济处于衰退阶段时,货币政策的总供给效应就较大。③

考虑到货币政策的供给效应后,就能够比较好地解释我国从1997年亚洲金融危机爆发以来的经历。1997年亚洲金融危机爆发后,我国中央银行采取了扩张性的货币政策,M2的增长率每年都在20%以上。按照常理,我国那几年应该有较高的通货膨胀,至少不会出现通货紧缩。但是,那几年的情况却恰恰相反,连续几年通货膨胀率都接近0,有的年份甚至出现了负的通货膨胀。这是为什么?我们知道,在这一段时间,我国经济的总需求对利率不敏感,因此货币政策的需求效应很小。④ 但是,由于经济中存在大量的闲置生产能力,因而货币政策

---

① 货币政策影响总供给的渠道不仅仅是利率一种,还有其他渠道,比如由于货币政策给经济带来的不确定性等。

② 反映在图形上,即为总供给曲线右移的幅度越大。

③ 对于货币政策对总成本的影响,我国已经有人注意到了(只不过这些研究是从需求的角度看待这一效应的)。北京大学中国经济研究中心宏观组根据1997年前后中国的实际情况作出了估计。据他们分析,从1996年到1997年,贷款利率下降了5.17个百分点,如果以1995年年底金融机构各项贷款余额5万多亿元为基础,这将减少企业利息负担2 400亿元左右。他们认为,"降息的作用在一定意义上相当于减税,而且数量肯定要大于减税(主要是减费)"。

④ 参阅苏剑:《降低利率有助于解决我国的失业问题吗?》,《经济研究》1998年第10期。

的供给效应较大。这样,在货币政策的供给效应大于需求效应的情况下,就出现了经济增长、物价下跌的局面。

从一定意义上可以说,货币政策的供给效应越大,货币政策对促进均衡的影响作用效应也越大,尤其是通过货币政策的供给效应促进经济增长时,不必像通过货币政策的需求效应拉动经济增长那样,付出较多的通货膨胀的代价。但在宏观经济政策实践中,通常货币政策的需求效应总会超过其供给效应。因而,当一国在宏观经济短期调节中,需要引入更多的供给管理政策时,货币政策的作用相对减弱,特别是在国民经济同时关注经济增长和通货膨胀目标,或者说,宏观经济的总量失衡方向难以判断,进而从总需求管理政策上难以进行扩张或紧缩的选择时,不仅需要注重长期,而且需要更为注重短期需求管理与供给管理的相互结合,这时由于货币政策的总体供给效应相对较弱,其对经济均衡的作用受到相当大的限制。我国现阶段的货币政策效应正经受着这种失衡复杂性的检验,从需求管理政策效应来看,自2003年9月以来的货币政策的持续紧缩,不能不受到增长和就业目标的限制,因而在对通货膨胀预期并未产生实质性降低效果的同时,货币紧缩的力度又受增长及就业目标的限制,不能达到有效控制通胀和抑制结构性需求增长过快的程度。从供给管理政策效应来看,现阶段我国货币政策无论是从长期的经济结构调整上(包括区域经济结构调整、产业结构调整等),还是从短期的利率变化对厂商生产成本的普遍影响上,其作用都还是很有限的。所以,在需要注重需求管理政策与供给管理政策结合的复杂的宏观经济失衡环境中,对于货币政策的这种局限,尤其是其在供给政策效应方面的局限性,应当给予高度重视。

(2) 作为调节短期经济波动的供给管理的财政政策效应特点

税收政策是供给学派眼中最重要的政策工具。实际上,20世纪80年代供给学派给里根政府开出的政策处方几乎全都是税收政策。

显然,财政政策的供给管理政策效应要高于货币政策,也正因如此,在供给学派看来,政府要刺激经济,增加就业,最有效的办法便是降低税率。但另一方面,与货币政策相同,财政政策往往也被视为是需求管理政策。然而事实上,财政政策同时也具有供给管理政策效应。一定的财政政策属于供给管理政策还是属于需求管理政策,主要视其是针对生产者,还是针对消费者,针对消费者的财政政策一般属于需求管理政策,针对生产者的财政政策大都属于供给管理政策。作为供给管理政策的财政政策工具影响的是厂商的成本,包括税收成本、工资成本、利息成本、原材料成本等。

税收政策对厂商实际成本有重要的影响,显然调节企业所缴纳的各种税收,如增值税、企业所得税、营业税、进出口税等都可以影响企业的实际生产成本,从而增加总供给。同时,对个人所得税的调节也能够影响总供给,因为,一方面,个人所得税的调节可以影响人们的储蓄,而储蓄又会影响利率,从而影响平均成本变动;另一方面,个人所得税对工人积极性产生影响,从而影响生产效率,相应影响平均成本,此外,对企业的生产补贴也等于政府对企业的支持,降低了生产成本,其机理与减税是相同的。问题在于,税收政策同样影响总需求,比如减税既可以影响总供给,又可以影响总需求,那么,减税到底是对需求的刺激程度大还是对供给的影响程度大?进而,减税到底是需求管理政策还是供给管理政策?这一问题从供给学派出现直到目前都还是没有完全解决的争议问题。尽管在对总需求与总供给影响程度大小判断上存在差异,但承认税收政策影响总供给是普遍共同的认识。我国自1998年以来一直采取扩张性的财政政策,包括扩张性的财政支出与财政收入政策,这种扩张性的财政政策,一方面对刺激总需求(尤其是扩大内需)有重要作用,但不能忽视其同时作为供给管理政策的效应。财政政策对总供给的影响通常比货币政策的供给效应显著,因为货币政策本身的供给管理政策效应低于其需求政策管理效应,同时货币政策难以直接针对经济进行结构性调节,因而对供给影响的程度及深度有限。所以,当宏观经济失衡矛盾复杂,使得从需求方面进行总量调控难以选择,因而需要注重结合供给管理政策时,对财政政策的这种显著的供给管理政策效应要予以特别的重视。

还可以有其他方面的短期供给管理政策工具,比如工资政策,包括工资冻结、工资补贴、降低企业应缴纳的社会保障费用等手段,但这些手段或者难以运用,因为存在工资刚性,工资难以下降;或者由政府对企业工人支付一定的补贴,但这种补贴作用机理与财政政策是同类的;或者作用不大,如降低或取消企业的社会保障费用,对工人现期消费作用不大。又比如原材料和能源价格政策,虽然关系到厂商生产成本,但政府在这方面的冻结或补贴不宜过多,否则长期企业以偏低费用使用资源不利于效率提升。因此,在这里这些方面就不加以专门讨论了。

(3) 短期供给管理政策的长期效应以及长期供给管理政策

前边讨论了供给管理政策在调节短期经济波动方面的作用。实际上,任何一个短期供给管理政策都会对宏观经济产生长远的影响。以货币政策为例。当利率降低时,以前投资收益率较低因而不值得投资的项目可能会变得值得投资,这就会导致投资质量的下降,在未来的某一时刻如果经济受到不利冲击,与这些投资相关的项目及相关企业就会面临财务危机,在宏观层次上就面临金融危机的威胁。另外,与需求管理政策相比,供给管理政策具有比较强烈的产业性和区域性特征,因此,供给管理政策的实施往往会引起经济的产业结构和地区结构的变化,而这些又会对宏观经济进一步产生较为深远的影响。

20世纪90年代初以来,新增长理论在新古典增长理论的基础上,对宏观经济的可持续增长问题进行了深入的探讨。新古典增长理论指出,在长期,当经济达到稳态时,要使经济持续增长,唯一的可能性就在于能否实现持续的技术进步。新增长理论在此基础上探讨了刺激技术进步的各种政策。这些政策都作用于长期总供给一边,因此都是供给管理政策。在新增长理论看来,以知识的形式存在的技术具有一定的公共品的性质,即知识是非竞争性的,一个人对某种知识的使用并不影响其他人对同一知识的使用,而知识本身的传播和复制成本很低,从而导致知识产品的可排他性很差。这样,知识的开发者往往不能享受知识产品的全部收益,也就是说科学研究具有一定的正外部性,知识的全部社会收益可能远远大于开发者的私人收益。因此,要想保证持续的技术进步,就应当给知识的开发者以适当的补贴。这包括扶持基础科学研究、提高知识开发者的私人激励,以及降低知识开发者从事科研活动的机会成本等。[①]

矫正要素价格扭曲是供给管理政策发挥作用的另一个方面。在经济中,私人当事人的行为往往会有一定的负外部性,比如对环境的污染。这种污染的存在表明,私人当事人付出的要素使用费并不能覆盖使用该要素的全部社会成本,也就是说,私人当事人付出的要素价格是扭曲的。这样,以税收等形式出现的供给管理政策就可以被用来矫正要素价格扭曲。这种政策可以是长期政策,也可以是短期政策。

3. 我国宏观调控中需求管理政策与供给管理政策的组合原则

显然,面对现阶段中国宏观经济失衡的新特征,单纯地或者说过多地强调需求管理,难以有效地克服失衡。在总需求的总量政策目标导向上难以抉择,是扩张或是紧缩,各有利弊,相互矛盾;在影响总需求的总量政策工具上难以协调,货币政策与财政政策的政策效应在方向上难以同步,即使是"松紧"搭配也缺乏公共财政和货币政策独立的体制基础;在需求管理的政策行为主体的周期上,中央政府与地方政府之间已经形成周期性差异,客观上会影响需求政策的效应程度;在内需政策和国际收支失衡之间难以协调,内需不足,难以减少出口需求,扩大出口又必然加剧顺差过大的国际收支失衡矛盾。这表明,我国现阶段宏观经济失衡的缓解,要对供给管理政策予以特别的重视,因为供给管理的根本在于,强调增长中成本的降低、效率的提高,包括微观厂商效率、产业结构效率、市场产业组织效率、增长长期可持续效率等,也就是说,我国的宏观经济失衡已经不仅仅是在量上予以协调便能够趋于均衡的总量增长意义上的命题,而更重要的则是

[①] 参阅 Paul Romer(1990), Endogenons Technological Change, *Journal of Political Economy*, Vol. 98, No. 5, pp. s71—102。

在质上予以提升,才能够使宏观经济逐渐培育出趋于均衡的自动持续增长能力。这种质的水平的提升,关键取决于两方面:一是技术创新能力的提升,强调供给政策,重要的在于系统地运用政策以支持企业创新能力的提高,技术创新能力的提升是降低增长成本、使经济在低通胀水平下恢复充分就业的根本;二是制度创新,在我国便是深化社会主义市场体制改革进程,因为只有市场体制的完善和健全才能够在体制上鼓励竞争,从而加速技术创新,供给管理在体制上的基本前提是尊重和运用市场法则,脱离市场机制和市场竞争基础的供给管理,很可能导致资源配置的行政化,导致政府对市场的替代,从而导致竞争动力减弱,使供给管理的真正效率目标难以实现。这也是为什么供给管理理论往往同时对市场化、对市场竞争的自由化予以特别强调的主要原因。

就短期波动的调节而言,若经济失衡的总体方向明确,那么,在需求管理政策与供给管理政策的组合过程中,究竟主要运用哪种政策,应当也可以根据总量失衡的方向及相应的宏观经济政策首要目标来选择。如果经济开始是处于充分就业状态,但由于负的需求冲击,导致均衡产出和物价水平下降,那么,可以采取需求管理政策,同时也可以采取供给管理政策,以恢复充分就业状态。但运用不同类型的管理政策恢复充分就业的路径和代价是不同的,供给管理政策的运用在推动恢复充分就业的同时,使价格水平进一步下降,从而增大通货紧缩的压力,对国民经济的总需求可能会产生负面影响,促使经济进入恶性循环。而需求管理政策则在促使恢复充分就业的同时,使价格水平有所提高,从而提升通货膨胀水平,使其不致下跌过快,促使国民经济的总需求扩张,加快经济恢复速度。因此,在这种条件下,便应更多地采用需求管理政策。若经济开始处于充分就业状态,但由于负的供给冲击,导致经济失衡,均衡产出下降,物价水平上升,同样既可采用需求管理政策,也可采取供给管理政策,以促使经济恢复到充分就业状态。但运用不同类型的政策,其对价格水平的影响也是不同的。运用需求管理政策将使价格水平进一步上升,这意味着在缓解失业的同时,会形成较高的通货膨胀。而运用供给管理政策则会使价格水平向原来的状态复归,也就是说,运用供给管理政策能够在推动充分就业状态恢复的同时,使国民经济避免或减少通货膨胀。因此,在这种条件下,在供给管理与需求管理政策的组合中,应更多地采取供给管理政策。总之,在短期调节中,为实现均衡目标,应尽量用需求管理政策对付需求冲击形成的失衡,用供给管理政策对付供给冲击形成的失衡。虽然运用需求管理政策对付供给冲击形成的失衡,或者运用供给管理政策对付需求冲击形成的失衡,也能促使经济恢复充分就业状态,但都要付出代价,即对经济产生负面影响,这种负面影响主要体现为物价水平的不稳定。我国以往宏观经济失衡,在总量方向上是较为明确的,如在 1998 年之前多为需求大于供给,而在1998年至2002年则为需求小于供给,因而宏观经济短期调节主要是系统地运用需求管理政策,或者是紧缩总需求或者是扩张总需求。虽然在这一过程中也采用了一些供给管理政策,但在系统性和倚重程度上,均远不及需求管理政策。现阶段我国宏观经济失衡产生了一系列新特点,从而使得需求管理政策的有效性产生了显著的局限,而同时付出的代价日益增大,尤其是在需求总量上是采取扩张还是紧缩,难以选择。因而,也就特别需要强调需求管理与供给管理政策的组合。根据产生失衡的不同原因,从需求与供给不同方面采取不同的宏观管理政策,以促进均衡增长,同时避免或降低物价的不稳定性。

就长期均衡增长而言,供给管理政策的运用具有更为重要的意义。首先,伴随着技术进步速度的加快,当代世界经济的产业结构处在不断变化之中,其变化速度之快、程度之深,均是以往难以比拟的。而我国现阶段经济发展又恰恰处在工业化加速时期,任何一国在经济史上工业化加速时期,突出特征之一便是产业结构急剧变化,也就是说,产业结构高级化进程空前加快。所以,产业政策对于我国现阶段的发展来说,具有重要意义,而产业政策当然属于供给管理政策。其次,区域经济政策也是供给管理政策中的重要组成部分,作为主权国家的一部分,一个地区的政府不可能拥有国家所特有的宏观经济手段,比如,一个地区不可能有独立的货币政策。同时,一个地区政府运用财政政策来影响地区的总需求,其作用是很有限且极不确定的,因为地区政府财政所能影响的只是本地区居民的总需求中的一小部分,地区居民收入在更大程度上并不受地区政府的财政政策影响,况且,即使当地居民需求受到当地政府财政政策影响,在其总需求中到底有多少形成对当地产品的需求,更是很有限和极不确定的,有可能是这一地区政府财政花了钱,但影响的却是其他地区经济。所以,地区政府不可能运用货币政策影响本地经济,同时运用地方财政政策对当地的总需求影响作用也十分微弱,因而,需求管理政策对地区来说是不适用的,而供给管理则有突出的意义。我国是一个区域差异显著的国家,因而,区域经济发展和区域经济结构的变化是实现我国长期可持续发展的重要命题,特别是在总需求管理已形成中央政府与地方政府政策调控行为周期性差异的条件下,供给管理政策对于我国区域经济协调发展来说,就有着极为重要的意义。再次,经济开放度的不断提高和经济全球化的深入,也使得我国长期发展中供给管理政策的重要性不断上升。因为越是在开放条件下,包括商品市场、资本市场的逐渐开放,需求管理政策的效果越会逐渐降低,一国政府需求管理政策刺激出来的总需求很可能不会相应形成对本国产品的需求。但供给管理政策则不同,供给管理政策的直接受益者就是本国主权范围内的相关企业,其中受益最大的当属本国企业,其他国家在此地的居民或企业可能也会享受到本国政府供给管理政策的利益,但相对于本国居民和企业来说,毕竟是第二位的。

供给管理政策可以克服需求管理政策在我国宏观调控方面的局限性。第一,在需求管理政策总量效应降低的情况下,供给管理政策实际上就成为唯一的选择。而供给管理政策的效果往往是可以由政府直接控制的。比如出口退税,通过确定出口退税率,政府可以明确地知道企业的成本降低了多少,对企业的刺激作用有多大。又比如货币政策,在利率降低时,政府可以明确地估计出来对企业的生产成本有多大影响。第二,我们前边指出,"货币政策与财政政策的同步性降低,甚至产生政策效应方向性差异"。需求管理政策的工具比较少,且作用对象也比较笼统,因而在需求管理政策各工具之间出现矛盾的情况下,就难以协调。而供给管理政策由于种类繁多,作业对象可以灵活多样,因而即使出现了矛盾,也易于协调。第三,我们前边指出,"中央政府与地方政府对于宏观经济失衡调控行为产生了周期性差异,使得政府总量上的需求管理政策实施效应程度受到深刻影响"。这显然是由于各地的情况是不同的。既然如此,各地的政策也应有所不同,以因地制宜为佳。而需求管理政策总量性特征比较强,因而不适于地方经济。因此,灵活多样而且能够体现或针对地方特征的供给管理政策就大有用武之地。

总之,在调节经济方面,供给管理政策有其独特的优势和效应,不仅在长期调节中,供给管理政策的作用越来越重要,而且在调节短期经济波动中,供给管理政策也日益不可或缺。无论是在我国经济发展中的产业结构演进和区域经济协调以及对外开放提升等长期命题的处理中,还是在我国宏观经济总量失衡复杂性更为深刻背景下的短期调节中,供给管理政策的作用都将越来越重要。如何使需求管理政策与供给管理政策在国民经济发展的长期以及短期调控当中,更有效、更科学地协调起来,是我们面临的重要问题。

第二十二章

西方经济学关于货币政策与传导机制的研究

在宏观经济学理论框架中,货币政策的地位并非一成不变。新古典主义的真实经济周期理论中根本就没有货币政策,但新凯恩斯主义学者则将货币政策作为研究的重点,特别是在其所提倡的财政政策的有效性受到质疑之后,货币政策成为新凯恩斯主义间接宏观调控体系中最重要的政策工具。过去三十多年间,发达市场经济国家的宏观经济总体运行平稳,使得反对实施货币政策或认为货币政策无效的声音有所减弱;即使那些认为货币政策短期内效果不大的学者,也不认为货币政策会带来严重的危害。另外,由于货币政策的制定者并不试图解决市场经济发展中的所有问题,而是仅专注于与物价异常波动有关的领域,使其能为多数学者所接受。

在国际上,20世纪30年代大萧条之后,凯恩斯主义崛起,宏观经济管理重点突出总需求管理政策,强调政府对宏观经济的干预,由此欧美政府长时间偏好财政政策;而70年代滞胀之后,货币主义开始盛行,新凯恩斯主义也开始重视和强调货币政策,欧美政府相应开始更青睐货币政策。此次全球金融危机爆发后,关于货币政策的理论研究有可能进入新的阶段。金融危机暴露了发达国家市场经济发展到现阶段所特有的深层次矛盾,引发了人们对市场经济自发秩序和间接宏观调控体系之间关系的重新审视。当前,从各国应对危机的措施来看,积极的相机抉择的凯恩斯主义财政政策已经被委以重任,而货币政策在危机面前则似乎显得力不从心。[①] 危机之前以货币政策为核心的间接宏观调控体系的内涵似乎在发生变化,那么当前全球金融危机是否可视为货币政策积弊的爆发,此外货币政策又该如何面对危机和挑战?这些都要对当前宏观经济理论下货币政策体系和传导机制进行深刻反思和研究。新凯恩斯主义学者认为,货币政策通过稳定通货膨胀来消除由于价格调整所带来的资源无效配置和效率损失,但这种政策仅是暂时地、局部地有效。面对市场经济中重复发生的系统性危机,货币政策若要在未来的宏观调控体系中继续处于核心的地位,必须显著地提高其应对危机的有效性。

---

① 参阅 Feldstein, M. S. (2009), Rethinking the Role of Fiscal Policy, NBER Working Papers, 14684。

就加强货币政策研究的科学性和规范性而言,近五十年以来西方经济学取得了显著的成就。货币经济学与关于货币现象的一般常识性讨论在方法论方面已经有了本质的区别。货币经济学是经过提炼和加工过的关于货币经济事实的知识。对货币经济学分析框架和研究方法的自我完善不仅得益于托宾(J. Tobin)、伍德弗德(M. Woodford)等新凯恩斯主义经济学家的工作,也得益于卢卡斯(Lucas, Robert E. Jr.)、巴罗(Robert J. Barro)和萨金特(Thomas Sargent)等新古典主义经济学家的研究。作为经济思想史发展必须经历的一个阶段,西方经济学家已经对完善货币经济学的方法论做了大量工作,为货币经济学今后的发展打好了坚实的基础。

目前的金融危机将许多人拉回到大萧条时的立场上,人们又开始怀疑现行西方市场经济运行方式的有效性。在这样的历史背景下,货币经济学不能仅仅满足于对"纯粹经济学"的研究,而要更直接地面对市场经济的根本问题。在货币经济学发展的这一关键历史时期,本章主要通过对西方货币政策传导机制的研究进行梳理,对明确未来的研究方向进行有益的探索。

第一节 关于货币政策有效性的历史争论

经济学家对货币政策的理解最初来自于凯恩斯。凯恩斯和他的早期追随者在一个两部门的 IS-LM 模型中诠释了该问题:中央银行扩张货币供给量,降低货币市场的资金利率,从而导致产品市场的投资增长,最终推动总需求的扩张。货币政策和财政政策成为二战后凯恩斯主义所倡导的调控宏观经济的两大主要政策。

从 20 世纪 60 年代末开始,弗里德曼等货币主义经济学家开始质疑凯恩斯主义的理论和政策。货币主义经济学家回归货币数量论,提出"货币长期是中性"的观点,但他们认为,在价格和工资刚性的前提假设下,短期内货币政策仍然是有效的。如果说货币主义经济学家是一只脚留在凯恩斯主义的家门内,另一只脚则跨出了凯恩斯主义的大门,那么以卢卡斯为代表的理性预期学派则是彻底的反凯恩斯主义阵营。20 世纪 70 年代的滞胀现象引起了经济学界对凯恩斯主义及其政策建议的普遍质疑,从而掀起了一场反凯恩斯主义的新古典理论革命。卢卡斯在他著名的"卢卡斯批判"(Lucas critique)中明确指出,任何被公众预期到的政策可能是无效的。[①] 对于理性预期学派的质疑和批判,凯恩斯主

---

① 参阅 Lucas, R. E. (1977), Understanding Business Cycles, Carnegie-Rochester Conference Series on Public Policy, 5, pp. 7—29。

义经济学家们以及一部分货币主义经济学家从20世纪80年代初开始尝试从微观角度研究货币政策的有效性。

在20世纪80年代之前,文献中鲜有"货币政策传导机制"(Monetary Transmission Mechanism)这样一个专有名词,即使谈及货币政策和真实经济的联系,也基本不是从微观传导机制的视角出发。从20世纪80年代初开始到当前全球金融危机爆发之前,以伯南克(Ben Bernanke)、米什金(Frederic Mishkin)、泰勒(John Taylor)、梅尔策(Allan Meltzer)等为代表的经济学家对货币政策传导机制开展了卓有成效的研究。这些经济学家所面对的主要是两个问题:其一,从理论上来说,货币供应量影响真实经济的渠道究竟是什么?① 其二,对于20世纪30年代的大萧条,弗里德曼等货币主义经济学家将其解释为货币政策的不当运用和货币供给量的下降,但是从实证上来看,货币供应量的下降不足以解释大萧条期间总产出的持续下降。这些研究的背景是,伴随着新古典主义的挑战,凯恩斯主义宏观调节政策体系由以财政政策为中心逐步转为以货币政策为中心,理论上需要改变原先比较笼统和不完整的认识,更全面准确地回答关于货币政策有效性的根本问题。对上述问题的回答反映了自大萧条以来学者们关于市场经济条件下间接宏观调控体系的思考。

如果说对货币政策的关注和理解最初来自于凯恩斯,那么有关货币政策有效性的理论争论集中于对菲利普斯曲线的研究。② 菲利普斯曲线是对凯恩斯主义理论在实证上最好的注解。在菲利普斯的研究的基础之上,萨缪尔森和索洛通过更一般的研究证实,通货膨胀率和失业率之间确实存在长期的负相关关系;他们还认为,每年4%—5%的通货膨胀率能实现充分就业。③ 正是根据这样的理论和实证结论,20世纪五六十年代凯恩斯主义经济学家以及美联储和其他中央银行的货币政策实践者都认为,当宏观经济遭受负面冲击的时候,政府的不作为将使得宏观经济陷入萧条,政府可以通过适度的通货膨胀来实现充分就业。

然而在20世纪60年代末,弗里德曼④和菲尔普斯⑤认为,通货膨胀率和失业率之间不存在长期的负相关关系,也就是说长期的菲利普斯曲线可能是垂直

---

① 当时的理论没有很好地解释货币供给量和真实经济之间是如何联系在一起的,这中间是一个黑匣子。
② 参阅 Phillips, A. W. (1958), The Relation Between Unemployment and the Rate of Change of Money Wage Rates in the United Kingdom, 1861—1957, *Economica*, New Series, 25(100), pp.283—299。
③ 参阅 Samuelson, P. A., & Solow, R. M. (1960), Analytical Aspects of Anti-Inflation Policy, *American Economic Review*, 50(2), pp.177—194。
④ 参阅 Friedman M. B. (1968), The Role of Monetary Policy, *American Economic Review*, 58(1), pp.1—17。
⑤ 参阅 Phelps, E. S. (1967), Phillips Curves, Expectation of Inflation and Optimal Unemployment Over Time, *Economica*, New Series, 34(135), pp.254—281。

的,他们提出了一种所谓自然失业率(natural unemployment rate)假说,即失业率长期将维持在一个"自然水平"上。从长期来看,企图通过通货膨胀降低失业率的做法是行不通的。

最初,弗里德曼和菲尔普斯的研究没有引起足够的重视。20世纪70年代石油危机引发的剧烈通货膨胀和货币政策对通胀的无能为力越来越使得经济学家和货币政策制定者认识到货币政策需要有一个明确的目标,即依照货币主义所提出的执行货币供给量稳定增长的货币政策,而在此之前货币政策是相机抉择的。从20世纪70年代初开始,美联储开始或多或少地强调以货币供给量(M1)增长率为货币政策中介目标,而1979年美联储公开宣布把非借贷银行准备金(nonborrowed bank reserves)作为操作目标。[1]

同样是在20世纪70年代,卢卡斯掀起了理性预期革命,他认为,社会大众的预期对经济政策的执行效果有非常重要的影响,所有被预期到的经济政策都可能是无效的。[2] 根据卢卡斯的观点,如果社会大众能预期到货币政策目标,货币主义所建议的货币供给量以稳定比率增长的货币政策可能和凯恩斯主义所建议的相机抉择的货币政策一样都是无效的。虽然有关政策完全无效的实证证据很少,但是预期可能影响政策执行效果的观点被大多数经济学家接受了,也使得货币政策制定者第一次认识到预期对政策制定和执行的重要性。

进入20世纪80年代,由于新的经济现象的出现,有关货币政策的讨论又掀起了新的热潮。自1980年以来,美国的货币供给量M1和产出之间的稳定关系不复存在,美联储也于1982宣布放弃以M1为货币政策目标。[3] 与此同时,伯南克通过实证研究发现,20世纪30年代大萧条期间货币供给量的下降也不足以解释产出的持续下降。[4] 信奉新古典理论的经济学家[5]把这些现象作为货币政策无效的证据,而另外一些坚信货币政策有效的经济学家开始探索用其他变量(例如联邦基准利率)作为衡量货币政策的指标,并尝试用新的理论和计量模型

---

[1] 参阅 Friedman, B. M. (1986), Money, Credit and Interest Rates in the Business Cycle, In R. J. Gordon, *The American Business Cycle: Continuity and Change*, pp. 395—458。注意这里中介目标和操作目标的不同。另外,1979年,为了控制剧烈的通货膨胀,美联储明确宣布了货币政策的操作目标,而在此之前相当长的时间内,美联储虽然受到凯恩斯主义或者货币主义理论的影响,但是并不明确提出货币政策的操作目标。

[2] 参阅 Lucas, R. E. (1973), Some International Evidence on Output-Inflation Tradeoffs, *American Economic Review*, 63(3), pp. 326—334。

[3] 参阅 Friedman, B. M. (1988), Monetary Policy Without Quantity Variables, *American Economic Review*, 78(2), pp. 440—445。

[4] 参阅 Bernanke, B. S. (2000), Japanese Monetary Policy: A Case of Self-induced Paralysis, In *Japan's Financial Crisis and Its Parallels to US Experience*, pp. 149—166。

[5] 参阅 Litterman, R. B. & Weiss, L. (1985), Money, Real Interest Rates, and Output: A Reinterpretation of Postwar U. S. Data, *Econometrica*, 53(1), pp. 129—156。

证明货币政策的有效性。① 此时,有关货币政策有效性的争论双方出现相持不下的局面,而一部分经济学家发现十分有必要研究货币政策的微观传导机制。

第二节 新凯恩斯主义经济学对货币政策传导机制内涵的丰富

20世纪80年代,凯恩斯主义所提倡的财政政策不仅在理论上受到以卢卡斯、巴罗等为代表的新古典主义经济学家的严峻挑战,而且在20世纪70年代"滞胀"时期的实践中也备受质疑。在这样的背景下,凯恩斯主义经济学家不得不将宏观经济调控体系的重点转移到了货币政策上来。这自然而然地需要学者对货币政策的微观传导途径尽可能地进行精确的分析和说明。现实的需要已经不能满足于自凯恩斯和弗里德曼以来将货币政策工具与总需求之间的关系作为一个"黑匣子"的做法,学者的任务是将货币供应量、短期利率对总需求的短期影响从定性和定量两方面描述清楚。

研究货币政策传导机制尤其要说明以下问题:(1) 货币政策失效不单是因为理性预期,也可能因为传导机制的问题,这是对理性预期学派的政策无效论的一种直接反驳。更严格地说,如果央行实施了公众预期外的货币政策,这样的货币政策失效一定表明传导机制有问题。(2) 如果传导机制变量对货币政策作出准确反应,那么央行可以把传导机制变量作为货币政策选择的一个中间目标。传导机制变量既是产出、失业率或通货膨胀率的同步指标(coincident indicator),又受到货币政策的影响。② 央行可以从瞄准产出、CPI等真实经济变量转变为瞄准传导机制变量,或者同时瞄准真实经济变量和传导机制变量。

货币传导机制将货币政策工具与货币政策所要影响的目标有机地联系起来,这种联系在新凯恩斯主义模型中是通过三个环节连接起来的:货币政策工具操作与隔夜名义利率的联系(央行政策移动LM曲线的难易程度);真实利率与总需求之间的跨期替代关系,这一基本关系对应着凯恩斯早期静态分析中的IS等式,在动态模型中对应着欧拉等式,其对数线性化后就是费雪等式;国内实体

---

① 在此次全球金融危机中,美联储采取了非常规的量化宽松货币政策,危机中的货币政策传导机制及政策效果成为一个热点话题。例如,Christiano,Gust和Roldos的研究表明,宽松的货币政策并不一定有利于经济的复苏。参阅 Christiano, Lawrence J., Christopher Gust & Jorge Roldos(2004), Monetary Policy in a Financial Crisis, *Journal of Economic Theory*,119,pp. 64—103。Eggertsson 和 Woodford 基于无摩擦金融市场和央行可信赖通货膨胀目标制的假设,在新凯恩斯主义框架下进一步发展了"流动性陷阱"理论,指出当名义利率水平接近于零时,仍能通过影响公众对未来利率的预期达到刺激经济的目的。参阅 Eggortsson, Ganti B. & Woodford, Michael(2003), The Zero Bound on Interest Rates and Optimal Monetary Policy, *Brookings Papers on Economic Activity*,34(2003-01), pp. 139—235。

② 传导机制变量的 t 期值和真实经济变量的 t 期值一致,而又受到 $(t-k)$ 期的货币政策变量的影响,即受到货币政策变量的滞后 k 阶影响。

经济活动和通胀的联系(菲利普斯曲线)。①

关于货币政策工具到总支出的传导,已有的研究包括了四种传导渠道②:利率渠道、汇率渠道、资产价格渠道和信贷传导渠道。前三种渠道从宏观经济学开创以来一直就有研究,而最后一种渠道是伯南克等经济学家从20世纪80年代初才开始探讨的。比较而言,前三种渠道到目前为止仍然处于争论比共识更多的状态,实证中获得的支持也是喜忧参半,但最后一种渠道——信贷渠道无论在理论还是在实证中都有相对比较完善的进展。四种传导渠道的并行状态并不表明这四种传导渠道是相互独立的,一般而言,这四种渠道总是相互交织在一起,甚至在实证上不是完全可分割的。

1. 利率传导渠道

在宏观经济学诞生之初,货币政策的利率传导机制就一直是经济学家关注的重要问题。凯恩斯最初就强调利率对投资支出的影响,传统的IS-LM模型也把真实利率放入投资函数中。虽然凯恩斯在最初的理论中没有把利率放入消费函数中,但后来的经济学家认识到消费者对房产和耐用消费品(如汽车)的支出也受到利率的影响,尤其在消费信贷十分发达的欧美国家。

在20世纪90年代以来的研究中,利率传导渠道引起了很多的争议。它的主要问题不在于利率和真实产出之间没有显示出相关性③,而在于利率影响真实产出的机制似乎不是所谓的投资(或消费)成本。换句话说,资金成本只是影响企业家投资决策的一个因素,企业家可能更多地根据生产滞后、销售、现金流等因素来决定其投资水平。另外,实证中估算出来的投资和消费的利率弹性往往小于真实经济对基准利率的实际反应,表明利率对真实经济的影响可能还有其他的机制。④ 即使如此,反对利率传导机制的研究似乎也不能完全否认利率传导机制的存在。泰勒研究发现,从长期来看,美国联邦基准利率和住房新开工量存在较高的相关性,也就是说我们可能不得不承认利率对公众的消费水平(尤其是房产和耐用消费品)是有显著影响的。⑤

---

① Woodford, M. (2007), Globalization and Monetary Control, NBER Working Paper, 13329.

② 1995年美国经济学界举办了一次以"货币政策传导机制"为主题的讨论会,此次讨论会上的四篇文章可以说是有关货币政策传导机制研究的里程碑式的成果。这四篇文章分别是 Bernanke 和 Gertler (1995),Meltzer(1995),Taylor 1995)以及 Obstfeld 和 Rogoff(1995),分别是货币政策四种传导渠道的代表性研究。参阅 Mishkin,F. S.(2007),Housing and the Monetary Transmission Mechanism,Finance and Economics Discussion series,40。

③ 需要指出的是,否认利率传导渠道并不是否认货币政策的有效性,即使利率传导渠道不存在,基准利率的调整仍然可能通过其他渠道对真实产出有影响。

④ 参阅 Bernanke,B. S., & Gertler,M. (1995),Inside the Black Box:The Credit Channal of Monetary Policy Transmission,*Journal of Economic Perspectives*,9(4),pp. 27—48。

⑤ 参阅 Taylor, J. B. (2007),Housing and Monetary Policy, NBER Working Paper, 13682。

2. 汇率传导渠道

经济全球化和浮动汇率制度使得货币政策的汇率传导渠道变得越来越重要。这一机制也是在宏观经济学教科书中必然提到的内容①,其逻辑是简单明了的:货币供给量扩张,将导致国内市场上的利率下降,从而导致货币贬值,出口和产出相应增长,反之亦然。这样一个渠道存在的前提条件是浮动汇率制度。②

在固定汇率制度下,如果资本项目完全开放,国际资本自由流动,货币政策和汇率政策是不能相互独立的,也就不存在所谓货币政策的汇率传导渠道。当货币供给量扩张时,利率下降,导致本币卖出增加,汇率可能下降,为了维持固定汇率,中央银行必然在公开市场上增加本币的买入,这样就相应缩减了货币供应量,从而抵消了最初扩张货币政策的效应。但是,如果资本项目被管制,固定汇率制度下的货币政策仍然是有效的。奥博斯菲尔德和罗格夫认为,浮动汇率制度下的货币政策更有主动性的观点不一定是对的,固定汇率制度下的货币政策也具有可行性,只是因为巨大的全球资本市场和跨国资本的自由流动,固定汇率制度才显现出局限性。因此,资本项目管制的固定汇率制度可能是一种可行的方法,这种情形在我国存在了相当长的时间。③

3. 资产价格传导渠道

货币主义经济学家常常强调货币政策的资产价格传导渠道④,他们认为,货币政策对真实经济的影响主要是通过影响资产价格,进而影响投资支出和消费支出。其中有两种机制是货币主义经常强调的,一是托宾的 Q 理论,二是财富效应,前者影响投资支出,后者影响消费支出。

托宾的 q 值是指一个企业的市场价值和它的重置成本之比,企业的市场价值对应于它的股票总价值,重置成本对应于企业的固定生产设备的价值。⑤ 当 q 值较大时,股票价值相对于企业的生产设备的价值就较高,企业就会发行股票,购买生产设备,扩大投资,反之亦然。从货币主义的视角看,当货币供给量扩张时,公众发现自己手中有更多的钱,从而购买更多股票,导致股票价值的上涨,此

---

① 蒙代尔-弗莱明模型,开放经济条件下的 IS-LM 模型。
② 参阅 Obstfeld, M. , & Rogoff, K. (1995) , The Mirage of Fixed Exchange Rage , *Journal of Economic Perspective* , Vol. 9 , Fall, pp. 73—96。
③ 这种情形下的货币政策扩张可能导致外汇储备的大量累积,因为由于经常项目出口增加导致大量外汇流入,却没有资本项目的外汇流出与此相对应,由于资本项目的管制,国内市场利率下降并没有导致外汇流出,相反却有外商直接投资带来的大量外汇流入。此时由于外汇储备增长导致的相应货币供给扩张(外汇占款增加)实际上进一步放大了货币政策的扩张效应,通货膨胀的风险因而加大。
④ 参阅 Meltzer, A. H. (1995) , Monetary, Credit and (Other) Transmission Processes: A Monetarist Perspective , *Journal of Economic Perspectives* , 9(4) , pp. 49—72。
⑤ 参阅 Tobin, J. (1969) , A General Equilibrium Approach to Monetary Theory , *Journal of Money, Credit and Banking* , 1(1) , pp. 15—29。

时，q 值就会提高，企业也会扩大投资支出。

资产价格传导渠道还有另外一个渠道就是所谓的财富效应。建立在莫迪里亚尼和弗里德曼的持久收入假说的基础之上，货币主义者认为，当货币供给量扩张时，公众发现自己手中持有现金增加，增加了股票的购买，从而刺激股票价格上涨，进而增加了消费者的财富，财富的增加同时伴随着消费支出的增加和产出的增长。这样一个结论从凯恩斯的 IS-LM 模型中也是可以得出的：当货币供给扩张时，利率（债券的利率）降低，股票相对于债券变得更有吸引力，从而公众增加了股票的购买。① 但是，IS-LM 模型假设只有两种资产：货币和债券，不考虑股票等资产对实体经济的影响。

4. 信贷传导渠道

有关货币政策的信贷传导渠道的研究主要是由伯南克和格特勒等经济学家完成的，伯南克的有关信贷传导渠道的思想来自于他对 20 世纪 30 年代大萧条的研究，而其理论渊源则是信息不对称理论。他认为，传统的宏观经济学理论假设银行的资产（贷款）和负债（存款，即货币）对经济的作用是完全等同的，但事实上在信息不对称的世界中，银行在把存款转化为贷款的过程中扮演着重要角色。银行必须花费成本搜寻和评估贷款申请，监督贷款的执行，伯南克把这种成本称为信贷融通成本（cost of credit intermediation）。在经济繁荣期间，信贷融通成本下降，银行增加贷款，而在经济危机期间，信贷融通成本上升，银行就可能惜贷。因此，在经济扩张期间，银行的中介行为可能会进一步放大扩张的效应，在经济衰退期间，银行的中介行为可能会进一步放大紧缩的效应，这就是伯南克定义的"金融加速器"（financial accelerator）。

基于对大萧条的研究，伯南克把他的货币政策的信贷传导渠道解释为两个渠道：一是银行借贷渠道。当货币供给量扩张时，银行的可贷资金增加。在资金运用压力下，贷款一般会相应增加，从而居民的消费支出和企业的投资支出也相应增长，最终推动产出增长。和货币主义的抽象观点不同，伯南克把货币供给量扩张如何传导至投资或消费支出增加的机制具体刻画出来了，而信贷就是连接货币供给量和投资或消费支出的中介和纽带。二是资产负债表渠道。货币政策可能影响企业和消费者的资产负债表。当货币供给量扩张时，利率降低，资产价格上涨，企业和消费者的资产负债表上的净资产增加，更多的净资产意味着企业和消费者有更多的抵押品进行借贷，银行会根据抵押品的增多而相应增加贷款；同时由于逆向选择和道德风险问题减弱导致银行的信贷融通成本降低，银行会

---

① 对于货币供给量和股票价格之间的关系，货币主义和凯恩斯主义唯一的不同是货币主义认为货币供给量对股票价格的影响不是通过利率，而是通过货币持有量。

相应扩大贷款投放量。

　　上述对利率、汇率、资产价格和信贷等传导渠道的研究已经在2000年之前基本完成,近十年以来关于传导机制的研究很大程度上仍然延续着原来的发展方向,演化出以下研究脉络。第一,在经济周期模型中引入资本积累和企业特有的资本(firm-specific capital),由此在模型中考察资本积累和企业差异性对结果的影响。① 第二,更细致地考虑货币政策通过金融部门作用到实体经济的传导渠道。以往由于数据获取的局限,各种传导渠道的相对重要性难以实证地加以判断。新的数据和新的识别方法会带来更精确的新结论。第三,关于银行资本充足率对货币传导机制的影响,在IS等式关于货币市场利率(央行基准利率)和总需求的关系中加入信贷市场利率,使得研究银行资产负债、信贷市场变化与总需求之间的关系变得更加直接。②

第三节　货币政策传导机制对货币政策选择的影响

　　正如前文所指出的,在传导机制有效的情况下,传导机制变量可以作为货币政策的一个中间目标。那么,传导机制的不同是否导致货币政策绩效不同?主流的观点是,传导机制的特点不同,货币政策工具操作方式可相应加以调整,结果是传导机制的差异性仅会影响政策工具的操作方式,不会对货币政策实施的绩效带来显著影响。泰勒用18种有关货币政策传导机制的模型检验他自己提出的泰勒规则(Taylor Rule),并通过数值模拟发现货币政策传导机制对货币政策绩效的影响很小。③ 伯南克等通过数值模拟说明,在一个具有"金融加速器"的动态模型中,信贷传导渠道会被放大,而且实体经济对货币政策的反应持续时间会更长。④ 尽管如此,只要对泰勒规则的参数加以适当的调整,也就是说,只要将货币当局所调控的短期基准利率对通胀缺口和产出缺口的反应程度根据传导机制的特点加以调整,货币政策平滑经济周期的效果基本不变。

　　在理论模型中研究货币政策传导机制和货币政策绩效的关系实际上是在一

---

　　① 参阅 Woodford, M. (2005), Firm-Specific Capital and the New Keynesian Phillips Curve, *International Journal of Central Banking*, 2, pp. 1—46; Sveen, T. & Weike, L. (2007), Lumpy Investment, Sticky Prices, and the Monetary Transmission Mechanism, *Journal of Monetary Economics*, 54, pp. 23—36。

　　② 参阅 Li, L. (2008), Do Capital Adequacy Requirements Matter for Monetary Policy? *Economic Inquiry*, 46(4), pp. 643—659。

　　③ 参阅 Taylor, J. B. (1999), The Monetary Transmission Mechanism and The Evaluation of Monetary Policy Rules, Stanford University Working Paper。

　　④ 参阅 Bernanke, B. S., & Gertler, M. (1998), The Financial Accelerator in a Quantitative Business Cycle Framework, NBER Working Paper, 6455。

个新凯恩斯主义模型中添加一些传导机制变量的决定方程。理论模型对现实世界的简化和抽象使得其所能给出的政策建议有很大的局限性。在这样一个确定的理论世界中,货币政策工具和传导机制变量,传导机制变量和真实经济变量之间的关系都由某一个动态方程来确定。因此,不管传导机制特点如何不同,货币政策工具和真实经济变量之间都存在确定的动态稳定关系。政策制定者事先充分地了解这种关系,并及时优化调整货币政策工具的操作,理想的货币政策效果由此而来。

在实践中,不仅由货币政策工具到传导机制变量的传导有很强的不确定性,而且传导机制变量与真实经济变量之间的关系也十分复杂,货币政策的效果与传导机制的特点并非如主流的凯恩斯主义模型所展示的那么简单。当前的全球金融危机说明,经济学家和政策制定者对现实市场经济运行中的实体经济与金融部门的复杂关系、金融部门内部问题的形成过程还了解得很不够。比如,从传导机制来讲,在经济繁荣时期,传导机制变量的扩张速度远远高于货币政策变量的扩张速度;在经济萧条时期,传导机制变量对货币政策变量没有作出显著反应。前一种情形往往被归于非理性因素,很难从实证上进行检验。

正常情况下,货币当局与市场之间存在着一种博弈关系,一方面,货币政策的制定者根据市场和货币传导机制的情况随时调整策略;另一方面,市场人士对货币政策的变化和货币政策所带来的约束总会找到办法加以适应和规避,货币政策的有效性取决于市场调整的情况是否与当局预期的一致。当前的金融危机首先由金融部门的危机所引发,在问题暴露之前,宏观经济形势和金融机构的预期在相当长一段时间内都很正面,这也许同时影响了货币政策制定者的预期,使得货币政策未能对可能发生的系统性危机作出前瞻性反应。关于货币政策传导机制的研究虽已取得很多成果,但与市场经济发展本身所带来的复杂性相比还很不够。

第四节 货币政策传导机制"失效"的若干历史案例

虽然我们难以从理论上直接证明货币政策传导机制对货币政策绩效有影响,但是,如果货币政策失效①,那么货币政策传导机制是否一定有"异常"? 以下考察了三个不同历史时期发生在不同国家的案例,结论趋于一致:在经济和金融危机时期货币政策失效的案例中,总能发现货币政策传导机制出现了"问题"——传导机制变量没有对货币政策作出有效反应。在以下考察的案例中,政府对传导机制变量的直接干预对恢复货币政策有效性起到了关键作用。

---

① 货币政策的失效要考虑到公众预期的因素,但是除了20世纪70年代的剧烈通货膨胀以外,历史上因理性预期导致货币政策失效的情形很少,事实上70年代以后各央行制定货币政策时都开始考虑公众的预期。

1. 20世纪30年代大萧条

催生宏观经济学的大背景就是大萧条,而对大萧条成因的解释伴随着整个宏观经济学的发展历史。弗里德曼和施瓦茨认为,大萧条主要由两个因素导致:一是银行危机降低了货币供给量,居民手中持有现金减少;二是银行危机导致股票价格下跌,居民财富大量缩水,减少了支出。前者是货币主义所坚持的核心观点——货币数量论,后者即是后来货币主义经济学家所提出的资产价格传导机制。[①]

对于弗里德曼提出的第一种因素,伯南克发现两个问题:其一,货币供应量下降影响真实经济之渠道究竟是什么?货币主义所说的公众手中的货币持有量是如何减少的?从货币供应量到公众手中持有的货币量,这中间是一个黑匣子;其二,伯南克通过统计分析发现,货币供应量的下降不足以解释大萧条期间总产出的持续下降。伯南克认为,只有银行信贷能回答这两个问题。[②] 银行在把央行的货币供给量转换为公众手中持有货币量的过程中扮演着重要角色,银行信贷对货币供给量有放大效应,经济繁荣时,货币扩张引致更大幅度的信贷扩张;经济萧条时,货币紧缩导致更大幅度的信贷紧缩。这就可能是货币供给量不足以解释产出下降的主要原因。伯南克进一步研究认为,1932年罗斯福就任总统以后,针对银行系统的拯救措施对大萧条后美国经济的恢复起到了重要作用。[③]

20世纪30年代大萧条之前的美国经济在相当长的时间内保持了良好的发展态势,很大程度上掩盖了金融系统和实体经济已经出现的各种问题。危机爆发初期,货币供应量和银行信贷的紧缩反过来向实体经济传导了负面的影响,加剧了产出下滑和失业的增加。随着大萧条加剧,大多数国家在1936年开始大规模增加货币供应量,而货币传导机制在将扩张的货币政策操作传导到实体经济的过程中没有发挥应有的作用,因为银行体系已经受到严重的打击;而美国政府对银行部门的直接救助被认为是对货币传导机制的修复。

2. 20世纪90年代日本"失去的十年"

20世纪整个90年代,虽然日本央行把基准利率降低至接近于零的水平,但是日本经济一直没有好转的迹象。利用货币政策传导机制的理论能很好地理解这一问题。

日本之所以陷于萧条不能自拔是因为其商业银行系统出现了问题。20世纪90年代初日本地产泡沫破裂后,银行堆积了大量显性或隐性的坏账,与此同

---

① 参阅 Friedman, B. M., & Schwartz, A. J. (1963), *A Monetary History of the United States, 1867—1960*, Princeton University Press。

② 参阅 Bernanke, B. S. (1983), Nonmonetary Effects of the Financial Crisis in the Propagation of the Great Depression, *American Economic Review*, 73(3), pp. 257—276。

③ 参阅 Bernanke, B. S. (2000), Japanese Monetary Policy: A Case of Self-induced Paralysis, In *Japan's Financial Crisis and Its Parallels to US Experience*, pp. 149—166。

时国际上流行的资本充足率的管制（《巴塞尔协议》）迫使商业银行提高自有资本比率。在这样的双重压力下，商业银行只能限制自身的贷款投放。尽管日本中央银行把利率降低至零附近，并且向银行注入大量流动性，银行却几乎没有作出反应。政策制定者迟迟没有出手干预，修复货币政策传导机制（尤其是银行系统的问题），是20世纪90年代日本货币政策无效的主要原因。[①]

3. 2007年全球金融危机

2007年美国次贷危机发生之初，美联储非常迅速地采取了降低联邦基准利率的措施。自2007年9月至2008年10月，联邦基准利率一直从5.25%降至1.00%，力度很大，速度很快。尽管如此，美国的信贷状况没有显著改善，尤其是消费信贷仍然在萎缩。传统的货币政策显然没有阻止经济形势的进一步恶化。

为了进一步放松信贷条件，美联储还增加了三类货币政策辅助工具[②]；因为传导机制变量（即银行信贷）没有对美联储的货币政策作出显著反应，美联储开始直接干预银行信贷。这三类政策辅助工具是：（1）为国内大型商业银行提供短期流动性，并和其他国家的中央银行签订货币互换协议。这项政策有利于稳定美元汇率，同时也有利于改善美国以外地区的美元货币市场和信贷市场的状况，这体现了美联储对货币政策的汇率传导机制的理解。（2）为投资者直接提供短期信贷，包括直接购买评级较高的商业票据和为货币市场共同基金提供流动性支持，其中最为著名的是所谓TALF工具（Term Asset-Backed Securities Loan Facility）。（3）直接购买一些准政府机构（如房利美、房贷美）发行的长期债券。第二项和第三项工具都很好地体现了美联储对于货币政策信贷传导机制的理解。这两项工具本质是一样的：由于货币政策信贷传导机制出现了问题，中央银行绕过商业银行直接为公众提供信贷。虽然这些辅助工具的效果仍有待实践的检验，但是对货币政策信贷传导机制的深入理解对次贷危机发生后美联储改进和补充货币政策发挥了重要影响。

第五节　新凯恩斯主义之外的货币经济学和传导机制未来的研究方向

20世纪30年代大萧条和此次金融危机说明，市场经济越是发展，金融和经济危机发生的可能性越大。面对复杂多变的内外部环境，只有从宏观上准确把

[①] 参阅 Friedman, B. M. (2002), Why Japan Should Not Adopt Inflation Targeting, Kobe Gakuin Economic Papers, 34。

[②] 参阅伯南克在 National Press Club 晚宴上的演讲，Federal Reserve Policies to Ease Credit and Their Implications for the Fed's Balance Sheet, February 18, 2009，来自美联储网站（www.federalreserve.gov）。

握和处理好市场经济发展现阶段的根本矛盾,才能为微观经济主体的自发经济活动提供稳定和可持续的发展空间。大萧条之后凯恩斯创立的宏观经济学提倡的就是自上而下的分析方法,而卢卡斯所追求的宏观经济理论的微观基础是寻求自下而上和自上而下两种分析思路的统一。当前的金融危机只能用自上而下的分析方法才能有效地进行研究。在危机发生频率不断增加的经济环境中,宏观经济学的重要性越来越显著。过去十年,货币经济学的外延已经与宏观经济学的边界非常接近。连完全没有涉及货币的新古典主义真实经济周期理论也已经被纳入了进来,因为这种理论描述的是价格和工资灵活调整情况下的经济波动,是价格粘性调整条件下研究经济波动的参照基准。当代货币经济学一个最重要的理论基础是新凯恩斯主义动态随机一般均衡模型。[1] 在这类模型中,人们认为货币当局稳定通货是为了消除由于价格调整成本所带来的无效率。

在小国开放经济环境中,基准模型已经被拓展为考虑跨期和期内贸易对平滑消费波动、贸易条件对国内经济波动等影响的开放经济动态随机一般均衡模型。[2] 在这类模型中,IS 等式成为包含汇率传导机制和利率传导机制效应的前瞻性行为等式。这样的货币传导机制所对应的货币政策反应规则可用贝叶斯方法加以估计,估计结果表明加拿大和英国的中央银行对名义汇率的变化有显著的反应。[3] 这也间接地表明,货币政策的汇率传导渠道在有些国家(比如加拿大和英国)是十分重要的。

引入资产价格是货币经济学的又一新的发展脉络。20 世纪 90 年代的股票市场繁荣使得部分学者认为美国货币当局有支持股票市场价格的政策目标,只不过没有公布而已。新的数据分析已经基本上否定了这种可能性。[4] 但是,这一关于资产价格传导机制的成果意味着有些问题是值得深入研究的。

货币经济学的发展目前已经超越新凯恩斯主义货币经济学的界限,表现之一就是并非所有货币经济学模型都重视货币政策传导机制。没有包含货币政策传导机制的模型未必不重要,恰恰相反,这些研究往往涉及新凯恩斯主义货币分析难以解释和回答的关键问题。比如,关于市场经济内在不稳定性的研究,难以在新凯恩斯主义货币经济学和货币政策传导机制的框架内进行并得出有意义的

---

[1] 参阅 Woodford, M. (2003), *Interest and Prices: Foundations of a Theory of Monetary Policy*, Princeton University Press。

[2] 参阅 Galí, J. & Monacelli, T. (2005), Monetary Policy and Exchange Rate Volatility in a Small Open Economy, *Review of Economic Studies*, 72。

[3] 参阅 Lubik, T. A. & Schorfheide, F. (2007), Do Central Banks Respond to Exchange Rate Movements? A Structural Investigation, *Journal of Monetary Economics*, 54, pp. 1069—1087。

[4] 参阅 Fuhrer, J. & Tootell, G. (2008), Eyes on the Prize: How Did the Fed Respond to the Stock Market? *Journal of Monetary Economics*, 55, pp. 796—805。

结论。面对当前的全球金融危机,新凯恩斯主义货币经济学分析框架的局限性显得格外令人关注。目前也许需在新凯恩斯主义货币经济学现有框架之外,寻找提高防范危机有效性的新的政策和传导机制。例如,就新兴市场国家或地区中非常重要的银行部门状况与汇率制度选择之间的关系而言,研究表明,扩张货币政策与浮动汇率制度的组合可能带来投机行为。[①] 这类研究可能为货币政策和货币传导机制在防范金融危机中发挥作用提供一些模型上的准备,但现有理论研究还很不充分。

货币政策研究一个重要的发展方向也许是如何加深对市场经济内在破坏力量的认识,需搞清楚这种自发而分散的力量如何从一种积极的正面效应转化和积聚为一种破坏性极大的负面效应的过程以及货币政策在防范这种转化和积聚的过程中所能发挥的作用。这一方面相当一部分成果很可能由西方学者完成,由于我国所处的发展阶段和面临的现实问题不同,可能难以全面解决这一前沿问题。从开放经济的角度看,由于我国在全球贸易和外汇储备方面所处的特殊地位,我国的货币政策框架在处理内部平衡和外部平衡的关系方面也许还不能完全照搬西方的货币政策框架,需要坚持以我为主,保持一定的独立性。探索我国在开放经济条件下的货币政策框架对未来我国经济的长期平稳较快增长具有重要的现实意义。

第六节 结论和启示

对货币政策有效性的争论催生了经济学家对货币政策传导机制的研究。对货币政策传导机制的研究主要得出了以下几点结论:(1) 货币政策失效不单是因为理性预期,也可能是因为传导机制的问题,这是对理性预期学派的政策无效论的一种直接反驳。某些历史时期里货币政策变量(包括利率、汇率、资产价格和信贷)和真实经济变量之间联系的暂时消失,不是因为公众理性预期到货币政策,而是因为传导机制变量没有对货币政策作出有效反应;(2) 已有的研究主要包括了四种传导渠道:利率渠道、汇率渠道、资产价格渠道和信贷传导渠道,其中信贷传导渠道的理论和实证研究都取得了实质性进展;(3) 如果传导机制变量对货币政策作出准确反应,那么央行可以把传导机制变量作为货币政策选择的一个中间目标。央行可以使其货币政策瞄准传导机制变量,或者同时瞄准真实经济变量和传导机制变量。

---

① 参阅 Kawamura, E. (2007), Exchange Rate Regimes, Banking and the Non-tradable Sector, *Journal of Monetary Economics*, 54, pp. 325—345。

更进一步,经济学家也希望说明货币政策传导机制对货币政策绩效的影响。从理论模型的研究来看,货币政策传导机制对货币政策的绩效和选择没有显著影响。但是,这样的结论和经济现实并不相符,这主要是因为理论模型是在假设传导机制变量和货币政策工具有稳定联系的基础上得出这样一个结论,而现实情况往往是传导机制变量对货币政策的反应具有不确定性。

虽然我们无法从理论上直接证明货币政策传导机制对货币政策绩效有影响,但是,对若干经济危机案例的实证研究能证明这样一个结论——如果公众预期外的货币政策失效,那么货币政策传导机制一定有异常。在所考察的案例中,传导机制变量都没有对货币政策作出有效反应。而在这些案例中,政府对传导机制变量的直接干预对恢复货币政策有效性起到了关键作用。

当前金融危机治理中关于凯恩斯主义经济政策有效性的讨论,不仅反映了西方学者在新古典经济学和新凯恩斯主义经济学之间的动摇,而且从根本上体现了理论界对危机本质仍认识不足。无论是新古典经济学、新凯恩斯主义还是两者的综合,都似乎没有找到提高防范危机的政策工具和传导机制。金融危机最先从金融部门爆发,货币政策作为直接影响金融机构资产负债和金融资产市场价格的政策,在防范金融危机方面应较早作出预判,采取必要的措施。提高货币政策在防范危机方面的有效性是货币政策传导机制研究的一个重要方向。

我国特殊的经济发展阶段和转轨发展特点导致我国货币政策工具选择和传导机制与西方也是有一定差异性的。首先,货币政策工具选择受到限制会影响货币政策效应的传导和实现。货币政策工具包括数量工具和价格工具,一般来说,在市场机制比较完备的条件下,央行对于货币数量和货币价格这两方面的货币政策中间目标,往往只需盯住一个,另一中间目标也就相应内生式地形成了。我国的货币政策工具运用方式,则是同时盯住货币数量和货币价格的双锁定方式。其次,与西方相比,目前我国货币政策运用利率比信贷的难度和压力都要大,利率毕竟是经济运行的财务成本指标,在我国目前创新不足而主要依靠成本竞争优势的发展阶段,利率这一价格杠杆工具就显得十分敏感。在本轮金融危机影响下,我国所表现出来的通胀压力要明显强于西方,这样作为反映通胀水平的利率工具,在我国运用空间也就受到更大的限制。最后,在本轮金融危机下,我国货币市场上供求关系的失衡不同于欧美国家,欧美国家由于银行体系陷入危机,进而导致实体经济银根紧缩,银行和工商企业面临的共同问题是流动性不足。在我国则相反,世界金融危机发生时,银行本身并未受到危机直接影响,其流动性宽裕,金融危机作为国际性输入的因素首先冲击的是我国实体经济,进而实体经济投资支出减少,对货币的需求降低,相应在货币市场上表现为需求不足。① 与此对应,全球金融危机影响下的我国货币资本市场供求失衡的特殊性,使得我国货币政策工具运用中利率政策的运用受到较大限制。

我国经济失衡的特殊性导致我国货币政策目标的多元化与西方目标相对的单一化是有所差别的。首先,自 2010 年下半年起至今,我国宏观经济失衡的基本特点是,既面临经济增长衰退的压力,也面临通货膨胀的威胁。② 尽管到 2012 年年初,我国通货膨胀压力较大,物价水平持续上升,存款负利率已连续近 20 个月,但考虑到经济停滞的风险和经济增长目标的要求,在短期内货币政策治理通胀的力度就难以充分展开,只能是一个较长时期的逐渐治理过程,这就使货币政策反通胀效应在短期内难以取得十分明显的效果。其次,我国货币政策和财政政策特定结合方式所引致出来的问题也比较特殊。西方央行独立运行下货币政策与财政政策相互独立,而国内在现有体制下,银行受行政影响程度较深,逐渐形成了财政资金与信贷资金的配合模式,因而当采取财政与货币"松紧搭配"反方向组合时,货币政策的紧缩效应往往会因为财政政策扩张性效应的抵消,最终导致货币政策传导机制发生扭曲,政策效应受到严重影响。最后,我国与西方在利用财政和货币政策反危机的操作过程中,双方政策操作空间也是具有明显差异性的。在本轮全球金融危机下,我国主要运用货币政策,即从稳健的货币政策调整为扩张性的货币政策来反危机、反衰退;西方由于危机之前,常年实现比较宽松的货币政策,以致危机爆发后,货币政策反危机的操作空间极其有限,而只能依赖于更具扩张性的财政政策来反危机、反衰退。

---

① 参阅苏剑等:《金融危机下中美经济形势的差异与货币政策选择》,《经济学动态》2009 年第 9 期。

② 宏观经济政策从前一时期全面扩张的反危机状态(2008 年金融危机初期,与欧美国家流动性不足相对应,我国国内则主要面临流动性过剩问题)"择机退出",调整为"积极的财政政策和稳健的货币政策"。

本篇重要提示

中国的经济增长具有怎样的特点和趋势？中国新时期以来宏观经济失衡具有怎样的特点？宏观调控机制和方式具有什么特点？宏观经济政策发生了怎样的变化？对总量失衡产生了什么作用？这些问题是本篇要回答的基本问题。

本篇总结

中国新时期以来的经济增长极具特点，不仅保持了长期高速增长，而且其中有极为复杂的失衡，不仅取得了令人惊叹的成就，而且面临着极为艰难的问题。本篇主要基于对这种增长实践的总结，探讨其中的经验和问题，特别是分析经济总量失衡的特点及原因，并在此基础上系统地分析中国宏观经济政策的效应。

本篇思考题

1. GDP分析有什么特点及局限性？
2. 中国现阶段经济失衡具有怎样的特点？
3. 应当如何认识投资和消费的关系？
4. 中国宏观经济政策在新时期以来作出了怎样的调整？
5. 发展方式的转变对现阶段中国经济增长具有怎样的意义？

本篇主要参考书目

1. 北京大学中国国民经济核算与经济增长研究中心：《中国经济增长报告》，中国经济出版社2004—2008年版，中国发展出版社2009—2010年版。
2. 凯恩斯：《就业利息和货币通论》（中译本），商务印书馆2002年版。
3. 国务院发展研究中心：《转变经济发展方式的战略重点》，中国发展出版社2010年版。
4. 托宾：《十年后的新经济学》（中译本），商务印书馆1980年版。
5. 张平等：《中国"十二五"规划纲要（辅导读本）》，人民出版社2011年版。

教师反馈及教辅申请表

　　北京大学出版社以"教材优先、学术为本、创建一流"为目标,主要为广大高等院校师生服务。为更有针对性地为广大教师服务,提升教学质量,在您确认将本书作为指定教材后,请您填好以下表格并经系主任签字盖章后寄回,我们将免费向您提供相应教辅资料。

书号/书名/作者					
您的姓名					
校/院/系					
您所讲授的课程名称					
每学期学生人数	_____人	_____年级		学时	
您准备何时用此书授课					
您的联系地址					
邮政编码		联系电话（必填）			
E-mail（必填）		QQ			
您对本书的建议：				系主任签字 盖章	

我们的联系方式：

北京大学出版社经济与管理图书事业部

北京市海淀区成府路 205 号，100871

联 系 人： 徐 冰

电　　话： 010-62767312 / 62757146

传　　真： 010-62556201

电子邮件： em@pup.cn　　xubingjn@yahoo.com.cn

网　　址： http://www.pup.cn

微　　博： 北大出版社经管图书，http://weibo.com/pupem